国家哲学社会科学成果文库

NATIONAL ACHIEVEMENTS LIBRARY
OF PHILOSOPHY AND SOCIAL SCIENCES

普遍整合的福利体系

景天魁　高和荣　毕天云　等著

中国社会科学出版社

景天魁　　中国社会科学院学部委员、社会政法学部副主任，社会学研究所研究员。1943 年 4 月 8 日生于山东蓬莱，1967 年毕业于北京大学哲学系，1981 年和 1987 年先后在中国社会科学院获得硕士、博士学位。1995—2006 年先后担任社会学所副所长、所长，1996 年评为国家级有突出贡献中青年专家。1998—2005 年任中国社会学会副会长，2001—2005 年任国际社会学会（IIS）副会长。2006 年当选中国社会科学院学部委员。

　　主要研究领域：社会发展理论、福利社会学、时空社会学。

　　独著：《打开社会奥秘的钥匙》、《社会认识的结构和悖论》、《社会发展的时空结构》、《底线公平：和谐社会的基础》、《底线公平福利模式》；合著：《福利社会学》、《发展社会学概论》、《时空社会学：理论和方法》等。

高和荣 1969 年生，厦门大学公共事务学院教授、博士生导师；厦门市劳动关系管理研究会会长。2004 年毕业于吉林大学，获哲学博士学位。主要研究领域为社会福利和社会保障，先后主持国家社科基金项目 4 项，出版多部著作，发表近 100 篇学术论文。获教育部新世纪优秀人才、福建省优秀青年社会科学专家、厦门市拔尖人才等多项荣誉称号。

毕天云 1968 年生，云南师范大学哲学与政法学院院长、教授、博士生导师；2003 年毕业于中国社会科学院研究生院社会学系，获法学博士学位。主要研究领域为社会福利和社会保障，主要代表作有论文《社会福利的文化透视：观点与简评》等、专著《社会福利场域的惯习：福利文化民族性的实证研究》等。

《国家哲学社会科学成果文库》
出版说明

为充分发挥哲学社会科学研究优秀成果和优秀人才的示范带动作用，促进我国哲学社会科学繁荣发展，全国哲学社会科学规划领导小组决定自2010年始，设立《国家哲学社会科学成果文库》，每年评审一次。入选成果经过了同行专家严格评审，代表当前相关领域学术研究的前沿水平，体现我国哲学社会科学界的学术创造力，按照"统一标识、统一封面、统一版式、统一标准"的总体要求组织出版。

全国哲学社会科学规划办公室
2011 年 3 月

目　　录

中篇 制度建设

下篇　民意基础

Contents

Part Ⅱ   System Construction

Part Ⅲ   The Public Opinion Foundation

前　言

本书是在国家社会科学基金重大招标项目"普遍型社会福利体系的基础和设计研究"（批准号：09&ZD061）结项成果基础上修改而成的。该课题从2009 年 12 月底立项，到 2013 年春结项，是年 9 月经专家评审，入选《国家哲学社会科学成果文库》。此后，课题组根据评审专家意见做了修改加工，到现在定稿付梓，整整历时 4 年。在这里，我想首先介绍一下全书的主旨、要点和梗概。

一　本书的主旨

改革开放以后，我国原有的福利模式已不适应市场经济的要求，建立与市场经济相适应的福利体系成为社会各界的普遍共识。为此，20 世纪 80 年代中后期，中国政府着手改革原有的福利制度。进入 21 世纪以来，我国接连出台社会福利新政，加大社会福利投入，增设社会福利项目，扩大社会福利范围，提高社会福利水平，一个覆盖城乡居民的多层次、多机制、多样化的福利制度框架基本形成。但是，与此同时，也产生了制度分设、城乡分割、资源分散及管理分离等碎片化问题。如何在社会福利普遍性基础上扎实推进社会福利制度整合和体系整合，促进社会福利事业更加公正和可持续发展，已成为我国社会建设中亟待解决的重大理论和实践问题。

本书从"普遍福利"即"广义福利"概念出发，总结社会福利体系建设的西方经验和东亚经验，为建设普遍整合的社会福利体系提供可资借鉴的思想资源；反思中国社会福利制度的发展历程、存在的主要问题，明确中国社会福利体系普遍整合建设的必要性、可行性及基本要求；阐述普遍整合的社会福利体系赖以建立的理论基础与科学基础；了解社会各阶层对社会福利体系建设的意见、建议和要求，从而为建设普遍整合的社会福利体系提供民意支撑。基于对上述经验基础、科学基础和民意基础的研究，形成普遍整合的福利体系整体框架和制度设计，提出实现社会福利体系普遍整合的对策建议，努力构建更加公正的社会福利体系，推进中国社会福利体系的可持续发展。

二　基本概念

（一）普遍福利

社会福利有广义、中义和狭义之分。广义的社会福利属于"大福利观"，认为社会福利的外延大于社会保障，社会福利包含社会保障及社会服务；中义的社会福利属于"中福利观"，认为社会福利的外延与社会保障相似，两者所指项目相一致；狭义的社会福利属于"小福利观"，认为社会福利是社会保障的一个组成部分。

显然，开展研究社会福利普遍整合问题，首先就要明确社会福利概念的内涵与外延，以便凝聚学术共识。我们认为，应当从"大福利"出发探索中国社会福利体系的建设与完善问题。这是因为社会福利最终要覆盖所有的社会成员；社会福利的内容不仅包含实物福利、货币福利，还应包括社会服务；社会福利的供给主体要多元化，采取多样化的福利供给方式。这些都是社会福利发展的必然趋势，而且，事实上，大多数发达国家都使用普遍福利（大福利）概念。

普遍福利作为本书的基础性概念，从基本内容看，它强调公民基本福利需求的全面性，除了就业、养老、医疗、救助之外，还包含收入保障、教育福利、住房保障和社会服务等项目。

（二）普遍整合

普遍整合是中国社会福利发展的必然趋势和客观要求，它是普遍性与整合性的有机结合。普遍性是整个社会福利体系的基础和前提，整合性是整个社会福利体系的核心和关键，整合是普遍基础上的整合，普遍是实现了整合的普遍，两者缺一不可。其中，普遍性体现在社会福利对象的全民性、社会福利内容的全面性、社会福利形式的综合性、福利提供主体的多元性和福利供给方式的多样性；整合性体现在社会福利管理机构的整合、社会福利制度体系的整合、社会福利政策体系的整合、社会福利信息系统的整合以及社会福利监督体系的整合等方面。

普遍整合是本课题研究的目标。普遍整合有利于确定国家、企业和个人的责任，在保障基本民生的基础上，增强社会福利制度的公平性、适应流动性、保证可持续性。

三 理论视角

近年来，我国学术界先后提出了基础整合理论、普遍福利理论、适度普惠和全民共享理论以及底线公平理论。这些都为本项研究提供了重要的理论视角。由于我们要实现的社会福利普遍整合是在中国这样的具体国情中进行的，而这个国情的基本特点就是城乡之间、地区之间、社会阶层之间的收入差距、现有的社会保障和社会福利待遇差距都很大，因而实现整合的难度特别巨大。如果上述差距不大，那么就比较好办，统一起来就整合了。实现统一——社会保障和社会福利制度的统一、待遇的统一、办法的统一、管理的统一，确实是实现整合的一种形式和途径。但是，至少在许多方面，它却是最难做到的，特别是难以很快做到。在我们的记忆中，就有 1958 年人民公社的"一平二调"。其结果，到 1959 年，也就是只过了一年时间，全国就陷入了大饥荒，接着就是所谓"三年困难时期"，名为"自然灾害"，实际上主要是"人为灾难"。这个教训告诉我们，一平二调式的整合是搞不得的。简单拉平了，整合是容易了，看起来也公平了，但这种所谓的公平，其实是平均，并不是科学意义上的公平。什么是科学意义上的公平？那就是该取消的差别就取消，该承认的差别就承认，前者叫"无差别的公平"，后者叫"有差别的公平"。搞成无差别的公平是整合，有差别的公平能够相互衔接、适当调节，趋于合理化，也是整合。整合，普遍整合就是无差别的公平和有差别的公平的结合。而这正是底线公平理论的要义。我们因此也就把底线公平理论当作本课题研究的主要理论基础。

底线公平，体现在基本需要权利方面的一致性，这是政府的责任底线；也体现在底线以上非基本需要方面的权利差异性，这是市场机制和其他社会机制发挥作用的范围。底线公平要求坚守"弱者优先"、"政府首责"、"社会补偿"和"效益持久"原则。这就为科学划分福利供给与需求关系的责任底线，缩小贫富差距和实现共同富裕提供了切实可行的思路和对策。由于中国经济社会发展的不平衡性，长期奉行特殊福利观念，因而扩大普遍性、提高整合性、消除特权性就成了中国社会福利体系建设最艰巨的任务。选择切实可行的道路，制定踏实稳健的方略，对实现普遍整合，促进社会福利体系更加公正和可持续发展，具有关键的意义。

四   研究方法

由于社会福利的普遍整合涉及许多利益主体，各参与方都有自己的利益诉求，因此，本项研究采取政府视角、专家视角、民众视角相结合的研究方法。在采取定性研究方法探讨西方及东亚社会福利模式，研究当代中国社会福利模式基本特征、存在问题的同时，采取分层抽样方法选取苏州、厦门、重庆、红河四地（市），面向公务员、事业单位人员、企业职工、居民、农民以及农民工等群体合计发放问卷 2000 份，对上述四地（市）的财政、发改委、教委、卫生、社保、民政、住房、高校、党校、政策研究室、企业人力资源及乡镇街道等 12 个部门发放问卷 1000 份。两类问卷共计 3000 份。全面了解政府部门、干部和群众对社会福利普遍整合的意见和建议，具体分析了专业人员和普通民众对建设普遍整合的基础养老金的意愿及统筹层次与财政负担关系，各参保者对企业职工、城镇居民、新型农村合作医疗保险制度的整合态度与整合建议，失业保险金普遍覆盖的意愿与建议，就业服务及最低工资标准普遍整合的态度，拓展义务教育范围、教育资源均等化、教育经费统筹层次及外来务工人员子女义务教育均等化等方面的政策建议，各类被访者对农村五保、城乡最低生活保障以及城乡医疗救助等方面的整合态度与整合意愿，本课题还分析了民众对于社会服务体系的整合意愿、整合要求及整合建议。

通过对上述四地（市）的问卷调查与个案访谈，发现绝大多数专业人员赞成把新型农民养老保险（简称"新农保"）与城市居民养老保险（简称"城居保"）合并为一个制度，62%的专业人员、70%以上的民众都认为公务员和事业单位人员应该采取同一个养老保险制度。在基础养老金统筹意愿上，公众对农民和居民享受相同标准的基础养老金持赞同态度，专业人员认为城乡居民的基础养老金应该实行一个标准，同时城镇居民低保标准应该与基础养老金标准相近或相同。专业人员认为，不论是城镇居民社会养老保险还是新农保，中央财政都应该负担较大的比重。在新农合及城镇居民医疗保险制度整合问题上，专业人员和公众都认为两者可以加以合并，还可以将两者的管理职能移交给人力资源和社会保障部门。专业人员认为，机关、事业单位都可以纳入城镇职工基本医疗保险制度中，各类医疗保险制度都可以实行省级统筹。

调查显示，分别有80%和70%的被访者认为在就业过程中，存在着学历歧视和性别歧视，43%和35%的专业人员认为对失业的或者无业的城镇企业职工最为重要的就业援助方式应该是提供"免费技能培训"、开发"新的工作岗位"。目前，以小学和初中为主的义务教育区间已远远不能满足社会需求，61%的专业人员以及61.8%的民众认为可以实行15年义务教育，如果采用12年义务教育制，应优先将高中教育纳入其中。为此，66.3%的专业人员以及70.7%的公众认为要统一城乡生均教育经费，这是消除城乡二元格局的关键一步。在社会救助方面，经济发达地区的被调查者希望根据自身发展水平设定更为合理的社会救助标准，而经济不发达地区的被访者则希望借助全国统一拉动当地的发展。调查发现，高达67.9%的公众和73.5%的专业人员认为解决住房问题应当靠廉租房、经济适用房和公租房等保障性住房，看来住有所居仍然主要是政府的责任。在社会服务方面，73.3%的公众认为应该为老年人提供"日常生活照料服务"，73.4%的公众以及83.7%的专业人员认为应当为本地孤残儿童提供救助服务。

五　模式建构

中国社会福利从制度覆盖走向制度整合与体系整合是一个必然过程，这是中国社会福利发展的路线图。为此，本书分析了欧洲普遍主义福利思想与福利实践，总结欧洲普遍主义福利模式具有"福利支出的普遍增长"、"公民基本需求的普遍满足"以及"社会服务的普遍提供"等特点。同时也研究了东亚福利制度的形成背景、基本类型，认为东亚国家和地区在"发扬传统福利文化"、"重视基础教育"、"坚持就业优先"、"加快社会福利法制建设"等方面取得的经验值得重视。

在吸收欧洲及东亚社会福利建设经验基础上，本书分析了中国社会福利制度变迁的三个阶段，发现以往的中国社会福利建设受到执政理念的影响，奉行特殊福利观念，市场及社会的作用仍然有限，因此，迫切需要扩大普遍性、提高整合性，构建普遍整合的福利体系。为此，本书论证了普遍整合福利模式的基本特征，强调该模式既不同于补缺型福利模式，也区别于碎片化福利模式，是普遍性与整合性相统一的模式；论述了普遍整合的社会福利制度及其运行机制，包括底线福利制度、非底线福利制度和跨底线福利制度，社会福利普遍整合的责任机制、调节机制、供求机制和管理机制等，努力构建普遍整合的社会福利模式。

社会福利普遍整合的目的就是要建设一个具有适度性、适应性与适当性的福利模式。这种福利模式的特点是：福利水平与经济发展状况相协调，福利建设与经济发展相得益彰，福利项目与福利水平要适应人口与社会结构变化，福利权利与福利责任相互统一，从而与中国国情、社情、人情相适应，实现中国社会福利体系的公平和可持续发展。

六　制度整合与体系整合

为了实现制度整合，本书分别探讨养老保障制度在普遍性与整合性方面存在的问题及其普遍整合的必要性，提出了养老保障制度普遍整合的原则和目标，明确了养老保障制度普遍整合的基本途径与政策安排。认为要推进机关事业单位人员、城镇企业职工养老制度的协同改革，将新农保和城居保整合为城乡居民社会养老保险制度。

在医疗保障制度方面，分析了"医疗保障体系普遍性不高"，"医疗保障对象、筹资标准及补偿比例、医疗卫生管理与服务碎片化严重"，"医疗保障责任定位不准"等问题，总结了医疗保障制度普遍整合的杭州、苏州及厦门经验,以厦门为个案对医疗保障制度普遍整合方案进行了设计,那就是把各类医疗保障制度整合为有聘用关系的"职工基本医疗保险制度"以及没有聘用关系的"个人基本医疗保险制度",前者包括各级公务员,事业单位、各党派、人民团体及其工作人员,国有、集体、外资、民营、私营以及其他所有制企业职工,民办非企业单位员工等一切被单位雇用的人员;后者包括个体农民、城镇居民、个体工商户、自由职业者以及其他灵活就业人员等。允许两类医疗保障制度参保人可以根据自身的就业状态灵活选择或转换。

在就业与收入保障领域,揭示其存在的种种问题,提出了就业与收入保障制度普遍整合的目标、流程设计及制度安排,健全国有企业利润上缴机制,完善《个人所得税法》与《公益事业捐赠法》,适当提高城乡居民最低生活保障线。通过三次分配方式的普遍建立与有机整合,实现调节过高收入、扩大中等收入者比重、增加低收入者收入,促进形成更加公正的收入分配制度这一政策目标。

在教育领域,要逐步扩大义务教育年限,将职业教育、中专教育、高中教育等纳入义务教育范围。鼓励各地按照城乡统筹原则公平划拨义务教育经费,普遍免除农村寄宿生住宿费,向不发达地区学生免费提供教科书,通过加大对普通学校的投入、提供岗位补贴等措施,引导重点学校教师到普通学校去任教。所有高校要废除部属及省市两级管理体制,统一实行部省共建,明确国家与省之间、发达地区与欠发达地区高校小学成本财政负担比重,设立薄弱学校、薄弱学科、欠发达地区高等教育扶持基金制度,促进这类高校快速发展。

就住房保障而言,通过总结重庆及厦门住房保障制度的经验,提出了住房保障制度普遍整合的目标与制度设计。一方面,要保障那些买不起普通商品房的民众有房居住;另一方面,要通过制度安排让那些买得起商品房的群体主动放弃购买或租住保障房,引导各类住房资源的合理配置。合理界定各类保障性住房人均住房面积与户型,规定保障性住房只能自住而不能出租、出售或继承。

在社会救助方面,要整合社会救助主体、救助资源、救助机制、救助方式及相关管理机构,建立救助标准动态调整机制,保障财政投入持续增长,形成城乡整合的最低生活保障制度以及城乡低保与农村五保相整合的生活保障制度，加快社会救助信息化建设，推进社会救助制度与扶贫、就业等制度的整合。

在社会服务方面，要加强社会服务队伍建设，积极发展社会服务组织，加大社会服务经费投入，完善养老、医疗、公共卫生、就业、教育、住房及社会救助等服务项目与服务内容，整合政府部门内部、政府各部门、政府与社会组织之间的相关社会服务职能，形成项目健全、内容完善、结构完整、品质提升、互相衔接的社会服务体系。

七　理论探讨

对一项学术研究而言，得出必要的结论固然重要，但对问题做出开放性的探讨也很重要。尤其对比较复杂的现实问题的研究，所谓"结论"，不过是认识过程的一个环节。

迄今为止，中国乃至世界的福利实践，都面临一个难解的问题——要么福利特殊化，局限在一个有限范围里，无法普遍化，因而无法解决公平性问题；要么普遍化了，却又失去了效率，减弱了社会活力，因而无法解决可持续问题。这个难题，是本书研究社会福利普遍整合问题所必须面对的。

第一，我们提出的方案，就是在实现普遍整合过程中，不再把创造福利的因素放在福利体系之外，仅作为外部条件、外在影响因素，而是把它们内化到福利体系之中。这里最重要的创造福利的因素，就是教育和就业。它们本身既是最大的福利，也是实现普遍福利最重要的内在因素。因为，所谓从特殊福利走向普遍福利，就要强调福利对象的全民性。既然所有的社会成员都将纳入社会福利体系中，那么，创造福利的因素也就必须纳入社会福利体系之中。否则，如果还沿袭特殊福利时期的旧观念，福利享受着只获取、不付出，福利是单向的惠予，责任和义务不挂钩、不对称，那么，福利从哪里来？这样的所谓普遍福利岂不是成了"天上掉馅饼"？普遍福利涉及养老、医疗、就业、收入、教育、住房、生活和社会服务等民生内容，其中，既有普惠性的方面，也有创造福利的方面。除非没有劳动能力者，可以另当别论；凡是有劳动能力的人，必须首先创造福利，尽到应尽的责任，然后才有享受福利的权利。

第二，福利供给主体要多元化，福利形式要多样化。福利供给主体包括政府、市场和社会（社会组织、家庭和个人），各个主体的责任必须明确，形成合理的责任结构，其中居于主导地位的是政府。就供给形式来说，主要包括货币、实物和服务等三种形式。这样的普遍福利要很好地反映中国国情，符合中国特色社会主义的发展方向，体现中国特色福利制度的特征。

第三，普遍整合的社会福利应该形成什么样的制度框架？我们认为普遍整合的社会福利制度包括三种基本类型：一是体现社会福利权利一致性和满足社会成员底线福利需求的底线福利制度，它具有基础性、平等性、政府首责等特性，包括最低生活保障制度、公共卫生服务制度、义务教育制度等；二是体现社会福利需求差异性和满足社会成员非底线福利需求的非底线福利制度，它具有效率性与选择性特征，主要涉及个人账户制度、补充保险制度、商业保险制度，非底线福利制度对实现有差别的社会公平具有重要的现实意义；三是同时兼顾社会成员底线福利需求和非底线福利需求的跨底线福利制度，它在同一社会福利制度中体现社会权利的一致性和差异性的统一，主要包括统账结合制度、社会服务制度以及社会互助制度等。依据这样的制度框架，普遍整合的整合形式和办法是不一样的。例如，在养老保险制度的整合中，基础养老金部分是趋同性的整合，个人账户部分是协调性的整合，如此等等。

第四，怎样设计普遍整合社会福利的运行机制？任何一种社会福利体系背后都存在着某种责任关系与责任结构，各种社会福利模式之所以能够独立存在，是由于它本身形成了差异性的责任机制。普遍整合的社会福利机制可以区分为责任分担与责任共担两种类型。

社会福利体系的普遍整合在某种意义上就是要对原有的社会福利供给主体、供给对象以及供给内容等进行重新划分，对原有的社会福利结构进行重新调整，使得社会福利供给与需求在刚性增长中具有柔性调节功能，实现刚性与柔性的有机统一，因而它包含刚性调节机制、柔性调节机制以及刚柔相济的调节机制。由于我国部分社会福利项目刚性调节机制过于强化，而柔性尤其是刚柔相济调节机制普遍缺失，这就需要我们将刚性调节机制与柔性调节机制整合起来，形成刚柔相济的调节机制，促进社会福利体系的协调发展。另外，社会福利项目的供给与需求是一对矛盾，从供给出发与从需求出发会得出完全不同的结论，而供求机制就是用来协调社会福利供给与需求之间的关系，寻求福利供需平衡，防止福利供求失衡进而引发其他经济社会问题。因而，这方面的机制包括供给主导、需求主导以及供求平衡等三种机制，普遍整合的福利体系就是要在协调供给主导及需求主导机制基础上建立供求平衡机制，使社会福利达到供需平衡状态。

第五，关于社会福利模式的适度性与适当性问题。在总结西方发达国家及东亚国家和地区社会福利的经验基础上，我们认识到社会福利模式的核心不是高福利或低福利问题，而是运用底线公平确定福利模式的适度、适应、适合问题。福利模式的适度性是指福利水平要与经济发展水平和状况相适合，经济上能够支撑和持续，福利增长没有超出经济的支持能力，不会成为经济上难以承受的负担，反而能够成为经济增长的动力。福利模式的适应性就是要适应市场化带来的社会结构和职业的变化，适应城市化所带来的大规模人口流动和身份转变。福利模式的适当性强调不论哪种福利模式都应当促进福利权利与福利责任的统一，补缺型与普惠型、刚性与柔性、强制与自愿、政府与市场、差别与一致、整体协调与多方共担相结合，这种综合、包容、多元、协调的福利模式，既符合中国兼容的融通性思维方式，也符合中国的国情、社情、人情。

总之，本书首次提出普遍整合福利体系和普遍整合福利模式的概念。针对社会福利碎片化现象突出的现实，为了增强社会保障和社会福利制度的公平性、适应流动性、保证可持续性，系统论述了普遍整合福利模式的理论基础、基本特征、制度构成和运行机制。为推进各项社会福利制度的普遍整合提供了对策建议。课题组在研究社会福利普遍整合的理论基础时，还着重对新自由主义理论进行了剖析，指出新自由主义首先是一种意识形态，如果照此办理，中国的社会福利建设难免陷入困境。因此，我们应当努力构建适合中国国情的社会福利理论。这一见解得到了中央领导的重视。另外，底线公平原则被广东省委作为加强社会建设的"导向性原则"写入党代会的大会报告中，在一些省部的相关文件中也有所体现。课题组其他一些成果被相关政府部门采纳，成为促进解决某些社会福利问题的决策参考。尽管如此，我们深知中国普遍整合福利建设所面临问题的复杂性和艰巨性，我们所做的研究不过是一孔之见。

八　本书结构

　　本书由"模式建构"、"制度建设"和"民意基础"三个部分构成。其中，模式建构部分回答了普遍整合福利体系的理论基础、基本特征、制度结构及运行机制；制度建设探讨了各项福利制度普遍整合的制度设计、实现条件、实现路径与实现步骤；而民意基础总结了民众对各项福利制度普遍整合的态度、愿望及建议，为模式建构与制度建设提供了坚实的民意支撑，有助于提高社会福利政策的民众认可度和支持度。

上　篇

模　式　建　构

第　一　章

社会福利发展路径

——从制度覆盖到体系整合

经过以往 30 年的艰苦探索和制度改革，我国的社会保障和社会福利制度实现了全覆盖。但正如党的十八大报告所指出的，这种制度覆盖还需要"增强公平性、适应流动性、保证可持续性"。这是更加艰巨的任务，不仅需要创造更充裕的经济条件，而且需要更科学地搞好顶层设计，制订更合理的制度完善方案，规划更可行的政策实施路线。

第一节　制度覆盖：既是丰碑又是起点

2012 年，中国社会保障和社会福利翻过了历史性的一页，在这一页上，赫然写着五个金色大字——制度全覆盖。曾几何时，"看病难、看病贵""上学难、上学贵"呼声甚高，政府和社会一片焦虑；谁曾想，没过几年，这种情绪基本消退了，社会安定感普遍增强了。制度全覆盖，就是我国全面建立了覆盖城乡的社会保险、社会救助和社会福利制度，在社会建设的意义上，我国人民的生活有了直接制度的保障。从此，在中华大地上，那种饥寒交迫的悲惨场景应该不会再现了，制度全覆盖是中华民族发展史上的一座丰碑！

一　扭转局面的标志性事件

对实现制度全覆盖具有转折意义的起始性事件，就是 2002 年开始试点、

2003 年开始推行的新型农村合作医疗（简称"新农合"）。所谓新型，一是相对于 20 世纪 70 年代的农村合作医疗而言，那是依托农村集体经济的，是农民与农民的合作，财政不出资。那项制度随着集体经济的瓦解而在 20 世纪 80 年代基本消失了。此后，广大农民处于缺医少药的状态。直到 20 世纪初，全国的社会保障制度仅局限在城市职工的范围内，所谓"扩大覆盖面"，是把广大农民排除在社会保障制度之外的，这个社会保障制度是相当残缺的。新型农村合作医疗制度的伟大意义，是在存在着严重的城乡分隔的制度环境中，率先跨越了城乡之间这道墙，让社会保障之光开始普照到农民身上。怎么实现跨越的？这就是所谓新型的第二个也是更本质的含义，就是合作主体改变了，不限于农民之间的合作，而是政府与农民的合作。新型农村合作医疗新在哪里？新在以政府出资为主。从这项制度建立之初到现在，一直是各级财政"出大头"——在筹资结构中财政出资占很大比例，占 3/4—4/5。

　　这项制度一举扭转了多少年来社会保障只在城镇职工的范围内打转转的局面。当然，不是说在此之前农村完全没有社会保障，原来像五保户、困难户的救助，灾害救助，还是有的。但覆盖面很小，不是面向所有农民的，而且一般是临时性的，不是制度化的。制度化的养老、医疗、失业、工伤、生育保险，都只局限在城市职工范围内，甚至不承认农民有失业问题，有工伤问题。20 世纪 80 年代末，曾经在个别地方的农村搞过试验性的农民养老保险，但是筹资水平很低，统筹层次很低，很快就被叫停了。新型农村合作医疗，尽管是一项仅适用于农村的特殊制度安排，它无力冲破城乡二元体制，但是，以财政出资为主给农民建立了一种医疗保险制度，我们社会保障制度率先跨越了城乡二元区隔的界限，标志着社会保障开始了制度覆盖的新进程。因此，这项制度就具有了标志性意义，如若不跨越城乡二元分隔这道墙，就不可能走向普遍覆盖，从 2003 年开始，我国社会保障扩大覆盖面的速度大为改观，在这之前，一年能扩进一千万城镇职工和农民工也就了不得了，但是 2003 年以后，每年都有上亿甚至数亿农民参加新型合作医疗，当时农民有七八亿人，几年时间新型农村合作医疗就接近全覆盖，这就成为走向适度普惠时代的最具标志性的起始事件。

二　扩展局面的创新举措

继新型农村合作医疗制度之后，2007 年建立了农村最低生活保障制度，很快实现了低保制度的城乡全覆盖，这项制度完全由各级财政出资；2009 年进一步跨越，又给农民建立了新型农民基本养老保险，办法与新型农村合作医疗相似，采取政府与农民合作的方式。2010 年通过了《中华人民共和国社会保险法》，标志着我国社会保障制度框架初步形成。这意味着我国有了一个惠及全民的社会保障体系，这是近几年国家发展进程中最为重大的成就。

如要概括这一阶段我国社会保障发展的特点，最大的特点就是制度全覆盖，首先是"全"，原来我们的提法叫广覆盖。不过，全覆盖，目前还是制度全覆盖，不是人口全覆盖，就是说各项制度已经覆盖城乡了，并不等于说现在每一个人都参保了，因为还有各种各样的具体情况，就是将来也不见得一个人不落，但是制度全覆盖，可以说是一个最大的特点。到目前为止，以最低生活保障制度为核心的社会救助已经覆盖城乡居民，医疗保障制度已经惠及 95％ 以上的人口，基本养老保险在 2012 年能够实现制度全覆盖，整个社会保障制度普惠全民的愿景基本得以实现。

在这个过程中，最大的转变就是社会保障制度本身开始排除了身份歧视，克服社会排斥，原来只有一小部分人享受各种社会保险，另外大部分人享受不到，各种风险由他们个人或者家庭承担。现在全覆盖了，社会保障制度的抗风险职能可以更大限度发挥出来，整个社会的融合度提高了，这是一个很大的社会进步。

而社会保障之所以能实现制度全覆盖，是因为我们采取了若干创新举措。原来在计划经济体制下的社会保障是一种国家保障。我国实行社会主义市场经济以后，社会保障制度发生了深刻的转型，就是要和社会主义市场经济相适应，它的主体发生了变化，建立了国家、企业、社会、家庭和个人合理分工的责任结构，形成了一个新的制度体系。在这里，处理政府机制和市场机制如何结合的问题，是最近这十年很重要的探索，我们有经验，也有教训，在探索中不断有所创新。

我们把社会保障和社会福利发展局面的扩展，称为"从小福利迈向大福利"①。"小福利"就是指特殊福利，是面向特殊人群的，如残疾人、老年人、儿童、五保户这些弱势群体。并且，福利提供的主体是单一的，一般由政府包揽。"大福利"就是指普遍福利，它是覆盖全民的，任何一个社会成员都有福利需求，都有提供保障的问题。另外，保障内容也扩展了，原来的社会保障基本上就是困难救助，等等，而普遍福利要面向所有社会成员的需求，不仅把教育福利、健康福利、住房福利等包括进来，甚至生态环境的改善也要纳入社会福利的范围。这样一来，福利内容的多样化，必然要求提供主体的多元化，不能只有政府这一个提供主体。当然，所谓普遍福利就意味着适度普惠，普惠的程度要和我国的经济发展水平相适应。

总之，我们的社会保障和社会福利改革和建设，适应了从计划经济向市场经济的转变，创新了政府机制与市场机制的结合形式，从特殊福利迈向了普遍福利，开创了适度普惠的新时代。

三 改善局面的新起点

制度全覆盖是一座里程碑，但对适度普惠新阶段来说，它只是新的起点，它需要进一步发展、巩固和完善，正如党的十八大报告所指出的，它要"增强公平性，适应流动性，保证可持续性"②。它的各项制度要更加科学，更加合理。为此，就需要更科学地搞好顶层设计，制订更合理的制度完善方案，规划更可行的政策实施路线。而欲达此目标，就不能仅仅像一般所认为的那样，只要努力提高各项社会保障和社会福利水平就可以了。社会保障和社会福利水平当然要适时适度提高，但是关键不在于提高保障和福利水平，而在于制度整合。可以说，正是制度全覆盖开启了推进制度整合的新进程。

---

① 景天魁、毕天云：《从小福利迈向大福利：中国特色福利制度的新阶段》，《理论前沿》2009 年第 11 期。

② 胡锦涛：《坚定不移沿着中国特色社会主义道路前进，为全面建成小康社会而奋斗——在中国共产党第十八次全国代表大会上的报告》，《中国共产党第十八次全国代表大会文件汇编》，人民出版社2012 年版。

第二节　制度整合：既是重点又是关键

一　制度碎片化——一个合理过程的不尽合理的结果

我们国家的社会保障是在一个很长的过程中，逐步逐步地、一片一片地建立起来的。而且，往往都是采取应急的方式，这就造成了这个制度碎片化情况相当严重。比方说，医疗方面分为城镇职工医疗保险，后来又有新农合和城市居民的医疗保险，而且新农合是县级统筹，一个县一个标准；同时还有各种各样的医疗救助，不同名目的医疗补贴，等等，这些方面的资金来源和实施办法五花八门。养老保险的区分就更加厉害了，有公务员的，有事业单位的，有企业职工的，有农民的，有市民的，还有军人的。此外，在同一种制度中，离休与退休的，退休早的和退休晚的，处于不同时间段和年龄段的，待遇福利都不一样。不一样，就造成了很多不公平，比方说两个人同时从部队转业，一个到了机关，一个到了企业，等到退休时，退休金差别很大，不公平问题就是这么出来的，是制度碎片化必然带来的。制度碎片化本身带来的差别，形成制度区隔，又限制了转移和接续，应对人口流动的能力就差；必然对社会保障的可持续性也带来一些值得忧虑的影响。

但是，我们今天讨论这个问题，首先要承认这样一个基本事实：所谓碎片化，这个问题在过去的社会保障形成过程中是很难避免的。它不是什么人、什么部门的主观错误造成的结果。因为我们国家情况复杂，人口众多，经济制度和社会体制都经历了剧烈的深刻的转型过程。可以说，每一个碎片（单个制度）的形成，在当时都是合理的、有必要的。很难设想在如此纷繁复杂的改革过程中，谁能设计出一个万能的整体方案，并且得到一贯的执行。

可是，即使局部合理，整体却不尽合理；即使过程合理，结果却不一定合理。在某种意义上可以说，正是碎片化给社会保障和社会福利的进一步发展准备了基础；也正是碎片化，提示了今后发展的主攻方向。当然，这也是因为我们现有的社会保障和社会福利制度的缺陷，从碎片化的角度看，可能暴露得最为明显。也许可以说，现行社会保障制度的主要缺陷都与碎片化有着直接的关系，例如，养老保险在各地之间的旱涝不均、养老金有余有欠、不同制度下的待遇差距悬殊，医疗保险的低效、浪费、不公平、医疗秩序不合理，最低生活保障制度、老年人福利制度等的城乡和地区差距不但没有缩小反而加大了收入不公平，如此等等，不仅直接影响着社会保障制度的公平性，也损害了它的效率；不仅不利于促进经济发展和社会安定，反而成为酿成社会冲突、影响经济发展的一个原因。所以，我们现在提出制度整合，就是要解决碎片化带来的这些问题。

二 制度整合——增强公平性、适应流动性、保证可持续性的关键

十八大报告中提出要增强公平性，什么样的社会保障才可以说是公平的？就社会保障和社会福利制度来说，公平最起码要有三个方面的要素：第一，所谓公平性就是普遍性，全覆盖。不能只是一部分人有社会保障，另一部分人没有保障，那就谈不上公平。第二，统一性，制度可衔接、可转换。不能是只在某地可以得到社会保障，在国内流动到另一地，就得不到社会保障，这也容易造成不公平。第三，可持续性。就个人而言，在不同年龄段之间是可以延续的，现在缴了费，15 年、20 年以后能够兑现，能够得到预期的保障；就代际之间而言，缴费与受益的权利和义务比较均衡；就经济支持能力来说，未来不至于造成大的亏空、债务。这里既有横向的公平，又有纵向的公平。

不论是增强公平性，还是适应流动性、保证可持续性，关键都在于制度整合。如果制度不能整合，这些都无法真正做到，因为它本身就造成了不公平，造成了新的社会矛盾，本来是促进社会公正的制度，却变成了引发社会冲突的根源。近年来，农村征地、医患纠纷、退休职工待遇、事业单位改革……许多群体性事件都与此有关。另外，我们现在有 2 亿多流动人口，没有制度整合，转移和接续也有难以克服的困难。至于可持续性就更谈不到，因为碎片化本身就不应该持续。所以，制度整合是一个关键性的环节。

三 制度整合——既要具备条件又要积极作为

实现制度整合要考虑各种各样的条件：其一是城市化水平，农村人口与城市人口的比例，在农村人口占比偏高的情况下，城市难有足够大的统筹能力。其二是城市居民人均收入和农村居民人均收入的差距，在差距较大的情

况下，城市财政难有足够大的带动能力来填平这个差距。就医疗保险为例，新农合的筹资水平一开始一个人一年只有 30 元，后来提高得很快，现在一人一年提高到 200 多元了，但是这个水平和城镇职工医疗保险的人均筹资水平相比，只相当于它的十几分之一。养老保险更加是这样，现在农村养老保险和城镇居民的养老保险水平都很低，一年才几百元钱，而城镇职工的退休金一个月就有一两千元，甚至更多，相差少说十几倍甚至几十倍。这么大的差距，给制度整合造成了巨大的障碍。其三，制度整合还有一个统筹层次问题。现在新型农村合作医疗是县级统筹的，如要上一个台阶到地（市）级统筹，就意味着要在地（市）的范围内把所有县的待遇水平拉平。可是，各个县的差别也很大，那就看地（市）级财政有没有这个能力了，像苏南地区就有这个条件，因为每一个县级市都很富，县和县之间差别很小，这是可以做到的，而苏南和苏北差别就很大。总之，经济发展水平是制约制度整合的最主要的因素。当然，还有其他一些因素，例如医疗，还有医疗资源的配置不合理，医疗方便程度不同，所谓可及性、可得性，都会影响到制度的运行。

如果具备条件，最好的办法当然就是制度统一。目前全国走在最前面的是广东省的东莞市，它把城镇职工的医疗保险、城镇居民的医疗保险和农村的医疗保险三合一了。因为该市工业化发展很快，城市化水平较高，农村居民占的比例较低，而且城镇职工和农民的收入水平差别较小。东莞的范例具体地表明了实现制度整合应具备的条件。这是我们要努力实现的目标。但是，我们国家地区差距、城乡差距很大，还有体制内和体制外的，有单位和没单位的，怎么能够实现统一呢？

这里有两种策略的选择：消极的与积极的。所谓消极的，就是等待工业化水平、城市化水平都像东莞那样了，城乡居民的收入差距也缩小了，缴费能力普遍增强了，筹资能力增强了，总之是条件完全具备了再来推动制度整合。那样的话，工作阻力自然最小。可是我们等不起，经济发展、差距缩小都是一个长期的过程，如果真的等待经济发展达到很高水平了、差距也慢慢消除了，那制度的公平性何时才能增强？何谈适应流动性？一两代人都误过去了，还谈什么保持可持续性？更重要的是等待也是要冒风险的。前面谈到的制度碎片化的后果告诉我们，消极等待是极其危险的。所谓积极作为，就是不等待条件具备，而是通过积极推动社会保障和社会福利的制度创新，促进收入差距的缩小，解决工业化和城市化过程中的问题，适应人口流动的需要，不断完善制度，从而为实现制度整合创造条件。

积极的策略也有两种选择：技术整合与制度整合。所谓技术整合，就是在基本不改变现有制度的前提下，运用技术手段，例如缴费办法和缴费数额的折算，实现不同制度下的接续和转移。例如，为了在现有制度基本不变的前提下，实现城镇职工养老保险（简称"职保"）、城镇居民社会养老保险（简称"城居保"）和新型农村社会养老保险（简称"新农保"）的衔接和转换，规定参加城镇职工养老保险缴费年限满 15 年的，可以申请从新农保或城居保转入职保；职保缴费年限不足 15 年的，可以申请从职保转入新农保或城居保。新农保和城居保可以互相转换，即转移个人账户全部储存额，缴费年限合并累加计算。[①] 但是，由于新农保和城居保的缴费水平与职保之间的差距巨大，一般达到十几倍，甚至几十倍，因此，前二者与后者相互转移时，不转移统筹基金，只转移个人账户，缴费年限也不能折算。这就只具有技术性处理的意义——可以转移，但制度不变。如果从职保转入城居保和新农保，由于统筹账户不能转移，参保人损失很大；从城居保和新农保转入职保，缴费年限不能折算，也是很大的损失。因此，这个办法虽然打开了三种制度之间的关卡，但最大的收益并不在制度创新，倒是有助于解决原来一部分流动人口既参加新农保又参加城居保，领取财政双份补贴的问题。据我们 2010 年到一些地方的调查，重复参保情况相当严重，有的地方达到参保总数的 10% 左右，估计当年造成的财政损失达 100 亿元左右。如能通过技术性的接续和转移，加强城乡社会保险的统一管理，解决财政补贴的重复发放问题，也是对现有制度的一个修补。

所谓制度整合，当然就不是技术性的修修补补，而是把相近的制度尽可能地整合起来。我们既不能不顾客观条件，鲁莽地推行制度整合，也不能等待收入差距缩小到比较接近的程度后，再来实行制度整合。那是消极的策略。积极的策略是什么？就是通过适当地、有步骤地推动制度整合，促进收入差距和各种经济社会差距的缩小，差距缩小了，就有利于再进一步推进制

---

① 王涛、王原：《养老保险城乡衔接利于人口自由流动》，《参考消息》2012 年 11 月 29 日。

度整合，如此循环往复，就既积极地创造出有利于实现制度整合的条件，又实质性地通过制度整合，促进社会公平，增强再进一步实现制度整合的条件，保证社会保障和社会福利制度的可持续性。

就目前来看，能够做到的事情要尽力尽快做起来。在养老保险方面，我们要全面落实企业职工基本养老保险省级统筹，实现基础养老金全国统筹，提高新农保基金管理层次。在医疗保险方面，要首先整合城乡居民基本医疗保险制度，实现城乡居民在基本医疗保险制度上的平等和管理资源的共享。城市居民养老保险和农村居民养老保险、城市居民医疗保险和新农合，这两块到目前为止主要都是靠财政出资，个人出资都不多，另外它们的筹资标准也还差不多，所以整合起来条件比较成熟。

统筹层次每提高一级，就意味着在统筹范围内公平性的增强，这就要求统筹范围内的财政具有相当的填平补缺的统筹能力。因为东部地区，特别是一些大城市的郊区，不论是养老保险还是医疗保险的筹资水平都较高，统筹能力相对较强。而中西部地区筹资水平低得多，与东部的差距有五六倍，不论是靠中央财政的转移支付，还是靠地区内部的调剂，都很难填补上如此之大的缺口；就是在地区内部，因为新农合是以县级统筹为主，县与县之间的差别很大，大多数中西部地区仅靠本身很弱的财政能力难以解决统筹问题，依靠中央财政也只可能缩小差距，不可能一下子抹平差距。

很显然，在现有制度不做调整和改善的前提下，仅仅依据就近优先原则，所能做到的制度整合，项目是有限的，范围更是有限的，因而，整合的过程将是漫长的。而在这个等待条件具备的过程中，各项制度内部，或者迫于某种需要，或者因为经济条件的变化，差距还可能继续拉大，从而加剧了最终实现制度整合的难度。

在前几年推广新型农村合作医疗制度时，各地曾使用了一些变通方案：先把制度统一起来，但是预设不同档次，称为"制度统一，标准各异"。缴费分几个档次，可以自主选择；相应的，待遇也分几个档次。这对吸引各阶层群众参保、扩大覆盖面，曾经发挥了积极作用，在制度整合上是否可以采用类似做法，值得试验和尝试。

我们现在农民或者城市居民的社会保障水平，与城镇职工的水平相比差距更大，差了十几倍，甚至几十倍，短期内不可能把它一下子拉平。如果我们遵循现有的原则——现行制度基本不变，就近优先，在我国存在着巨大的城乡差距、地区差距和收入差距的情况下，制度整合的最终实现，只能是遥遥无期了。

但是，正如十八大报告指出的，我们现行的社会保障和社会福利制度，面临着"增强公平性、适应流动性、保证可持续性"的紧迫任务，如果我们遵循或者默认现行制度基本不变和就近优先这两个原则，那就等于用不紧迫的方式来应对紧迫的问题，恐怕是难以适应的。显然，我们有必要探讨"增强公平性、适应流动性、保证可持续性"的既稳妥又显效、既合理又可行、二者兼顾兼得的制度整合方案，那就是底线公平方案。

四 制度整合的可行方案——底线公平方案

制度整合可以有多种方案，底线公平方案可能是最积极稳妥、切实可行的方案。因为要想根本解决制度整合问题，必须充分考虑并积极应对巨大的城乡差距、地区差距、收入差距这个基本国情社情，在中央财政的财力不可能很快填满各个地区之间的社会保障和社会福利资金缺口、城市财政的财力不可能很快填满城乡之间制度整合的资金缺口、收入差距的缩小速度也不可能满足中下收入阶层提高缴费能力的需要这样一些基本条件约束下，又不能消极等待，怎么办呢？现行社会保障和社会福利制度必须有所调整和改善：进一步明确划分底线部分和底线以上的非底线部分，底线部分由各级财政（有工作单位的主要由企业等用人单位）承担，非底线部分由社会（企业等用人单位和社会组织）、家庭和个人承担。底线部分实行无差别的公平原则，是刚性的；非底线部分实行有差别的公平原则，是柔性的，可以通过市场机制、互助机制、慈善机制来调节，个人和家庭可以自由选择、自主决定。只要把这个底线划好，底线部分就容易提高统筹层次，直至实现全国统筹，转移和接续自然就不再成为问题；非底线部分承认差别，由个人和家庭自主并负责，可以随人口迁移而转移和接续，适应流动性就不再成为问题。关键问题是恰当划分底线部分与非底线部分的比例，也就是明确政府责任与市场作用的边界，明确政府、社会、家庭与个人责任的合理结构。这样就可以真正避免陷入支付危机，保障制度的可持续性。

这里再次强调，所谓底线不是一个水平的概念，不是指社会保障和社会福利是高水平还是低水平，因为社会保障水平是要随着经济发展水平而变化的，主要是由经济发展水平决定的。底线的含义是什么？它是一种责任的底线，制度的界限，机制的作用边界。最基本的需要是靠政府来承担责任的，另外一些非基本性需要，可以靠市场机制，可以靠家庭和个人缴费来承担，那可以是有差别的，可以柔性调节的。义务教育、最低生活保障、公共服务等靠政府财政来保障；基础养老金、基本医疗要靠政府、用人单位和个人共同负责，这些是不能含糊的，所谓底线是不能够忽视、不能够推卸的责任界限，必须明确下来。既然是政府负责的，必须面向全民，必须体现无差别的公平，不能有那么多人为的区隔，不必要的差别，造成不必要的矛盾，要逐渐地把它拉平，拉平了，在基本需要的满足方面大家感觉没有什么不公平了，转移也好，接续也好，也就没有障碍了。

展开地说，第一，就福利需求而言，最基本的问题是如何区分底线部分与非底线部分，这里，既要依据基本需要和非基本需要的划分，也要依据需求与供给的平衡。至于如何划分，前面已经简要提及，我们已有专门阐述①，这里限于篇幅不再详述。需要强调的是，我们已有的制度实践证明，这两点非常重要。有了底线部分与非底线部分的划分，才可能明确各个福利主体的责任结构，才可能明确刚性与柔性机制的作用范围。而如果基本需要和非基本需要不加区分，统统要财政承担，养老金越高越好，医疗报销比例越大越好，百分之百免费更好，那样的制度不可能持续。至于需求与供给的平衡，也是一大难点和重点，总体上说，社会保障和社会福利支出占 GDP 的比例、占财政支出的比例，要有科学的计算，不能寅吃卯粮，借债度日，那样肯定会搞出巨大的无底洞。所以，寻找需求与供给的平衡点，固然根本的问题是要发展经济，在经济发展的同时提高每一个人的收入水平，每一个人的支付能力增强了，总供给才有能力去与需求达致均衡。但也不仅如此，即使供给能力增强了，也要科学地、理性地按照供需平衡的原则办事，在这个基础上，才能保持制度的生命力。

第二，就福利提供而言，最关键的问题是明确政府责任与市场机制的边界。正如建立社会主义市场经济的关键是处理好政府与市场的关系一样，建

---

① 参见景天魁《底线公平：和谐社会的基础》，北京师范大学出版社 2009 年版。

设一个好的社会福利模式的关键也是摆正政府与市场的关系。例如，住房制度由计划经济时期的全盘福利化一下子转变成自 20 世纪 90 年代到 21 世纪初的全盘市场化，从一个极端跳到另一个极端，造成住房秩序的混乱，致使住房问题一下子飙升为社会热议的焦点，说明摆正政府与市场的关系，既是非常重要的，又是非常不易的。

而按照底线公平原则区分底线部分福利与非底线部分福利，就为明确政府责任与市场机制的边界提供了前提。底线部分福利是广大社会阶层的基本需要，具有刚性特征，是政府必须首担的责任（并不一定全部由财政负担）；非底线部分福利具有差别化的、选择性的特性，一般属于非基本需要，具有柔性特征，适合让市场机制、互助机制等非政府机制去调节。例如，社会保险与商业保险，并非所有的养老保障都要纳入社会养老保险，有些项目，有些特殊人群的需要，可以交给商业保险；并非所有的医疗保障都要纳入社会医疗保险，有些病种、有些医疗服务，也可以交给商业保险。社会保险和商业保险要按照它们的性质、原则和机制的不同，而各得其所，各尽其能。

第三，就福利责任而言，要科学界定政府与社会、社会与个人之间的关系，既要强调政府责任，也要重视社会责任；既要发挥社会组织的作用，也要强调家庭和个人的作用。

在政府与社会的关系方面，首先要反对政府包揽，这不是主张卸掉政府责任，而是要找到政府与社会承担责任的恰当范围和方式。例如，一般而言，福利服务是不适合行政化的，可以借鉴国外由政府购买服务的方式，政府发挥指导和监督的作用，社会组织自主发挥经办的职能。其次，社会组织也要规范化、专业化，依法依规办事。特别是在养老服务、医疗服务、婴幼服务、残障服务等领域，服务对象都是弱势群体，职业道德、行为规范特别重要，政府在监督和管理方面也是责无旁贷的。

在社会与个人的关系方面，要反对盲目提倡所谓社会化。面对老龄化问题和人口结构的变化，鉴于家庭功能的弱化，一度曾过分宣扬养老社会化。其实，社会是谁？还是由家庭和个人构成的。近年来的多项社会调查表明，所谓单一化社会养老，既不符合老年人的意愿，也不利于尽到子女的责任。至于把孝文化、家庭观念，当作封建主义，当作落后意识，加以全盘否定，都是不对的，问题是怎样让它们适应新的社会条件的需要，如何从国情社情出发，探索适合中国文化的养老模式。在深入调查的基础上，北京市提出"90.7.3"模式（家庭养老占90%、社区养老占7%、机构养老占3%），上海市提出"90.6.4"（家庭养老占90%，社区养老占6%，机构养老占4%）模式，逐步摸索出比较合理的结构。在基本养老保险制度改革和建设中，我们引入了个人账户，构建了当今世界独一无二的社会统筹与个人账户相结合的基本养老保险模式，这也是一项重大的制度创新。

总之，我们既要发挥政府的作用、市场的作用，又要发挥企业的作用、社会的作用、家庭的作用、个人的作用，组成一个主体多元化、方式多样化、内容丰富化、结构合理化的社会保障和社会福利体系。所谓底线公平理论，无非是希望在其中找到科学的、合理的、适合中国国情的关系、比例和现实可行的解决办法，能够收到理想的预期效果。在这个社会保障和社会福利体系里，让人民群众，不论贫富、不论地域、不论民族、不论职业，都能衣食无忧，基本生活都有保障，那公平感、安全感就增强了；让每一个有发展潜能的人，都能公平地得到发展机会，每一个有劳动能力的人，都愿意积极就业，创造财富，那社会活力、社会凝聚力就增强了。

按照这个底线公平方案，我们只需在现有制度中，进一步明确底线部分与非底线部分的界限，然后，不论职业、不论城乡、不论贫富、不论地域，采取积极稳妥的步骤，把底线部分统一起来，能够省级统筹的尽可能省级统筹（如基本医疗），能够全国统筹的尽可能全国统筹（如基础养老金）；非底线部分放开让市场机制、让社会组织去发挥作用，让家庭和个人自主选择，给多元化主体、多样化方式留有充分的余地，承认适度的差别，进行必要的调节，刚柔相济、适时适度。只要底线部分统一了，制度之间的区隔自然就取消了，所谓难转移，是因为它们之间有差别，而且差距很大，想从低的地方往高的地方转，高的地方不愿意，现在底线部分拉平了，转移和接续就没有障碍了。非底线部分，本来就是可以自主的，就像个人账户一样，随身携带，要走带着走，没有什么转移困难。个人账户部分不需要整合，也不能整合，反正多缴多得，只要基础养老金整合了，就意味着养老保险制度整合了。在这种情况下，所谓就近优先的原则也就没有必要了。

同样道理，社会救助制度也可以以最低生活保障制度为基础，尽快实现各种基本生活救助在城乡之间、地区之间的制度统一；医疗保障制度可以从目前的城镇职工医疗保险、城镇居民医疗保险和新农合的"三元制"，首先将城镇居民医疗保险与新农合整合为统一的居民医疗保险，在条件成熟时再与职工基本医疗保险整合起来，同时从疾病医疗向健康保险发展，实现"人人享有健康"的理想目标。

这样一来，我们就不必等待城乡差距、地区差距、收入差距缩小到一定的程度，再来推进制度整合，而是通过底线公平式的制度整合，去主动促进三大差别的缩小；不是把制度整合理解成把每一项制度都搞成内部没有差别的统一制度，而是把每一项制度都搞成内部有合理差别的、底线部分与非底线部分结合的统一制度。在这种统一制度内部，刚性需求与柔性需求、刚性机制与柔性机制，适当匹配，实现均衡。既不要把刚性部分柔性化，也不能把柔性部分刚性化。增强制度的可调节性、灵活性，所谓可持续性也就增强了。

第三节　体系整合：既是理念又是政策

制度整合主要是指制度本身或者说一项大的制度内部的整合，例如，面向不同人群的各项养老保障制度的整合，各项医疗保障制度的整合，等等。体系整合是指制度之间以及制度与非制度的整合。体系整合内容十分广泛，涉及的方面也难以穷尽。

我们提出的体系整合方案，是底线公平制度整合方案的扩展。它既包括理念的部分，也包括政策的部分。因而，从体系整合的内容来说，主要包括底线部分福利与非底线部分福利的互补与协调、制度之间的结合与协调、制度与非制度的配合和协调。

从体系整合的类型来说，可以区分为三种：1. 基础部分的整合。基础部分本不应该有多大的差别，但实际上因为历史的、人为的原因，造成了很大的差别，这种整合是为了基本取消差别而实现的整合；2. 差别部分与无差别部分的整合。就是本应有差别，但差别太大，或者虽然差别较大，但应该也可能缩小，这种整合是为了缩小差别而实现的整合；3. 本应有差别，但差别应该或需要保留，在基本保留差别的情况下又需要加以协调，那么，这是为了协调差别而实现的整合。这种分类，也可以说是区分了整合的三种程度，三种状态：统一型，划归一体；结合型，有差别，但有归于一体的部分；协调型，保留差别，但共处一体，相互协调。

从体系整合的重点来说，在目前发展阶段，人民群众需求的迫切性和客观条件的可能性主要交集在这样几个方面：1. 资金保障与服务保障的整合；2. 劳动就业与福利制度的整合；3. 教育发展与福利制度的整合；4. 政府转型与福利建设的整合；5. 社区建设与福利建设的整合。以上三个大的方面的整合内容，都在这五个重点问题中凸显，以上三个整合类型也都可以在这五个重点问题之中表现出来，因此，以下主要结合这五个重点问题讨论相关的整合内容和整合类型。

一　资金保障与服务保障的整合

将资金保障与服务保障整合起来，是全面的增效型福利体系的内在要求。我们以往所说的社会保障主要是指资金保障，如何筹资，如何发放，如何精算，都是指的资金问题。现在，或者说用不了等多久，老年人基本上都有养老保险金了，吃饭穿衣这些基本需要不再是问题了，主要需要就是日常照顾、社会服务和精神慰藉这些服务性的保障，这些越来越决定着老年人的生活品质，影响着他们的心理感受。不是说资金保障就不重要了，而是说许多东西是花钱买不来的，例如，孤独感、冷漠感的消除，社会温馨氛围的增强，都不是资金问题，需要社会服务来满足，需要建设多方位多层次的养老服务体系，用社会服务来配合资金保障、补充资金保障在功能上的缺失。我们有一些地方就做得很好，组织社会工作者、志愿者组成的服务队伍，给老人们提供各种各样的服务，有的服务是收费的，志愿者提供很多服务是不收费的，但是服务质量很好；也有的地方组织老年人之间互助服务，或者组织青少年、儿童到养老院和老人聊天，老人很开心，小孩也很开心，这种服务一分钱都不用花，却可以提高人们的生活质量。将来在基本需要得到满足以后，生活质量越往上提高，对资金的依赖越不见得那么明显，而对全面的社会建设包括服务体系建设的依赖会越来越大。也许在一定意义上可以说，正是由于我们现在很多社会服务没有跟上、没有配套，服务队伍没有建立起来，所以有很多的服务，必须靠家庭和个人用钱去购买，这就越发显得钱不够用了，可见，如果社会服务平台能够搭建起来，社会服务能够跟上，实际上就不需要再去花很多钱来解决这些问题了。

社会服务还可以起到联结、整合多项社会保障制度的作用。老年生活照顾和老年医疗看护就需要在养老机构、在社区实现整合。一些民办养老院只管生活照顾，缺乏医疗护理条件，老年人不愿入住；另外，一些基层医院和卫生机构，只愿意提供医疗服务，不愿意提供护理服务，结果自家门庭冷清，老百姓的服务需求也无法得到满足。我们所说的整合是普遍整合，不光养老需要服务，病人也需要服务，残疾人也需要服务，其实每一个人都需要服务，缓解交通拥堵，这也是服务，提高我们生活方方面面的舒适度，需要大量服务。

我们的目标是要建设服务型社会，人人提供服务，人人享受服务。我们不仅要重视发展生产型服务业，也要重视发展生活型服务业。这件事情办好了，老龄化危机就可以化解。而中国最有条件办好这件事：一是我们有几亿农村人口需要向城市转移，其中相当一部分劳动力适合到生活服务业领域就业；二是我们的制造业产能过剩，而服务业是条短腿，正需要弥补，有人计算过，生活服务业的潜力很大；三是我国有邻里互助的文化传统，值得大力发扬。所以，尽管我们的老龄化问题在世界上是最严峻的，但我们有可能像率先走出国际金融危机一样，率先走出一条用服务型社会化解老龄化危机的成功道路。

二 劳动就业与福利制度的整合

将劳动就业与福利制度整合起来，是积极的福利体系的基本要求。不论在计划经济时期，还是在市场经济体制下，我们都坚持了劳动就业与福利制度的紧密结合，劳动管理部门与社会保障部门一般都是放在一起的。改革开放以来，我们创造了坚持就业优先的经验——20世纪90年代，在解决数千万职工下岗问题时，一方面实行"三条保障线"，保障职工基本生活；另一方面，千方百计促进就业，没有造成大的财政负担。进入21世纪以来，最低生活保障标准、各种困难救助和生活补贴数额增长很快，但同时也把它们与促进就业紧密挂钩，防止形成福利依赖。近年来，随着高校扩招，每年有六七百万大学生需要就业，我们也出台了鼓励创业、激励就业的政策措施。

正因为如此，尽管近十年社会保障和社会福利水平成倍提高，但并没有出现欧洲一些国家失业率畸高的严重危机，足见就业优先经验是极其宝贵的。

尽管如此，我们仍然面临着在新形势下解决劳动就业与福利制度如何整合的一系列严峻课题。比如，随着城市化提速，并进入高峰期，城镇就业压力会空前加大，而新生代农民工的就业选择、对工作和生活环境的要求，改变单人进城务工为居家迁移的方式，都与老一代农民工有很大区别，对就医、就学、住房等生活保障和社会福利提出了更高要求；城市里的"富二代"、"啃老族"就业意愿、生活要求也发生了很大变化，凡此种种，都要求探索劳动就业与福利制度整合的新形式、新政策。无论情况发生了什么变化，有一点是不变的，那就是我国的基本国情——我们有约 13 亿人口，最大的资源是劳动力，最可依赖的是人力资源，防止庞大的人口由最大的资源转变成最大的负担，关键就在于破解劳动就业与福利制度如何整合的新难题。习近平总书记在新一届中央政治局常委与中外记者见面会上的简短讲话中，就特别指出"人世间的一切幸福都是要靠辛勤的劳动来创造的"。[①] 点明了劳动就业与福利制度整合的重要意义。

三　教育发展与福利制度的整合

将教育发展与福利制度整合起来，是发展性、内源性福利体系的根本要求。教育不仅是提高人们的知识技能，不光是可以获得更高的经济回报率，它还有巨大的社会福利效应。不要把教育发展与福利制度的整合狭义地理解成义务助学、贫困生救助等。大量研究证明，教育与提高人们的福祉有着根本性的关系，它对社会福利的任何一个方面都有直接或间接的但都不可忽视的影响。

首先，应把教育发展与就业培训、创业辅导、收入分配制度等适当整合，紧密结合实践需要设置和调整专业和课程，尽可能提高专业对口的比率；将学校教育与岗位实习紧密结合，请有实践经验的专业人员进课堂，让学生尽早接触生产和工作实践；按照产业发展的需要及时调整高等和中等、研究性与生产性学校和专业的结构。让教育发展成为引导产业升级、支撑经

---

① 习近平：《始终与人民心心相印、同甘共苦》，人民网，2012 年 11 月 15 日。

济社会转型发展的引擎。应借重收入分配改革，引导和激励青年一代积极向上、奋发有为。

其次，应把教育发展与户口管理制度、社会保障制度、住房制度等尽可能地结合起来，国别比较研究表明，凡是能为二代移民、新生代就业大军、各种技能人才提供广阔发展空间的国家，就既有充足的发展活力，又有稳定的社会秩序；凡是在社会支出中将教育支出放在重要乃至优先位置的国家，不仅国家创新能力领先，福利资源充足，而且抵御经济和社会危机的能力也明显增强。教育发展与福利制度整合，是社会福利可持续性的最可靠的保证。

四 政府转型与福利建设的整合

将政府转型与福利建设整合起来，是实现福利体系整合的可靠保证。把民生改善作为执政的主要目的，是福利建设的决定性因素。与经济体制改革时以减少干预、简政放权为主要内容的政府转型不同，与福利建设相结合的政府转型，虽然也要求政府提高效率，但不是一般地提高效率问题；虽然也要求政府转变工作方式，但不是一般的工作方式问题，实际上是要求政府更加明确执政目的。习近平总书记说："我们的人民热爱生活，期盼有更好的教育、更稳定的工作、更满意的收入、更可靠的社会保障、更高水平的医疗卫生服务、更舒适的居住条件、更优美的环境，期盼着孩子们能成长得更好、工作得更好、生活得更好。人民对美好生活的向往，就是我们的奋斗目标。"① 如果说与建立市场经济相结合的政府转型，直接目的是为了发展经济，在一定意义上也可以说为了创造 GDP，那么，与福利建设相结合的政府转型就提高到了终极目标、宗旨性目标的高度，它对政府转型的要求就更高了。

从这个高度看政府转型与福利建设的整合，转型目标的更高要求应该体现在许多具体方面：第一，在资金方面，应建设以民生投入为主的财政体制，降低政府支出所占比重，建设廉洁政府，大幅提高居民收入；第二，在行为方面，应切实建设服务型政府，坚持服务优先，寓管理于服务之中；第

---

① 习近平：《始终与人民心心相印、同甘共苦》，人民网，2012 年 11 月 15 日。

三，在组织方面，应加强社会组织特别是公益性社会组织建设，让它们在福利服务的提供中发挥主体作用，明确界定政府与社会组织在社会福利和社会服务中的职责和功能，实行政府购买服务，同时制定规范、加强引导和监督，建立政府与社会组织良性合作机制；第四，在人才方面，应加强社会服务、社会工作专业人才队伍建设，同时应加强干部队伍培训，要求他们积极投身福利服务，积累参与福利服务的经历。

五 社区建设与福利建设的整合

将社区建设与福利建设整合起来，是实现福利体系整合的重要基础。广大人民群众生活在社区，老弱病残等弱势群体的福利需求集中在社区，因此，民生建设一定要下到社区，福利服务一定要汇聚到社区，财政资金要向社区倾斜，民间资本要往社区吸引，专业人才要向社区流动，只有这样，才能真正体现以人为本的执政理念，才能把福利建设落到实处。

首先，要坚决克服社区建设行政化倾向。坚持社区自治，避免把社区搞成基层政府的派出机构，凡是政府部门的工作业务，不得摊派给社区，要让社区工作人员围着群众转，而不是围着政府转，让他们有时间、有条件、有热情去服务群众，而不是服务政府。其次，加大对社区基础设施、活动经费的投入，做到有场地、有人力、有项目、有资金。目前在全国各地，一般而言，发达地区、城市社区工作开展比较顺利，也比较活跃，像广东省组织城市社工和志工帮扶农村社区，收到极好的社会效果。再次，发动社区群众广泛参与，让群众成为社区事务的主人，社区为人人，人人以社区为家，把社区建设成新型社会共同体，变陌生人社会为熟人社会。这是一项意义重大的社会建设。

总之，社会保障和社会福利是一个大系统，既有内部的制度整合，又有与外部环境条件的整合与协调。不论是整合的内容，还是整合的方式，都非常丰富，以上讨论的五个方面，尽管仅仅是几个重点问题，但已经全面涉及了几个基本的均衡关系：制度内部的整合与协调、制度之间的整合与协调、政府与社会的整合与协调、社会多元主体的整合与协调。我们把这些基本的福利关系处理好了，就可以走向中国特色的福利社会。

第四节　结语：福利体系整合是现代国家体制整合的基础

一如前述，制度整合和体系整合，对社会保障和社会福利本身具有关键的意义，这是十分明显的，毋庸赘言。这里还想强调，对正在崛起的现代中国来说，它们还是国家建设的重要基础，对国家统一、国家安定具有十分重要的作用。

我们国家地域广阔，人口众多，内部差异大，外部环境复杂，自古以来，内部整合就是国家强盛的根基。现在，我们要建设现代化的强国，社会保障和社会福利的制度整合和体系整合是一项基本的民生工程，是一项重要的社会建设，同时，也是一项基础性的国家建设。

我们要通过实现社会保障和社会福利的制度整合和体系整合，让东部离不开西部，西部离不开东部；技术先进地区与资源丰富地区相互依赖，谁也离不开谁；汉族与各个少数民族和睦相处，谁也离不开谁；经济发达了，能够共富贵；遇到危机了，能够共患难；外部冲击来了，我们有坚不可摧的内部认同。福利制度和体系的整合，就是一个人人需要、人人欢迎、人人离不开的基础性的联结纽带。依靠这个纽带，中华民族形成坚强的利益共同体、命运共同体，这项基础建设搞好了，国家就不易分裂，政权就不易颠覆，社会就不易动荡，实现国泰民安就有了基本的保障。

我国社会保障和社会福利建设，从实现制度覆盖，到实现制度整合，再到实现体系整合，最后就可以成为一项基础性的现代国家建设。这既是一个理想的愿景，也是一条可行的路线。

第二章

西方社会福利模式评析

西方发达国家是现代社会福利制度实践的先行者，在第二次世界大战后普遍建立了福利国家。福利模式多元化是西方发达国家的显著特点，其中普遍主义福利模式具有非常重要的典范意义。普遍主义是西方福利国家社会福利发展进程中的主流思想，既为福利国家奠定了坚实的理论基础和基本原则，也转化为一种具体的福利实践和福利模式。20世纪70年代以来，西方发达国家在福利改革中提出了一系列新思想和新方法，但没有根本改变普遍主义的福利追求。纵观人类社会福利发展史，普遍主义的福利思想和福利模式不仅仅是西方的，也是世界的，不仅仅是地方性知识也是全球性知识。普遍主义福利在西方发达国家的实践及其经验，对中国正在建设的普遍性福利体系具有重要的启发意义。

第一节　西方普遍主义的福利思想

普遍主义既是西方社会构建福利国家的思想基础，也是西方福利国家的基本原则。贝弗里奇和蒂特马斯对普遍主义福利思想作出了重要贡献，普遍主义福利思想对西方福利国家的发展与实践产生了重大深远的历史影响。

一　普遍主义福利思想的经典阐释

1. 贝弗里奇的普遍主义福利设计

贝弗里奇是按照普遍主义原则设计英国福利制度的第一人。在1942年12月发表的《社会保险及其相关服务》，即著名的《贝弗里奇报告》中，贝弗里奇设计了一个以普遍主义为基本原则的福利国家框架。贝弗里奇认为，英国战后重建的最主要任务是革除"五恶"，即贫困、疾病、愚昧、污秽和懒惰；要完成这个基本任务，就必须改革现行社会保障体系，建立一个由社会保险制度、国民补助制度和自愿保险制度构成的综合性社会福利体系。①贝弗里奇认为，政府有能力也有责任增进个人福利，让每一个国民享受到国家所给予的从生到死，能够抵御所有各个方面风险的安全保障。《贝弗里奇报告》的基本目标是建立一个覆盖全体国民基本生活需要的社会安全网，以消除人民基本需求的匮乏，对因失业、疾病、意外变故导致收入中断的国民提供生活保障，对因年老退休的国民、因抚养人去世而失去生活依靠的国民，以及因生育、死亡和婚姻变故而陷入生活困境的国民，社会保障制度必须提供基本保障。②《贝弗里奇报告》试图建立"一种全面的社会改革计划，它要对付的不光是需求，还包括四大恶魔，即疾病、无知、肮脏和懒惰"③。"该报告背后的普遍主义雄心——其目标在于风险从特定阶级扩展至所有公民——使它一炮成功。"④

　　特别需要指出的是，在《贝弗里奇报告》中，贝弗里奇在批评英国社会保障制度的分离化或孤立化时，提出了社会福利整合的思想。贝弗里奇认为，英国的社会保障制度设计缺乏系统性和整体性，各种福利政策之间缺乏相互联系；一个政策处理一种社会问题，忽视社会问题的相关性；结果是各种社会保障措施彼此孤立，有时造成重复，有时出现空白点。⑤为了解决社会福利的分离化，贝弗里奇在改革社会保险制度中提出了整合化的对策。贝弗里奇提出，社会保险制度要坚持六个原则：社会保险津贴统一标准原则、社会保险缴费统一标准原则、统一管理原则、社会保险津贴发放的时间与数量应该合理的原则、社会保险制度与国民救助制度及自愿保险制度相结合的

---

① 钱宁：《现代社会福利思想》，高等教育出版社 2006 年版，第 172 页。

② 同上书，第 170 页。

③ William Henry Beveridge：*Report of the Inter-Departmental Committee on Social Insurance and Allied Services*，1943：10.

④ 参见［挪威］斯坦恩·库恩勒等编《北欧福利国家》，复旦大学出版社 2010 年版，第 157—195 页。

⑤ 丁建定、魏科科：《社会福利思想》，华中科技大学出版社 2005 年版，第 175 页。

综合性原则，人群分类原则。① 由此可见，贝弗里奇设计的社会福利体系，不仅具有普遍主义的精神，也充满着整合主义的思想。

2. 蒂特马斯的普遍主义福利思想

社会政策学科的奠基人蒂特马斯是最早提出普遍主义福利思想的学者，主张实现普遍性的社会福利制度。蒂特马斯说："在今天和未来的关于福利国家的任意讨论中，诸多论点都聚焦在普遍主义的服务和选择性的（selective）服务这些原则和目的上。"② 蒂特马斯指出："采取普遍性原则的基本的历史原因是，以服务使用者将不会有任何丧失地位身份、人格被羞辱和自尊丢失的前提和方式下，让服务提供给全体的人民并让全体的人民接受服务。在使用公共提供的服务的时候，能够使接受社会供给的人不产生劣等自卑、贫困被救济、羞愧和被污名化的意识，不会把这些人归因到是或者将会变成'公共的负担'，而把物品和服务更有效地、更方便地提供给有关的全部人口。"③ 蒂特马斯认为，普遍主义的福利基本原则意味着平等地给予全体公民一种获得福利分配的成员资格。保证这种资格能够实现的具体方式是建立一种覆盖全体社会成员、让所有的人得到实惠的福利体制。这种基于普遍主义原则的综合福利体制在西方被称为制度型模式，即指覆盖民族国家疆域以内的所有人的福利机制。这种福利制度让"社会有一个集体的社会责任来保障全体人民一个最低的生活水平"④。福利制度化观点认为，社会的整体人群应该获得福利服务，福利是社会提供给每一个人的一种权利，这种模式是让每个人都有平等的机会来享受社会福利服务。所以制度型模式是一种基于通过国家设计的、通过再分配形式和福利设施，给全体公民提供社会保障和社会服务的社会福利制度。蒂特马斯认为："普遍性的社会福利服务即没有任何阶级、种族、性别与宗教差别的社会福利服务，可以发挥这样的社会功能，那就是促进和提高全社会走向社会协调的态度与行为。"⑤ 芬兰的

---

① 丁建定、魏科科：《社会福利思想》，华中科技大学出版社 2005 年版，第 177 页。

② Titmuss, M. Richanrd, *Commitment to Welfare*, London：Allen and Unwin, 1968：128.

③ Ibid. .

④ Bäckman, Guy, The Creation and Development of Social Welfare in the Nordic Countries, Tampere University, 1991：6.

⑤ 丁建定、魏科科：《社会福利思想》，华中科技大学出版社 2005 年版，第 194 页。

社会政策教授西比拉（Sipilä）和安托宁（Anttonen）从四个方面概括普遍主义："普遍主义的概念是多元的。首先，它主要考虑要保证所有公民都能享受福利和服务。其次，它将几乎是统一的福利设施扩展到使全国公民都能享受。第三，普遍主义意味着大多数公民在实际上依靠并在需要时能享受这些福利。第四，普遍主义包括公民有享受这些福利的合法权利。"①

蒂特马斯认为，与普遍主义相对立的是选择性，即选择对部分人提供福利和服务，特别面向特殊困难群体。选择性福利分配通过对个人或家庭的财产和收入状况的调查才给予提供，通过家庭财产调查，界定出哪些人确实属于需要帮助的人和穷人，而后才给予减免费用的服务或现金补贴。蒂特马斯指出，选择性社会福利存在着弊端，选择性社会福利服务使得所提供的社会福利服务往往带有一定的歧视与侮辱性色彩，它使一些人变成了另外一些人的负担；为了避免选择性福利的弊端，必须实行普遍的社会福利原则。② 蒂特马斯还进一步分析了私人福利制度的危害性。他认为私人福利不利于促进社会平等，反而可能造成社会不平等范围的扩大与程度的加深，削弱和危害公共福利；私人福利在社会意义上还具有分裂性，私人福利制度导致一些人被排斥在社会福利之外，或者遭受极为严酷的对待，使社会产生明显的分裂；私人福利制度不仅不能给人们提供自由选择的机会，而且会带来权利的集中。③

二　普遍主义福利思想的理念基础

普遍主义不仅仅表现在围绕"成员"与"分配资格"这两个维度所表现的福利模式的不同上，在福利模式设计的背后，还沉淀着一系列的政治、经济、哲学和道德理想的观念冲突。

第一，普遍主义福利思想体现了公民权的政治思想，即给予公民普遍的社会权利。公民权是一个基于理想、信仰和价值的标准基础上确立的一个发

---

① Sipilä, Jorma, Anttonen, Anneli & Kröger, Teppo, "A Nordic Welfare State in Post-industrial Society", in Powell, J. L. & Hendricks, J. （ed.）, *The welfare state in post-industrial society：A global perspective*, Dordrecht：Springer, 2009：181 – 199.

② 丁建定、魏科科：《社会福利思想》，华中科技大学出版社 2005 年版，第 195 页。

③ 同上。

展的概念，它让"社会有一个集体的社会负责来保障全体人民一个最低的生活水平"①。公民权的思想由英国社会学家、社会政策学者马歇尔（Marshall）于1949年在剑桥的一次题为"公民权和社会阶级"的讲座中提出。马歇尔认为，充分的公民权是民族国家内的全体人享有的正式公民权利，包含民事权利、政治权利和社会权利。② 在西方社会，关于公民的自由言论和政治选举权利早于社会权利。在20世纪早期，西方国家就拥有了普选权，此时是各个国家建立社会保险制度的时候。而在谈社会权利的时候，则是普遍建立西方福利国的时候。社会权利的一个重要体现是公共福利从是一个公民的可供选项到公共福利是公民的社会权利的转变。③ 蒂特马斯说："当然，避免羞辱不是发展社会权利和普遍主义这两个概念的唯一的原因。许多其他的力量，社会的、政治的和心理的，在一个多世纪的动乱、革命、战争和变化中，有助于澄清和接受这些概念。"④

第二，普遍主义体现了社会公正原则。当社会福利理论达到公民权层次的时候，就有了福利意识形态质的根本变化，即对社会公正和平等的认同。福利国家设计体现平等、公正的原则时，就已经超越了制度本身而表达了社会理想或者理想社会。英国社会公正委员会这样阐述社会公正的意义："一个自由社会的基础是全体公民的平等价值；作为一个公民的权利，每一个人的基本需要应该被满足；对自尊和个人自主要求的权利给予最广泛可能的扩展的机会；不是全部的不平等都是不公正的，但是不公正的不平等应该被降低直至尽可能地被消除。"⑤ 社会公正意味着社会背景下的资源和机会的分配，通过国家税收体系给福利国家体系提供支持，以再分配的方式，能够取得社会公正。

第三，普遍主义的福利国家反映了团结、融合和集体主义等理念。西方社会最初就福利体系谈整合，把整合限制在体制的功能设计上。然而，在社

---

① Bäckman, Guy, *The Creation and Development of Social Welfare in the Nordic Countries*, Tampere University, Finland: 1991, p. 6.

② Marshall, Thomas H., *Citizenship and Social Class and Other Essays*, Cambridge: Cambridge University Press, 1950.

③ Pierson, Christopher, *Beyond the Welfare State*, Cambridge: Polity Press, 1992: 110.

④ Titmuss, M. Richard, *Commitment to Welfare*, London: Allen and Unwin 1968.

⑤ Commission on Social Justice, *The Justice Gap*, Institute for Public Policy Research, 1993: 16.

会政策领域的发展中，整合更重要的是体现社会福利领域的理念思想，例如社会整合①和目标整合②。正如蒂特马斯所说："目标整合是社会政策区别于经济政策的一个必要的特征。就像肯尼思·博尔丁（Kenneth Boulding）所说，'社会政策是一个在以福利机构为核心的体系中，创造整合和阻止疏离。'然而这是一个深深地关注个人身份的认知问题，而经济政策核心却在于交换或者二者转移。"③第二次世界大战为西方国家提供了一个很好的民族国家认同团结的机会，福利相互支持建立在相互信任、互惠和团结一致的价值基础之上。普遍主义和信任是有着固有的联系的，普遍主义的福利较选择性的社会政策似乎更能加强社会的信任感，一种普遍的信任感是发展普遍主义的社会政策的前提。所以，高度的社会整合也就是高度的社会凝聚，是功能良好的社会所必需的，它能够靠高度的共同的政治的团结一致取得。④欧洲社会福利思想的阶级基础就是团结，福利国家的存在保持了国家的凝聚与阶级的团结。⑤这种社会的融合把公民团结在一起，共同抵御风险与危机。

第四，普遍主义福利国家的形成还是一个实现政治民主进步的过程。早期的社会保障计划是伴随着政治和经济的现代化开始的。普遍主义理念是北欧国家建构工程的要素之一，它是经过政治和意识形态的论争甚至是斗争得到的。传统的社会民主者认为资本主义自诞生以来就对工人阶级有着严重的剥夺，资本主义的阶级结构提高了两极分化，但是国家干预的扩展改善了工人阶级的处境，创造了更多的公共就业部分，改善了人民的福祉；同时，新的社会团体要求政治融入。西方学者认为，"此时赢得群众的议会民主的权威的重要性和社会力量平衡的对比发生变化，这减弱了产业经济所有者的实

---

① Marshall, Thomas H., *Citizenship and Social Class and Other Essays*, Cambridge: Cambridge University Press, 1950: 39.

② Titmuss, M. Richanrd, *Commitment to Welfare*, London: Allen and Unwin, 1968: 45.

③ Ibid. .

④ Crouch, Colin, Eder, Klaus, and Tambini, Damian ed. , *Citizenship*, *Market*, *and the State*, Oxford: Oxford University Press, 2001: 199.

⑤ Baldwin, Peter, *The Politics of Social Solidarity: Class Bases of the European Welfare State 1875 – 1975*, Cambridge University Press, 1990.

力，并提高了民主选举政府的政治力量"①。"民主包括目的和手段。被称为民主的社会应该是，主要的目的是保证有对不公平与不公正的限制，给社会的任何成员提供机会以确保自身的优势……手段则是，至少在原则上，有机会参与管理社会的过程。因此，评判一个社会的不民主有两条标准，第一，如果社会是不公正的就不是一个民主的社会；第二，如果一个社会是不能参与管理的就不是一个公正的社会。"② 因此，英国学者克里斯托弗·皮尔逊说，"福利国家是一个政治动员的产物，它体现了资本主义逐渐转型的社会民主政治事业的成功"③。所以，社会福利模式到了此时，就已经超越了福利国家模式这种形式的分类，而到达了一个涉及福利政治理想的设计。

第二节　西方普遍主义的福利实践

第二次世界大战结束以后，普遍主义福利思想在西方发达国家得到了不同程度的实现，出现了福利国家的黄金时代。自由主义的补缺型福利国家扩大了救助范围，保守主义的组合型福利国家发挥了政府和非政府组织的多元福利供给功能，社会民主主义的制度型福利国家扩大了社会福利的覆盖面和受益水平。普遍主义的福利实践体现在多个方面，北欧国家成为普遍主义福利模式的典范。

一　社会福利服务的普遍提供

从 19 世纪末开始，公共卫生和社会保障的发展之势从欧洲席卷至全世界，但是普遍主义的社会计划则并不常见。④ 第一次世界大战前后，在西方国家建立的社会保险制度没有完全体现社会权利和普遍主义，仅仅是对那些曾经为这个项目付出的人支付津贴。在第二次世界大战前，西方国家有一些

---

① Pierson, Christopher, *Beyond the Welfare State*, Cambridge: Polity Press, 1992: 25.

② Allardt, Erik and others , *Nordic Democracy, Ideas, Issues, and Institutions in Politics, Economy, Education, Social and Cultural Affairs of Denmark, Finland, Iceland, Norway, and Sweden*, Copenhagen: Det Danske Selskab, 1981: 35.

③ Pierson, Christopher, *Beyond the Welfare State*, Cambridge: Polity Press, 1992: 28.

④ ［挪威］斯坦恩·库恩勒等编：《北欧福利国家》，复旦大学出版社 2010 年版，第 165 页。

福利供给也是不普遍的，特别是公共救助项目，把救助津贴限制在仅仅支持最贫困的人，地方健康和医院服务对那些自己不能支付的人提供了非常低标准的服务。第二次世界大战后的欧洲，特别是英国，为了改变七拼八凑的医疗服务供给①，进行了社会福利项目整合，让全体公民能普遍地享有公共服务。在英国，普遍主义福利实践的具体表现是：以《贝弗里奇报告》为特征，采用缴费制社会保险，让全体公民在生病、失业及年老的时候具备抵御贫困的能力。新制度的制定包括对家庭津贴、生育津贴和遗孀津贴的规定。1948 年建立国民健康服务，包括由税收拨款给全体人民提供免费的公共服务，对每一个人提供免费的普通医师和医院服务。与此同时，教育也由国家税收提供资金支持以免费提供给全体儿童。卫生服务和教育服务的普遍性在某种意义上实现了全体人的平等获得。

在北欧诸国，社会福利是一个普遍的、非付出的和统一的计划。在社会保险方面，疾病保险、工伤保险、老年年金、残疾人年金、失业保险等运用了普遍的标准一致原则，建立了综合统一费率的社会保护体系，使北欧的社会保障体系有了一个平均的标准，在多方面体现了广泛的一致性。例如，养老金同样支付给有工作经历和无工作经历的人。在家庭和个人产生生活需要时，社会救助和家庭津贴帮助那些收入不能自给的个人和家庭能够过上相对充足的生活。还有健康和康复服务、免费教育体系、房屋支持计划，以及最具特色社会服务等。北欧国家有非常广泛的公共服务体系，例如给全部学龄前儿童的公共日托所和提供给老年人的居家照顾。

二 社会福利支出的增长

普遍性社会福利是通过国家税收的形式实现的，通过再分配形式，把更多、更大百分比的国家财富投入到社会福利上，保证公民福利的增长。在社会权利观念下，贫困是"管理下的国家的战略问题，不是个人的问题"②。于是出现一个国家从富人向穷人、从男人向妇女，从就业者向失业者，从成

---

① ［英］希尔·迈克尔：《理解社会政策》，刘升华译，商务印书馆 2003 年版，第 41 页。

② Crouch, Colin, Eder, Klaus, and Tambini, Damian ed., *Citizenship*, *Market*, *and the State*, Oxford: Oxford University Press, 2001：12.

年人向儿童，从就业年龄到退休人员转移支出的过程。

在 1914 年，仅仅 7 个西方国家社会支出达到 GNP 的 3%；到 1940 年，几乎全部的西方国家的社会支出大于 GNP 的 5%。20 世纪 50 年代早期，西方国家社会支出的指数是 GNP 的 10%—20%。到了 70 年代中期，在欧洲福利国家中，1/3 多的国家的 1/3 的 GNP 用作社会支出。甚至一些非典型的福利国家，社会支出也在增长。美国的社会福支出也从 1890 年的 2.4% 上升到 1981 年的 20.2%[1]。

在 20 世纪 80 年代末，欧洲经济合作组织中的瑞士转移了 30% 的 GDP，而瑞典则占到了 60%，英国是 43%。即使到了后来的福利削减期，欧盟的公共支出平均从 1989 年的 47% 上升到 1993 年的 53%。国家财富通过税收增长，并且扩大社会支出，以再分配的形式促进全民福祉，是现代福利国家形成的标志[2]。

三 公民基本需要的满足

体现社会权利思想和普遍主义原则的福利国家的设计是为了满足人民的基本需要，而不是满足最终结果的平均。它是一种体现正义的、相对的公平与平等。平等不是绝对的，不是全部的不平等都是不公正。第一，这个模式的设计是为了满足每个人的基本的需要，让社会的每一个成员都能够得到基本的生活保障。第二，它并不是完全的填平差别，承认人存在各种能力的差别，并且给予这种差别以自由的发展机会和公正的回报；第三，它创造让每个人的潜能得到充分发展的平等的机会。通过普遍主义原则设计的福利国家，给西方世界带来了巨大的变化。到了 20 世纪的 70 年代，西方福利国家的发展到了黄金时期。

四 普遍主义福利的典范

普遍主义理想的设计，在北欧国家得到了较为充分完整的体现，成为普

---

① Pierson, Christopher, *Beyond the Welfare State*, Cambridge：Polity Press, 1992：112.

② Pierson, Christopher and Castles, G. Francis ed., *The Welfare State Reader*, Cambridge：Polity Press, 2000：56.

遍主义福利模式的典范。北欧福利国家模式有三个显著特征①：一是国家性。北欧各国非常强调以国家为中心，拥有强大的干预型政府、强势的官僚机构以及就业人口数量庞大的公共部门。北欧福利模式建立在政府广泛参与福利安排的基础之上，相对于市场和公民社会，政府承担更大的社会责任。国家的作用广泛体现在公共范围、公共就业以及众多基于税收的先进福利项目中，地方政府在福利提供方面发挥着重要作用。二是普遍主义。普遍主义是北欧福利国家模式的关键特征，所有公民都有权通过获得实物福利和现金福利，享受基本的社会权利。北欧的社会福利是普遍的社会计划，养老保险、疾病保险等社会保险涵盖所有公民，实行统一费率的福利制度。同时，北欧的教育、家庭津贴和儿童日托等费用都来自国家税收，是国民普遍受益的福利项目，它们大多体现了普遍化福利的特征。三是平等性。北欧各国的社会政策致力于促进不同性别、年龄、阶级、家庭状况、种族、地区群体之间的机会均等和结果均等。在对抗贫困和收入分配不公方面，北欧各国比较成功，是世界上最平等也是贫困率最低的地区。

　　为什么北欧公众倾向于支持普遍而不是区别对待的社会政策？芬兰社会政策学者西比拉教授认为，普遍性福利模式的好处是它的目的在于使全社会都能享受这些利益，也就是说不是由官员们来认可区别合格公民和其他人；如果在申请时不带附加条件，那么可避免欺骗的申请或人为的错误等通常被认为的社会政策实施过程中的负面问题；此外，当所有受惠者都是社会纳税成员时，分配的成本估计也较容易有理由成立。② 当然，在北欧也存在反对普遍主义福利的声音，认为全民方案昂贵，税收高，形成依赖，增加交易成本，以及在公民中造成过高的期望等。

五　普遍主义福利的排外性

　　应该指出，西方的公民权利历来限制在民族国家的范围内，西方发达国

---

　　① 贡森、葛延风等：《福利体制和社会政策的国际比较》，中国发展出版社 2012 年版，第 46—49 页。

　　② Sipilä, Jorma, Anttonen, Anneli & Kröger, Teppo, *A Nordic Welfare State in Post-industrial Society*, in Powell, J. L. & Hendricks, J.（ed.）, *The Welfare State in Post-industrial Society：A global perspective*, Dordrecht：Springer, 2009：181 – 199.

家的普遍福利也是有国界的，是一种民族国家范围内的普遍福利。在发达国家，那些具有普遍主义福利特征的服务，仅仅提供给具有公民权身份的本国公民，仅仅限制在授予本国国民身份的本民族国家的居民，排斥了外来移民。在欧洲福利国家，外来人口大部分是有色人种，构成了当地的少数民族。在社会福利领域，特别是社会服务上，公民权的体现方式在各个国家表现不一，福利排外性的具体表现也各不相同。在英国，初等教育体系的数学教师（许多来自中国）、医疗卫生体系的护士（许多来自中国），以及老年人的社会服务的护理人员（许多来自菲律宾、印度、南非），大多采用来自发展中国家的有色人种，但是，这些工作人员被排斥在社会福利的体制之外，因为他们不具备英国公民的资格，因此没有相应的社会权利。在美国，一直没有关于卫生健康保障的设计，因为它涉及黑人和其他有色人种①。在具有最普遍意义的北欧，也一直在讨论着国家利益还是北欧利益？仅就共同的北欧公民社会这一概念付诸实际政策的想法，长期以来都被视为乌托邦②。而近期，北欧更加产生了福利民族主义这一概念。③

　　在全球化资本流动的今天，产生了一种新的社会排斥。在某种程度上，最初代表进步与公正的公民权，在保护国民平等公正的同时，在某种程度上成为一些人特殊地位的象征和排斥他人权利的特权。所以，反思西方疆域内的公民权理论，公民权是相对的，不仅体现在选择性的社会安全网的福利政策中，甚至那些所谓普遍主义的福利模式也并没有充分地体现公民权的意识，更不用说全球普遍福利主义。

第三节　发达国家的社会福利改革

　　从 20 世纪 70 年中期，西方发达国家为了应对经济危机、新自由主义和

---

　　① ［美］保罗·克鲁格曼：《克鲁格曼的预言：美国经济迷失的背后》，张碧琼译，机械工业出版社 2004 年版。

　　② 参见［挪威］斯坦恩·库恩勒等编《北欧福利国家》，复旦大学出版社 2010 年版，第 128—153 页。

　　③ Petersen, Klaus, 2012, *Nordic Social Policy Language*, *Concepts and Images*, Paper for Sino-Nordic Welfare Seminar (SNoW II), University of Helsinki, 3 – 5 June 2012.

经济全球化的多重挑战，开始了社会福利改革，并提出了一系列新思想和新理论。发达国家福利改革的实质是并非抛弃普遍主义福利思想，而是在新的经济社会背景下有机整合经济政策与社会政策的新探索，是对普遍主义福利的调整与完善。

一　发达国家福利改革的背景

1. 经济危机的严峻挑战

首先是石油危机导致的经济危机，各国的经济遭到重创，使国民收入锐减。例如，英国在经历20世纪60年代的繁荣时期以后，一直被经济问题困扰。在20世纪60—70年代，制造业出口比例以及生产和投资一直平稳下滑。1973年的石油危机加剧了经济问题，通货膨胀增长，接着是国际经济萧条。其次，经济危机引发福利危机。经济危机造成失业率提高，加之老龄化产生的高龄老人人口增长，领取福利的人数越来越多，国家的社会福利支出比重增长，英国等发达国家的社会支出占到了国内生产总值的1/3。特别是在实行普遍主义福利模式的北欧，包括老年保险、疾病保险、失业保险和工伤保险的社会保险构成了收入保障的最大部分，这些收入已经难以为继。总之，由于经济危机，能够提供的资源减少了，需求总量却增大了。福利国家必须削减福利预算与支出，修改指标体系，提高服务收费比例，建立减低报酬水平、收入审查和福利津贴冻结制度。

2. 新自由主义的严厉抨击

面对福利国家的困境和危机，发达国家遭遇了新自由主义的批判和否定。首先，新自由主义批判了福利国家的政策和做法：政府机构和专业权威在服务提供上的无效；限制了自由市场经济，如高比例的税收政策遏制了企业和成功者的福利创造者的积极性；政府对福利的过度供给，降低了个人的积累，助长了懒惰，破坏了竞争力，导致人民习惯于依赖政府而自己不负责任；福利供给的过剩或不足，并且大部分给了不需要的人，等等[1]。其次，新自由主义批判了福利国家的普遍主义原则。新自由主义认为福利国家是根据虚假的理论而建构的：即在战争时期集体的目的可能，在和平时期也是可

---

[1]　George, Vic and Wilding, Paul, *Welfare and Ideology*, London: Harvester Wheatsheaf, 1994: 15.

能的；在战争时期成功的计划，在和平时期也会成功。福利国家制定者认为
人类所遭受的痛苦，像贫困、失业和疾病等是可以避免的，对每一个问题都
有相应的政策。新自由主义认为，这些都是乌托邦式的信仰。再次，新自由
主义提出了自己的福利思想和主张：自由市场不能被限制或者侵犯，市场应
该从政府的干预中解放出来；反对工会具有的法律地位，反对工会谈判来讨
价工资，反对失业由工会的力量决定，完全反对社会权利的观点。最后，新
自由主义还轻视每一个试图发展执行社会公正的概念。新自由主义认为，社
会公正是一个缺少特异性的概念，同时本身缺少一致的标准，通过非市场方
法的分配将是随意的和酌情的。这意味着福利政策将是随意的，官僚主义、
专家们来承担不可能承担的分配资源的任务。因为缺少一致的标准，利益群
体将产生对资源的自私的和破坏性的竞争，因此，所有关于正义的概念应该
被废除。新自由主义的抨击直指福利国家的普遍原则和价值核心，福利国家
在新自由主义的对其原则和实践的全面批判下，遭遇了其存在的合理性和可
行性的打击。

　　3. 经济全球化的消极影响

　　随着全球化经济相互渗透，意识形态、文化思维方式以及社会结构都随
之发生着变化，全球化经济对福利国家提出了新的挑战。首先，经济全球化
在性质、范围、强度和方向几个方面明显影响了民族国家独立制定经济政策
和社会政策的能力。英国肯特大学社会政策教授乔治和曼彻斯特大学社会政
策教授威尔丁认为，经济的全球化，带来了金融基本流动的全球化和外国资
本的直接投入，带来了跨国公司的增长，全球化的贸易制约和削减了政府的
作用。全球化侵蚀了政府主导宏观经济政策的权威性，外国投资变成一个削
弱国家财政计划支出的对抗力量。最鲜明的例子是欧元，它是一股限制政策
决策者能力的力量，甚至超越了政府目前对欧洲经济所起的实际作用①。全
球化限制了民族国家政府制定政策的自主权，因为保障外国投资成为所有国
家政府的关注焦点。投资方要求必须把保护劳动力福利的支出削减到最小以
保证投资方的利益，国家和政府必须竭尽全力把道德信仰、价值观念和优先
考虑权转移到主要投资决策者的一方，投资决策者的信仰和价值观是新自由

---

① George, Vic and Wilding, Paul, *Globalization and Human Welfare*, London: Palgrave, 2002: 30.

主义的而不是社会民主的。所以，全球化也带来政治的影响和制约，结果是对福利国家政策的削弱，对普遍主义原则的强悍冲击。不仅新的移民被排斥在社会保障体制之外，外来投资者也要求对保护原有成员的社会福利体制的支出削减到最低。其次，经济全球化造成和社会政策的对立。一方面，全球化强化了国家支持市场经济和促进国际竞争的作用。全球化下提倡的是利润，并不保护弱者。市场强调的是自由竞争，而福利国家是作为对自由市场下出现的竞争失败者和弱势群体的保障出现的。另一方面，全球化削弱了民族国家的社会福利供给能力。在经济全球化背景下，民族国家可以直接干涉经济和再分配的力量被减弱了，特别是民族国家对公共开支部分的最直接和致命的削弱，也就是国家用于公共福利和再分配的部分减少了。总之，全球化在西方国家对普遍主义造成的结果是：单一国家内部原有的普遍主义原则难以坚守，福利国家削弱；迈向全球普遍主义，又产生了新的社会排斥。

二 发达国家福利改革的新思维

1. 福利多元化与混合福利

福利多元化的概念在20世纪80年代被引入福利国家的讨论中。这个概念意味着期望社会政策中更多包含非正式的、自愿的和私有的部分，意味着多方参与、地方分权和去官僚化等。同时也出现了混合福利的概念，它意味着福利津贴和服务的提供方是国家、社会、个人等多方的，有保险、付费和免费服务等多样性。福利的多元化让慈善机构和志愿组织的工作更受欢迎，让私营公司进入服务领域，让服务变得更吸引人，因为给人更多的选择。但是，它不能肯定是否提高了民主和平等，同时也不能确定和保证服务提供、服务质量和服务标准。

2. 社会投资理论

社会投资理论认为，传统的经济投资意味着生产的资本、土地的获取和以储蓄代替消费，而社会投资型国家的理念是号召增加就业率和对人力资本的投资，福利国家政策的目的是提供更多能胜任的劳动力，社会保障保持人的能力以避免社会排斥（丧失人力资本），社会投资是为了获取人力资本改进未来人类的生产能力。吉登斯说："老的福利国寻求保护人民避免来自市场的风险——社会投资国家让人们在市场中变成更加强大的行动者。"① 艾斯平—安德森曾说:"福利国家的资源不断地从被动地收入维持向就业和促进家庭繁荣转移……北欧福利国家可以说是带头发起了一个社会投资战略。"② 社会投资的福利理论面对经济精英强调了社会政策的重要性:即劳动力再生产作为社会政策的本质。社会投资福利思想在理论上结合了当代自由主义和社会民主主义的思想,即社会政策强调了参与的机会而不是消费。社会投资理论的政策主张获得了广泛的政治支持,如被经合组织、欧盟等国际组织,还有美国的克林顿、英国的布莱尔、芬兰的利波宁等政府采纳。

社会投资理论下的福利模式和斯堪的纳维亚的传统福利模式有什么不同吗? 放在一起比较审查就会发现,做法上没有任何实质的不同,内容依旧是北欧的普遍主义福利,如社会保险、教育、日托、儿童津贴,等等,大部分资金被国家通过税收投入。不同在于理论的创新解释,注重社会投资是人力资本投资,关注社会投资、普遍参与、教育和家庭政策领域之间的紧密连接。社会投资并不是什么新办法,只是一种让经济批评家接受的新的理论解释。

3. 准市场理论

准市场理论是针对"垄断造成社会服务质量低下"的批评而提出的"需要真实的竞争"的说法。该理论主张,要给用户创造更多自己能选择服务的机会,让用户的钱用在他们自己选择的服务上;服务提供者能成功地吸引用户,从而能够得到资源。这样的竞争就能产生一个强大的激励机制,促使那些提供者来改进服务质量、服务反馈及服务效率。准市场模式为获得更大的质量、效益和反馈,将提供必要的激励即提倡潜在竞争:让顾客可以面对有选择的服务提供方,让新的提供方轻易地进入市场,让失败的提供者退出;防止现有服务提供方参与反竞争行为,如互相串通反对用户的利益,或设法创造本地甚至全国垄断。专家认为,这样的准市场系统和现存的其他选择一起,让目前那些只提供给高收入人群使用的私人服务扩展到较低收入人群,提高每一个人的获益标准,使服务提供变得更加公平。③

---

① Giddens, Anthony, *The Third Way, the Renewal of Social Democracy*, Cambridge: Polity Press, 1998.

② Esping-Andersen, Gøsta ed., *Welfare States in Transition: Social Security in the New Global Economy*, London: Sage, 1996.

③ Grand, Le Julian and Bartlett, Will ed., *Quasi-Markets and Social Policy*, London: Macmillan, 1993.

　　但在西方发达国家的实际操作中，准市场也出现了许多负面的作用。准市场不仅助长服务提供方采取"刮脂效应"（Cream-Skimming）① 的行为，缩减开支，降低质量，同时也造成了新的社会分层，最为显然的例子就是择校入学。

　　4. 资产建设理论

　　资产建设理论认为，社会政策一般是为减少贫困的收入再分配政策，但原有的社会政策没有减少贫困和阶级差别，因此，以收入为基础的社会政策不是唯一的方式。相反，以资产为基础的社会政策，在设计上具有一定程度的促进穷人的资产积累倾向。有了资产，人们开始追求长期的目标；资产建设计划是为了寻求增权，赋予穷人权利和增加其自主权，而不仅仅是收入保护。过去对处于贫困中的福利接受者，不鼓励其积累资产。与普遍主义福利政策一致的是，资产建设理论也反对家计调查，因为家计调查意味着资产审查，有禁止拥有超出最低限额的资产的意思。

　　美国是一个支出借贷社会。特别是在 20 世纪 80 年代，所有的经济部门，先支出，然后靠借贷来支付账单，认为支出是财富的象征。资产建设理论从长远目标着眼更多的储蓄和投资，促使财富分配进一步平等，从而实现社会、经济和政治事务中的进一步平等②。认为财富不是收入、支出和消费，而是资产储蓄、投资和积累，要树立明确的、长期的财政计划，建立起结构化长期储蓄和投资模式。所以，资产建设理论更应该属于经济政策，与其说是给穷人设计的社会政策，不如说是针对美国主要政府部门和经济部门。但是，在一个缺少基本普遍主义福利原则的美国，在一个缺少普遍主义原则基础上建立的保障全体公民基本服务福利体系的国度，谈穷人的资本建设，无异于说梦。

　　5. 社会产业和社会企业

　　社会产业理论是解释西方社会服务产业化的理论。社会服务产业具有福利性和公益性，但是这个产业利用市场规律和商业运作模式发展，是创造价值和利润的一种产业，参与社会服务的许多组织机构被称为社会企业。社会

---

① 意为服务提供者只选择那些低成本、容易做的服务，以及追求高效益，逃避社会责任等。

② Sherraden, Michael, *Asset and the Poor: A New American Welfare Policy*, New York: Armonk, 1991.

产业和社会企业在发达国家的社会服务业中占有很大规模。例如法国的服务公司控制了 1/3 的国内居家养老服务，在 2008 年，法国社会企业的养老服务收入为 156 亿欧元。①

6. 生产型福利国家和政策

许多分析认为，伴随全球化和知识经济时代的到来，要鼓励高收入国家向生产型福利国家转型。生产型福利理论的提出者在欧洲，而生产型福利的经验却产生在东亚。亚洲"四小龙"的快速发展，让停滞发展的欧洲把眼光转向东亚。西方学者提出要总结和借鉴东亚模式以加快自己的经济发展。生产型福利政策有诸多要素，包括工作义务和福利权利结合，把福利看作是提高和保护劳动力水平的投资，等等。但是，西方学者也指出，东亚生产型福利政策的性质，很大程度上依旧是社会保护的措施而不是社会投资。对生产型福利国家的分析，比较著名的是英国约克大学教授对 23 个经合组织国家的数据所做的分析，发现西方福利国家结合了保护和生产的双重功能。

三 发达国家福利改革的评析

面对西方普遍主义福利思想遭到的质疑，西方社会福利思想家、社会政策决策者和管理者在改革探索中提出了新的思想、理论或方法，其根本目的在于激发西方福利体制的动力机制。这些思想或理论的核心，被英国布莱尔政府概括为基于第三条道路的投资型福利国家，被西方社会政策学者提炼为发展型社会政策。纵观西方发达国家三十多年福利改革的实践及其变化，可得出两点基本结论。

第一，西方发达国家的福利理论和社会政策创新产生了积极作用。一方面，福利理论和社会政策创新，找到了一些让新自由主义者、政策制定者和国家管理者都能接受的新解释和可以接纳的新说法，也在一定程度上应对了新自由主义的批判和抨击。但是，表面上的理论退却并没有动摇普遍主义福利制度的根基，普遍主义福利体系也没有因此而坍塌。另一方面，新的理论和政策为发达国家走出经济危机和福利危机提供了切实有效的措施，产生了

---

① Verny, Emmanuel, *The Elderly Service System and related Policy in France*, 2010 年中欧社会论坛发言。

积极的实践效果。通过把社会政策融入经济发展当中，强调福利的多元化、混合化、生产性，发挥准市场作用和社会投资的生产性功能，为发达国家解决福利问题提供了可以具体操作执行的科学方法，为福利国家在没有出路的时候找到了出路，保持了福利国家的总体稳定。总之，西方发达国家福利改革的实质不是放弃普遍主义的福利国家体制，而是修补和完善福利国家。其实，社会福利发展具有路径依赖和刚性增长的本性，发达国家的福利改革不可能抛弃福利国家体制，不可能大幅度降低福利水平。如果仅从改革的表面现象就断定发达国家放弃了多年追求的普遍主义原则，实在是一种不懂历史的天真看法。正因为如此，一些西方社会政策学者坚持认为，福利改革中虽然不谈普遍主义，但是在福利政策的选择上，福利国家的内涵没有改变，普遍主义的福利国家性质没有改变，特别是在北欧。一些新自由主义主导的国家开始关注福利制度的建设，如美国的奥巴马政府对卫生体制的探索。挪威学者指出，反观西方的社会福利思想与制度，各方面都更接近普遍主义，只是不说而已[①]。

第二，西方发达国家的经济政策和社会政策关系模式进入新阶段。经济政策与社会政策之间的关系，是西方现代社会福利制度演进中的一个重大关系。在社会救助制度占主导地位的时期，经济政策优先，社会政策附属于经济政策；在社会保险制度占主导地位的时期，社会政策获得相对独立，经济政策强势地位减弱；在普遍主义的福利国家时期，社会政策地位显赫，与经济政策并驾齐驱。20 世纪 70 年代的石油危机引发福利国家危机后，西方发达国家出现了社会政策经济化的思潮，强调社会政策的经济功能，强调社会政策与经济政策之间的融合。发达国家福利改革的这一趋势，并不意味着发达国家抛弃了普遍主义的福利原则，重新返回前福利国家时代，而是对普遍主义福利原则的修正、补充和完善，使普遍主义福利制度在新的历史条件下充满活力、适应性和生命力。经济政策与社会政策之间的有机整合，可以避免经济至上和福利至上两种极端的形而上学思维。

---

① 参见［挪威］斯坦恩·库恩勒等编《北欧福利国家》，复旦大学出版社 2010 年版，第 157—195 页。

四　西方普遍主义福利模式的启示

纵观 20 世纪以来西方普遍主义福利思想提出、实践和改革的历史，对中国社会福利体系建设具有重要的启发意义。

1. 建立普遍福利体系是社会福利发展的必然趋势

回顾西方现代社会福利制度发展的历程，我们可以看到一个基本的事实：现代社会福利制度是工业化、市场化和现代化的产物，社会福利的普遍性与现代性之间存在着内在的本质联系，总体上呈现出一种正相关的关系。20 世纪是人类现代化进程加速拓展并覆盖全球的世纪，同时也是现代社会福利制度全球性普及的世纪。20 世纪初，只有少数几个欧洲国家通过立法建立了以社会保险为核心的社会保障制度。到 1940 年，建立社会保障制度的国家达 57 个，1958 年有 80 个，1967 年增加到 120 个。到 1995 年，建立社会保障制度的国家达到 165 个。[①] 欧洲是人类现代化进程的发源地，也是现代社会福利制度的诞生地；这不是历史的巧合，而是历史的必然。普遍主义福利思想产生于西欧的英国，继而传播并影响到欧洲其他地区，北欧成为普遍主义福利模式的典范。20 世纪 40 年代中期以后，采用补缺型福利模式的发达国家拓展了补缺范围，转向和增加了适度普遍性；采用制度型的福利模式发达国家拓展了普遍性的内涵，实现了高度的普遍性。由此可见，普遍主义福利思想不仅为社会保障制度的全球普及作出了贡献，也为西方发达国家社会福利的普遍性增长提供了精神支撑。进入 21 世纪以来，中国在加速现代化进程的同时，加快建设社会福利体系，不断加大社会福利投入，增加社会福利项目，扩大社会福利覆盖范围，提高社会福利水平，迅速提高了社会福利的普遍性和公平性。中国提高社会福利普遍性的做法，遵循了现代化与社会福利的互动规律，顺应了普遍性社会福利发展的必然趋势。

2. 中国具有普遍主义福利的文化和制度传统

首先，中国传统的天下大同、天下为公的思想蕴含着普遍主义的原则与精神。新中国成立 60 多年的社会主义道路探索，30 多年的社会主义市场经济改革，依旧坚持共同富裕的道路，都体现了这个精神的实质。在当今世界

---

① 郑功成：《社会保障学：理念、制度、实践与思辨》，商务印书馆 2000 年版，第 18 页。

上，中国是为数很少地公开地宣称坚持社会主义方向、原则和道路的国家。这让处于资本主义体系内部、在强大的新自由主义经济势力和思想统治下的西方社会福利研究领域的思想家、学者感到欣慰和希望。其次，中国形成了一套普遍主义的制度体系。这套制度体系源自中国的传统文化、社会管理和社会结构。中国传统的儒家文化、集体主义思想、健全的社区组织机制和家庭亲情网络，是普遍社会福利体系的文化、组织、机制的保障，也是中国对国际社会福利思想与模式的贡献。这些软实力，可以解决国家、政府与社会支出不够的问题，同时也能解决仅仅靠社会支出不能解决的问题。再次，中国的社会主义国有经济是普遍主义福利体系可持续的保障。国有经济的重要任务之一就是保证社会公平正义的经济基础，给国家对社会资源的再分配提供了基本保障，是实现普遍社会福利持续发展的根基，这正是西方资本主义社会社会福利体制所没有的。

当然，中国的普遍主义社会福利体制和西方现存的普遍主义福利体制应该不同。它植入了西方普遍主义的精髓，但是融合了中国的精神元素；它借鉴了西方的措施方法，但是补充了中国的机制构成；它引进了社会权利的思想，但没有削减社区、家庭和个人的责任，同时还保留感恩的中国传统情感成分。中国目前遭遇的社会变迁，面临的复杂的社会问题，是西方国家近百年已经遭遇的；而西方所有国家面对的问题，几乎都可以在中国这一个国土疆域内发现。所以，在西方各个国家面临不同的意识形态，面临民族国家的障碍的时候，面临建立欧盟社会政策共同体遭遇难以逾越的沟壑的时候，中国以一个民族国家的身份解决在疆土上出现的诸多国际社会不能解决的问题，无疑是对社会福利思想和模式的探索与贡献。中国的社会福利思想和实践将承担社会政策的任务，回答西方资本主义体系下社会福利思想和体制困境问题，从而促进普遍主义福利体系可持续发展。中国将与世界一起，探索建立一个赋予全体公民享有尊严、幸福、自由和福祉的社会。

第三章

东亚社会福利的模式探讨

从全球角度看，东亚是现代化和现代社会福利发展的后发地区。但是，20世纪40年代中期第二次世界大战以后，东亚在迅速恢复国民经济的基础上实现了赶超型发展，创造出举世瞩目的经济奇迹。与此同时，在经济现代化的过程中，东亚国家逐步建设现代社会福利体系，不断增加社会福利投入，扩大社会福利的普遍性，提高福利制度的整合性，积累了社会福利发展的东亚经验。东亚的社会福利实践显著区别于西方国家的福利模式，引起了西方社会福利学界的高度关注和浓厚兴趣。中国与东亚国家之间在地理位置、文化传统、现代化进程、政治传统等方面具有相近性和相似性，东亚国家的社会福利实践经验对正在构建新型社会福利体系的中国，具有更加直接的启发意义和参考价值。

第一节 东亚福利制度的背景与基础

东亚是现代社会福利制度的后发地区，东亚社会福利发展的历史前提与背景与西方国家不完全相同，由此形塑了东亚特点的福利发展道路。东亚社会福利发展的共同背景包括儒家文化传统、国家权威主义和经济增长优先模式。

一 东亚福利制度的文化背景

东亚地区在历史上与儒家文化密切联系，同属儒家文化圈，渗透着儒家文化所特有的精神品质，儒家文化不同程度地影响着东亚社会福利发展的进程与特点。

1. 儒家文化在东亚的传播

儒家文化也称为儒学，由孔子创立，是中国历史上影响最大的主流文化。儒家思想在东亚各国都有广泛的影响。在朝鲜，早在公元 1 世纪初，就有人能背诵《诗经》和《春秋》等儒家典籍。统治阶级非常重视儒学，把它视为维护秩序和加强王权的思想武器，采取各种措施加以引进和推广。百济于 4 世纪建立儒学教育制度。新罗约在 6 世纪传播发展儒学教育，在中央设立国学，置博士、助教传授儒家经典，还向中国派遣留学生。高丽王朝建立后，在国家最高学府国子监、地方十二州乡校广泛推行儒学教育。公元 958 年，高丽把儒家经典列为科举考试主要科目，从而推动了儒学的迅速发展。后来儒学成为各朝教育的重要组成部分，并在政治生活中发挥着重要影响，维护和巩固了封建制度。南北分治后，韩国虽然信奉各种宗教的人很多，但是在伦理道德上以儒家道德为主。在西方文明侵入韩国社会后，各种社会问题有所增加，但是韩国政府仍以儒家的伦理道德作为维护社会稳定的制约力量，在教育中深化儒家思想。韩国儒家文化的核心可概括为家庭中心主义、"孝"思想及共同体意识①。

儒学传入日本，大约是在 5 世纪以前。据《古事记》所载，百济的阿直岐、王仁是最早来到日本的儒学者，并且带来了《论语》和《千字文》等儒家典籍，他们还都曾作为皇太子菟道稚郎子的老师讲授儒家学说。继体天皇时期（公元 507—531 年）曾要求百济国王定期向日本派遣五经博士传授儒家思想，儒家文化得到迅速发展。圣德太子制定的"冠位十二阶"和"十七条宪法"，主要体现了儒家思想，甚至所用的词汇和资料亦大多取自儒家典籍。在日本历史上具有划时代意义的大化改新，也是在儒家思想的深刻影响下发生的。大化改新的首领中大兄皇子和中臣镰足，都曾受教于中国留学生南渊请安和僧旻等人，并在他们的协助下制定了改新蓝图。德川时代，儒学（朱子说）被规定为官方哲学，成为德川幕府的正统思想体系。儒学理论在维护日本的统治中也发挥了巨大作用。

---

① ［韩］朴炳铉、高春兰：《儒家文化与东亚社会福利模式》，《长白学刊》2007 年第 2 期。

2. 儒家文化对东亚福利制度的影响

第一，儒家的"家庭中心主义"形成家庭保障的福利思想。在儒家以"仁"为核心的伦理思想结构中，孝悌是仁的基础，是仁学思想体系的基本支柱之一。因此，儒家文化特别强调家庭内部的和谐关系，强调家庭纽带和家族中的等级及从属关系，父（母）子亲情关系融洽被社会推崇；家庭中心主义作为一种文化，对个人的人生和价值观产生影响。在家庭关系中，父母与子女之间的关系处于至上地位。尽管在工业化进程中，东亚各国的家庭结构受到前所未有的冲击，家庭结构小型化、核心化与城市化的进程相伴发展，但家庭结构和家庭内部关系仍然非常密切，家庭中心主义倾向不仅没有被削弱，反而进一步得到了加强。东亚国家和地区的社会福利在"家庭中心主义"影响下具有浓厚的家庭保障烙印。例如，韩国和台湾地区老年人收入数据显示，老年人的劳动收入和子女的资助是维持其晚年生活的两大收入来源，而其他如保险金的数额则相当少。如表 3.1.1 所示：

表 3.1.1　　　　　　　**韩国和中国台湾的老年人收入来源情况表**　　　　单位:%

项目	韩国	中国台湾
就业收入	32	42.8
储蓄	1.9	—
公共养老金	2.5	1.6
公共与私人救助	2.2	—
私人养老金	0.3	—
财产	4.6	1.9
子女资助	54	53.2
其他	1.6	0.5
总计	99.1	100

资料来源：Kwon，huck-ju，"Income Transfers to the Elderly in East Asia：Testing Asian Values"，*Journal of Social Policy*，Vol. 30，January 2001，pp. 81 - 93. 其中，台湾地区因统计口径不一致有些指标无直接数值。

第二，儒家"德治"、"人治"思想对社会救助制度影响深远。与大多数欧美国家的发展进程不同，东亚地区的社会福利制度在很长时间内并不是以社会保险为核心，而主要强调传统社会救济方式，为孤、老、弱、病、残、贫的社会群体提供最基本的生活保障。[①] 东亚福利制度的一个长期政策取向是通过社会救助提供基本经济福利保障，社会救助支出占社会保障支出的比例长期保持在较高水平。在中国大陆和香港地区，长期强调社会救助的作用；在日本、韩国和台湾地区，直到20世纪80年代后期，社会保险才逐渐成为社会保障的核心。东亚地区为何长期强调传统社会救助方式而忽略社会保险的制度构建，这与儒家的"德治"、"人治"思想密切相关，传统的社会结构、家庭制度、观念文化等因素互相作用是其基本原因。由于东亚地区在工业化之前大多凭借家庭或家族范围内的互助，从家庭互助到政府社会救助的演进也是缓慢渐进的。

第三，儒家思想影响东亚福利"由局部到普遍"的速度。儒家"孝"的思想延缓了老人问题社会化的进程。"孝"思想意味着福利供给强调家庭的责任和义务，弱化了政府责任，诱导人们减少对国家的福利期待，形成以家庭为中心的社会福利体系。在儒家思想影响较大的东亚国家中，养儿防老思想影响深远，个人或家庭面临困难时，更多地寻求亲朋好友帮助渡过难关，通过国家与政府的介入解决的相对少些；这些被西方国家认为是社会问题的现象在东方则被看作是个人或家庭问题，家庭在一定程度上成为代替国家满足福利需求的主体。儒家"礼治"思想的等级观念也致使东亚福利社会化进程缓慢。由于等级秩序的严格性，在推进福利普遍性的过程中，强调部分人如特权阶层的优先享受，然后才是弱势阶层，延缓了社会福利普遍性的速度和进程。

二　东亚福利制度的政治背景

自20世纪40年代末以来，国家力量在东亚现代化与市场经济发展过程中扮演了极其重要的角色，人们将这种国家主导经济与社会发展的基本状态称为国家主义或国家威权主义。考察东亚国家民主化进程，国家也在很大程度上左右着政治进程。20世纪80年代以前，在东亚国家和地区的政治制度中，中国是高度计划经济体制国家；日本自民党保持了长达38年（1955—

---

① 林义：《东亚社会保障模式初探》，《财经科学》2000年第1期。

1993 年）的一党独大制；韩国是高度集权的军事政体；新加坡的人民行动党在历次总统选举中一直未受到大的挑战。同欧洲国家相比，东亚国家的权威政治与国家主义特征明显，主要有如下方面[①]：

第一，国家对政策走向有强大控制力。国家制定经济发展战略，积极干预经济，赶超西方发达国家成为影响国家行为与精英群体的基本理念，所有策略和手段都在为国家追逐经济增长的需要服务，社会福利从属于国家经济发展，社会政策依附于经济政策。第二，社会精英和政治家表现出很强的执行力。强有力的威权主义传统使社会精英和政治家的政策决策具有相当的自治权，但所有的政策必须以国家的经济发展为核心，社会福利制度附属经济发展的特征造成了较大社会问题。第三，公众没有选择，被动全盘的接受。政府强势、政府控制的政治经济模式，政府舆论导向强调家庭价值和功能并与传统观念吻合，非政府力量被弱化且难以对政府决策施加现实的影响力；在信息不对称的环境下，公众参与权和监督权缺位，公众对国家各项经济社会政策完全被动接受。表面看，这种制度带来的经济快速增长不只让富人获益，社会各阶层都能获得受益，更进一步推动了国家权威主义。

从历史视角看，东亚国家中央集权制有较强的历史根基，但伴随着经济与政治现代化的发展，民主化和去集中化的趋向也日益明显。进入 20 世纪80 年代中期以后，东亚的威权主义社会秩序受到了挑战。在中国大陆，市场经济体制的发展降低了国家对全社会的政治控制程度，并使社会结构更为开放。日本自民党自 1955 年以来，在 1993 年议会选举中第一次占据少数席位，并在 2004 年大选中输给了民主党[②]。1987 年，韩国结束了军事政体，并在 90 年代开始对保守主义政治体系进行民主化改革[③]。在民主党的挑战下，由人民行动党领导的新加坡政府也软化了其在威权体制下所实行的强硬路线[④]。在此背景下，东亚社会福利开始转型，具有普遍整合色彩的思想占

---

①　林卡：《东亚生产主义社会政策模式的产生和衰落》，《江苏社会科学》2008 年第 4 期。

②　Takegawa, Shogo, "Pension Reform in 2004: Birth of Welfare Politics?", *Japanese Journal of Social Policy Association*, 2005, Vol. 14: 193 – 230.

③　Peng, Ito, "Postindustrial Pressures, Political Regime Shifts, and Social Policy Reform in Japan and South Korea", *Journal of East Asian Studies*, 2004, Vol. 4: 389 – 425.

④　Rajakru, Dang, "The State, Family and Industrial Development: the Singapore Case", *Journal of Contemporary Asia*, 1996, Vol. 26 (1): 3 – 27.

据主流。日本社会福利转型走在前列，社会福利对象由特殊群体向一般市民的普遍主义扩展，民间团体参与社会福利服务和经营，对养老、医疗、就业、教育、保健等相关领域统合。

三 东亚福利制度的经济基础

经济发展是社会福利的基础条件，社会福利支出必须与经济发展水平相契合。对资本主义福利国家的社会福利支出与经济发展关系的实证研究表明，经济发展与福利支出之间存在着正相关关系。第二次世界大战结束时，东亚地区因长期遭受战争破坏，经济基础十分薄弱，共同面临尽快发展经济和迅速摆脱贫困的紧迫任务。在此历史背景下，东亚各国不约而同地选择了经济增长第一的发展战略，采取各种措施促进经济发展。首先，加强宏观经济管理，制订经济发展计划。例如，1955 年，日本自民党第一个内阁鸠山政府一上台就制订了《经济自由五年计划》，提出重点完成工业设备的现代化，日本开始走上以实现重工业为中心的高速增长道路。1961 年，韩国特别成立一个经济企划院，负责制订国家经济发展计划。其他国家和地区也都有类似的机构和计划。东亚国家和地区充分发挥了"看得见的手"（政府指导）和"看不见的手"（市场经济）这两只手的功能，推动了经济的高速发展。其次，建立外向型经济发展体系。第二次世界大战以后，东亚国家和地区经济起飞的共同基本特征之一是引进外国资金和先进技术，更新自己的产业体系，参与世界市场的竞争，在世界市场上寻找自己的发展空间。20 世纪 50—60 年代，日本引进的国外投资占日本总投资的一半以上①；韩国、新加坡等先后推行的进口替代战略，为日后经济的起飞奠定了基础。与此同时，在冷战时期，美国等西方发达资本主义国家出于政治目的，对日本、韩国、新加坡以及我国的台湾地区等给予大力扶持，美援及其附带技术对这些国家和地区早期的发展起到了重要作用。

东亚国家和地区的经济增长第一战略取得了显著成就。从 50 年代末 60 年代初开始到 80 年代，首先是日本，其次是韩国、新加坡、中国的香港和台湾地区，陆续出现经济腾飞，创造了一个个经济奇迹：60 年代，日本经

---

① 周荣耀：《冷战后的东方与西方——学者的对话》，中国社会科学出版社 1997 年版，第 52 页。

济年均增长率超过 10%，并于 1968 年超过联邦德国成为仅次于美国的第二号经济强国；1960—1980 年，韩国和新加坡的年均增长率分别为 9.9% 和 10%；到 1993 年，亚洲"四小龙"的人均国民收入分别是：韩国 6740 美元，新加坡 15200 美元，中国香港 16382 美元、中国台湾 10215 美元，"四小龙"的富裕程度接近或超过西欧诸国。[①] 1993 年，世界银行发表著名报告《东亚的奇迹：经济增长和公共政策》，其中总结了东亚四个新兴工业化经济体（韩国、新加坡、中国台湾和中国香港）经济增长的经验，主要结论为：坚持宏观调控管理的重要性；一个强有力的政府管理体系保证长期发展意愿的实现；政府采取积极的政策加快工业化的步伐，外向发展政策加上汇率政策；政府清楚地表明了政策支持的条件、方法，且灵活使用并随时调整。东亚经济的快速发展，为东亚国家建设现代社会福利制度奠定了坚实的物质基础。

第二节　东亚社会福利普遍整合的实践

东亚国家在经济腾飞过程中发展社会福利，经历了一个从选择性社会福利到普遍性社会福利、从分立性社会福利到整合性社会福利的转变过程。日本、韩国和新加坡分别建立了具有自身特色的普遍整合福利制度，具有重要的借鉴价值。

一　日本福利制度普遍整合的实践

日本从明治维新开始逐步建立健全现代社会福利制度，在此后一个半世纪，不断出台社会福利法规，增加社会福利项目，扩大福利覆盖面，健全社会福利体系。其中，"全民年金保险制度"和"全民健康保险制度"是福利制度普遍整合的典范。

1. 日本社会福利制度的演进

日本社会福利制度的发展过程，大致分为四个阶段[②]：一是初建时期

---

① 许斌：《战后东亚经济的发展》，《历史教学》1999 年第 5 期。
② 吕学静：《日本社会保障制度》，经济管理出版社 2000 年版，第 5—11 页。

（1868—1945 年）。1868 年的明治维新标志着日本开启现代化进程，与工业化配套的社会保障制度开始萌芽。1874 年颁布《恤救规则》为贫困者提供社会救助，可视为日本现代社会福利制度的开端。1875—1884 年，日本相继出台《海军退隐令》、《陆军恩给令》和《官吏恩给令》，优先为公务员和军人建立养老保险制度。1929 年颁布《救护法》，建立全面的社会救助制度。1922 年颁布《健康保险法》，建立企业职工健康保险制度；1938 年颁布《国民健康保险法》，建立农民健康保险制度。1941 年颁布《养老保险法》，1944 年修改为《厚生年金保险法》，建立企业职工养老保险制度。二是重建时期（1946—1953 年）。第二次世界大战结束后，日本优先重建社会救助制度，1946—1953 年，先后颁布和实施了《生活保护法》、《儿童福利法》、《残疾人福利法》、《新生活保护法》；同时健全社会保险制度，先后颁布和实施了《失业保险法》、《工伤保险法》和《职业安定法》，修改了《国民健康保险法》。三是扩展时期（1954—1973 年）。1954 年，日本结束战后救济恢复时期，人均国民生产总值恢复到战前水平，国民经济走上迅速增长轨道。从 1955—1972 年，日本国民收入持续高增长，年平均增长率达到 10%左右，日本社会福利事业进入大发展的黄金时代。1958 年颁布新的《国民健康保险法》，1961 年在全面范围内基本实现全民皆保险的健康保险制度。1954 年颁布新的《厚生年金保险法》，1959 年颁布、1961 年修订的《国民年金法》，在全国内基本实现了全民皆年金的养老保险制度。1963 年颁布《老人福利法》，1964 年颁布《精神不健全者福利法》和《母子福利法》，1971 颁布《儿童福利法》，1972 年修订《老人福利法》。四是改革时期（1974 年至今）。1973 年石油危机后，日本经济增速下降，失业问题严重，家庭核心化，人口老龄化。为有效应对新出现的多重社会问题，日本进入社会福利制度改革阶段，改革范围包括失业保险制度、养老保险制度和健康保险制度等。

　　在社会福利制度演进的过程中，日本提出了普遍主义的福利思想。1948年，日本设立社会保障制度审议会，在 1950 年公布的《关于社会保障制度的劝告》中，把日本的社会保障制度界定为："社会保障就是对疾病、负伤、生育、残障、死亡、失业、子女多以及其他原因造成的贫困，从保方法以至国家直接负担方面提供经济上的保障；对陷入生活困境者，通过国家救助，给予最低限度的生活保障；与此同时，努力增进公共卫生和社会福利，以期全体国民都能切实享受有文化的社会成员应当享受的生活。"① 日本的社会保障概念，体现了普遍主义的内涵和精神。1993 年，日本社会保障制度审议会提出，为了适应国际经济形势和日本国内的新变化，应该重新认识社会保障，并提出了 21 世纪日本社会保障的发展理念："社会保障制度应该是为了全民的利益，由全民来建立，由全民来支持的制度。"② 这一新的发展理念充分体现了全民主义和普遍主义的福利理念。

2. 全民皆年金的养老保险制度

日本全民皆年金制度经历了建立、拓展、改革和完善的发展过程，经过 1985 年的整合式改革，现已成为一个覆盖全民和管理统一的普遍整合型养老保险制度。

日本的全民皆年金制度是一个多层次、立体化的综合性养老保险制度。该制度的第一层是公共年金制度，第二层是企业补充年金制度，第三层是个人储蓄养老金制度。三个层次共同构成养老保险制度的三大支柱，其中，公共年金制度居于主导地位，覆盖全体国民，不仅是三大支柱的中坚，更是老年人和老人家庭赖以为生的基础保障。企业补充年金制度覆盖人数有限，主要由各个企业自主设立，属于企业福利范畴，目的在于解除职工养老的担忧，保证职工对企业的忠诚。③ 个人储蓄养老金制度属于商业养老保险范畴，主要由生命保险公司承办；居民个人任意投保，采取定期养老金和终生养老金两种形式。

日本的公共年金制度具有普遍整合的典型意义。在 1985 年之前，由三个独立的子制度构成。一是共济年金制度，主要针对公职人员及其家庭，具体分为五种：国家公务员年金、地方公务员年金、公营企业雇员年金、农林渔团体雇员年金和私立学校教职员工年金。二是厚生年金制度，针对私营企业雇员及其家属，分为船员年金与私营企业雇员年金。三是国民年金制度，只针对个人，即针对农民、个体经营者以及家庭妇女等。④

① 吕学静：《日本社会保障制度》，经济管理出版社 2000 年版，第 2—3 页。
② 复旦大学日本研究中心：《日本社会保障制度》，复旦大学出版社 1997 年版，第 169—170 页。
③ 吕学静：《日本社会保障制度》，经济管理出版社 2000 年版，第 25 页。
④ 同上书，第 21—22 页。

1985 年，日本政府对公共年金制度进行整合式改革，在三种年金制度之间引入一个共通部分，成为国民基础年金（相当于国民基础养老金或国家基础养老金）。至此，日本的公共年金制度转化为"双层"结构：第一层即底层是全国统一和覆盖全体国民的国民基础年金①，体现普遍公平的一致性原则；第二层即上层分别是覆盖不同人群的年金制度，个人的受益标准与其所缴纳的保险金挂钩，体现效率优先的差异性原则。具体而言，国民基础年金与厚生年金保险构成厚生年金，国民基础年金加上共济年金保险构成共济年金，国民基础年金加上"国民年金基金"② 构成国民年金。具体如图 3.2.1 所示：

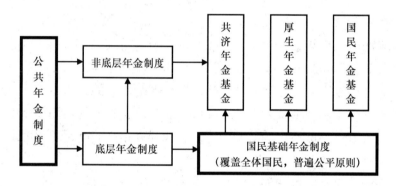

图 3.2.1   日本普遍整合公共年金制度的结构

至此，日本建立了一个普遍整合的全民养老保险制度（全民年金制度）。"它不仅覆盖各种保险制度的参加者，而且覆盖参加者的家属；不仅覆盖不同的产业部门，而且覆盖不同雇佣规模和雇佣性质的人群；不仅覆盖有能力参加各种养老保险制度者，而且覆盖无能力参加养老保险制度者，不仅覆盖一般职业群体，而且覆盖特殊职业群体。"③

① 目前，日本通常所说的"国民年金"就是指"国民基础年金"。

② "国民年金基金"于 1991 年在日本全国推行，主要是为非雇佣个体劳动者设立，因为年金制度改革后，他们只有"底层"的国民基础年金，而没有"上层"的其他年金保险。

③ 丁建定：《西方国家社会保障制度史》，高等教育出版社 2010 年版，第 287 页。

3. "全民皆保险"的健康保险制度

日本是世界上较早建立医疗保险制度的国家之一，最先在产业个人中实施，随后逐步扩大到农民、个体经营者、海员以及政府工作人员，最后覆盖全国所有居民。1922年，日本宣布实施医疗保险制度，并颁布针对企业职工的《健康保险法》；1938—1939年，先后颁布《国民健康保险法》、《船员健康保险法》和《职员健康保险法》；1948—1956年，先后推出公务员健康保险办法，覆盖国家公务员、地方公务员、私立学校教职员以及公共企业职工的健康保险。到1961年，实现了健康保险的全覆盖，建立起全民皆保险的健康保险制度。

日本的健康保险实行"全民参加、强制加入"的原则，健康保险的运营由国家或地方的公共机构负责。日本先后实施了8种健康保险制度[1]：中小企业雇员健康保险、大企业雇员健康保险、企业日工健康保险、国家公务员健康保险、地方公务员健康保险、私立学校教职员工健康保险和国民健康保险。8种健康保险制度可以分为三类：第一类是企业健康保险，参保对象为企业职工及其家属；第二类是公务员健康保险，参保对象为国家和地方公务员以及私立学校教职员；第三类是国民健康保险，参保对象为非受雇人员，包括农业劳动者、自营业者、小企业退职人员、无业人员以及投保者家属。三类健康保险几乎覆盖了全体日本国民，其中，企业健康保险覆盖的国民约占50%，公务员健康保险覆盖约10%，国民健康保险覆盖约占35%。[2]

日本"全民皆保险"健康保险制度的普遍性体现在三个方面[3]：第一，受益对象的全民性。不仅所有被保险人可以享受健康保险津贴，被保险人的家属也可以享受相关的健康保险，由于贫困等原因无力参加健康保险者也可以通过获得医疗救助获得健康保障援助。第二，覆盖产业的广泛性。不仅不同产业部门的劳动者必须参加相关健康保险，而且不同雇佣规模企业和雇佣性质的劳动者也必须参加相关健康保险。第三，覆盖职业群体的广泛性。第一产业从业者和自营职业者以参加国民健康保险制度为主，第二产业的雇员

---

① 吕学静：《日本社会保障制度》，经济管理出版社2000年版，第69—70页。

② 同上书，第70页。

③ 丁建定：《西方国家社会保障制度史》，高等教育出版社2010年版，第285页。

以参加企业健康保险制度为主，第三产业和公共服务领域的从业者以参加公务员健康保险制度为主。这样，几乎所有的职业群体都被纳入健康保险体系。

二 韩国福利制度普遍整合的实践

1. 韩国社会福利的成长阶段

韩国的现代社会福利制度建设始于第二次世界大战结束以后，从 1945 年至今，总体上可以分为两大阶段[①]：

第一阶段（1945—1987 年）：剩余型补缺福利体制时期。在美军政府时期（1945—1948 年），美军政府的政策重心在维持现状上，为了在政治和军事战略层面上解决经济混乱，导入了援助物资。主要救助措施包括设施、公共、应急、灾害等一般性的救助，以及为战后回归的灾民及越南避难民等设立的收容救助、失业救助、住宅救助等。在李承晚政府—张勉政府（1948—1961 年）时期，社会福利政策在国家层面上支持公务员等特殊阶层，具有很强的政治性统治特征；在民间层面则以设施保护为中心，具有浓厚的依赖国外援助的慈善性和应急救护性倾向。在朴正熙政府（1961—1979 年）时期，国家主导型的经济开发政策以经济发展为先，强调先发展后分配，虽然先后制定了 10 余个社会福利法规，但基本上没有落实。在全斗焕政府（1980—1987 年）时期，以威权主义为主，社会福利政策主要为确保政权的正当性服务。总体而言，韩国补缺型福利时期的社会福利有三个显著的特点：一是经济发展优先于福利发展。在社会政策与经济政策的关系上，压倒一切的是经济增长，社会政策服务于经济发展。为经济发展服务的福利制度以国家战略为目标进行构筑，并且效力于市场和企业，社会保障制度重点在于扶贫与社会救助。二是社会福利被当作维持政治统治和确保社会安定的工具。以军事政变掌握政权的朴正熙政府和全斗焕政府，社会福利政策作为政治手段灵活运用，虽然通过了 20 多个社会福利政策立法，但这些政策立法仅仅是名义上的国民保障，实际上并没有对一般国民实施普遍性发放。三是

---

① 韩克庆、金炳彻、汪东方：《东亚福利模式下的中韩社会政策比较》，《经济社会体制比较》2011 年第 3 期。

强调工作伦理和自立自强。国家倡导工作福利和人际互助，"有劳动能力的人依靠劳动，无劳动能力的人依靠社会救济"。国家的社会福利支出在 GDP 中所占比重较小，个人和家庭承担了主要的福利责任。

第二阶段（1988 年至今）：迈向普遍主义福利体制时期。以 1987 年的民主化抗争和劳动者斗争为起点，社会政策立足于普遍主义，扩大了福利对象范围，建立和完善覆盖全体国民的普遍社会福利体系。在卢泰愚政府（1988—1992 年）期间，1988 年实施《最低工资法》和《国民年金法》，1989 年扩大医疗保险和工伤保险，实施《母子福利法》、《高龄人雇佣促进法》和《婴幼儿保育法》等。在金泳三政府（1993—1997 年）时期，确立了民间组织成为国家政权政治伙伴的政治性民主主义制度，社会政策主张国民最低生活保障等生活质量全球化，渐进式地扩大社会保险制度。在金大中政府（1998—2002 年）时期，社会政策是以应对经济危机的生产性福利为理念，对社会保险制度和社会救助制度进行了修正和再设计，进一步扩大了社会福利覆盖范围。在卢武铉政府（2003—2007 年）时期，将"参与"和"脱离威权主义"设立为政治方向，社会政策以参与性福利理论为指导，继承和发展金大中政府的生产性福利。李明博政府上台后，主张实施能动型福利政策，包括四大战略：提供基于生命周期的一生福利，预防型、针对型、综合型福利，利用市场功能稳定国民经济和脱离社会危险的安全社会。在该阶段，韩国社会福利发展的显著特点就是普遍性社会福利持续扩大，建立了普遍主义社会福利制度。

2. 全民养老金制度

韩国的养老金制度始于 20 世纪 60 年代，经过 50 余年的发展，形成了覆盖全体国民的四位一体公共养老金体系。一是公务员养老金制度。1960 年颁布《公务员年金法》，建立了公务员养老金制度；二是军人养老金制度。1963 年颁布《军人年金法》，建立了军人养老金制度；三是私立学校教职员养老金制度。1973 年颁布《私立学校教职员年金法》，建立了私立学校教职员养老金制度；四是国民养老金制度。韩国政府曾于 1973 年 12 月制定《国民福利养老金法》，计划建立国民养老金制度。由于石油危机引致经济状况恶化，建立时间被推迟。1986 年经过全面修订，改为《国民养老金法》。1988 年政府经过修改制定了《国民养老保险法》，从 1988 年 10 月开始在 10 名职员以上的单位强制实行。随后，1992 年 5 月国民养老金扩大至 5 名职员以上的单位，1995 年 7 月覆盖至农村和渔村，1999 年 4 月覆盖到城市地区，养老金制度终于覆盖了全体国民。到 2000 年，全国共有 1621 万人参加了国民养老金制度[①]。到 2009 年，四大公共养老金制度的参保总人数达 2010.6 万，占 2009 年 15 岁以上就业者总人数（2350 万）的 85.57%，实现了全民覆盖；其中国民养老金的参保人数达 1862.4 万，公务员养老金参保人数达 104.8 万，私立学校教职员养老金参保人数达 26.2 万，军人养老金参保人数达 17.2 万。[②]

韩国国民年金实行全国统一管理，卫生福利部及国民年金基金运营委员会、国民年金基金运营评审委员会，对保险费征缴、年金给付、基金资产管理运营进行全面监督，对发生的违规行为进行处罚。对进入金融市场进行运营的基金，由金融监督院负责进行专业性监督。韩国也非常重视作为养老金体系补充的老年福利服务。1981 年颁布了《老年人福利法》，制定了老龄津贴、老人保健、老人福利方面的措施，为老年人提供收入补助和福利服务，并规定了国家、地方政府和家庭在老年福利服务方面的责任，保障了整个老年社会福利水平不断提高。

3. 全民健康保险制度

韩国全民健康保险制度的形成经历了一个艰难的发展过程。早在 1963 年，韩国就制定了《医疗保险法》，但由于当时经济发展水平低，采取了自愿投保方式，基本上处于有名无实的状态。1976 年，韩国颁布新修改的《医疗保险法》，对职工、公务员和军人实行强制性医疗保险，但因执行困难而被迫放弃。1979 年，韩国开始实行强制与自愿投保相结合的医疗保险制度。20 世纪 80 年代，韩国在民主化进程中实施医疗保险改正运动，不断扩大医疗保险参保面，并在 80 年代末基本实现了全民医保，1989 年的医保覆盖率达到 90.39%[③]。1997 年，韩国重新制定并颁布《国民医疗保险法》，成立了国民医疗保险管理公团，促进医疗保险制度整合。1998 年底，韩国

---

① 陈少晖、许雅雯：《养老保险制度：韩国的经验对中国的启示》，《亚太经济》2005 年第 6 期。
② 金炳彻：《韩国：双轨并行的养老金制度》，《法制日报》2010 年 12 月 1 日。
③ 王刚：《韩国：从少数人受益到全民医保》，《法制日报》2009 年 6 月 19 日。

国会通过《国民健康保险法》，决定于 2000 年 7 月起实施；国民医疗保险管理公团更名为"国民健康保险公团"，统一管理医疗保险计划。

2002 年是韩国健康保险制度的分水岭。2002 年前，韩国的社会医疗保险按职业和居住地的不同分为单位医疗保险、地域医疗保险和公教医疗保险。单位医疗保险对象为雇用 5 人以上的企事业单位，地域医疗保险对象分为农村地区和城市地区居民，以及雇用 5 人以下的小企业的工人；公教医疗保险对象为公务员（包括国立学校教职员）和私立学校教职员。2002 年，韩国将三大社会医疗保险子系统合并成统一的制度，实现了健康保险制度的一体化。[1] 2007 年，韩国健康保险制度的覆盖率达到 98.69%[2]；到 2008 年，韩国医疗保障实现全民覆盖，其中企业雇员、公务员和私立学校雇员参保人数占总人口的 59.2%，个体经营者（包括农村、渔村和城市的私营业主）参保人数占总人口的 37.1%，其余无力负担医疗保险的人口依法享受医疗救助，费用由国家财政负担，占总人口比例的 3.7%。[3]

三　新加坡的中央公积金制度

20 世纪 50 年代，新加坡面临着失业、住房紧缺、缺乏必要的社会保障等严重社会问题，绝大部分国民没有养老保障。当时正处于经济发展初期，国家没有雄厚的经济实力提供高水平的社会保障。同时，新加坡政府认为，过分的社会福利不利于竞争，会使人民产生对政府的依赖，新加坡政府本着务实精神立法建立了独具特色的社会福利体系。在新加坡的社会福利体系中，中央公积金制度是最有特色和最具影响的社会福利制度，在一定程度上体现了普遍整合的特性。中央公积金制度建立于 1955 年，是政府通过立法强制个人储蓄，采取完全积累模式和集中管理模式的社会保障制度。在近 60 年的运行过程中日趋成熟和完善，已由最初的退休养老储蓄计划逐渐发展成为集养老、医疗、住房、家庭保障、教育与资产增值等多种功能为一体的综合性社会保障制度。

---

[1]　王刚：《韩国：从少数人受益到全民医保》，《法制日报》2009 年 6 月 19 日。

[2]　同上。

[3]　丁雯、张录法：《韩国医疗保险制度借鉴》，《经济视角》（下旬刊）2010 年第 9 期。

中央公积金制度的普遍整合特性集中体现在保障内容的综合性、制度管理的集中化和社会功能的多样性，通过一个制度基本实现了"老有所养、病有所医、学有所教、住有所居"。1955年以来，新加坡政府不断增加计划、充实内容和完善体系，比较成功地解决了新加坡国民养老、住房、医疗、教育、家庭投资等社会难题。其发展完善过程及其功能拓展可通过表3.2.1得到充分显示：

表3.2.1　　　　　新加坡中央公积金各项保障计划一览表[①]

保障项目	计划名称	实施时间	政策目标
养老保障	养老储蓄计划	1955年	雇主和雇员分别按一定比例为雇员存储退休金
	最低存款计划	1987年	公积金会员在年满55岁提取公积金存款时，必须在其退休账户中保留一笔存款作为最低存款
	最低存款填补计划	1987年	公积金会员可在父母年龄超过55岁而公积金存款少于最低存款额时，自愿填补父母退休户头
医疗保障	保健储蓄计划	1984年	会员每月须把部分公积金存进保健储蓄账户
	健保双全计划	1990年	大病医疗保险计划，支付重病治疗和长期住院而保健储蓄不足的费用
	增值健保双全计划	1994年	缴费和支付待遇比健保双全计划稍高
	保健基金计划	1993年	对无力支付医疗费贫困国民的医疗救济
住房保障	公共住屋计划	1968年	解决低收入者无力购房的难题
	住宅房地产计划	1981年	允许会员可以用公积金购买公共住宅，除了自己居住外，还可以出租
教育保障	新加坡教育计划	1989年	会员可动用其公积金户头里的存款，为自己或子女支付全日制大学学位或专业文凭课程的学费；促进了新加坡教育事业的发展
家庭保障	家庭保障计划	1981年	保障公积金会员及其家庭在遭遇意外或失去工作能力时，避免因没付清住屋贷款而失去住屋
	家属保障计划	1989年	为60岁以下会员而设的定期人寿保险计划

①　本表基础材料参见郭伟伟《新加坡社会保障制度研究及启示》，《当代世界与社会主义》2009年第5期。

续表

保障项目	计划名称	实施时间	政策目标
资产增值	新加坡巴士有限公司股票计划	1978 年	促进公积金资产的保值增值，会员可以自主选择投资于各种类型的金融工具，包括股票、基金、政府债券、房地产、保险等，也可以委托政府进行管理获取稳定的收益；公积金存款大部分用于购买政府发行的公债或部分能确保收益的股票，并以政府实际持有的资产储备作担保
	非住宅房产业计划	1986 年	
	基本投资计划	1993 年	
	增进投资计划	1993 年	
	填补购股计划	1993 年	

第三节　东亚福利制度的类型分析

自 20 世纪 80 年代中期开始，东亚福利制度成为比较福利体制研究中的一个热点，西方学者和东亚学者提出了一系列解释东亚福利制度的理论和概念，但至今没有明确定论。东亚各国的社会福利制度各有特点，同时也存在一些共同性或相似性，它们对正在加速建设现代社会福利体系的中国具有非常重要的参考价值。

一　东亚福利制度的类型争论

在 20 世纪 80 年代以前，西方学者对东亚福利研究大多采取平行的国别考察方法，较少从福利体制或福利模式的层面探讨。1985 年，Dixon 和 Kim 出版《亚洲社会福利》[1]，1986 年，Rose 和 Shiratori 出版《福利国家：东方和西方》[2]。两本著作标志着西方学者对东亚福利制度进行模式研究的开始，并以此作为解读"东亚奇迹"的一个方面。20 世纪 90 年代以来，受艾斯平—安德森福利体制类型学的影响，对东亚社会福利体制的关注日益增强。在有关东亚福利制度类型的研究中，至今仍是仁者见仁，智者见智。有的学者认为存在着"东亚福利模式"，有的学者认为"东亚福利模式"概念是无效的。综合各种争论和观点，研究者主要从以下四个角度分析东亚福利制度

---

① J. Dixon & H. S. Kim, *Social Welfare in Asia*, Kent：Croom Helm, 1985.
② Rose, Richard & Shiratori Rei, *The Welfare State：East and West*, New York：Oxford University Press, 1986.

的类型。

1. 文化分析视角

一些学者认为，以儒家文化为基石的亚洲价值观念体系不仅对东亚工业化发展具有决定性作用，而且对东亚社会福利发展产生了重大影响。琼斯（Jones-Finer）1993 年提出儒家福利国家概念后[1]，从文化角度分析东亚福利模式成为一个基本视角，并在很大程度上影响了研究者对东亚国家在文化传统与影响要素等方面的同质性与相似影响的理论探究。林卡提出了儒家文化福利丛概念，力图揭示儒家文化对东亚社会的福利思想、社会保障体系、社会服务体系的影响[2]。Aspalter 认为，东亚社会福利体制属儒家文化下的保守福利制度。[3] Jacobs 在对东亚福利的研究中强调，东方传统文化对教育、家庭关系、社会和谐与秩序的重视，对于传统和家长权威的推崇以及强烈的工作伦理等，使东亚社会表现出某种东方主义的特点。[4] Walker 和 Wang 在东亚福利研究中，也十分强调东方文化因素对社会福利的影响[5]。由于文化分析在研究方法与经验资料上的不足，研究者在文化概念上容易产生差异，仅从文化角度解释和分析东亚社会福利制度是不够的。

2. 政治分析视角

一些学者从政治角度解释东亚社会福利，认为东亚福利体制的形成与特定的政治生态相关。政治生态因素主要包括[6]：一是威权主义的政体。20 世纪 80 年代中期以前，东亚国家或地区普遍采取威权手段治理国家或地区；执政党拥有很强的合法性，并采用政府主导型的发展战略，对经济和社会生活进行广泛干预。Holliday 认为，战后日本、新加坡、韩国的发展主要是威权主义政府推动的结果。Kwon 也指出，东亚福利体制是权力运作的结果，

---

① Jones-Finer, Catherine, "The Pacific Challenge: Confucian Welfare States", in Jones-Finer, Catherine (ed.), *New Perspectives on the Welfare State in Europe*, London: Routledee, 1993: 198 – 217.

② Lin, Ka, *Confucian Welfare Cluster: A Cultural Interpretation of Social Welfare*, Tampere: University of Tampere, 1999.

③ Aspalter, *Christian, Conservative Welfare State Systems in East Asia*, Westport, CT: Praeger, 2001.

④ Jacobs, Didier, "Low Public Expenditure on Social Welfare: Do East Asian Countries Have a Secret?", *International Journal of Social Welfare*, 2000, Vol. 9: 2 – 16.

⑤ Walker, Alan & Wang Chack-kie (ed.), *East Asian Welfare Regime in Transition From Confucianism to Globalization*, Bristol: The Policy Press, 2005.

⑥ 林卡、赵怀娟：《论"东亚福利模式"研究及其存在的问题》，《浙江大学学报》2010 年第 5 期。

而非民众福利需求的反映。二是保守主义政党执政。有的学者认为，保守主义政党决定了东亚福利国家特有的发展路径。日本、韩国、新加坡都曾是保守派精英执政。因此，Aspalter 强调，所谓的东亚经验就是通过高度的权威在经济发展和社会发展之间建立协和关系。三是劳工运动力量薄弱。在东亚，由于劳工运动受到威权主义政体的严密监控，工会未成长为劳工阶层的代言人和劳工运动的领导者，东亚社会缺乏欧洲社会所建立的在阶级谈判基础上的利益协调机制。因此，在东亚社会，普通民众难以通过民主参与的方式反映福利诉求，并对政府制定社会政策产生强大压力。

3. 经济分析视角

一些学者从经济角度分析东亚社会福利制度，认为东亚福利制度属于"生产型福利体制"。Shiratori 提出和区分了两种不同的社会发展战略，即东亚社会以生产主义为导向的发展战略和西方国家以发展福利国家为导向的战略[①]。Holliday 认为，东亚国家或地区常常采取生产主义的社会政策导向，这一共同导向使它们在福利体制的发展中表现出了很多的相似性，即生产型福利体制。[②] Wilding 和 Mok 在回顾了有关东亚福利的研究文献后，提炼概括出东亚生产型福利模式的共性[③]：社会福利方面的公共支出较低；具有为经济增长服务的社会政策导向；对福利国家理念持批评态度；含有残余主义福利模式的要素；以家庭为中心的福利服务体系；国家扮演体系运作的规范者角色；渐进的、改良主义的和逐步累积的福利体系的发展；国家强化福利政策的社会控制功能；社会政策作为确保体制合法性的手段；人们只具有有限的福利权利和义务的观念。Jeon 将东亚福利制度分为三种亚型[④]：即韩国的以增长为中心模式、新加坡的平等加增长模式以及中国台湾地区的社会公平和稳定增长模式。Gough 认为，生产型福利体制的基本特征就是社会政策的制定屈从

---

① Shiratori, Rei, "The Experience of the Welfare State in Japan and Its Problem", in Eisenstadrt, S. N. and Ahimeir, Ora (ed.), *The Welfare State and Its Aftermath*, London and Sydney: Croom Helm. , 1985.

② Holliday, "Productivist Welfare Capitalism: Social Policy in East Asia", *Political Studies*, 2000, Vol. 48 (4): 706 – 723.

③ Ibid. .

④ Jeon, Jei Guk, "Exploring the Three Varieties of East Asia's State-Guided Development Model", *Studies in Comparative International Development*, 1995, Vol. 30 (3): 70 – 88.

于经济发展的需要①。林卡对东亚生产主义社会政策模式的产生和衰落做了详细的阐释，认为生产主义的战略导向是解读战后东亚社会政策发展路径的关键因素。

4. 综合分析视角

有学者认为，东亚社会福利模式的选择是受政治、经济、社会制度和文化等多重力量综合作用的结果。Goodman 和 Peng 从社会政策发展进程的角度，将东亚福利模式形成的机制解释为向西方国家适应性学习的结果。他们认为，在社会政策领域，东亚国家或地区社会保障制度的建立是通过向西方发达国家学习社会保障思想、社会保障立法和社会保障项目设置等方面的努力而发展起来的。② Wong 将东亚国家（尤其是日本、韩国和中国）描述为适应性的发展国家，尤其是适应和迎接新时期的社会挑战③。在这些学者看来，东亚社会政策的学习和互动进程使该区域福利体制的发展相互影响，并形成了一定的相似性。为了考察东亚福利制度的特征和本质，社会指标研究也被运用到东亚福利的研究中。一些学者（Gough，Tyabji，Hort and Kuhnle）把东亚国家有关教育、健康、养老、劳动力市场和人类发展等状况的社会指标进行比较研究。但是，由于各体制运行的制度环境各不相同，很难从回顾各国的政策制度进程，或通过把不同体系的数据放在同一个表格中进行比较来得出直接的结论。

上述争论表明，东亚福利制度的类型学研究取得了一定进展，但尚未达成共识。

二　东亚福利制度的相似特征

由于东亚各国在历史传统、基本国情、人口密度、政治制度、社会结构、发展水平、生活方式以及价值观念等方面存在明显的差异，也由于东亚

---

① Gough，Ian，*Social Policy Regimes in the Developing World*，Aldershot：Edward Elgar.，2003.

② Goodman，R. & Peng，Ito.，"The East Asian Welfare States：Peripatetic Learning，and Nation-Building"，in Esping-Andersen，G.（ed.），*Welfare States in Transition：National Adaptions in Global Economies*，London：Sage，1996.

③ Wong，J.，"The adaptive developmental state in east Asia"，*Journal of East Asian Studies*，2004，Vol. 4，Issue 3.

各国社会福利发展的阶段性和动态性，要准确概括东亚福利制度的共同特征是比较困难的。一些西方学者和东亚学者从不同角度进行过尝试性的总结和提炼，有的共识程度比较高，有的分歧比较大，有的认识甚至相互矛盾。综合具有一定共识程度的各家之言，东亚福利制度的相似特征主要有以下四点：

1. 生产主义的福利理念

许多研究者认为，生产主义福利理念是东亚福利制度最突出的共性特征。东亚属于现代化的后发地区，在实施赶超型发展战略的过程中，经济发展始终处于优先位置。在经济政策与社会政策的关系上，经济政策长期处于主导地位，社会政策服务于经济发展，长期扮演配角。郑功成认为，东亚地区的福利发展理念可以概括为：是基于经济发展而非基于社会公平，是追求化解个体与群体的风险和社会稳定而非基于公民的平等权利，是崇尚集体主义、群体至上而非强调个人自由与尊严。① 例如，韩国政府长期奉行"经济增长第一、福利第二"的发展政策，到 1995 年韩国人均 GDP 达到 1 万美元时，其社会支出仅占 GDP 的 4%，是当时美国、英国、瑞典的 1/3—1/6；1999 年 8 月 15 日，金大中明确提出将生产型福利作为韩国社会福利改革的新方向。② 在东亚地区，生产主义福利理念集中反映在社会福利支出在政府财政支出中比例相对较小。20 世纪 90 年代中期，韩国、新加坡和中国香港特别行政区社会福利支出占 GDP 的比重分别为 2.0%、0.3% 和 1.6%，占政府支出的比重分别为 10.8%、1.8% 和 9.2%，其政府福利支出在国民生产总值和政府支出总额中的比重大大低于发达国家。③

2. 高度重视教育事业

第二次世界大战后，东亚国家和地区把教育看成是一项长期生产投资，非常重视发展教育事业，教育在东亚经济腾飞中贡献巨大。一是长期保持高比例的教育投入。在 1966—1976 年，韩国教育经费占国民生产总值的比例

① 郑功成：《东亚地区社会保障模式论》，《中国人民大学学报》2012 年第 2 期。

② ［韩］赵胡铉：《韩国"生产性福利"的政策理念与制度安排》，杨玲玲编译，《当代世界与社会主义》2009 年第 5 期。

③ 郑秉文、史寒冰：《东亚社会福利政策中公平于效率的问题——价值取向与政策效应》，《辽宁大学学报》2002 年第 3 期。

年均达到 8.8%，1984 年更是高达 13.3%；1983 年，日本的教育经费占国民生产总值的比例达到 5.7%；新加坡每年的教育经费在国家预算中的比例从来没有低于 12%，最高年份达 35%。① 高投入稳定了教师队伍，改善了教育环境，从根本上保证了教育的发展。1970—1993 年，在韩国的预算支出中，教育经费占 12.7%—18%。② 韩国政府对大众教育的重视极大地提高了韩国的人口素质，1965 年小学入学率已达 100%，中学入学率从 1960 年的 27% 增加到 1981 年的 85%，使得韩国在很短时间内实现了农业劳动力向工业劳动力的转型；金融危机后，韩国政府更是将教育、特别是终身培训纳入社会福利体系之中。③ 二是健全完善国民教育体系。完善幼儿教育、普通教育、高等教育体系，建立职业教育、社会教育、继续教育和特殊教育等部门，形成了一整套终身教育和全民教育的国民教育体系。三是建立面向世界的人才培养体系。鼓励学生到海外留学，直接接触最先进的知识；创造条件吸引学有所成的国外人才，尤其是本国留学生回国工作。以新加坡为例，其引进的管理人员和工程技术人员，最多的时候占到全国同类人才的 20%；大量本国留学生回国创业，带回了先进的科学技术，促进了高科技研究和产业发展。④

3. 重视家庭保障功能

在东亚地区，家庭在社会福利提供中的作用非常明显。琼斯指出，东亚国家的福利制度特色在于没有劳工的统合主义，没有广泛的教会的慈善，也没有自由主义的自由放任，取而代之的是家庭在福利供给中所扮演的角色；强调亲属关系，强调家人有提供福利和照顾服务的义务，这与西方的福利国家具有很大差别。⑤ 郑功成认为，家庭保障是东亚地区国民最重要的保障机制，政府主导的社会保障制度也往往需要以家庭为单位或者通过家庭才能得

---

① 许斌：《战后东亚经济的发展》，《历史教学》1999 年第 5 期。

② 顾俊礼、田德文：《福利国家析论——以欧洲为背景的比较研究》，经济管理出版社 2002 年版，第 342 页。

③ 杨玲玲：《韩国社会福利模式的特点、问题及对我国的启示》，《中国党政干部论坛》2009 年第 9 期。

④ 许斌：《战后东亚经济的发展》，《历史教学》1999 年第 5 期。

⑤ Jones-Finer, Catherine, " The Pacific Challenge：Confucian Welfare States ", in Catherine Jones (ed.), *New Perspectives on the Welfare State in Europe*, London：Routledge, 1993.

到更为广泛的认同，并在实践中发挥更重要的作用。[1] 在日本，个体获得政府社会救助的一个重要条件就是个体所在的家庭或者与其有血缘关系的人无力提供相应的帮助，这是对家庭成员相互保障与家庭福利提供的一种规制；在韩国，以家庭为中心的儒教传统是以家长为中心的社会，孝敬父母的传统在韩国福利体系中异常深厚，老年人和残疾人等不是采取福利机构为中心来收容，而是提倡由各个家庭负责。在新加坡中央公积金制度中，养老保障的最低存款填补计划规定：公积金会员可在父母年龄超过 55 岁而公积金存款少于最低存款额时，自愿填补父母退休户头。在老年人生活安排方面，东亚地区的老年人与同子女共同居住的比例远远高于欧美国家，家庭保障是东亚地区老年社会福利的重要组成部分。以 1995 年为例，老年人与子女共同居住的比例，日本有 60.8%、韩国占 77.1%、中国台湾占 70.5%、中国香港达到 80.4%；与此形成鲜明对比的是，英国只有 8%、法国占 13.4%，美国也只有 14%。[2]

4. 精英主义的制度设置

东亚地区的社会福利制度设置，优先考虑和照顾公务员、军人和其他公共部门工作人员的利益，在福利范围和数量上都比较优厚，具有浓厚的精英主义倾向[3]。在日本，早在 19 世纪的 70—80 年代，就相继出台《海军退隐令》、《陆军恩给令》和《官吏恩给令》，优先为公务员和军人建立养老保险制度。在韩国，先后于 1960 年颁布《公务员年金法》和 1963 年颁布《军人年金法》，优先建立公务员养老金制度和军人养老金制度。在中国香港，社会保险的对象主要是公务员，他们不仅有很高的工资，退休后按月领取优厚的养老保险金，而且本人和直系亲属均可以在公立医院免费医疗，子女享受教育补贴；特别是在港英政府时期，当局对劳工不实施医疗退休养老和就业保险，只有少数企业为职工提供养老保障。[4] 在中国台湾地区，也是优先建

① 郑功成：《东亚地区社会保障模式论》，《中国人民大学学报》2012 年第 2 期。
② 吕学静、江华：《东亚福利模式普遍整合的背景与基础探析》，《首都经济贸易大学学报》2012年第 2 期。
③ 林闽钢：《东亚福利体制与社会政策发展》，《浙江学刊》2008 年第 2 期。
④ 林闽钢：《社会政策——全球本地化视角的研究》，中国劳动社会保障出版社 2007 年版，第 47 页。

立公务员和军人的保险制度；1953 年 10 月通过《陆海空军人保险条例》，1958 年 1 月通过《公务员保险法》。① 台湾地区的军、公、教人员除长年享受个人收入所得税减免待遇外，还受惠于以普遍保险为核心的基本保障体系，本人及其眷属享有生、老、病、死等全方位的保障。②

三 东亚福利制度的经验借鉴

"他山之石，可以攻玉。"中国正在加快建设覆盖全体城乡居民的社会福利体系，需要学习和借鉴东亚近邻的经验，主要有以下四个方面。

1. 坚持普遍整合的发展方向

无论是日本还是韩国，在社会福利发展中都经历了一个从特殊主义到普遍主义、从制度分立到制度整合的过程。这既是东亚社会福利发展的实际进程，也是东亚社会福利发展的客观规律。在社会福利的普遍整合进程中，日本和韩国都实现了医疗保障和养老保障的普遍整合，建立了普遍整合的全民健康保险制度和全民养老保险制度。经过改革开放 30 多年来的改革与重建，特别是 21 世纪 10 余年来的高速发展，中国已基本解决了社会福利的普遍性问题，在制度层面成功实现了全民医保和全民养老。与此同时，中国社会福利体系存在着非常严重的分散化和碎片化问题。根据日本、韩国的经验，中国亟须在社会福利普遍性的基础上提高整合性，走普遍整合之路。在普遍整合的过程中，优先推进和实现医疗保障制度和基本养老保障制度的普遍整合。

2. 发挥传统福利文化的作用

日本、韩国和新加坡在推进社会福利现代化的过程中，没有把传统福利文化视为一种"包袱"，而是始终重视和发挥传统福利文化的积极作用，即使在经济实力显著增强后也依然如此，这是东亚国家发展社会福利的一条宝贵经验。东亚国家和地区总体上属于儒家文化圈，勤俭自强、家庭中心主义、孝道思想和共同休意识是儒家福利文化的基本特征，正是这些福利文化

---

① 林万亿：《台湾的社会福利：历史经验与制度分析》，五南图书出版股份有限公司 2006 年版，第 17 页。

② 梅艳君、钟会兵：《亚洲四小龙的社会保障制度初探》，《重庆科技学院学报》2008 年第 11 期。

支撑了东亚国家能够在一定时期内保持较低水平的社会福利支出，能够有效地集中各种资源优先发展经济，通过经济腾飞为福利腾飞奠定了坚实的经济基础。中国是儒家福利文化的发源地，具有更加深厚的儒家福利文化传统，强调勤劳致富的工作伦理和家庭成员互助，鄙视好逸恶劳和依赖政府。中华传统福利文化更多地体现责任伦理而非权利主义，与西方福利国家的公民权利观形成鲜明对比。中国的社会福利发展确实需要国家承担更大更多的福利责任，但这并不意味着民众放弃责任伦理；理想状态是国家福利责任与个人福利责任的有机结合，这是中国预防和避免"福利依赖"、"福利包袱"和"福利危机"的最佳途径。

3. 重视基础教育的福利地位

教育在日本、韩国、新加坡和中国台湾地区的经济腾飞中扮演了非常重要的角色，将公共基础教育纳入社会福利体系，大力发展教育事业是东亚社会福利发展中的重要经验之一。第二次世界大战以后，东亚国家非常重视教育的普及和教育机会的均等，不断提高教育经费在国民生产总值中的比重；既促进了劳动力素质的提高和人力资本的积累，也促进了社会公平和收入平等。新中国成立60多年来，长期奉行狭义福利观念，教育特别是公共基础教育被排斥在社会福利体系之外；虽然"科教兴国"战略被置于首位，但全国财政性教育经费支出占国内生产总值的比重长期徘徊在低水平，直到2012年才首次达到4%。人类社会已经进入知识经济时代，教育公平是社会公平的基础，教育是建设学习型社会和人力资源强国的根本途径。学习和借鉴东亚福利经验，必须把公共基础教育纳入普遍福利体系，继续增加公共财政经费投入，确保学有所教，为中国经济社会的持续发展提供智力支撑和人才支持。

4. 加快社会福利法制建设

社会福利法制化是社会福利现代化的基本特征和重要标志，重视社会福利法制建设是东亚社会福利发展的重要特点和基本经验。日本和韩国在建立新的社会福利制度时，遵循立法先行原则，先后制定和颁布了几十部社会福利法律，形成了比较完善的社会福利法制体系。社会福利法制化保证了社会福利管理的权威性和稳定性，促进了社会福利体系运行的有序化与合理化。长期以来，由于各种原因，我国的社会福利法制化进程比较缓慢，社会福利主要依靠法规和政策进行管理。政策治理是我国社会福利治理的必经阶段，但不能永远停留在政策治理的层次。获得社会福利是公民的权利，权利由法律赋予，只有依靠法律才能获得根本保障。实现社会福利管理法制化，既符合建设法制社会的客观要求，也是明确社会福利法律地位的保证。21 世纪以来，中国在扩大社会福利普遍性的过程中实施了一系列新的社会福利项目，迫切需要以法律形式规范新的社会福利制度。《社会保险法》的颁布和实施初步解决了社会保险领域的法律保障，但还有很多社会领域缺乏专门的社会福利立法，如社会救助、社会福利服务等。因此，加快社会福利法制体系建设，既是借鉴东亚福利经验的实际举措，也是中国社会福利发展的内在需要。

第四章

当代中国社会福利的模式分析

新中国成立 60 余年来的现代化进程中，中国社会福利制度建设先后经历了计划体制、市场体制和社会建设三个时期，每个时期的社会福利制度都有各自的特点。从模式分析的角度看，当代中国社会福利具有自己的特征，不能简单照搬西方的福利模式框架解析当代中国社会福利。当前，中国社会福利领域还存在着一些突出问题，继续扩大社会福利的普遍性，尽快提高社会福利的整合性，建设普遍整合的社会福利体系已成为中国社会福利发展的客观要求和基本任务。

第一节　社会转型与福利制度变迁

一个国家的社会福利制度并不是孤立存在的，它深受该国的意识形态、经济基础、文化传统、社会结构的影响，同时也与社会变迁或社会转型有着非常直接的关系。1949 年以来的中国社会福利深受社会转型的影响：计划体制下，在赶超战略和重积累、轻消费理念的指导下，社会福利全部被政府统揽且水平低下；市场体制下，在以经济建设为中心战略和效率优先、兼顾公平理念的影响下，社会福利制度建设过程中出现了较为明显的效率倾向而忽视了应有的公平；进入社会建设时期，社会福利制度建设又出现了重大的转机，在科学发展观指导下以保障民生为重点的社会福利制度建设全面展开。

一　计划体制时期的社会福利

计划体制的突出特点就是"计划"：在生产领域实行计划生产，由中央计划部门下达生产计划，由地方政府和生产单位组织生产，原材料和产品由计划部门统一调拨；在生活领域实行计划供给，特别是在城镇中，居民要凭本或凭票购买生产必需品。计划体制的这种特点对社会福利制度建设产生了重要影响，形成了国家包揽、单位实施、平均主义和城乡分割的社会福利模式。

第一，在责任方面，国家包揽所有的社会福利供给责任。在计划体制下，国家在就业方面实行所谓的充分就业和统包统配政策，凡是符合劳动要求的人员均统一分配到各生产单位从事各种生产活动，在城市被统一分配到党政机关、国有企事业单位、集体企业中，在农村则被分配到生产队。这种所谓的充分就业应该是所有社会福利的基础，也是社会福利制度追求的最高目标。但令人遗憾的是，后来的发展实践证明，这种所谓的充分就业以牺牲效率为代价，难以持久。表面上看实现了所谓的充分就业，通过实现就业而获得相应的收入进而满足基本生活需求，应该是一种比较理想的制度安排，但是，在赶超战略的影响下，经济建设的指导思想是重积累、轻消费，当时实行的是低工资政策，工资收入仅够购买日常生活必需品，像教育、医疗、住房、养老等需求是无法依靠工资收入得到满足的，而问题在于像教育、医疗、住房、养老等需求是刚性的，如果个人及其家庭无力承担的话，必须有其他的途径予以满足。因此，为了保障劳动力再生产和维护正常的生产生活秩序，国家必须承担起供给社会福利的责任。

在计划体制下，国家几乎包揽了一切社会福利责任，特别是对城市正规部门职工采取了国家包揽一切的无限责任。国有单位为职工提供生、老、病、死的全面福利待遇，如退休金、医疗费报销、低收费或免费托儿所、幼儿园、廉租住房、职工冬季取暖补贴、职工探亲补贴、交通补贴和各种文化娱乐设施，甚至疗养院所。同时，国家还提供低收费的医疗和教育服务，提供特殊福利给老、幼、病、残等特殊社会群体，如社会福利院、养老院、孤儿院等。为保障人民的基本生活水平，政府还以低物价、暗补贴、配给制的方式，保证每个城市家庭获得一定的生活必需品。① 在农村，虽然农村居民所享有的社会福利没有像城镇居民那样全面，但依然可以享受到最基本的生

---

① 中国发展研究基金会：《构建全民共享的发展型社会福利体系》，中国发展出版社 2009 年版，第13 页。

活保障、基本医疗和基本教育。

第二，在实施方式上，"单位"是最主要的社会福利实施机构，与此同时，家庭在提供日常生活照料等服务方面发挥着非常重要的作用。国家虽然承担提供全部社会福利供给的责任，但在实施的过程中，各种工作单位成为具体的社会福利实施者。在城镇中，是党政机关单位、事业单位、企业单位，在农村则是村集体单位，如公社、生产大队、生产队等。特别是1969年开始停止收取企业劳动保险费后，社会福利实施的单位制得到了进一步强化，特别是企业的负担越来越重。具体而言，企业主要承担着四个方面的社会福利：福利分房、养老保障、免费医疗和社会服务。不仅如此，在大而全，小而全思想的指导下，企业不论大小，除了提供基本的生活保障外，还提供门类齐全的基本社会服务，如学校、医院、托儿所、幼儿园、食堂、文化中心、图书馆、电影院等。也就是说，企业提供了一切有关生、老、病、死的需要。总之，改革开放前，工作单位作为政府的附属机构，是中国城市地区最重要的社会福利提供者，职工的大部分需求，包括教育、娱乐、医疗、住房、托育等，都可以在单位内部得到解决。[1]

在工作单位成为主要的社会福利实施者的同时，家庭在提供日常生活照料等服务方面也发挥着非常重要的作用。社会福利实施的单位制主要提供的是三个方面的社会福利：一是收入保障，如退休金、救济金、生活补贴等；二是实物保障，如住房；三是基本公共服务，如教育、医疗、娱乐等。而像老年人、未成年人、病人、残疾人等日常生活照料，则主要是由家庭提供的。之所以如此，一方面是满足上述需求的社会服务机构缺乏，另一方面则是文化传统使然，在中国的文化传统中，家庭为其成员提供日常生活照料理所当然。家庭在社会福利实施中所发挥的重要作用在一定程度上弥补了单位制的不足，与单位制一起承担起了社会福利实施的责任。

第三，在效果上，计划体制下的社会福利是平均主义的和低水平的。从效果上去评价计划体制下的社会福利，以下两个特点比较明显：

一是平均主义。平均主义是计划体制下社会福利分配的基本原则，也就是说，无论是在城镇内部，还是在农村内部，居民都可以平均地获得社会福

---

[1]　黄晨熹：《社会福利》，格致出版社、上海人民出版社2009年版，第217—218页。

利待遇。虽然社会福利待遇会因城乡、单位规模的大小以及个人所从事的职业、职务、工龄长短等有所差别，但平均享有社会福利的机会，特别是在单位内部这种机会是均等的。这种社会福利分配的平均主义方式，其最大的问题就是缺乏必要的激励，容易产生福利依赖。另外，平均分配社会福利并不意味着公平，如城乡之间的过大差距，城市居民在享受社会福利待遇方面远远好于农村居民，就是一种典型的社会不公；再比如大企业与小企业之间的差别、国营企业与集体企业之间的差别，也是一种社会不公。

二是低水平。无论是城市居民，还是农村居民，虽然都可以享受到一定的社会福利待遇，但总体上来看，待遇水平是较低的。在城市，虽然城市居民相比农村居民享受更多的社会福利，基本生活有所保障，但生活必需品依然紧张，须凭票购买，一直实行计划供应；看病难、住房难、入学难等问题较为突出；文化生活非常单调。在农村，有的地区连基本生活都难以保障；虽然合作医疗覆盖率较高，但医护人员缺乏、药品缺乏非常严重，只能看"小病"，不能看"大病"；校舍缺乏、师资不足也非常严重。计划体制下社会福利待遇之所以是低水平，究其原因主要是生产力水平低，社会产出不足，没有更多的社会剩余用于社会福利。另外，赶超战略和重积累、轻消费的影响也是至关重要的，为了实现赶超战略，必须将重点放在工业生产上，特别是重工业生产，而社会福利属于消费领域，除了要保证最急迫的需要外，其他的都可以为生产而做出牺牲。

第四，在城乡关系上，形成了制度化的城乡分割和城乡差别。城乡差别首先体现在城市居民享有较为普遍的社会福利，而农村居民则享有较为有限的社会福利。城市居民享有较为全面的社会福利，如免费的教育、医疗、住房、养老等，还有大量的各种现金补贴如交通补贴、取暖补贴、探亲补贴等，还有各种各样的福利设施如体育场馆、图书馆、文化馆、电影院、养老院等。而在农村，除了国家提供的灾害救助、困难救济之外，只有非常有限的社会福利，如基础教育、合作医疗、五保制度等，在住房、养老以及文体娱乐设施建设等方面则没有享受到社会福利待遇。其次，城乡差别还体现在社会福利投入机制上，在城市，所有的社会福利投入均来自于国家，均列入各级政府财政和企业成本；而在农村，除了灾害救助和困难救济来自国家投入之外，基础教育、合作医疗、五保供养、基础设施建设均来自农村集体经济，而像养老、住房则是由农民个人及家庭负担。正是由于这种社会福利投入机制上的不同，导致了城乡社会福利上的较为明显的差别。

二 市场体制时期的社会福利

1978 年开始的改革开放，标志着中国开始由计划体制向市场体制转变，这是一次意义重大的社会转型，从此中国经济发展取得了令人瞩目的成就。市场体制突出市场在资源配置上的作用，效率是其追求的最主要目标。以经济建设为中心是所有工作的指导方针，效率优先，兼顾公平是基本原则。这些方针和原则同样也适用于社会福利领域的改革，对社会福利发展产生了重大影响。"在市场经济的概念框架下，许多社会福利项目，如教育、社会服务、医疗、房屋、社会保险等都被看成是个人的消费和有价值的商品。"①市场体制时期的社会福利模式有三个显著特点：

第一，社会福利改革的市场化，国家责任降低。在由计划体制向市场体制转型的过程中，社会福利领域中的改革体现出了较为明显的以效率为目标的市场化倾向。这种倾向首先体现为社会福利改革要为国有企业改革服务，社会保障制度的改革最为明显。无论是 20 世纪 80 年代失业保险制度的建立，还是 20 世纪 90 年代城镇企业职工基本养老保险制度改革和城镇职工基本医疗保险制度改革、城市居民最低生活保障制度的建立，都是围绕国有企业改革进行的，其目标之一是减轻国有企业的负担，推进国有企业改革，以让其成为真正的市场主体。在减轻国有企业负担方面，不仅涉及社会保障领域，还涉及职工福利的方方面面，即在"打破大锅饭"、"消除企业办社会"等口号下，职工就业开始实施市场化，就业风险由职工个人承担；企业所办的学校、幼儿园、医院等开始与企业脱离关系。上述这些改革，都关涉职工的切身利益，关系到职工的福利待遇状况。在整个改革过程中，企业确实是减轻了负担，不再"办社会"了，但职工福利待遇的下降也是实实在在的。在这一过程中，令人遗憾的是政府到底应该负什么样的责任，一直不清，改革所造成的利益损失只能由职工个人及其家庭来承担。

其次，社会福利改革的市场化倾向严重影响到民生领域。在教育和医疗

① 黄晨熹：《社会福利》，格致出版社、上海人民出版社 2009 年版，第 223 页。

等领域，以效率为目标的市场化倾向的表现就是不断提高收费标准。在教育领域，最典型的表现就是高等教育开始收学费，并且学费一路高涨。在医疗领域，医药费用居高不下，最终导致看病贵、看病难。以效率为目标的市场化倾向最典型的表现恐怕就是在城镇变住房福利化为住房商品化和市场化，政府将所有的公房全部出售，标志着住房福利化时代的终结，住房商品化、市场化时代的到来，自此住房对城镇绝大多数居民而言不再是一种社会福利，而是一种商品，必须通过市场来获得。以效率为目标的市场化倾向还体现在政府试图削减其在传统社会福利中的作用，如减少各种补贴等，以及促进社会福利社会化，鼓励或至少默许以营利为目的的社会服务机构，如民办养老机构、民办教育机构、民办医疗机构等的出现，以此来弥补政府社会福利支出的不足。①

第二，城镇社会保障体系的保险化，个人责任加大。中国的社会保障改革是以社会保险为核心进行的，在改革的过程中，取消了城镇职工原先可以不用缴费就能享受的退休待遇和医疗待遇（公费医疗和劳保医疗），代之为只有缴费才能享受的养老保险和医疗保险，新建立的失业保险也要求个人承担一定的缴费比例。截至2012年底，以基本养老保险、基本医疗保险、失业保险、工伤保险和生育保险为内容的城镇职工社会保险体系已经基本建立。在这个体系中，需要职工个人承担缴费责任的有：基本养老保险，缴费比例为8%；基本医疗保险，缴费比例为2%（不含城镇居民基本医疗保险，因为城镇居民基本医疗保险与城镇职工基本医疗保险的缴费方式不同，即城镇职工基本医疗保险以相对数进行缴费，以个人基本工资的一定百分比进行缴费；而城镇居民基本医疗保险则以绝对数进行缴费，也就是每个人一年缴一定数额的保险费）；失业保险，缴费比例为1%；三项社会保险相加，个人需缴费11%，即个人基本工资的11%要缴纳社会保险费。由此可见，在以社会保险为核心的社会保障体系重构过程中，一个不争的事实就是个人的负担加重了。其实，个人及其家庭负担的加重还不只体现在个人要承担缴费的责任，更重要的是体现在个人及其家庭要承担一定比例的社会福利服务费用，如医疗保险费，社会保险机构只给报销一定的比例并且设有最高控制

① 黄晨熹：《社会福利》，格致出版社、上海人民出版社2009年版，第223页。

线，其余部分则由个人及其家庭承担，这无疑也加重了个人及其家庭的负担。

第三，农村社会保障家庭化，家庭负担加重。在农村，家庭联产承包责任制确实释放了巨大的活力，整个农村的生产力得到了迅速提升，农民生活水平有较大幅度的提高，但一个未预期的结果是农村集体经济的衰落，以农村集体经济为重要支撑的农村社会福利体系受到了巨大冲击：合作医疗覆盖面迅速下降，在大部分地区已经基本瓦解，农民看病基本上是自我负担，导致看病难、看病贵，以及因病致贫、因病返贫；五保供养制度因资金不足难以维持；基础教育以及其他基础设施建设均要通过向农民收取税费来维持，国家财政对农村社会福利的投入极为有限。

总之，以效率为目标的市场化倾向给中国社会福利制度带来了严重冲击，计划体制下的社会福利体系解体了，但新的社会福利体系并没有得到应有的重视和建立起来。在经济体制转轨的过程中，国家和政府的社会福利责任发生了重大转变，政府在社会福利体系重构中应承担的责任没有得到应有的重视，并有一降再降的趋势。个人及其家庭在社会福利中的责任越来越大，负担越来越重，整体社会福利效果越来越差，人们对社会福利越来越不满意。

三　社会建设时期的社会福利

市场化改革使得中国的经济增长极为迅速，经济总量迅速提升，已跻身世界前列。如果仅从经济增长角度来评价中国的改革开放，那么，我们可以说改革开放是成功的，这正是国内外学者所津津乐道的中国经验或中国模式。同时不可否认的是，通过改革开放，人民的整体生活水平有了较大幅度的提高，解决了温饱问题，正在向小康社会迈进。但同样不可否认的是，在以经济为中心和效率优先、兼顾公平的影响下，与经济建设相比，社会建设没有得到应有的重视，导致社会建设明显滞后，经济与社会出现了严重失衡现象，在收入、就业、养老、医疗、教育、住房等方面依然存在众多的问题：收入差距越来越大、就业困难（特别是大学毕业生就业难问题）、养老无保障、看病难与看病贵、入学难（特别是农民工子女入学难问题较为突出）、房价上涨等。这些问题的存在表明：经济发展成果并没有真正完全惠及大多数人，广大民众的社会福利水平并没有因为经济增长而得到较大幅度的提升。

在上述背景下，党中央提出科学发展观和建设社会主义和谐社会，彻底扭转了社会福利市场化倾向，在短期内推进了社会福利的普遍性和公平化。2003 年 10 月，中共十六届三中全会通过《中共中央关于完善社会主义市场经济体制若干问题的决定》，第一次在党的正式文件中完整地提出了科学发展观，要求"坚持以人为本，树立全面、协调、可持续的发展观"，按照"五个统筹"的要求，完善社会主义市场经济体制。"以人为本"是科学发展观的核心，所谓以人为本就是要以实现人的全面发展为目标，从人民群众的根本利益出发谋发展、促发展，不断满足人民群众日益增长的物质文化需要，切实保障人民群众的经济、政治和文化权益，让发展的成果惠及全体人民。① 2006 年 10 月，中共十六届六中全会通过《中共中央关于构建社会主义和谐社会若干重大问题的决定》，提出构建社会主义和谐社会的总要求是"民主法治、公平正义、诚信友爱、充满活力、安定有序、人与自然和谐相处"。2007 年 10 月，中共十七大报告再一次强调了科学发展观对未来中国发展的战略指导意义，并进一步明确了"以改善民生为重点的社会建设"目标："社会建设与人民幸福安康息息相关。必须在经济发展的基础上，更加注重社会建设，着力保障和改善民生，推进社会体制改革，扩大公共服务，完善社会管理，促进社会公平正义，努力使全体人民学有所教、劳有所得、病有所医、老有所养、住有所居，推动建设和谐社会。"在科学发展观的指导下，以改善民生为重点的社会建设取得了令人欣喜的进展，在社会福利领域的具体体现是：

在灾害救助方面，灾害救助体系日益完善，应急机制、救灾物资储备、灾后重建等日益完备，并经受住了"汶川地震"、"玉树地震"、"舟曲泥石流"等特大自然灾害的考验，效果非常显著。同时，救援、医疗、服务等专业化程度日益提高，社会捐赠、志愿服务等也得到了较大程度的发展并在灾害救助中发挥着越来越重要的作用。

在生活救助方面，城市居民最低生活保障制度日益完善，实现了应保尽

---

① 黄晨熹：《社会福利》，格致出版社、上海人民出版社 2009 年版，第 229 页。

保，低保标准不断提高，并建立与物价指数挂钩的低保标准动态调整机制，部分地区施行了分类施保办法。建立了临时救助办法，对临时生活有困难的群众进行救助。完善了各项专项救助，建立了城市低保边缘群体救助办法，对有特别困难的群众进行救助。建立了农村居民最低生活保障制度，实现了农村生活救助的制度化。将农村五保供养纳入政府财政，确保了五保供养的经费来源。

在养老方面，城镇企业职工基本养老保险覆盖面不断扩大，制定了养老保险转移接续办法，正在研究制定养老保险实行省级统筹办法。从 2005 年开始已经连续七年提高企业职工退休金标准。在五省市进行了事业单位职工养老保险改革试点。2009 年启动新型农村社会养老保险试点，2011 年底覆盖率达到40%，2012 年底实现制度全覆盖；2011 年 7 月启动城镇居民社会养老保险试点，2012 年底实现全覆盖。人口老龄化问题得到高度重视，有的地方出台了政府财政补贴养老机构建设办法，鼓励和支持民间资本进入养老服务领域，以加大养老服务供给。政府出资并结合福利彩票基金重点建设了老年人活动场所和设施。

在医疗方面，城镇职工基本医疗保险覆盖面不断扩大，报销比例和报销最高限额不断提高。建立了新型农村合作医疗制度，参合人数不断扩大，筹资水平不断提高，报销比例和报销最高限额也逐年提高。建立了城镇居民基本医疗保险，覆盖面不断扩大，筹资水平不断提高，报销比例和报销最高限额也逐年提高。中共中央和国务院发布了《关于深化医药卫生体制改革的决定》，确定了深化医药卫生体制改革的总体目标："建立健全覆盖城乡居民的基本医疗卫生制度，为群众提供安全、有效、方便、价廉的医疗卫生服务。到 2011 年，基本医疗保障制度全面覆盖城乡居民，基本药物制度初步建立，城乡基层医疗卫生服务体系进一步健全，基本公共卫生服务得到普及，公立医院改革试点取得突破，明显提高基本医疗卫生服务可及性，有效减轻居民就医费用负担，切实缓解'看病难、看病贵'问题。普遍建立比较完善的公共卫生服务体系和医疗服务体系，比较健全的医疗保障体系，比较规范的药品供应保障体系，比较科学的医疗卫生机构管理体制和运行机制，形成多元办医格局，人人享有基本医疗卫生服务，基本适应人民群众多层次的医疗卫生需求，人民群众健康水平进一步提高。"同时建立覆盖城乡居民的四位一体的基本医疗卫生制度：公共卫生服务体系、医疗服务体系、医疗保障体系和药品供应保障体系。

在教育方面，重新修订的《义务教育法》进一步明确了义务教育的公益性、统一性和义务性，并首次明确义务教育免收学杂费，以法律形式保障义务教育经费投入、促进义务教育均衡发展和推进素质教育。义务教育的普及率和巩固率均保持在较高水平，有条件的地区还试图将学前教育和高中教育纳入义务教育，力图将九年制义务教育扩大为十五年制义务教育。农民工子女教育问题得到政府的高度重视，被纳入流入地政府的工作职责。教育产业化做法被纠正，高等教育规模盲目扩张趋势得到有效控制，高等教育学费过快增长趋势被遏制。职业教育得到充分重视，政府投入逐年加大。建立了国家奖学金制度，进一步完善了助学贷款制度和勤工俭学制度，以保障贫困大学生顺利完成学业。实行了免费师范生制度，以保障贫困地区和农村地区师资需求。《国家中长期教育改革和发展规划纲要（2010—2020)》发布，该纲要确定了未来10年教育改革和发展的总体战略、发展任务、体制改革、保障措施。

在住房方面，在不断加大对房地产市场宏观调控、抑制房价过快上涨的同时，政府加大了以廉租房、经济适用房、限价房等为主要内容的保障性住房建设，以解决中低收入人群住房问题。

在就业方面，通过不断挖掘潜力，不断增加新增就业岗位，促进新增就业人员。高度重视下岗失业人员再就业工作和就业困难人员就业工作。加强了对农民工的就业培训和就业指导，以促进农民工就业。高度重视大学毕业生就业工作，提供创业指导和培训，通过金融、税收等优惠政策鼓励大学毕业生创业。全国城镇登记失业率一直控制在4.5%以内。

在立法方面，先后颁布实施了《民办教育促进法》、《劳动合同法》、《促进就业法》、《社会保险法》等，重新修订了《义务教育法》、《工伤保险条例》等。这些法律法规的颁布实施为社会福利发展奠定了非常重要的法律基础。

综上所述，自从提出科学发展观和实施以改善民生为重点的社会建设以来，中国社会福利领域出现了翻天覆地的新变化，政府公共职能向社会福利领域偏移，政府财政投入逐年加大；社会福利体系日益完善，社会福利的普及性和水平均有较大程度的提高。

第二节　当代中国社会福利的特征

从福利模式角度分析当代中国社会福利的演变历程，西方的分析框架基本不适用。当代中国社会福利发展具有鲜明的阶段性特征，迄今为止尚未形成比较定型的成熟模式，无论是蒂特马斯的"三模式论"，还是艾斯平—安德森的三体制论，都难以有效解释当代中国的社会福利变迁。各种福利模式分析的重点和具体内容有所差别，但意识形态、社会问题以及福利责任分担等三个基本问题都是共同涉及的。因此，通过归纳和总结当代中国社会福利在意识形态、社会问题和责任分担等方面的基本特征，是对当代中国社会福利进行模式分析的有效方法。

一　执政理念影响社会福利发展

一个国家的社会福利制度深受该国的主流意识形态的影响，主流意识形态的价值观深深嵌入社会福利制度之中。"思想意识及其对福利政策影响之间存在着紧密联系，这是因为社会福利政策往往是对社会问题和发展的反映，他们通常被主流意识形态的价值观所主导。"[1] 当代中国社会福利制度的变迁，在一定程度上是受不同时期主流意识形态的价值观左右的结果。

当代中国是中国共产党领导下的社会主义国家，当初的建国理想是想通过社会主义建设，最终实现共产主义。实质上，在战争时期，社会主义就得到了试行，在革命根据地，实行的就是计划体制：计划生产、计划供给，无论是生活必需品，还是教育、医疗等社会福利都是统一进行计划安排的，这也就是所谓的战时社会主义。新中国成立后，为了最终实现共产主义的理想目标，无论是生产，还是生活，都必须经过社会主义改造。从理念上来讲，实施较为全面的社会福利应被看作是社会主义优越性的集中表现之一，新中国成立之初的社会福利制度建设，特别是城市社会福利制度建设就是遵循这

---

[1]　李彤、宋扬：《从毛泽东到邓小平的思想意识转变对社会福利的影响》，《现代哲学》2010 年第5 期。

一理念进行设计的。不过，令人遗憾的是，当时的生产力水平较低，不具备提供实施全面社会福利的物质条件。如果只是生产力水平低的话，那么受到影响的只能是社会福利的水平，而不是社会福利的全面性；也就是说，在生产力水平低的条件下，也可以实行低水平的但全面性的社会福利。如前所述，计划体制下的社会福利不仅是水平低，而且全面性也成问题（如农民的待遇），究其原因，就不仅仅是生产力水平低造成的，而是赶超战略造成的。实现赶超战略就必须艰苦奋斗、自力更生，就得"重生产，轻生活"、"重积累，轻消费"，在这种情况下，社会福利即使有，也只能是低水平的。在计划体制下，不仅实际生活要为赶超战略做出牺牲，而且还要通过阶级斗争去清除人们头脑中追求社会福利待遇的贪图享受观念，倡导艰苦朴素的生活作风，人们一旦表达出对社会福利的过高愿望，均被看作是资产阶级的遗毒，要受到批判和改造。观念意识上的去资本主义化，与赶超战略相配合，形成了计划体制下较为独特的社会福利体系：城乡差别巨大的低水平的社会福利。没有全面性的水平适当的社会福利，人们的生活也不会好到哪里去，20 世纪 70 年代末农村出现了 2.5 亿绝对贫困人口就是一个很能说明问题的现象。

　　邓小平提出贫穷不是社会主义的思想，开启了人们对过去近 30 年的社会主义建设的反思："贫穷、落后"不是社会主义的特征，社会主义应该摆脱贫穷、落后，社会主义应该是富裕的，人们应该过上更好的生活。那么，社会主义如何才能摆脱贫穷、落后呢？经过多年摸索，最终确立了以经济建设为中心的发展战略：发挥市场在资源配置中的积极作用，鼓励一部分人和一部分地区先富起来，实现经济的快速增长。效率优先，兼顾公平理念是以经济建设为中心的集中体现。在效率优先原则的指导下，一切工作都要围绕经济建设来进行，凡是影响或干扰经济建设的因素都要予以剔除：企业的社会负担要减轻，于是养老、医疗等进行了改革；社会福利要进行社会化改革，于是教育、医疗、住房等出现了产业化、商品化倾向。那么，人们的福利需求如何满足呢？还是要走市场化的道路：抓住市场机遇，先富起来，再通过市场去购买所需的社会福利。在这一过程中，我们非常清楚地看到，政府的社会福利责任下降到了最低点。在 20 世纪 70 年代末，中国社会发生转型的过程中，选择市场化道路被实践证明是正确的，但在这一过程中，政府的社会福利责任不但不应该降低，反而是要适当加强。

通过市场化改革，全体人民的生活水平得到了提高，基本解决了温饱问题，正在向小康社会迈进。一部分人和一部分地区确实先富了起来，但是一个不争的事实是收入差距被拉大了，中低收入人群在养老、医疗、教育、住房等方面遇到了一定的困难。从宏观上来讲，就是出现了经济与社会发展的失调现象，经济建设迅速，但社会建设明显滞后。如果这种现象长期持续下去的话，那么它必然威胁到社会稳定，威胁到中国共产党的执政地位。正是看到出现了这样的问题，通过对以往改革经验的总结，中国共产党的执政理念发生了变化，而这种变化集中体现在科学发展观中。在贯彻和落实科学发展观的过程中，以改善民生为重点的社会建设取得了较为明显的效果，政府开始承担起更多的社会福利责任，社会与经济失调现象得到了一定程度的纠正。不过，要想最终实现经济与社会的协调发展，还是问题多多，任重道远。

综上所述，虽然社会主义在本质上要求政府为全体人民提供全面的水平适当的社会福利，但是，中国共产党在不同时期的执政理念决定着当时的社会福利的内涵和具体实现方式。如在计划体制下，赶超战略必然要求"重生产、轻生活"、"重积累、轻消费"，必然要提倡艰苦朴素的生活作风，人们不能讲福利享受，否则就是资本主义遗毒，就要通过阶级斗争进行批判；再如在市场体制下，以经济建设为中心必然要求"重经济、轻社会"、"重效率、轻公平"，必然要鼓励一部分人和一部分地区先富起来，这个时候倒是可以讲福利享受，但不是由政府来提供，而是要自己努力，要富起来，通过市场来满足。总之，无论是在计划体制时期，还是在市场体制时期，人们都忌谈福利、避谈福利、少谈福利："改革开放以前，人们基本上避谈福利，只谈生产，好像福利完全是一种享受，而享受在那时候是忌谈的。改革开放以后，为了强调发展，人们也很少谈福利，好像谈福利就有影响经济发展之嫌。"① 而在社会建设时期，根据科学发展观的要求，"我们应该从过去那种忌谈福利、避谈福利、少谈福利的状况，走向视福利为权利、为责任、为基

---

① 景天魁：《福利社会学》，北京师范大学出版社2010年版，"前言：福利社会学的兴起"，第1页。

本要求、为发展目的这样一种新认识、新境界"①。

为全体人民提供全面的水平适当的社会福利是社会主义的本质要求，是社会主义优越性的集中体现之一。但无论是在计划体制时期，还是在市场体制时期，由于受到当时执政理念的影响，社会福利建设与社会主义本质要求都相差甚远。到了社会建设时期，中国共产党的执政理念为最终实现社会主义本质要求奠定了思想基础。"代表最广大人民的根本利益"、"立党为公，执政为民"、"以人为本的科学发展观"、"以改善民生为重点的社会建设"、"实现经济与社会的协调发展"等思想，均要求国家和政府要履行"为全体人民提供全面的水平适当的社会福利"的责任。因此，社会建设时期的执政理念很好地体现了社会主义的本质要求，全民共享的、与经济水平相适应的社会福利体系在新的执政理念影响下建立和完善起来。

二　面临的社会问题极为复杂

与一些西方发达资本主义国家，特别是一些所谓的福利国家不同，当代中国在社会福利建设方面所面临和要解决的社会问题极为复杂。

一是如何处理好社会福利与经济发展的关系问题。就社会福利与经济发展的相互关系而言，经济发展只是手段，而不是目的，通过提供全面的水平适当的社会福利实现人的全面而自由的发展才是最终目的。不过，如果社会福利水平不切实际地、人为盲目地提高，远超出经济的承受能力，也是不行的，毕竟社会福利要以经济发展为物质基础。因此，国家和政府要为全体人民提供全面的社会福利是其应尽的责任，但社会福利水平高低要受经济发展水平的制约，即社会福利水平应与经济发展水平相一致，社会福利水平既不能高于经济发展水平，也不宜低于经济发展水平。

无论是在计划体制时期，还是在市场体制时期，社会福利与经济发展的相互关系都没有完全处理好，虽然二者相互关系的具体表现较为复杂，但总体上是社会福利水平落后于经济发展水平，特别是市场体制时期。通过30多年的市场化改革，中国在经济发展方面效果极为显著，年均经济增长速度保持在10%以上；截至2011年底，中国的经济总量已经跃居世界第二位。

---

① 景天魁：《福利社会学》，北京师范大学出版社2010年版，"前言：福利社会学的兴起"，第1页。

根据国家统计局发布的数据显示，2011 年国内生产总值（GDP）为 471564 亿元，人均 GDP 已超过 5400 美元。另据财政部发布的数据显示，2011 年全国财政收入 103740 亿元，比 2010 年增加 20639 亿元，增长 24.8%。财政收入中的税收收入 89720 亿元，增长 22.6%；非税收入 14020 亿元，增长 41.7%。这些数据表明，中国已经具备了为全体人民提供全面的水平适当的社会福利的经济基础。同时也应看到，中国毕竟是一个发展中国家，处于社会主义初级阶段，还需要继续保持经济的快速平稳增长，社会福利水平过高显然是不合适的，但不能依此就否定完善社会福利体系的必要性和重要性。中国现在面临的问题不是要不要建立和完善社会福利体系的问题，而是要建立什么样的以及什么水平的社会福利体系的问题。

二是人口问题。中国的人口不仅数量庞大，而且在结构上越来越老化。在人口数量方面，据预测，中国人口数量的最高峰可能达到 15 亿甚至更多。如此规模的人口，其社会福利需求将是巨大的。在这种情况下，提供什么样的社会福利，如何提供社会福利，都是必须面对和要解决的问题。在人口结构方面，中国的人口老龄化问题越来越突出，养老、医疗等需求将进一步加大。因此，人口问题将是影响中国社会福利模式的最为重要的因素。

三是社会分化问题。改革开放以来，中国的社会分化越来越明显，这不仅体现在收入差距、城乡差距和地区差距上，还体现在价值观念上。在收入方面，收入差距已经被拉开，反映收入差距的指标基尼系数多年来一直在 0.4（国际警戒线）以上。实践证明，社会福利特别是国家和政府提供的社会福利是缩小收入差距的一种有效方法。国家和政府可以通过征收个人所得税、利息税、遗产税、房产税、社会保险税（费）等，筹集资金，再通过提供社会福利供给，实施再分配，最终达到调节收入差距的作用。

四是"城乡二元化"问题。城乡二元结构是中国社会的一个显著特点。无论是在计划体制时期，还是在市场体制时期，中国政府在处理社会福利问题时，都是分城乡进行考虑的：城市社会福利主要靠政府财政来提供，而农村社会福利主要靠集体经济来提供。于是，就出现了社会福利上的城乡二元结构：城市社会福利相对全面且水平要高于农村社会福利，农村社会福利残缺不全且水平远远低于城市社会福利。科学发展观指导下的以改善民生为重点的社会建设的一个重要内容就是要缩小城乡差距，其中就包括缩小城乡社会福利差距。为了达到缩小城乡社会福利差距的目的，政府提出的办法是建立覆盖城乡、统筹城乡的社会福利制度。那么，覆盖城乡是用一种制度去覆盖呢，还是用城乡不同的制度去覆盖？统筹城乡又是什么意思？是说城乡社会福利水平一样吗？如果是一样，那么对城市居民公平吗？对城市化有利吗？由此可见，城乡二元化的客观存在，对建立统一的社会福利体系是一个重要的影响因素。

五是地域辽阔、地区差异大。地域辽阔、地区差异大是中国的基本国情，这一特点对于建立全国统一的社会福利体系具有重要的影响。地区之间存在太大的差异（包括经济、文化等方面），对建立全国统一的社会福利体系是一个巨大的障碍：要不要建立全国统一的社会福利体系？如果要的话，统一到什么程度？中央政府和地方各级政府的责任如何划分？如何调动地方各级政府的积极性？

六是价值观念多元化。价值观念多元化是改革开放后中国社会新出现的现象。多元化的价值观念有其积极的一面，但其带来的社会整合难度也是显而易见的。价值观念多元化在社会福利领域的表现就是不同职业、不同阶层的人对社会福利的看法会不一样，处于弱势地位的人可能希望建立全面的高水平的社会福利，而收入高、有一定社会地位和社会影响的人可能希望建立补缺型的低水平的社会福利，特别是一些社会福利制度的既得利益者很可能反对社会福利改革。所以，价值观念的多元化为社会福利改革带来了相当的难度。

总之，在中国要建立一种新型的社会福利体系，所面临和要解决的问题是极其复杂的，是其他任何一个国家没有的，这不仅决定着中国构建新型社会福利体系的艰难性，而且决定着中国社会福利体系的独特性。

三　奉行特殊福利观念

从理论上讲，社会主义社会福利应该是一种普遍福利；但在实践中，中国无论在计划体制时期，还是市场体制时期，所奉行的都是特殊福利观念。在计划体制时期，城市社会福利貌似普遍福利，但就社会而言，依然是特殊福利，因为它不是全民共享的、不是均等化的，是单位制的、是封闭的、是单一政府责任的、是福利服务不足的、是低水平的。在市场体制时期，在计划体制下貌似普遍福利的城市社会福利由于市场化改革的影响也变成了有限的单位福利或职业福利，这种特殊福利不仅不是全民共享的、不是均等化的，而且福利范围是狭小的、低水平的，最主要的是政府的福利责任被弱化。

在以科学发展观为指导、以改善民生为重点的社会建设背景下，实现由特殊福利到普遍福利的转变是一种必然趋势。党的十七大报告提出"加快推进以改善民生为重点的社会建设"的战略任务："社会建设与人民幸福安康息息相关。必须在经济发展的基础上，更加注重社会建设，着力保障和改善民生，推进社会体制改革，扩大公共服务，完善社会管理，促进社会公平正义，努力使全体人民学有所教、劳有所得、病有所医、老有所养、住有所居，推动建设和谐社会。"加快推进以改善民生为重点的社会建设的根本目的是着力保障和改善民生，实现经济社会发展成果的全民共享，其基本内容是"学有所教、劳有所得、病有所医、老有所养、住有所居"。加快推进以改善民生为重点的社会建设，一是要保持经济的快速稳定的增长，二是要建立和完善各项制度，如公共财政制度、收入分配制度等，三是要建立和完善惠及全民的社会福利体系，将"学有所教、劳有所得、病有所医、老有所养、住有所居"纳入到社会福利体系之中，只有这样，着力保障和改善民生的社会建设目的才能实现。关于第一点和第二点，一般容易理解和得到认同，而关于第三点，即为什么将建立和完善惠及全民的社会福利体系看作是加快推进以改善民生为重点的社会建设的重要方面，可能会引发一些争议。如果从以改善民生为重点的社会建设的基本内容来看，学有所教、劳有所得、病有所医、老有所养、住有所居既是全民的普遍性福利需求，也是政府的重要责任之一，是全社会共同努力奋斗的目标，是基本温饱之后经济社会发展新阶段的必然追求。实现学有所教、劳有所得、病有所医、老有所养、住有所居，经济增长是必要的，建立相应的制度也是需要的，但经济增长并不会自动地实现学有所教、劳有所得、病有所医、老有所养、住有所居，而公共财政制度、收入分配制度等相应制度建设要实现保障和改善民生也需要一系列特定的政策相衔接和配合，而这一系列特定的政策就是社会福利政策，制定以完善合理的社会福利体系为重要内容的社会福利政策是实现学有所教、劳有所得、病有所医、老有所养、住有所居的必要措施。所以，特殊福利观念显然已经不适应时代的要求，普遍福利才是时代发展的必然要求。

四　政府的职能定位摇摆不定

社会福利不是单纯的国家福利或政府福利，但政府在整个社会福利体系中最为重要；政府既是社会福利最重要的供给主体，又是调动其他主体积极参与社会福利供给的执行者；政府既要提供最基本的社会福利供给，又要通过制定政策去调动其他主体积极参与到社会福利供给中来。政府不是全能的，也不是万能的，但在社会福利体系中，政府的作用是不可忽视的，是其他主体所不可替代的。在不同的社会福利模式中，政府的具体作用可能是不尽相同的，但政府在其中的重要性是不言而喻的。

中国的政府在各个领域都发挥着极为重要的作用，在社会福利领域也是如此。当然，政府在不同时期所发挥的作用却是不同的，政府的社会福利职能总体上处在摇摆不定的状态，有的时候扮演着全能的角色，而有的时候却撒手不管。在计划体制时期，为了体现社会主义的优越性，政府力图扮演全能角色，但在赶超战略影响下，最终政府通过单位制为城市居民提供了较为全面的但是低水平的社会福利，而对农村社会福利（主要是指养老、医疗）则是撒手不管，任由农民自己解决。在市场体制时期，除了对农村社会福利继续撒手不管外，城市社会福利受市场化改革的冲击，政府的责任是一降再降。到了社会建设时期，情况又发生了转变，无论是在农村，还是在城市，政府又开始承担起更多的社会福利责任。总之，从计划体制时期，到市场体制时期，再到社会建设时期，政府的社会福利职能始终是摇摆不定的。

当代中国社会福利改革是自上而下的过程。围绕社会主义—共产主义理想目标，中国共产党运用理论自觉，综合判断所面临的形势，制定不同时期的工作重点，然后由中央政府制定全国性政策，由地方各级政府负责具体实施。在总的政策制定之后，政府就成为政策实施的关键。与西方福利国家不同，当代中国没有政党竞争和社会运动，因此，社会福利改革运动依靠的是中国共产党的自觉，依靠党管干部等方式督促各级政府去落实。在这里，我们看到的是，各级政府推动社会福利改革的动力来自上面的考核压力，而不是来自下面的福利需求。虽然"依法行政"也是约束政府行为的主要方式，但在社会福利改革过程中，不排除个别地方政府有自觉的行为，绝大多数地方政府的改革动力来自上级政府的考核，当考核重点放在经济方面时，地方政府就千方百计招商引资，发展经济；当考核重点放在民生方面时，地方政府就会向民生方面倾斜一下，但经济发展依然是重点，因为经济发展决定着地方政府特定的利益，特别是财政供养人员的切身利益。虽然各种所谓的监督也能起一定的作用，但是，只要上级政府不重视，地方政府就不会重视。所以，在当代中国，虽然政府在社会福利体系中发挥着极为重要的作用，但其作用机制与过程有其自己的特点，而这一点恐怕是与所谓的福利国家最为不同的地方。

在贯彻落实科学发展观的过程中，各级政府开始承担起更多的社会福利职能，社会福利状况有了很大的改观，但是，政府究竟应该发挥什么样的职能，还一直模糊不清。一般而言，政府在社会福利方面的职能主要有两个：一是承担基本的社会福利供给，这里面所说的基本主要包括三层含义：全覆盖（覆盖所有居民、覆盖所有福利需求）、均等化（人人享有同样的机会）和水平适当（与经济发展水平相适应）。例如，在教育方面，当前政府的基本职能就是提供让城乡所有居民均有享受九年制义务教育的机会；在养老方面，当前政府的基本职能就是让城乡居民都享受基本养老保险。二是制定政策激励其他主体积极参与到社会福利供给中来，如发挥家庭、社区互助、商业保险、慈善事业等的作用。

五 家庭的作用突出，市场机制和社会机制作用有限

从普遍福利的角度来看，社会福利的供给主体应该是多元化的，既包括政府主体，也包括一些非政府主体，如个人、家庭、社区、企业、慈善事业、商业保险等。政府只能保基本，即提供基本的社会福利；非政府主体则可以在基本的基础上锦上添花。如在教育方面，政府在当前经济条件下必须提供九年义务教育，而像学前教育、高中教育、高等教育等主要由政府和非政府主体共同来提供。政府主体与非政府主体只是分工不同，没有重要与不重要的区别，更不是相互替代的关系，而是相互补充关系，共同完成社会福利供给的责任。

探析当代中国社会福利，我们会清晰地看到，在非政府主体方面，家庭发挥了非常重要的作用，而市场机制（如商业保险等）和社会机制（如慈

善事业等）所发挥的作用则极为有限。无论是在计划体制时期，还是在市场体制时期，家庭在社会福利供给方面的作用都比较突出，其原因主要是政府没有起到保基本的作用。如在农村，除了五保老人外，政府及农村集体经济没有提供任何的老年福利，无论是老年人生活费的提供，还是日常生活照料，均来自家庭。再比如在20世纪90年代中期国有企业减员增效改革过程中，大量下岗失业人员的出现并没有导致社会动荡，一个非常重要的原因就是家庭起到了生活保障的作用。实践证明，家庭的作用是非常重要的，是其他主体所无法替代的。虽然随着生育率的大幅下降，家庭结构和规模都已发生了巨大变化，由此会导致家庭的保障功能有所下降，但家庭在社会福利供给中的作用不应忽视。家庭的作用不仅在于降低经济成本，而且在于它为社会整合和社会稳定所发挥的作用。

在计划体制下，无论是国营企业，还是集体企业，都已经被动地替政府承担着非常繁重的福利责任，不会再有自己的主动行为为自己的职工提供什么补充性的福利待遇。而商业保险几乎陷入停顿状态，根本谈不上为民解忧。在市场体制下，企业倒是成为了市场的主体，但其为职工所提供的补充性福利也是微乎其微，企业没有尽到应尽的社会责任。商业保险虽然发展起来了，但由于人们收入低和意识不高等影响，民众通过购买商业保险以提高抗风险能力的情况还不是非常理想。

在计划体制时期，慈善事业根本不存在，所谓的作用也就无从谈起。到了市场体制时期，慈善事业得到了恢复，而且发展得较快，在一些重大灾害救助方面也发挥了一定的作用，但总的来说，作用有限，与一些慈善事业发达的国家相比，发展状况还很不理想。

总之，在当代中国社会福利形成与变革的过程中，在非政府供给主体方面，家庭的作用较为突出，而像企业、商业保险等市场机制发挥的作用较为有限，像慈善事业等社会机制的作用可能稍好，但作用也依然有限。

根据上述分析，大致可以将当代中国社会福利模式的主要特征概括为以下四点：首先，在意识形态方面，社会主义—共产主义理想目标从本质上要求国家和政府为全体人民提供全面性的水平适当的社会福利，但是中国共产党在不同时期的自觉以及对所面临形势的判断及其所做出的战略安排对社会福利的具体状况有着直接的影响。其次，在面临的社会问题方面，中国所要解决的社会问题极其复杂，是其他国家所没有的，这决定了当代中国社会福利模式的独特性。再次，在福利观念方面，当代中国总体上奉行的是特殊福利观念，这在一定程度上影响了当代中国社会福利的进程。最后，在社会福利供给方面，当代中国社会福利构建和改革进程是自上而下的，政府在这个过程中占有绝对的主体地位，家庭在社会福利供给过程虽然作用还比较突出，但主要是被动的，一定程度上是由于社会福利的不完善造成的，而像企业、慈善事业等所发挥的作用则较为有限。

第三节　中国社会福利发展的任务

当代中国社会福利经过 60 多年的发展、改革与重建，至今还没有最终完成模式定型，仍处在不断改革和完善之中。总结 60 多年来社会福利发展的经验教训，针对当今存在的主要问题，建设中国特色社会福利体系需要完成好三项基本任务。

一　继续扩大社会福利的普遍性

无论是社会主义意识形态和中国共产党新时期执政理念的要求，还是广大人民的普遍需求和中国的经济实力，都决定着中国社会福利应该尽快实现全覆盖的目标。在这里，全覆盖有三层含义：一是社会福利要覆盖所有居民，二是社会福利要覆盖所有福利需求，二是社会福利要覆盖实物与服务两种形式。

在覆盖所有居民方面，实际覆盖率还需要进一步提高，在社会保险方面表现得较为突出。在医疗保险方面，由于城镇职工基本医疗保险、新型农村合作医疗和城镇居民基本医疗保险的建立，从制度层面来看已经实现了全覆盖，但实际覆盖率还有待进一步提高，特别是城镇职工基本医疗保险。截至 2011 年末，全国城镇就业人员为 35914 万人，参加城镇职工基本医疗保险的 25227 万人，其中参保职工为 18948 万人，参保退休职工为 6279 万人，实际覆盖率只有约 70%，这意味着全国城镇就业人员中还有近 30% 的人没有参加城镇职工基本医疗保险。新型农村合作医疗和城镇居民医疗保险的实际覆盖率要高一些，但离全员覆盖还有一定的距离。与医疗保险相比，养老保险的覆盖率问题更大。截至 2011 年末，城镇企业职工中只有 28391 万人参加了城镇企业职工基本养老保险，其中参保职工为 21565 万人，参保退休职工为 6826 万人。如果扣除 4000 多万财政供养人员（这些人属于机关事业单位职工退休制度），那么，城镇中还有近 1 亿人没有参加任何的养老保险或没有退休金；在农村，新型农村社会养老保险试点范围已经扩大到 40% 多的县，但离"全覆盖"的目标还很远；城镇居民社会养老保险试点虽已启动，但绝大多数城镇居民还没有参加养老保险。在城镇职工中实行的失业保险、工伤保险和生育保险，其实际覆盖率也不理想；截至 2011 年底，全国参加失业保险、工伤保险和生育保险的人员分别为 14317 万人、17696 万人和13892 万人，分别占城镇就业人员的 40%、49% 和 39%。

在覆盖所有福利需求方面，满足基本生活保障、养老、医疗、住房、教育、就业的福利保障制度基本到位，但还有很多工作需要深入细致。住房方面，虽然近几年政府加大了以廉租房、经济适用房和限价房为主要内容的保障性住房建设力度，但满足中低收入家庭住房需求还远远不够；更为重要是保障性住房建设主要集中在一些大中城市，而一些小城市和县政府所在镇的保障性住房建设还很薄弱。教育方面，九年制义务教育的普及率和巩固率都比较理想，但学前教育和高中教育以及高等教育的入学率都还有待进一步提高。医疗卫生服务机构建设方面，城市社区卫生服务中心的建设得到了政府的重视，部分地区的乡镇级卫生院建设也得到了加强，但村一级医疗卫生服务机构建设还没有得到应有的重视。社会安全方面，特别是环境保护、食品安全、社会治安，在农村地区都还是比较薄弱的，亟须加强。就业方面，面向农民工和农民的职业培训还需加强。

在覆盖实物和服务两种形式方面，目前的社会福利体系比较重视实物形式方面，如现金的提供和设施的建设，但在服务方面总体上还比较欠缺，如对最低生活保障家庭的服务、对老年人的服务、对残疾人的服务、对下岗失业人员的服务等。

二　尽快提高社会福利的整合性

虽然经过 60 多年的建设，但在中国尚未形成一个高度整合的社会福利体系，反而碎片化程度越来越高，尽快提高社会福利的整合性是彻底解决社会福利碎片化问题的必由之路。当代中国社会福利碎片化主要有以下几个具体表现：

第一，用多项制度来满足不同人群的同一项福利需求。例如，满足养老需求的保障制度五保并存：适用于机关事业单位职工的退休制度、适用于城镇企业职工（包括灵活就业人员、个体工商户等）的城镇企业职工基本养老保险、适用于农村五保老人的五保供养制度、适用农村居民的新型农村社会养老保险、适用于城镇未就业人员的城镇居民社会养老保险，有的地方还专门为农民工和失地农民提供养老社会保险。上述五种主要的养老保障制度，无论是筹资方式、管理方式，还是退休金或养老金的计算方式都不尽相同。再如，满足健康需求的医疗保险制度是三保并存：适用于城镇就业人员的城镇职工基本医疗保险、适用于农村居民的新型农村合作医疗、适用于城镇非就业人员的城镇居民基本医疗保险，这三项医疗保险制度无论是筹资方式、管理方式，还是报销比例等都不尽相同。

第二，同一项福利待遇在不同人群之间存在较为明显的差异。首先是城乡差异，城乡居民享有不同的社会福利，城市居民享有的社会福利要好于农村居民的。其次是地区差异，不同的地区由于经济条件不同导致社会福利的普及程度和待遇水平出现较大的差异，一般情况是东部地区要好于中、西部地区。最后是职业差异，已经就业的人员和未就业的人员所享有的社会福利不同，某些职业的人员如公务员要好于其他职业的人员。

当代中国社会福利之所以碎片化程度越来越高，其客观原因是中国社会结构的复杂性。中国存在着较为复杂化的城乡结构、区域结构、就业结构、人口结构、阶层结构等，这种复杂的社会结构会将人口划分为情况极为不同的人群，而要满足不同人群的不同福利需求，只用一项制度是不行的。如医疗保险，俾斯麦模式即雇主和雇员共同缴费模式就无法将农村居民和城市中未就业的居民纳入进去，因此，医疗社会保险必须实现创新，于是就有了新型农村合作医疗和城镇居民基本医疗保险。导致当代中国社会福利碎片化程度越来越高的主观原因则是缺乏普遍福利观念和总体上的整合设计。正如前文所述，当代中国社会福利在改革的过程中，一直奉行特殊福利观念，缺乏整体设计和长远规划，"零敲碎打"、"临时抱佛脚"、"头痛医头、脚痛医脚"现象较为严重，结果就是碎片化程度越来越高。比如在养老保险改革方面，既然城镇职工可以享有同一个医疗保险制度，为什么不能享有同一个养老保险制度呢？再比如，为什么城市和农村的学校、医疗机构、公共服务设施等不能采用同一个标准进行建设呢？为什么要城乡有别呢？

碎片化程度越来越高至少会带来以下三个方面的不利影响：一是会引发新的社会不公平。在教育和医疗方面所存在的城乡巨大差距，所造成的社会不公已经是触目惊心，而且这种社会不公会对未来发展产生不利影响。不用缴纳养老保险费的机关事业单位职工的退休金是城镇企业职工养老保险金的三四倍，显然是不公平的。二是会阻碍合理的社会流动。合理的社会流动是市场经济必需的，也是促进社会和谐、社会稳定的重要机制。而碎片化的社会福利，则将人们分割为不同的人群，当待遇存在较大差别的时候，它就会严重阻碍合理的社会流动；由此，社会福利不但不会促使社会结构合理化，而且会使现存的社会结构固化。近些年来，"考公务员热"持续高涨，一个重要原因就是公务员福利待遇的优厚；大学毕业生不愿意去企业，特别是中小企业就业，一个重要原因就是这些中小企业用工不规范，福利待遇较差，与公务员和事业单位职工的差距太大。三是会加大制度整合成本。建立一个相对统一的社会福利体系是社会发展的必然趋势，中国社会福利碎片化程度越来越高，从积极意义来看是在短期内可能解决全覆盖的问题，但从长远来看，则会增加制度整合的难度。也就是说，碎片化程度越高，制度整合的成本就会越大，这些整合成本不仅包括经济成本，还包括社会成本和政治成本。因此，为了避免社会福利碎片化可能带来的新的社会不公、发挥社会福利促进合理社会流动的积极作用和降低社会福利制度整合的成本，就需要以普遍福利为指导，通过基础整合对社会福利改革进行整体规划，在保证实现全覆盖目标的前提下，加快制度整合，逐步降低社会福利碎片化程度。

三　彻底消除社会福利的特权化

在当代中国社会福利的改革和完善过程中，出现了一个极为特殊的现象——特权福利，特权福利的存在标志着社会福利改革出现了新的社会不公，此现象不除，中国社会福利改革就难以成功。

关于何谓特权福利，学术界一直没有涉及和界定，倒是在社会评论中特权福利一词常出现，基本含义是指占有公共资源或垄断资源的部门或行业通过制定有利于自己的政策而特别获得的福利。特权福利主要有以下几种形式：一是公务员享受的特殊福利，如公车私用、公款消费、公款出国考察，以及定向向公务员出售经济适用房、政府机关幼儿园享受全额财政补贴、定向向公务员提供的医疗保障、各种名目繁多的补贴津贴等。二是行业垄断福利，如地铁、公交、铁路、公路、民航以及水、电、气等垄断行业的职工及其家属所享受到的免费待遇。三是部分事业单位为其职工或子女制定的优惠政策，如大学可以降低分数录取其职工的子女等。

为什么会出现特权福利？究其原因就是特权的存在，而特权之所以会产生，则是因为这些权力既无有效的法律约束，也没有有效的社会监督，总之，是因为这些权力没有任何有效的制约手段。在这种情况下，拥有特权的部门或行业"既当裁判员，又当运动员"，在制定福利政策的过程中，必然要为本部门谋福利，即福利部门化，争取福利最大化。最可怕的是，这是以集体的名义而不是以个人的名义进行的福利最大化，凡是该集体中的一员都是见者有份的，是不会反对的，而那些该集体之外的人的反对则是无效的，因为他们没有特权。

特权福利的存在严重地破坏了社会福利应有的公平性质，既降低了人们对政府的信任，也加大了社会福利改革的难度。但特权福利如果不清除的话，一个全民共享、水平适当的社会福利体系是永远建立不起来的。

综上所述，反思新中国 60 余年来社会福利的演进历程及其经验得失，面对当今中国社会福利领域的突出问题，建设普遍整合的社会福利体系已成为历史发展的必然趋势。

第五章

普遍整合福利模式的理论基础

社会福利模式的选择不是一种盲目的自发臆想，而是一种自觉的社会行动；只有明确福利模式所依据的理论基础，才能保证福利模式构建的科学性、合理性与适当性。中国特色的福利模式需要中国特色的福利理论作为支撑，普遍整合福利模式的理论基础包括普遍福利理论、基础整合理论、底线公平理论、全民共享思想和适度普惠思想，它们共同为建设普遍整合的社会福利体系提供了理论说明。

第一节　普遍福利理论

普遍福利理论是在反思特殊福利概念的局限性和观察中国社会福利事业快速发展的过程中提出来的，是建设普遍整合社会福利体系的基础理论。

一　普遍福利理论的提出

普遍福利理论的代表性成果为《从小福利迈向大福利：中国特色福利制度的新阶段》①。普遍福利理论的提出，主要基于两个背景。一方面，普遍福利理论是直接针对小福利理论的局限提出的，是对小福利理论的突破。在我国，理论界和实务界对社会福利概念的界定和使用存在着不同的理解，占主导地位的观点是小福利观念。小福利概念的核心观点是从狭义角度界定社

---

① 景天魁、毕天云：《从小福利迈向大福利：中国特色福利制度的新阶段》，《理论前沿》2009 年第 11 期。

会福利，主要包括以下三种含义：一是指为弱势群体提供的福利即特殊福利。这种福利观从福利供给对象的角度界定社会福利，认为社会福利的对象不是全体社会成员，而是部分特殊成员即社会弱势群体，社会福利是国家和社会为弱势群体提供的收入和服务保障，主要包括老年人福利、儿童福利和残疾人福利。这个意义上的福利概念类似西方学者所说的选择性福利或补救性福利。二是指由民政部门提供的福利即民政福利。这种福利观从福利供给主体的角度界定社会福利，认为社会福利是由民政部门代表国家提供给弱势群体（如老人、残疾人、孤儿和优抚对象等）的收入和服务保障。[①] 这种福利观强调国家（政府）的福利供给责任，认为国家（政府）是最重要甚至是唯一的责任主体，把社会福利等同于国家福利或政府福利。这个意义上的社会福利概念是我国民政福利实践中最常用的定义，也是中国人最熟悉的福利概念。正是因为这种福利观的长期存在，我们才能准确地理解民政部门提出社会福利社会化的由来及其本质含义。三是指居于社会保障体系最高层次的福利。这种福利观从福利供给目标的角度界定社会福利，认为社会保障体系包括社会救助、社会保险和社会福利三个层次，社会福利是社会保障体系的最高层次。[②] 社会救助的目标是维持社会成员的最低生活水平，社会保险的目标是维持社会成员的基本生活水准，社会福利的目标是提高公民的生活水平和生活质量。这个意义上的社会福利概念在我国社会保障研究中具有相当的代表性，认为社会福利属于社会保障的下位概念，是社会保障体系的一个组成部分。

小福利概念的三种含义实际上可以归纳为两种类型的福利观：第一类可称为补救性的小福利观。第一种和第二种含义虽然理论界定的角度不同，但二者在实践中没有本质区别。之所以称为补救性的小福利观，是因为二者都是针对已经存在的社会问题进行事后补救，二者都坚持福利供给对象的选择性，二者都强调国家（政府）承担主要的福利供给责任，属于雪中送炭式的福利。第二类可称为发展性的小福利观。第三种含义的小福利概念所强调的不是社会福利的补救功能，而是突出社会福利对改善和提高社会成员生活

① 周良才：《中国社会福利》，北京大学出版社 2008 年版，第 3 页。
② 孙光德、董克用主编：《社会保障概论》，中国人民大学出版社 2000 年版，第 26—33 页。

质量的作用，属于锦上添花式的福利。实事求是地说，这种类型或成分的社会福利在我国社会保障体系中还比较少。综观小福利概念，存在着四个局限：第一，福利对象的局限。小福利概念把福利对象仅仅限于部分社会成员即弱势群体，社会福利似乎只是社会弱势群体的专利。然而，社会福利的本质属性是社会性，最终要覆盖所有的社会成员，才是真正的社会福利。第二，福利内容的局限。小福利概念以人群为标准来划分社会福利的内容，这种划分标准很值得商榷。我们认为，只有以社会成员共同的基本福利需求为标准划分社会福利的内容，才具有本质分类的意义。第三，福利主体的局限。在小福利概念中，福利供给主体比较单一，基本上或主要局限于国家或政府，社会福利基本等同于国家福利或政府福利。众所周知，现代社会的福利供给主体应该是多元化的。第四，福利方式的局限。小福利概念把社会福利与社会救助和社会保险并列，认为只有免费供给或无偿供给的才是社会福利，排除了社会救助和社会保险的福利属性。更进一步说，这种认识还会加剧或助长社会成员视福利为免费午餐的意识。总之，由于小福利概念的狭义性导致了狭隘性，势必使绝大多数社会成员被排斥在社会福利的范畴之外。按照小福利概念，社会救助和社会保险不属于社会福利的范围，只接受过社会救助和社会保险的社会成员可以说没有享受过社会福利；长久如此，可能会导致相当数量的社会成员产生相对剥夺感，扩展小福利概念的内涵与外延已势在必然。

另外，普遍福利理论的提出是对我国社会福利体系快速发展现实的理论总结和概括。进入 21 世纪以来，中国加大社会福利投入，接连出台社会福利新政。一是新型农村合作医疗制度。2003 年 7 月，新型农村合作医疗试点启动；2008 年底，新型农村合作医疗制度基本覆盖全国农村地区。二是城乡医疗救助制度。2003 年 11 月，民政部、卫生部、财政部联合下发《关于实施农村医疗救助的意见》，农村医疗救助制度建设全面推开。2005 年国务院办公厅转发民政部、卫生部等部委《关于建立城市医疗救助制度试点工作意见》，提出用 5 年时间在全国建立城市医疗救助制度。三是免费义务教育制度。2006 年颁布实施新修订的《义务教育法》，为免费义务教育提供了法律保障。2007 年，对农村义务教育 1.5 亿学生全部免除学杂费和免费提供教科书，对其中 780 万贫困寄宿生提供生活补助；2008 年，免除全国城市义务教育学杂费①。四是农村最低生活保障制度。2007 年 7 月，国务院颁发了《关于在全国建立农村最低生活保障制度的通知》，农村低保制度进入全面建设和快速发展时期。五是城镇居民基本医疗保险制度。2007 年 7 月，国务院下发《关于开展城镇居民基本医疗保险试点的指导意见》，要求"2009 年试点城市达到 80% 以上，2010 年全国全面推开"。六是公共卫生服务制度。2003 年"非典"危机之后加强了公共卫生服务体系建设，2009 年 7 月，卫生部、财政部、国家人口和计划生育委员会联合颁布《关于促进基本公共卫生服务逐步均等化的意见》，启动了九项国家基本公共卫生项目和六项重大公共卫生服务项目。七是新型农村社会养老保险制度。2009 年 9 月，国务院颁发《关于开展新型农村社会养老保险试点的指导意见》，提出 2009 年的试点覆盖面为全国 10% 的县。八是完善住房保障制度。先后出台了一系列住房保障政策，完善了"城镇廉租房制度"、"城镇经济适用房制度"和"住房公积金制度；2007 年出台"限价房"政策，2009 年的政府工作报告提出"积极发展公共租赁住房"。通过增加社会福利项目，一个覆盖全体城乡居民的社会福利体系初步形成。我国社会福利事业的迅猛发展呼唤着社会福利理论的创新，社会福利实践已经突破了小福利概念的局限；普遍福利理论的提出，回应和反映了中国社会福利发展的现实需要。

二　普遍福利理论的内容

1. 普遍福利概念的含义②

第一，普遍福利是以全体社会成员为对象的社会福利。一是所有社会成员都享有社会福利权利。二是所有社会成员都将纳入社会福利体系，都能享受到社会福利。当然，这不等于所有社会成员都能享受同等的社会福利，都能享受相同的社会福利，而是所有的社会成员都能享受某一福利项目。如我国正在构建的医疗保障体系，包括城镇职工基本医疗保险制度、城镇居民基本医疗保险制度和新型农村合作医疗制度，制度和人群覆盖都已基本实现了

① 张力：《改革开放 30 年我国教育成就和未来展望》，http：//www. sociology. cass. cn/shxw/zxwz/t20081008_ 18851. htm。

② 景天魁、毕天云：《从小福利迈向普遍福利：中国特色福利制度的新阶段》，《理论前沿》2009 年第 11 期。

全民医保，满足全民的健康福利需求。

第二，普遍福利是以社会成员的基本福利需求为本的社会福利。社会成员的基本福利需求主要包括生活保障需求、教育保障需求、就业保障需求、健康保障需求、养老保障需求、居住保障需求和安全保障需求，普遍福利概念中的福利内容（项目）主要包括生活保障、教育保障、就业保障、健康保障、养老保障和住房保障等。由于这些福利项目集中反映了民生的基本内容，普遍福利即民生为本的社会福利。

第三，普遍福利是多元主体共同提供福利支持的社会福利。普遍福利概念中的福利供给主体包括政府组织、市场组织和社会组织（即民间组织）等现代社会中的三大部门，最主要的组织包括政府、工作单位、家庭和非营利组织（或慈善组织），其中最重要的是政府。在这个意义上，普遍福利可以说是一种多元化的混合型福利。

第四，普遍福利是包括社会救助、社会保险、公共福利和社会互助等四种供给方式的社会福利。在普遍福利概念中，社会成员获得福利的途径既有缴费方式的社会保险，也有免费方式的社会救助和公共福利，既有强制性方式（如社会保险）也有自愿性方式（如社会互助）。

2. 中国具备实施普遍福利的条件①

普遍福利理论认为，中国已经基本具备从小福利迈向普遍福利的条件：

第一是经济条件。普遍福利理论认为，经过改革开放30余年来的快速发展，我国的经济实力不断增强，为小福利走向普遍福利奠定了坚实的经济基础。根据国家统计局发布的《2008年国民经济和社会发展统计公报》，2008年中国GDP总量达300670亿元；按照2008年平均汇率6.948∶1，折合43274亿美元。2008年末全国总人口为13.2802亿，人均GDP已达到3258.5美元。国际经验表明，当一个国家的人均GDP超过3000美元，意味着一个国家的经济发展进入一个新阶段，也意味着一个国家发展社会福利的经济能力明显增强。另外，随着GDP的快速增长，我国的财政收入增幅显著，2008年全国财政收入6.13万亿元，比2007年增长19.5%。在现代社会

---

① 景天魁、毕天云：《从小福利迈向普遍福利：中国特色福利制度的新阶段》，《理论前沿》2009年第11期。

中，政府是社会福利供给主体中的主导力量，政府掌握和拥有的公共财政资源越多，保障和改善民生的能力就越强。

第二是思想基础。普遍福利理论指出，中国共产党是为人民谋福利的政党，毛泽东倡导的"全心全意为人民服务"、邓小平提出的"共同富裕"、江泽民主张的"三个代表"重要思想，已为小福利走向普遍福利提供了丰富的思想理论基础。特别是胡锦涛同志提出的科学发展观，为小福利走向普遍福利提供了直接的指导思想。科学发展观的本质和核心是以人为本，坚持以人为本，就是要从人民群众的根本利益出发谋发展、促发展，在经济发展的基础上不断满足人民群众的基本福利需求，努力提高人民群众的物质文化生活水平。胡锦涛在党的十七大报告中对社会建设理论的系统阐述，为小福利走向普遍福利提出了全面具体的要求。党的十七大明确提出，到2020年，我国将基本建立覆盖城乡居民的社会保障体系，人人享有基本生活保障。为了实现这一目标，要"努力使全体人民学有所教、劳有所得、病有所医、老有所养、住有所居"。社会建设的"五有"目标，直接对应于广大人民群众的五种基本福利需求；既是民生问题的基本层面，也是普遍福利概念框架中的基本内容。因此，实现社会建设"五有"目标的过程，其实就是实施普遍福利的过程；普遍福利的实施，标志着中国特色福利制度进入一个崭新的历史阶段。

第三是实践基础。普遍福利理论认为，从小福利迈向普遍福利不是突发奇想，而是对已经存在的社会保障实践和成效的发展和提升。经过新中国成立60余年的发展，我国的社会福利制度不断丰富和完善，已经建立起覆盖社会成员基本福利需求的制度体系：一是就业保障制度，包括失业保险制度、工伤保险制度、城镇下岗职工再就业服务制度、农民工就业保护制度、大学毕业生就业促进制度；二是生活保障制度，包括城镇居民最低生活保障制度、农村居民最低生活保障制度、农村五保户供养制度、流浪人群生活保障制度和灾民生活救助制度；三是养老福利制度，包括城镇基本养老保险制度、农村社会养老保险制度和老年人福利服务制度；四是健康福利制度，包括城乡公共卫生服务制度、城镇职工基本医疗保险制度、城镇居民基本医疗保险制度、新型农村合作医疗制度和城乡大病医疗救助制度；五是教育福利制度，包括免费义务教育制度、职业教育补助制度、农民工子女教育制度和特殊教育制度；六是住房福利制度，包括经济适用房制度、廉租房制度、住房公积金制度和住房补助制度等。如果用普遍福利概念来衡量，我国已经初步形成了普遍福利体系的基本框架。回顾改革开放以来来中国社会保障事业的发展历程，是一个社会福利不断拓展深化的过程，这个过程的实质就是从小福利迈向普遍福利的过程。

三　普遍福利理论的意义

普遍福利理论是具有中国特色的福利理论，对社会福利体系建设的启示在于：

第一，为建设普遍型社会福利体系提供了基础性的理论支撑。普遍福利理论的核心观点是主张扩大社会福利覆盖面，促进社会福利的普遍性和共享性。我国是社会主义国家，社会主义制度的先进性和优越性要求高度重视人民群众的民生问题和福利问题，不断扩大社会福利的覆盖面，提高社会成员的福利水平。就中国目前的社会福利状况而言，关键不是福利过剩和福利过度，而是福利不足和福利缺乏。例如新型农村社会养老保险制度尚未全面建立，城镇居民基本养老保险制度仍是空白，困难群体的住房保障覆盖水平低，服务保障的供给能力严重不足，等等。普遍福利理论为我国发展和建立普遍型社会福利体系提供了理论支撑，揭示了中国社会福利发展的趋势，指明了中国社会福利体系建设的方向。

第二，普遍福利理论为促进社会福利整合提供了基本思路。随着一系列新增社会福利项目的实施，社会福利的覆盖面和普遍性得以迅速扩展；与此同时，我国社会福利体系也产生了管理分离、制度分设、资源分散、城乡分割等碎片化现象，推进社会福利体系整合已成为我国社会建设中亟待解决的重大现实问题。导致我国社会福利体系碎片化的原因很多，其中的一个重要原因就是缺乏整体性和系统性的普遍福利视野。普遍福利理论主张以社会成员的基本福利需求为中心构建社会福利体系框架，推进和实现社会福利管理、社会福利机制、社会福利项目、社会福利主体、社会福利类型、社会福利层次、社会福利资源和社会福利监督的内部整合与相互协调，提高社会福利体系的有机性、协调性、衔接性和统一性，节约社会福利体系的运行成本，实现社会福利效益的最大化。

第二节　基础整合理论

基础整合理论是在研究和反思我国社会保障制度改革的过程中提出来的社会福利理论，对促进中国社会福利体系整合具有重要的实践指导意义。

一　基础整合理论的提出

2000年11月，中国社会科学院"中国社会保障体系研究"课题组发表《中国社会保障制度改革：反思与重构》一文，提出基础整合的社会保障体系[①]；并在2001年出版的《基础整合的社会保障体系》中对该理论进行了比较全面的阐述。

我国社会保障制度改革从20世纪80年代中期开始，到20世纪末期初步构筑了一个以养老、失业、医疗三大社会保险制度和最低生活保障制度为骨架的城镇社会保障体系。但是，这一制度体系存在着先天不足和后天失调，实施效果难尽如人意。原因何在？该书认为，导致我国社会保障问题的根本原因，不是具体操作而是制度设计，不是具体方法而是基本思路。中国社会保障的制度设计问题主要表现在三个方面：一是养老保险的制度设计问题。课题组认为，我国养老保险制度采取统账结合模式存在三个严重缺陷：（1）重收不重支，致使养老金支出膨胀；（2）统账结合导致完全的现收现付，个人账户空账运行；（3）政府承诺的养老金比例过大。[②] 二是失业保险的制度设计问题。我国的失业保险制度设计片面追求与国际惯例接轨，脱离了中国经济转轨时期出现的结构性失业和下岗职工等问题，导致失业保险制度处于投入颇多、效率低下、收效甚微的尴尬境地。[③] 三是医疗保险的制度设计问题。统账结合的城镇职工医疗保险制度设计存在两个误区：既不符合保险的基本规律（个人账户不符合疾病风险的特征），又产生了社会排斥

---

① "中国社会保障体系研究"课题组：《中国社会保障制度改革：反思与重构》，《社会学研究》2000年第6期。

② 景天魁：《基础整合的社会保障体系》，华夏出版社2001年版，第5—8页。

③ 同上书，第9—10页。

（把未成年人和无工作、无收入的老人排斥在外）。①

该书进一步指出，中国社会保障体系中存在的单项制度设计问题，往往是由整体思路上的偏差造成的，必须从整体上透视我国社会保障体系建设的基本思路。课题组认为，中国社会保障的基本思路问题表现在四个方面②：一是社会保障缺乏相对独立性。社会保障是相对独立的社会体制，但在我国被简单地看作是市场经济体制的重要组成部分，成为市场经济体制的配套制度。二是对社会保障制度赋予过多过高的功能要求。社会保障制度的社会功能是有限的。但是，我国对社会保障制度提出了种种要求，视其为解决各种问题的万应灵丹：要能与经济体制改革相配套，要能推动国有企业改革，要能应对未来老龄化的挑战，要能减轻国家、企业和个人的负担，等等。三是社会保障体系的耦合性和整合性差。社会保障本来是一个有机整体，资金保障与服务保障相辅相成，各项制度之间环环相扣。但是，我国的社会保障制度改革往往是单兵突进，互不往来，壁垒森严。四是社会保障主体的单一性。福利多元化是世界大多数国家社会保障的共同方向，表现为行政手段与市场手段并举，政府与非政府组织合作，个人、家庭、单位、社区和政府共同分担等。但是，我国的社会保障改革只有政府一家的积极性，企业、个人、社会团体的积极性尚未展现出来。通过对我国社会保障制度改革的深刻反思，该书的结论是："适合中国国情的社会保障体系应该是基础整合的社会保障体系。"

二　基础整合理论的内容

1. 基础整合概念的含义

在 2001 年出版的《基础整合的社会保障体系》一书中，把基础整合的基本含义概括为三个方面③：在保障方式上，实行有限福利、适度保险、确保互助，选择以社会救助为基点；在保障载体上，依托社区实现系统整合，通过社区把养老看护、医疗卫生服务、就业服务、贫困救助和其他社会福利

---

① 景天魁：《基础整合的社会保障体系》，华夏出版社 2001 年版，第 11—12 页。
② 同上书，第 15—18 页。
③ 同上书，第 253—257 页。

结合起来；在保障主体、筹集渠道和保障内容上，实行多元整合。在 2003 年发表的《中国社会保障的理念基础》一文中，进一步明确了"基础整合"中"基础"和"整合"的具体含义，概括为六个"基础"和六个"整合"：[1] 一是以最低生活保障线为底线，整合多元福利；二是以卫生保健为基础，整合多层次需求；三是以服务保障为基础，整合资金、设施、机构、制度多方面的保障；四是以就业为基础，整合多种资源；五是以社区为基础，整合政府作用和市场作用；六是以制度创新为基础，整合城乡统筹的社会保障。"基础整合"概括起来就是："守住底线，卫生保健；强化服务，就业优先；依托社区，城乡统揽。"

2. 基础整合社会保障体系的特征

基础整合理论认为，社会保障的本质是要保障人民的基本生活，这是设计社会保障制度的出发点和最终评估的标准。基础整合的社会保障体系以保障民生基本需求为目的，以社会救助为基点，以社区服务为依托，实行资金保障和服务相结合，资金筹集多渠道，保障内容多层次，保障方式多元化。这是一个以民生为本的社会保障体系，具有三个基本特征[2]：

一是基础性。民生需求包括基础性需求和发展性需求两个层次，基础整合的社会保障体系强调优先基础性的民生需求，即人民生活最基本的需求，缺乏了这种需求就难以正常地自我发展和参与社会。保障人民的基础民生需求，是政府对所有人民的承诺，不可以降低。基础性的民生保障是公平的，面向所有人民的，这种保障是人民作为社会成员的全体的具体体现。基础性的民生保障是长远可持续发展的，是国家的社会、政治、经济环境经历不同变化和各种风险情况下都可以维持的。

二是综合性。首先是资金保障和服务保障的综合。民生需求是多方面的，既有资金保障的需求，也有服务保障的需求，有些需求以直接提供服务更为恰当。在社会保障体系中，要把现金援助制度与社会服务制度相互协调和配合，将现金发放和服务供应有机结合起来，甚至以部分服务代替资金保障的功能，提高社会保障资源的利用效率。其次是以特定人群的需求为中心

---

① 景天魁：《中国社会保障的理念基础》，《吉林大学社会科学学报》2003 年第 5 期。

② 景天魁：《基础整合的社会保障体系》，华夏出版社 2001 年版，第 19—21 页。

实现各种保障制度的综合。从不同人群的需求出发，实现相关保障制度的有机组合，强调不同保障制度可以互为资源，相互依存，形成制度与制度之间的跨制度融合。例如，以老年人的需求为中心，可以将属于基础层次的基本养老金、社区全科医生、社区健康服务、社区福利服务等制度，属于发展层次的养老储蓄、职业年金、互助养老保险、住院医疗服务、商业保险和社区综合服务等制度组合为一个整体——老年人保障制度。

三是多元性。社会保障分为基础性保障和发展性保障两个层次，多元性要求社会保障在满足基础性需求的前提下，以多元的主体提供保障。多元性承认多元主体在提供基础保障以外的社会保险领域的优越性，鼓励和组织各种社会团体、非营利组织、社区组织以至市场等社会力量提供基础社会保障以外的民生需求。因此，多元性的社会保障制度包括两个部分：一个是由政府承诺满足的基础性社会保障，另外一个是由多元主体提供、自主选择参与的社会合作制度。

3. 基础整合社会保障体系的框架

基础整合的社会保障制度框架包括四种系统整合[1]：一是单项制度子系统层次的整合。如在养老保障中，将基本养老金制度、企业退休金制度、互助养老保险制度、个人养老储蓄制度和商业性的人寿保险制度整合起来。二是以特定人群为中心的跨制度的资源整合。以不同要求的人群为中心，由相关的制度子系统和综合子系统构成的跨制度的资源重组系统。如以失业人群需求为中心，将失业保障、社会救助和社会服务三个子系统构成一个资源重组系统。三是基础层次保障和发展层次保障的系统整合。基础层次的保障以政府的责任为主导，是社会保障体系的主体；发展层次的保障需要多元化的社会主体共同参与，发挥辅助、补充及丰富的作用。四是各种制度发挥作用的共同载体的综合子系统。社区是各种保障制度发挥作用的地域载体，可以提供包括养老、医疗、就业、最低生活保障等方面的服务。四种系统整合机制如图 5.2.1 所示：

---

[1] 景天魁：《基础整合的社会保障体系》，华夏出版社 2001 年版，第 22—23 页。

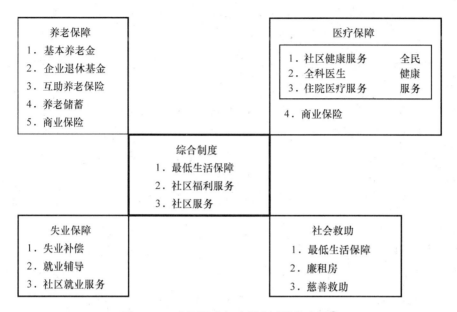

图 5.2.1　中国社会保障制度系统整合图①

　　基础整合理论认为，基础整合社会保障体系有四个优点：第一，有利于确定国家、企业和个人的责任，解决社会保障需求无限而国家财力有限的矛盾，使社会保障制度改革和建设走出困境；第二，有利于冲破既得利益的圈子，在保障基本民生的基础上，惠及城乡大众，增强社会保障制度的社会支持力；第三，有利于动员包括文化历史资源在内的各种资源，重塑社会结构，增强社会自我维持能力；第四，有利于增强社会保障制度的可持续性，防止随着经济增长和政治民主的发展，重蹈由国家福利走向福利国家的覆辙。②

三　基础整合理论的意义

　　基础整合理论对健全和完善中国社会保障体系具有以下四点的启发意义：

　　①　景天魁：《基础整合的社会保障体系》，华夏出版社 2001 年版，第 22 页。
　　②　景天魁：《中国社会保障的理念基础》，《吉林大学社会科学学报》2003 年第 5 期。

第一，要区分民生需求的层次性，增强社会保障的针对性。基础整合理论明确提出，社会保障要以民生为本，但是，不能笼统地理解民生需求。民生需求可以分为生存需求、温饱需求、发展需求和享受需求等若干层次，社会保障制度不可能也不应该满足所有层次的民生需求，而要优先满足和保障基础性的民生需求（生存需求和温饱需求），社会保障体系应该立足于基础性的民生需求，这些观点对保证中国社会保障制度的可持续性非常重要。

第二，要合理划分政府与社会力量在社会保障领域的责任。在社会保障事业的发展史上，合理确定政府在社会保障领域的角色仍然是一个尚未完全破解的难题。历史证明，在现代社会保障领域，政府不能只当守夜人，也不能做大保姆。基础整合理论提出，在我国的社会保障领域，政府必须承担基础性需求的保障责任，非基础性需求的保障责任由多元主体共同分担。这样，就明确了政府和社会力量在保障不同层次的民生需求上的责任划分，也跳出了政府要么撒手不管，要么包揽一切的形而上学困境。

第三，要增强和提高社会保障体系的整合性。在社会保障资源约束的情况下，提高社会保障的整合程度是节约社会保障运行成本，实现社会保障效益最大化的基本途径和有效措施。基础整合理论强调社会保障体系整合的必要性和重要性，并提出了"六个整合"的构想和设计，这是对我国预防社会保障体系碎片化和断裂化的一种警示。回顾21世纪以来我国社会保障领域普遍化与碎片化同时增长的现状，整合思想的意义正在显现。

第四，要重视服务保障在社会保障中的作用。基础整合理论强调服务保障的重要作用，提出要实现资金保障和服务保障的相互协调，这是一个很有远见的战略观点，是对资金保障万能论的纠偏。现实表明，随着我国经济快速发展和居民收入提高，人民群众迅速增长的社会服务需求正在以加速度的方式爆发出来，而我国在服务保障方面却捉襟见肘，服务供给能力严重不足，服务保障压力巨大。

第三节　底线公平理论

底线公平理论既是一种社会公平理论，也是一种社会福利理论，还是一种社会机制理论，对中国社会福利体系建设具有多方面的指导意义。

一　底线公平理论的提出

2004 年 8 月,《论底线公平》一文第一次提出底线公平概念;[1] 在 2009 年出版的《底线公平:和谐社会的基础》一书中,系统阐述了底线公平理论。

底线公平理论的提出,主要基于两个背景:一是反思抽象公平理论的局限,为现代社会保障制度提供具体的理念基础。公平与效率的关系是社会保障领域发生激烈争论的问题,由于社会保障属于二次分配,人们自然而然地认为社会保障制度的理念基础就是社会公平。但是,由于不同个人对公平的理解存在差异,必然形成不同的公平观;即使通过民主原则达成的多数人的公平观,结果可能导致多数人的暴政;因此,笼统抽象地讲社会公平是不够的,必须明确社会公平的具体含义。[2] 抽象的社会公平不问实际条件和可能,平均分配,人人有份,其假设条件是可以忽视社会差别的存在。然而,中国存在着较大的收入差距、城乡差距和地区差距,如果不顾实际条件讲抽象公平,往往会适得其反,甚至加大社会不公平,中国的社会保障制度必须以具体的社会公平为理念基础。底线公平从存在着较大社会差距的实际出发,强调社会保障制度建设要有侧重点,即主要面向弱势群体,面向老百姓最现实、最直接、最迫切的需要;以底线公平为理念基础,不仅可以做到成本小收益大,而且能够有效地促进实现社会公平。[3] 二是破解社会保障难题,为解决社会保障制度的刚性问题探索新机制。所有建立社会保障制度的国家都会遇到一个难以解决的刚性问题:即保障范围越来越大,保障项目越来越多,保障水平越来越高。这个趋势的必然结果是高福利逐渐达到国家财政难以支撑的程度,整个社会激励不足,发展趋缓。而此时,任何想要降低和缩小福利的努力都难以实行,如果硬要实行,就会引发社会不满和不稳。西方国家社会保障制度改革的经验已经证明,要想在已经定型的刚性制度中植入柔性机制,不仅难度大而且成本高。中国的社会保障制度正在建设之

---

[1]　景天魁:《论底线公平》,《光明日报》2004 年 8 月 10 日。
[2]　景天魁:《底线公平与社会保障的柔性调节》,《社会学研究》2004 年第 6 期。
[3]　景天魁:《基础整合的社会保障体系》,华夏出版社 2001 年版,第 157—158 页。

中，要不重蹈西方国家的覆辙，必须及早解决机制问题，形成一种富有弹性的社会保障机制。即在刚性不断增长的过程中，同时建立一种柔性机制，实现社会保障制度的可持续发展。

二　底线公平理论的内容

底线公平理论包含着非常丰富的内容，其中最重要的思想有以下五个方面：

1. 底线公平的含义

第一，底线公平是一种社会意义上的公平①。底线公平不是个人意义上的公平，而是社会意义上的公平，即"社会公平"。个人意义上的公平是一种永远扯不清的公平，对每个人而言，对什么是公平的理解是非常不同的。社会政策可能使一些人得益而另一些人受损，得益者认为公平的，受损者可能认为不公平；即使在得益者中，得益多者认为公平，得益少者也可能认为不公平。底线公平虽然最终要落实到每个人的实际利益上，但它直接处理的利益关系并非个人与个人之间的关系，而是社会与个人之间的关系（权利与责任）、政府与社会和个人之间的关系。在社会意义上的公平面前，本来是个人之间的利益损益关系，就转化为责任和权利的关系，即个人不管损益多少，在社会意义上都是应尽的责任；个人不管受益多少，在社会意义上都是应得的权利。这样，个人之间扯不清的利益关系，就转化为社会规定了的利益和责任关系。因此，只有从社会意义而不是个人意义上理解底线公平，才能准确把握底线公平的准确含义。

第二，底线公平是体现权利一致性的社会公平。所谓底线，就是社会成员基本需要中的基础性需求，包括解决温饱的需求（生存需求）、基础教育的需求（发展需求）和公共卫生和医疗救助的需求（健康需求），这三项需求是人人躲不开、社会又公认的底线。底线是全社会除去个人之间的差异之外共同认可的一条线，这条线以下的部分是每一个公民的生活和发展中共同具有的部分，是起码的部分，是基本权利必不可少的部分。底线划分了社会成员权利的一致性和差异性，底线以下部分表现权利的一致性，底线以上部

---

① 景天魁：《论底线公平》，《光明日报》2004 年 8 月 10 日。

分体现权利的差异性，所有公民在这条底线面前所具有的权利一致性就是底线公平。在这个意义上，底线公平可以理解为一种无差别的社会公平。

第三，底线公平是政府承担首责的社会公平。底线划分了政府和非政府力量在满足公民基础性需求责任的界限，底线以下部分不是市场机制发挥作用的领域，而是公共财政确保的领域，是政府的责任，底线是一种政府责任底线。在经济水平比较低时，政府要守住底线公平这条线，以确保每个公民都有基本的生活保障，过上有尊严的生活；在经济水平提高以后，政府仍要守住底线公平这条线，以防止社会保障水平继续刚性上升。[1]

第四，底线公平是一种表示性质的社会公平。尽管底线和底线公平具有量的含义，但首先是一种体现质的概念。底线是表示性质的概念，是指一种界限，即不能含糊、不能推卸、必须坚持、必须做到的事情。因此，底线不是低线；底线可以划在下部、中部，也可以划在上部；划在哪里，哪里就是底线。同理，底线公平虽然也可以进行度量，但底线公平不是在公平水平高低的意义上定义的，而是在社会公平类型的意义上定义的。因此，底线公平不是低水平的公平，并不意味着一定是低水平的社会保障。底线公平是指社会保障制度和项目中，有些是起码的、不可缺少的，这些制度和项目可能是较低的保障水平，也可能保障水平并不低。[2]

2. 底线公平的原则

底线公平理论认为，实现底线公平必须遵循四个基本原则[3]：一是弱者优先。弱者优先原则主要处理富人与穷人、强势群体与弱势群体的关系。弱势人群处于社会分层体系的下层或底层，自我保障能力较弱，优先保障弱者最能体现底线公平的理念。"弱者优先可以获得最大的社会效益。同样一笔钱，用在穷人身上、弱者身上，解决他们的基础性需求，比用在富人、强者身上，满足他们的非基本需要，其社会效益要大100倍以上。"根据弱者优先原则，政府在调配资源特别是再分配调节时，就要优先考虑那些在市场竞争中处于劣势地位的群体；在收入差距和贫富差距越来越大的背景下，政府

---

[1]　景天魁：《社会保障：公平社会的基础》，《中国社会科学院研究生院学报》2006年第6期。

[2]　景天魁：《底线公平：和谐社会的基础》，北京师范大学出版社2009年版，第133页

[3]　同上书，第203—204页。

的资源再分配就应该优先向贫困家庭和低收入家庭倾斜。二是政府首责。政府首责原则主要处理政府与社会、政府与市场之间的关系。根据底线公平的要求，政府的社会福利责任首先是底线福利责任，即在满足公民的底线福利需求（生存需求、健康需求和发展需求）问题上，政府是第一责任者，负有不可推卸的责任。当然，政府首责不是政府全责，政府不应该也不可能承担所有的福利责任，企业、非政府组织、家庭和个人在满足社会成员的非底线福利需求时也承担着重要责任。三是社会补偿。社会补偿原则主要处理个人与社会之间的关系。在任何一个国家，社会资源都是有限的；由于各种原因，有的社会成员占有较多的社会资源，有的社会成员占有较少的社会资源，实现底线公平不能没有社会补偿。社会补偿就是要那些优先或者占有较多社会资源的人，给那些没占有或者较少占有社会资源的人以补偿。社会补偿是社会正义的体现，它要求在社会和个人之间建立起一种责任关系和契约关系，社会要承担对每个社会成员的责任，个人也要承担对社会的责任。四是持久效益。持久效益原则处理经济与社会、近期利益与长远利益之间的关系。社会福利制度追求的主要是长期效益而非短期效益。底线公平首先强调社会福利制度自身的可持续性，要把重点放在满足社会成员的基础性福利需求上，始终保持一个适度的福利水平："在现在，走向社会保障扩面和促进社会公平；在将来，防止过度公平和高度福利。"① 底线公平还特别重视社会福利制度对经济社会可持续发展的意义，强调社会成员的生存权、健康权和教育权，这些既是个人持续发展的根本，也是一个国家持续发展的源泉。

3. 底线公平的制度

底线公平理论认为，能够体现底线公平的社会保障制度有三项：一是最低生活保障制度。最低生活保障制度满足社会成员的生存需求，保障社会成员的生存权，对实现底线公平具有根本性的意义。生存权是社会成员的基本权利，是个人获得与享受其他社会权利的前提条件，是"社会权利中的权利"。在这个意义上，最低生活保障制度是"底线中的底线"，最能体现底线公平的价值和意义。实践证明，最低生活保障制度是花钱最少、效益最好的福利制度，它在缩小社会不公平程度方面能够起到最明显的效果。二是公

---

① 景天魁：《底线公平：和谐社会的基础》，北京师范大学出版社 2009 年版，第 147 页。

共卫生和医疗救助制度。对生命具有直接保护作用的因素是三个：卫生、保健和医疗。首先是卫生，卫生对人的健康和寿命影响最大而花费最少；其次是保健，也是花钱少而受益大。以预防为主，搞好公共卫生，对广大人群构成威胁的传染病、流行病、地方病等就可以减少甚至消除；中华民族健身传统证明，只要具有良好的处世态度、生活方式和饮食习惯，危害大规模群体的"富贵病"和艾滋病等病症就可以避免，这些都可以降低保护生命的社会成本。在卫生保健之后的手段才是医疗。但由于现代医疗技术的发达和医疗费用的提高，只能依据不同情况选择不同的医疗保障制度，公共卫生和医疗救助制度对实现底线公平具有关键意义。三是公共基础教育（义务教育）制度。在现代社会公平体系中，教育公平具有起点公平的意义，是实现其他社会公平的前提。首先，"发展教育不讲公平不行"，对教育事业的本质而言，公平就是效率。① 其次，"发展教育，抽样地讲公平也不行"。在不存在明显的社会差距的情况下，一般地讲公平是可以的；我国存在着明显的社会差距，抽象地讲教育公平是不行的，抽象的公平是最差的公平，甚至是不公平。② 再次，"教育公平是一个连续谱"。随着教育阶段的推移，教育公平性呈现为有差异的连续谱。基础教育阶段的公平是一种无差别的公平，体现教育的普享性、均等性和一致性。因此，基础教育阶段的公平属于底线公平，基础教育制度（义务教育制度）是一种底线公平制度。③

4. 底线公平的机制

底线公平理论认为，底线公平是一种社会机制，体现在四个方面：一是社会保障责任机制。底线公平概念划分了各种社会保障责任的共担机制和分担机制：底线及其以下的社会保障需求的满足，由政府承担主要责任，社会承担辅助责任；底线以上或底线之外的社会保障需求，政府主要承担监督和宏观控制责任，企业、个人、家庭和非政府组织各负其责。二是社会保障调节机制。底线公平为社会保障提供了一种调节弹性机制，底线及其以下的福利需求，遵循刚性调节机制即政府机制，确保公民的底线福利需求得到满

---

① 景天魁：《底线公平：和谐社会的基础》，北京师范大学出版社 2009 年版，第 254—255 页。
② 同上书，第 255—256 页。
③ 同上书，第 257—258 页。

足；底线以上或底线之外的福利需求，遵循柔性调节机制，充分发挥市场机制和志愿机制的作用，满足公民多层次的福利需求。三是寻求社会共同性的机制。底线公平强调优先保障个人的三项基本权利，即生存权、教育权和健康权，最便于扩大社会共同性。这三项基本权利，在每一个国家和地区之间都非常容易达成一致，在一个国家和地区内部的不同阶层，也比较容易承认它们的平等性。① 四是寻求经济发展与社会保障均衡点的机制。中国发展社会福利既要解决投入不足问题，也要警惕福利刚性问题。"底线公平机制是使得经济发展和福利发展能够相互保持一致的机制，一方面随着经济的发展福利水平也能够提高；另一方面福利水平提高本身不是成为经济发展的包袱，而是成为经济进一步发展的动力。"②

5. 底线公平的作用

底线公平理论认为，底线公平是构建和谐社会的基础。公平正义是社会主义和谐社会的特征之一，底线公平是构建社会主义和谐社会的基础，体现在四个方面③：

首先，以底线公平为基础能较好地调整利益结构。在利益主体多元化和利益关系调整难度大的情况下，一般地讲公平不起多大作用，或者根本不起作用，而以底线公平为基础则更具有针对性和实效性。以底线公平为基础，既可以优先解决好最迫切需要解决的问题，又有利于社会各阶层、各利益集团在底线问题上达成社会共识，还能推动服务型政府建设，有效改善政府形象。其次，以底线公平为基础能够促进协调发展。协调发展是实现科学发展观的基本要求和根本方法，"底线公平"可以帮助找到认识和解决问题的重点和切入点。从底线公平角度看，城乡关系、经济发展与社会发展的关系、教育公平问题，是实现协调发展的关键和重点，解决好这些问题就能促进协调发展。再次，以底线公平为基础有利于增进社会福利。改善人民生活，增加社会福利，是立党执政的根本目的。在民生问题突显和社会保障扩面难的情况下，泛泛地、一般地讲公平不行。要有重点，要对准目标群体，要特别

---

① 景天魁：《底线公平：和谐社会的基础》，北京师范大学出版社 2009 年版，第 165 页。

② 同上书，第 158 页。

③ 景天魁：《三十年民生发展之追问：经济发展、社会公正、底线公平——由民生研究之一斑窥民生发展之全豹》，《理论前沿》2008 年第 14 期。

关注和切实解决下岗失业职工、城乡贫困群体、老人、儿童、病弱者、残障者、失学者的基本需求问题。这些问题都触及了责任的底线、道德的底线，只有优先把这些重点的底线问题解决好，才能实现一般公平。最后，以底线公平为基础能够加快社会建设。长期以来，我国存在着"重经济，轻社会"、"经济腿长，社会腿短"的问题，社会建设欠账太多，社会事业发展滞后，社会管理也很落后。社会建设的关键问题是财政支出结构问题，解决这一问题要从底线公平入手，着重解决弱势群体的基本需求问题。要实现和谐管理，也要从底线公平入手，弱者优先，社会补偿，缓和矛盾，增加共识，社会关系才能渐趋和谐，社会紧张度才能渐趋缓和。

三　底线公平理论的意义

第一，为实现经济发展与社会福利的均衡提供了科学依据。在经济发展和社会福利的关系上，存在着两种形而上学的理论观点和意识形态：一种是片面强调经济发展，追求经济至上；一种是片面强调社会福利，追求福利至上。这两种主张都脱离甚至割裂了经济发展与社会福利之间的辩证关系。经济发展和社会福利二者相互关系的实质是效率与公平的兼顾，本质趋向是实现均衡。要实现二者的均衡，必须超越要么经济至上、要么福利至上的两极思维。如何超越？简单的折中主义不能解决根本问题。底线公平理论强调经济发展与社会福利的均衡，强调效率与公平的统一和兼得，把福利水平的目标设定为适度福利，而非福利最小化和福利最大化。

第二，为分层处理福利供给和福利需求的关系提供了新思路。在社会福利领域，如何处理供给与需求之间的关系，既是一个老问题，也是一个大难题。社会民主主义倾向于需求决定论，自由主义和保守主义则主张供给决定论。[1] 根据社会保障制度发展的历史经验，供给和需求之间的决定关系并非这么简单。历史经验表明，越是经济不景气、供给能力弱的时候，社会保障需求越强烈；在经济繁荣、供给能力强的时候，社会保障需求的增长倒可能放缓。[2] 由此可见，抽象地、不讲条件地确定供给与需求之间的决定关系是

---

①　景天魁：《底线公平：和谐社会的基础》，北京师范大学出版社 2009 年版，第 143—144 页。

②　同上书，第 143 页。

有问题的。底线公平理论为解决这个难题提供了新的思路:"它使两种决定关系在同一个制度的不同层面可以共存,并且互相补充,即在底线以下部分,需求决定供给;在底线以上部分,在一般情况下,可以让供给决定需求。"①

第三,为缩小贫富差距和实现共同富裕提供了针对性的思路和对策。早在 1985 年 3 月,邓小平就指出:"社会主义的目的就是要全国人民共同富裕,不是两极分化。如果我们的政策导致两极分化,我们就失败了。"② 但反观改革开放 30 多年的发展历程,我们在解放生产力和发展生产力方面取得了辉煌成就,却在缩小贫富差距和实现共同富裕方面存在严重问题。研究表明:全国的基尼系数在 1978 年为 0.3 左右,2002 年上升到 0.45 左右,2007 年达到 0.48。③ 底线公平理论对缩小贫富差距和实现共同富裕具有特别的意义。从财富分配的角度缩小贫富差距和实现共同富裕,途径不外乎两条:一是提高穷人的收入,二是调控富人的收入。按照底线公平理论,可以在初次分配领域和再分配领域双管齐下:一方面,在初次分配领域建立底线公平的分配制度,提高劳动报酬在初次分配中的比重,保证穷人的底线收入;同时对富人征收个人所得税,缩小初次分配领域的差距。另一方面,在再分配领域,政府必须加大对穷人的转移支付力度,优先满足穷人的底线福利需求;同时对富人采取强制性和鼓励性相结合的方法,使富人承担济贫责任。唯有如此,缩小贫富差距才能真正破题,实现共同富裕才有可行之路。

第四,有助于在各阶层和群体中达成基本的社会认同。在社会分化(包括横向分化和纵向分化)日益加剧的过程中,不同利益主体和社会阶层在价值观念上的多样性已经成为当今中国社会思想领域的客观事实。多元化的价值观念对构建社会主义和谐社会是一把双刃剑,它既可能提高社会的民主性,也可能削弱社会整合与社会团结的心理基础。无论如何,构建社会主义和谐社会必须达成最起码的、最基本的重叠共识和社会认同。底线公平理论为建立基本的社会认同提供了一个平台和基础:底线公平强调首先要保障每

---

① 景天魁:《底线公平:和谐社会的基础》,北京师范大学出版社 2009 年版,第 144 页。

② 《邓小平文选》第 3 卷,人民出版社 1993 年版,第 110—111 页。

③ 中国发展研究基金会编:《构建全民共享的发展型社会福利体系》,中国发展出版社 2009 年版,第 11 页。

个人的三项基本权利即生存权、健康权和教育权，最便于扩大社会共同性。当面对生存需求、健康需求和基础教育需求三种基础性需求的时候，"各种利益主体——不论政府、企业、社会机构（学校、医院等）、民间组织、家庭还是个人，各个社会阶层和群体——不论是富有者、贫弱者还是中间阶层，最容易达成一致，取得共识，找到共同点"①。

第四节　适度普惠与全民共享思想

在探索中国社会福利事业发展的过程中，国内研究者还提出了适度普惠思想和全民共享思想，进一步丰富了普遍整合的社会福利体系的理论论证。

一　适度普惠思想

适度普惠是在反思中国传统民政福利发展趋势的过程中提出的福利思想。对适度普惠存在着两种理解：一是从狭义社会福利概念出发界定适度普惠。2006 年，窦玉沛指出，民政部在社会福利方面要"推动我国社会福利由补缺型向适度普惠型转变"，即使社会福利惠及全部老年人、残疾人和困境儿童，这即是某种程度的、一定范围内的普惠。② 2007 年，窦玉沛强调，为了加快我国社会福利事业的发展，中国将推进社会福利模式由"补缺型"福利模式向"适度普惠型"福利模式转变；补缺型的福利模式针对老年人、残疾人、孤儿，在转变过程中，要由特定的服务对象，向全体老年人、残疾人和处于困境中的儿童转变，同时在服务项目和产品的供给上，要满足他们不同层次的多样化的需求。③ 二是从广义社会福利概念出发界定适度普惠。在 2008 年 10 月召开的第三届全国社会福利理论与政策研讨会上，韩裕民从广义社会福利概念出发，阐述了适度普惠型福利模式。他把社会福利概念分为宏观社会福利、中观社会福利和微观社会福利（民政社会福利）三个层次，认为适度普惠型福利模式介于"补缺型"和"普遍型"之间，适度普

---

① 景天魁：《底线公平：和谐社会的基础》，北京师范大学出版社 2009 年版，第 158 页。
② 窦玉沛：《中国社会福利的改革与发展》，《社会福利》2006 年第 10 期。
③ 窦玉沛：《社会福利事业将转为适度普惠型》，《政协天地》2007 年第 11 期。

惠型社会福利体系的形成需要经过初级适度普惠、中级适度普惠和高级适度普惠三个阶段。①

2009 年，王思斌从现实性和政策发展的角度出发，比较系统地论述了适度普惠型社会福利制度的构想。② 王思斌提出："适度普惠型社会福利是由政府和社会基于本国（或当地）的经济和社会状况，向全体国民（居民）提供的、涵盖其基本生活主要方面的社会福利。这种社会福利具有如下一些基本特征：它是针对全体国民（或者某一较大地区的居民）的，因而在某种程度上来说是普惠的。这一特征与我国社会政策的地区性特征有关，更深层地则与地区经济社会发展水平和地区财政状况有关；它是涵盖居民基本生活的主要方面的，即这种福利涵盖了国民（或当地居民）基本生活的最主要方面，如失业保险、贫困救助、医疗保险、住房保障及老人、残障服务等；这些是适度满足他们的基本需要的，而不是主要满足他们的高级需要。"③王思斌认为，适度普惠型的基本要素有三个④：一是社会权利观念的建构。一方面，作为社会福利提供者的政府要改变自己的施舍者的角色观，树立为民服务、社会福利资源的公平配置和有效管理者的角色观念。另一方面，民众的社会福利理念也需要转变。民众既要从个人责任观向社会福利权利观转变，改变不敢向政府要求其福利权利的思想；同时，民众也要改变只讲福利权利不讲社会责任的想法，避免对社会福利的过分期待。二是适宜的社会政策的制定与实施。适度普惠型社会福利既需要与时俱进的政策理念，也需要科学的政策安排；这种政策安排既包括狭义的政策制定过程，也包括考虑到其现实可能性而对政策实施过程的设计。适度普惠型社会福利既是务实的，又是可发展即与经济社会发展方向相一致的。三是适度普惠型社会福利制度与企业、社会和家庭的责任。构建适度普惠型社会福利制度，需要政府、企业、社会、家庭和个人多方参与。政府要承担起主要责任即政府的社会福利责任要到位，企业、社会力量、社区和家庭也扮演着重要角色。王思斌提

---

① 韩裕民：《适度普惠型福利模式探索》，http：//shfl. mca. gov. cn/article/llyj/sdphts/200812/20081200024641. shtml？3。

② 王思斌：《我国适度普惠型社会福利制度的建构》，《北京大学学报》2009 年第 3 期。

③ 同上。

④ 同上。

出，构建适度普惠型社会福利制度的基本要求有五个[①]：一是政府责任优先。政府要承担政策倡导和对相应福利观念的形成进行引导的责任，承担科学设计福利制度的责任，承担社会福利资源提供的主要责任，动员各方力量促进适度普惠型社会福利制度持续发展的责任。二是需要导向的制度建构。适度普惠社会福利制度包括有关人民基本生活的诸多方面，要遵循需要原则，但又不可能很快完全建立，它的各项社会政策和制度需要分轻重缓急逐步建立，需要某种优先次序，即最迫切需要的制度要优先建设。三是企业社会责任的承担。企业如果都能承担起自己应尽的对其成员的福利责任，使其享有职业福利，就能在一定程度上免除其陷入贫困之虞。四是家庭福利责任的保护与激活。适度普惠型社会福利是以家庭福利为基础的，需要保护和激活家庭的福利责任。五是社会福利机构的培育与发展。任何政府都不可能解决其公民的所有社会福利方面的问题，也难以实施较细致的社会福利服务。社会福利机构通过其以人为本的服务理念和专业化的方法，可有效地为其对象提供高质量的服务，也会增进对象的福利效果，弥补政府福利的不足。

二　全民共享思想

2009 年 3 月，中国发展研究基金会在年度发展报告——《构建全民共享的发展型社会福利体系》中提出全民共享思想，为 2020 年的中国提供了一个新的社会福利体系构想。该书认为，全民共享性是未来中国社会福利体系公平性最重要的体现之一，其突出特点是新型社会福利体系能够惠及 13 亿中国人民，特别是广大的农村居民。全民共享包括三层含义：一是为没有制度保障的社会群体建章立制。重点是为农民、农民工建立养老保险等保障制度，为城乡无收入老年人提供养老保障和基本医疗服务。二是扩大已有制度安排的社会群体的覆盖面。这些群体主要包括城乡中小企业雇员、灵活就业人员以及个体工商户。一方面要消除各种障碍让他们尽快进入保障范围，另一方面要适度降低费率，适应他们参保缴费的能力。三是逐步提高社会福利水平和社会福利的公平性，使每个国民通过国家福利项目保障能维持正常生活并享有适当的公共服务；同时建立社会水平调整机制，随着物价指数、

[①]　王思斌：《我国适度普惠型社会福利制度的建构》，《北京大学学报》2009 年第 3 期。

人们收入水平与国家财政收入的提高适时调整，保证全国人民共享社会经济发展的成果。①

　　该书认为，建设全民共享的发展型社会福利体系要坚持四个基本原则：一是坚持公平与效率相结合，以公平为首要原则。要把全体国民人人享有社会福利，减少工业化进程中两极分化，促进社会公平和稳定，作为社会福利体系建设的首要目标。二是坚持社会福利水平与经济发展水平和各方面的承受能力相适应，实现社会福利的可持续发展的原则。既要立即着手解决制度缺失问题，又要结合城镇化、老龄化的趋势，统筹考虑保障资金长期供求平衡问题，实现可持续发展。三是坚持就业优先的原则。就业是避免贫困和消除个人对政府依赖的可靠途径，就业优先是社会福利政策的优先原则。四是坚持政府与社会相结合，以政府为主导的原则。② 该书提出，全民共享的新型社会福利体系整体框架主要包括教育保障、就业保障、基本生活保障、养老保障、健康保障、住房保障和其他保障等七个组成部分，总共囊括几十个项目和子项目；通过建立多层次的社会福利结构，将公共财政优先用于社会弱势群体，对大多数有劳动收入的群体采取缴费性社会保险模式，同时国家鼓励单位和个人建立补充性保险以满足某些有能力的群体的更高需求。③

---

　　① 　中国发展研究基金会：《构建全民共享的发展型社会福利体系》，中国发展出版社 2009 年版，第1 页。

　　② 　同上书，第 27 页。

　　③ 　同上书，第 28 页。

第六章

普遍整合福利模式的基本特征

普遍整合福利模式是一种新型的福利模式，既不同于"补缺型"福利模式，也区别于"碎片化"福利模式，是普遍性与整合性高度统一的社会福利体系。在普遍整合福利模式中，"普遍性"是整个社会福利体系的基础和前提，"整合性"是整个社会福利体系的核心和关键，"整合"是"普遍"基础上的"整合"，"普遍"是实现了"整合"的"普遍"。

第一节　社会福利体系的普遍性

普遍整合福利模式遵循普遍主义原则，区别于特殊主义原则的选择性福利模式。普遍性是普遍整合福利模式的首要特征，是构建普遍整合福利体系的基础。

一　社会福利对象的全民性

社会福利对象的多少，是区别补缺型福利与普遍型福利的根本标志。补缺型福利遵循特殊主义原则，仅仅覆盖部分社会成员，主要是社会生活中的各种弱势群体，如贫困群体、老年人、残疾人、妇女儿童和精神病人等。普遍型社会福利体系遵循普遍主义原则，面向全体社会成员提供福利支持。这里的"全体社会成员"有三层含义：一是所有的社会成员都享有社会福利权利。在普遍型社会福利体系中，社会福利不再是少数人的特权，而是所有社会成员的社会权利；社会福利不仅是城市人的权利，也是农村人的权利；社会福利不仅是党政干部的权利，也是普通工人和农民的权利。当然，这并不等于所有社会成员都能享受同等的社会福利，都能享受相同的社会福利。二是所有社会成员都将纳入社会福利体系。只有把所有社会成员都纳入社会福利体系的保护范围，才能保证全体公民切实享受到社会福利。在普遍型社会福利体系中，社会福利的"阳光"普照全体公民，所有社会成员最终都能享受到社会福利。当然，由于各种原因，社会成员不可能同时纳入社会福利体系，纳入进程将存在一定的时间差，有的成员先进入，有的成员后进入。三是所有社会成员都能享受同一福利项目。社会福利项目存在着人群之间的差异，有的福利项目面对所有公民提供，如公共卫生服务和基本医疗保障；有的福利项目仅针对部分公民，如残疾人福利和老年人福利。在普遍型社会福利体系中，所有公民共同需要的基础性福利项目应该实现"全覆盖"。例如，我国正在构建的新型医疗保障体系包括城镇职工基本医疗保险制度、城镇居民基本医疗保险制度和新型农村合作医疗制度，在制度设计上已经覆盖了全体中国公民。截至 2011 年底，全国参加城镇职工基本医疗保险人数为 25227 万，参加城镇居民基本医疗保险人数为 22116 万，参加新型农村合作医疗的农村人口达到 8.32 亿，三项医疗保障制度的总人数达到 13.05 亿，基本实现了"全民医保"的目标[①]。总之，普遍型福利体系是全民共享的福利体系，体现了"发展为了人民、发展依靠人民、发展成果由人民共享"的理念。

改革开放 30 年来，我国社会福利覆盖面不断扩大，例如，2006 年到 2011 年，我国主要社会福利项目覆盖人数逐年上升，受益人数越来越多。具体见表 6.1.1：

表 6.1.1　　　　　2006—2011 **年主要社会福利项目覆盖人数统计表**[②]　　　　单位：万人

年份	2006	2007	2008	2009	2010	2011
城镇基本养老保险	18766	20137	21891	23550	25673	28391

① 人力资源和社会保障部：《2011 年度人力资源和社会保障事业发展统计公报》；卫生部：《2011 年卫生事业发展统计公报》。

② 2008—2010 年的"城镇基本医疗保险"人数是参加"城镇职工基本医疗保险"和"城镇居民基本医疗保险"的人数之和；2005—2008 年的"农村社会养老保险"人数是参加"传统农村社会养老保险"的人数。

续表

年份	2006	2007	2008	2009	2010	2011
城镇基本医疗保险	15732	22311	31822	40147	43206	47343
失业保险	11187	11645	12400	12715	13376	14317
工伤保险	10268	12173	13787	14896	16173	17696
生育保险	6459	7775	9254	10876	12306	13892
城市最低生活保障	2240.9	2270.9	2334.8	2345.6	2311.1	2276.8
农村社会养老保险	5374	5171	5595	8691	10277	32643
新型农村合作医疗	41000	72600	81500	83300	83500	83200
农村最低生活保障	1509.1	3451.9	4305.5	4760.0	5228.4	5305.7

资料来源：根据《2006—2009 年民政事业发展统计公报》、《2010—2011 年社会服务发展统计公报》、《2006—2011 人力资源和社会保障事业发展统计公报》、《2006—2011 年卫生事业发展统计公报》和《2011 年国民经济和社会发展统计公报》的数据整理。

当然，对于一个拥有 13 亿人口的大国来说，还需要进一步消除社会福利领域的"空白点"和"盲点"，进一步扩大社会福利覆盖面，提高社会福利普享性。

二　社会福利内容的全面性

全面满足社会成员的基本福利需求，这是普遍性的第二要义。社会福利内容（范围）的宽窄，是区别补缺性福利与普遍性福利的重要标志。补缺性福利的覆盖范围比较狭窄，主要满足社会成员特别是穷人的最低生活保障需求；普遍性福利以社会成员的基本福利需求为中心，覆盖范围涉及民生的主要领域，是以民生为本的福利体系。从民生角度看，社会成员的基本福利需求主要包括就业保障需求、生活保障需求、教育保障需求、健康保障需求、养老保障需求和居住保障需求。满足社会成员的基本福利需求，就是保障和实现全体人民"劳有所得、学有所教、病有所医、老有所养、住有所居、弱有所助"。如果仅仅满足社会成员的某一种或某几种福利需求，就只能是"片面型"的福利体系。当然，任何一个国家在满足公民的基本福利需求时不可能"一步到位"，而是随着经济发展水平的提高和福利供给能力的增强而逐步拓展和依次实现的。以我国改革开放以来农村社会福利范围的拓展为例，2003 年实施新型农村合作医疗制度为农民提供医疗保障，2007 年建立农村最低生活保障制度为贫困农民提供制度化的生活保障，2009 年启动新型农村社会养老保险试点为农民提供基本养老保障。

经过新中国 60 多年特别是改革开放以来的快速发展，我国不断增加社会福利项目，新建社会福利制度，现已基本形成了全面覆盖人民群众基本福利需求的社会福利体系。在就业保障方面，建立了失业保险制度、工伤保险制度、城镇下岗职工再就业服务制度、农民工就业保护制度、大中专毕业生就业促进制度、消除"零就业家庭"制度等；在生活保障方面，建立了城镇居民最低生活保障制度、农村居民最低生活保障制度、农村五保户供养制度、流浪人群生活保障制度和灾民生活救助制度；在教育保障方面，建立了免费义务教育制度、普通高中贫困生资助制度、中等职业教育补助制度、贫困大学生助学贷款制度、农民工子女教育制度和特殊人群教育福利制度等；在健康保障方面，建立了城乡基本公共卫生服务制度、城镇职工基本医疗保险制度、城镇居民基本医疗保险制度、新型农村合作医疗制度和城乡大病医疗救助制度等；在养老保障方面，建立了机关和事业单位退休制度、城镇企业职工基本养老保险制度、农村新型社会养老保险制度、高龄老人津贴制度和老年人福利服务制度等；在住房保障方面，国家先后出台了一系列住房保障政策，建立并完善了城镇廉租房制度、城镇经济适用房制度、住房公积金制度、住房补助制度和公共租赁住房制度，2005—2010 年间有 1100 万户困难家庭住上了新房，"十二五"期间将建设 3600 万套保障性住房。

三 社会福利形式的综合性

不论社会福利的内容有多少，社会福利的基本形式不外乎货币形式、劳务形式和实物形式三种。[①] 补缺型福利模式特别强调货币福利的重要性和优先性，忽视或轻视劳务福利（即服务福利）和实物福利的意义和价值。普遍性福利模式认为货币福利、实物福利和服务福利三种形式各有优点和局限，强调三者之间的协同性和互补性，是一个"三管齐下"的综合性福利体系。一是货币福利。货币福利即现金福利，是最直接、最方便的福利形

---

① 孙光德、董克用主编：《社会保障概论》，中国人民大学出版社 2000 年版，第 33 页。

式，具有多方面的优点：对于福利提供者而言，可以节省非现金支持的各种成本费用，手续简单方便；对于福利对象而言，手中握有现金，就可以根据自己的实际需要购买最紧迫的生活必需品或者用于其他支出事项。当然，现金福利也可能产生一些负面作用：有的福利对象不一定能够合理开支甚至浪费金钱，有的福利对象可能手中有现金也不能买到自己急需的物品或服务。因此，没有现金福利是万万不能的，但现金福利却不是万能的；关键问题不是现金的有无或多少，而是现金产生的实际效果。二是实物福利。实物福利是最常见和最重要的福利形式，主要满足福利对象日常生活中吃、穿、住、行等基本需要，如灾民和特困人口救助中提供的粮食、油盐、衣服和被子等。对于缺乏生活必需品的绝对贫困者而言，实物福利是最有用的社会支持，是维持他们最低生活甚至生命最见效的保障。对于没有住房或者住房条件太差的困难家庭而言，最重要的支持可能是直接由政府提供"廉租房"和"免费房"。对于生活在边远贫困山区的农民而言，提供成本费或免费的常用药品也属于实物福利。当然，实物福利也有局限性，一是社会成本费用高，二是传递系统内部可能存在"滴漏效应"，[①] 三是服务福利。服务福利是以劳务方式为福利对象提供的各种社会服务。社会成员的福利需求多种多样，有的福利对象最需要的福利支持既不是现金，也不是实物，而是社会服务。服务福利具有鲜明的行动特征，本质上是一种行动支持，在现代社会福利体系中越来越成为一种重要的福利形式，越来越成为广大民众改善生活和提高生活质量的紧迫需求。如对老人、儿童、残疾人的特殊照顾和家庭护理，对失业下岗人员的就业咨询与就业培训，对农民工的免费技能培训，对心理疾病患者的心理咨询和心理干预、对待业大学生的就业指导等。与社会服务需求快速增长相比，现行社会服务的可得性、可及性、针对性、便捷性等方面仍然存在不少问题，迫切需要全面加强社会服务体系建设。在"十二五"期间，要进一步完善社会服务法规政策体系，加快发展社会服务组织体系，健全社会服务管理体系，充实社会服务资金体系，提升社会服务技术体

---

① 所谓"滴漏效应"，就是指在社会福利输送过程中，用于帮助和支持福利对象的各种实物资源在传输过程中会被各个中间环节"截流"和"私吞"，等最后"流"到弱势群体时，已经所剩不多或所剩无几。

系，提高社会服务的供给能力，以满足人民群众越来越强烈的服务需求。

四　福利提供主体的多元性

社会福利主体是社会福利的提供者、生产者和输送者，在社会福利发展进程中，福利提供主体的类型和数量不断增加，并日益呈现出多元化的趋势。补缺性福利模式其实并不反对福利主体多元化，但它所推崇的是"市场和家庭主导的多元化"；强调市场和家庭在福利供给中的主导作用，鼓吹国家和政府应该扮演"后台"角色，发挥"拾余补阙"作用。普遍型福利模式赞成福利主体多元化，支持市场、工作单位、家庭、慈善组织共同参与福利供给；但它强调国家和政府在福利供给中的主导地位和首要责任，主张"政府主导的多元化"。

一是坚持政府的主导地位。在现代工业社会，政府承担福利供给的主导责任是绝大多数发达国家的共性特征，也是社会福利现代化的基本标志。社会主义中国正在追求和实现社会现代化的宏伟目标，不能也不应该违背世界社会福利发展的共同趋势和普遍规律。政府的主导地位主要表现在四个方面：首先是选择社会福利制度。社会福利制度是一个国家社会福利发展中最为重要和关键的问题，选择一个适合本国国情的社会福利制度，是现代政府作为社会福利供给主体最重要的职责。在任何一个国家，社会福利制度的选择权和决策权只可能由政府行使，也必须由政府行使，我国政府提出了加快建立和完善覆盖城乡全体居民的社会保障体系。其次是制定社会福利法规。通过国家立法推动社会福利制度的建立和完善，是世界各国社会福利发展史上的共同做法，是实现社会福利法制化的根本途径。2010 年 10 月 28 日通过了《中华人民共和国社会保险法》。该法案的颁布与实施是我国社会福利法制化进程中的一座里程碑，有利于规范社会保险关系，维护公民的合法权益。再次是制定社会福利政策。制定和实施社会福利政策既是现代政府的重要职责，也是现代政府公共政策能力的体现。在社会福利立法比较滞后、"政策治理"传统比较深厚的中国，社会福利政策具有十分重要的作用。新中国成立以来，各级政府颁布和实施了一系列的社会福利政策，促进了中国社会福利事业的发展。最后是提高社会福利投入。资金投入是社会福利发展的财力资源，政府的财政支持是社会福利资金的重要来源之一，也是政府作为福利供给主体的重要职责。一个国家的社会福利支出占财政支出的比重，可以反映该国政府对社会福利的重视程度。21 世纪以来，中央和地方政府逐年加大了社会保障的财政投入，用于社会保障的财政支出不断增加。以政府投入的教育、卫生、城镇基本养老保险、城乡最低生活保障、城乡医疗救助等八个社会保障项目的财政总经费为例，2006 年为 8823.17 亿元，2011年达到 25757.4 亿元，是 2006 年的 2.92 倍。具体见表 6.1.2：

表 6.1.2 　　　　　2006—2011 年中国社会保障财政支出统计表 　　　　单位：亿元

年份	2006	2007	2008	2009	2010	2011
财政性教育经费	5795.61	7654.91	9685.56	11419.30	13489.56	16116[①]
政府卫生支出	1778.86	2581.58	3593.94	4685.60	4816.3	5732.5
城镇基本养老保险	971	1157	1437	1646	1954	2272
城市最低生活保障	222.1	274.8	385.2	461.4	495.9	659.9
城市医疗救助	5.1	12.5	23.5	35.3	45.1	67.6
农村最低生活保障	41.6	104.1	222.3	345.1	423	667.7
农村医疗救助	8.9	23.5	35.8	58.6	86.4	120
农村五保供养	—	—	76.7	91	101.9	121.7
合计	8823.17	11808.39	15460	18742.3	21412.16	25757.4

资料来源：根据《2005—2010 年全国教育经费执行情况统计公告》、《2005—2009 年民政事业发展统计公报》、《2010—2011 年社会服务事业发展统计公报》、《2005—2007 年度劳动和社会保障事业发展统计公报》、《2008—2011 年度人力资源和社会保障事业发展统计公报》、《2005—2011 年我国卫生事业发展统计公报》的数据整理。

　　二是充分发挥其他主体的作用。（1）工作单位。工作单位是我国占主导地位的业缘组织，单位福利是职工福利的组成部分。单位福利包括为职工举办集体生活和设立服务设施，建立各种补贴制度，提供物质帮助和福利服务活动。各种工作单位面向所属职工提供各种福利保障，既是劳动者获得职业福利和职工福利的重要渠道，也是增强职工凝聚力和提高单位竞争力的有

---

　　① 2012 年 3 月 5 日，财政部教科文司司长赵路接受记者原春琳采访时提供的数据。赵路说："2011年全国财政性教育经费达到 16116 亿元。"详见 http：//jingji.cntv.cn/20120308/110114.shtml。

效途径。（2）家庭。家庭是一个极为重要的福利供给主体，在任何时代和社会，家庭都是最基本的福利供给者，家庭福利保障是整个社会福利制度的基础。无论将来的社会福利体系如何发达，保障能力再强，也不可能完全取代家庭作为福利供给主体的地位。当然，我们也必须看到，随着计划生育政策的实施和生育观念的改变，我国的家庭规模日益小型化和核心化，家庭成员数量的减少弱化了家庭内部的相互支持能力，家庭的福利保障功能面临严峻的挑战。（3）社区。作为人类共同生活的地域共同体，社区一直是福利供给的重要主体之一。社区既是社区福利的组织者和提供者，又是政府福利的承接者、输送者和分配者；要进一步加强城乡社区服务体系建设，大力发展社区福利事业。（4）慈善组织。慈善组织与社会福利之间具有内在的亲和关系，慈善组织是为弱势群体提供福利支持的重要主体。在福利供给中，慈善福利具有人道性、选择性、多样性和无偿性等特点，慈善组织扮演着福利生产者、筹集者、输送者和分配者等角色，发挥着募集慈善资源、实施慈善救助、嫁接慈善桥梁和传播慈善文化等作用，能够有效地弥补政府福利、单位福利、家庭福利和社区福利的不足。①

五　福利供给方式的多样性

社会福利供给方式，是福利提供主体为福利对象提供福利支持的方法，亦即社会成员获得福利支持的途径。福利供给方式主要取决于供给主体、供给对象和供给内容三个因素，总体上可以分为社会救助、社会保险、公共福利和社会互助四种方式。在补缺型福利模式中，占主导地位的供给方式是社会救助，普遍型社会福利体系则是多种供给方式并存的福利体系。目前，我国有四种基本的福利供给方式：一是社会救助。社会救助主要是以公共财政为经济支撑的福利供给方式，救助对象或受益者是达到或符合某些法定条件的弱势群体或特殊人群，如收入低于最低生活保障线的穷人、自然灾害导致的灾民等。社会救助是一种免费的社会福利，受助者不需要支付（也不可能支付）任何费用就可以获得。社会救助的免费性增加了"福利依赖"和"福利滥用"的可能性，建立严密的筛选机制和动态退出机制，是降低社会

---

① 毕天云：《试论慈善组织的福利供给》，《云南民族大学学报》2009 年第 6 期。

救助中各种"道德风险"的重要手段。二是社会保险。社会保险是现代社会保障体系的核心，也是我国占主导地位的福利供给方式，包括养老保险、医疗保险、失业保险、工伤保险和生育保险。社会保险具有强制性，遵循权利义务对称原则，是以付费为前提的社会福利，受益对象必须通过预先缴费才能在有需要时获得福利支持。根据社会保险的"大数法则"，社会保险的保障能力和保障水平在很大程度上取决于统筹层次的高低和参保人数的多少。因此，只有提高社会保险的统筹层次，拓展社会保险的覆盖面，增加社会保险人数，才能充分发挥社会保险的互济保障功能。三是公共福利。公共福利主要依靠公共财政投入和政府提供，旨在提高社会成员的生活质量；公共福利的受益者为全体社会成员或符合某些特定条件的社会成员（如老年人、残疾人），包括面向全体成员的普惠性公共福利和面向特定人群的特殊性公共福利。普惠性公共福利具有全民性特征，主要包括公共就业服务、公共卫生保健、公共基础教育、公共交通服务、公共安全服务、公共文化服务等；普惠性公共福利既有免费提供的，也有按成本收费的，还有营利性质的。特殊性公共福利是国家为特殊人群提供的物质帮助和福利服务，主要包括老年人福利、残疾人福利、妇女福利和儿童福利。四是社会互助。社会互助是一种非正式的福利供给方式，是个人获得福利支持的重要渠道之一。社会互助具有非政府性、自愿性、双向性和交换性等特征，体现社会成员之间的相互帮助和相互支持。社会互助既区别于以公共财政投入为基础的社会救助和公共福利，也不同于以缴费为基础的强制性社会保险。四种供给方式同时并存，扩大和丰富了社会成员获得福利支持的渠道和途径。

上述五个方面既体现了普遍性社会福利体系的根本特征，也反映出普遍性福利体系的特点和优点。从"补缺型"福利体系迈向"普遍型"福利体系，不仅符合全球社会福利发展的共同趋势，也体现了中国社会福利发展的基本方向。正因为如此，党的十七大提出"要加快建立覆盖城乡居民的社会保障体系"，《国民经济和社会发展第十二个五年规划纲要》提出"十二五"期间"要健全覆盖城乡居民的社会保障体系"，党的十八大提出到2020年"全面建成覆盖城乡居民的社会保障体系"。

第二节　社会福利体系的整合性

综观改革开放以来我国社会福利的发展历程，一方面是社会福利普遍性的迅速增长，另一方面是社会福利碎片化进一步加剧。碎片化问题解决得不好，普遍性社会福利体系就很可能演变为"遍地碎片"的福利体系。因此，在扩大社会福利普遍性的同时提高社会福利体系的整合性，建设一个既普遍又整合的福利体系已成为我国社会福利发展中亟待解决的重大现实问题。在很大程度上可以说，建立整合性社会福利体系的难度，远远超过建立普遍性福利体系的难度。整合性社会福利体系区别于碎片化的社会福利体系，主要体现在五个方面。

一　社会福利管理机构的整合

1. 社会福利主管部门的整合

"多龙治水"和"部门分治"是我国社会福利管理体制的历史传统和现实格局，促进社会福利主管部门之间的有机整合是促进社会福利体系整合的首要任务。目前，我国社会福利管理体制属于"多头主管制"：人力资源和社会保障部门主管城镇职工基本医疗保险、基本养老保险、失业保险、工伤保险、生育保险，城镇居民基本医疗保险和新型农村社会养老保险；民政部门主管城乡最低生活保障、城乡医疗救助、临时救助、优抚安置、残疾人福利、老年人福利、儿童福利福利和灾民救济等；卫生部门主管新型农村合作医疗和基本公共卫生服务；教育部门主管教育福利和教育救助；住房和建设部门主管保障性住房和住房公积金制度。多头主管制的主要优点是对口性、对应性和专业性较强，主要缺点是相互之间封闭性较强、衔接性较差。有的部门往往从自身利益出发，有选择地确定福利对象；有的部门提供的福利项目涉及其他部门，却因各个部门之间缺乏有效的协调机制而使民众无法便利地获得与享用；有的社会福利项目出于缺乏相互沟通而导致各个部门之间要么重复提供福利，要么无人提供福利。只有促进不同主管部门之间的有机整合，才能增强整个社会福利体系内部的耦合力，减少和避免体系内部的矛盾、冲突甚至内耗现象；才能降低社会福利体系的运行成本，提高社会福利体系的综合效益。

如何实现社会福利主管部门之间的整合？理论上的备选方案主要有三套：一是实行一元化的集中管理制，即以"大部制"的思路成立一个综合性的社会福利管理机构，由一个政府部门统一管理整个社会福利体系。由于"路径依赖"形成的历史惯性、行政管理体制分工的"刚性"以及社会福利项目的复杂性，实行一元化的"集中管理体制"几乎没有可能性和现实性。二是在现有的各个主管部门之上成立"社会福利综合协调委员会"，统一指导和协调各个主管部门之间的关系，以形成合力机制。该方案也许能够在一定程度上减少部门分治的弊端，但面临着机构膨胀、机构臃肿和协调权威性等严峻挑战，其操作性和可行性也存在着不少问题。三是建立"分工协同联动制"。对现行的"分头主管制"进行"升级换代"，以有效满足社会成员的基本福利需求作为部门整合的立足点和结合点，对各部门目前分管的社会福利项目进行适当合并与集中；各个主管部门切实树立整体观念和全局意识，彻底转变"部门利益至上"的行动逻辑，在不同主管部门之间建立共享性的社会福利信息平台，形成规范化和制度化的沟通、协作与联动机制，共同满足同一社会成员的不同福利需求。在上述三套方案中，第三套方案的操作性和可行性最大。

2. 社会福利经办机构的整合

社会福利经办机构是社会福利政策的具体执行机构，是确保社会福利政策能够落到实处的支撑组织。我国现行的社会福利经办机构主要包括三种类型：第一类是社会保险经办机构。社会保险经办机构是人力资源和社会保障部门下设和管理的业务经办机构，主要涉及城镇社会保险和新型农村社会养老保险。截至2009年底，全国有社会保险经办机构7448个，其中省级经办机构72个，地（市）级1025个，县（区）级6351个；其中养老保险3377个，医疗保险2199个，工伤保险358个，新农保900个，机关事业单位退休保障909个；截至2009年底，全国社会保险经办机构的人员编制128691人，其中省级3892人，地（市）级35866人，县（区）级88996人[①]。第二类是新型农村合作医疗经办机构。新型农村合作医疗的经办机构是卫生部门下设和管理的业务经办机构，目前尚未出台国家层次的统一政策，仅有地方

---

① 郑功成：《中国社会保障改革与发展战略（总论卷）》，人民出版社2011年版，第182页。

性的制度安排，各地差异较大。根据卫生部农村卫生管理司的专项调查，全国各地新农合经办机构的设置模式各有特点，设有省级、地（市）级、县（区）级和乡镇级四个层次①。全国目前有多少个不同层次的新农合经办机构尚未见到公开公布的权威性数据。第三类是社会救助经办机构。社会救助经办机构由民政部门下设和管理，主要是办理城乡最低生活保障业务的"低保服务中心"、"低保站"和"低保所"。全国目前到底有多少个低保服务机构也缺乏国家层面的统计数据。

　　我国社会福利经办机构还存在着一系列突出问题：一是机构定性不清。各个地方对社会福利经办机构的性质定位和职能界定各不相同，有的地方作为政府机构，工作人员属于行政编制，实行"公务员管理"；有的地方作为政府机关下属的事业单位，工作人员属于事业编制，实行"参公管理"；有的地方作为独立的事业单位，按照事业单位进行管理；有的地方没有明确的性质定位，工作人员的身份庞杂。二是机构设置分散。按照社会福利项目设立经办机构，一个项目一套机构，"叠床架屋"的机构设置导致成本过高，资源分散。三是机构名称混乱。省、市、县、乡四级经办机构的名称五花八门，目前有中心、局、办、站、所、室等称谓。例如，浙江省2010年表彰的11个"新型农村合作医疗经办机构建设先进单位"中，县级经办机构的就有"新型农村合作医疗管理中心"、"城乡居民合作医疗管理委员会办公室"、"新型农村合作医疗管理委员会办公室"、"农村合作医疗管理办公室"、"城乡居民合作医疗业务管理中心"、"新型农村合作医疗办公室"和"新型农村合作医疗管委会办公室"等7个称谓②。四是机构能力不足。具体表现为经办机构政策执行能力不足、服务能力不足、人力资源不足、风险控制能力不足、信息系统不兼容等方面③。因此，改革社会福利经办管理体制，实现社会福利经办机构整合已势在必行。如何整合五花八门的经办机构？关键在于选择机构整合的地域基础。笔者认为，在城市应以街道办事处

---

　　① 卫生部农村卫生管理司：《农村卫生司进行新型农村合作医疗管理与经办机构调查》，《农村卫生工作通讯》2006年第14期。

　　② 浙江省卫生厅：《关于公布2009年度新型农村合作医疗经办机构建设先进单位的通知》（浙卫发〔2010〕56号）。

　　③ 郑功成：《中国社会保障改革与发展战略（总论卷）》，人民出版社2011年版，第183页。

为地域基础进行整合，一个街道办事处设立一个综合性的社会福利经办机构，把街道层次的各种经办机构集中起来，先采取"合署办公"，然后过渡到"实质性合并"。在农村应以乡镇为地域基础进行整合，一个乡镇成立一个综合性的社会福利经办机构，把乡镇一级的新农合管理办公室、劳动社会保障所、"低保站"等整合起来，也可以采取先"合署办公"，然后再"实质性合并"。以街道办事处和乡镇为地域基础进行整合，既能增加基层经办机构的工作人员，提高服务能力，又能整合分散的管理资源，降低经办机构的运行成本。

二　社会福利制度体系的整合

社会福利制度是构成社会福利体系的基本要素，不同的福利制度回应和满足社会成员的不同福利需求。但是，我国现行社会福利制度的设置和管理不是以公民的福利需求为中心，而是以部门分工为中心；不是以"人"为中心，而是以"事"为中心。目前，我国社会福利制度的"分割化"现象非常突出，集中表现在四个方面：

一是满足同一福利需求的福利制度分割在不同的主管部门。如医疗保障制度中的新型农村合作医疗制度归属卫生部门，城镇职工基本医疗保险制度和城镇居民基本医疗保险制度归属人力资源和社会保障部门，城乡医疗救助制度归属民政部门。

二是同一内容的福利制度内设身份区隔的子制度。如我国的养老保障制度因社会成员的身份不同被区分为"干保"（机关事业单位退休养老制度）、"职保"（城镇企业职工基本养老保险制度）、"农保"（新型农村社会养老保险制度）和"居保"（城镇居民基本养老保险制度）。不同身份的社会成员，享受不同水平的养老保障待遇；"干保"待遇最高，"职保"次之，"农保"最低，"居保"则刚刚开始试点。

三是同一身份群体被纳入不同的社会保障体系。最典型的事例莫过于农民社会保障的"分割化"。改革开放以来，我国传统的农民阶级已经产生了十分明显的社会分化；由于身份制度的"稳固化"与户籍制度改革的"滞后化"，过去的农民不论到了哪里永远都是"农民"。从有无土地的角度，可以分为"有地农民"与"失地农民"两大群体；从流动性的角度，可以分为"留守农民"和"流动农民"（即农民工）两大群体；从居住地域角度，可以分为"城市里的农民"和"农村里的农民"两大群体。近几年来，学术界一再提出和倡导建立"失地农民社会保障体系"和"农民工社会保障体系"，各级政府也确实在为建立这两个社会保障体系制定和出台各种政策。如果这一趋势持续下去，中国将出现三个"农民社会保障"：即"留守农民社会保障"、"流动农民社会保障"和"失地农民社会保障"。

四是社会福利制度的城乡分割。新中国成立以来，由于各种主观和客观原因，我国的社会福利体系在城乡之间的发展极不平衡，长期存在着"重城轻农"和"先城后农"的现象。2003 年"非典危机"以来，中央政府高度重视"三农问题"和农村社会福利制度建设，初步形成了一个相对独立的农村社会福利体系，城乡失衡的状况有所改变。但是，在农村社会福利快速发展的同时，城乡二元社会福利也遇到了严峻挑战，甚至陷入了一个"二难困境"：一方面，城乡二元社会结构将在中国长期存在，城乡居民在生产方式、生活方式、收入方式和思想观念等方面存在着较大差异，二元社会福利体系的存在具有必要性和必然性；另一方面，随着城市化水平的不断提高，大批农民进城务工和定居，二元社会福利体系将越来越不适应经济社会发展的客观要求，对城乡一体化社会福利体系的需求将越来越强烈。

我国社会福利制度碎片化趋势正在"蔓延"，加快促进社会福利制度体系整合非常迫切。一是实现同一社会福利制度的内部整合。可以把满足同一社会福利需求的不同子制度整合为一个统一的制度，并由一个政府部门主管。这样，社会成员在获取相同内容的社会福利支持时，只需要与一个政府部门打交道，既可以节约管理成本，也能提高福利资源的利用效率。例如，可以建立全国统一的基本养老保险制度，公民的养老金由公共基础养老金和个人账户养老金组成。公共基础养老金遵循底线公平原则，体现权利一致性，所有年满 60 周岁的中国公民，不论是国家公务员还是事业单位职工，不论是企业工人，还是农村居民，都可以平等享受相同的公共基础养老金；个人账户养老金遵循效率原则，体现需求差异性，尊重不同单位、部门和身份之间客观存在的差别，完全取决于个人缴费水平，多缴多得、少缴少得。二是实现不同社会福利制度之间的外部整合。虽然不同内容的福利制度满足社会成员的不同福利需求，但归根结底却是满足同一社会成员的福利需求。因此，应该从满足以个体福利需求的角度出发，加强不同福利制度之间的有机联系，促进不同福利制度之间的衔接，实现不同福利制度之间的相互支持。例如，对于农村贫困老人，同时具有医疗保障需求、基本生活保障需求、基本住房保障需求，可以把基本医疗保障、最低生活保障、基本养老保障、基本住房保障有机结合起来，共同满足贫困老人的需求。三是推进社会福利制度的城乡整合。破解福利社会制度城乡"二元困境"的现实出路，绝不是"农村复制城镇"，也不应该是"城镇统摄农村"，笼统地提倡"城乡一体化"也不合适，而应选择"城乡统筹"或"城乡整合"。由于全国各地的城市化水平参差不齐，城乡差距程度各不相同，社会福利体系城乡整合的范围、项目、程度、速度、方式应该有所区别。具体而言，城乡整合的模式可有三种选择：一是"一元化模式"。在城市化水平比较高、城乡差距比较小的地区，可以采取城乡一套制度，城乡一个标准。二是"一体多元模式"。在城市化水平和城乡差距处于中等水平的地区，实行"一套制度、多元标准"的模式。这种模式在我国农村和城镇的社会保障制度建设中均有成功的经验，如新型农村社会养老保险制度规定了不同缴费档次享受不同的待遇水平，这种"一体多元"的模式具有相当大的灵活性和适应性，完全可以"迁移"到城乡之间。三是"二元衔接模式"。在城市化水平比较低、城乡差距比较大的地区，可以在城乡二元社会福利制度之间建立便捷的衔接机制，转为城镇居民的农民直接进入城镇社会福利体系，保留农业户籍的农民继续留在农村社会福利体系中。随着城市化水平的提高，农村社会福利体系将会逐步"缩小"，城市社会福利体系将逐步"扩大"，最终实现"城乡一体化"。

三　社会福利政策体系的整合

社会福利政策是调整社会福利关系和规范社会福利行为的行动准则，是确保社会福利制度能够落到实处的关键环节，各种社会福利政策构成一个纵横交错的社会政策体系。由于各种原因，导致我国现行社会福利政策体系内部存在着两类突出的"分离"现象：一类是"纵向分离"，主要表现在中央政府和地方各级政府之间。中央政府制定实施的社会福利政策，在地方各级政府"因地制宜"和"入乡随俗"的过程中产生了各式各样的"政策变形"或"政策走样"：有的社会福利政策被"悬置摆设"，有的社会福利政策执行缓慢；有的社会福利政策执行不力，有的社会福利政策"贯彻不全"；有的社会福利政策统筹层次低，纵向统一难度大等。另外一类是"横向分离"，主要表现在不同地区、不同行业和不同所有制单位之间。我国的地区发展差异巨大，不同地区、省市在经济发展、财政实力、人均 GDP 和城市化水平等方面存在较大差异，社会福利政策的"地方性"显著，缺乏相互衔接和融入机制；不同行业之间收入差距扩大，福利水平参差不齐；不同所有制单位之间存在着"福利分层"、"福利排斥"甚至是"福利封闭"现象。社会福利政策体系内部的不协调，既有损于福利政策的权威性和统一性，又产生和加剧新的"福利不公平"，迫切需要推进政策体系的协调与整合。

促进社会福利政策体系的整合，有两条基本途径：一是纵向整合。通过福利立法和行政力量促进国家福利政策与地方福利政策之间的一体化，保证同一福利政策在不同行政区划层次上的统一性。纵向整合的具体方式包括"自上而下"和"自下而上"，前者能够体现"顶层设计"理念，有利于实现"政令统一"，减少和降低政策整合成本；后者体现循序渐进和先易后难原则，能够充分调动和发挥地方的积极性和创造性，有利于确保从基层整合到上层整合、地方整合到全国整合的稳定性和持续性。从时间维度看，"自上而下"与"自下而上"的组合方式可以灵活选择；既可以同时并举，也可以先后有别。就我国目前的实际情况而言，国家层次的社会福利政策已基本覆盖了公民的主要福利需求领域，工作重点应该是加快自下而上的整合进度，不断提高整合层次。具体而论，就是要大幅减少县级整合，增加地（州、市）级整合与省级整合，适时推进全国整合。二是横向整合。通过打破不同区域、行业、所有制之间的人为限制与制度壁垒，实现社会福利政策的横向衔接，提高社会福利水平的均衡化和公平度。不同区域、行业、所有制之间，要主动顺应人口流动性剧增的社会现实，推进社会福利政策领域的合作与协调，开辟社会福利政策的"对接口"，拓展社会福利政策的整合领域。在横向整合过程中，经济发达地区要打破社会福利的"地方保护主义"，高收入垄断行业要打破"行业保护主义"。

四　社会福利信息系统的整合

以现代信息技术和计算机技术为基础的信息管理系统是实现社会福利管

理科学化、规范化和现代化的根本途径。随着我国社会保障项目的增加和社会保障覆盖面的扩大，加快社会保障信息管理系统建设十分迫切，社会保障信息管理系统的整合已成为构建整合型社会福利体系的基础工程。1998 年以前，我国的社会保障信息化工作处于"分散建设、各自为政"的状态，信息管理主要依靠传统手工操作和单机操作。2002 年 8 月，中共中央办公厅、国务院办公厅专门转发《国家信息化领导小组关于我国电子政务建设指导意见》（中办发［2002］17 号），将社会保障信息化建设列为国家电子政务重点建设和完善的十二个业务系统之一。经过近 10 年的努力和探索，我国社会保障信息化建设虽然取得了一定成效，但总体上尚处于初级阶段，各个社会保障项目的信息管理系统基本上处于"信息孤岛"状态。[①] 在系统建设方面，建设标准高低不一，规模大小不同，软件版本和硬件设施各式各样；在网络规模方面，大多数为局域网，覆盖面小、层次低；在信息采集方面，不同主管部门在不同时间、不同地点重复采集公民个人信息，浪费大量的时间、人力、物力和财力；在信息管理方面，不同业务部门管理手段和水平参差不齐，有的能够比较熟练地使用计算机管理，有的还停留在手工阶段；在信息资源运用方面，不同部门采集的数据不一致，数据存储格式不一，形成了资源部门化、分散化，难以或无法共享；在资金投入方面，既有投入严重不足的问题，也存在重复投入和资金浪费问题；在技术人才方面，从事社会保障信息化建设工作的人员大多数是"半路出家"，还有个别人员属于"滥竽充数"；不仅缺乏一般的信息技术人员，还特别缺乏既精通计算机信息网络技术，又熟悉社会保障理论、政策和业务的复合型人才。

社会福利信息系统整合是一项非常复杂的系统工程，涉及社会保障管理体制、社会福利主管部门的部门利益、社会福利政策的变化以及计算机技术和网络技术的更新等因素，其中的非技术因素是最难协调和解决的问题。尽管困难重重，但构建"全国统一、标准一致、网络互联、信息共享"的社会保障信息系统已非常紧迫。社会保障信息系统整合的进程大致可以分为两个阶段：第一阶段实现社会保障主管部门的内部整合。各个主管部门内部实行全国统一的技术标准，人力资源和社会保障部门要实现城镇五大社会保险

---

① 郑功成：《中国社会保障改革与发展战略（总论卷）》，人民出版社 2011 年版，第 218—219 页。

信息系统的整合，建立统一的新型农村社会养老保险信息管理系统。2010年4月，人力资源和社会保障部已下发《关于进一步整合资源加强基层劳动就业社会保障公共服务平台和网络建设的指导意见》，对城乡基层社会保障信息系统建设作出了整体规划。民政部门要实现城乡低保信息管理系统整合；卫生部门要实现新型农村合作医疗信息管理系统的整合；住房和建设部门要实现保障性住房信息管理系统的整合。第二个阶段实现不同社会保障管理部门之间的整合。最起码的要求是各个主管部门之间可以相互共享信息资源，彻底打破"信息部门化"壁垒。唯有如此，实施全国统一的"个人社会保障卡"（或"社会福利卡"）才不会在各个部门之间相互"卡壳"。

五　社会福利监控体系的整合

世界各国的社会福利发展进程表明，健全监控体系是保证社会福利体系良性运行的有效保障。只有建立强有力的监控体系，才能及时发现和处理社会福利体系运行中的各种问题，才能提前预防社会福利体系运行中的"脱轨"和"越轨"现象，才能有效保护社会成员的社会福利权益。实现社会福利监控体系的整合，关键在于"内外结合"[①]。一是全面加强内部监控机制。内部监控机制实质上属于行政监督机制，是政府系列中的职能部门根据其管理职能，代表国家对社会福利制度的运行进行监督控制。从纵向角度，我国的内部监控包括自上而下监控和自下而上监控两种形式。前者指上级政府对下级政府的监控，包括中央政府对地方政府的监控、上级地方政府对下级地方政府的监控，上级政府职能部门对下级政府职能部门的监控；后者指下级政府对上级政府的监控，包括下级政府职能部门对上级政府职能部门的监控、下级地方政府对上级地方政府的监控，地方政府对中央政府的监控。从横向角度，我国的内部监控形式主要有七种：（1）人力资源和社会保障部门的监控。人力资源和社会保障部门是我国城乡社会保险事务的主管部门，主要依据劳动法、社会保险法及其配套法规政策，对社会保险事务的各个方面和环节进行全方位监控。（2）民政部门的监控。民政部门是我国社会救助和社会福利服务事务的主管部门，依据社会救助和社会福利服务的相

---

① 郑功成：《社会保障学——理念、制度、实践与思辨》，商务印书馆 2001 年版，第 471 页。

关法规政策进行监控。（3）卫生部门的监控。卫生部门是我国基本公共卫生服务和新型农村合作医疗的主管部门，依据国家的卫生政策对公共卫生服务和新型农村合作医疗运行状况进行监控。（4）住房和建设部门的监控。住房和建设部门是我国保障性住房和住房公积金制度的主管部门，依据国家的住房政策对住房保障事务进行监控。（5）财政部门的监控。财政部门主要通过对社会保险基金财政专户的监督和对社会保障机构财务会计报表的审核来行使监督权。（6）审计部门的监控。审计部门是国家财经法纪的维护者，主要监督社会保障机构遵守社会保障法律法规的情况，重点是社会保障基金的收支情况。（7）监察部门的监控。监察部门是国家授权监督、考察国家机关公务人员行为的专门部门，依据相关法律制度监控社会保障领域工作人员的工作行为，纠正不规范行为，查处违规违法行为等。从制度设计角度讲，如果内部监控机构能够真正各司其职，各负其责，社会福利体系的良性运行就有了坚实保障。

二是发挥外部监控的作用。社会福利体系监控的实践表明，内部监控机制存在着局限甚至"漏洞"，仅仅依靠内部监督机制远远不够，还需要加强外部监控机制。我国社会福利体系的外部监控主要有六种形式：（1）立法机关的监控。立法机关是国家权力机关，其权力来源于人民，代表人民监督社会福利体系运行。立法机关的监控形式有：通过社会福利立法进行监控；通过听取和审议政府工作报告和预算决算进行监控；对社会福利政策的内容进行监控；通过人事任免来影响监控社会福利制度；通过质询和诘问等方式加以监控；通过视察、检查和组成特别调查委员会对政府的政策执行情况进行监控。（2）司法机关的监控。司法机关是国家的法律监督机构，对社会福利体系运行的监控主要有：裁定社会福利政策的制定程序与原则是否合法；裁定社会福利政策的内容是否合法；裁定社会福利政策的执行是否合法；裁定社会福利政策执行的方式是否符合法律程序；惩处社会福利政策执行中的违法犯罪行为。（3）企业组织的监控。企业是我国五大社会保险制度中的主要责任主体，承担着为职工缴纳各种社会保险费的责任，企业组织有权利也有义务监督社会保险基金的管理和使用情况。（4）目标群体的监控。每一项社会福利政策都有特定的目标群体，目标群体是社会福利政策的利害关系人和直接受益者，有权利也有责任对社会福利政策的运行过程进行监控。目标群体的监控既有利于遏制社会福利管理和经办机构的"越轨行为"和腐败现象，也有利于维护自身的社会福利权益少受或不受"侵害"。(5) 社会团体的监控。我国的社会团体不能只是在政治生活中发挥作用，还应该在社会福利领域有所作为。例如，工会组织是代表会员利益、反映会员诉求的群众组织，应该把维护会员的社会福利权益作为重要的"本职工作"，积极参与社会福利政策执行的监督。"妇联"是妇女福利和儿童福利的代言人，应该承担起对有关妇女福利和儿童福利制度及其运行的监督责任；"残联"是残疾人福利的代言人，应该承担起对有关残疾人福利制度及其运行的监督责任。(6) 大众传媒的监控。包括电视、报刊、广播、网络等在内的大众传播媒介，在社会生活中发挥着传递信息、揭示真相、针砭丑恶、颂扬善举等作用，完全可以发挥自身优势来监督社会福利体系的运行。例如，大众传媒可以通过宣传国家的社会福利法规和政策、普及社会福利和社会保障知识、反映社会成员在社会福利方面的呼声和诉求、揭露社会福利体系运行中的腐败案件、抨击社会保障机构或工作人员的渎职行为、发表社会福利研究成果等形式，来维护社会福利体系的健康发展和良性运行。

第七章

普遍整合的社会福利制度

社会福利制度是回应和满足社会成员福利需求的社会制度，必须针对社会成员的福利需求结构建立相应的社会福利体系。根据底线公平的福利观，社会成员的不同福利需求可以分为底线福利需求和非底线福利需求两个层次，社会成员的同一福利需求也可分为底线需求和非底线需求两个层次。与此相应，普遍整合的社会福利制度包括三种基本类型：一是底线福利制度，满足社会成员的底线福利需求，体现社会成员权利的一致性；二是非底线福利制度，满足社会成员的非底线福利需求，体现社会成员权利的差异性；三是跨底线福利制度，同时兼顾社会成员的底线需求和非底线需求，体现社会成员权利的一致性和差异性。

第一节　底线福利制度

底线福利制度是满足社会成员底线福利需求的社会福利制度，是普遍整合社会福利体系的基石，是社会福利体系建设的起点。完善底线福利制度是我国社会福利发展的首要任务，对实现社会福利底线公平具有决定性的意义。

一　底线福利制度的特征

所谓底线福利制度，是指体现社会福利权利一致性和满足社会成员底线福利需求的社会制度。底线福利制度有三个基本特征：

1. 基础性

从地位角度看，底线福利制度是整个社会福利制度体系的基石。现代社会福利体系是由一系列具体福利制度构成的有机整体，不同的福利制度分别回应和满足不同的福利需求，在社会福利体系中处于不同的位置，发挥着不同的作用。在各种福利制度中，底线福利制度是支撑整个社会福利体系的"地基"。首先，底线福利制度具有根本性。社会福利底线是社会福利领域的根本底线，一个没有社会福利底线的社会，是一个没有公平正义的社会。实践表明，一个没有底线福利制度的社会，就是一个没有社会福利底线的社会；底线福利制度是维护和保障社会福利底线的根本制度，是实现社会福利底线公平的根本途径。其次，底线福利制度具有优先性。社会福利需求存在着轻重缓急之分，底线福利需求是各种福利需求中最急需和最紧迫的需求。因此，在社会福利供给中，必须优先保障和满足社会成员的底线福利需求；在社会福利制度建设中，必须优先建立和完善底线福利制度。在社会福利发展史上，各国政府最早介入的社会福利领域就是底线福利领域（济贫），最先提供的社会福利就是保障贫困者的底线福利需求（生存需求）。底线福利制度的基础性告诉我们：底线福利制度是整个社会福利大厦的"地基"，如果"基础不牢"，必将"地动山摇"；发展社会福利不能"好高骛远"和"空想赶超"，要把构建坚实的底线福利制度作为整个社会福利体系建设的"基础工程"。

2. 平等性

从理念角度看，底线福利制度遵循普遍主义原则，对所有社会成员一视同仁。根据普遍主义原则，所有社会成员不论籍贯、性别、年龄、民族、阶层、身份等差异，都能平等地享受底线福利，都能平等地得到底线福利制度的保护。底线福利制度的平等性主要由三个因素所决定：一是底线福利需求的同质性。在社会成员的各种社会福利需求中，底线福利需求是一种无差别的社会需求，具有"重叠共识"的属性。底线福利需求的同质性，既为平等性奠定了心理基础，也为平等性提供了可能性。二是底线福利权利的一致性。社会福利权利现已成为公民权利的重要组成部分，社会福利权利的平等性包括有差别的平等性和无差别的平等性；底线福利权利的平等性属于无差别的平等性，底线福利权利的一致性为平等性提供了法律基础。三是底线福利供给的均等性。福利供给是满足社会福利需求的根本途径，由于福利需求的无限性和福利资源的有限性，致使福利供给存在着选择性，不同福利需求的供求机制存在差异性。底线福利需求不适用"供给决定需求"的机制，只能采取"需求决定供给"的机制，实行"均等化"的标准，确保底线福利水平的统一化。底线福利制度的平等性要求我们，要坚决抵制和反对底线福利制度建设中的"特殊主义"和"选择主义"，减少和消除"底线福利歧视"和"底线福利差距"等不公平现象。在当下的中国，特别要增强城乡居民在享受底线福利中的一致性，提高城乡居民底线福利水平的均等化。

3. 政府首责性

从责任角度看，政府对底线福利制度负有首要责任。政府在社会福利领域的责任经历了一个历史发展过程。在国家产生以前，社会福利供给中没有政府的位置；国家产生以后，政府在社会福利供给中的地位越来越重要，责任越来越重大，并在现代社会中成为最重要的福利主体，发挥着主导作用。政府既是社会福利制度的选择者，也是社会福利法规政策的制定者；既是社会福利资金的提供者，也是社会福利设施的举办者；既是社会福利的生产者和提供者，也是社会福利的分配者和输送者。根据底线公平理念，在政府承担的各种社会福利责任中，首要责任是保障和满足公民的底线福利需求（生存需求、健康需求和发展需求）；政府是建立和完善底线福利制度的第一责任者，这是政府不可推卸的法定责任、政治责任和道义责任。从历史上看，无论是在传统社会还是在现代社会，底线福利责任都是政府优先承担的社会福利责任。在农业社会时代，政府处于"福利补缺者"的地位，政府提供的"补缺型福利"主要限于满足民众的底线福利需求；在工业社会时代，政府处于"福利主导者"的地位，政府提供的"制度型福利"也是以满足民众的底线福利需求为起点和基础的。20世纪90年代以来，我国各级政府逐渐承担了全民义务教育的责任，加大了城乡公共卫生服务的投入，建立了城乡最低生活保障制度，完善了城乡社会救助体系，这些社会福利政策体现和符合"政府首责"的要求。当然，强调"政府首责"并不等于主张"政府全责"，并不排斥公司企业、非政府组织、家庭和个人在满足社会成员的底线福利需求时也应该分担一定的责任。

二　底线福利制度的项目

底线福利制度具有历史性，在不同经济社会发展阶段包含的项目不尽相同。就我国目前的发展阶段和人民群众的福利需求而言，底线福利制度主要有三项：

1. 最低生活保障制度

最低生活保障制度是目前世界上绝大多数市场经济国家普遍实行的以保障全体公民基本生存权利为目的的社会救助制度，它根据维持最起码的生活需求的标准设立一条最低生活保障线，每一个公民当其收入水平低于最低生活保障线而生活发生困难时，有权利得到国家和社会按照法定标准和程序提供的现金和实物救助。[①] 最低生活保障制度作为一种解决贫困问题的补救机制，旨在维持社会成员的最低生活水平，满足社会成员的生存需求，保障社会成员的生存权，对于实现底线公平具有根本性的意义。生存权是社会成员的基本权利，是个人获得与享受其他社会权利的前提条件，是"社会权利中的底线权利"。作为维护社会成员生存权的底线福利制度，最低生活保障制度是一项"保命"的制度。在这个意义上，最低生活保障制度是"底线福利制度中的底线"，最能体现底线公平的社会价值，为中国走向现代社会奠定了多种基础，包括"普遍人权的权利基础、社会公平的秩序基础、社会认同和整合的心理基础、政府转变职能的政治基础"[②]。

1997 年 9 月，国务院颁发《关于在各地建立城市居民最低生活保障制度的通知》；到 1999 年 9 月底，全国 668 个城市和 638 个县政府所在地的建制镇全部建立起最低生活保障制度；1999 年 9 月，《城市居民最低生活保障条例》发布，标志着我国城市居民最低生活保障制度走上法制化道路。[③] 截至 2011 年底，全国共有城市低保对象 1145.7 万户、2276.8 万人；全年各级财政共支出城市低保资金 659.9 亿元，比 2010 年增长 25.8%，其中中央财政补助资金 502.0 亿元，占总支出的 76.1%；2011 年全国城市低保月平均标准 287.6 元/人，比 2010 年增长 14.5%；全国城市低保月人均补助水平 240.3 元（含一次性生活补贴），比 2010 年提高 27.1%。[④] 我国农村居民最低生活保障制度建设起步较晚，在 2004 年以前，全面建立农村低保制度的仅有北京、天津、上海

① 唐钧：《中国城市居民贫困线研究》，上海社会科学院出版社 1998 年版，第 118 页。

② 景天魁：《底线公平：和谐社会的基础》，北京师范大学出版社 2009 年版，第 288 页。

③ 胡务主编：《社会救助概论》，北京大学出版社 2010 年版，第 62—63 页。

④ 民政部：《2011 年社会服务发展统计公报》，http://cws.mca.gov.cn/article/tjbg/201210/20121000362598.shtml。

3个直辖市和浙江、广东2个省①。2004年的中央一号文件《中共中央国务院关于促进农民增加收入若干政策的意见》中提出"在有条件的地方，要探索建立农村最低生活保障制度"；2007年7月11日，国务院颁发了《关于在全国建立农村最低生活保障制度的通知》，农村低保制度进入全面建设和快速发展的新时期。截至2011年底，全国有农村低保对象2672.8万户、5305.7万人，比2010年同期增加91.7万人，增长了1.8%。全年各级财政共支出农村低保资金667.7亿元，比2010年增长50.0%，其中中央补助资金502.6亿元，占总支出的75.3%。2011年全国农村低保月平均标准143.2元/人，比2010年提高26.2元，增长22.4%；全国农村低保月人均补助水平106.1元，比2010年提高43.4%。②实践证明，最低生活保障制度是花钱最小、效益最好的福利制度，也是最能得到人民大众拥护和支持的福利制度；它在维护社会福利底线公平，缩小社会不公平程度中能够起到最明显的效果。随着贫困线标准的提高，我国贫困人口的绝对数还将增加，城乡"低保"制度的覆盖面也将扩大，在促进底线公平方面的作用将更加显著。

2. 公共卫生服务制度

公共卫生状况与每个社会成员的健康息息相关，公共卫生服务制度是健康保障领域的底线福利制度。首先，公共卫生服务是影响健康的第一要素。社会成员的健康服务需求包括公共卫生服务需求和大病医疗服务需求，两类需求存在着顺序上的先后。人们首先需要得到满足的是公共卫生服务，然后才是大病医疗服务。公共卫生服务做好了，可以一举两得：既可以减少小病拖成大病的几率，预防和减少大病的发生率，也可以有效地降低社会成员支付的医疗成本。大量研究表明，对生命健康有直接保护作用的因素包括卫生、保健和医疗，其中卫生是第一位的因素，对人的健康和寿命影响最大。世界卫生组织也曾经指出：居民80%以上的健康问题可以在基层卫生服务机构得到解决。因此，满足人民群众的健康服务需求，必须优先发展公共卫生服务体系，满足公共卫生服务需求。其次，公共卫生服务体系是我国基本

①　胡务主编：《社会救助概论》，北京大学出版社2010年版，第73页。

②　民政部：《2011年社会服务发展统计公报》，http://cws.mca.gov.cn/article/tjbg/201210/20121000362598.shtml。

医疗卫生制度的基础。2009 年 4 月，中共中央和国务院在《关于深化医药卫生体制改革的意见》中提出，到 2020 年基本建立覆盖城乡居民的公共卫生服务体系、医疗服务体系、医疗保障体系和药品供应保障体系，形成"四位一体"的基本医疗卫生制度，实现"全民医保"目标。公共卫生服务体系是"四位一体"基本医疗卫生制度的基础，是我国医疗卫生服务体系的"网底"，犹如社会保障体系中的最后一道安全网——"社会救助"。大力发展城乡公共卫生服务体系，是促进公共卫生服务逐步均等化，实现健康领域底线公平的根本途径。再次，提供公共卫生服务是政府的基本职责。公共卫生服务本质上属于公共产品，不是市场机制发挥作用的领域，提供公共卫生服务是政府的基本责任。"综观世界各国的公共服务制度，无不表现为一种政府行为，在各国基本公共服务制度建立、产生、发展和完善过程中，政府都'功不可没'。"[①] 中国共产党的根本宗旨是全心全意为人民服务，为全体城乡居民提供均等化的公共卫生服务符合建设服务型政府的内在要求，是促进卫生公平和实现社会正义的基本手段。

2003 年"非典"危机之后，我国加强了公共卫生服务体系建设，主要包括两个方面：一是实施国家基本公共卫生服务项目。2009 年 7 月，卫生部、财政部、国家人口和计划生育委员会联合下发《关于促进基本公共卫生服务逐步均等化的意见》（卫妇社发 ［2009］ 70 号）提出，我国于 2009 年启动九项国家基本公共卫生项目，即建立居民健康档案、健康教育、预防接种、传染病防治、儿童保健、孕产妇保健、老年人保健、慢性病管理和重性精神疾病管理。九项公共卫生服务项目包括针对全体人群的公共卫生服务任务、针对重点人群的公共卫生服务和针对疾病预防控制的公共卫生服务等三类，主要通过城市社区卫生服务中心、乡镇卫生院、村卫生室等城乡基层医疗卫生机构免费为全体居民提供。二是实施重大公共卫生服务项目。2009 年 6 月 18 日，国务院深化医药卫生体制改革领导小组办公室召开电视电话会议，决定 2009 年先期启动六项重大公共卫生服务项目：15 岁以下人群补种乙肝疫苗项目、农村妇女乳腺癌、宫颈癌检查项目、增补叶酸预防神经管缺陷项目、百万贫困白内障患者复明工程、消除燃煤型氟中毒危害项目和农

---

① 丁元竹：《中国社会建设战略思路与基本对策》，北京大学出版社 2008 年版，第 73 页。

村改水改厕项目。近两年来，两类公共卫生服务项目的实施取得了明显成效，城乡公共卫生服务状况有所改善，促进了基本公共卫生服务均等化。

3. 义务教育制度

义务教育是基本公共教育服务体系的基础，义务教育制度是教育领域的底线福利制度。首先，义务教育是国民教育的奠基工程。百年大计，教育为本；教育大计，义务教育为本。如果说教育是民族振兴和社会进步的基石，那么，义务教育则是"基石中的基石"。对国家而言，义务教育是建设人力资源强国和学习型社会的起点，没有义务教育的发展，提高国家竞争力就成了"无本之木"。对个体而言，义务教育是帮助个人由"自然人"向"社会人"转变、完成基本社会化的起始阶段，也是促进个人全面发展，增强个人社会适应，提高个人社会地位的前提条件。总之，发展教育首先是发展义务教育，离开了义务教育，整个国民教育就成了"无源之水"。其次，义务教育具有全民性和普惠性。一方面，义务教育是一视同仁的全民教育。我国2006 年颁布的《义务教育法》第四条明确规定：凡具有中华人民共和国国籍的适龄儿童、少年，不分性别、民族、种族、家庭财产状况、宗教信仰等，依法享有平等接受义务教育的权利，并履行接受义务教育的义务；另一方面，义务教育是政府保障的免费教育。我国的义务教育属于公益性事业，国家将义务教育全面纳入财政保障范围，建立义务教育经费保障机制，义务教育经费由各级政府依法保障，不收学费和杂费。在此意义上，我国的义务教育制度是一种全民性和普惠性的国家（政府）福利制度。再次，义务教育公平是社会公平的起点。教育公平是社会公平的基础，义务教育公平又是教育公平的基础。《国家中长期教育改革和发展规划纲要（2010—2020 年)》提出，教育公平的基本要求是保障公民依法享有受教育的权利，关键是机会公平，重点是促进义务教育均衡发展和扶持困难群体。具体的教育公平具有阶段性特征，随着教育阶段的推移，教育公平性呈现为一个有差异的连续谱：公共基础教育（义务教育）阶段的公平是一种无差别的公平，体现为教育的普享性、均等性和一致性；高等教育阶段的公平是一种有差别的公平，体现为竞争性、选择性和多样性。[①] 总之，义务教育的公平是教育领域

---

① 景天魁：《底线公平：和谐社会的基础》，北京师范大学出版社 2009 年版，第 257 页。

的底线公平，义务教育制度是一种底线公平制度。

义务教育制度成为底线福利制度经历一个艰难的认识与选择过程。一是从普及小学教育到实施九年义务教育。1981 年 12 月 3 日，中共中央、国务院在《关于普及小学教育若干问题的决定》中提出：在 80 年代全国应基本实现普及小学教育的历史任务，有条件的地区普及初中教育。1985 年 5 月 27 日，《中共中央关于教育体制改革的决定》提出"有步骤地实行九年制义务教育"。1986 年 4 月 12 日，六届人大四次会议通过的《中华人民共和国义务教育法》规定：国家实行九年制义务教育，到 20 世纪末基本普及九年义务教育。二是义务教育从"收费教育"变为"免费教育"。从 1986 年至今，义务教育费用经历了四个阶段：从"免学费、缴杂费"—"杂费书本费一费制"—"两免一补"（免杂费、免课本费、补助寄宿生生活费）—"不收学费、杂费"。2006 年新修订的《义务教育法》颁布实施，为免费义务教育提供了法律保障。2007 年，对农村义务教育 1.5 亿学生全部免除学杂费和免费提供教科书，对其中 780 万贫困寄宿生提供生活补助；2008 年，免除全国城市义务教育学杂费①。至此，基本实现了义务教育"人民办"到"政府办"的转变。

第二节　非底线福利制度

社会成员除了一致性的底线福利需求，还有差异性的非底线福利需求。在普遍整合的社会福利体系中，非底线福利制度属于社会福利制度体系的上层结构，对于满足社会成员的发展性和差异性福利需求，实现社会福利"有差别的社会公平"具有重要的现实意义。

一　非底线福利制度的特征

所谓非底线福利制度，是指体现社会福利需求差异性和满足社会成员非底线福利需求的社会制度。非底线福利制度有两个基本特征：

---

① 张力：《改革开放 30 年我国教育成就和未来展望》，http：//www. sociology. cass. cn/shxw/zxwz/t20081008_ 18851. htm。

1. 效率性

公平与效率的关系是社会发展中的重大关系之一，与社会福利相关的公平与效率体现在三个层次：宏观层次的公平与效率存在于经济制度与福利制度之间，经济制度强调效率优先，福利制度强调公平优先；中观层次的公平与效率存在于福利制度内部，整个社会福利体系既要讲公平也要讲效率，不宜笼统讲"公平优先"；微观层次的公平与效率存在于具体的福利制度内部，不同的社会福利项目都有公平与效率，区别仅仅是二者的权重不同。与底线福利制度强调"公平优先，兼顾效率"不同，非底线福利制度主要满足公民的发展性需求，必须强调"效率优先，兼顾公平"；在非底线福利领域，只有强调效率优先，才能满足多样化和差异性福利要求；只有强调效率优先，才能真正体现个人的福利责任。非底线福利制度的"效率优先"集中体现在市场机制和社会机制的主导性。非底线福利领域是市场机制和社会机制发挥主导作用的领域，只有依靠市场机制和社会机制，才能调动市场力量和社会力量的积极性，才能培养个人的责任意识；只有依靠市场机制和社会机制，才能减少"福利浪费"，避免"福利依赖"，减轻政府的"福利包袱"。换句话说，在非底线福利制度中，只有强调效率，才能体现公平；有效率就有公平，无效率就无公平。

2. 选择性

以底线公平为价值理念的社会福利体系中，政府的责任是"保底不保顶"。[①] 非底线福利需求具有鲜明的个体偏好性，不同社会成员在需求内容、需求程度、需求水平和需求紧迫性等方面存在着明显的差异性。因此，与底线福利制度的"普享性"不同，非底线福利制度具有"选择性"，遵循特殊主义原则。"选择性"体现在两个方面：一是政府的选择性。由于提供非底线福利不是政府的首要责任，政府在是否建立非底线福利制度，何时建立非底线福利制度，建立哪些非底线福利制度等问题上，拥有较大的选择空间。政府可以为建立非底线福利制度提供法律支持和政策环境，但不一定直接举办非底线福利项目；政府可以指导建立底线福利制度，但不一定直接管理非底线

---

① 景天魁：《大力推进与国情相适应的社会保障制度建设——构建底线公平的福利模式》，《理论前沿》2007 年第 18 期。

福利制度；政府可以监督调控非底线福利制度，但不一定直接经办非底线福利制度。简言之，对于具有极强自我保障能力的高收入群体和富裕阶层，政府甚至可以不管他们的非底线福利需求。二是公民的选择性。由于非底线福利需求具有个体差异性，公民个人也最清楚自己的需求是什么。因此，个人在是否参加非底线福利制度，参加哪些非底线福利制度，何时参加非底线福利制度，参加何种保障水平的非底线福利制度等问题上，拥有相当大的选择空间。个人根据自身的实际需要，有选择地参加某些非底线福利制度；根据自己的收入水平和支付能力，有选择地参加不同保障水平的非底线福利制度。

二 非底线福利制度的形式

1. 个人账户制度

所谓个人账户制度，就是按照国家相关法律和政策的规定，将不同来源的资金全部记入个人账户，账户储存额全部或部分归个人所有和支配的自我保障制度。个人账户制度实质上是一种完全积累型的强制或半强制储蓄制度，缺乏互助共济的社会功能。设立个人账户制度的政策目标，一方面是为了提高个人参加社会保障的吸引力，调动个人缴费的积极性，鼓励多缴多受益；另一方面是帮助社会承担一部分风险，减少社会保障运行中的道德风险和逆向选择。

个人账户制度是有两种基本类型：一是综合型个人账户制度。新加坡的中央公积金制度是综合型账户制度的典范。新加坡政府通过立法强制个人储蓄，建立完全积累式的中央公积金制度。公积金由雇主和雇员共同缴纳，双方的缴费比例根据经济情况的变化进行动态调整。依据用途不同，公积金分别记入三个子账户：普通账户、保健储蓄账户和特别账户。普通账户占公积金的75%，用于参加公共住屋、住宅产业、非住宅产业、家属保障、家庭保障、教育计划、基本与增进投资计划等保障计划；保健储蓄账户占公积金的15%，主要用于自己以及为新加坡公民或永久居民的配偶、子女、父母和祖父母支付住院和门诊费用；特别账户占公积金的10%，主要用于老年生活费和应急支出。[1]

---

[1] 张彦、陈红霞编著：《社会保障概论》，南京大学出版社 1999 年版，第 113 页。

二是分离型个人账户制度。中国特色的个人账户制度是分离型账户制度的代表。20 世纪 90 年代以来，中国在社会保障制度改革过程中先后建立五种个人账户制度①。由于中国实行"统账结合"制度，五种个人账户分别与直接相关的"社会统筹账户"挂钩，而非一个大账户之下的了账户，相互之间缺乏内在的有机联系，所以称为分离型个人账户制度。第一种是城镇职工基本养老保险个人账户。该个人账户对应于城镇职工基本养老保险制度中的"社会统筹账户"，账户资金来源于职工个人缴纳的全部保险费和企业缴纳的部分保险费；个人账户储存额只能用于职工养老，不得提前支取；职工或退休人员死亡，个人账户中的个人缴费部分可以继承②。但由于养老保险制度转型的成本至今没有做出制度性安排，这种个人账户绝大多数处于"空账运行"状态。第二种是城镇职工基本医疗保险个人账户。该个人账户对应于城镇职工基本医疗保险制度中的"社会统筹账户"，账户资金来源于职工个人缴纳的全部保险费和用人单位缴纳的部分保险费，用于支付普通门诊费用。③ 第三种是住房公积金个人账户。2002 年修改的《住房公积金条例》规定：每个职工有一个住房公积金账户，在职职工和单位按照同样比例缴存住房公积金；单位和职工个人缴存的住房公积金存入个人住房公积金账户，账户余额归个人所有；职工死亡的，住房公积金余额可以继承，无继承人的纳入住房公积金增值收益。第四种是新型农村合作医疗家庭账户。家庭账户对应于"大病统筹基金"，账户资金来源于家庭成员所有缴纳的全部或部分参合费用和政府补助的费用。新型农村合作医疗制度中设立的家庭账户，实质上是一种扩大了的个人账户。第五种是新型农村社会养老保险个人账户。这种个人账户对应于"基础养老金账户"，账户资金来源于个人缴费，集体补助及其他经济组织、社会公益组织、个人对参保人缴费的资助，地方政府对参保人的缴费补贴。

2. 补充保险制度

补充保险制度是在法定基本社会保险的基础上，为了满足职工基本保障范围之外的保障需求，由用人单位自主举办或参加的一种补充保障制度。补

---

① 中国在多项社会保障制度中选择"个人账户"制度，除了发挥吸引和激励功能的考虑外，其实还有深刻的福利文化根源。这个问题需要专门分析，这里不再赘述。

② 郑功成：《中国社会保障 30 年》，人民出版社 2008 年版，第 65 页。

③ 同上书，第 105 页。

充保险制度是一种介于基本社会保险制度和商业保险制度之间的特殊保障制度，它因具有自主性而区别于强制性的基本社会保险制度，又因具有福利性而区别于营利性的商业保险制度。基本社会保险制度主要满足职工的底线福利需求，补充保险制度重在满足职工的非底线福利需求，具有"锦上添花"的特征，属于非底线福利制度的范畴。

我国的补充保险制度始于 20 世纪 90 年代初期，1991 年国务院发布的《关于企业职工养老保险制度改革的决定》，第一次明确提出建立企业补充养老保险。[①] 1994 年 7 月 5 日通过、1995 年 1 月 1 日起施行的《中华人民共和国劳动法》第七十五条规定："国家鼓励用人单位根据本单位实际情况为劳动者建立补充保险"，为建立企业补充保险制度提供了法律依据。[②] 目前，我国的补充保险制度主要有"企业补充养老保险制度"和"城镇职工补充医疗保险制度"。

企业补充养老保险制度是指企业及其职工在依法参加基本养老保险的基础上，为提高职工养老保障水平而自愿建立的补充养老保险制度。1991 年，国务院发布的《关于企业职工养老保险制度改革的决定》提出："随着经济发展，逐步建立起基本养老保险与企业补充养老保险和职工工人储蓄性养老保险相结合的制度"，规划了我国企业职工多层次养老保障体系的基本框架。1995 年，劳动部印发《关于建立企业补充养老保险制度的意见》（简称《意见》），对企业补充养老保险进行了初步的政策规范。《意见》规定：企业建立补充养老保险制度的基本条件是：①参加了基本养老保险费用社会统筹，并按时足额地缴纳养老保险费；②生产经营状况比较稳定；③民主管理基础较好。2000 年，在国务院颁布的《关于完善城镇社会保障体系的试点方案》（简称《方案》）中，将企业补充养老保险正式更名为"企业年金"，企业补充养老保险制度变为"企业年金制度"。《方案》提出："有条件的企业可为职工建立企业年金，并实行市场化运营和管理，企业年金实行基金完全积累，采用个人账户方式进行管理，费用由企业和职工工人缴纳，企业缴费在

---

① 郑功成主编：《中国社会保障改革与发展战略（养老保险卷）》，人民出版社 2011 年版，第 226 页。

② 宋晓梧主笔：《中国社会保障体制改革与发展报告》，中国人民大学出版社 2001 年版，第 127 页。

工资总额4%以内的部分，可从成本列支。"2003年12月，劳动和社会保障部发布的《企业年金试行办法》中提出，"企业年金是指企业及其职工在依法参加基本养老保险的基础上，自愿建立的补充养老保险制度"。2004年2月，劳动和社会保障部、中国银行业监督管理委员会、中国证券监督管理委员会和中国保险监督管理委员会联合颁发《企业年金基金管理办法》，初步构建了我国企业年金基金管理运作的制度框架和协同监管体系。[1]2011年2月，人力资源和社会保障部、中国银行业监督管理委员会、中国证券监督管理委员会和中国保险监督管理委员会联合颁发新修订的《企业年金基金管理办法》，自2011年5月1日起施行。[2]

城镇职工补充医疗保险制度是指城镇用人单位及其职工在依法参加医疗保险的基础上，为了满足基本医疗保障范围之外的医疗服务需求而建立的补充性医疗保障制度，主要包括公务员医疗补助、大额医疗费用补助和企业补充医疗保险。1994年4月，国家体改委、财政部、劳动部、卫生部联合颁发的《关于职工医疗制度改革的试点意见》中提出："发展职工医疗互助基金和商业性医疗保险，作为社会医疗保险的补充，满足国家规定的基本医疗保障之外的医疗需求，但要坚持自愿参加、自由选择的原则"；1998年12月，国务院印发的《关于建立城镇职工基本医疗保险制度的决定》正式提出"基本医疗保险制度"的概念，同时明确"超过最高支付限额的医疗费用，可以通过商业医疗保险等途径解决"；2001年，《中华人民共和国国民经济和社会发展第十个五年计划纲要》中要求："积极推进城镇职工基本医疗保险制度、医疗机构和药品流通体制改革。鼓励有条件的用人单位为职工建立补充养老和医疗保险，并发挥商业保险的作用"[3]。目前，我国已在全国范围内普遍建立了职工大额医疗费用补助，绝大多数统筹地区实行了公务员医疗补助制度，有条件的企业建立了企业补充医疗保险。[4]

---

[1]　郑功成主编：《中国社会保障改革与发展战略（养老保险卷）》，人民出版社2011年版，第226—227页。

[2]　中央政府门户网站：http://www.gov.cn/flfg/2011−02/23/content_1808854.htm。

[3]　于广军、胡善联：《城镇职工补充医疗保险发展策略研究》，《卫生经济研究》2002年第7期。

[4]　卫生部网站：http://www.moh.gov.cn/publicfiles/business/htmlfiles/mohzcfgs/s9664/200904/40042.htm。

3. 商业保险制度

商业保险是"根据大数法则和等价交换原则，由商业保险公司采取市场化运作的一种风险分摊机制，它虽然是一种商业交易行为，但客观上对于社会保障制度起着十分重要的补充作用"[①]。对商业保险在满足个人福利需求和提高个人福利水平中的作用，我国在认识上经历了一个不断提高和重视的过程。1993 年，第十四届三中全会通过的《关于建立社会主义市场经济体制若干问题的决定》中明确提出，发展商业性保险业务作为社会保险的补充；2003 年，十六届三中全会《关于完善社会主义市场经济体制的决定》中提出，"鼓励有条件的企业建立补充保险，积极发展商业养老、医疗保险"；2007 年，十七大报告中提出，"要以社会保险、社会救助、社会福利为基础，以基本养老、基本医疗、最低生活保障制度为重点，以慈善事业、商业保险为补充，加快完善社会保障体系"。

与个人福利状况密切关系的商业保险主要是商业养老保险和商业医疗保险，两类商业保险的具体品种更是琳琅满目。在绝大多数情况下，能购买商业保险的人群基本上是中等收入者和高收入者，社会成员购买商业保险的主要目的不是保障底线福利需求，而是要在"底线"之上增加新的保障途径；越来越多的人通过购买商业保险获得养老和医疗方面的保障，提高了保障水平，提升了生活质量。因此，我们认为商业保险制度是一种非底线福利制度，在满足社会成员的非底线福利需求上发挥着重要作用。"截至 2007 年底，保险业为参保者未来的养老和健康积累准备金达 1.9 万亿元，专业养老保险公司受托管理企业年金 150 亿元，占全部法人受托业务的 90%"。[②]

第三节　跨底线福利制度

跨底线福利制度是回应和满足社会成员同一社会福利需求层次性的产物。在现实生活中，社会福利需求的层次性不仅存在于不同的福利需求之间，也存在于同一福利需求内部，即社会成员的同一种福利需求包括底线需

---

① 郑功成：《中国社会保障 30 年》，人民出版社 2008 年版，第 330 页。
② 同上书，第 342 页。

求和非底线需求两个层次，而两个层次又难以截然分开。如何在同一福利制度中兼顾社会成员的底线需求和非底线需求？单独依靠底线福利制度或非底线福利制度都不能解决这个问题，跨底线福利制度应运而生。

一　跨底线福利制度的特征

跨底线福利制度是兼顾社会福利权利一致性和差异性的福利制度，是同时兼顾社会成员同一福利需求的底线需求和非底线需求的福利制度。跨底线福利制度有两个基本特征：

1. 综合性

跨底线福利制度是一种综合性的福利制度，综合性是跨底线福利制度的首要特征。一是横向的综合性。所谓横向综合性，是指跨底线福利制度同时兼顾不同社会成员在同一福利需求内容上的一致性和差异性，一致性体现了不同社会成员在同一福利需求上的同质性（如每个人都有养老保障需求），差异性体现不同社会成员在同一福利需求上的异质性（如养老方式的多样化）。二是纵向的综合性。所谓纵向综合性，是指跨底线福利制度同时兼顾社会成员在同一福利需求上的层次性，既满足基础性的底线福利需求，又兼顾发展性的非底线福利。三是公平与效率的综合性。跨底线福利制度同时兼顾"无差别的社会公平"和"有差别的社会公平"，前者与底线福利相关，强调"绝对公平、相对效率"；后者与非底线福利相关，强调"绝对效率、相对公平"。跨底线福利制度的综合性，使之在某些方面可能优于单纯的"底线福利制度"或"非底线福利制度"。这一优点也增加了跨底线福利制度设计与运行的难度，特别是如何在同一福利制度中准确划分底线与非底线之间的界限，合理确定底线与非底线的权重和比例，都具有相当难度。这两个根本问题处理不好，就会产生"刚性（底线）需求柔性化"或"柔性（非底线）需求刚性化"等问题。

2. 复杂性

跨底线福利制度是一种比较复杂的福利制度。一是筹资机制的复杂性。在跨底线福利制度中，满足底线需求和非底线需求的筹资机制不同，底线部分既可以是完全由国家公共财政投入，也可以是政府、单位和个人三方共担，还可以是单位和个人共担；非底线部分既可以完全靠个人缴费，也可以是单位与个人之间"拼盘"。如何协调和平衡各种筹资机制之间的关系，是一件非常复杂的工作；如果解决不好，很有可能导致"混账"运行。二是运行结果的多样性。跨底线福利制度本身具有相当浓厚的"理想化"色彩，隐含着均衡公平与效率的预设，甚至是"所有好事一起来"的期待。但仔细分析就会发现，跨底线福利制度的运行可能出现三种结果：第一种是"皆大欢喜"，既保障了一致性的底线需求，也满足了差异性的非底线需求；第二种是"结构失衡"，要么"底线挤占非底线"，要么"非底线挤占底线"，也就是老百姓所说的"拆东墙补西墙"；第三种是"两败俱伤"，底线福利需求没有得到基本保障，非底线福利需求也没有得到有效满足。在这三种结果中，第一种当然是最好的，也是人们所期待的；但是，由于各种因素的影响，其他两种结果以"非预期后果"形式出现的概率相当高。

二　跨底线福利制度的形式

跨底线福利制度试图在同一社会福利制度中体现社会权利的一致性和差异性，兼顾社会成员的底线福利需求和非底线福利需求，实现同一社会福利制度内部的公平与效率的均衡。"三重目标"同时实现的跨底线福利制度在理论设计上非常完美，但这种"理想类型"在现实生活中尚未形成与之完全对应的"制度原型"，相似或接近跨底线福利制度的形式有三种：

1. "统账结合"制度

"统账结合"即"社会统筹与个人账户相结合"的简称，"统账结合"制度是中国人的发明和创造，"是世界上独一无二的制度模式"。[①] 20 世纪 90 年代初，我国在城镇职工养老保险制度和医疗保险制度改革中，针对过去国家和企业对保险费用包揽过多、缺乏个人参与和积累的缺陷，借鉴国外"现收现付制"和"完全积累制"的经验，创造性地构建了社会统筹与个人账户相结合的筹资模式。1993 年 11 月，中共十四届三中全会通过的《关于建立社会主义市场经济体制若干问题的决定》中提出："城镇职工养老和医疗保险金由单位和个人共同负担，实行社会统筹和个人账户相结合"。[②] 统

---

① 郑功成：《中国社会保障制度变迁与评估》，中国人民大学出版社 2002 年版，第 90 页。
② 郑功成：《中国社会保障 30 年》，人民出版社 2008 年版，第 103 页。

账结合实质上是一种社会保险基金的筹资模式，由统筹账户和个人账户构成；统筹账户从社会公平的目的出发，由政府和单位（企业）共同出资，强调基金的横向平衡，具有共济互助的作用；个人账户突出效率优先原则，由单位（企业）和个人出资，强调基金的纵向积累，体现个人的自我保障。[①] 郑功成认为，"统账结合"制度既非现收现付制，也非完全积累制，亦非传统的部分积累制，而是将现收现付制和完全积累制合二为一的独特制度。[②] 员玉玲认为，统账结合制度"在维持社会统筹现收现付制框架基础上引进个人账户储存基金制的形式，积累基金建立在个人账户的基础上，既有了激励机制和监督机制，同时又保持了社会统筹互济的机制，集中了完全积累制和现收现付制的长处，防止和克服了它们的弱点和可能出现的问题"[③]。

根据底线公平理论，"统账结合"制度比较接近或类似跨底线福利制度。"统账结合"中的"社会统筹"，主要体现公平原则，强调"底线需求"的一致性；"个人账户"主要体现效率原则，强调"非底线需求"的差异性。目前，我国实行"统账结合"模式的社会福利制度主要有四项：一是城镇职工基本养老保险制度。1997年7月，国务院颁布《关于建立统一的企业职工基本养老保险制度的决定》，提出建立社会统筹与个人账户相结合的基本养老保险制度。2005年12月，国务院发布《关于完善企业职工基本养老保险制度的决定》，进一步完善统账结合制度。2010年10月，第十一届全国人民代表大会常务委员会第十七次会议通过的《中华人民共和国社会保险法》（以下简称《社会保险法》）规定："基本养老保险实行社会统筹与个人账户相结合"，"基本养老金由统筹养老金和个人账户养老金组成"。二是城镇职工基本医疗保险制度。1998年12月，国务院颁布《关于建立企业职工基本医疗保险制度的决定》规定，基本医疗保险基金由统筹基金和个人账户构成，建立了统账结合的基本医疗保险制度。在2010年通过的《社会保险法》中，已经不再提"统账结合"制度。三是新型农村合作医疗制

①　张彦、陈红霞：《社会保障概论》，南京大学出版社1999年版，第47页。
②　郑功成：《中国社会保障30年》，人民出版社2008年版，第79页。
③　成思危：《中国社会保障体系的改革与完善》，民主与建设出版社2000年版，第52—53页。

度①。2003 年 12 月，卫生部的 11 个部门联合下发的《关于进一步做好新型农村合作医疗试点工作的指导意见》规定："合理设置统筹基金与家庭账户"，"积极探索以大额医疗费用统筹补助为主、兼顾小额费用补助的方式，在建立大病统筹基金的同时，可建立家庭账户。可用个人缴费的一部分建立家庭账户，由个人用于支付门诊医疗费用；个人缴费的其余部分和各级财政补助资金建立大病统筹基金，用于参加新型农村合作医疗农民的大额或住院医疗费用的报销"。四是新型农村社会养老保险制度。2009 年 9 月，在《国务院关于开展新型农村社会养老保险试点的指导意见》中规定："养老金待遇由基础养老金和个人账户养老金组成"；2010 年通过的《社会保险法》规定："新型农村社会养老保险待遇由基础养老金和个人账户养老金组成"。

2. 社会服务制度

社会服务是一种以劳动形式满足社会成员生活需要的社会行动，在现代社会福利体系中越来越成为一种重要的福利类型（区别于资金福利和实物福利的服务福利），社会服务制度是一种越来越重要的社会福利制度。概言之，社会服务制度是国家和社会为满足全体社会成员特别是弱势群体的生活需求，保证和提高其生活质量而开展的各种社会活动、社会工作和社会事务及其规范的总称。

社会服务制度之所以是一种跨底线福利制度，主要基于三个理由：一是社会服务需求具有层次性。从性质角度看，社会服务可以划分为基本性服务和非基本性服务（包括发展性服务和享受性服务）两个层次，基本性服务体现所有社会成员在社会服务需求上的共同性和一致性，具有公共产品的特征和属性，是维持和保证基本生活必不可少的社会服务。由于基本性服务属于公共产品，主要依靠公共财政支撑和各级政府提供。在这个意义上，基本性的社会服务也可以叫做"基本公共服务"，遵循普遍主义的均等化是基本性社会服务供给的根本原则。非基本性服务体现不同社会成员在社会服务需求上的差异性和偏好性，具有非公共产品或私人产品的特征和属性，主要依靠市场机制和社会机制提供。在这个意义上，非基本性的社会服务也可以叫

---

① 新型农村合作医疗制度中的"家庭账户"，实质上是一种扩大了的"个人账户"，可以视同"个人账户"。

做非基本公共服务，遵循特殊主义的市场化是非基本性社会服务供给的基本原则。二是社会服务对象具有层次性。一般而言，社会服务的对象是全体社会成员，但社会成员是区分为不同层次的，有的属于"强势群体"，有的属于"弱势群体"。对强势群体而言，享受全面的基本社会服务早已不是问题，甚至已经拥有豪华高端的享受性服务。对弱势群体而言，基本社会服务都难以获得，更不用说享受性服务。三是社会服务供给具有层次性。从社会服务供给的现状看，有的属于免费或成本收费的福利性服务，主要面向各种弱势群体；有的属于付费甚至高收费的营利性服务，主要面向一般社会成员。在社会服务的层次性中，"基本性服务"、"弱势群体服务"和"福利性服务"具有"底线服务"的性质，"非基本性服务"、"强势群体服务"和"营利性服务"具有"非底线服务"的性质。加强社会服务体系建设，既要优先提供"底线服务"，也要照顾"非底线服务"。正是在这个意义上，社会服务制度兼具"底线"和"非底线"双重性质，是一种跨底线的福利制度。

3. 社会互助制度

社会互助制度是社会成员为了保障生存和发展而相互帮助和互相支持的社会福利制度。作为一种非正式的福利制度，社会互助源远流长，人类社会的发展史就是一部社会互助史。在人类发展的不同历史阶段，社会互助一直是个人（家庭）获得福利支持的重要渠道之一，即便是在福利国家也是如此。社会互助制度主要有四个基本特征：一是非政府性。社会互助制度不是政府主导的国家福利制度，而是社会主导的民间福利制度。社会互助的组织者和实施者不是政府机构，而是民间互助组织；社会互助的资金不是来源于政府财政，而是来源于民间筹款；社会互助的运行方式不靠行政命令，而靠民间习俗。[1] 非政府性使社会救助制度既区别于政府主导的社会救助制度、社会保险制度和公共福利制度，也区别于具有准政府性质的社会团体——工会发起的职工互助保险。二是自愿性。社会互助建立在社会成员自愿基础之上，是否参加互助、参加哪些互助，完全取决于个人自愿，自愿性使社会互助制度显著区别于强制性的社会保险制度。三是双向性。社会互助是一种双

---

① 景天魁：《福利社会学》，北京师范大学出版社 2010 年版，第 173 页。

向的互动行为，互助的双方既是社会互助的主体，也是社会互助的客体，双向性（或对称性）使社会互助制度显著区别于单向性（或传递性）的社会救助制度。① 四是交换性。社会互助具有社会交换的性质，而且是一种互惠的社会交换；参与互助的双方具有明确的回报预期，互助过程中具有一定的"理性人"色彩。社会互助的交换性可能是同时的相互交换，也可能是先后性的交换。

　　社会互助既存在于生产领域，也存在于生活领域，生活领域的社会互助具有社会福利的性质。从满足福利需求的程度看，存在两种层次的社会互助；第一个层次是满足社会成员底线福利需求的社会互助。最有代表性的是满足穷人生存需要和保障其最低生活水平的社会互助，这类社会互助更多地存在于初级社会群体的生活互助中。例如，家庭、家族和邻里为陷入生活困境甚至绝境的群体成员提供急需的生活必需品，以帮助其渡过生活上的难关。在饥荒年代，初级群体内部的守望相助对于维护贫困群体的生存和基层社会的稳定具有非常重要的作用；在缺少社会保障和公共服务的边远乡村，邻里和社区内部的互助对于解决生老病死穷等基本民生问题意义重大。又如，一些贫困家庭的子女无钱读书，特别是无钱上大学时，亲戚朋友和街坊邻里之间主动接济，共解"燃眉之急"。第二个层次是满足社会成员非底线福利需求的社会互助。有些社会互助不仅仅满足社会成员的底线福利需求，还满足社会成员的非底线福利需求。例如，由各级工会组织发起和开展的职工互助保险，为工会会员提供基本社会保险之外的互助保障；又如，一些富裕群体和高收入阶层的成员为了满足享受性需求而自发建立的互助组织或互助活动，虽然也属于社会互助的范畴，但决非底线性质的社会互助。总之，由于社会互助的内容和水平实际跨越了底线和非底线两个层次，不能简单地把它纳入底线福利制度或非底线福利制度的范畴，应该纳入跨底线福利制度比较合适。

---

　　① 有人把社会救助简单地等同于社会互助，这实在是一个"常识性错误"；现代社会救助制度不仅具有单向性，而且具有政府性和正式性，社会互助的根本特点是非政府性和双向性。

第八章

普遍整合的社会福利机制

普遍整合的社会福利机制揭示社会福利体系内部之间的相互整合关系，它规定着各社会福利项目的运行过程，协调社会福利各个项目之间的相互关系，推动社会福利体系普遍整合目标的实现，主要包括责任机制、调节机制、供求机制以及管理机制等。

第一节　普遍整合的社会福利责任机制

任何一种社会福利体系背后都隐含着某种责任关系与责任结构，各种社会福利模式及其所形成的社会福利体系之所以能够独立存在，不仅因为社会福利制度有所差异，而且也是由于它本身形成了差异性的责任结构及责任机制。因此，准确地揭示社会福利体系的责任机制，有助于社会福利项目的整合以及社会福利责任目标的实现。

一　社会福利体系责任机制概述

社会福利责任的安排与实现需要有完善的机制加以约束，它伴随着社会福利体系建设的始终。每一场社会福利体系的改革都是社会福利责任关系不断调整、责任结构重新界定、责任机制重新确定的过程。各种不同的社会福利模式选择体现着不同的责任关系，具有不同的责任机制。国内外对此进行了广泛探索与实践。

1. 国外社会福利体系责任机制研究

制度化、体系化的社会福利肇始于西方工业国家，西方学者较早地开展了社会福利体系的责任研究，并影响着西方国家的社会福利体系建设。威伦斯基以及莱博豪斯早在 1958 年就根据政府的福利责任大小将社会福利划分为"补缺型"以及"制度型"两种福利体系，前者强调"家庭"和"市场"才是福利供给的责任主体，而后者认为社会福利供给的责任主体是"政府"。在此基础上，蒂特马斯于 1974 年将社会福利划分为"剩余型"、"工业成就型"以及"再分配型"三种福利体系①。后来，艾斯平—安德森从非商品化程度区分出"自由主义、组合主义以及社会民主主义"等三种社会福利体系②。其中，"社会民主主义"把政府当成社会福利项目供给、社会福利体系建构的重要主体；"组合主义"强调责任分担，认为政府、雇主以及雇员都要承担相应的责任，责任范围集中在社会保险领域；而"自由主义"则坚持责任共担，雇主、个人及社会等各个方面均有责任建设社会福利，政府的责任更多地集中在社会救助领域。这些思想构成了西方各国划分社会福利责任机制的主要依据，他们纷纷结合本国实际确定社会福利责任结构与责任机制，这为我们准确划分社会福利体系的责任结构，形成科学的社会福利责任机制奠定了良好基础。

2. 国内社会福利体系责任机制的建设

改革开放以后，政府加快计划经济时代下形成的"单位制"福利体系改革步伐，努力建设以企业职工为主体，体现职业与阶层差异，涵盖就业、生活、健康、教育、住房、公共福利等项目在内的"社会制"福利体系。由此也使得现行的社会福利体系存在着普遍性不足、整合性缺乏、碎片化明显等问题，加强社会福利体系普遍整合建设就成了全社会的共识。

十六大以来，中国社会福利事业建设步伐日益加快，内在地需要我们准确界定社会福利体系责任关系与责任结构。一些学者认为，坚持政府首责、实行责任分担是中国社会福利体系的内在要求，也是符合中国国情的现实选择。其中，政府主要承担社会福利的"法制建设"、"财政供给"以及"实施监督"责任③。为此，人们还划定出社会福利体系建设中政府的财政责任

---

① ［英］蒂特马斯：《社会政策十讲》，江绍康译，商务印书馆 1991 年版。

② ［丹麦］艾斯平—安德森：《福利资本主义的三个世界》，郑秉文译，法律出版社 2003 年版。

③ 参见王思斌《我国适度普惠型社会福利制度的建构》，《北京大学学报》2009 年第 3 期；金海和、李利：《社会保障与政府责任》，《中国行政管理》2010 年第 3 期。杨方方：《中国转型期社会保障中的政府责任》，《中国软科学》2004 年第 8 期。

关系与责任结构①；有的借助于 20 世纪 90 年代以来国家统计局公布的各种社会福利项目财政支出情况，运用柯布—道格拉斯生产函数推算出我国社会福利最优支出规模，据此提出政府在整个社会福利体系中的财政责任②；还有的将柯布—道格拉斯生产函数与人口老龄化结合起来，对社会福利支出结构进行了探索，认为应该是"老年人口比重、失业保障支出比重、工伤生育保障支出比重以及社会优抚支出比重之和的 75%"③。这些研究为我们探索社会福利体系的责任结构与责任关系打下了坚实的基础。

总体上看，我国现行的社会福利体系在责任边界、责任履行以及责任机制等方面仍然存在着许多问题。例如：社会福利体系的历史与现实责任划分不清，财政投入以及"中央、地方财权与事权不对等"④；政府、市场、社会以及个人之间的责任边界模糊，社会福利体系的监管责任没有很好地履行⑤；社会福利体系碎片化比较明显，社会福利财政支出结构、支出比例不合理；关于运用何种机制、选择何种福利模式还存在众多分歧。有的主张建立面向全体国民的适度普惠型社会福利体系，政府居于主导责任地位；有的坚持补缺型社会福利模式，认为普惠型社会福利很容易使中国患上高福利病⑥；还有的则强调要建立"全民共享"型社会福利体系⑦。

中国社会福利体系的责任结构及其机制之所以存在如此多的问题，从原因上看，一是传统文化中家庭保障思想的"惯性思维"以及城乡二元社会福利体系的"路径依赖"，使得人们对社会福利体系责任观念认识不准；二是各个社会福利供给主体责任关系不清，没有划分出哪些社会福利项目应该由中央负责，哪些项目可以由各地自行安排；三是社会福利体系变迁中"牵制因素过多"，阻碍着人们科学而清晰地划分社会福利体系的责任结构，明

---

① 郑秉文：《中国社会保障制度 60 年：成就与教训》，《中国人口科学》2009 年第 5 期。

② 王增文：《中国社会保障财政支出最优规模研究：基于财政的可持续性视角》，《农业技术经济》2010 年第 1 期。

③ 穆怀中：《中国社会保障水平研究》，《人口研究》1997 年第 1 期。

④ 郑功成：《中国社会保障改革研究及理论取向》，《经济学动态》2003 年第 6 期。

⑤ 景天魁：《围绕农民健康问题：政府、市场、社会的互动》，《河北学刊》2006 年第 4 期。

⑥ 王思斌：《我国适度普惠型社会福利制度的建构》，《北京大学学报》2009 年第 3 期；郑秉文：《中国社会保障制度 60 年：成就与教训》，《中国人口科学》2009 年第 5 期。

⑦ 中国发展基金会：《构建全民共享的发展型社会福利体系》，中国发展出版社 2009 年版，第 64 页。

确社会福利体系的责任机制①。这就有必要深化社会福利体系的责任结构与责任机制研究。

3. 普遍整合的社会福利体系责任机制类型

从类型上看，社会福利体系责任机制包括责任分担与责任共担两种机制，前者主要揭示了各社会福利供给主体之间的责任关系，后者则探讨各个主体对于同一项社会福利所应承担的责任。

首先，两种责任机制在社会福利体系中各自独立地发挥作用。一方面，责任共担不等于责任分担，责任共担不是直接将责任均等地分摊下去，而是强调责任共付，注重各责任主体之间的协作关系，明确他们各自的责任大小，使各责任主体共享社会福利普遍整合所带来的成就。另一方面，社会福利的供给主体具有理性化特征，他们既能够承担社会福利建设责任，也会不自觉地逃避责任，这就需要我们发挥责任分担机制的作用。当然，责任分担侧重于责任区隔，注重划分各责任主体的责任范围，明确哪些责任属于政府，哪些责任属于市场与社会，哪些责任属于个人或家庭，从而构建起一个完整的责任划分体系，推进社会福利的普遍整合实现。

其次，共担与分担机制相互依存。一方面，分担是共担的前提，分担本身是各责任主体之间的责任共担，要想实现责任共担必须明确各主体的责任界限，只有形成合理的责任分担机制，才能实现责任共担，离开了责任分担机制往往难以很好地实现责任共担机制。另一方面，共担是分担的必然结果，划分各个主体的责任界限不是为了减轻责任，而是为了形成更加合理的共担责任机制，一起为社会福利的建设出力，使整个社会福利事业得到完善，民众的福祉得到改善。当然，在责任共担机制中，如何科学地评估各个社会福利项目，如何着重解决广大民众最为需要的社会福利问题，如何形成良好的责任共担监督机制，同样是一个必须要解决的问题。

二 普遍整合的责任分担机制

上述情况表明，责任机制是普遍整合的社会福利体系的首要机制，它有助于我们科学地规制普遍整合的社会福利体系责任关系与责任结构，推进普

---

① 李绍光：《政府在社会保障中的责任》，《经济社会体制比较》2002 年第 5 期。

遍整合的社会福利体系调节机制、供求机制以及管理机制的实现。因此有必要全面阐述普遍整合的社会福利体系责任机制基本内容。

1. 建立责任分担机制的必要性

责任分担机制是建设普遍整合的社会福利体系内在需要。与其他社会福利体系不同，普遍整合的社会福利体系要在人均经济总量较为低下的中国建立起面向全体国民的社会福利体系，使民众普遍地获得各项社会福利待遇。要想实现这个目标就必须要合理地划分政府、经济组织、社会慈善机构、家庭以及个人等各个主体的责任范围，形成科学的责任分担机制，以便把各个责任主体整合起来共同发挥作用。不仅如此，各个主体在社会福利供给中所承担的责任以及所扮演的角色并不相同，有的作为福利的生产者，有的则是社会福利的输送者、筹集者以及分配者①，还有的本身既是福利的供给者又是福利的需求者。对这些主体的责任制约方式也不能完全一样，必须要形成不同的责任机制。这就需要我们科学地划分这些福利供给主体的责任角色，明确政府、企业、组织乃至家庭个人在社会福利体系中的责任范围，促进普遍整合的社会福利体系实现。

从社会福利体系发展情况来看，当前我国社会福利体系还不太完善。有的社会福利项目，如养老服务、公共安全等项目普遍不足；有的社会福利项目普遍缺失，例如，针对农民工与农民等群体的失业、工伤、生育等福利项目明显缺失；众多民营企业职工无法获得住房公积金福利；还有的社会福利项目虽然覆盖所有民众但碎片化程度较为严重，缺乏必要的整合，民众对此反响较为强烈。当然，客观地说，产生这些问题的经济社会原因固然很多。但是，责任分担机制没有很好地确立起来是其中的一个重要因素，这就使得社会福利供给出现了不平衡、不一致。这就需要我们明确各个责任主体在各项社会福利中的责任界限，形成更加科学合理的责任分担机制，积极推进社会福利体系的普遍整合。

普遍整合作为社会福利体系的建设方向，是一项前无古人的社会建设工程。世界上任何一个发达国家都没有遇到如此众多的社会福利需求对象，需要整合如此众多的社会福利项目，这些国家所形成的福利建设经验无法简单

①　景天魁：《福利社会学》，北京师范大学出版社 2010 年版，第 228—229 页。

直接地移植到中国。我们不仅要建设与欧洲国家人口总数相当的社会福利，而且要将众多碎片化的社会福利制度加以整合，减少因为社会福利不普遍而产生的福利收入差距，克服社会福利项目碎片化而带来的福利分层与社会福利运动，这是中国社会福利建设过程中必须时刻警惕的问题，同时还牵涉将来与港澳台地区社会福利项目的普遍覆盖与衔接问题。在这种情况下，只有科学地分清社会福利相关主体的各自责任，妥善处理好面向各个阶层设置的各项社会福利，形成与普遍整合的社会福利体系相适应、较为完整的责任机制，促进社会福利项目的普遍覆盖以及有机整合。

2. 责任分担机制内容

围绕实现普遍覆盖与有机整合这两个方面，普遍整合的社会福利体系责任分担机制包含着以下四个方面的内容，推进着社会福利体系的科学发展。

首先，责任分担对政府、企业、社会、家庭以及个人等福利供给主体进行准确的责任界定，划清各个主体的福利供给责任要求，防止各福利主体之间责任划分不清、责任界定不准。例如，就中央与地方两级政府而言，中央政府的责任在于建立起体现底线公平的、普遍整合的社会福利体系，科学合理地测算各项社会福利的底线待遇，在现行的财税体制下为城镇居民、农民、灵活就业人员等各类无雇主人员的福利项目实施提供财政支持与经费保障。而地方政府要按照中央政府的要求，引导和鼓励其他主体参与社会福利供给，监督各类企业为本单位员工缴纳社会保险，提供相关社会福利，组织实施与本地经济发展水平相一致的公共福利，努力"为福利目的筹集和分配资源"[①]，保障普遍整合的社会福利目标实现。责任分担机制也要求我们科学地划分政府与企业、组织以及单位乃至个人之间的责任关系，明确哪些社会福利项目的供给责任主要在于各级政府，哪些社会福利项目的供给责任更多地依赖于家庭及社会组织，哪些社会福利项目可以依赖于企业本身，从而形成多元的责任分担机制。

其次，责任分担机制能够合理划分各项社会福利所蕴含的责任关系与结构，进而在各社会福利项目间建立起合理的责任分担机制。每一种社会福利

---

① ［美］Neil Gilbert、Paul Terrell：《社会福利政策导论》，黄晨熹等译，华东理工大学出版社 2003 年版，第 18 页。

项目都需要物质供给、资金支持及服务提供，需要政府明确这些社会福利项目如何加以覆盖与整合。各项社会福利的财政投入结构与投入力度怎样？各级政府对于社会福利项目财政负担的责任界限究竟要划在哪里？这都需要我们加以明确。例如，养老作为社会福利体系的重要一环，就需要政府下大力气整合包括机关事业单位人员、企业职工、灵活就业人员、城乡居民等各类群体的养老制度，科学地测算普遍整合后养老金的未来给付，划清基础养老金与补充养老金之间的界限，敦促各类企业为本单位员工缴纳养老金的责任，承担对无雇主人员的财政负担责任，从而形成完整的福利责任体系。另外，机构养老、社区照顾、康复理疗服务等社会福利项目的开展需要社会力量的介入以及政府相关优惠政策的跟进。又如，随着普遍整合的社会福利体系实现，企业等组织同样提供社会福利资金、技术以及人员等支持，因而，职工获得的"工作福利"或"职业福利"的责任自然就落在工作单位身上①，而不能一味地依赖政府或社会组织。再如，家庭作为个人提供福利的最先者，它提升了家庭成员的福祉水平，家庭福利责任是其他任何福利供给主体所无法替代的。责任分担机制就是要能够揭示出各类主体的责任界限。

再次，责任分担机制体现在社会福利项目的组织与实施中。普遍整合的社会福利体系组织与实施不是单一依赖于"中央集权"或"地方分权"管理，不能完全依靠各级政府自行组织和实施，而是要充分考虑民众多样化、多层次的福利需求，努力建立起各级政府之间的组织机制，建立起不同责任主体之间的实施机制，以便形成更加科学的责任分担机制。例如，对于养老及医疗等服务项目，就不能完全"私营化和商业化"②，不能一味地按照市场法则去片面地追求经济效益，而要兼顾社会效益以及民众最基本的福利需求。再如，包括养老、医疗、工伤、失业、生育等福利长期以来一直按照城乡、所有制以及就业状态来进行制度设计与组织实施，它所形成的普遍性不足、碎片化突出等弊端日益明显，对这些福利项目进行普遍整合不仅要分清基本福利以及非基本福利方面的责任范围，而且要明确政府在基本福利提供

---

①　［美］Neil Gilbert、Paul Terrell：《社会福利政策导论》，黄晨熹等译，华东理工大学出版社 2003 年版，第 10 页。

②　同上书，第 212—213 页。

方面的责任要求，如全民养老体系的建立、基础养老金的提供、公共卫生服务的供给、基本健康制度的设置等，对这些项目的组织与实施逐一加以落实。也就是说，在社会福利项目供给与实施过程中要能够准确地划分组织方、实施方的责任界限，克服有的项目只有组织而不实施或者实施不到位，有的项目组织混乱而无法很好地实施，确保各项社会福利的顺利供给。

最后，责任分担机制体现在社会福利项目的监管之中。卓有成效的监管是各项社会福利制度顺利实施的有力保障，也是普遍整合社会福利体系实现的重要保证。只有对各个责任主体加以有效监管，才能保证他们履行自身责任，形成社会福利建设的合力。反过来，如果监管不力甚至缺乏监管，不仅已经分担好的社会福利建设责任无法得到很好落实，而且那些尚未明确的社会福利建设责任将会相互推诿，必将无法保障民众普遍地享有社会福利。这就是说，责任分担机制的实施内在地包含监管，内在地需要监督，以防止责任分担不清晰、责任分担不合理、责任分担后不去履行等情况的发生。为此，要对社会福利责任划分环节进行监管，防止责任划分不清甚至故意逃避责任等情况的发生，也要对社会福利项目组织与实施进行全程监管，防止组织不力、资金或服务不到位等情况的发生，切实提高民众的福利水平。

3. 责任分担机制的实现

普遍整合的社会福利体系责任分担机制的实现需要着力做好以下三个方面：

一是要形成责任分担机制意识，这是责任分担机制实现的前提。观念是行动的先导，人们的行动总是在某种观念与意识支配下进行的，它们成为人的行动不自觉的前提。从这个角度来说，只有提高责任分担意识，明确责任分担观念，各责任主体才会自觉划分社会福利建设责任，形成科学合理的责任分担机制，促进普遍整合的社会福利体系责任分担机制的实现。反之，如果社会福利分担责任认识不清、划分不准，甚至缺乏责任分担意识，那么将会阻碍责任分担机制的实现。

二是要能够形成合理的责任分担机制，这是确保责任分担机制实现的前提。要围绕就业、生活、健康、教育、住房、公共福利等领域，细化各项社会福利的责任要求，完善责任分担制度，明确社会福利供给主体在每一项社会福利中的责任范围，形成科学合理的责任分担机制，防止责任分担不清、责任分担不合理等情况的发生。例如，对于城市公共厕所，省级人民政府应当根据人口密度、人口流动、辐射范围等因素明确各地、市、县在本辖区内公共厕所数量、建筑面积以及环境卫生、经费投入、人员管理等方面的责任分担要求，确保这项公共福利的顺利实施。

三是要严格责任分担机制的执行，减少责任分担机制执行的随意性。应当强化责任分担机制的执行，设计出一套科学合理、客观公正的责任分担机制考核办法与考核流程，将其纳入各级政府、各主管领导的年度绩效考核中，让那些落实责任分担机制、推进社会福利建设、改善民生的领导干部获得肯定，让那些不落实责任分担机制、不履行责任的政府及其主管领导受到批评，直至加以必要的责任追究，杜绝有法不依、执法不严、违法不究等情况的发生。

三　普遍整合的责任共担机制

责任共担机制试图把各个责任主体整合起来，形成建设社会福利的合力，它与责任分担机制结合在一起，成为实现普遍整合的社会福利体系有力保证。

1. 建立责任共担机制的必要性

近年来，随着社会各界加快社会福利项目的全面覆盖，健全社会福利体系，在责任分担机制基础上建立起责任共担机制就成为普遍整合的社会福利体系重要方面，更好地推进普遍整合的社会福利体系实现。

首先，社会福利责任主体的多元性需要建立起责任共担机制，将各责任主体有机整合起来，形成社会福利建设合力。普遍整合的社会福利体系虽然是政府为主导，但是社会福利的责任主体绝不仅仅是政府，社会各界尤其是各类经济与社会组织、家庭乃至民众自身同样是社会福利的供给主体，它们理所当然承担着社会福利建设责任。为此，应该合理划分各主体在社会福利体系建设中的责任，加强社会福利建设责任的整合，以发挥责任共担功效，推进社会福利体系普遍整合目标的实现。

其次，社会福利内容的交叉性需要我们建立起责任共担机制。从内容上看，社会福利体系的责任内容比较丰富，社会福利的供给承担着特定的政治责任，切实维护社会稳定，促进社会和谐；社会福利体系的建设、社会福利的供给不仅是国民收入的再分配，它本身具有生产性功能，同样具有经济责任；同时，社会福利项目的供给与建设要能够符合并满足特定民众的文化心理。这些多样化的责任内容不是简单的相加，而是相互交叉、同时并存于各项社会福利建设之中。这就需要我们建立责任共担机制，以便充分发挥各项责任功效。

再次，社会福利目标实现的合作性需要我们建立起责任共担机制。社会福利建设责任不仅内容丰富，涵盖了政治、经济、社会以及文化等多方面的内容，而且责任形式多种多样，既有组织社会福利主体、开展社会福利项目建设的责任，也有加强社会福利项目的实施、对社会福利项目进行管理与监督等方面的责任。为此，我们只有凝聚共识加强合作，形成科学的责任共担机制，以便减轻各个主体的责任负担，促进普遍整合的社会福利目标尽快实现。

2. 社会福利体系责任共担机制存在的问题

改革开放以来，我国各项社会福利事业在实施过程中不断探索，逐步建立起包括社会保险、社会救助、公共服务在内的社会福利体系。但是，现有的社会福利体系还存在着诸多不完善之处，有些社会福利项目无人问津、有些社会福利项目多头建设，由此使得社会福利责任共担机制无法建立。总体上看，现行的社会福利体系在责任共担机制方面存在着三个问题。

一是各责任主体之间的合作共识不足，缺乏责任合作与责任共担意识。从供给主体角度看，任何一项社会福利通常包含着政府、社会以及家庭（个人）等方面，需要对各个主体所承担的社会福利供给责任进行整合，尽量让各个主体共同承担社会福利供给责任，避免单一的社会福利供给主体所带来的局限性。从供给内容上看，各社会福利项目包含着物质、资金以及服务等方面，社会福利是这三个方面的有机整合，这就内在地需要我们凝聚各责任主体的共识，加强各个方面的合作，以便实行多元福利内容，促进社会福利目标的实现。可是，当前各个主体在社会福利建设中缺乏责任合作意识，不仅不同的社会福利项目建设没有能够将政府、企业、社会以及家庭乃至个人的力量充分整合起来①，而且同一种社会福利项目也没有把它所涉及的相关

---

① 在社会救助尤其是灾害救助领域，我国社会组织的力量就没有很好地得到动员，企业年金福利也没有普遍地建立起来，使得职工养老保险待遇始终处于较低水平。

主体很好地整合起来①。例如，能够得到财政补贴的福利项目各个部门都去争取，而需要使用资金的项目各个部门往往设置了很多条件，使得整个社会无法凝聚成良好的责任共担机制。

二是多元主体参与机制尚未很好地形成。社会福利需要将众多的社会福利项目、社会福利制度尤其是社会福利供给主体整合进来，共同发挥作用。任何依靠单一的福利供给主体不仅不能实现而且也无法解决民众的基本福利需求问题。但是，一段时期以来，有些社会福利项目过分依赖于政府，而没有整合企业、慈善组织乃至家庭的作用。例如，养老福利过分依赖于政府提供的社会养老保险，其他主体提供的多元养老福利及其养老服务为人们所忽视。不仅机关事业单位人员的职业年金没有很好地建立起来，企业年金制度普遍性建设同样不足，而且各类组织及家庭在养老服务中普遍缺位，整个养老福利领域多元主体参与机制并没有真正形成。还有的社会福利项目虽然表面上要求政府、社会以及家庭等各个主体共同参与，但是缺乏把各个主体整合起来的责任共担机制，责任共担甚至成为个别主体免除自身责任的一个借口，由此阻碍着社会福利体系普遍整合目标的实现。

三是责任共担的执行与监督机制不力。责任共担强调责任共负。这不仅依赖于相关主体具有明确的责任意识，而且还依赖于责任共担机制的贯彻执行。只有将内在的责任认同与外在的责任监督结合起来，责任共担机制才能真正得到落实，形成建设社会福利的合力。然而，我国社会福利建设责任共担机制并没有得到很好的执行，责任共担有时等同于责任不负。同时，我们还缺乏责任共担监督机制，如何对各级政府进行卓有成效的监督，如何加强对企业、社会等组织的福利供给监督同样缺乏行之有效的办法。这就使得有的社会福利项目供给过度而有的福利项目少人问津，有些群体的福利多头供给而有些群体的福利供给不足，以致一些社会福利项目的供给产生出新的不公。

3. 责任共担机制的实现

建设普遍整合的社会福利体系，提升全体社会成员的福利水平，促进社会公正发展，不仅需要我们尽快完善责任分担机制，而且要树立责任共担意

---

① 养老福利不仅包括社会保障部门提供的养老金，而且还包括养老服务以及家庭照料，这就需要政府、企业以及养老服务组织乃至家庭成员形成合理的责任共担机制。

识，形成多元供给与多元参与机制，完善责任共担的执行与监督机制，促进责任共担机制的实现。

一是要树立责任共担理念，形成责任共担意识。只有牢固树立多元主体合作意识以及由此形成的责任共担意识，才能加大社会福利的普遍性与覆盖面，把针对各个群体设置的社会福利项目整合起来，构建具有中国特色的社会福利体系。如果各个主体缺乏足够的合作意识以及责任共担意识，社会福利项目的建设将各自为政而无法全面覆盖，民众也无法普遍享有各项社会福利。为此，各个主体在社会福利建设过程中要始终具有合作意识，形成责任共担观念，确保各项社会福利更加便捷而合理的供给，有利于社会福利水平的普遍提高。

二是要整合福利供给主体，形成责任共担机制。要准确界定各项社会福利所涉及的责任主体，理顺他们的责任关系，形成科学的责任结构。例如，养老作为一项基本的福利，政府要能够保障老年人的基本生活，这是政府的底线责任要求。而老年人要想获得高于基本生活之上的生活水平，则可以通过家庭帮助、自我缴费、个人积累、社会互助等形式，或者借助于企业或慈善组织所提供的养老服务来满足自身多层次的养老服务需求。这就需要我们加大社会福利供给主体、供给方式以及供给途径的改革，形成一个既合作又竞争、既主导又补充的多元供给主体、多元供给方式以及多元责任共担机制，改变责任共担机制不全乃至责任共担机制缺失等情况。这就有必要分析各项社会福利所涉及的责任主体，采取有效措施将其整合起来，推进社会福利体系的普遍整合，使社会福利更加公正地建设与发展。

三是要加强责任共担机制的监管，保证责任共担机制的实现。要加强对各级政府相关职能部门的监管，加强对企业组织的监管，将责任共担的落实作为对干部、企业考核的重要方面，防止这些主体从责任共担变为责任不担[1]。同时要采取激励措施，鼓励各类社会组织积极参与社会福利建设的各个环节，弥补政府与企业组织福利供给的不足。另外，要引导各个主体加强

---

① 例如，餐盒作为一项最基本的食品安全福利，政府工商、卫生、药监等部门都可以在餐盒的制造、批发、零售以及使用等任何一个环节予以监督，但最终这些部门却没有去监管，责任共担成了没有责任。

自身监督，提升自我监督能力与水平，调动社会各界尤其是广大人民群众的监督意识，让人民群众对各个责任主体加以监督，形成整个监督机制的整合，促进普遍整合社会福利体系责任共担机制的实现。

第二节　普遍整合的社会福利调节机制

社会福利体系的普遍整合在某种程度上就是要对原有的社会福利供给主体、供给对象以及供给内容等进行重新划分，按照"守住底线、保住基本、改善民生、增进福祉、促进和谐"原则重新明确各社会福利供给主体的责任范围，界定各需求主体能够享有的社会福利待遇等，进而对原有的社会福利结构进行重新调整，使得社会福利供给与需求在刚性增长中具有柔性调节功能，实现刚性与柔性的有机统一。因此，调节机制就成了社会福利体系普遍整合的重要机制。

一　调节机制概述

调节机制主要从数量、程度、功能以及目标等维度探讨社会福利体系的机制问题。着重研究社会福利体系具有何种鲜明特征与调节功能，这些调节功能如何得以顺利实现。

1. 调节机制基本含义

从渊源上看，调节机制这个概念较早产生于自然科学领域，强调任何一个有机体在发展过程中都会逐渐形成某种调节机制，使得该有机体能够更好地适应社会。

19 世纪中期，德国生理学家 H. 冯·海姆霍茨（Hermann Von Helmholtz）在对眼睛晶体的研究中发现眼睛具有某种调节功能，于是提出了"松弛理论"。1904 年，M. 切尔林（Marius Tscherning）纠正了海姆霍茨的不足，认为眼睛除此之外还具有"紧张"功能。后来，"调节机制"逐渐应用到社会科学领域，表示具有做出某种调整、促进自身发展的能力。

在社会福利领域，可以从数量、程度、功能以及目标等几个维度界定调节机制，认为调节机制是一个内涵比较丰富、可以对其进行多方面界定的概念。从数量与程度上看，调节机制就是对社会福利体系在福利供给项目、供给数量以及供给水平等方面加以调整，使得福利供给者提供的社会福利制度、项目及待遇能够满足民众基本生活需求，在增进民众福祉、促进经济社会发展的同时避免产生福利依赖，防止给社会福利建设背上沉重的福利负担。从目标与功能角度看，调节机制就是借助于制度与机制建设，优化社会福利体系的建设目标，增强社会福利的调节功能，使社会福利体系在刚性调节基础上形成柔性调节机制，进而形成刚柔相济的调节机制。

也就是说，调节机制就是要使社会福利体系具有调节社会福利供给数量、供给水平与供给程度等机制与功能，既要防止社会福利项目的过度供给，产生福利依赖，又要解决社会福利项目供给不足；既要防止公共财政负担过重，又要防止社会福利支出不足；既要防止社会福利过度集中于某个阶层，又要解决社会福利普遍化之后可能形成的问题。例如，现行的养老保障就存在着机关工作人员的退休待遇过高而普通工人尤其是城乡居民的养老金待遇过低问题，也存在着城市养老服务尚未健全而农村社会养老服务还处于初始阶段等问题。为此，要调节现行的养老保障体系，使之更加具有公正性与持续性。再如，在社会福利制度构建过程中我们过分依赖西方发达国家的经验，甚至简单地移植国外社会福利政策与做法，结果导致众多社会福利项目刚性有余而柔性不足，这不利于社会福利制度的持续发展。而调节机制的提出就是要促进社会福利具有刚柔相济的特性与功能。

2. 调节机制类型

社会福利调节机制可分为刚性调节机制、柔性调节机制以及刚柔相济的调节机制三种形态。

一是刚性调节机制。刚性机制通常包含两层含义：一方面，随着经济发展与社会进步，民众的福利需求种类与数量都在不断增长，各个责任主体的社会福利供给水平也应该随之而增长，这体现着社会福利的刚性原则。此时，刚性机制就是那种与民众的福利需求相适应的刚性增长机制，这是社会福利事业的客观规律。另一方面，刚性调节机制强调无论选取何种社会福利模式，建设何种社会福利体系，政府在解决全体社会成员最基本的福利需求时都"负有不可推卸和不能回避的底线责任和首要责任"①。这种责任既是

---

① 景天魁、毕天云：《建设具有中国特色的福利社会》，《人民论坛》2009 年 10 月（下）。

一种促进公平正义的政治责任，体现了发展经济的经济责任，也是一种增进社会团结的道德与社会责任。因此，刚性调节机制就是把民众的福利需求与政府的底线责任结合起来。

实际上，正是由于社会福利所具有的刚性调节机制，世界各国在其福利事业发展中往往出现了福利供给范围越来越大，供给项目越来越多，福利水平逐步提高，这种刚性调节机制越来越明显地表现出来，使得一些国家的财政支撑难以为继，但是降低和缩小福利水平的改革又会引发许多难以克服的社会问题。这就体现着社会福利的刚性调节机制。

二是柔性调节机制。柔性调节机制强调社会福利项目的多少、社会福利供给的水平以及社会福利的需求要能够随着经济发展水平以及自身社会福利文化进行不断调整。因此，在社会福利体系健全过程中，柔性调节机制推动着整个社会福利体系的完善。另外，在各项社会福利制度建成之后，它又能对社会福利支出"起到约束作用，以便把它限制在一个合理的范围之内"[①]，进而使得社会福利的建设、民众福祉的提升与经济社会的发展之间具有柔性调节功能。

从社会福利供给主体角度看，柔性调节机制强调在社会福利建设过程中调动各个主体的积极性，在坚守政府责任的同时发挥企业、慈善组织乃至家庭（个人）等福利供给主体的力量，凝聚并整合市场、慈善、互助及自助等多种福利供给机制，更好地增进民众福祉。

三是刚柔相济调节机制。这应该是社会福利体系调节机制的重要方面，它试图克服刚性调节机制刚性有余而柔性不足，解决柔性调节机制灵活有余而刚性不足等问题，努力让刚性调节机制的社会福利体系同时具备柔性调节机制功能，让社会福利调节机制能够刚柔相济，进而解决以往只有单一调节机制的社会福利体系所带来的一些难题。推进社会福利体系的持续发展。

二　社会福利体系调节机制情况

经过三十多年的社会福利建设，我国社会福利覆盖范围逐步扩大、社会福利项目逐渐完善、保障水平逐步提高，一个具有中国特色的社会福利体系

---

① 景天魁：《底线公平与社会保障的柔性调节》，《社会学研究》2004 年第 6 期。

初步形成，展示出自身特有的调节机制。

1. 社会福利体系调节机制的建设

首先，刚性调节机制在部分社会福利项目中日益表现出来。改革开放以前，我国实行了单位制福利，机关事业单位、国有或集体企业职工及其家属与子女的养老、医疗、教育、就业、工伤等相关福利项目都得到了制度化保证。其他类型的单位负责本单位员工的相关福利。因而，刚性原则体现在任何单位都必须给本单位员工提供相关福利。当然，在那个时代，单位所提供的福利待遇标准总体上比较低，同一单位内部各成员之间的福利待遇差距不大。改革开放以后，政府加大社会福利体系改革力度，针对各类群体设置的养老、医疗以及生活保障等覆盖面越来越广，社会福利供给水平逐年提高，其他社会福利项目逐步加大，社会福利支出刚性增长机制不断显现出来。例如，早在1978年，中国财政社会保障和就业支出仅仅为18.91亿元，1992年上升到66.45亿元，2002年、2004年、2006年、2008年以及2010年这五年间财政社会保障和就业支出分别为2636.22亿元、3116.08亿元、4361.78亿元、6804.29亿元以及9130.62亿元，分别占当年度财政总支出的11.95%、10.94%、10.79%、10.87%以及10.2%，分别占当年度GDP的比重为2.19%、1.95%、2.06%、2.26%以及2.3%[1]。实际上，按照王延中等人的测算，2000年以来的10年内，政府的养老、医疗、失业、工伤、生育等福利项目支出占财政总支出的35%以上[2]，占财政收入比重甚至超过了40%[3]。刚性机制十分明显。

与此同时，随着财政支出的日益增长，政府加大了社会福利项目的建设力度，社会各界越来越强调政府的刚性供给责任，认为政府在解决全体社会成员最基本的福利需求时都"负有不可推卸和不能回避的底线责任和首要责任"[4]。当然，有些研究甚至主张把那些非底线责任也纳入政府责任范围之内，这在某种程度上扩大了刚性机制。

其次，柔性调节机制在一些社会福利项目中有所体现。柔性调节机制是

---

[1] 参见《中国统计年鉴2011》，中国统计出版社2012年版。

[2] 2007年五项支出占政府财政支出总额的34.1%。

[3] 王延中、龙玉其：《改革开放以来中国政府社会保障支出分析》，《财贸经济》2011年第1期。

[4] 景天魁、毕天云：《建设具有中国特色的福利社会》，《人民论坛》2009年10月（下）。

社会福利体系持续性的关键，一种具有长久生命力、能够推动经济社会发展的社会福利必然具有柔性调节机制功能，以最小的财政投入获取最大的社会福利效用。近年来，一些社会福利项目，如新农合、新农保、城镇居民社会养老保险等制度规定了中央财政补贴标准，有的地方凭借良好的财政收入将新农合的筹资标准提高到 200 元以上，有的地方甚至整合了城乡居民基本医疗保险制度，实行企业职工、城乡居民医疗保险制度的补偿方式、补偿标准的统一；在新农保方面，有的地方如苏州和厦门将中央政府规定的每人每月 55 元的基础养老金提高到 200 元以上，使这些地方的民众能够享有更好的社会福利，充分体现着社会福利的柔性调节机制。在最低生活保障领域，考虑保证最低生活保障制度的持续发展，各地政府公布的最低生活保障标准目前还只能解决这些群体的吃饭问题，解决这些群体的其他生活难题还要充分依赖社会各界的力量。例如，企业为低保等困难群体提高爱心资助，电力、煤气、自来水公司等部门为其提供部分用电、用气以及用水费用的减免，公交公司为这些群体提供更加优惠的乘车卡，教育部门则为这些群体的子女就学提供资助。同时，其他社会组织与社会团体也积极参与其中，进而壮大了社会福利供给的主体，体现了柔性调节机制功能。

2. 社会福利体系调节机制存在问题

我国社会福利体系调节机制在实施过程中还存在着如下两点不足：

一是部分社会福利项目刚性调节机制过于明显。在社会福利体系建设中，究竟哪些社会福利项目、各社会福利项目的哪些部分需要刚性调节机制，哪些地方需要柔性调节机制，需要我们准确分析。例如，现行的养老福利领域在刚性调节机制下，机关、事业单位人员退休养老金待遇不断提高，而企业职工的养老金收入增长极为缓慢，这两类群体的养老金差距达到 3 倍左右，养老金待遇成为收入拉大的催化剂。在这种情况下，如果简单地削减机关事业单位人员的退休金必然引发全国 4000 万人员的不满[1]，而如果迅速地提高 3.5 亿多企业职工的退休养老金待遇[2]，必然给政府带来巨大的财政

---

[1]　从全世界范围内看，任何削减社会福利的改革都会引起社会福利运动乃至社会动荡不安，甚至危及政府的社会治理与政治统治。例如根据郑秉文的统计，2008 年法国全年发生的与社会福利有关的罢工游行多达 100 多次。

[2]　数据来源：《2011 年国民经济和社会发展统计公报》，国家统计局网站。

支付压力，企业职工基本养老保险制度将难以为继。在这种刚性调节机制作用下，任何降低养老福利水平的改革都会引发诸多问题，原因就在于养老保障制度过于刚性而缺乏必要的柔性。

二是柔性及刚柔相济调节机制普遍性缺失。这两种调节机制作为社会福利体系中最为重要的调节机制，其目的使得刚性的社会福利供给具有柔性调节功能，以便既能够解决民众的福利需求，增进民众福祉，又不会给政府增加过多的财政负担，促进社会福利事业持续发展。但是，现行社会福利体系中除了新农合、新农保、城镇居民社会养老保险等制度部分体现出柔性调节以及刚柔相济调节机制之外，其他众多社会福利项目普遍性地缺乏这两个调节机制。例如，在医疗保障领域，基本医疗卫生体系没有建立起来并很好地发挥作用，民众看病难、看病贵问题始终得不到很好的解决。为此，很多地方只好增加财政投入，扩大中心医院规模，提高住院补偿封顶线。但是，由于缺乏便捷而廉价的基本医疗服务，医疗保障在调节民众健康需求以及健康生活方式方面收效甚微，即使投入再多的财政、建设再多的大医院、医疗费用补偿比例再次提高等措施也不可能解决 13 亿中国人的看病问题，只会导致整个医疗保障财政支出以及民众医疗需求的刚性增长。实际上，在医疗卫生领域，建设基本医疗卫生体系，发挥基本医疗卫生在民众健康生活中的积极作用，自发地引导民众小病在社区、大病或重病去医院，体现出医疗保障的柔性调节以及刚柔相济调节机制。

社会福利体系调节机制之所以刚性有余而柔性不足，尤其缺乏刚柔相济调节机制，究其原因主要在于以下两个方面。

一方面，中国社会福利体系的建设总体上是一个移植过程，而较少地考虑这些国家社会福利体系调节机制所固有的局限性。20 世纪 80 年代以前，我国所实行的"国家单位制"福利体系更多地借鉴了苏联的经验与做法，政府负责社会福利体系的建设、社会福利制度的制定以及部分福利项目的实施，大多数社会福利项目尤其是养老、医疗、工伤、教育等福利项目的实施更多地落实到机关事业、各类企业以及其他经济社会组织自身。社会主义市场经济体制的建立，客观上要求我们建立与社会主义市场经济体制相适应的社会福利体系。但是，马克思主义经典作家没有提供现成的答案，苏联的瓦解使得我们无以为鉴，人们只好把目光转移到欧美以及东南亚等部分发达国家，不加批判地移植这些国家的社会福利体系与社会福利制度，而没有加强社会福利体系的柔性调节尤其是刚柔相济调节机制建设。

另一方面，重视社会福利制度建设忽视内部调节机制建设。社会主义市场经济的发展客观上需要我们逐步建立与社会主义市场经济相适应的各项社会福利制度，以便在发展经济的同时减少收入差距，更好地保障和改善民生，防止贫富差距的拉大。在这种情况下，各级政府把社会福利制度作为市场经济的补充加以看待，使得社会福利制度总是以解决经济问题的面貌出现在世人的面前：当国有企业减员增效而导致下岗失业人员增多的时候，各地政府开始倡导建设最低生活保障制度；当大批农民进入城市打工而没有基本的社会福利、由此产生诸多经济社会问题的时候，各地政府逐步出台农民工养老、医疗、工伤等保险制度，颁布农民工子女教育制度等；当大量农村人口进城务工导致农村人口空巢化问题日益严峻，政府着手建立农村留守妇女、老人的社会照顾制度。在这种情况下，人们总是消极被动地看待社会福利制度，而不是把它作为社会主义市场经济体系的有机组成部分，不会积极主动地建设社会福利制度，自然就不可能积极主动地探索社会福利调节机制，使得社会福利体系调节机制的研究明显滞后于社会福利制度的建设研究。

三　社会福利体系调节机制的设计

普遍整合的社会福利体系调节机制试图将刚性调节机制与柔性调节机制整合起来，进而形成刚柔相济的调节机制，促进社会福利体系的持续发展。

1. 刚性调节机制的设计

刚性调节机制主要规定政府在民众福利供给中的责任，它从民众的刚性福利需求出发去探索政府的责任调节机制，可以从"质"和"量"以及"普遍整合"三个方面加以规定。

首先，从"质"的角度看，刚性调节机制就是指各项社会福利制度的供给、整个社会福利体系的建设要与经济发展相适应，既要随着经济发展而不断提升福利供给水平，不能滞后于经济发展，甚至彻底让位于经济建设；也要与人民群众的生活水平相适应，使人民群众能够感受到自身的社会福利水平不断提高；还要保证社会福利享用对象不断增加，努力达到全民共享这个目标。这是社会福利体系建设的刚性要求，也是社会福利体系建设的底线要求。因此，我们在社会福利体系建设过程中就应当恪守这个原则。例如，经过近十年的努力，2009 年全国参加医疗保险（含新农合、城镇居民医疗保险）人数达到 12.34 亿人①，2011 年更是超过了 13 亿人，虽然基本上实现了全覆盖，但是在这三类制度所体现出来的待遇有着很大的区别，刚性调节机制就要解决这方面的问题。

其次，从"量"的方面来看，刚性调节机制必须要明确规定社会福利建设项目、社会福利经费投入、社会福利对象享用范围等。就社会福利项目来说，政府及社会各界要科学界定民众在"就业、生活、健康、教育、住房、公共福利"等福利项目中的刚性需求，分解其中每一个项目所要包含的具体内容，探索民众在各具体项目中所应获得的福利待遇，划定政府所应承担的福利项目与福利制度建设责任，划分经费投入责任与经费投入范围，测算社会福利经费投入额度以及经费监管责任。例如，有数据显示，1995 年、2000 年、2002 年、2004 年、2006 年、2008 年、2011 年参加医疗保险（含新农合、城镇居民医疗保险）人数分别为 745.9 万、3786.9 万、9401.2 万、2.04 亿、5.67 亿、10.33 亿以及 13.05 亿人②，基本实现了全民覆盖，很好地体现了刚性调节机制。然而，虽然我国养老、工伤、生育等福利项目自 1995 年以来参保人数每年都在增加，但是，参保人数最多的 2011 年分别只有 6.25 亿、1.77 亿以及 1.39 亿人③，与全民覆盖相距甚远。这需要我们发挥刚性调节机制作用，扩大这些福利项目的覆盖面。

再次，从"普遍整合"角度看，刚性调节机制包括刚性普遍与刚性整合两个方面。前者强调社会福利项目建设的全面性而不是差异性，社会福利对象覆盖的全民性而不是选择性，社会福利待遇享受的普遍性而不是差别性。例如，就养老福利而言，既要加强养老保险项目的普遍建设，也要加强养老服务项目的普遍建立；养老福利应该覆盖到所有达到一定年龄的老年

---

① 数据来源：2009 年中国卫生统计年鉴。

② 数据来源：1995—2008 年数据来源于 2009 年中国劳动统计年鉴；新型农村合作医疗数据来源于 2009 年中国卫生统计年鉴；新型农村社会养老保险数据来源于 2009 年劳动保障统计公报。

③ 2011 年的养老保险参保人数为城镇职工基本养老保险、新型农村社会养老保险、城镇居民社会养老保险的总和。

人，而不是只照顾到某个特定的群体。后者注重社会福利项目的整合而不是碎片，社会福利制度的整合而不是零碎，社会福利覆盖对象的整合而不是选择。为此，政府有责任、有义务整合各种碎片化的社会福利制度，防止社会福利的供给与享用成为贫富差距拉大的催化剂，设法使之成为缩小贫富差距的助力器，实现社会福利体系的公正建设与公正发展。这就需要加强社会福利项目普遍性与整合性建设。

2. 柔性调节机制的设计

柔性调节机制要让普遍整合的社会福利体系保持内在张力。从社会福利供给主体来看，柔性调节机制就是要设法扩大社会福利供给主体，促进社会福利供给主体的多元化，不断增加社会福利投入，明确各社会福利供给主体的责任，发挥每一个主体在社会福利供给中的作用，不断增进民众的福祉。例如，在教育福利领域，政府要围绕"学有所教"目标，除了制定项目齐全、内容完整、经费保障的教育政策体系之外，鼓励社会各界通过设立奖教（学）基金以及其他教育建设基金，引导社会捐资兴学或自办非营利性学校，改造城乡中小学危房，改善大、中、小学办学条件，优化教师学历及其职称结构，形成教育福利多元供给主体。同时，要动员企业提供以提高员工业务技能与业务素质为主导的职业技能培训，凝聚全社会力量促进终身教育目标的实现。也就是说，通过扩大社会福利供给主体，减轻政府作为单一主体所带来的局限性与片面性，改善和增进民众福利水平。

从社会福利制度安排来讲，制度本身是否具有柔性调节机制直接制约着社会福利体系柔性调节机制的发挥。为此，政府应该把建设具有柔性调节机制的社会福利制度作为中心任务，将各社会福利制度设置成底线制度部分（刚性部分）以及非底线制度部分（柔性部分）。底线部分规定了政府的任务，而非底线制度部分吸引社会的参与，使得各项社会福利制度具有柔性调节功能。例如在"就业福利"中，政府要优先建立"失业保险"、"就业服务"以及"最低工资"制度，并且探讨这三类制度的数量关系；在"生活福利"领域，政府应该优先建立起最低生活保障、基本养老保险等制度，着力解决民众最基本的生活需求问题。在此基础上，政府要在社会福利项目准入、社会福利项目建设场所提供、税收优惠与减免等方面出台政策引导企业与社会组织加大社会福利建设资金投入，增加社会福利项目供给力度，从而与底线福利制度一起构成了刚柔相济的制度体系，提高全体社会成员的福利水平。再如，在养老服务领域，政府虽然要加大养老服务设施投入，建立各类养老服务机构，但政府重点要解决孤寡老人、五保户、孤残儿童以及其他高龄老人的一般性养老服务问题，对于这些老人的特殊性养老服务尤其是疗养性、改善性养老服务需求则需要社会介入。又如，在健康福利领域，政府要优先解决疾病预防、医疗救助以及医疗保险制度建设，使每个人最基本的医疗需求得到保障①。除此之外的高端医疗服务、医学保健以及临终关怀等项目需要社会投入，满足民众多层次医疗服务需求。社会之所以愿意投资于养老、健康等领域，除了慈善精神与社会责任之外，这些社会福利制度所具有的生产性功能也是吸引他们参与其中的重要因素。

3. 刚柔相济调节机制的设计

刚柔相济调剂机制就是要整合刚性调节机制与柔性调节机制，使之成为一个有机整体，共同存在于社会福利项目中，促进普遍整合的社会福利体系持续发展。

从社会福利供给主体来看，刚柔相济调节机制要明确政府在社会福利供给中的责任范围与责任大小，也要扩大社会福利供给主体的范围，将公司企业、社会组织乃至民众自身纳入社会福利供给主体中，形成政府主导、企业支持、社会介入、民众参与的多元供给主体，科学划分各供给主体的责任大小与责任界限，强调政府的责任集中在社会福利的底线部分，明确政府应该采取何种措施切实保证自身责任的有效落实。在此基础上，引导企业、社会以及个人投身于以提高生活质量、增进民众福祉、增强民众幸福感与满意度为着眼点的社会福利建设，形成各司其职、相互补充、相互促进、不可分割的有机整体，增强政府对社会福利供给的组织能力、协调能力与整合能力。

就社会福利供给项目而言，这一机制要保证整个社会福利体系具有刚性与柔性的统一，使得整个社会福利体系能够持续发展，为此，要努力保证每一项社会福利实现刚性与柔性的结合。例如，针对教育福利，政府要围绕"学有所教"这个目标，制定包括从幼儿园到高等教育以及成人教育（职业教育）在内的完整的教育政策体系，明确预算内教育经费的投入及其在财政

---

① 当然，这些社会福利项目的建设同样也需要社会力量的投入。

收入与财政支出中的比例，以此来规范各类教育活动，确保民众的教育福利得到保障。同时，政府应该在税收优惠、政府补贴等方面提出具体而可操作的政策，引导和鼓励社会各界投资于各级各类教育事业，努力改善办学条件，增进被教育者的教育福利。再如，在医疗卫生领域，政府必须要肩负起解决民众"看病贵、看病难"问题的责任，加大公共卫生的投入，加快基层医疗卫生事业建设步伐，提高基层医疗卫生水平，降低医疗及药品费用价格，使民众基本的健康需求切实得到保障。同时，政府也应该出台具体措施，鼓励民间资本以及社会力量投资于医疗卫生事业，从而不断降低民众的疾病风险，改善生活质量，提高民众的健康福利水平，进而把刚性与柔性有机结合起来。

第三节　普遍整合的社会福利供求机制

社会福利项目的供给与需求本身是一对矛盾，从供给出发与从需求出发会得出完全相左的结论：福利供给者总想以最小的福利投入解决民众的福利需求问题，福利需求者则希望获得项目更全、内容更多、待遇更高的福利。因此，供求机制是用来协调社会福利供给与需求之间的矛盾，寻求社会福利供给与需求之间的平衡，防止社会福利供求出现失衡、引发其他经济社会问题的机制。它主要包括供给主导机制、需求主导机制以及供求平衡机制三种。

一　社会福利体系供给主导机制

供给主导机制在整个社会福利体系中注重以供给为主，根据供方的供给能力、供给水平，确定社会福利项目的供给方式以及供给途径，解决需求者的福利需求，促进社会稳定与和谐发展。

1. 供给主导机制的产生

作为改善民生、增进民众福祉的重要途径，供给主导日益成为我国社会福利体系的供给方式，这种社会福利供给主导机制的形成是一个发展过程。

改革开放以前，我国一直实行单位制社会福利供给方式，政府将整个社会成员划分到若干个福利提供单位之中，个人从属于各个相互独立的单位，他们的各项福利均由各个单位提供，各个单位根据自身的营利能力等向自己的职工提供福利项目、确定福利供给形式，解决职工及其家属与子女的生、老、病、死等问题，进而形成了单位供给主导机制。美国学者 Neil Gilbert 和 Paul Terrell 曾经说过，工作单位"不仅提供了日常生活开支的来源，而且提供了各种工作福利，即平常所说的额外或职业福利"。① 但是，单位福利的供给主要在政府指导下进行，其供给量、供给对象与供给方式等都要按照政府的经济政治要求加以供给，由此塑造成供给主导的社会福利机制，使得政府成了最大的社会福利供给单位，供给主导实质上就变成了政府供给主导。

改革开放以后，适应社会主义市场经济体制的建立，我国进行了社会福利体系改革，众多社会福利项目从各单位中剥离出来改由政府部门提供，毫无疑问，这种福利供给机制仍然是一种供给主导机制。例如，在社会保险领域，个人社会保险待遇的获得依赖于单位的选择与缴费，有的单位按照缴费上限为员工缴纳了养老、医疗、失业、工伤、生育等五个项目，此时，员工就能获得全部的社会保险待遇；而有的单位只为员工缴纳了养老、医疗以及失业等险种，员工则无法获得工伤、生育等福利。又如，新农保的基础养老金、新农合的补偿种类以及补偿额度、最低生活保障线标准以及其他相关救助项目等都是依据地方政府的施政偏好及财力支撑，民众所获得的相关福利待遇依赖于供给主体。再如，在公共福利以及其他社会服务领域，福利项目虽然可以根据自身需要购买，但是民众只能根据社会福利的供给水平加以购买，由此形成了供给主导机制。作为社会福利供给主体的政府是福利的生产者，为社会福利的生产提供或创造条件，或者通过购买方式向社会成员提供福利；政府也是社会福利的输送者与传递者，将政府所提供的福利送达给福利需求者；当然，政府还是福利资源的筹集者与分配者，将分散的福利资源整合起来，进行福利供给与福利分配。

也就是说，无论是计划经济时代还是市场经济时代，我国社会福利的输出以供给为导向而不是以需求为导向，形成了供给主导的福利供给机制。当然，社会福利供给主导机制的形成具有较为深远的历史背景与社会基础。

---

① ［美］Neil Gilbert、Paul Terrell：《社会福利政策导论》，黄晨熹等译，华东理工大学出版社 2003 年版，第 11 页。

首先，供给主导机制的形成与各级政府的政策理念密切相关。工业社会以来，政府作为社会福利供给的主导者，日益成为重要的社会福利供给主体。在中国，这不仅缘于"国家责任的转变"以及"政府能力的增强"①，而且更多地缘于中国特有的社会结构与社会格局。因为中国是一个以家为核心、家为纽带的国度，整个社会就是一个大"家"，政府自然就成为这个"家"的家长，掌控福利资源，选择社会福利制度，制定社会福利政策与法规，提供社会福利资金，兴办福利设施，对整个福利资源进行配置与输送。这自然就有助于形成供给主导福利机制。

其次，供给主导机制的形成与各级政府的财政支持紧密相连。社会福利的供给必须依赖于一定的经济条件，没有稳定而可靠的财力支持，社会福利难以持续性供给。改革开放以来，我国经济得到了飞快发展，2011年国内生产总值达到471564亿元，经济总量稳居世界第二，财政收入达到103740亿元。我国城乡居民人均纯收入仍然较低，2011年全国农民年人均纯收入仅为6977元，城镇居民年人均可支配收入仅为21810元②，无论是雇主以及雇员的缴费，还是政府所能提供的社会福利经费，以及社会各界的捐赠等，与庞大的社会福利需求相比都不会过于充足。例如，截至2011年底，全国收养类福利单位共有4.6万个，床位396.4万张，收养老年人、残疾人、孤儿等各类服务对象293.4万人。福利企业2.2万个，集中安置62.8万残疾人就业③。但是，与庞大的老年人口相比、与8000多万残疾人相比，这些福利设施远远不能满足他们的需要。在这种情况下，我们的社会福利建设只能根据自身财力，选择供给主导机制、实行供给主导福利制度就是一种较为务实的选择。

再次，供给主导机制的形成也是应对社会变革的挑战。当今社会是一个风险社会，个人和家庭抵御风险的能力面临着严峻挑战，这就要求政府积极干预社会事务，保护民众尤其是弱势群体的生存。在这种情况下，需要政府积极行动起来，调动和整合各种社会福利资源，解决社会福利分配过程中可

① 周沛：《社会福利体系研究》，中国劳动社会保障出版社2007年版，第97页。
② 国家统计局：《2011年国民经济和社会发展统计公报》，国家统计局网站。
③ 民政部：《2011年社会服务发展公告》，http://www.mca.gov.cn。

能出现的"福利争夺"、"福利不均"、"福利扎堆"以及"福利缺失"等问题，保护人民免于社会风险的侵袭。这就为社会福利供给主导机制的形成提供了坚实的社会土壤。

2. 供给主导机制存在的问题

尽管社会福利供给主导机制的形成有着深厚的经济社会基础，但是，这种供给主导机制在社会福利实践过程中由于受到供给主体自身对于社会福利的认识、供给制度的安排以及社会福利项目的执行等多种因素的影响产生了如下三个问题。

第一，供给主导机制造成个别福利项目过度供给。在供给主导机制影响下，社会福利供给主体不可能全面、准确地掌握福利需求者的福利需求，无法准确、及时地提供相关福利项目及其服务。这样，就会出现个别福利项目的重复供给与过度供给，从而浪费有限的福利资源。例如，家庭作为重要的社会福利供给主体，父母是家庭福利的供给者，主导着福利供给项目与内容。但是，一些家庭对于子女的物质与服务福利供给过度。再如，单位作为职工福利的供给主体，主导着职工的福利供给，在某个特定时空范围内单位提供的福利可能会重复供给。例如，每逢节假日前夕一些单位都给员工发放大米、油、鸡蛋等食品，这些物品对一些双职工家庭员工以及单身员工来说则显得多余。又如，每到节假日，一批又一批的志愿者来到福利院把老人从房间里推出来晒太阳，给老人唱歌，陪老人聊天，门庭若市好不热闹①。

第二，供给主导机制导致一些福利项目供给不足。供给主导机制带来供需双方信息不对称，社会福利供给更多地依据供给主体的经验与判断，有的福利项目供给过度，有的福利项目必然会供给不足。例如，一些家庭忽视对子女的情感教育，尤其忽视子女的人生观与价值观教育，使得情感福利支持不足。又如，单位所提供的福利项目无法兼顾到职工的实际需求。再如，在以供给为导向的福利体系下，政府所提供的养老与医疗服务项目明显滞后于民众的需求②，政府对于低保户、五保户等群体的福利供给还仅仅停留在解

---

① 中央电视台 2010 年 5 月 6 日 "新闻 1 + 1" 栏目报道：《福利院老人 1 天被爱 5 次，志愿者供求方难对接》。

② 与节假日门庭若市相比，节假日一过，一些福利院门可罗雀，前来为老年人提供服务的志愿者少之又少。

决吃饭问题，鲜有顾及这些群体的个性化需求。所有这一切充分显示了供给主导福利机制所存在的不足。

第三，供给主导机制具有排外性与封闭性。供给主导机制以社会福利供给主体为核心，以自身的供给能力为依据提供社会福利项目，此时，各类供给主体更多地考虑自身的实际情况，尤其考虑自身能够供给何种福利项目，开展何种形式的社会服务，较少地考虑供给客体的需求。于是，福利扎堆与福利不足就共存于现行的社会福利供给之中①。供给主导机制自然具有排斥性和保守性。

3. 供给主导机制的完善

供给主导机制所存在的这些问题，主要由于各社会福利供给主体总是从自身的供给能力、供给方式出发，向供给客体以及供给对象提供有关福利项目。因此，完善社会福利供给主导机制，需要我们从以下三个方面加以改进。

首先，扩大供给主体，克服社会福利供给不足问题。民众基本的社会福利需求不足，基本的福利需求得不到很好的解决，在很大程度上就是由于社会福利供给主体、社会福利供给量的不足。因此，要设法扩大社会福利供给主体，改变过分依赖政府观念，动员各类组织、团体及机构积极投身于社会福利事业，充分发挥家庭在解决福利中的作用，将企业、慈善组织以及其他社会组织整合为社会福利供给主体，减轻政府的社会福利供给负担。同时，要挖掘各个主体的供给能力，扩大社会福利供给量，这是解决社会福利供给不足问题的最好办法。例如，家庭作为一个供给主体不仅要探索如何增强其对家庭内部成员的福利供给，还要探讨如何增进邻里之间的福利供给，努力扩大家庭的福利供给能力。

其次，优化供给方式，解决社会福利供给过度问题。在社会福利供给普遍不足情况下，个别社会福利项目或社会服务却存在着过度供给问题，这显示供给主导机制需要深化改革。为此，要优化社会福利供给方式，完善社会福利供给途径，在现有的直接供给基础上增加间接供给，在没有选择性的供

---

① 参见《爱心扎堆福利院，孩子们有点累》，《海南特区报》2011 年 6 月 2 日。全国其他地区也有类似报道。

给基础上增强供给的选择性与灵活性，减少个别社会福利项目供给过度问题，增强社会福利供给的针对性与有效性。例如，为了防止节假日期间社会福利院的志愿服务过于集中、社会福利项目过于趋同，各主体改变现有的物质福利形式，可以将原来的物品供给改为超市购物卡，由福利院老人根据自身需要到超市选购。再如，也可以将福利供给主体提供的志愿服务零碎化、小型化与便利化，选择非节假日、下班后以及其他空余时间为老人提供志愿服务，更好地发挥供给主导机制的功效。

再次，关注福利需求，实现社会福利的供需平衡。供给主导机制存在的种种问题在很大程度上是因为不太关注福利需求者的福利需求，或者没有有效地根据需求者的福利需求提供针对性的福利。因此，各社会福利供给主体要加强社会福利需求市场的调查，了解福利供给对象的福利需求种类、福利需求数量以及福利需求方式，把福利供给与福利需求紧密结合起来。例如，家庭在为其子女提供相关福利时不宜一味地给子女买衣服、给足够的零花钱，而应该与子女进行沟通，了解子女的实际需求并加以灵活掌握与适当控制。再如，我们到福利院进行志愿服务前可以与福利院取得联系，了解这些老人的福利需求项目及种类等，进行有针对性供给，促进社会福利供给与需求的平衡与协调，减少社会福利供给过度以及社会福利供给不足等问题，发挥社会福利供给的最大效应。

二　社会福利体系需求主导机制

社会福利供给什么、如何供给归根到底就是要满足人们的基本福利需求，只有满足基本需求的福利供给才具有长久的生命力。因此，以需求为导向、建立需求主导福利机制就成了一种选择。作为社会福利供求机制的一种，需求主导机制注重以需求为主，根据需求者具体的福利需求确定福利供给项目、内容及方式，增进民众的社会福利水平。

1. 需求主导机制的提出

尽管现行的福利体系以政府为本、以供给为主导，形成了供给主导福利供给机制，但是，需求主导机制的出现、实行以需求为导向的社会福利供给机制将是一个必然选择。

第一，建立需求主导机制是社会福利体系的内在规定。任何社会、任何时候、任何人对自己的福利需求都有所期待，形成特定的心理预期。以供给对象的需要为准则设置福利制度，提供相关福利，可以准确地揭示社会群体的福利需求，便于社会福利体系设计者、社会福利制度执行者确定合适的目标群体，对这些群体的福利需求进行时空分析，确保有限的社会福利资源发挥出最大功效，有效地解决社会福利供给不足与供给过度难题。按照布兰德·肖的观点，福利需求者的福利需求包括个人根据制度安排所获得的福利项目与种类，自身根据感觉和经验所希望得到的感觉性需要，个人与其他同类群体相比较后所期望获得的福利需求三个方面①。

第二，建立需求主导机制是当代社会福利主要思潮。20 世纪 80 年代以来，西方发达国家对社会福利制度进行了改革，其中一项内容是在健全社会福利制度基础上积极开展社会工作，加大社会服务的供给，以此增进民众的福利水平。而贯穿于其中的就是实行以民众需求为供给方向，根据民众的福利需求确定福利项目，选择福利供给路径，寻求社会福利供给方法，解决民众的福利需求不足问题。为此，多亚尔和高夫等人将人的福利需求概括为"健康、自主、食物与营养需要、住房、工作、自然环境、医疗保健、童年保护、支持群体、人身与经济安全、教育、节育与生育"等方面的需要②，这为建立需求主导福利机制提供了理论基础。20 世纪 80 年代，吉姆·艾菲提出不同的角色有着不同的福利需求，从社会福利接受者角度出发可以形成与供给者不同的社会福利与社会服务政策，产生不同的社会福利资源配置方式③。当然，一味地强调从需求者角度去构建福利体系也具有很大的局限性。为此，鲍尔·斯皮克试图将需求主导机制与供给主导机制整合起来，强调社会福利的需求只有在国家制定的社会福利体系层面上才能很好地执行④，这为我们建立需求主导机制提供了理论基础。

第三，建立福利需求主导机制也是以人为本理念的体现。社会福利体系

---

①　转引自景天魁《福利社会学》，北京师范大学出版社 2010 年版，第 180—181 页。

②　[英] 莱恩·多亚尔、伊恩·高夫：《人的需要理论》，汪淳波等译，商务印书馆 2008 年版，第 170、241、277、315—317 页。

③　Jim Ife.，"The determination of social need：A model of need statements in social administration"，*Australian Journal of Social Issues*，1980，15（2）.

④　Pual Spinker，*Social policy*，*Themes and approach*，2ed.，Policy Press，2008.

的建设从着眼于"国家"转变为"整体的社会成员"是当今社会福利发展的潮流①，也是以人为本思想的集中体现。马克思从实践是人的存在方式这个角度，认为社会的发展就是人的需要不断发展的历史，"他们的需要即他们的本性"，"需要的发展是人的本质力量的新的证明和人的本质的新的充实"②，离开人的需要人类就无法生存与发展。在社会产品分配上，马克思认为第二次分配应该坚持按需分配原则进行，需要就构成了"每个人自由而全面发展"的条件，自然就成了以改善民生、增进民众福祉为宗旨的社会福利体系建设依据，构成了社会福利体系建设的基本目标。离开了需要，不顾民众的需求项目与需求种类，或者只覆盖到有限群体的福利需求而没有面向普通民众的福利需求，终将得不到民众的普遍认同与支持。因此，建立以需求主导机制就成了当今社会福利体系建设的重要方面。

2. 需求主导机制存在的问题

20 世纪 80 年代以来，我国社会福利体系经历着从单位制向国家社会制的转变，基本上形成了供给主导机制，需求主导机制在个别社会福利项目上得到了体现。例如，2003 年试点的新型农村合作医疗制度就集中体现了需求主导机制：在制度安排方面，新农合以农民的实际医疗需求为主，实行自愿参加，农民可以根据自身的需要决定参加或不参加这一制度；在缴费方面，新农合考虑农民相对较低的收入水平以及收入呈现出季节性、波动性等特点，不仅规定了较低的参保费用，而且还允许农民延缓到秋收缴费；在补偿方式方面，新农合考虑农民常常会因病致贫和因病返贫而采取住院补偿，有效地减轻了参合农民的住院医疗费用负担问题。在新型农村养老保险制度方面，政府也是从参保农民的需求出发，不仅规定了基础养老金，而且还设置了不同档次的缴费额度。这些举措为推进我国养老及医疗保障制度的全面覆盖创造了条件。当然，总体上看，社会福利体系需求主导机制在实施过程中还存在着如下不足。

一是需求主导机制没有普遍性地建立起来。纵观我国社会福利体系，需求主导运行机制仅仅集中在少数福利项目中，除了上面所讲的新农合、新农

---

① 参见彭华民《论需要为本的中国社会福利转型的目标定位》，《南开学报》2010 年第 4 期。
② 《马克思恩格斯全集》第 42 卷，人民出版社 1979 年版，第 132 页。

保制度，机关事业单位人员的退休制度、干部待遇制度、城镇居民社会养老保险制度等以需求为主导，其他福利制度如最低生活救助、爱心慈善以及救灾救济等能够以被救助者的基本福利需求为导向，实行了需求主导机制。除此之外，社会保险、社会服务、社会优抚、教育、住房、公共卫生以及公共福利等方面并没有真正建立起需求主导福利机制。这些领域仍然以供给为主，更多地从供给者自身的供给能力、供给方式以及供给途径出发，使得现行的社会福利体系普遍性地缺乏需求主导机制。

二是个别社会福利项目过度地考虑个别群体的福利需求。在个别福利项目中存在着福利供给过度倾向，这同样不利于社会福利体系的普遍整合以及社会福利制度的公正发展。例如，在交通福利方面，个别地区某厅级单位只有126人却配有42辆公务车，平均每3人就支配一辆公务车①。有的省城规定领导干部每人每月交通补贴最高2600元，平均每天要驾驶100多公里②，有的地方仅正科级干部每人每月汽油费补贴就达到2400元③。另外，很多干部退休后仍然配有秘书、专职司机、保健医生等，享受着很高的福利待遇④。这不利于有限的社会福利资源更加公正地配置，势必形成社会福利供给与需求的阶层差异。

社会福利体系需求主导机制所存在的这些问题有着深刻的历史与现实原因，主要有三点：一是官本位思想的影响，我国社会福利建设更多地以"官"为核心，各项社会福利优先保障并满足于"官"的需求，福利成了"官"的脚注：有什么级别的"官"就有什么样的福利待遇与之相适应，谁的"官"当得大，谁的福利待遇也就更高。在这种情况下，"官"福利为"本"，"民"福利自然就成了"末"，需求主导福利机制就成了"官"的专享。二是价值观念的扭曲。一些人认为，需求主导的福利机制与整个社会主义的价值观念不相符合，以需求为导向是资本主义的做法，坚持社会福利需

---

① 《126人竟配42辆公务车》，《羊城晚报》2007年12月15日。

② 《杭州干部一律不配公车彰显改革决心》，人民网，2011年8月23日。

③ 江苏苏南某县级市规定，副科级干部每月汽油补贴2200元，正科级为2400元。如果到其他县市则可以派公车。课题组调研访谈所得。

④ 中共通州市委办公室转发组织部、老干部局：《关于在全市开展关爱老干部"十个一"工程活动的实施意见》，2008年4月3日。

求主导机制将陷入福利国家的泥潭中。社会主义应当以供给为基础强调个人对社会的奉献，而不是个人对社会的索取。在这种价值观念影响下，人们不敢言谈社会福利建设的需求导向，这反过来制约着社会福利体系需求主导机制的实施。三是财政观的制约。一些人认为，社会福利体系采取何种运行机制要根据一个国家或地区的经济实力，尤其是财政供给能力；财政负担能力好就可以建设高待遇的社会福利，而财政负担能力弱则只能实行有限的社会福利。因此，有限的财政只能开展救济式的社会福利，无法开展普惠或适度普惠型社会福利体系的建设。否则，一味地根据民众的需求、依据需求主导机制建设社会福利将使得整个财政不堪重负，依据这样的机制而制定的社会福利政策简直是一种"短视"①。在这种观念影响下，需求主导福利机制难以真正实现。

3. 需求主导机制的实现

社会福利需求主导机制的实现需要建设需求主导社会福利体系，切实解决广大人民群众基本的福利需求，有效解决基本福利需求不足问题。基本的福利需求是每个人都不可缺少、否则将会影响到自身生存与发展的需要，它构成了建设我国社会福利体系的核心内容以及划定国家福利责任的范围与界限，也是人们据此获得其他非需求的基础，离开了基本需求，就无从谈非基本需求。按照多亚尔和高夫等人的看法，基本的福利需求包括"健康"和"自主"两个方面，前者包括"生存机会"、"身体非健康状态"，如预期寿命、患病率等，后者则包括"神经错乱"、"认知剥夺"、"经济活动机会"，如"精神疾病患病率"、"文盲率"以及"就业率"等方面②。当然，阿玛蒂亚·森还把教育、健康纳入其中。结合我国社会福利体系的建设情况，我们认为，基本的福利需求就是要围绕就业、生活、健康、教育、住房、公共福利等社会福利项目，合理地确定民众的基本福利需求，建成需求主导社会福利体系。

需求主导机制的实现需要我们建设需求主导实施机制，使之与需求主导社会福利体系相配套，这是保证需求主导社会福利体系得以实现的重要条

①　陈平：《建立统一的社会保障体系是自损国际竞争力的短视国策》，《中国改革》2002年第4期。
②　[英] 莱恩·多亚尔、伊恩·高夫：《人的需要理论》，汪淳波等译，商务印书馆2008年版，第170、241、277、315—317页。

件。按照新制度经济学的看法，实施机制是对遵守或违反制度或规则的人或事作出相应奖励或惩罚，它贯穿于整个社会福利体系的全过程。从社会福利实施主体来看，政府作为社会福利重要的实施主体，要能够明确各个社会福利项目中哪些部分需要由政府承担，政府各项社会福利的财政投入占整个财政收入的比重究竟多少才能解决民众的基本福利需求；企业要建立社会保险金、企业年金以及职工互助基金，切实解决好员工的养老、医疗、失业、工伤、生育、互助等福利需求，同时积极承担相关社会责任，力所能及地做好其他社会服务工作；社会团体以及社区乃至家庭等组织也要从其所服务对象的福利需求出发，增强个性化福利或服务的提供，构建以民众需求为导向的社会福利的运行与实施。

需求主导机制的实现需要我们形成需求主导管理机制。管理机制是社会福利体系实施过程中各种管理要素的有机整合方式，它包括激励及约束机制两个方面。就激励而言，可以采取目标与手段激励相结合、物质激励与精神激励相统一的方法加强需求主导机制的建设。上级政府部门加大需求主导社会福利体系建设与实施的引导与支持力度，做到以民众的基本福利需求为本、从民众的基本福利需求出发，对那些以需求为导向的社会福利项目给予支持，对一些尚未实行需求主导机制的福利项目加以完善，充分发挥民众在社会福利需求中的主动性地位。就约束来说，广大人民群众是需求主导社会福利体系实施的中坚力量，需求主导机制能否顺利实施在很大程度上取决于民众的认同程度。因此，不仅要发挥各级部门的监督与自我监督功能，引导各个部门自觉按照需求主导实施社会福利，而且更要充分调动广大人民群众的积极性，激发群众参与社会福利建设，使之成为社会福利建设的重要主体，推进需求主导社会福利机制的实现。

三　普遍整合社会福利体系的供需平衡机制

上面分别探讨了社会福利体系供给主导以及需求主导机制运行情况及其存在问题，指出这两种机制的实现途径，这为供需平衡机制的实现提供了基础。

1. 供需平衡机制建设的迫切性

总体上看，社会福利体系主要采取供给主导机制，需求主导机制相对较少采用，而且两者没有很好地整合起来，这给我国社会福利体系带来了诸多问题，制约着社会福利体系普遍整合与持续发展。因此，建立供需平衡机制、加强我国社会福利体系的普遍整合建设具有十分重要的意义。

第一，建立供需平衡机制是普遍整合的社会福利体系内在需要。普遍整合是我国社会福利体系建设的必由之路，社会福利体系的普遍整合包含着社会福利项目的普遍供给、社会福利制度的普遍建立以及社会福利享用对象的全面覆盖，涵盖了社会福利项目与制度的整合，社会福利供求机制的整合、社会福利实施以及管理机制的整合。从普遍性角度看，社会福利项目的普遍供给不是不顾自身实力的盲目供给，不是连广大民众基本福利需求都无法满足、极其有限的供给，而是在各福利供给主体多元参与基础上，以解决民众基本福利需求为目标、实现社会福利供给与需求的平衡；从整合性角度讲，社会福利体系的整合不是将各碎片化的制度加以简单地合并，不是纯粹为了减轻供给主体的供给负担而削减相关福利项目，而是从满足和解决民众基本的福利需求出发对整个社会福利体系进行"顶层设计"，恪守社会福利建设项目及任务的"底线"，对整个社会福利体系的实施机制进行必要的整合，形成供求平衡机制。于是，供求平衡就成了普遍整合的社会福利体系重要运行机制。

第二，建立供需平衡机制是深化社会福利体系改革的重要方面。近年来，政府每年都在增加社会福利投入，加大民生建设力度，各项社会福利制度从无到有、由弱变强地普遍建立起来。但是，各个群体所获得的社会福利水平差距很大，人民群众对现行的社会福利仍然不太满意，社会福利待遇差距甚至成为收入差距扩大的催化剂。有关资料显示，2000 年我国基尼系数大概为 0.4，2006 年增长到 0.49，2010 年的基尼系数已经超过 0.5。再如，国家统计局数据显示，2009 年我国城镇居民人均可支配收入为 17175 元，农村居民人均纯收入 5153 元，城乡居民收入差距约为 3.3：1[①]，2011 年两者分别为 21810 元以及 6977 元，城乡居民收入差距约为 3.13：1。如果把社会福利收入计算进来，城乡居民实际收入差距将超过 5：1。也就是说，个别社会福利项目的建设与实施并没有增进社会公平。

---

① 国家统计局：《2009 年国民经济和社会发展统计公报》，2010 年 2 月 25 日。

例如，尽管这些年来全国各地十分重视义务教育，对义务教育阶段的师资力量、教学设施等软硬件均给予了明确规定，但是，择校问题始终得不到很好的解决，上学难、上好学校难问题长期存在，择校费越来越高，个别小学的择校费高达25万元。再如，尽管我们加大了医疗保障制度的建设力度，通过公费医疗、职工医疗、居民医疗、农民医疗、未成年人医疗等制度基本建成了覆盖全体国民的医疗保障制度体系，但是各医疗保障制度之间的缴费及补偿比例差异很大，民众对此反应比较强烈，看病贵以及看病难问题始终没有很好的解决。这就需要我们加强社会福利体系的普遍整合，实现社会福利体系供给与需求的平衡，使社会福利项目的建设不断增进民众的福利水平与社会的公正发展。

第三，建立供需平衡机制是普遍整合的社会福利体系发展方向。社会福利体系究竟采取何种机制，不仅要依据我国经济社会发展现实，而且也要兼顾到民众基本的福利需求，只有将两者结合起来，建立供需平衡机制才既能改善民生又能促进经济发展，否则，一味地考虑供给能力与供给水平，有可能导致整个社会福利项目的建设不平衡：有的社会福利项目投入较多，而有的社会福利项目无人问津，民众的福利需求甚至基本的福利需求都得不到满足；反之，如果仅仅考虑民众的福利需求，尤其是非基本福利需求，极有可能使各供给主体背负沉重的福利负担，甚至拖垮整个财政，西方福利国家所形成的福利依赖引起人们不断思考"福利国家何处去"这个沉重的话题[1]，这些教训值得我们吸取。因此，面向未来，我们只有将供需平衡机制贯穿于社会福利体系的普遍整合之中，使社会福利达到供需平衡的态势，促进普遍整合的社会福利体系持续发展。

2. 供需平衡机制的内容

供需平衡机制是指社会福利供给能力与需求数量和需求品质之间相互制约、均衡发挥作用的机制。从内容上看，围绕"普遍整合"这个建设方向，供需平衡机制包括以下两项基本内容。

首先，供需平衡机制包括供给机制的平衡。供需平衡机制内在地包含供给平衡机制，它是供需平衡机制的基础与重要方面，离开供给平衡机制无法

---

[1]　周弘：《福利国家向何处去》，社会科学文献出版社2006年版。

保证供需平衡机制的实现。为此，要动员各主体广泛参与社会福利供给，合理划分各主体的供给责任与供给范围，努力在各供给主体之间形成供给平衡机制：既不能只依赖政府而不顾及公司企业、慈善机构乃至家庭等组织，也不能将社会福利的供给责任一味地推向市场，依赖社会及企业；另外，社会福利供给平衡机制的落实包含着社会福利项目的平衡。那些关系到民生问题的就业、生活、健康、教育、住房、公共福利等项目都要加以建设，各项福利都要均衡发展，而不能只重视社会保险、社会救助等某一个项目，甚至把社会福利项目简单地等同于社会保险。同时，供给平衡机制也应该把物质供给与精神安慰相结合起来，货币供给与服务供给相结合起来，努力实现物质供给与生活照料以及精神安慰等福利供给的平衡，货币福利提供与实物福利以及服务提供相平衡，实现社会福利供给手段与供给方式的平衡，而不是只重视某种单一形式的福利提供。

其次，供需平衡机制也包括需求机制的平衡。供需平衡机制包括需求平衡机制，它是供需平衡机制的有机组成部分，离开需求平衡机制不仅无法满足广大人民群众基本的福利需求，而且不可能保证供需平衡机制的实现。因此，一方面，要切实开展调查研究，准确摸清人民群众的福利需求，划清基本的福利需求与非基本的福利需求，动员政府及社会各界致力于满足民众基本福利需求的行动。另一方面，要注重福利项目的协调与平衡，既要防止民众基本的福利需求无法满足，也要防止民众个别福利需求项目的过度供给，还要防止福利需求表面上的"均等化"与实际上的差异化问题。例如，宪法规定公民享有平等的受教育权利，然而富人家庭可以交得起赞助费和择校费把孩子送到收费昂贵、教育质量好的贵族学校，而穷人家庭只能把孩子送到收费低廉、教育质量一般的普通学校。这就需要我们合理确定福利需求的内容，守住并保证民众福利需求底线，将社会福利需求调整到合适水平，力争实现福利需求最优化，推进普遍整合的社会福利体系供需平衡机制的实现。

3. 供需平衡机制的实现

供需平衡机制的实现需要建设一个更加完善的社会福利体系，需要社会福利各个供需主体的积极参与，还需要提升整个社会福利实施机制的监管力度与监管水平，确保供需平衡机制的实现。

第一，注重普遍整合的社会福利体系顶层设计。当前，社会福利体系建设已经进入关键阶段，需要在国家层面上对社会福利体系统筹规划，进行"顶层设计"，从"普遍福利"角度对整个社会福利体系的"主体结构和模式"进行反思与重建，整体上、全方位地构建社会福利体系普遍整合的"总体规划"、"建设目标"与"发展图景"。例如，在这种理念指导下，养老福利就不仅仅是职工养老基金的保值增值、养老金标准的不断提高，而且还包含着各个阶层养老待遇的普遍整合以及养老服务、老年照顾的便捷获得；教育、就业也不仅仅是提高入学率、升学率以及就业率，更重要的是提升教育质量与持续就业能力。其他社会福利项目也应当如此。

第二，选择普遍整合的社会福利体系制度安排。社会福利体系的顶层设计不能采用福利国家主义所强调的"高水平、广覆盖、无差别"的制度安排，认为所有阶层应该"去商品化"地"被纳入一个普救式的保险体系中"①，以便保证每个人"过上体面的生活"。因为这样的制度安排业已使福利国家陷入了"向何处去"窘境中。当然，社会福利体系的顶层设计也不能采取服务于经济建设、作为经济建设补充的制度设计，以为社会福利体系的建设应当按照"商品化"进行制度供给。它强调政府有责任帮助民众获得最基本的生存条件与生存机会，使人们共享社会发展的成果，积极参与社会竞争，这是政府不可推卸的前提责任与责任底线。底线之下体现政府不可回避的责任，底线之上发挥市场的力量，努力实现政府、社会与个人责任的统一，确保将有限的资金发挥出最大效应，在政府、市场、社会以及家庭（个人）之间保持动态平衡。

第三，加强普遍整合的社会福利体系监管。监管是供需平衡机制得以实施的有效保证，只有加强监管力度，提高监管水平，才能为供需平衡机制的实现提供良好的环境。为此，一方面，要加强对各福利供给主体的监管，对各个主体所应承担的福利供给项目加以监督，防止没有提供福利项目；要加强各个主体福利供给过程的监督，提升社会福利供给的有效性；强化后续监督，对各主体在福利供给过程中所发现的问题及时跟踪并加以整改，查处各

――――――――――

① ［丹麦］艾斯平―安德森：《福利资本主义的三个世界》，郑秉文译，法律出版社2003年版，第31页。

个主体福利供给不作为行为，保护福利需求者基本的福利权益。另一方面，要加强社会福利需求者的监管，明确政府着眼于解决需求者基本的福利需求。对于需求者非基本的福利需求应该由市场、社会及家庭去调节，努力克服福利需求不足以及需求过度情况的发生。同时，也要加强对社会福利制度执行机构的监管，对于各类违规行为坚决予以制止，确保社会福利体系的普遍整合以及供需平衡机制的实现。

中　篇

制 度 建 设

第一章

福利实现过程的科学基础

　　我国的社会保障和社会福利建设基本实现了制度全覆盖，从 2013 年开始迈向新的阶段——以制度整合、完善、定型为目标的阶段。这个新阶段，时间更长，问题更复杂，任务更艰巨，因而对科学性的要求也就更高。虽然一般地说，我们的制度建设在任何阶段都要求讲究科学性，但是，在前一阶段，目标就是实现"全覆盖"，尽管任务也很艰巨，但因为"全覆盖"可以一片一片地做，对各个"片"、各项制度相互之间的关系、对各有关部分及其主要变量之间的比例，乃至它们之间的协调性、均衡性之类的要求就不是那么严格。进入制度整合、完善、定型阶段，这些要求就突出出来了，成为绕不开的关卡，只要攻不下来，福利目标就难以如期实现。那么，完善社会保障的新阶段对科学性提出了哪些新课题，我们应该怎样解决这些问题呢？为了回答这些问题，我们就需要探讨福利实现过程的科学基础。

第一节　社会福利实现过程科学基础的含义

　　这里所说的"社会福利实现过程"，虽然也包括制度全覆盖过程，但重点还是关注社会保障和社会福利制度的整合、完善和定型过程。主要是指以下几种情况：其一，在不完全具备条件的情况下，如何通过福利建设促进条件的形成；其二，如何随着条件的逐步具备而及时改进制度；其三，如何在制度改进过程中，保持条件和制度之间以及制度演进过程本身的协调和平衡。

　　所谓"社会福利实现过程的科学基础"，主要是指：其一，找到影响制度完善过程的基础性变量；其二，如何在条件变化不居的情况下，找到相对确定的联系，在主观因素不确定的情况下，找到客观的联系；其三，要科学地解决基础性问题，还要有科学的态度和科学的程序。

何谓基础性问题？对于社会保障和社会福利实现过程而言，至少有以下问题具有基础性：福利支出占 GDP 的比重、福利支出占财政收入的比重、社会福利责任结构（含政府责任和市场机制的分工）、社会福利需求和供给结构、社会福利分配原则和方式、社会福利调节机制、社会福利效益评估。既然是"基础性问题"，那它们就难以最终解决，只要福利建设还在进行，它们总会以某种形式表现出来；即使一时解决了，遇到条件的变化，或者发展到新的阶段，它们又会成为基础性难题；或者说，对这些问题的回答或解决，只能是相对的、暂时的、局部的。这里，只是从底线公平理论出发，对这些问题做初步的讨论。

第二节　构成社会福利实现过程科学基础的基本比例关系[①]

构成社会福利实现过程科学基础的比例关系有很多。最基本的有福利支出占 GDP 的比重，它反映了经济与社会的关系，这个关系有时也通俗地称为"生产"与"生活"的关系；再一个是福利支出占财政收入的比重，它反映的是政府与社会的关系；还有社会福利的责任关系，它反映了各个社会主体（社会组织、家庭、个人与政府）对于社会福利的责任。

一　福利支出占 GDP 的比重

福利支出所占比重是社会各利益方博弈的结果，到底福利支出与 GDP 的比例多少为宜？既不是越高越多越好，也不是越低越少越好，应该有一个以科学论证为基础的合理结论。在理论上说，在一个确定的时间点上，应该有一个确定的比例，但在不同的时间点上，这个比例是变化的。所以，在一个时期内，这个比例应该分布在一个区间内，它不是一个固定的数字，而是一个恰当的关系和有效的机制。

[①]　在本章第二、第三节的写作过程中，笔者得到了河海大学副教授顾金土博士的帮助，特此致谢！

以底线公平作为社会福利的基本理论，可以较为成功地确定福利支出占GDP 的比例。为了论述的方便，本章将社会各领域中的福利分为底线部分福利（设为 BW）和非底线部分福利（设为 NBW）。非底线部分福利就是底线以上部分的福利。根据底线公平理论，底线部分的福利责任是由政府承担。底线以上部分福利的责任由政府、社区、单位、家庭等多个社会主体分工合力承担。

从现实社会福利运行来看，底线部分福利的特点是：项目内容弹性小、对象相对固定，容易测量；非底线部分福利的特点是：内容弹性大、对象复杂，因此，不容易测量。有了底线公平理论作基础，我们就可以在众多复杂的社会福利类型和内容中抓住相对稳定的、易测量的底线部分福利，用这个变量值来探讨社会福利与 GDP 的关系。

社会福利总支出（W）分为底线部分福利和非底线部分福利，社会福利支出与 GDP 的关系也可以分为两个部分，一是底线部分福利与 GDP 的关系，二是非底线部分福利与 GDP 的关系。现实中，三者之间的关系会有多种变化：总福利占 GDP 比重可能适当、偏高、偏低，底线部分福利占总福利比重也可能适当、偏高、偏低，非底线部分占比也可能适当、偏高和偏低；三种变化可能交叉出现，如总福利占比适当，底线部分福利占比偏高，非底线部分占比偏低；总福利占比偏低，底线部分福利占比偏低，非底线部分占比偏高。他们之间呈现不同的关系代表社会福利存在不同的问题，需要分别对症下药。根据底线公平理论，底线部分福利是三者关系的关键，因为它是刚性的，而非底线部分福利是弹性的，因此，要让三者与 GDP 均有适当的比例关系，首先应该要让底线部分福利与 GDP 保持适当比例（令为RBW）。

$$RBW = BW/GDP = BW/W \cdot W/G \cdot G/GDP = Q \cdot P \cdot H \qquad (1.1)$$

式中的 G 就是国民收入总和，Q 的意思是底线部分福利占社会总福利支出的比重，P 的意思是社会福利支出占国民收入的比重，H 的意思是国民收入占 GDP 的比重。其逻辑关系是指底线部分福利占比与国民生产总值、国民收入、总福利支出的比重有关。

目前，我国底线部分福利占比偏低有直接和间接原因，直接原因是总福利支出占比还比较低，底线部分福利占社会福利总支出的比例偏低（这是一个社会福利的内部问题，根源在于建立以什么理论为原则的社会福利制度）；间接原因是社会福利支出占国民收入总和的比例偏低（这是一个二次分配问题，根源在于社会福利制度的推行的深度和广度不够），以及国民收入总和占 GDP 的比例也偏低（这是一个初次分配问题，根源在我国经济结构和初次收入分配制度）。底线部分福利最终取决于 P 和 H，也就是说，只有经济增长和国民收入在 GDP 中的比例提高了，它才有可能得到提高。

从这里我们可以看出，社会福利制度的运行是一个系统的问题，没有 GDP 的增长，社会福利制度就难以进步，但仅仅有经济增长也是不够的，必须在初次分配、二次分配和社会福利内部分配三个环节都比较合理或处理合适，社会福利事业才能稳定、健康地发展。

从研究的角度看，明确这一比例，有几个必须给出科学回答的问题：（1）福利支出的准确计算；（2）不只是参照国外经验，而是找到决定这一比例的要素及其相互关系；（3）找到能够调节它们相互关系的机制。解决了这三个问题，这一比例才算有了科学依据，才能避免随意性。

这里的社会福利应该是总量概念，即政府投入、企业投入和个人投入，也即相关主体的社会福利责任的总和。也即二次分配数量在国内生产总值的比例。再分配的数量越大，可调节的社会福利越多，市场分配的空间也相对较小。

二　福利支出占财政收入的比重

福利支出占财政收入的比重问题，主要是福利支出与政府其他支出之间关系如何处理的问题。根据底线公平理论，民生的基本需求是政府必须承担的责任。依据社会成员基本生活条件和现状，比照目前国家发展水平的要求，可以比较准确地衡量底线部分福利需求。财政支出可以分为三大块：福利支出、一般性公共事务支出和政府自身支出。如果说公共支出（如国防、外交等）所占比重是执政方略问题，那么，政府自身支出所占比重就是执政廉洁和能力问题。所谓"执政为民"的最重要标志就是福利支出与政府自身支出在财政支出中所占比重。当然，从合理性来说，也不能认为福利支出所占比重越大越好，任何关系的合理性都要有一个依据科学的"度"。

这个"度"怎样确定？社会福利制度首先应该确定一条底线，界定财政支出对社会福利支出的责任，根据财政支出能力弹性地进行社会福利分配。按照底线公平理论，社会成员的基本生活需要，特别是中低收入者的基本生活需要是政府必保的，如此，社会福利支出占财政收入的比例问题就可以转化为"如何确定底线部分福利占财政收入的比重"问题。该问题的关键在于底线的确定。确定了底线，也就是确定了底线部分福利的需求量，也就可以将它与财政收入水平进行比较。经过一段时间的校正，我们也可以总结出两者之间比较合理的比例关系，然后，就可以建立两者之间的联动机制，保证底线部分福利（当然各个社会福利领域中的底线是不一样的，都需要时间的校正）处于合适的水平。比如低保水平的调节，如果社会福利总支出增长，那么，低保水平就可以根据低保金的总量以及低保对象数量合理地确定低保水平线。当然，这需要详细的经济社会基础调查。底线部分福利支出可以表达为

$$BW = \int (B - X) d_X \tag{1.2}$$

$$B = f(GF, NW) \tag{1.3}$$

X 为现有的底线部分福利，B 为应达到的底线部分福利，GF 为政府的财政收入，NW 是财政中的非福利支出。如果是动态情况，那么底线部分福利取决于上一年的财政收入和非福利支出的情况。

这个问题的实质就是上面所述 W 和 NW 的比值关系。关键是要分析那些非社会福利支出（行政管理费，军队费用、警察费用、产业性投资等）是否恰当、是否必要。

福利支出适度与否不能只看与经济增长情况的关系，好像经济增长快，福利支出增长也应该快。其实，二者的关系没有这么单纯，它是受政府的执政理念、政治制度、经济制度、文化传统和意识形态等多种因素影响的。20世纪80年代，都说北欧国家的福利水平太高，可是，当英国撒切尔政府和美国里根政府推行新自由主义，鼓吹缩减社会福利时，北欧国家却逆势而为，反而增加了福利总量，只是相对比例有所降低。他们认为高福利是基本适度的。可见，对于何为"适度"的评价标准还需要加强研究。

科学地解决福利支出占财政收入的比重，不能只有一个原则性的要求（社会保障水平与经济发展水平相适应），也不是只参照国外的做法和经验

（因为不完全具有可比性），而是要真正找到确凿的根据，正确的比例关系，这是底线公平理论的初衷——在不稳定的因素中找出比较稳定的因素；在不确定的关系中，找出比较确定的关系；在相互交错的关系中找出具有标志性的关系；在难以把握的总体中找出有代表性的局部。由最低生活保障制度、义务教育制度以及公共卫生和医疗保障制度共同作为"底线公平"的标志性制度，绝不是说其他制度都不要了，或者都不重要。底线公平是在研究一个复杂问题时运用"分解法"的尝试，它可能有这样或那样的缺陷，但它讨论的问题是制度合理性、政策合理性，福利相关变量相互关系的科学根据问题，不能简单地看做是福利水平高低以及公平概念的片面和全面的问题。解决福利支出占财政支出的比重问题的关键是明确社会福利的责任结构。

三　社会福利责任关系

社会福利的责任主体主要是政府（中央、省、市、县、乡（镇）政府）、市场、社会（企业、民间组织和社区）、家庭和个人。社会福利责任的配置原则就是把各方积极性都发挥出来，形成最佳组合。其中，明确政府责任的底线和市场机制起作用的边界十分重要。社会保障制度改革以来的经验教训告诉我们，很多问题就出在这上面。为什么计划经济时期经济水平那么低，并没有发生过考上大学却因贫不能入学的问题？为什么那时农村经济水平很低，依靠合作医疗，农民基本能够有医可就？为什么20世纪90年代以后，GDP翻了几番，却出现严重的"上学难、上学贵"、"看病难、看病贵"问题？什么都推给市场，政府与市场没有明确的责任界限是要出大问题的。

社会福利制度要精心设计责任结构，发挥各方积极性，既要顾及经济增长的需要，又要适度满足人们的福利需求。根据底线公平理论，公共财政承担社会福利底线部分的责任，国家、社会、家庭和个人共同承担底线以上部分的福利责任。国家和社会的责任分担主要取决于社会福利项目的社会效应。如果福利项目的社会效应（有外部正效应和长远效应）越大（如义务教育、公共卫生、公共服务等），那么，政府和社会承担的责任就要更多。这样的配置原则既是为了充分发挥社会福利支出的效能，也可以限制社会福利需求的盲目增长。

在建立责任共担的筹资结构方面，我国在实践中有一些值得重视的探索。新型农村合作医疗制度的筹资结构就与欧美国家的医疗保险制度区别很大。我国有七八亿农民，他们的医疗问题怎么解决？完全由财政承担？承受不起；让农民自己负担？他们收入太低，缴不起费；农民没有工作单位，又不能像职工那样由企业和用人单位出大头。怎么办？责任共担。中央财政出一部分，地方财政出一部分，农民个人出一部分。刚开始是中央财政出10元，地方财政出10元，农民自己出10元。有的经办人员就说，农民自己只出10元，还要一家一家动员，干脆让中央财政全出算了。这个中央财政也确实出得起，但如果农民不出这10块钱，那对某些农民来说，医疗报销就成了不得白不得，不要白不要，不花白不花的公共资金，对另一些农民来说，反正自己没有病，他对合作医疗的运行就不关心。而让农民出这10元钱，他就有一份责任，有一份关心。所以，这个均衡机制是很巧妙的，筹资结构实际上也是责任结构、管理结构、监督结构。

果不其然，在有的地方就出现"瞒报"、"骗保"现象，例如，有的县级财政不想出钱，就编造虚假的农民参保人数，例如，本来只有1万人参保，却上报中央财政说有2万人参保了，中央财政支出了应支付部分，但是县级财政却分文不出。就用中央给的2万人的费用来支付1万人的医疗补偿金。像此类问题，只有让群众广泛参与，他们都是利益攸关者，众人的眼睛都盯着，才能保证制度的健康运行。

第三节　构成社会福利实现过程科学基础的均衡结构

社会福利实现过程如何调节和协调，使之尽可能保持内外均衡，健康可持续地运行？这里有许多问题具有基础性意义。当然，最主要的是需求与供给之间的均衡，而这个问题在制度和政策上又体现为社会福利分配原则和方式问题；这些原则和方式的实现又依靠合适的调节机制，而调节要想有较好的效果，就要依靠效益评估构成灵活的反馈系统。

一　社会福利需求和供给的均衡

（一）社会福利需求

社会福利需求因社会发展阶段、地方条件、文化、经济水平的不同而不同。底线公平理论中所指的底线部分福利是基本福利，它的弹性小，必须满足，一般也比较容易满足；非底线部分福利，如享受性福利以及部分发展性福利，需求弹性大，难以满足。对于预防社会风险效率高、长远利益大的福利，如公共卫生、教育等，政府必须优先予以满足。对于具有外部负效应的社会福利，如某些特殊（特权）福利，必须加以限制和约束。

合理的需求结构必须优先满足人民群众的基本生活需求，需求划分基本部分与非基本部分；在基本需求的满足上又要有优先次序。重在保证弱势群体或中低收入者的基本需求。要形成合理的需求结构，就必须有调节、有引导、有优先次序、有不同的需求满足策略。如果抽象地谈论机会平等，或者一般社会公平，不仅难以决定人们福利需求的合法性，而且也难以将社会福利输送到真正需要它的人手中。唱那种高调的实质结果，往往却是优先满足了富人的需求。谁有钱满足谁，谁缴费保障谁，缴费越多就给付越多，社会保险就办成了商业保险。本来应该促进社会公平的社会保障制度，反而帮助扩大了不公平。

（二）社会福利供给结构

任何社会任何时候任何情况下，福利总是稀缺的，即使一个社会富得流油，福利也是极易耗尽的。所以，福利供给总是一个难题。历史上，福利供给无非三种办法：一是抓阄式，这是最没有办法的办法，不管合理不合理，大家都没有话说；二是平分式，数人头，人人均得；三是有先后、有重点，次序和重点就是结构，就是政策。前两种没有什么科学合理性可言，后一种要做到科学合理也难。而从底线公平出发，就可以明确次序与重点。底线公平的思路是很清楚的，它是强调面向大多数人特别是中低收入群众的需求的，这是政府的责任，是社会政策的重点和灵魂。

底线公平与一般公平的根本区别在于：在存在着较大差距的情况下，表面上的一般公平，会因强势集团的作用形成利益导向，实际上造成福利向强势一方倾斜。政府就要出手维护大多数人特别是中低收入群众的利益，以财政手段满足他们的需要。福利供给是要有调节的，不能全都跟着市场跑。有的开发商不是声称他是专给富人盖房子吗，可以，那你得按市场规则走，但是政府实行差别税率：对豪宅，每平方米征很高的税，比如1万元；盖面向大众的商品房的，每平方米只征500元的税；盖廉租房的，政府给以补贴，比如每平方米倒补开发商 500 元。现在的问题是没有调节，没有政策，没有思路。政府要用政策调整供给结构，亮明自己的导向，也就是表明政府的性质。

二　社会福利分配原则和方式

（一）社会福利分配原则

保护劳动、维护基本人权和体现社会价值导向是社会福利分配的三个原则。

由于社会福利通常优先分配给没有劳动能力和丧失劳动能力的人，或者只要贫困，不论何种原因都给以福利补贴，以体现人道关怀。这种表象给人一种错觉，似乎福利与劳动没有关系。享受福利是基本人权。人权是要维护的，可是拿什么去维护呢？人权本身不能产生福利，福利是由劳动创造的。割裂了福利与劳动的关系，福利就成了无源之水。所以，实行普遍福利的同时，必须坚持就业优先政策，就业收入必须大幅度地高于失业待遇，以便刺激有劳动能力的人愿意就业，必须就业，珍惜就业岗位。一般情况下，最低生活保障金应明显低于最低工资标准、失业保险金应明显低于平均工资水平，甚至可以考虑把失业保险金大部分转为就业培训补贴。如属主动失业，可以把失业保险金降低到与最低生活保障金接近的水平；如属被动失业（如国家产业政策调整或雇主裁员），用人单位要支付生活保障金，直至再次就业为止，以此阻止随意裁员，减少被动失业。

保护劳动、维护基本人权和体现社会价值导向要三者兼顾，既体现社会公平，又激发社会活力。

（二）社会福利提供方式

不同的福利内容要选择合适的分配方式：无偿、低偿、有偿，不在于财政是否支付得起，而在于形成合理共担的机制。

无论社会福利制度多么健全，维持一个社会正常运转的基本条件是绝大多数人拥有自立能力。通过自己的力量维持生计并实现发展，这种自立能力对于每个个人或家庭都是必要的。但他们还需要一个收入调节及保险机制以推行这样一种再分配，既为他自己，又为别人，实现风险共担。以保证能够满足那些缺乏自立能力的个人和家庭，满足他们的基本需要，并帮助他们形成和增强自立能力。

因此，选择无偿、低偿还是有偿，不是取决于财政能力，好像财政充裕就可以无偿提供福利，而是要看福利项目的类型，福利接受者的情形，以及是否能够发挥福利项目的社会效益。一般地说，享受型福利通常采取有偿或低偿提供方式，生存型福利一般采取无偿提供方式。发展型福利的情形比较复杂，可以视情况采取无偿或低偿方式。

在具体实践中，各地创造了许多更细致的政策和规定，例如新型农村合作医疗的住院报销比例，在县内就医就与到市内、省内以及省外就医，报销比例不同。

任何均衡的实现和保持都很难，而社会福利的需求永远大于供给，不论国家多么发达，经济多么景气，福利供给能力总是有限的。因此，要实现并保持二者的均衡，就必须探索并找到均衡点或均衡度。

流行的说法是，社会保障（社会福利）水平要与经济发展水平相适应，要建立经济增长与福利增长的联动机制，听起来很有道理。可实际上，不论是经济发展还是社会福利，都会出现难以预料的情况，吊诡的是，越是在经济下行，甚至面临危机的时候，因为失业严重、企业经营困难，物价上涨，所以社会保障和社会福利需求可能越强烈；而在经济顺利增长时，因就业容易，企业赢利，职工收入增加，物价也往往不高，所以，此时虽然财政收入盆满钵溢，但社会保障（社会福利）需求压力却不大。

所以，底线公平理论主张将需求区分为基础部分与非基础部分，确保基础部分在任何情况下保持稳定，让非基础部分随情势波动，在这种有动有静中，寻求动态均衡。依靠基础部分的稳定性，保持社会保障和社会福利水平的确定性和可预期性，也就是保持人心和社会的基本稳定；让非基础部分去适应和调节经济波动，这既可以降低社会风险，又可以寻求福利需求与供给的动态均衡。

新型农村合作医疗的人均筹资水平并不高，从开始时的每人 30 元，到现在平均 200 元，增长虽然很快，人均水平还是很低。但几年运行下来，却没有出现大的亏空。为什么？就是在制度中设计了需求与供给的平衡机制——"起付线"和"封顶线"。因为新型农村合作医疗在开始阶段只面向大病住院报销，以解决农民看不起病和因病致贫问题，所以规定"起付线"；但因总的经费有限，不能满足所有人的需要，如果有一个或几个患大病的把所有经费都花光了，其他人就享受不到了，显然有失公平，所以设定"封顶线"。这两条线两头一卡，就能够控制总收入和总支出，所以新型农村合作医疗没有欠账。相比现行城市职工医疗保险，在需求和供给的平衡上就显得更有效。

三　社会福利调节机制和效益评估

（一）社会福利调节机制

社会福利是最具刚性的，上调容易，下调难。下调几乎没有可能性，近几年的英法大罢工，都是因为试图调低某项福利，结果引发社会动荡，导致政府首脑下台。其实，即使上调也未见得就容易，调多调少，得多得少也能闹得鸡飞狗跳。可是，经济是有波动的，有时还有危机；人口结构是变化的，也会有危机。因此，社会福利总是要调节的，不能软调，就得硬调。如果一个社会保障和社会福利制度已经定型了，人们的利益关系已经固定了，再想调节就难上加难。我国的社会保障和社会福利制度正在建立和完善的过程中，如能预先设计好调节机制，正像装修房屋时，预先铺好水、电、气、电话、上网管线一样，运行起来，需要调节，就方便了。我们要抓住这个难得的"窗口时间"，把调节机制设计和预装好。

社会福利调节分为外部调节和内部调节，前者主要是与经济发展状况的关系，后者主要是各福利主体之间的关系。外部调节机制建立在经济社会调查信息基础之上，有财政收入、国家安全支出，自然灾害损失、国际收支平衡程度，人均居民收入、基尼系数以及人口结构信息等。尼古拉斯·巴尔2002 年 11 月在《致中国读者》中提到，"对中国尤为重要的是，建立养老保险的关键将取决于一系列公共部门和私人部门的前提条件，公共部门的前提条件包括：养老保险改革一揽子计划的政治支持；执行税收与缴付的行政能力；维持宏观经济稳定的能力；有效地监督管理。私人部门的前提条件是：充分完善的人口信息；金融资产与资本市场的存在；私人部门足以管理基金增值的能力"。内部调节机制建立在社会分层和流动、福利分配原则和方式、福利需求变化预测，供给能力及其持续能力的评估等的基础之上。

社会福利的供给和需求既有市场机制，也有计划机制；既有政府机制，还有社会机制。随着社会福利供给的增加，无论是总量的增加还是人均福利水平的提高，人们对于社会福利将产生更大的需求。必须考虑道德风险问题，及时掌握基础信息，以便采取预防性措施。

底线公平理论之所以把社会福利区分为基础与非基础部分，相应地，调节机制也分为刚性的与柔性的，目的在于明确政府责任与市场边界，明确福利供给的优先次序和重点，以刚性机制为主保障基本生活需要，以柔性机制为主调节非基本生活需要；以刚性机制为主保障中低收入者的基本需要，以柔性机制为主调节享受性需要。这样，刚柔相济，适时适度地调节与经济、政治等外部因素的关系，随其变化而变化，因变而生，因变而稳；同时，刚性和柔性结合，变与不变互补，以不变，维护弱势群体利益，保障全体社会成员的基本生活和发展需要；以变化适应条件制约。

（二）社会福利的社会效应

社会福利的有效调节，依赖于对社会福利效应的测量。确知福利支出的效应如何，各种调节机制和手段才能适当地发挥作用。例如，最低工资标准提高了一个幅度，它对职工生活产生了什么影响，对企业成本增加多少，就业状况有何变化，如此等等。从社会福利支出环节到人们福利得到改善，这中间有许多个环节，比如市场组织的参与、民间组织的服务、社区服务、家庭服务，需要经济社会调查信息和数据。

社会福利的社会效应主要体现在：基本生活需要的满足、发展潜能的开发、阶层关系的调整、社会稳定的维持、人力资本的提升、社会认同和道德水平的提高等方面。它们都可以用一系列指标加以测量。如贫困发生率、就业率、发案数、人均受教育程度，住院人数、人均预期寿命、社会参与度、满意度、认同度等。

利用对社会福利效应的测量，依据底线公平理论，我们可以确定底线部分社会福利向量，通过对它的控制来调节社会福利状态和社会福利效应之间的关系。其原理是，根据前期的社会福利效应指标，确定各项社会福利的底线部分支出，底线部分的社会福利支出会影响社会整体的福利状态，反过来，又会产生新的社会福利效应，形成一个反馈，然后进入下一轮调节过程。通过对社会福利运行数据的分析还可以优化输出反馈矩阵，改善系统性能，提高社会福利运行效率，改善社会整体福利状态。根据这个原理，结合社会控制论方法，我们可以建构社会福利的输出反馈控制系统。

$$x(k+1) = A\,x(k) + B\,u(k), \qquad x(0) = x_0 \tag{1.4}$$

$$y(k) = C\,x(k) \tag{1.5}$$

式中，$x(k) \in R^{n \times 1}$为社会福利状态向量，$u(k) \in R^{m \times 1}$为底线部分福利支出向量，$y(k) \in R^{r \times 1}$为社会福利效应向量（可观测向量）。A、B、C 均为参数，通过实证数据加以确定。A、B 分别为第 $k+1$ 期社会福利状态与第 k 期社会福利状态和第 k 期底线部分福利支出之间的回归系数矩阵，C 为社会福利效应与底线部分社会福利支出之间的回归系数矩阵。H 为输出反馈矩阵，是待定的。

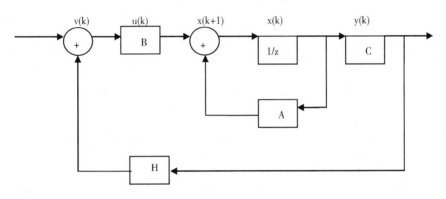

图 1.3.1　社会福利的反馈机制

由此，依据底线公平原理，我们就可以建立起福利反馈机制。也就是说，当福利支出发生以后，效果怎么样，能够鲜明地反映出来。不能像有的高福利国家那样，直到大街上懒汉成群了，才知道福利水平高了。但是福利又是刚性的，降不下去。我们把底线部分的福利支出当作一个向量，建立起福利反馈机制，就有了解决在福利社会中称为"老大难"的福利刚性问题的可能。

第四节　以科学态度对待社会福利实现过程

以上都是建设福利社会的科学基础问题。而所谓"科学基础"，不光是科学认识，还包括科学态度，即理性地对待社会保障和社会福利事业。在科学认识方面，社会保障、社会福利搞了这么多年，很多问题还是不甚了了。在科学态度方面，问题可能更为严重。在社会保障、社会福利问题上，说空话、大话很容易，但毫无益处。唱高调、随意许诺，是不负责任的。有意义的是冷静地、理性地对待每一个问题，讲究科学依据和科学论证。

一　社会保障和社会福利事业不能政治化

社会保障和社会福利当然与政治有关，与领导人是否重视、政府部门是否得力有关，但不能因此就把这项民生事业过分政治化。从本质上讲，社会保障和社会福利是基础性的社会建设，不以政治为转移，而是相对独立的社会事业。它们是现代社会的根基，不是政府拿来炫耀的政绩；更不应在社会保障和社会福利上过多盖上领导人的个人印记。只要想建设现代社会，都必须搞社会福利建设，它作为社会的基础工程，做了，是应该的；不做，是错误的。出发点不是因为"爱民"才做，做了就是"爱民"。照此说来，率先实行社会保险而以残酷镇压工人运动著称的"铁血首相"俾斯麦岂不是最"爱民"？是不是为了拉选票而许诺抬高福利也是"爱民"？作为政府，作为领导，不论做什么工作，都要怀爱民之心，做社会保障和社会福利工作当然要带着为民爱民的感情，努力做好。但是，这项事业也像其他民生事业一样，也像任何事业一样，需要科学地、理性地对待。

各项福利制度的设计和建设是应民生之需，不是政治炒作，而是科学，要努力掌握事物的本质联系，按照客观规律办事。也不能简单地强调社会保障和社会福利与西方民主制度之间的必然联系。民主固然有利于表达民意，反映民需，但社会保障和社会福利不是片面地只看需要，而是要讲究需要与供给的均衡，要找到一种恰当的供需结构，这就必须坚持科学的立场和态度。欧洲社会福利发展的历史已经证明，社会保障和社会福利与民主制度之间不能归结为单向的关系，而是双向的、既可为正也可为负的影响关系。在政府一方，以福利换选票的事司空见惯；在民众一方，一边拿着高福利，一边抗拒国家为了摆脱经济危机而不得不采取的紧缩措施。这种情形，与1997年亚洲金融危机期间，韩国等国家和地区官民同心协力，很快走出危机的情形相比，反差很大。

就我国而言，也不能以为目前社会保障社会福利水平总体还偏低，就一定离"福利危机"很远。相比而言,我们抗风险能力更差,制度的可持续性更弱,这些才是决定离"危机"远近的关键因素。我们当然要逐步提高保障水平和福利水平,但制度和政策一定要建立在科学的基础上。如果一味地把它们变成了"政绩",甚至搞成舆论和政治炒作,就容易偏离科学的轨道,那就离陷入"危机"、落入"陷阱"不远了。这也是欧洲提供给我们的一条教训。

二 社会保障和社会福利建设不能"经验化"

社会保障和社会福利建设当然要重视国内外已有的经验。这里所说的不能"经验化",包含如下几个意思:

首先,不能仅仅靠经验、简单地与国外经验比较,把国外的经验数据当做普遍规律。例如,看到发达国家福利支出占 GDP 的比例很高,就以此断定我国的这一比例只相当于人家的几分之一。其实,这种拿经验数据进行的简单对比是值得存疑的。第一,据南京财经大学林治芬教授研究,世界各国之间,以及它们与我国之间的统计口径有很大差别,这表现在社会保障项目、主体和形式三个方面,如经仔细辨析,相对差别可能没有那么大。① 第二,不能认为发达国家的比例就是普遍适用的标准,是各国都要达到的比例。且不说这些年发达国家纷纷在想办法降低和调整它们的一些基本比例关系,这说明它们的那种比例本身就不见得是合适的。即使那种比例对它们是或者曾经是合适的,也不见得对我们也是合适的。单是一个福利支出占 GDP 的比例,就受到不同国家的经济、政治、文化和社会诸种因素的影响,其中,仅仅经济因素,又包括经济发展水平的不同阶段、国民经济的不同结构、国家的经济发展战略和目标等因素的影响,离开这些影响因素及其相互作用关系,事实上很难断定哪一个比例是最合适的。第三,尽管我国目前的这一比例确实偏低,需要提高,但其主要根据,不是因为我们比发达国家低就需要提高,而是我国进入了新的发展阶段,经济发展和民生改善之间的关系需要调整,也有条件进行调整,而且提高的幅度和标准要根据自己的情况而定,不能和发达国家盲目攀比。

---

① 林治芬:《社会保障统计国际比较与借鉴》,《统计研究》2011 年第 10 期。

其次，要了解宏观联系：福利发展与经济发展的联系、与全球化过程、与人口结构和流动、与工业化和城市化进程的联系。社会保障和社会福利事业牵涉面很广，与人民群众的切身利益、与国家的发展前途密切相关，应该从全局的、宏观的联系中认识和对待这项事业，重视总体规划、顶层设计，鼓励理论创新，讲究科学论证、科学程序。不能凭经验、拍脑袋决策。有钱就多投入一点，没钱就少投入，没有一定之规，随意性太大。有些时候、有些地方，提高保障水平不是依据客观规律，而是看看左邻右舍，别的省（市）提高低保标准了，我也提高；别的省（市）提高最低工资标准了，我也提高。到底应不应该提高、应该提高多少、效果如何，没有任何依据，不做科学论证，说不出什么道理。把东张西望、相互攀比当做决策的基础，全然不顾和不懂真正的科学基础。

最后，要清楚本质关系，特别是那些影响社会保障和社会福利公平性和合理性的重要关系。社会保障和社会福利制度本质上是促进实现社会公平的制度，如果公平效应不佳甚至造成了新的不公平，那就与制度的初衷相悖了。在以往较长的时期内，我国的社会保障仅仅局限在城镇职工的圈子内，成为帮助城乡差距拉大的主要因素之一。自 20 世纪 90 年代以来，城乡居民收入差距都在 3∶1 之上，但因社会保障和福利补贴方面的城乡区隔，实际的城乡差距约为 5∶1 以上；社会保障所造成的身份歧视，突出表现在农民工身上，大批农民工即使进城务工一二十年，仍被视为"二等公民"，这也与他们不能享受城镇职工社会保障有关。

显然，如果在社会保障和社会福利实践中，不清楚哪些是本质关系，哪些是非本质的关系，哪些是本质性要求，哪些是非本质性要求，误把事务性的当做本质性的、满足于眼前看有作用、行得通，不计或不顾长远效果，虽然忙忙碌碌，钱也花了不少，却可能事与愿违，不仅公平性没有提高，反而造出了新的不公平，导致新的矛盾和不测事端。

二 社会保障和社会福利政策不能"应急化"

我国的社会保障和社会福利建设，因为国情复杂，城乡之间、地区之间、居民收入等方面差距很大，又因为采取了逐步推进的方式，缺乏整体设计，造成严重的碎片化问题。这虽然是可以理解的，某种意义上说也是难以避免的，但现在看来，碎片化不利于增强公平性、适应流动性、保证可持续性，从而成为社会保障和社会福利进一步发展必须解决的关键问题。

我国经过几十年的努力，到 2012 年底基本实现了社会保障"制度全覆盖"，要进一步实现制度整合、完善和定型，就不能继续采取"应急化"的方式了。应该承认，目前建立的制度还十分粗糙，不可持续，例如新农合，不可积累、不可调剂、共济性很差。新农合一开始住院只能报销 30% 左右，以后逐年提高到 40%、50%、60%，很快要提高到 70%，这个报销比例应该说提高得相当快，但是，我们也要好好研究报销比例对人们就医行为的影响，有一个钱花的是不是地方、是不是有效率的问题。据笔者调查，当住院的报销比例超过 85% 以上时，如果再继续提高，就会出现一个明显的效果——病人的住院天数增加。因为他住院不花钱，或者是基本上不花钱了，多住几天更好，这样一来，有的地方住院的平均天数达到十几天，甚至两周，而国际上比较有效率的医疗住院天数应该是 7 天左右，这里就造成很大浪费了。可见，住院报销比例，好像越高越好、越受欢迎，其实，我们这么大的国家，人这么多，医疗支出的效率如何，直接关系到社会公平，关系到制度能否持续。脱离开具体条件，脱离开经济能力来讲报销比例越高越好，这是不科学的。因为保险金是有限的，大家缴费的水平还很低，如果人人都想着全部报销，钱从哪儿来？除非提高缴费比例，提高财政投入，所以，它是一个相互关系问题，要看条件，不要盲目提高。

另外，这里也不完全是一个资金问题。在基本的物质需要满足以后，人们的需要会更为多样化、更为丰富，有一些是靠花钱可以满足的，有一些花钱也难以满足。将来养老也好，健康也好，有经济方面的问题，也有社会服务方面的问题，有精神层面的问题。它们相互要配套。就是说进一步提高社会保障水平，提高人民群众生活水平，就要掌握系统联系：一个制度与另一个或一些制度，以及制度与环境之间的联系。例如，社会保险与社会救助之间、低保与最低工资标准之间以及它们与就业之间、各项制度内部不同部分以及与外部不同制度和条件之间都有着密切的相互联系。忽略这些联系或者处理不当，就会引起制度之间的摩擦和冲突，或者冲消了制度的效用，或者造成非制度自身引发的问题。

如果说，实现全覆盖，考验的主要是我们的理念和良心，那么，能否实现完善化，更考验我们的智慧、毅力和耐心。因为我们不仅要解决西方福利国家基本解决而我们没有解决的问题，还要解决它们遇到但没有解决的问题，更要解决它们没有遇到过的问题，我们只有鼓励创新、大胆创新，才有出路。我们要在快速变化的转型社会中，控制好社会福利支出占 GDP 的比例，防止国家福利导致的公共债务危机；调整好最低工资和低保线（或贫困线）的比例，减少福利依赖，避免就业危机；确定好教育投入和社会保障投入占财政支出的比重，保持社会活力，避免负增长危机；建设好以家庭为基础、社区为依托、机构为补充的养老体制，避免陷入养老危机。这些都是科学，要经过理性的科学论证来回答。

而对这些问题的科学回答，其目标实际上指向了一种新的福利模式的创新、新的福利实现道路的探索和开拓——那就是适合中国人的、立足于中国国情的、浸润着中华文化的社会福利体系。台湾学者古允文较早发出了"建立本土社会福利体系的呼声"，[①] 2012 年出席北京香山论坛的蔡汉贤教授期盼并预言："以我中华民族历史之久、文化之丰，专家之众，只要彼此合作相互研究，定可本'遵德性而道学问，致广大而尽精微，极高明而道中庸'的凝塑可行理念与有效方法，从而'为生民立命、为往圣继绝学'。建立新福利体制，不只为自己，也可供愿接纳的其他国家共分享。"[②] 这里对于福利实现过程科学基础的初步探讨，不论正确与否，也是朝向这个目标所做的细微努力。

[①]　古允文：《不确定的年代——走在钢索上的国际社会福利发展》，载詹火生、古允文编《社会福利政策的新思维》，财团法人厚生基金会 2001 年版。

[②]　蔡汉贤：《中华传统福利理念对精深现代福利体系的贡献——以源头活水来为生民立命》，载景天魁、葛雨琴主编《海峡两岸社会福利基本经验》，海峡出版发行集团、鹭江出版社 2013 年出版。

第二章

普遍整合社会福利体系的建设目标

党的十六届三中全会按照科学发展观要求，首次提出了"五个统筹"战略决策，把"统筹城乡发展"列为首位，党的十七大提出"加快推进以改善民生为重点的社会建设"，党的十八大围绕社会福利体系再次强调要"努力办好人民满意的教育"，"推动实现更高质量的就业"，"千方百计增加居民收入"，"统筹推进城乡社会保障体系建设"，"提高人民健康水平"。这就内在地需要改革以往那种"碎片化"、"补缺型"的社会福利体系，构建普遍整合的社会福利体系，使社会福利成为社会结构的一部分，成为推进社会稳定与社会和谐的重要力量。

普遍整合作为社会福利体系的内在要求与建设方向，它需要我们在深入调查各项社会福利制度建设实践的基础上，研究国内外学术界对于各项社会福利制度普遍整合的思想观点，运用科学方法构建社会福利体系普遍整合的指标体系与具体内容，提出普遍整合的社会福利体系建设目标与实现途径，扎实推进社会福利体系的持续发展。

第一节　社会福利体系普遍整合的要求

普遍整合的社会福利体系不是"补缺型"社会福利体系，也不是"碎片化"社会福利体系，它是对现行"碎片化"或"补缺型"社会福利体系的普遍整合建设。这意味着，普遍整合是社会福利的本质属性，也是社会福利建设的客观要求。普遍整合的社会福利体系不只是一种普遍性的社会福利体系，也不是那种整合性的社会福利体系，而是"普遍性"与"整合性"

内在统一的社会福利体系。

当前，学术界往往从拾遗补阙角度提出社会福利项目的完善，把社会福利普遍整合简单地设定为"统筹城乡"，"保障城乡居民人人享有社会福利"①，先做到"覆盖城乡，允许城乡有别，逐步化异趋同"②。刘苓玲把它概括为"保障权利的平等"、"覆盖城乡、适度差异"、"城乡衔接"以及实现"城乡一体"③。王延中、张时飞认为，社会福利体系普遍整合的建设目标具有"近期、中期以及远期"等阶段性特征，每个阶段有着具体的发展目标④，也有一些研究提出普遍整合的目标是构建全民共享以及适度普惠社会福利体系⑤。但是，现有的研究没有说明普遍整合所具有的含义、特征及评价，应该深化社会福利体系普遍整合的建设。

建设普遍整合的社会福利体系，需要我们明确社会福利需求与享用对象具有最大的广泛性与普遍性，防止有选择性地甄选社会福利需求对象；要求社会福利项目能够为每一个社会成员所获得，每一个社会福利需求主体能够普遍而公正地享有各项社会福利项目；强调对社会福利体系进行梳理与调整，将各个碎片化的社会福利制度、项目内容及其实施机制等组织在一起，构建一个普遍整合的社会福利指标体系，推动社会福利体系的公正与持续发展。

党的十六大以来，社会各界日益重视民生建设，不断扩大社会福利覆盖范围与覆盖领域，普遍整合日益成为我国社会福利体系的建设方向，它体现了让人民共享经济发展成果的根本要求，成为增进社会和谐的重要手段。为此，普遍整合的社会福利体系建设目标是：通过党和政府以及社会各界的共同努力，大力推进各项社会福利制度普遍整合建设，逐步形成涵盖全体国民、项目完整、内容全面、相互衔接、有机整合的社会福利体系，在提高全体社会成员福利水平的基础上加强社会福利体系的公正建设，努力形成社会

---

① 参见汪泽英、何平《建立覆盖城乡居民社会保障体系》，中国劳动社会保障出版社2010年版，第2页。
② 张德元：《论社会保障的城乡统筹与城乡统一》，《调研世界》2004年第2期。
③ 刘苓玲：《中国社会保障制度城乡衔接理论与政策研究》，经济科学出版社2008年版，第37页。
④ 王延中、张时飞：《统筹城乡社会保障制度发展的建议》，《中国经贸导刊》2008年第1期。
⑤ 王思斌：《我国适度普惠型社会福利制度的构建》，《北京大学学报》2009年第3期。

福利体系的中国经验与中国特色，为人类民生建设提供中国模式与中国道路。

一　扩大社会福利体系的普遍性

普遍整合的社会福利体系具有多层次、多方面属性，我们可以从普遍性和整合性两个维度对它加以分析，探索普遍整合社会福利体系的基本要求，努力建设一个面向全民、内容全面、覆盖城乡、供给多元的社会福利体系，更好地推进各项社会福利事业的建设。

1. 建立面向国民的社会福利体系

建立面向全体国民而不是针对某个特殊群体或特权阶层的社会福利体系，使社会福利享用对象从现在的不普遍逐步走向普遍，这既是普遍整合的内在要求，也是基于社会公正的理性选择。这就需要我们逐一审视各社会福利项目是否存在覆盖与享受对象不够普遍的情况，保障所有国民享有各项社会福利权利。

例如，在教育、就业、健康、生活、住房以及公共福利等领域，社会福利项目的设置要针对所有国民，而不能只针对个别阶层，满足特定群体的特殊需求。有些福利项目，表面上看仅仅面向特定群体，其实不然。例如，最低生活保障制度虽然受益的总是一小部分人，但是，这项福利制度并没有排除其他群体，任何人只要他的收入低于某种标准、只要他的生活低于某种水平以下，他都有权获得最低生活保障。再如，保障性住房以及廉租房福利也具有这样的属性。这些都是社会福利项目面向全体国民时所应具有的基本含义。

但是，现在有的社会福利项目在制定及实施过程中并没有面向全体国民。例如，住房公积金制度仅仅面向机关事业单位、国有企业、城镇集体企业、外资企业、城镇私营企业以及其他城镇企业职工，除此之外的企业员工如各类民营企业以及城镇灵活就业人员则无法享有住房公积金福利。再如，1999年实施的《失业保险条例》仅仅面向"国有企业、城镇集体企业、外资企业、城镇私营企业以及其他城镇企业"的职工[1]，这些企业的参保职工

---

① 参见 1999 年颁布的《失业保险条例》第 2 条。

才能按规定享受失业保险待遇，而其他类型的企业组织以及各类机关事业单位人员则无法享受到失业保险待遇。这就需要我们加快建设面向全体国民的社会福利体系建设。

2. 建立内容全面的社会福利体系

普遍整合的社会福利体系是一个项目齐全的社会福利体系，要实现社会福利项目供给的普遍性与全面性。党的十六大以来，社会各界以社会福利建设为着眼点，加大对社会福利的投入力度，使得一些社会福利项目从无到有、从小到大、由弱变强地发展起来，人民越来越多地享受到改革的成果。但是，我国社会福利项目的普遍性还不够，有些社会福利项目的全面性不足，甚至还比较缺失。例如，我们一直重视养老保障制度的建设，各类人员的养老保险制度逐步建立与完善，但是，作为养老保障制度重要组成部分的养老服务尤其是居家养老服务却没有得到很好的建设与发展，从而使得现行的养老保障内容不够全面。再如，由于没有建立起企业年金制度，职工的退休养老金普遍性的偏低；农村养老保险尤其是养老服务的不普遍、不健全也使得大部分农民仍然依赖于家庭养老和自我养老。这就需要建设项目齐全的社会福利体系。

普遍整合的社会福利体系是一个内容完整的社会福利体系，它围绕就业、生活、健康、教育、住房以及公共福利等几个方面加以建设。其中，就业福利着重衡量是否建立起较为健全的就业服务、就业安置以及失业保险制度，为民众提供就业咨询、就业培训、就业介绍、就业帮扶等服务，为他们提供失业保险金以及收入保障，为残疾人等特殊群体提供就业安置等，从而保证就业福利内容的全面性与完整性；生活福利主要考察是否建立起养老保险、养老服务、最低生活保障以及社会优抚等制度，是否切实解决各类人员的基本生活需求问题；健康福利主要强调建立起较为完备的医疗保险、医疗救助、工伤保险、生育保险、疾病预防以及公共卫生等制度，这里的"普遍"更多地指向健康福利项目与内容；教育福利强调教育资源的全民覆盖，让每个处于教育阶段的民众普遍性地享有受教育的权利与机会；住房福利主要关注是否建立起面向所有民众的住房保障制度，让每一个民众"住有所居"，同时积极引导有条件的民众购买商品房，建立多层次住房保障制度；公共福利围绕公共安全、公共服务以及公共设施等方面构建较为全面的福利项目，大力推进公共福利普遍化，增强公共福利的可及性。

这就需要我们面向全体国民建设内容全面、项目齐全的社会福利体系，健全各项社会福利内容，形成较为完备的社会福利体系，使广大人民能够更加全面地获得社会福利内容。

3. 建立覆盖城乡的社会福利体系

内容全面的社会福利体系意味着必须要建立起覆盖城乡的社会福利体系，这是社会福利普遍性的集中体现，也是整合二元社会的内在要求。党的十八大明确提出要"统筹推进城乡社会保障体系建设"，就是要"坚持全覆盖、保基本、多层次、可持续方针"，"全面建成覆盖城乡居民的社会保障体系"，建立兼顾各类人员的社会保障待遇确定机制和正常调整机制。

建立覆盖城乡的社会福利体系主要建立起覆盖城乡的失业保险制度（而不是仅仅针对城镇企业职工）、覆盖城乡的就业安置制度（而不能只是安置城镇户籍的退伍军人、运动员以及残疾人等群体）、覆盖城乡的医疗保险制度、医疗救助制度以及公共卫生制度（而不是只解决城市公共卫生问题、解决城镇居民的公共卫生问题）；在教育、住房等领域，它需要教育资源的城乡覆盖、"住有所居"权利的城乡普享。在某种程度上，城乡覆盖可以当成检验社会福利体系普遍性、公正性程度的指标之一，也是进行普遍整合的前提，社会福利如果没有城乡覆盖就谈不上普遍性，就谈不上普遍整合，城乡覆盖由此构成了普遍整合社会福利体系的条件。

4. 建立多元主体的社会福利体系

普遍整合的社会福利体系建设过程中要改变过去片面强调单一主体的做法，注重社会福利供给主体的多元化，认识到社会福利的供给除了政府这个重要的主体之外，还有企业、社会（慈善）组织、家庭乃至个人，他们在社会福利供给中发挥着无可替代的作用，推动社会福利的普遍供给。例如，企业为员工建立起职工互助制度以及年金制度自然属于社会福利的一部分。另外，社会各界开展的爱心捐助与帮扶同样能够增进受助者的福利。再如，家庭为其成员提供的物质资料、日常生活照顾、精神慰藉以及情感关怀等项目必然会增进家庭成员之间的融合，促进家庭成员的福利水平的提升。

普遍整合的社会福利体系强调社会福利提供方式的多元化，在社会福利供给方式方面既可以采取事后提供也可以实行事前提供；在社会福利供给内容方面，既可以提供物质及货币性福利，也可以注重服务及精神方面的福利提供，实现物质与精神、实物与服务的多元福利供给，满足人们多样化、个性化的福利需求，使得社会福利的提供更加具有普遍性。

上述这些情况表明，社会福利体系的普遍整合需要我们形成多元福利供给主体，在健全政府提供社会福利的同时，引导社会（慈善）组织、家庭以及个人投身于社会福利事业，形成多层次社会福利供给主体与供给体系，促进社会福利供给的普遍化。

二　增强社会福利体系的整合性

"整合"有"integrate"、"converge"以及"collaborate"等三个词与之对应，它最初是一个物理学概念，表示将各个分散的零部件通过某种方式组合在一起而成为一个有机整体，并发挥出整体功能。后来，迪尔凯姆将这它运用到社会生活领域，表示社会有机体、社会秩序以及社会道德的整合①。相应地，在社会福利领域，"整合"表示社会福利项目、内容、制度及政策等方面结成一个有机整体。

普遍整合的社会福利体系不仅注重覆盖对象、覆盖面的普遍性，而且强调社会福利体系的有机整体性，需要整合针对各个阶层或群体设置的社会福利项目，把分布在各个部门的社会福利管理与服务职能加以整合，使之更好地服务于民众。因此，它不仅包括"社会福利主管部门的整合"、"社会福利制度的整合"、"城乡之间的整合"以及"福利类型的整合"②，还应该包括社会福利体系供给类型与供给方式的整合，社会福利功能的整合，社会福利组织、实施与运行部门的整合，社会福利监管部门的整合等，从而促进社会福利项目均等而公正地供给，民众公平获得各项社会福利待遇。

---

① 《词源》里把"整"理解为"整理、整备"，把"合"理解为"收拢、聚会、配"等含义。参见《词源》，商务印书馆2009年版。

② 毕天云：《论普遍整合型社会福利体系》，《探索与争鸣》2011年第1期。

1. 推进社会福利体系管理机构的整合

社会福利体系的建立需要一套较为完整的而不是零碎的管理机构，明确各个部门在社会福利项目提供、实施以及社会福利体系建设中的目标、任务与要求，以便更好地推进社会福利体系的建立健全。

在社会福利领域，世界各国对原来普遍采取的分项管理模式进行了改革。例如，在20世纪90年代以前，日本的社会福利管理机构相对较为分散，21世纪初以来，日本政府加强了社会福利体系管理机构的整合改革，将1938年设立的厚生省以及1947年成立的劳动省整合为厚生劳动省，管理机构名称的改变意味着工作内容与任务发生了变化，整合后的厚生劳动省职责范围涉及社会保障与健康卫生等方面，主要包括国民健康、医疗保险、医疗服务提供、药品和食品安全、社会保险和社会保障、劳动就业、弱势群体社会救助、环境保护、老人康复等职责，涵盖了我们的卫生部、食品药品监管局、人力资源和社会保障部、民政部、国家质检总局的卫生检疫、环境保护总局等部门的相关职能①。又如，芬兰将主管国民年金、失业保险、医疗保险、家庭补助、健康照顾以及工伤保险等部门整合为"社会事务和健康部"。再如，苏联解体后，俄罗斯将负责养老保险、医疗卫生、消费者权益保护、劳动就业等部门整合为"卫生和社会发展部"②。通过整合性改革，使得这些国家的相关管理部门能够通盘考虑整个社会福利体系的建设情况，提高了整个社会福利部门的管理效率。其他国家也出现了类似的改革情况。

就我国而言，改革开放以后，各项社会福利事业分属在不同的管理部门。伴随着政府加快推进社会福利体系的建设步伐，社会福利管理部门越来越多，管理机构碎片化倾向日益明显，这给社会福利体系的供给与实施带来了许多问题。例如，各个城市的保障性住房以及廉租房、公租房的管理机构涉及住房公积金管理局、建设局、民政局等部门。各个部门之间需要经常开展协调工作，往往降低了保障房的供给与实施效率。所以，普遍

---

①　资料来源：日本实践女子大学生活科学部、日本顺天堂大学医学部稻叶裕：《日本公共卫生与卫生行政管理》，2011年3月8日在厦门大学公共事务学院的演讲。

②　周弘：《50国（地区）社会保障机构图解》，中国劳动生活保障出版社2011年版，第41、139页。

整合的社会福利体系需要我们对现行的社会福利管理机构进行必要的整合，增强整个社会福利体系内部的耦合力与整合力，更好地为民众提供社会福利。

2. 推动社会福利体系供给方式的整合

从供给类型上看，社会福利可以采取"实物"、"货币"以及"服务"等三种方式。落实到社会福利需求者身上，这三种供给方式还可以继续组合成"实物—货币"、"实物—服务"、"货币—服务"以及"实物—货币—服务"等，它们构成了完整的社会福利供给方式，增进民众的社会福祉。

然而，长期以来，社会福利供给方式过分重视单一方式的供给，如单纯的资金、单纯的实物供给，不仅服务供给不足，而且很少把这些供给方式整合起来加以供给。例如，人们一提到社会保险就想到了资金支持与资金保障，探索个人与企业的缴费比例、个人的待遇获得、资金保值增值以及资金监管等问题。这些问题固然十分重要，它是社会保险发展的基础。但是，仅仅解决了资金问题并不能很好地解决社会保险问题，并不一定能够给民众带来福祉。因为，对于需要服务保障的需求者来说，如果缺乏实物与服务保障，再多的保险金不仅不能解决他们的日常生活问题，而且也会导致资金保障边际效用的下降；再如，人们一谈到对遭受地震、海啸、核辐射等灾害侵袭的民众提供社会救助，总是想到要给予食品、日用品等实物的帮扶，而比较缺乏心理辅导、康复训练、临终关怀等社会服务项目，由此引发了诸多难题。

因此，社会福利体系的普遍整合自然就包含着社会福利供给方式的整合，明确各项社会福利的供给重点、项目与内容，针对各社会福利项目开展组合供给，使得各种供给类型相互支撑，形成资金、实物以及服务供给的有机整合，促进这三种供给方式的协调发展。

3. 促进各项社会制度的有机整合

制度经济学把制度当成经济绩效的关键，认为好的制度能够有效地降低交易成本。在社会福利领域，制度建设始终成为人们关注的重点，有些学者甚至把社会福利体系的普遍整合直接等同于社会福利制度的普遍覆盖与有机整合。我们通常可以把社会福利制度划分为就业、生活、健康、教育、住房以及公共福利等六个方面。相应地，社会福利制度的普遍整合既包括这六种制度内部不同部分之间的普遍整合，也包括这六种制度之间的普遍整合。

改革开放以来，党和政府不断加强社会福利制度建设，努力扩大社会福利制度的覆盖面，提升社会福利制度的整合性，尤其是 2011 年召开的全国"两会"上，以社会福利制度为核心的民生建设问题得到了前所未有的重视，加强社会福利制度建设、增强其普遍性与整合性成为这次会议的普遍共识。在这种情况下，社会福利制度普遍整合就越发显得重要。社会福利制度的普遍整合建设包括以下三个方面。

首先，要推进社会福利制度的城乡整合。城乡二元是中国社会福利制度的基本特色，新中国成立以来几乎所有的社会福利制度都是城乡有别：例如城镇企业职工基本养老保险制度以及正在试点的新型农村社会养老保险制度、城镇居民社会养老保险等在待遇方面存在着巨大差异；一些地方针对城镇居民设置的医疗保险制度的补偿标准远高于新型农村合作医疗制度；各级政府对于城镇居民的就业培训、就业辅导以及失业保险给予了较大投入，而对于农民以及农民工的就业保障投入不够；农村的食品、环境、疾病预防与控制等福利供给远不及城镇，这就必须要下力气探索社会福利制度的城乡整合。有些制度，例如公共卫生、义务教育、社会救助、工伤保险、疾病防控、公共安全等福利制度可以直接打破城乡界限，实行一元化制度供给[1]；有些制度，如城乡居民的养老、医疗等制度，可以打破城乡界限进行基础整合，允许差异化的缴费及待遇获得，从而为制度整合提供基础[2]；也有些制度，通过对现有的城乡二元社会福利制度整合，设立均等化的基础保险金以及差异化的个人账户保险金，逐步拉平城乡居民的社会福利收入差距。

其次，要促进社会福利制度的地区整合。社会福利供给受制于一定的经济条件。由于区域经济发展的不平衡，地区之间的社会福利差异较为显

---

[1] 例如，江苏省苏州市所属各区于 2011 年实行了城乡、各区（县、市）统一的最低生活保障线标准。

[2] 例如，浙江省杭州市自 2009 年起实施了可转换的城乡居民基本医疗保险制度，两个参保缴费档次供居民自主选择；而厦门及苏州昆山等地直接实行城乡居民医疗保险制度，将城镇居民以及农民全部纳入其中。

著，由此成为社会流动与社会和谐的阻碍性因素。在一些城市，借助于较为发达的经济基础，政府拓展义务教育范围，有的将高中教育纳入义务教育范围之内，有的将学前教育纳入其中①。可是，在一些经济不发达地区，不仅学前教育以及高中教育无法纳入义务教育范围之中，甚至连义务教育经费、师资、校舍等条件也十分简陋。例如，《2009 年全国教育经费执行情况统计公告》显示，2009 年上海市普通小学生均预算内教育事业费为14792.68 元，位居全国第一，而河南省普通小学生均经费仅为 1949 元，两者相差 7.59 倍；同年，上海市的普通初中生均预算内教育事业费为18224.25 元，位居全国第一，而贵州省普通初中生均经费仅为 2698.18 元，两者相差 6.75 倍；2009 年上海市普通高中生均预算内教育事业费仍为排名第一，达到 16853.72 元，而湖北省仅为 2192.67 元，两者相差 7.69 倍②，地区差异十分显著。这就要加强社会福利制度的整合建设，逐步缩小不同地区之间的福利待遇差距，使得社会福利的供给、社会福利制度的安排能够增进地区之间的协调发展。

最后，要推动社会福利制度的阶层统筹。社会福利制度城乡之间、地区之间的整合是以阶层统筹为目的，其目的都是为了促进社会各阶层的和谐共生。当前，我国公务员、事业单位人员、企业职工、城镇居民以及农民等各个阶层的社会福利待遇差距十分显著，社会福利待遇差距已经成为固化社会阶层、阻碍社会和谐发展的重要因素。例如，同等学历、同时参加工作、同样职称、同年退休的人员，机关单位退休金是企业职工养老金的 3 倍多③，他们的退休养老金更是城乡居民的数十倍甚至近百倍之多。为此，要加快城乡居民基本生活、基本养老、基本医疗以及公共福利制度的整合，建立起阶层统筹的社会福利制度，践行财政优先向弱者倾斜的社会福利建设理念，使社会福利制度的供给能够缩小同一阶层内部的社会福利待遇差异，缩小不同阶层之间的收入差距，由此使得社会福利制度的实施成为增进社会团结、缩小贫富差距的润滑剂。

---

① 例如，浙江省宁波市将义务教育范围扩展到高中阶段，而福建省厦门市翔安区正在试点将学前教育纳入义务教育范围之内。

② 数据来源：《2009 年全国教育经费执行情况统计公告》，《中国教育报》2010 年 12 月 7 日。

③ 参见《企业与机关事业单位退休人员的退休金相差悬殊》，人民网，2006 年 12 月 18 日。

4. 实行社会福利体系监督机构的整合

监督作为一种保障，本身就是管理的一部分，社会福利体系的普遍整合需要监督机构的普遍整合。

首先，要加强政府部门自身监督机构的整合。政府各个部门是社会福利供给的重要主体，为了确保社会福利的有效供给，各政府部门建立了自己的监督机构。例如，民政部专门成立了"纪检组监察局"，卫生部也设置了"监督局"，对"食品安全"、"环境安全"以及"医疗服务"等方面加以监管，这些监督机构的设置与运行保障了本部门福利供给的有效地开展。但是，社会福利管理机构的碎片化自然也就带来了监督机构的碎片化，这种碎片化的监督机构难以处理涉及众多部门的社会福利供给问题，需要加强各个部门之间监督机构的整合建设，提高社会福利监督机构的工作效率。

其次，要加强多种监督主体的整合。政府作为社会福利的主要供给者本身设置了监督部门，它们构成了社会福利供给的重要监督主体。除此之外，企业、社会组织以及民众同样也是社会福利的供给主体，需要对他们加以监督。有些社会福利项目的设置涉及多个供给主体，相应地，也就涉及各自的监督机构。例如，健康福利制度就涉及国家公务员局的监督机构、人力资源和社会保障部门的监督机构、卫生部的监督机构、民政部门的监督机构等，它们分别监督公务员医疗保障、职工医疗保障、农民医疗保障以及贫困人口医疗保障的监督工作。另外，一些社会慈善组织也为民众提供福利，它们内部固然设立了监督机构，但这些监督机构如果不能很好地整合，将会爆发一个又一个的"郭美美事件"。因此，必须要加强监督合作与整合。

最后，要对各种监督方式进行整合。现行的监督主要依靠正式机构、正式组织的监督。例如，有关部门对社会福利供给，对各省、市、县（区）社会福利实施等，往往采取财务审计、物资使用监管、服务供给监管等方式加以监督，同时，各企业与社会组织在提供福利过程中也创造性地形成了自己的福利资金监管方式。例如，有的基金会将募集到的款项全部存入中国红十字会的专属账户，基金会本身不直接接触所募集到的资金，也不管理这笔款项，但是，通过中国红十字会使用这笔资金，其监督资金的使用，对资金的使用进行审计，并向民众公布①。另外，广大民众借助于网络等方式也可以加以有效监督。这就需要对各种监督方式加以整合，以便提升监督效果。

第二节　社会福利体系普遍整合的指标

针对中国社会福利体系的建设现状，社会福利体系的建立要以普遍整合为着眼点与立足点，没有普遍整合的社会福利将使得福利供给与福利需求出现阶层化与特权化倾向，进而拉大社会福利差距，与社会福利所追求的公正本性背道而驰。

一　社会福利体系普遍整合的指标建设

指标建设是衡量和评价社会福利体系普遍整合的关键环节。分析和评价社会福利体系普遍整合的状况如何，除了进行定性描述之外，还可以对其定量描述，进行定量分析。这种定量分析可以采取建立若干个可操作化指标的办法去测量一个国家的社会福利体系建设情况，进而回答这个国家的社会福利体系普遍整合的水平与发展态势。

1. 社会福利体系普遍整合的指标建设内涵

社会福利体系普遍整合的建设指标是测量一个国家或地区各社会福利项目提供与覆盖，分配与享有等方面的指标。它通过一组既相互独立又相互联系的指标体系，衡量这个国家或地区社会福利体系的建设情况，判断社会福利体系的覆盖范围与整合程度，衡量民众的福利享有程度等，从而准确地揭示出这个国家或地区社会福利的总体发展水平。

普遍整合社会福利体系的指标建设不沉湎于评价以往社会福利体系的建设情况，而是立足于社会福利体系的建设实际，大力推进就业、社会保障、教育科技、文化卫生等民生建设事业，着力推进社会福利事业的公正发展。因此，该指标体系的提出与测量是为了更好地发展民生事业，增进人们的福祉，减少社会矛盾与冲突，促进社会和谐。它较多地注重社会福

---

① 参见马晓芳《李连杰壹基金：慈善机构运作新样本》，《第一财经日报》2008 年 5 月 23 日。

利项目的多样性、全面性、普享性以及持续性，努力实现发展的成果与人民共享。

普遍整合社会福利体系的指标建设不是简单的组合与合并，它主要包括城乡、地区及阶层整合；社会福利主管部门的整合，各种社会福利制度内部不同类型的制度整合，社会福利供给类型的整合，社会福利实施以及社会福利监管的整合等。运用指标对社会福利体系普遍整合情况进行分析，有助于我们更加直观地研究社会福利体系的普遍整合程度，减少社会福利体系的碎片化，促进社会福利体系普遍整合的建设。

因此，普遍整合社会福利体系的指标建设是为了推进社会福利体系的公正发展。社会福利作为国民收入的再分配方式，其目的本身就是把地区之间、城乡之间以及阶层之间的收入差距控制在合理的区间范围内，在提高民众福利水平基础上不断增进社会公正发展。为此，普遍整合社会福利体系的指标建设既着重构建各社会福利项目的普及性，评估社会福利覆盖对象的全面性以及项目供给的全民性，注重福利供给主体的多元性，也注重社会福利项目的整合性与公正性。也就是说，普遍整合社会福利体系的指标着眼于更加公正的民生建设，更加公正合理的社会秩序。

2. 社会福利体系普遍整合的指标建设依据

建设普遍整合的社会福利体系指标，使社会福利的供给更具科学性、公正性与持续性，是落实科学发展观、构建社会主义和谐社会的内在要求。

改革开放以来。随着社会主义市场经济体制的建立，我国经济高速增长，到 20 世纪末，国民生产总值比 1978 年翻了两番，2010 年更是达到了 39.8 万亿元，比 2005 年的 18.5 万亿元翻了一番多，经济总量稳居世界第二。同时，人均 GDP 从 2005 年的 1730 美元增长到 2011 年的 5400 美元，进入了中等收入国家行列。这为普遍整合的社会福利体系建设提供强大的经济基础。

中国经济的飞速发展也带来了深刻的社会变迁，推动着整个社会由农业社会向工业社会、由乡村社会向城市社会的转变，导致城乡之间、区域之间、社会阶层之间的贫富差距日益扩大，社会分化不断明显。原来针对阶层、城乡建立起来的特殊化、碎片化的社会福利体系已经越来越不适应社会建设的需要，这样的社会福利体系不仅不能解决社会贫困、收入差距以及社会不公等问题，反而成为拉大社会贫富差距的重要诱因。为此，要选取恰当的指标对社会福利体系进行评估，以此推进社会福利体系的普遍整合建设。

进入21世纪以来，社会福利建设成为民生建设领域的核心问题，党和政府高度重视，对此进行了反复探索与不断完善。2002年，江泽民在十六大报告中提出要"全面建设惠及十几亿人口的更高水平的小康社会"，使"经济更加发展、民主更加健全、科教更加进步、文化更加繁荣、社会更加和谐、人民生活更加殷实"，其中后面的"四个更加"与社会福利建设密切相关。2005年2月，中共中央政治局进行第二十次集体学习，胡锦涛提出要"加强对构建社会主义和谐社会重大问题理论研究"，尤其要"深化对构建社会主义和谐社会的规律性认识"。在此基础上，十六届六中全会集中阐述了构建社会主义和谐社会若干重大问题，党的十七大提出了"加快推进以改善民生为重点的社会建设"，党的十八大将改善民生与社会管理以及社会建设紧密结合起来，提出了"在改善民生和创新管理中加强社会建设"，全面阐述了包括社会福利在内的社会管理与社会建设的任务和目标，为社会福利体系普遍整合的指标建设提供了依据。

社会福利体系普遍整合的指标建设切合了和谐社会建设实际。建设和谐社会在很大程度上需要解决人民群众最关心、最直接的利益问题，缓解社会矛盾，确保社会公平正义。可是，一些涉及群众利益的社会福利项目普遍整合程度不够。有的社会福利项目仅仅针对城镇而忽视了农村。例如，工伤保险制度只是针对城镇户籍的企事业单位职工而没有覆盖农村户籍人口以及机关单位人员，饮用水、食品以及环境等方面的公共安全福利制度，城市基本上普遍建立而农村还没有普遍性地建立起来。有的社会福利项目没有实现阶层之间的全覆盖，例如，失业保险条例仅仅针对城镇企业职工，尤其是国有或集体企业职工，而公务员、农民工以及灵活就业人员则没有覆盖。有的社会福利内容不够全面，仅仅涉及极其有限的领域与范围。一些社会福利项目碎片化程度较为严重，例如，养老保险制度就有新农保、城居保、机关事业单位退休养老保障以及企业职工社会养老保险等多种制度，医疗保险制度也有新农合、居民医疗保险、职工医疗保险以及公费医疗等类型，由此形成了碎片化的社会保险体系。这样的社会保险体系不利于社会稳定、社会流动以及社会公正，也不利于提高社会保障资金的使用效率以及社会保障制度长期建设等①。也有学者认为，社会福利体系的不整合不仅体现在制度本身，而且还表现在管理机构、覆盖群体以及资金分配与使用等方面②。所有这一切，需要我们建设普遍整合的社会福利体系指标。

二　普遍整合的社会福利体系指标构成

运用指标对普遍整合的社会福利体系进行测量和评估，我们可以更加直观地研究普遍整合的社会福利体系所包含的结构关系以及当前我国社会福利体系的普遍整合情况，进而提出社会福利体系普遍整合的具体政策建议，减少社会福利体系由于覆盖面窄以及碎片化严重等带来的公正性与持续性缺失问题，促进普遍整合社会福利体系的建设与发展。

社会福利体系普遍整合的指标具有系统性、结构性特征，体现着社会福利体系具有明显的层次性特征。从普遍整合的角度看，包括数量指标和质量指标两种类型。前者反映社会福利体系的覆盖面、覆盖范围，一般可以用绝对数表示；而后者反映了社会福利体系的建设水平，体现着社会福利体系建设的公正性。往往用相对数表示。从程度上看，我们可以将社会福利体系的建设指标划分为一级指标、二级指标以及三级指标体系。

1. 普遍整合的社会福利体系一级指标

由于我们是从普遍整合角度探讨社会福利体系的建设问题。我们将整个社会福利体系划分为就业、生活、健康、教育、住房、公共福利等六个方面的项目，他们构成了社会福利体系的主要内容和一级指标。从供给方式上看，主要涉及社会保险、社会救助、公共福利、社会服务以及社会互助等方面。之所以把这六个方面作为社会福利体系的一级指标是基于以下因素。

第一，我们所说的社会福利不是民政意义上的福利，民政部门的社会福利主要侧重于对孤寡老人、儿童、残疾人以及优抚对象等弱势群体提供

① 郑秉文：《中国社保"碎片化制度"危害与"碎片化冲动"探源》，《甘肃社会科学》2009 年第 3 期。

② 米红等：《农保，谨防"碎片化"》，《中国社会保障》2008 年第 4 期。

基本收入与服务项目，以便解决这些群体的基本生活。而我们所说的社会福利不仅包括孤残儿童等弱势群体，也包括其他所有人员，因而是以全体成员为对象。这样的福利就不仅包括日常生活救助，而且自然也包括就业、养老、医疗、教育、住房、最低生活保障以及其他公共福利项目。

第二，我们所说的社会福利是普遍福利而不是特殊福利。作为一种普遍福利，不是高水准福利，而是着眼于解决民众基本生活需求、项目齐全的福利、应该涉及人的基本生活各个方面。通过社会福利建设，切实解决民众的基本生活问题，使得民众的生活水平随着经济社会的发展不断提高。

第三，就社会福利所包含的六个方面来看，就业作为民生之本既是生存的第一需要，也是最基本的福利权益。任何一个政府都把就业当成一个重要的福利项目，让其居于首要位置，把就业当成解决民生问题的关键，千方百计地实施扩大就业政策，减少失业人口。就业自然就成了基本的福利项目。当前，中国的社会福利建设应该着眼于解决民众的基本生活，不能着眼于满足民众的非基本生活甚至是体面的生活，而置民众的基本生活于不顾。这样的基本生活包括养老保险与养老服务、最低生活保障与社会优抚等项目。解决了民众的就业与基本生活之后，社会福利要关注民众的基本医疗需求，明确疾病预防在民众健康保障体系中的作用，通过医疗保险制度的建立、公共卫生体系的健全，做到"病有所医"，努力提升民众健康水平。

在整个福利体系中，教育对于提高一个人的生活质量、增进个人的社会生存与发展能力起到基础性作用。世界各国无不把教育作为一项基本国策和基本的福利项目加以建设，明确义务教育范围，划定政府的教育投入责任。因此，教育自然就成为一种福利项目并成为一级指标。同时，住房尤其是基本的住房需求同样也是一种福利项目，任何一个人不论其收入、教育、身份、阶层等，都应该获得最基本的居住权，做到"住有所居"。此外，以公共设施、公共安全以及公共服务为基础的公共福利在人的发展中起着重要作用，它同样成为一项基本的福利项目。

上述这六个指标是民众日常生活中必不可少的方面，这六个方面构成了社会福利的基本项目，成为普遍整合的社会福利体系一级指标。

2. 普遍整合的社会福利体系二级指标

普遍整合的社会福利体系除了需要一级指标之外，还需要对各个一级指标进行解释，形成二级指标。二级指标是对一级指标的解释与说明，也是一级指标的逻辑展开，它将一级指标具体化为若干个"中层"概念，形成对一级指标的测量。当然，二级指标也是三级指标的统领，是设置三级指标的重要依据。没有二级指标就无法将一级指标和三级指标衔接起来。

例如，就业作为民生之本以及社会和谐之基，它是社会福利体系普遍整合的重要指标，也是获得其他福利项目的基础，就业福利首先要开展"就业服务"，对特殊群体或人员进行必要的"就业安置"，确保所有从业人员获得可靠的"就业收入"。同时，对于一些失业人员以及其他未就业人员提供"失业保险"，给予他们基本的失业保险金，保障他们的基本生活水平不至于过度下降。为此，可以将一级指标"就业福利"分解为"就业服务、就业安置、就业收入以及失业保险"四个二级指标。

健康高于一切，它是人们立足于社会、进行经济社会活动的前提条件，没有健康的体魄，一切无从谈起，已有的成就也将化为灰烬。因此，健康是一项极其重要的福利项目。健康福利首先要普遍性地做好公共卫生工作，给予所有人员相同的公共卫生投入。其次，要建立医疗保险制度，最大限度地让所有人员加入到医疗保险制度中来，让那些生活困难群体获得医疗救助，确保每个人享有健康保障待遇。与此同时，对于工作期间发生的各类事故要提供工伤保险，对女工也要提供生育保险，从而保障他们的健康福利。因此，作为一级指标的健康福利可以划分为"公共卫生、医疗保险、医疗救助、工伤保险、生育保险"五个二级指标。

再如，基本生活福利是整个社会福利体系的落脚点，作为一级指标的生活福利应当包括养老保险，做到老有所养，同时，养老问题还涉及生活照料与精神慰藉，因此，养老服务就成为基本的生活福利项目。从普遍整合角度看，基本生活福利还包括面向困难群体提供的最低生活保障以及生活救助等项目，也包括面向特定群体提供的社会优抚，确保这些群体基本生活得到保障。因此，基本生活福利就包括"养老保险、养老服务、最低生活保障以及社会优抚"四个二级指标。

又如，教育是个人能力提升的保证，也是个人获得发展权的重要条件。

明瑟认为，教育在劳动力市场中具有"更高的收入、更强的就业稳定性、更多的升迁机会"等特性[1]，阿玛蒂亚·森也把教育作为人的基本权力。为此，我们把教育划分为"学前教育、基础教育、高等教育、特殊教育、继续教育以及职业教育"六个二级指标。其中，前两者主要针对青少年儿童，高等教育以及特殊教育主要面向青少年阶段的人群，而后两者主要针对步入社会的成年人。这六个指标构成了完整的教育福利体系。

住房同样是普遍整合社会福利体系的重要组成部分，实现"住有所居"是住房福利的基本目标与要求，也是社会和谐稳定的重要条件。住房问题本质上就是如何让买不起房的人员有房住，引导买得起房的人通过市场途径购买商品房。为此，我们把住房福利的二级指标划分为"商品房、保障房以及租赁房"三类。

公共福利是为解决社会成员生活需求而提供的各类公益性设施及其相关服务，其中，公共安全是前提，离开了基本的公共安全，其他福利项目也失去了存在价值。同时，由政府或其他组织提供的、为公众使用、改善民众生活的"公共设施"解决了人们的公共需求，因而在公共福利体系中不可或缺。另外，各种公共服务的提供增进了民众的福利。因此，"公共安全、公共设施以及公共服务"就构成了公共福利的二级指标。

3. 普遍整合的社会福利体系三级指标

三级指标是对二级指标的展开与细化，它通过设置权重或者直接赋值等形式表现出来，对二级指标进行操作化，并与一、二级指标结合在一起构成较为完整的社会福利指标体系，用来衡量社会福利体系普遍整合的程度。

例如在就业福利领域，究竟应该用哪几个指标测量作为二级指标的"就业服务"供给的普遍性与整合性就是三级指标的主要任务。围绕这个指标，"就业咨询"内容的全面性，"就业培训"对象的普遍性、就业培训工种的全面性，"职业介绍"与"职业心理辅导"的开展情况就成了"就业服务"的三级指标；"就业安置"则包括"残疾人、军人、运动员"等特殊群体的就业安置率指标，而"失业保险"则包括"失业保险参保率"、"失业保险金领取率"两个三级指标。

---

[1]　Jacob Mincer, *Education and Unemployment*: *Studies in Human Capital*, Cambridge. 1993：212.

在基本生活福利方面，围绕养老保险、养老服务、最低生活保障以及社会优抚等四个二级指标进行测量，三级指标主要考察"养老保险制度覆盖率"、"养老保险参保人数"、"养老保险参保率"、"养老对象的覆盖面"、"养老服务设施标准化率"、"最低生活保障标准"、"最低生活保障应保尽保率"、"优抚覆盖率"、"优抚标准"等若干个三级指标。

在健康福利领域，可以用"医疗保险制度覆盖率"、"参保人数"、"参保率"、"门诊补偿率"、"住院起付线"、"住院封顶线"、"人均门诊费用"等指标测量"医疗保险"的普遍整合情况，用"医疗救助率"、"医疗救助金比例"等指标测量"医疗救助"的普遍整合情况，用"居民健康档案建档率"、"儿童保健率"、"孕产妇保健率"、"预防接种率"、"传染病防治率"、"重症精神病患者管理率"等6个指标测量"公共卫生"项目的普遍整合。至于"工伤保险"及"生育保险"等二级指标也可以量化若干个三级指标加以测量。具体见表2.1。

在教育福利领域，主要从入学（园）率、生均教育经费等方面构建三级指标体系。在住房福利方面，围绕"商品房"这个二级指标，可以用"家庭人均住房建筑面积、户均商品房拥有率、户均拥有商品房套数"等三个三级指标进行测量，用"保障房申请登记户数、保障房供应户数以及应该入住保障房比率"等三个指标测量"保障房"，而用"申请登记租住户数或人数、可供应户数或人数、公有住房平均租金"等三个指标测量"租赁房"这个二级指标。在公共福利领域，"公共安全"可以通过"刑事犯罪人数、刑事犯罪率、犯罪侦破率、突发事件比上年度增长比率"等四个三级指标加以测量[①]，公共设施涉及文化、体育、卫生等设施，它注重覆盖率与可得性。虽然其他指标如中小学数量、公共厕所等也是测量公共设施的重要方面，但是，它们或者与教育福利指标重叠，或者不能准确反映公共设施普遍整合情况。因此，我们选取"街镇文化站所覆盖率、社区卫生服务中心覆盖率、社区体育活动场所普及率、社区警务站（所）普及率、公交车辆拥有率、公共交通换乘率"等六个指标。由此建立了普遍整合的社会福利体系三级指标体系（见表2.2.1）。

---

① 参见吴铎《需要建立社会公共安全指标体系》，《探索与争鸣》1996年第5期。

表 2.2.1　　　　　　　　　**普遍整合社会福利体系的三级指标构成**

一级指标	二级指标	三级指标
就业福利	就业服务	就业咨询内容全面性、就业培训对象的普遍性、就业培训工种的全面性、职业介绍的开展程度、职业心理辅导率
	就业安置	残疾人就业安置率、军人就业安置率、运动员就业安置率
	就业收入	最低工资
	失业保险	失业保险参保率、失业保险金领取率
基本生活福利	养老保险	制度覆盖率、参保人数、参保率
	养老服务	每千名老年人拥有养老床、养老服务设施标准化率、养老服务对象的覆盖面
	最低生活保障	最低生活保障标准、生活救助率、最低生活保障获得比率
	社会优抚	优抚覆盖率、优抚项目的享受程度、优抚待遇的获得程度
健康福利	医疗保险	医疗保险制度覆盖率、医保参保人数、医保参保率、门诊补偿率、住院起付线、住院封顶线、人均门诊费用
	医疗救助	医疗救助率、医疗救助金比例
	工伤保险	工伤保险参保率、工伤保险理赔率、工伤保险金结余率
	生育保险	女工生育保险参保率、女工生育保险待遇领取率
	公共卫生	居民健康档案建档率、儿童保健率、孕产妇保健率、预防接种率、传染病防治率、重症精神病患者管理率
教育福利	学前教育	入园率、生均经费
	基础教育	入学率、生均经费
	高等教育	入学率、生均经费
	特殊教育	覆盖率、生均经费
	继续教育	人均经费
	职业教育	人均经费
住房福利	商品房	家庭人均住房建筑面积、户均商品房拥有率、户均拥有商品房套数
	保障房	保障房申请登记户数、保障房供应户数、应该入住保障房比率
	租赁房	申请登记租住户数或人数、可供户数或人数、公有住房平均租金
公共福利	公共安全	刑事犯罪人数、刑事犯罪率、犯罪侦破率、突发事件比上年度增长比率
	公共设施	街镇文化站所覆盖率、社区卫生服务中心覆盖率、社区体育活动场所普及率
	公共服务	街镇文化站覆盖率、社区卫生服务中心覆盖率、社区体育活动场所普及率、社区警务站（所）普及率、公交车辆拥有率、公共交通换乘率

第三节　社会福利体系普遍整合的实现

普遍整合社会福利体系是普遍与整合有机统一的社会福利体系，是社会福利体系建设的内在要求，通过普遍整合建设，促进社会福利体系更加公正的发展。

一　社会福利体系普遍整合的建设目标

普遍整合是社会福利体系的内在要求，也是解决社会福利体系特殊化与碎片化的有效办法，因而成为中国社会福利体系的建设重点。

1. 社会福利体系普遍整合的目标提出

建设普遍整合是社会福利体系自身发展的内在要求。社会福利作为一项社会政策，强调要能够为所有社会成员普遍性地提供旨在保障某种生活水平、改善生活质量的物质供给、资金支持以及相关服务。这意味着，社会福利的供给与享用要具有普遍性而尽量减少选择性与特殊性，同一项社会福利所包含的各项制度要能够整合与协调，任何人均有权获得基于提高生活质量、促进自身发展的社会福利项目。同时，社会福利项目的供给要优先向弱者倾斜，有利于改善弱势群体的生活，有利于缩小各个阶层之间的收入差距，从而增进社会公正，减少社会不平等，促进社会各阶层之间的和谐共生。例如，德国 1883 年实施的《疾病社会保险法》最初就是针对高炉、矿山、铁路以及采盐等行业工人，而且当时的普鲁士、奥地利以及德意志等国家的医疗保险待遇各不相同，也呈现出碎片化发展态势，后来，随着德国的统一这种碎片化的医疗保险制度才逐渐整合为统一的《疾病社会保险法》。

建设普遍整合的社会福利体系是中国社会福利事业的现实选择。改革开放以后，随着社会主义市场经济的发展，一些社会福利项目从无到有、由弱变强地发展起来，社会福利项目、社会福利享用对象越来越普遍。特别是党的十七大以来，全国各地更加注重保障和改善民生，更加重视社会福利建设，整个社会福利事业呈现出欣欣向荣的景象。但是，应当看到，我国社会福利体系建设过程中还存在着诸多不足：有的社会福利项目普遍性不够，有的社会福利制度碎片化程度较高，同一社会福利项目出现了多种福利制度，社会福利的整合程度不高，还有的社会福利项目既缺乏普遍性又缺乏整合性。社会福利供给不足及普遍性不够固然带来许多矛盾，可是，如果社会福利体系缺乏科学安排与理性规划，碎片化地一哄而上，必然偏离社会福利体系的建设方向，制约着我国社会福利事业的持续发展。因此，建设普遍整合的社会福利体系成为必然。

建设普遍整合的社会福利体系是对国外社会福利事业反思后的理性选择。19 世纪以后，一些西方国家相继进入到工业社会，这些国家纷纷建立各项现代社会福利制度，逐渐形成了项目齐全、待遇丰厚、普遍共享、结构完整的社会福利体系，涵盖了从摇篮到坟墓的各个方面。但是，福利的刚性需求与经济发展的周期波动发生了矛盾，福利的经济属性与政治立场发生了冲突，福利的价值中立与价值倾向发生了对立。于是，有些国家不断加大社会福利供给，明知不可为而为之，给公共财政带来了巨额支付危机；有的因为削减福利支出而招致罢工、游行，引发社会冲突乃至政权更替。前车之鉴，后事之师。我们在着力保障和改善民生、提高民众社会福利水平过程中不能简单地移植西方国家的做法，不能重走这些国家的老路，更不能掉入这些国家曾经出现过的"福利陷阱"里。

2. 社会福利体系普遍整合的建设内容

社会福利体系的普遍整合以满足全体人民的基本福利需求为出发点，通过社会福利项目的建设，真正实现"学有所教、劳有所得、病有所医、老有所养、住有所居、弱有所助、安有所保"这个目标。

"学有所教"就是要满足人民的教育福利需求，保障人民普遍性地获得受教育权利。围绕这个目标，应该合理地调整义务教育年限，理顺学前教育、基础教育、高等教育以及特殊教育之间的关系，探索职业教育与继续教育的关系，科学探索教育支出在财政支出中的比例，测算各类教育项目在整个教育经费中的支出比例，形成科学而合理的经费支出结构。为此，应当整合现有的教育资源，实行教育资源、教育经费等优先向薄弱学校倾斜的发展战略，切实扭转教育资源配置的城乡之间、地区之间的二元性。

"劳有所得"就是要解决人民群众的就业与收入问题，推动实现更高质量的就业，千方百计增加居民收入，实现发展成果由人民共享。为此，要寻求劳动者的收入增长与 GDP、公共财政增长以及 CPI 之间的动态关系，让劳动者共享经济发展的成果；也要对民众的收入进行必要的整合，划定好各个行业、各个地区之间的收入差距界限，"实现居民收入增长和经济发展同步、劳动报酬增长和劳动生产率提高同步，提高居民收入在国民收入分配中的比重，提高劳动报酬在初次分配中的比重"[1]。明确收入差距的底线，努力缩小各行业之间、各地区之间以及各阶层之间的收入差距；还要普遍性地保护劳动者的合法劳动权益，让每个劳动者都能参加工伤、失业、生育等保险以及相关职业年金，切实减少因为保险制度的普遍性不足而造成的收入差距。

"病有所医"就是要满足人民的健康福利需求，保障人民的生命健康权。通过普遍整合的社会福利体系建设，实现医疗保险制度的普遍整合、公共卫生服务的普遍整合以及医疗卫生管理体制的普遍整合，改变现行的医疗保险制度碎片化、公共卫生服务普遍性不足以及医疗卫生管理体制碎片化问题，提高民众的健康水平。为此，要整合现行的、以阶层与行业为供给与享用对象的公费医疗、职工医疗、居民医疗、新型农村合作医疗以及农民工医疗保险等项目，减少医疗保障项目间的待遇差距；也要站在统筹城乡的高度加大农村尤其是边远地区的公共卫生投入与建设力度，搞好卫生监测，做好疾病预防和疾病控制；还要加大医疗卫生管理体制的改革力度，在广泛调查研究的基础上更加合理地划分中心医院与社区医院的责任关系与责任界限，通过加强社区医院的建设，推进社区首诊与双向转诊的实施，彻底改变看病难问题，不断增进民众的健康福利。

"老有所养"要着力解决人民的养老福利需求，保障老年人过上体面而有尊严的生活，使他们共享经济社会发展的成果。为此，既要普遍建立起养老保险、养老服务以及贫困老人生活救助等制度，形成以居家养老为载体、社会养老与家庭养老相结合的养老服务体系，切实保障所有老年人的基本养老权益。同时，要改革现行的机关事业单位人员、企业职工、城镇居民、农民等不同阶层的社会养老保障待遇差距过大、整合程度过低等问题，对现行的各类养老保障制度加以调查研究，努力形成基础整合、待遇差异更加合理的养老保险体系。另外，在加大养老服务普遍性建设的基础上推进养老服务

---

① 胡锦涛：《坚定不移沿着中国特色社会主义道路前进，为全面建成小康社会而奋斗》，《人民日报》2012 年 11 月 18 日。

项目的整合，使养老服务能够遍及城乡各个村（居），加强老年生活、老年照顾、康复理疗以及老年保健等众多养老服务项目的整合，让各个阶层的民众能够享有便捷的基本养老服务。真正实现老有所养、老有所为、老有所乐。

"住有所居"就是要解决城乡居民的基本住房福利需求，保障民众享有基本的居住权。为此，既要加强公共住房的普遍性建设，让进城务工人员也能享有平等的住房待遇；也要着力整合现行的廉租房、公共租赁房、保障性商品房、经济适用房、安置房、限价房、农村住房救助以及其他各种类型的住房保障制度，形成普遍整合的住房保障制度，切实解决城乡居民的住房问题，使每一个家庭尤其是无力或者不愿购买商品房的家庭能够租赁或购买保障房，实现住有所居，并对购买的保障房在住房面积、产权归属、上市流通等方面加以明确限定。同时引导有条件购买商品房的群体主动购买商品房，实现保障性住房真正在中低收入阶层之间循环，切实解决公共住房建设与管理普遍整合性不足问题，实现公共住房福利体系的普遍整合。另外，还要扩大住房公积金覆盖面，使之覆盖所有企业，包括灵活就业人员，进而增强住房公积金制度的普遍覆盖性。

"弱有所助"就是要通过城乡居民基本生活保障体系的建设，切实解决城乡弱势群体的基本生活。因此，就要增强最低生活保障制度的普遍性建设，寻求城乡居民人均纯收入、基本生活费用支出以及 CPI 等各个变量之间的科学关系，优化并适当提高最低生活保障线标准，保障民众获得基本的生活保障。当然，也要加强最低生活保障制度的整合，逐步整合针对城市居民、农民以及农村五保户等三类群体而设置的最低生活保障制度、五保供养制度、医疗救助制度，探索最低生活保障线与最低工资制度以及失业保险金之间的比例关系，形成具有普遍整合的最低生活保障体系。

普遍整合的社会福利体系内在地包含着公共安全、公共设施以及公共服务在内的公共福利，尤其是公共安全项目，它是实现社会福利体系建设目标的根本保证。"学有所教"、"劳有所得"、"病有所医"、"老有所养"、"住有所居"以及"弱有所助"都离不开体系安全保证。尤其是食品药品安全、自然环境安全、社会安全以及公共交通安全等关乎到每个人的生存与发展。所以，应当克服整个安全福利普遍整合性不足的问题，扎实推进食品、药品等安全福利的普遍整合性建设，实现食品药品安全标准、安全监督的城乡普遍整合，自然环境安全与社会治安安全的城乡普遍整合，公共交通安全的城乡普遍整合，真正提高全社会的安全福利水平。

二　普遍整合社会福利体系建设目标的实现条件

经过 30 多年的社会福利建设，我国基本上建立起涵盖社会保险、社会救助、社会优抚、社会服务以及公共福利等项目的社会福利体系，一定程度上解决了民众基本的福利问题，提高了民众的社会福利水平，为促进经济社会的持续发展创造了有利环境。但是，应当看到，我国社会福利建设总体水平偏低，一些社会福利项目普遍性不够，有些社会福利项目过于碎片化，由此使得各个阶层、各个群体的社会福利水平差异很大，个别社会福利待遇甚至加剧了社会收入的差距。必须要积极创造条件，构建普遍整合的社会福利体系，使之更好地保障民生、增进福祉。

1. 社会福利体系普遍整合建设的经济条件

普遍整合的社会福利体系是在增强普遍性基础上对现行的各项社会福利制度、组织机构、实施与保障机制进行必要的整合，形成更加科学、更加持续的社会福利体系，以便能够有效地解决中国民生问题，为人类社会福利的建设与发展提供"中国经验"，贡献"中国模式"。

从经济发展角度看，经济是养老保险制度普遍整合的基础。例如，美国在 1935 年建立"大一统"社保制度时，按当时价计算 GDP 总量为 731 亿美元，人均 GDP 为 575 美元；按 1992 年价格计算，当时的 GDP 总量为 6984 亿美元，人均 GDP 仅为 5488 美元[①]。从这个角度看，改革开放以来中国经济发展势头较好，2010 年经济总量已经位居世界第二，按不变价格计算，"十一五"期间年均增长超过了 11%。2011 年人均 GDP 达到 5400 美元，进入了中等收入国家行列中。财政收入增长到 2010 年的 10.374 万亿元[②]。从产业结构来看，第一产业逐渐下降为 10.2%，第二产业稳步增长到 46.8%，

---

① 转引自郑秉文、齐传君《社保制度走到十字路口：大一统还是碎片化》，《中国证券报》2009 年 1 月 22 日。

② 温家宝：在第十一届全国人民代表大会第四次会议上的《政府工作报告》，《人民日报》2011 年 3 月 15 日。

第三产业快速发展到 43.0%①。也就是说，经过 30 年的发展，我国已经从落后的农业国家转变为现代工业国家，从人均收入较低的贫穷国家进入到中等收入水平国家，从农村人口占 80% 的农业社会转变为城镇人口超过 50% 以上的现代工业社会。经济发展为社会福利体系的建设与完善提供了条件，推动着社会福利项目更加普遍，社会福利制度更加整合。

2. 社会福利体系普遍整合建设的政治条件

社会福利体系的普遍整合是一项重要的民生工程，党和政府始终高度重视。早在 2002 年，江泽民同志就告诫过全党同志，我国现在的小康还是"低水平的、不全面的、发展很不平衡的小康"；党的十六届三中全会明确指出要统筹城乡、区域、经济社会等五个方面的发展，这为建立普遍整合的社会福利体系建设提供了政治保证。2007 年胡锦涛在党的十七大报告明确指出，必须在经济发展的基础上，"更加注重社会建设，着力保障和改善民生，促进社会公平正义，努力使全体人民学有所教、劳有所得、病有所医、老有所养、住有所居，推动建设和谐社会"。2012 年 11 月 8 日，胡锦涛指出，"要多谋民生之利，多解民生之忧，解决好人民最关心最直接最现实的利益问题，在学有所教、劳有所得、病有所医、老有所养、住有所居上持续取得新进展，努力让人民过上更好生活"②。这就为普遍整合的社会福利体系建设提供了良好的政治基础。

3. 社会福利体系普遍整合建设的社会基础

社会福利体系普遍整合的推动力来源于社会生活，来源于人民群众期望获得更加公正的社会福利。社会福利体系的普遍整合与城市化进程、劳动力结构变化等因素息息相关，当一个国家从农业社会转变到工业社会，城市化进程不断加快、城市人口占总人口比重不断上升，老龄人口比例不断增大的情况下，整个社会就日益需要社会福利体系的普遍覆盖与有机整合。以美国的养老保险制度为例，1935 年美国统一养老保险制度的时候，城市化率大

---

① 国家统计局：《2010 年国民经济和社会发展统计公报》，《人民日报》2011 年 3 月 1 日。

② 胡锦涛：《坚定不移沿着中国特色社会主义道路前进，为全面建成小康社会而奋斗》，《人民日报》2012 年 11 月 18 日。

约为55%，65 岁以上老龄人口在 7% 以下①。反观中国，2010 年城市化率达到 49.9%，2011 年上升到 51.27%；另外，从 1982 年到 2011 年底，我国农村人口所占比重从 78.87% 下降到 48.73%，第一产业就业人口比重从 68.10% 下降到 35% 以下，65 岁以上老龄人口从 1982 年的 4.91% 上涨到 9.1%②。适应中国社会所产生的这些变化，内在地需要我们整合现行的社会福利体系。

三　普遍整合社会福利体系建设目标的实现途径

要想建成普遍整合的社会福利体系，使整个社会福利普遍共享、水平适中、结构合理，推进社会福利体系的持续发展，需要我们着重做好以下三个方面的工作。

1. 探究社会福利体系普遍整合的科学基础

构建普遍整合的社会福利体系需要我们站在理论与实践相结合、逻辑与历史相统一的高度，深入探究制约我国社会福利体系建设与发展的若干重大问题，不仅要科学地揭示出整个社会福利与 GDP、财政支出之间的关系，而且也要探索各社会福利项目在整个社会福利体系中的支出比例，各项社会福利支出在整个公共财政支出中的结构关系，还要解决好各项社会福利内部各个组成部分之间的公共财政支出结构与支出关系。例如教育福利，建设普遍整合型教育福利体系内在地需要我们合理确定教育福利项目在公共财政支出以及 GDP 中的结构、比例关系，也要科学地划定教育福利内部义务教育与非义务教育，学前教育、基础教育、高等教育以及特殊教育之间，城市教育与农村教育之间的公共财政支出结构与比例关系，从而使得教育福利体系更加完善，教育福利结构更加合理，整个教育福利供给更加公正。其他各项社会福利建设也应如此，以便形成一个"财政投入适度、福利水平适中和持续性强"的普遍整合社会福利体系。

需要说明的是：我们揭示普遍整合社会福利体系的科学基础，不是简单

---

① 转引自郑秉文、齐传君《社保制度走到十字路口：大一统还是碎片化》，《中国证券报》2009 年 1 月 22 日。

② 根据国家统计局《2011 年国民经济继续保持平稳较快发展》报告以及《中国统计年鉴2011》等资料整理而成。

地否定现行的社会福利支出占整个 GDP 的比例过低问题，也不是简单地提出要增加社会福利的财政支出，更不是口号式地提出在某个若干年份（例如2012 年、2020 年、2049 年）我国全口径社会福利支出占 GDP 的比重应当分别不低于7%、15%、25%①，而是要揭示各社会福利项目与公共财政之间的结构关系。因为早在 2008 年，我国的教育、科技、文化体育与传媒、社会保障与就业、医疗卫生以及社会事务等领域全口径财政总支出总额约为2.68 万亿元，占当年 GDP 的 8.9%②，业已超过 7% 这个指标。从这个角度看，我们要去寻求各个变量间关系，努力使我们的结论建立在牢固的科学基础之上。

2. 加强社会福利体系普遍整合的制度建设

社会福利普遍整合涉及供给水平问题，它规定着社会福利的需求水平。解决好社会福利支出占 GDP 以及公共财政中的结构与比例关系之后，自然就需要加强社会福利制度的建设与整合，它们构成了普遍整合社会福利体系的重要内容，也是衡量普遍整合社会福利体系的重要方面。

一是要健全社会福利体系，解决社会福利供给普遍性不足问题，同时实现社会福利项目的普遍整合，尤其要普遍性地整合针对同一类群体、各个供给机构所提供的各社会福利项目③。二是要实现社会福利制度的普遍整合，在加大社会福利制度供给、增进社会福利制度普遍性同时积极探索同一类型的社会福利制度的整合之道，切实解决社会福利制度碎片化问题。三是要实现社会福利供给主体、供给责任的普遍整合，形成国家（政府）、市场（企业）、社会慈善组织（社会团体）、家庭乃至个人普遍整合型社会福利供给主体，合理地确定各个主体的责任关系与责任结构，克服单一的供给主体及其责任结构所固有的局限性。

3. 开展社会福利体系普遍整合的机制建设

实现普遍整合社会福利体系的建设目标，还需要加强普遍整合社会福利体系的机制建设，这是确保普遍整合社会福利体系建设目标得以顺利实现的

① 郑功成：《中国社会保障改革与发展战略》，人民出版社 2008 年版，第 59 页。

② 国家统计局：《中国统计年鉴 2009》，http://www.stats.gov.cn/tjsj/ndsj/。

③ 例如，针对低收入群体各地出台的社会福利项目除了每月领取的低保金之外还有很多，如减免水、电、气、公交、购物、上学、门诊挂号等费用，有的地方甚至难以准确统计。

保障。

　　一方面，要加强普遍整合社会福利体系的调节机制建设，通过明确各项社会福利责任，划定底线、整合基础、鼓励创新，努力使刚性的社会福利"具有柔性的自我调节能力"①，让社会福利调节机制能刚柔相济，缓解社会福利刚性调节所固有的矛盾或问题。另一方面，要解决社会福利供给过程中个别社会福利项目"普遍性过大"而有的项目"普遍性不足"等问题，建立各项社会福利的供求均衡机制。另外，努力探索社会福利发展过程中一些社会福利项目"整合性不足"或者"既不普遍又不整合"等问题，寻求社会福利的整合机制。同时，切实加强普遍整合型社会福利体系的监管机制建设。普遍整合社会福利体系的实现是各个利益集团的博弈过程，既有的利益集团总想维护本阶层的福利优势地位，他们不会主动降低自身的福利待遇。这就需要政府及社会各界通过政治、经济、法律以及社会等多种手段，加强社会福利体系建设的监督，完善社会福利项目，丰富社会福利类型，调整社会福利待遇，保障普遍整合型社会福利体系的顺利实现。

---

　　①　景天魁：《底线公平与社会保障的柔性调节》，《社会学研究》2004 年第 6 期。

第三章

养老保障制度的普遍整合

以机关事业单位职工退休养老、城镇企业职工基本养老保险、城镇居民社会养老保险、新型农村社会养老保险、农村五保供养、老年养老服务为主体，以城乡居民最低生活保障、企业年金、高龄津贴、商业养老保险、慈善事业、个人储蓄养老为补充的养老保障制度，为广大老年人提供了基本收入和服务，在确保老年人基本生活的同时改善了老年人的生活质量。但是，现行的养老保障制度还存在一系列问题，如养老保险覆盖面不够普遍、养老保险制度整合程度较低、养老保险待遇差异较大等。这些问题的存在影响到养老保障制度积极功能的发挥。因此，必须加快推进养老保障制度普遍整合建设，推进养老保障制度的持续发展。

第一节　养老保障制度存在的问题

新中国成立以来，我国养老保障制度经历了从劳动保障到单位保障再到社会保险的演变，通过不断改革，养老保障制度日益完善。但是，现行的养老保障制度还存在着一系列问题，特别是在普遍性与整合性方面。

一　养老保障制度普遍性方面存在的问题

"老有所养"和"全面建成覆盖城乡居民的社会保障体系"是党的十八大提出的战略目标和要求，以便让所有的老年人都享有最基本的物质与服务保障。但是，从实际情况来看，无论是物质保障（主要指各类基本养老保险），还是养老服务保障（主要是指老年服务），都还没有覆盖所有的城乡居民。

在物质保障方面，虽然我国建立了机关事业单位职工退休养老制度、城镇企业职工基本养老保险制度、新农保以及城居保制度。但是，整个养老保障制度并没有能够覆盖所有城乡居民，现行的机关事业单位职工退休养老制度以及城镇企业职工基本养老保险制度针对有雇主单位的人员，城居保制度以及新农保制度不仅出台的时间较晚，而且还处于试点阶段，大量的城乡居民没有普遍性地纳入到养老保障制度中来。

例如，根据人力资源和社会保障部发布的《2009 年度人力资源和社会保障事业发展统计公报》提供的数据，截至 2009 年末，全国城镇就业人口 31120 万人，年末参加城镇基本养老保险人数为 23550 万人，其中参保职工人数 17743 万人，参保离退休人员为 5807 万人，参保职工人数仅占全国城镇就业人口的 57%[①]。这些参保人数包括企业职工、个体工商户、灵活就业人员、部分事业改为企业的职工等，绝大部分机关事业单位职工并没有参保，即使把这部分人考虑进去的话（全国机关事业单位在岗职工大约有 3943.48 万人），这两类参保职工约占全国城镇就业人口的 75.7%，这就是说，还有约 24.3% 的就业人口没有参加城镇基本养老保险。2011 年末，全国城镇就业人口 35914 万人，全国参加城镇基本养老保险人数为 28391 万人，其中，参保职工 21565 万人，参保离退休人员 6826 万人，参保职工人数仅占全国城镇就业人口的 60% 左右，参保人数及参保率有所上升，但仍然还有相当比例的城镇就业人口未参加职工基本养老保险。

又如，2009 年开始试点的新型农村社会养老保险制度，当年试点县占全国的 10%，2010 年底试点县扩大到 23%，2011 年底全国有 27 个省、自治区的 1914 个县（市、区、旗）和 4 个直辖市部分区（县）开展新型农村社会养老保险试点，试点地区参保人数 32643 万人，实际领取待遇人数 8525 万人。这年末全国有 27 个省、自治区的 1902 个县（市、区、旗）和 4 个直辖市部分区（县）开展城居保制度的试点，试点地区参保人数 539 万人，其

---

① 参见人力资源和社会保障部《2011 年度人力资源和社会保障事业发展统计公报》，http：//www. mohrss. gov. cn。

中实际领取待遇人数 235 万人①。显然，城乡居民的基本养老保险要想实现全面覆盖与普遍整合还需要较长的时间。

再如，作为职工基本养老保险补充的企业年金覆盖面仍然较窄。根据人力资源和社会保障部发布的数据显示，2009 年末全国有 3.35 万户企业建立了企业年金，参加职工人数仅为 1179 万人，约占城镇就业人口的 3.8%；2011 年末全国有 4.49 万户企业建立了企业年金，参加职工人数为 1577 万人②，约占城镇就业人口的 4.4% 左右。

也就是说，现行的社会养老保险制度虽然已经覆盖了大部分城镇职工和小部分城乡居民，但是，众多城乡居民及其灵活就业人员并没有参加社会养老保险，绝大多数企业没有建立企业年金，这些都显示出现行的养老保障制度普遍性不足。具体见表 3.1.1、表 3.1.2、表 3.1.3、表 3.1.4、表 3.1.5 以及表 3.1.6。

表 3.1.1　　　2000—2011 年全国城镇职工基本养老保险参保人数和覆盖率　　　单位：万人

年份	参保人数					城镇就业人口	参保数占城镇就业人口比（%）
	总数	参保职工	离退休职工	企业职工	农民工		
2000	13618	10448	3170	9124	4494	21274	64.01
2001	14183	10802	3381	9198	4985	23940	59.24
2002	14736	11128	3608	9090	5646	24780	59.47
2003	15506	11646	3860	13882	1624	25639	60.48
2004	16353	12250	4103	14679	1674	26476	61.77
2005	17487	13120	4367	15716	1771	27331	63.98
2006	18766	14131	4635	16857	1417	28310	66.29
2007	20137	15183	4954	18235	1846	29350	68.61
2008	21891	16587	5304	19951	2416	30210	72.46
2009	23550	17743	5807	21567	2647	31120	75.67

---

① 参见人力资源和社会保障部《2011 年度人力资源和社会保障事业发展统计公报》，http://www.mohrss.gov.cn。

② 同上。

续表

年份	参保人数					城镇就业人口	参保数占城镇就业人口比（%）
	总数	参保职工	离退休职工	企业职工	农民工		
2010	25707	19402	6305	23634	3284	33322	77.14
2011	28391	21565	6826	26284	4140	35914	79.05

数据来源：《人力资源和社会保障事业发展统计公报》（2008—2011 年），《劳动和社会保障发展统计公报》（2000—2007 年），《中国劳动统计年鉴 2011》。

表 3.1.2　　　　　　　2000—2011 年农村社会养老保险参保人数[①]　　　单位：万人、亿元

年份	参保人数	领取人数	支付养老金	累计结存基金
2000	6172	97.8	—	195.5
2001	5995.1	108.1	5.2	216.1
2002	5462	123.4	—	233.3
2003	5428	198	15	259.3
2004	5378	205	14.51	285
2005	5442	302	21	310
2006	5374	355	30	354
2007	5171	392	40	412
2008	5595	512	56.8	499
2009	8691	1556	76	681
2010	10277	2863	200	423
2011	32643	8525	588	1199

数据来源：《人力资源和社会保障发展统计公报》，《劳动和社会保障发展统计公报》。

表 3.1.3　　　　　　　　2000—2011 年企业年金情况[②]　　　单位：万人、亿元

年份	企业数	参加职工人数	结存基金
2000	1.6	560	192
2001	—	193	49

---

① 2010 年及 2011 年为新型农村社会养老保险的数据；部分数据参见张洪涛、孔泾源《社会保险案例分析——制度改革》，中国人民大学出版社 2008 年版，第 359 页。

② 部分数据参见宋效中等《企业年金方案设计实务》，冶金工业出版社 2006 年版，第 17 页；张洪涛、孔泾源：《社会保险案例分析——制度改革》，中国人民大学出版社 2008 年版，第 49 页。

续表

年份	企业数	参加职工人数	结存基金
2002	—	—	—
2003	—	—	—
2004	—	560	—
2005	2.4	924	680
2006	2.4	964	910
2007	3.2	929	1519
2008	3.3	1038	1911
2009	3.35	1179	2533
2010	3.71	1335	2809
2011	4.49	1577	3570

数据来源：《人力资源和社会保障发展统计公报》，《劳动和社会保障发展统计公报》；年金数据比较少，原因是《企业年金试行办法》与《企业年金基金管理试行办法》一直处于试点阶段。

表 3.1.4　　　　　2000—2011 年城镇职工基本养老保险收支情况①　　　单位：亿元

年份	征缴收入	各级财政补贴	支出	结存基金（累计）
2000	1869	—	2115	947
2001	2092	—	2321	1054
2002	2551.4	—	2842.9	1608
2003	3044	530	3122	2207
2004	3585	614	3502	2975
2005	4312	651	4040	4041
2006	5215	971	4897	5489
2007	6494	1157	5965	7391
2008	8016	1437	7390	9931
2009	9534	1646	8894	12526
2010	11110	1954	10555	15365
2011	13956	2272	12765	19497

数据来源：《人力资源和社会保障发展统计公报》，《劳动和社会保障发展统计公报》。

---

① 部分数据参见余明琴等《社会保险法制研究》，中国人事出版社 2004 年版，第 73 页。

表3.1.5　　机关、事业单位在职职工人数和离退休职工人数统计①

年份	年末就业人数（千人）			年末在岗职工数（千人）			年末离、退、退职人员数（人）		
	合计	机关	事业	合计	机关	事业	合计	机关	事业
2000	38526	10737	27789	37507	10616	26891	8699619	2506426	6193193
2001	38313	10705	27608	37394	10576	26818	9174927	2630869	6544058
2002	37777	10542	27235	36815	10366	26449	9346556	2736034	6610522
2003	37958	10716	27242	36938	10501	26437	10102721	2902205	7200516
2004	38385	10923	27462	37253	10665	26588	10380186	2979964	7400222
2005	38897	10963	27934	37862	10733	27129	11138000	3119000	8019000
2006	39451	11118	28333	38356	10876	27480	—	—	—
2007	40045	11303	28742	38899	11050	27849	—	—	—
2008	40717	11568	29149	39239	11211	28028	—	—	—
2009	41131	11833	29298	39435	11376	28059	—	—	—

数据来源：《中国劳动统计年鉴》（2001—2010年）。

表3.1.6　　2000年以来机关、事业单位基本养老保险年末参保人数　　单位：万人

年份	全国机关、事业单位基本养老保险年末参保人数	
	职工	离退休人员
2000	977.6	153.4
2001	1068.9	209.3
2002	1199.4	258.6
2003	1322	303.3
2004	1346.4	327.6
2005	1409.8	362.3
2006	1512.9	396.8
2007	1492.6	409.7
2008	1504.1	435.6
2009	1524.0	459.0
2010	1579.6	493.3

数据来源：《中国劳动统计年鉴》（2011年）。

---

①　2006年以后劳动统计年鉴改版，不再有离退休人数的相关资料。《中国劳动统计年鉴》（2011年）没有对机关、事业单位分类统计。

与物质保障相比，服务保障的普遍性更不理想。根据民政部发布的《社会养老服务体系十二五规划》提供的数据，截至 2009 年底，全国各类收养性养老机构为 4 万个，涵盖福利院、养护院、敬老院、荣军养老机构、老年公寓等多种类型，养老床位为 289 万张，每万名 60 岁以上老年人拥有养老床位数仅为 173 张。另据全国老龄办发布的《全国城乡失能老年人状况研究》提供的数据，2010 年末全国城乡部分失能和完全失能老年人约 3300 万，占老年人口总数的 19%，其中完全失能老年人 1080 万，占老年人口总数的 6.23%，城乡失能老年人口人均拥有养老床位数为 0.09 张，其中，完全失能老年人人均拥有养老床位数为 0.27 张，作为服务保障重要载体的养老机构和养老床位极其缺乏，难以满足老年人基本的养老服务需求。

另据对重庆、云南红河、厦门和苏州四地的调查发现，家庭养老仍然是被访者的首选，65% 以上的被访者选择此种养老方式，而愿意进入机构养老的约占 10%—15%，愿意采取社区养老的达到 15%—20%（见表 3.1.7），两者累计达到 35% 左右。也就是说，被访者对于非家庭养老方式同样有着较大的需求。

表 3.1.7　　　　　　　　民众最希望的养老方式情况　　　　　　　单位：人、%

地区	家庭养老		社区养老		机构养老（养老院养老）		其他	
	人数	比例	人数	比例	人数	比例	人数	比例
重庆	343	68.6	88	17.6	55	11.0	14	2.8
红河	341	68.2	72	14.4	77	15.4	10	2.0
厦门	326	65.9	104	21.0	54	10.9	11	2.2
苏州	340	68.5	79	15.9	60	12.1	17	3.4

注：表中各地区样本数均为 500。

总之，在基本养老保险还没有实现全面覆盖的同时，作为服务保障的养老机构和养老床位还不能满足老年人基本的养老服务需求，这迫切需要我们加快推进养老保险制度以及养老服务制度的普遍覆盖。

二　养老保障制度整合性方面存在的问题

我国养老保障制度不仅在普遍性方面存在着许多问题，没有真正实现

"老有所养"这个基本目标。另外，由于现行的养老保障制度（仅指物质保障方面）是根据不同职业身份设计的，它在整合性方面也存在着碎片化程度高、待遇差异大、统筹层次低等问题。见表3.1.8。

表3.1.8 我国现行的养老保障制度

制度类型	覆盖人群	经费来源	待遇确定条件	主管部门
机关事业单位职工退休制度	党政机关、社会团体、事业单位在编职工	政府财政	工龄、职务、职称、退休前工资	公务员局
城镇企业职工基本养老保险	城镇企业职工、个体工商户、灵活就业人员等	企业缴费、职工个人缴费	缴费年限、缴费额度	社保部门
城居保	城镇居民	个人缴费、财政补贴	缴费年限、缴费额度	社保部门
新农保	农村居民	个人缴费、财政补贴	缴费年限、缴费额度	社保部门
农村五保供养	农村五保老人	财政补贴		民政部门
高龄津贴	城乡80岁以上老人	财政补贴	年龄	民政部门

从表3.1.8可以看出，为老年人提供基本养老保障的制度安排主要有六个，其中前四项制度是普遍的，是养老保障制度的基本部分。而农村五保供养制度和高龄津贴制度则是特殊的，其中，前者仅为农村孤寡老人提供基本的物质保障和服务保障，后者既有基本物质保障的含义，也有褒奖的意味，将来随着新型农村社会养老保险的普及，高龄津贴制度则起到褒奖作用。因此，我们将重点分析前四项制度。

将机关事业单位职工退休制度、城镇企业职工基本养老保险、城居保以及新农保放在一起进行比较，虽然这几项制度都是为了实现"老有所养"这个目标，但它们之间的差别非常明显：

首先，制度目标群体不同。机关事业单位职工退休制度和城镇企业职工基本养老保险制度的目标人群是城镇职工。其中，前者的目标人群是党政机关，人民团体，人大、政协机关，民主党派机关以及事业单位正式在编职工，在这些单位工作的编制外或其他合同制员工则不能参加这个制度；后者的目标人群是城镇企业职工、社会组织就业人员、个体工商户、灵活就业人员等；城居保制度的目标群体是城镇无业居民以及部分没有参保的城镇退休人员；新农保制度的目标人群是农村居民。

其次，经费来源不同。机关事业单位职工退休制度的经费来源于各级政府财政，职工个人不需要缴费；城镇企业职工基本养老保险制度的经费主要来源于企业和职工个人缴费，政府财政补贴主要用于解决历史欠账问题；城居保以及新农保制度的经费主要来源于城乡居民的个人缴费以及政府财政补贴，另外，这两个制度的基础养老金部分完全来源于政府财政补贴。

最后，养老金待遇的确定条件不同。机关事业单位职工退休养老金待遇标准主要根据职工个人的职务、职称、工龄、退休前工资等因素确定，尤其依据个人的职务或职称；城镇企业职工的基础养老金待遇与退休时的当地社会平均工资有关，而个人账户养老金部分与职工个人的缴费年限和缴费额度相关；城居保以及新农保的待遇也由两部分构成，基础养老金部分由地方政府统一确定，个人账户养老金部分与城乡居民的缴费年限和缴费额度有关。

总体上看，这四项制度之间的区别较大：机关事业单位正式在编职工不需要缴纳任何费用就可以享受养老待遇，并且完全由政府财政支付；城镇企业职工自己缴纳费用后才能享受基本养老保险待遇，待遇水平主要取决于个人的缴费情况；城、乡居民虽然也需要缴费后才能享受到基本待遇，但政府财政却承担了基础养老金部分，并给予缴费补贴。由此可见，机关事业单位正式在编职工和城乡居民在享受基本养老待遇方面都能从政府财政中获得较大的资助，只有城镇企业职工自己缴费自己养老，很少能从政府财政中获得资助。另外，到目前为止，城镇企业职工的养老保险待遇人均每月只有1300元左右，而机关事业单位正式在编职工的退休待遇一般都能达到人均每月4000多元，两者相差3倍多[①]。

就地方层面而言，现行的养老保障制度更为复杂。笔者对厦门、苏州、重庆以及红河等地2000名被访者进行了问卷调查，结果见表3.1.9。发现这四个地方都普遍性地存在着公务员退休养老保险、事业单位人员退休养老、城镇职工基本养老、城镇居民社会养老、新型农民社会养老、失地农民养老、农民工养老等7种保险方式。

---

① 杨文彦：《养老金差距到底有多大，并轨是必然》，人民网，2012年10月30日。

表 3.1.9　　　　　　　　　　　民众现有的养老保险方式　　　　　　　　　　单位：人、%

地区	公务员退休养老		事业单位退休养老		城镇职工基本养老保险		城镇居民社会养老		新型农村社会养老保险		失地农民养老保险		农民工养老保险	
	人数	比例	人数	比例	人数	比例	人数	比例	人数	比例	人数	比例	人数	比例
重庆	37	7.4	31	6.2	118	23.6	87	17.4	139	27.8	12	2.4	9	1.8
红河	3.0	6.0	57	11.4	95	19.0	57	11.4	74	14.8	6	1.2	5	1.0
厦门	45	9.0	57	11.4	190	38.0	62	12.4	84	16.8	4	0.8	70	14.0
苏州	41	8.2	41	8.2	198	39.6	78	15.6	70	14.0	38	7.6	4	0.8

注：表中各地区样本数均为500。

　　在养老保障制度整合性方面存在的另一个问题是基本养老保险统筹层次太低，这既表现在城镇企业职工基本养老保险方面，也表现在城居保以及新农保方面。这三类保险目前基本上实行地市级统筹，个别地方甚至是县级统筹。有学者指出："全国名义上有 600 多个地市级以上统筹地区，但其中90% 以上实际上是以县（市）级统筹为基础。"[1] 统筹层次低不仅降低了基本养老保险抗击风险的能力，不利于劳动力合理流动，而且会导致区域差别，特别是筹资标准和待遇水平的差别，产生新的社会不公。我们在重庆、云南红河州、厦门、苏州等四地的调查充分说明了这一点（见表 3.1.10 至表 3.1.15）。这就需要我们深化改革，对现行的碎片化养老保险制度进行必要的整合，适当提高统筹层次，推进养老保障制度的完善。

表 3.1.10　　　　民众对新农保与城居保基础养老金标准不相同的态度　　　单位：人、%

地区	非常赞成		比较赞成		不太赞成		非常不赞成		不清楚	
	人	比例	人	比例	人	比例	人	比例	人	比例
重庆	287	57.4	129	25.8	52	10.4	10	2.0	22	4.4
红河	229	45.8	150	30.0	82	16.4	13	2.6	26	5.2
厦门	268	53.6	148	29.6	44	8.8	12	2.4	28	5.6
苏州	255	51.0	153	30.6	48	9.6	9	1.8	35	7.0

注：表中各地区样本数均为500。

---

[1]　中国发展研究基金会：《构建全民共享的发展型社会福利体系》，中国发展出版社 2009 年版，第70 页。

表 3.1.11　　　　专业人员认为新农保与城居保基础养老金标准设置　　　单位：人、%

地区	两者实行一个标准		城镇居民高于农村		城镇居民低于农村	
	人数	比例	人数	比例	人数	比例
重庆	146	58.4	97	38.8	7	2.8
红河	163	65.2	81	32.4	6	2.4
厦门	150	60.5	93	37.5	5	2.0
苏州	157	63.3	88	35.5	3	1.2

注：表中各地区样本数均为500。

表 3.1.12　　　　　　　　民众对于养老保险统一层次的态度　　　　　单位：人、%

地区	全县统一		全市（州）统一		全省统一		全国统一		不清楚	
	人数	比例	人数	比例	人数	比例	人数	比例	人数	比例
重庆	51	10.2	119	23.8	76	15.2	216	43.2	38	7.6
红河	60	12.0	81	16.2	97	19.4	234	46.8	28	5.6
厦门	50	10.0	209	41.8	71	14.2	121	24.2	49	9.8
苏州	101	20.2	170	34.0	95	19.0	98	19.6	35	7.0

注：表中各地区样本数均为500。

表 3.1.13　　　　专业人员认为新农保与城居保基础养老金标准统一层次　　　单位：人、%

地区	全县统一		全市（州）统一		全省统一		全国统一	
	人数	比例	人数	比例	人数	比例	人数	比例
重庆	16	6.4	62	24.8	107	42.8	65	26.0
红河	21	8.4	47	18.8	120	48.0	62	24.8
厦门	18	7.2	103	41.2	86	34.4	43	17.2
苏州	20	8.0	98	39.2	90	36.0	42	16.8

注：表中各地区样本数均为500。

表 3.1.14　　　　专业人员认为城居保基础养老金统一层次态度　　　单位：人、%

地区	全县统一		全市（州）统一		全省统一		全国统一	
	人数	比例	人数	比例	人数	比例	人数	比例
重庆	14	5.6	42	16.8	114	45.6	80	32.0

续表

地区	全县统一		全市（州）统一		全省统一		全国统一	
	人数	比例	人数	比例	人数	比例	人数	比例
红河	15	6.0	44	17.6	118	47.2	73	29.2
厦门	8	3.2	90	36.3	94	37.9	56	22.6
苏州	19	7.6	78	31.3	92	36.9	60	24.1

注：表中各地区样本数均为500。

表3.1.15　　　**专业人员认为城镇居民低保标准与基础养老金标准**　　单位：人、%

地区	两者标准相同		低保标准高于基础养老金		低保标准低于基础养老金	
	人数	比例	人数	比例	人数	比例
重庆	90	36.0	37	14.8	123	49.2
红河	120	48.0	64	25.6	66	26.4
厦门	114	46.0	57	23.0	77	31.0
苏州	116	46.8	36	14.5	96	38.7

注：表中各地区样本数均为500。

三　养老保障制度普遍整合的必要性

迄今为止，我国养老保障制度既没有实现全覆盖（包括物质保障方面和服务保障方面），也没有有效地实现制度整合与统筹，碎片化程度较为严重，亟须进行养老保障制度的普遍整合改革，促进养老保障制度更加公正地发展。

第一，"老有所养"是公民的基本权利，也是工业社会以来各国政府承诺的一项社会职能。在现代社会，工业化城市化进程的加快使得家庭规模小型化以及家庭结构核心化，家庭和个人的养老能力尤其是养老服务能力越来越弱化，急需社会化的制度安排来弥补家庭和个人养老功能不足问题，由此使得"老有所养"普遍被当成一项基本的社会权利，甚至成为一种"去商品化"的"公民资格"。与此相对应，"老有所养"就成了政府的职责，构成了政府为民众提供公共服务的重要内容，政府也逐渐把建立一个人人共享、覆盖城乡、普遍整合的养老保障制度当成自身的责任。

第二，应对日益严峻的人口老龄化需要。我国自1999年步入老龄化社会以来，人口老龄化加速发展，老年人口基数大、增长快，人口高龄化、空巢化趋势明显，需要照料的失能、半失能老人数量剧增。截至 2011 年底，我国 60 岁以上老年人口已达 1.85 亿，占总人口的 13.7%，65 岁以上老年人口 1.23 亿，占人口总数的 9.1%[1]，是世界上唯一一个老年人口超过 1 亿的国家，且正在以每年 3% 以上的速度快速增长，是同期人口增速的五倍多。预计到"十二五"期末，全国老年人口将达到 2.21 亿，约占总人口的 15%，届时 80 岁及以上高龄老人将达到 2400 万，65 岁以上空巢老人将超过 5100 万。表 3.1.16 是联合国对中国人口的预测。

与发达国家不同，我国农村一直以家庭养老为主，由于农村人口老龄化水平高于城镇，随着"4—2—1"家庭结构在农村大量出现，加上农村青壮年劳动力外出务工频繁，农村空巢老人不断增多，农村养老问题十分严重。目前，我国户均规模 3.16 人，较改革开放之初的 4.61 人下降了 31.5%[2]。城乡老年空巢家庭比例不断上升，城市老年空巢家庭已达到 49.7%，农村老年空巢家庭已达到 38.3%。家庭规模的缩小和结构变化使其养老功能不断弱化，对专业化养老机构和社区养老服务的需求与日俱增，这就需要我们建立一个普遍整合的养老保障制度。

表 3.1.16　　　　联合国对中国人口的预测[3]（中方案，2005—2050 年）　　单位：千人、%

年份	总人口	65 岁以上人口数	65 岁以上人口比重
2005	1312979	100464	7.7
2010	1351512	112941	8.4
2015	1388600	133902	9.6
2020	1421260	169567	11.9
2025	1445782	197382	13.7
2030	1458421	236414	16.2
2035	1458292	285868	19.6
2040	1448355	321762	22.2
2045	1431448	328493	22.9
2050	1408846	333668	23.7

---

① 李立国：《在"2012 年全国老龄工作会议"上的讲话》，《中国社会报》2012 年 3 月 6 日。
② 吴鹏：《城市老年空巢家庭近半，专家称应明确政府责任》，《新京报》2011 年 2 月 14 日。
③ 转引自郑功成《中国社会保障 30 年》，人民出版社 2008 年版，第 78 页。

第三，整合碎片化养老保障制度的需要。现行的四种养老保险制度供给，即机关事业单位职工退休制度、城镇企业职工基本养老保险制度、城居保制度以及新农保制度，在缴费与管理方式上都存在着较大的差异，不仅不同制度之间无法衔接，而且待遇水平差异较大，存在着较为严重的社会不公现象。这就需要对现行的养老保障制度进行改革和创新，通过制度整合，建立一个普遍整合的养老保障制度，促进养老保障制度的公正发展。从四地的调查情况来看，被调查者对建立统一的养老保障制度的必要性与可行性表现出较高的认可度。具体见表 3.1.17 至表 3.1.22。

表 3.1.17　　　　　民众对公务员与事业单位人员养老保障制度的态度　　　　　单位：人、%

地区	同一个制度		不同的制度		不清楚	
	人数	比例	人数	比例	人数	比例
重庆	387	77.4	49	9.8	64	12.8
红河	355	71.0	90	18.0	55	11.0
厦门	364	72.9	52	10.4	83	16.6
苏州	377	76.9	52	10.6	61	12.4

注：表中各地区样本数均为500。

表 3.1.18　　　专业人员认为公务员和事业单位人员实行一个养老保险制度　　　单位：人、%

地区	非常可行		比较可行		不太可行		非常不可行	
	人数	比例	人数	比例	人数	比例	人数	比例
重庆	108	43.2	98	39.2	40	16.0	4	1.6
红河	85	34.0	83	33.2	69	27.6	13	5.2
厦门	99	39.9	107	43.1	27	10.9	15	6.0
苏州	97	38.8	102	40.8	46	18.4	5	2.0

注：表中各地区样本数均为500。

表 3.1.19　　　　　民众对事业单位与企业职工养老保障制度的态度　　　　　单位：人、%

地区	同一个制度		不同的制度		不清楚	
	人数	比例	人数	比例	人数	比例
重庆	368	73.6	74	14.8	58	11.6

地区	同一个制度		不同的制度		不清楚	
	人数	比例	人数	比例	人数	比例
红河	316	63.2	132	26.4	52	10.4
厦门	371	74.2	70	14.0	57	11.4
苏州	367	74.1	85	17.2	43	8.7

注：表中各地区样本数均为500。

表3.1.20　专业人员认为事业单位人员和企业职工实行同一养老保险制度　单位：人、%

地区	非常可行		比较可行		不太可行		非常不可行	
	人数	比例	人数	比例	人数	比例	人数	比例
重庆	64	25.6	77	30.8	98	39.2	11	4.4
红河	55	22.0	69	27.6	111	44.4	15	6.0
厦门	73	29.2	115	46.0	48	19.2	12	4.8
苏州	72	28.8	84	33.6	82	32.8	12	4.8

注：表中各地区样本数均为500。

表3.1.21　　专业人员认为公务员、事业单位人员、企业职工实行

同一养老保险的必要性　　　　单位：人、%

地区	非常必要		比较必要		不必要		非常不必要	
	人数	比例	人数	比例	人数	比例	人数	比例
重庆	76	30.4	72	28.8	90	36.0	12	4.8
红河	63	25.2	62	24.8	109	43.6	16	6.4
厦门	100	40.0	86	34.4	51	20.4	13	5.2
苏州	88	35.2	66	26.4	85	34.0	11	4.4

注：表中各地区样本数均为500。

表3.1.22　　专业人员认为公务员、事业单位人员、企业职工

实行同一养老保险可行性　　　　单位：人、%

地区	非常可行		比较可行		不太可行		非常不可行	
	人数	比例	人数	比例	人数	比例	人数	比例
重庆	75	30.0	80	32.0	85	34.0	10	4.0

地区	非常可行		比较可行		不太可行		非常不可行	
	人数	比例	人数	比例	人数	比例	人数	比例
红河	63	25.2	69	27.6	101	40.4	17	6.8
厦门	84	33.6	100	40.0	57	22.8	9	3.6
苏州	78	31.2	67	26.8	93	37.2	12	4.8

注：表中各地区样本数均为500。

所有这些表明，对养老保障制度进行普遍整合是一个必然趋势与客观选择，也是民意的集中体现，需要我们加快对养老保障制度进行顶层设计。

第二节　养老保障制度普遍整合的原则与目标

养老保障制度普遍整合的目标就是建立一个全面覆盖、相对统一、相互衔接、水平适度的社会化养老保障制度。而要达到这一目标，就需要在坚持一系列原则基础上，深化改革和不断创新。

一　养老保障制度普遍整合的原则

实现养老保障制度的普遍整合应坚持的原则主要有：

第一，普遍性原则。养老保障制度的普遍整合首先应能够普遍覆盖。这种普遍性表现在两个方面，一是人人被社会养老保障制度所覆盖，每个人基于公民资格能够非商品化地被养老保障制度所覆盖，而不能被排除在养老保障制度之外；二是人人获得基本的养老保障待遇，每个人都能享有一定的物质和服务保障，以便保障自己的晚年生活水平不致下降，提升自身的生活质量，增强自身幸福感与满意度，共享经济社会的发展成果。

第二，全面性原则。全面性是普遍性的必然要求，坚持普遍性需要注重全面性，强调全面性必须承认普遍性。普遍整合养老保障制度的全面性包括两个方面：一是内容的全面性，养老保障制度不仅应该包括物质保障，还应该包括服务保障，是物质与服务相结合的保障；二是机制的全面性，养老保障制度不仅应该包括政府供给与责任机制，如政府提供基本养老保险和基本养老服务，还应该包括非政府的供给及其相关责任机制，如用人单位提供职业年金和企业年金即补充养老保险，工会提供互助养老保险，商业保险公司提供养老保险，社会组织提供养老救助以及养老服务等。

第三，统筹性原则。普遍整合的养老保障制度不再强调城乡差别、身份差别以及职业差别，在制度供给理念与原则、筹资方式与标准、待遇水平及管理方式上都要按照"个人账户与社会统筹"原则进行制度设计与制度供给。为此，要对现行的制度进行必要的整合，促成各种碎片化的养老保险制度相互衔接，对现行的各种老年服务项目进行必要的整合，增强养老保障制度的科学性与持续性。

第四，差异性原则。统筹性与差异性相互依存，强调统筹性不是去否定差异性，承认差异性不是要抛弃统筹性。我们强调养老保障制度的统筹是相对的，是基于养老保障制度的统一设计原理，而不是要构建全国一统、没有任何差异的养老保障制度。由于我国人口众多，社会结构复杂，形成全国统一的养老保障制度缺乏现实性，应该允许差异性的存在，但这种差异性应该体现在个人账户部分，应该体现在缴费标准上，允许设置差异性的缴费标准，而不是有的阶层可以不用缴交养老保险金就可以获得丰厚的养老金待遇。

第五，社会化原则。普遍整合养老保障制度的建立和完善，应以政府为主导，但又不能把政府当成唯一的供给主体，它需要市场、社会乃至家庭（个人）的配合，形成养老保障供给合力。例如，物质保障方面，既需要政府提供基本养老保险，也需要企业提供补充养老保险即企业年金，还需要个人进行必要的储蓄，甚至购买一些商业养老保险，以便提高自己的养老金待遇；再如服务保障方面，既需要政府提供基本的养老服务，特别是为失能、失智老年人提供基本养老服务，也需要动员社会慈善资金投入到养老服务供给中；既需要政府建设一定规模的养老院为民众提供社会养老，也需要完善社区养老以及居家养老服务。

第六，水平适度原则。刚性的养老保障待遇与柔性的经济发展速度、经济发展水平并不完全一致，前者呈线性增长，而后者则变化多样，有时甚至呈下降态势。这就需要我们吸取其他国家尤其是福利国家的教训，以民众的基本需要而不是非基本需要为基础，建设水平适度的养老保障制度。这样既不至于养老保障水平过高成为经济社会发展的负担，也不至于落后于经济发展水平而不能满足人民日益增长的多层次、多样化的需求。

二　养老保障制度普遍整合的目标

遵循上述原则，普遍整合养老保障制度的目标就是建立一个全面覆盖、相对统一、相互衔接、水平适度的社会化养老保障制度。

养老保障制度由物质保障和服务保障两部分组成。服务保障以政府提供的机构养老服务、社区养老服务为基础，整合居家养老。同时，以社会组织以及家庭提供的养老服务为补充。物质保障以政府提供的基础养老金为基础，以个人缴纳的养老保险金为依托，以用人单位提供的补充养老保险为补充，形成个人账户与社会统筹相结合的养老保险制度。其中，政府提供的基本养老保险由两项具体制度构成：

一是城镇职工基本养老保险。参加对象为机关事业单位正式在编职工、企业职工、个体工商户、灵活就业人员等，这是一种强制性保险。这类保险制度用人单位和职工个人都必须缴费参加（个体工商户和灵活就业人员缴费由个人全部承担，财政予以一定补贴），实行统账结合模式，用人单位缴费的一部分进入统筹账户，另一部分进入职工个人账户，各类职工个人缴费全部进入职工个人账户。统筹账户主要用来支付基础养老金、个人账户储存额支付完后继续支付的养老金、按照规定养老金正常调整中调整增发的金额等，它实行全国统筹；而个人账户用于发放个人账户养老金，以省为单位进行统筹管理。养老保险金由基础养老金、统筹账户养老金、个人账户养老金组成。政府为参保职工提供基础养老金，用人单位要为其职工提供职业年金或企业年金作为补充。具体见图3.2.1。

二是城乡居民基本养老保险。参加人员为农村居民和城镇非就业居民，居民缴费参加，政府给予缴费补贴，实行统账结合模式。居民个人缴费全部进入个人账户，政府缴费补贴一部分计入个人账户，另一部分进入统筹账户。城乡居民基本养老保险也划分为基础养老金和个人账户养老金两部分，其中，基础养老金由财政负担，个人账户养老金则由个人缴费与政府补贴构成，个人账户以省为单位进行统筹管理。具体见图3.2.2。

围绕上述建设目标，需要进行如下三个方面的改革：

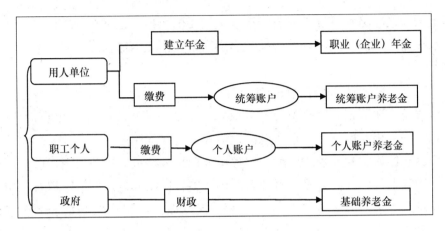

图 3.2.1   城镇职工基本养老保险框架图

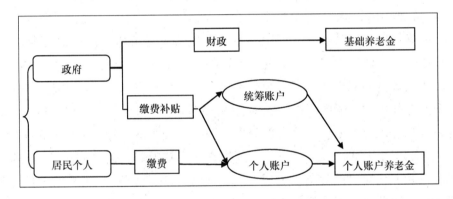

图 3.2.2   城乡居民基本养老保险框架图

首先，要向所有参保人员发放基础养老金。这是因为正在试点的城居保以及新农保所设置的基础养老金办法体现了"底线公平"，做到基础养老金部分普遍共享、人人均等、保障基本生活，个人账户养老金则体现着差异性原则；同时，发放基础养老金可以较好地调节收入差距，特别是缩小养老金待遇差距。

其次，政府和企业补贴或缴费的一部分要进入个人账户。企业职工基本养老保险中企业缴费部分的 3% 进入个人账户，其余 11% 左右建立统筹账户，为已经退休的职工发放养老金。试点的城居保以及新农保也有财政补贴。因此，对于机关事业单位人员的养老保险也应该采取个人缴费与政府补贴相结合方式进行，从而增进所有养老保险制度在缴费原理、账户设置以及费用划分等方面的普遍整合性。当然，为了减轻企业负担，也可以适当下调企业缴费比例。

最后，要做实城乡居民社会养老保险统筹账户。正在试点的城居保以及新农保虽然规定要实行统账结合模式，但是并没有明确规定统筹账户的经费来源，这就使得现行的统筹账户是个空账户，同时，个人账户养老金在发放完之后将"无钱"发放养老金。为此，应采取措施，强制将政府缴费补贴的一部分纳入到统筹账户中去，努力做实统筹账户，切实解决今后个人账户发放完后"无钱"发放养老金问题。

在服务保障方面，要建立覆盖城乡、项目齐全、内容完善的养老服务体系。就政府而言，要建立收养性养老机构（主要用于收养失能、失智老人），完善社区养老服务体系，为老年人提供日常生活照料、医疗保健、康复护理、文体活动等服务；同时，出台政策吸引社会组织参与建设养老服务体系，如鼓励社会资金开办收养性养老机构，为老年人提供个性化、专业化的养老服务等。

第三节　养老保障制度普遍整合的途径

建设普遍整合养老保障制度需要我们全面推进养老保障制度的改革，增强养老保障制度的普遍性与整合性。

一　推进机关事业单位职工退休制度改革

机关事业单位职工退休制度自20世纪50年代建立以来，基本上没有进行改革。20世纪90年代中期政府的工作重心落脚于"为国有企业改革配套"，也没有将企业职工和机关事业单位职工作为一个整体加以考虑，只是对企业职工的养老制度进行了改革，建立起城镇企业职工基本养老保险制度，而机关事业单位职工退休制度一直延续下来。由此形成了双轨制养老保险制度[①]。

---

① 现在全国大部分地区对机关事业单位人员只进行了退休养老金社会化发放改革。

例如，现行的机关事业单位人员退休年龄与退休条件仍然依据 1978 年《关于颁发国务院关于安置老弱病残干部的暂行办法和国务院关于工人退休、退职的暂行办法的通知》的规定，要求"男年满 60 周岁，女干部年满 55 周岁，女工人年满 50 周岁"，1993 年国务院颁布的《国家公务员暂行条例》规定"男年满 60 周岁，女年满 55 周岁"或者"丧失工作能力"的公务员可以退休，这个规定与 1978 年的文件基本一致。在退休待遇计发办法方面也没有进行很好的改革，基本上沿用 1978 年的文件。这就需要加快机关事业单位人员养老保险制度改革。为此，2008 年，国务院决定选择山西、上海、浙江、广东、重庆五省市开始事业单位职工养老保险改革试点。由于此次的试点将机关工作人员排除在外，引起了众多事业单位人员的疑虑，引发了较大的争议，在一定程度上也阻滞了事业单位人员养老保险改革的进度。从建立普遍整合养老保障制度来看，机关事业单位职工养老保险制度的改革应围绕四个方面进行：

第一，加快事业单位分类改革。我国事业单位主要分为财政全额拨款单位、财政差额拨款单位以及自收自支单位。事业单位分类改革就是将自收自支事业单位改为国有或集体企业，同时将差额拨款单位的差额拨款改为政府购买服务付款，因而将这两类单位排除在事业单位之外，这类单位的员工按照企业职工基本养老保险制度缴费并获取相应的养老金待遇，从而减轻事业单位人员养老保险改革的阻力。

第二，以"新人新办法、老人老办法"推进机关事业单位人员的养老保险改革。对于 2003 年 7 月 1 日以后参加工作，尤其是新进机关事业单位的人员统一按照企业职工基本养老保险原理，全部采取个人缴费与财政补贴相整合的办法建立起个人账户与社会统筹相结合的社会养老保险制度，缴费基数可以按照本地上年度社会平均工资的 100%—150% 计算；对于 2003 年 7 月 1 日之前参加工作的相关人员根据自愿原则可以继续沿用现行的退休制度，也可以选择参加职工基本养老保险制度。用人单位缴费一部分计入社会统筹账户，另一部分计入职工个人账户，职工个人缴费全部计入职工个人账户。

第三，建立强制性职业年金制度。为了加快机关事业单位人员养老保险改革进程，保证改革后的机关事业单位职工养老保险金收入水平与改革前相比不致下降，减少改革阻力，必须建立和实施机关事业单位职工职业年金制度。鉴于现行的自愿性企业年金制度实施过程中出现的问题，保证机关事业单位职工养老保险制度改革的顺利进行，职业年金必须是强制性的。职业年金由用人单位和职工个人共同缴费，并完全计入职工个人账户，职工退休后一次性地支付给职工。由于职工开始参加职业年金到最终退休后领取有一段较长的时间，职业年金需要保值增值，因此职业年金需要加强管理和运营，考虑到全国社会保障基金理事会已经具有一定的管理与运营养老基金的经验，建议由全国社会保障基金理事会管理与运营职业年金。另外，为了保障职业年金制度的顺利实施，建议由国务院制定一部全国统一的《职业年金条例》。

第四，按照城镇企业职工基本养老保险制度的设计原理，新人养老金待遇由基础养老金与个人账户养老金构成。基础养老金所需经费由用人单位缴纳养老保险费所形成的社会统筹账户承担，标准可为职工退休时当地上一年度职工月平均工资的20%左右。个人账户养老金由用人单位和职工个人共同缴费构成，标准可以按照企业职工养老保险个人账户养老金计算办法确定。从而最终将城镇企业职工与机关事业单位职工基本养老保险制度整合起来，形成了普遍整合的城镇职工基本养老保险制度。

二　深化企业职工基本养老保险制度改革

建立统一的城镇职工（含机关事业单位人员）基本养老保险制度，也需要对现行的企业职工基本养老保险进行改革与完善。

第一，扩大企业职工基本养老保险制度的覆盖面，将分布在中小企业、尚未参加基本养老保险职工尽快纳入进来，力争使所有企业职工都参加这个制度，做到应保尽保。为此，国家人力资源和社会保障部门应该紧抓《社会保险法》、《劳动法》以及《劳动合同法》的贯彻执行，各级主管部门应该加大劳动监察、劳动执法力度，不断扩大基本养老保险覆盖面，力争在"十二五"期末将企业职工基本养老保险参保率提高到90%以上。

第二，在降低企业缴费负担基础上继续实行企业缴费部分划入个人账户办法。一方面，要适当降低企业缴费负担，将企业的缴费额度从最初的

14% 下降到 10% 左右，以便减轻企业负担。从国际经验以及学术界已有的研究成果来看，企业负担职工养老金比例调整为 10% 完全可以解决职工基础养老金待遇问题。另一方面，继续执行将企业缴交部分适当划入职工个人账户办法。实际上，在企业职工基本养老保险制度建立之初曾规定企业缴费的 11% 计入社会统筹账户，另外的 3% 计入职工个人账户。2000 年国务院在《关于完善城镇社会保障体系的试点方案》中进行了调整，企业缴费部分全部纳入社会统筹基金，不再划入个人账户。2005 年，国务院明确从 2006 年 1 月 1 日起，个人账户规模统一由本人缴费工资的 11% 调整为 8%，全部由个人缴费形成，单位缴费不再划入个人账户。同时规定职工的基本养老金由基础养老金和个人账户养老金组成，退休时的基础养老金月标准以当地上年度在岗职工月平均工资和本人指数化月平均工资的平均值为基数，缴费每满 1 年发给 1%；个人账户养老金月标准为个人账户储存额除以计发月数，计发月数根据职工退休时城镇人口平均预期寿命、本人退休年龄、利息等因素确定。这项规定使得企业职工退休后的基本养老金收入主要来源于个人账户养老金，并且完全由职工个人承担的，这显然不利于鼓励职工参保，也与正在试点的城乡居民社会养老保险制度的做法不一致。因此，为了提高基本养老保险的保障能力，激励参保人积极参保，应该将企业缴费一部分划入社会统筹账户，另一部分划入职工个人账户。

第三，加快做实个人账户。个人账户是包括机关事业单位人员在内的各类职工基本养老保险的重要基础，它将直接影响到职工退休后养老金的发放，因此，既要做实账户，又要保证资金安全和保值增值。根据人力资源和社会保障部提供的数据，到 2009 年底，辽宁、吉林、黑龙江、天津、山西、上海、江苏、浙江、山东、河南、湖北、湖南、新疆等 13 个做实企业职工基本养老保险个人账户试点省份共积累基本养老保险个人账户基金 1569 亿元[①]。有学者估算到 2005 年底，我国养老金个人账户的空账规模估计已经超过 8000 亿元，并以每年约 1000 亿元的规模在增长，如果不做实个人账户，

---

① 参见人力资源和社会保障部《2009 年度人力资源和社会保障事业发展统计公报》，http://www.mohrss.gov.cn。

30 年后空账规模将达到 62000 亿元①。因此，必须要做实职工个人账户，确保职工个人缴费全部划入个人账户，不再被挪用；同时要加大财政补贴力度，可以考虑利用国有企业分红、国有股减持等形式补充个人账户。

第四，加快建设企业年金制度。截至 2009 年底，全国有 3.35 万户企业建立了企业年金，参加职工人数为 1179 万人。年末企业年金基金累计结存 2533 亿元，参加企业年金人数约占总就业数的占 5%。2011 年底，全国有 4.49 万户企业建立了企业年金，涉及职工 1577 万人，年末企业年金基金累计结存 3570 亿元，参加企业年金人数比例仍然维持在 5% 左右。这意味着绝大多数企业职工都没有参加企业年金。为此，需要政府制定更为优惠的政策如税收优惠政策、降低企业缴交职工养老金比例等，鼓励企业建立企业年金。

三　加快城乡居民社会养老保险制度的普遍整合

2009 年以及 2011 年，我国相继试点新型农村社会养老保险制度以及城居保制度，预计到"十二五"末期，全国 90% 的县将建立城乡居民社会养老保险制度，从而实现这个制度的普遍覆盖。但是，我们的研究发现，试点过程中还存在着如下六个问题需要解决②：

第一，如何落实集体补助。新农保和城居保基金的筹集坚持"个人缴费、集体补助、政府补贴"相结合。其中，对于个人如何缴费、各级政府如何补贴都做了"硬性"规定，而关于集体补助的规定比较"软"，使用了"有条件的"、"鼓励"等模糊性词汇。之所以如此，可能考虑到全国各地集体经济差别大，无法对此做出非常明确规定。实际上，集体补助能否实现取决于两个条件：一是集体经济状况，即有没有钱补助；二是集体对于这两类社保的补助意愿与决策能力，即如果有钱，集体愿不愿意补助，集体决策能否意见一致。由此使得集体补助不会具有普遍性。反过来，如果集体补助被虚化，那么城乡居民社会养老保险金主要来自个人缴费和政府补贴，集体补

---

① 董克用：《中国经济改革 30 年：社会保障卷》，重庆出版社 2008 年版，第 37—38 页。

② 参见崔凤、李红英《新型农村社会养老保险可能面临的主要问题与政策建议》，《西北人口》2011 年第 2 期。

助就成了一句空话。

第二，如何体现社会统筹。试点的新农保和城居保实行社会统筹与个人账户相结合模式。但是，这种"统账结合模式"与企业职工基本养老保险的"统账结合模式"完全不同。在新农保和城居保试点方案中，个人缴费、地方政府为参保人缴费补贴、其他经济组织或个人为参保人员提供的资助要全部计入个人账户，这意味着并没有其他缴费可以计入社会统筹账户，社会统筹账户并不存在。由此可见，新农保和城居保实行的"社会统筹"并不是指"社会统筹账户"，更多地体现为地方政府的兜底性保障。这就带来了一个问题：新农保和城居保中所提出的"社会统筹"如何实现，现行的试点方案并没有具体说明和规定，需要进一步明确。

第三，如何缓解地方政府的财政支付压力。根据中央确定的最低标准，新农保和城居保给地方政府带来了不小的财政压力，东部地区要承担50%的基础养老金，同时还要承担每人每年的30元缴费补贴；西部地区主要承担每人每年30元的缴费补贴。新农保和城居保与最低生活保障、新农合、城镇居民医疗保险等项目合在一起对地方政府的财政支付带来了压力，特别是农村人口多、经济不发达地区的财政压力尤为严重。虽然中央财政通过转移支付方式对中西部地区进行了一定补贴，但如何平衡地方政府之间的财政支付，缓解地方财政压力依然是一个紧迫的问题。

第四，如何保证个人账户养老金的安全。一方面，采用个人账户意味着个人账户基金的存在，但是，随着参保人数的增加、积累年限的增长，个人账户基金规模将越来越大。这不仅带来管理上的困难，还会带来保值增值的压力。而现行的办法只是"每年参考中国人民银行公布的金融机构人民币一年期存款利率计息"，必将无法实现基金保值。另一方面，现行的试点方案规定个人账户养老金月计发标准为个人账户储存额除以139，据此推算，一个60岁开始领取个人账户养老金的参保人，在11年零7个月后将使用完其个人账户所有的储存额，那么，之后的个人账户养老金将如何支付？对此，试点方案并没有明确规定，需要深入研究。

第五，如何实现各类养老保险制度的衔接与整合。一是新农保与老农保如何衔接。老农保是20世纪80年代末、90年代初各个地方自行设计的制度安排，无论是个人缴费还是政府补贴，各地差异非常大。因此，如何将老农保整合到新农保中去是一个重要问题，这对于保障参保者个人权益、维护社会稳定、增进社会和谐建设具有重要的价值。二是新农保如何与城居保进行整合。这两个制度本来是用来解决城乡无雇用关系人员的养老保险问题，但由于生活水平的差异，很多地方实行两个制度，苏州和厦门在个人缴费、政府补偿、待遇获得等方面实行了统一。那么，究竟是要实行完全同一的制度，还是完全不同的制度，或者相互整合的制度等需要加以探索，我们的调查表明大多数被访者支持两者合并（见表3.3.1），且与经济发展水平相关性不大。三是新农保如何与农民最低生活保障制度、农村五保供养制度等衔接问题。四是这类制度如何与城镇企业职工乃至机关事业单位人员的养老保险制度进行整合等。

表3.3.1　　　　　　　　专业人员对新农保与城居保合并的态度　　　　　　单位：人、%

地区	非常赞成		比较赞成		不太赞成		非常不赞成	
	人数	比例	人数	比例	人数	比例	人数	比例
重庆	107	42.8	87	34.8	52	20.8	4	1.6
红河	100	40.0	78	31.2	66	26.4	6	2.4
厦门	90	36.0	97	38.8	60	24.0	3	1.2
苏州	100	40.2	91	36.5	53	21.3	5	2.0

注：表中各地区样本数均为500。

第六，农民工究竟参加何种形式的养老保险。农民工养老保险究竟是"入城"还是"返乡"，甚至是单独建立制度，理论上一直存在争议，各地实践也不相同。有的地方"强制""入城"，有的地方让农民工自愿选择"入城"还是"返乡"，有的地方单独为农民工建立养老保险制度。新农保的建立非但没有解决农民工参保问题，而且还会引发诸如"退保"等问题。从对重庆、云南红河州、厦门和苏州四地的调查看，被调查者普遍认为单独为农民工建立养老保险制度不是一种好的选择，倾向于在企业职工基本养老保险、新农保或城居保中选择参加（见表3.3.2至表3.3.3）

表 3.3.2　　　　　调查地民众认为农民工适合参加的养老保险类型　　　单位：人、%

地区	职工基本养老保险		居民社会养老保险		新农保		单独建养老保险	
	人数	比例	人数	比例	人数	比例	人数	比例
重庆	140	28.0	92	18.4	230	46.0	38	7.6
红河	69	13.8	85	17.0	288	57.6	58	11.6
厦门	144	29.0	89	17.9	204	41.1	59	11.9
苏州	151	30.2	79	15.8	188	37.6	79	15.8

注：表中各地区样本数均为 500 人。

表 3.3.3　　　　调查地专业人员认为农民工适合参加的养老保险类型　　　单位：人、%

地区	职工社会养老保险		居民社会养老保险		新农保		单独建养老保险	
	人数	比例	人数	比例	人数	比例	人数	比例
重庆	93	37.2	42	16.8	83	33.2	32	12.8
红河州	29	11.6	39	15.6	124	49.6	58	23.2
厦门	88	35.2	43	17.2	77	30.8	40	16.0
苏州	97	38.8	28	11.2	74	29.6	51	20.4

注：表中各地区样本数均为 500 人。

　　另外，对于失地农民或退养渔民究竟要参加何种形式的养老保险业存在着争议。有的地方为了便于征地拆迁或整治流域给予这类群体较高的养老金待遇。我们在四地的调查发现，将这类群体纳入新农保或城居保占据主导地位，具体见表 3.3.4。

表 3.3.4　　　　调查地民众认为失地农民适合参加的养老保险类型　　　单位：人、%

地区	职工基本养老保险		城居保		新农保		单独建养老保险	
	人数	比例	人数	比例	人数	比例	人数	比例
重庆	72	14.4	193	38.6	189	37.8	46	9.2
红河	38	7.6	134	26.8	254	50.8	74	14.8
厦门	82	16.6	133	26.9	206	41.7	73	14.8
苏州	92	18.6	126	25.5	213	43.0	64	12.9

注：表中各地区样本数均为 500。

针对新农保、城居保在试点过程中遇到的这些问题，我们提出四点建议：

第一，加快试点进程，尽快做到新农保、城居保的全覆盖。试点方案确定 2009 年新农保覆盖全国 10% 的县（市、区、旗），2020 年基本实现对农村适龄居民的全覆盖。当然，2011 年全国参加新农保的人数已经达到 3.26 亿人，预计到"十二五"末期将实现新农保的全覆盖；2011 年城居保人数为 539 万，"十三五"期间能够实现全覆盖。因此，要尽快实现养老保险制度的普遍覆盖。

第二，要出台集体补助具体办法。对集体经济收益中用于新农保、城居保补助的最低比例或额度作出规定，以便使"集体补助"政策具有操作性。为此，要调整政府补贴办法，将财政补贴的一部分计入个人账户，另一部分计入社会统筹账户，从而真正建立起社会统筹账户，进而可以将试点方案中"参保人死亡，个人账户中的资金余额除政府补贴外，可以依法继承；政府补贴余额用于继续支付其他参保人的养老金"规定直接改为"参保人死亡，个人账户中的资金余额可以依法继承"。这既可以提高参保者的福利水平，也可以简化工作程序。我们的调研也证明了这一点。（见表 3.3.5）

表 3.3.5　　　　调研地专业人员对于现行养老保险制度筹资模式的态度　　　单位：人、%

地区	只建基础养老金		只建个人账户养老金		基础养老金与个人账户结合		其他	
	人数	比例	人数	比例	人数	比例	人数	比例
重庆	18	7.2	8	3.2	224	89.6	0	0
红河	24	9.6	37	14.8	186	74.4	3	1.2
厦门	22	8.8	11	4.4	214	85.6	3	1.2
苏州	22	8.9	23	9.3	202	81.5	1	0.4

注：表中各地区样本数均为 500。

第三，加快农民工养老保险制度的整合。一方面，明确农民工工作转移不能选择退保，只能进行养老保险关系的转移；另一方面，取消为农民工单独建立养老保险办法，已经单独建制的应当转换成城镇企业职工基本养老保险、新农保或城居保等制度；同时，农民工可以在城镇企业职工基本养老保险、新农保以及城居保等三种制度类型中选择任何一种进行参保。

第四，提高统筹层次，推进养老保险制度整合。认真执行国家有关部委的政策将现行的地市级统筹拓展到省级统筹，这不仅符合社会保险的一般原则，也便于社会保险管理以及民众的意愿。我们对重庆、云南红河州、厦门和苏州四地的调查来看，被调查者普遍倾向于建立省一级统筹（见表3.3.6、表3.3.7）。同时，国家有关部门应该尽快出台机关事业单位人员基本养老保险、企业职工基本养老保险、新农保以及城居保等制度的衔接与整合办法，避免各项制度之间的割裂，为最终建立普遍整合的养老保障制度奠定基础。

表3.3.6　　　　　调查地专业人员认为新农保基础养老金统一层次　　　单位：人、%

地区	全县统一		全市（州）统一		全省统一		全国统一	
	人数	比例	人数	比例	人数	比例	人数	比例
重庆	18	7.2	48	19.2	120	48.0	64	25.6
红河	23	9.2	42	16.8	121	48.4	64	25.6
厦门	15	6.0	75	30.0	109	43.6	51	20.4
苏州	21	8.4	82	32.8	94	37.6	53	21.2

注：表中各地区样本数均为500。

表3.3.7　　　专业人员对农村居民低保标准与基础养老金标准差异的态度　　　单位：人、%

地区	两者标准相同		低保标准高于基础养老金		低保标准低于基础养老金	
	人数	比例	人数	比例	人数	比例
重庆	96	38.4	33	13.2	121	48.4
红河	116	46.4	70	28.0	64	25.6
厦门	115	47.5	51	21.1	74	30.6
苏州	117	48.8	35	14.6	88	36.7

注：表中各地区样本数均为500。

四　养老服务体系普遍整合的途径

养老服务体系作为养老保障制度的重要内容与有机组成部分，养老保障制度的普遍整合离不开养老服务体系的普遍整合，反过来，养老服务体系的普遍整合有助于养老保障制度尤其是养老保险制度的普遍整合。因而，扎实推进养老服务体系的普遍整合十分必要。

一是政府特别是中央政府要完善政策法规，将养老服务体系建设纳入到各级政府的日常工作中，制定科学的规划、实施以及考核评价体系，明确政府在养老服务制度、规划、筹资、服务以及监管等方面的各项政策，完善养老机构以及社区养老服务设施的建设目标与要求，督促各地政府结合地方实际制定并落实养老服务建设规划，加大养老服务体系建设力度，制定养老服务行业规范，更好地规制养老服务机构和人员。采取"公建民营"、"民办公助"、"政府购买服务"等多种模式，提高养老服务水平与服务质量。

二是要建立专业性养老服务机构，健全居家养老和社区养老服务网络，重点建设社会福利院、养老院、敬老院、荣军院、老年公寓等养老机构，每千名老年人拥有养老床位数达到国家规定的最低标准[①]，优先解决城乡孤老优抚对象、"三无"、"五保"及高龄、独居、失能等困难老年人基本的养老服务需要问题，力争到"十二五"末期全部解决这类人员的基本养老服务需求问题。为此，要构建规范化、科学化的养老服务项目及标准，建设标准化的社区老年人日间照料中心，使之覆盖城市每个社区，农村社区也要力争覆盖一半以上。同时，对居家养老的老年人实施家庭无障碍设施改造，为老年人洗澡、如厕、做饭、户内活动等提供便利。

三是鼓励社会力量兴办养老机构，让社会资金和慈善事业参与社会养老服务体系的建设，为老年人提供更加便利化的养老服务。既要弘扬中华民族传统美德，探索新形势下如何继续发挥家庭养老功能；也要加强居家养老、社区养老以及机构养老的信息化建设，动员各类人群参与各类养老服务中去，提倡邻里互助、慈善救助，鼓励健康老人、低龄老人为高龄老人服务；

---

① 按照国家民政部的规划，到"十二五"末期，每千名老年人拥有养老床位数为30张。

还要鼓励利用市场机制，引导企业、公益慈善组织及其他社会力量资助或投资兴建高端或普通养老服务机构或养老设施，满足老年人多层次养老服务需求。

五　养老保障制度普遍整合的保证

实现养老保障制度的普遍整合，需要在加大财政投入的基础上不断优化财政投入结构：

第一，解决养老保险历史欠账问题。在"单位保险"时期，职工不缴费，没有形成积累，其退休金仍沿用原办法发放，即"老人老办法"，但当由"单位保险"向"社会养老保险"转型过程中，这部分"老人"的退休金没有明确由政府来承担，而是由企业缴费来承担，这是不公平的，同时也造成了现在企业缴费费率居高不下这个问题。因此，政府财政应该有计划、分步骤地承担这部分费用，降低企业缴费费率，体现社会公正。

第二，承担为参保人员发放基础养老金的费用。为了让全体人民真正享受到经济社会发展的成果，实现"老有所养"，政府应该承担起基本养老的责任，其中的一个具体体现就是为参保人员发放基础养老金。我们在四地的调查表明，被访者普遍认为政府尤其是中央及省级财政应当为参保人提供基础养老金。具体见表3.3.8、表3.3.9。不仅如此，政府还应当承担新农保和城居保的缴费补助，给予参保居民缴费补贴，最大限度地增进新农保和城居保的普遍覆盖。

表3.3.8　　　　　　　　　调查地专业人员认为城居保基础养老金来源　　　　　　单位：人、%

地区	中央财政		省级财政		州市级财政		县区级财政	
	均值	标准差	均值	标准差	均值	标准差	均值	标准差
重庆	48.53	20.339	25.50	12.835	12.86	12.496	13.19	10.874
红河	54.18	19.723	22.79	9.088	13.33	8.116	9.70	9.620
厦门	36.09	18.912	24.31	7.878	21.94	11.403	17.32	12.536
苏州	36.09	18.912	24.31	7.878	21.94	11.403	17.32	12.536

注：表中各地区样本数均为500人。

表 3.3.9　　　　　　　　调查地专业人员认为新农保基础养老金来源　　　　　　单位：人、%

地区	中央财政		省级财政		州市级财政		县区级财政	
	均值	标准差	均值	标准差	均值	标准差	均值	标准差
重庆	49.27	19.993	25.09	12.656	12.48	12.099	13.01	10.881
红河	54.78	19.733	22.57	9.257	13.10	8.139	9.61	10.031
厦门	37.37	18.892	24.37	7.983	20.76	9.509	16.96	11.936
苏州	31.69	16.479	24.70	7.259	22.06	8.197	21.67	13.081

注：表中各地区样本数均为 500 人。

第三，承担建立机关事业单位人员职业年金的部分费用。加快机关事业单位职工养老保险改革，最终建立统一的城镇职工基本养老保险是历史必然，而在这一改革过程中，为了减少改革的阻力，建立由职工个人和用人单位共同缴费的职业年金是一项有效措施，其缴费也应当来源于财政。

第四，承担充实企业职工个人账户的费用。我国企业职工个人账户空账现象比较严重，如果不能及时足额充实职工个人账户，那么必将加大养老保险的风险。虽然目前已有部分省市区开始充实企业职工个人账户，但空账额度仍然比较大，因此，政府应该制订计划尽快完成充实企业职工个人账户的任务，所需费用只能由政府财政来解决。

第四章

医疗保障制度的普遍整合

医疗保障是社会福利体系重要组成部分，社会福利体系普遍整合离不开医疗保障制度的普遍整合。特别是因为医疗保障牵涉的方面很多，整合的难度就更大。

第一节　医疗保障制度的运行及存在问题

医疗保障体系包括医疗保障制度、医疗保障管理制度、基本医疗卫生服务体系等三个方面。其中，医疗保障制度包括机关事业单位、企业职工、城镇居民、农民、农民工等医疗保障制度以及医疗救助制度，基本医疗保障管理体系涉及对上述各类医疗保障制度的管理，而基本医疗卫生服务体系主要关注医疗服务可及性。

一　我国医疗保障制度的运行情况

新中国成立以后，在单位福利制理念影响下，我国相继建立起劳保及公费医疗制度，随后又试行农村合作医疗制度。20 世纪 80 年代以后，随着经济体制的转轨以及现代企业制度的建立，以单位制为主的职工医疗保险制度越来越不能适应市场经济体制的需要，原来那种建立在集体经济之上的农村合作医疗制度也趋于解体。为此，从 20 世纪 90 年代开始，全国各地对医疗保障制度进行改革，逐步形成了个人账户与社会统筹相结合的医疗保障制度，实现了医疗保障制度的全覆盖。同时，政府深化公立医院改革，探索多层次医疗服务体系。这为我们探索医疗保障制度的普遍整合提供了基础。

1. 医疗保险制度的普遍建立

我国的公费医疗制度始于 1952 年，20 世纪 90 年代以来，原有的公费医疗制度已经越来越不适应社会主义市场经济体制的发展。在这种情况下，1997 年 1 月，中共中央、国务院作出了《关于卫生改革与发展的决定》，逐步取代公费医疗以及劳保医疗制度。1998 年 12 月，国务院《关于建立城镇职工基本医疗保险制度的决定》规定"机关、事业单位、社会团体、民办非企业单位及其职工"都要参加基本医疗保险，除中央直属机构、广东省以及其他少数省级关单位之外，全国其他省份的公费医疗制度将陆续与城镇职工医疗保险制度并轨[1]。

20 世纪 90 年代初，卫生部选择了江苏镇江、江西九江作为城镇职工基本医疗保险制度的改革试点，出台了《关于建立城镇职工基本医疗保险制度的决定》，规定基本医疗保险制度实行单位与个人共同缴纳，单位缴费率"控制在职工工资总额的 6% 左右，职工缴费率一般为本人工资收入的 2%"[2]。其中，个人缴纳的部分全部划入个人账户，单位缴纳部分的 70% 一并划入个人账户。目前，以个人账户与社会统筹相结合的职工基本医疗保险已经遍及众多机关事业单位以及各类公司企业，参保对象普遍地扩大到民营企业职工，"三资"企业的中方职工[3]，劳动合同制工人，临时工、乡镇企业职工、个体工商户以及灵活就业人员。2011 年全国参保人数达到 2.52 亿人[4]。

为了解决广大农民因病致贫和因病返贫问题，提升农民的健康水平，2003 年，中央政府在全国部分地区试点新农合制度，实行个人缴费、乡村集体经济扶持、中央和地方给予财政支持。到 2011 年底，全国有 2637 个县（区、市）开展了新农合，参合人口数达 8.32 亿人，参合率为 97.5%，新农合筹资总额达 2047.6 亿元，人均筹资 246.2 元[5]。

为了扩大医疗保障制度的覆盖面，解决城镇居民的医疗保障问题，早在

---

① 参见国务院《关于建立城镇职工基本医疗保险制度的决定》，国发〔1998〕44 号。

② 同上。

③ 现在在华的外籍工人也可以参加基本医疗保险制度。

④ 人力资源和社会保障部：《2011 年度人力资源和社会保障事业发展统计公报》。

⑤ 《2011 年我国卫生事业发展统计公报》，http://www.moh.gov.cn/publicfiles/business/htmlfiles/mohwsbwstjxxzx/s7967/201204/54532.htm。

2007 年，国务院就下发了《关于开展城镇居民基本医疗保险试点的指导意见》，试点城镇居民基本医疗保险制度，将它用来解决城镇失业人口、农转非人口、没有正式职业或没有稳定收入来源的城镇人口以及没有医疗保障的城市老年人口和未成年人等，有些城市干脆把没有参加任何一种社会医疗保险制度的所有人员都纳入其中。例如，早在 2006 年，厦门市就规定"本市户籍、没有参加城镇职工基本医疗保险以及新型农村合作医疗的残疾人、低保人员、16 岁以上的未就医人员以及老年人"都要参加城镇居民基本医疗保险制度①。2011 年底全国有 2.21 亿人参加了城镇居民基本医疗保险制度②，累计有 13.05 亿人参加了各种类型的医疗保障制度，增强了医疗保障制度的普遍性③。

2. 医疗救助制度的普遍建立

医疗救助制度是政府或社会针对无力接受治疗的部分民众实行特定项目免费医疗的帮扶制度。改革开放以后，整个社会十分关注基本医疗保险制度的建立，但是对医疗救助工作着力不多，只有少数地区同步开展制度化的医疗救助工作。

从现有文献看，20 世纪 90 年代，随着国有企业深化改革，下岗失业人员增多，上海市早在 1990 年就开展了城市贫困居民的医疗困难补助工作。1997 年，为了与城市最低生活保障制度配套，北京市出台了贫困人口医疗收费优惠办法④。同时，大连、武汉、厦门、青岛等地对贫困居民的医疗费用实行政策性减免。可是，当时的医疗救助不仅覆盖人群不够普遍，而且救助制度与救助办法缺乏制度化、系统化以及常态化，因病致贫以及因病返贫问题时有发生。

2001 年，国务院办公厅通知要求各地认真落实低保对象在医疗方面的救助政策。于是，一些地方按照"政府买单"思路修订或出台相关政策。例如，大连市在颁布的《特困居民重大疾病医疗救助暂行办法》及其《实

---

① 参见厦门市人民政府办公厅《厦门市城镇居民医疗保险暂行办法》，厦府办〔2006〕281 号。2009 年起包含在校学生。

② 数据来源：人力资源和社会保障部：《2011 年度人力资源和社会保障事业发展统计公报》。

③ 厦门、东莞等地的基本医疗保险制度还鼓励和允许来本地经商或生活的港澳台人员参加。

④ 李彦昌：《城市贫困与社会救助研究》，北京大学出版社 2004 年版，第 123 页。

施细则》中把特困居民重大疾病救助当成"政府从救急的角度为缓解重大疾病特困居民医疗困难提供的一种资金救助"①。2002 年 10 月，中共中央、国务院在《关于进一步加强农村卫生工作的决定》中首次提出要建立农村医疗救助制度，以便解决"农村五保户和贫困农民家庭"的疾病治疗与疾病救治难题。2003 年民政部等部委联合下发了《关于实施农村医疗救助的意见》，明确农村医疗救助对象、范围以及组织与实施。2005 年民政部等出台了《关于建立城市医疗救助制度试点工作意见》，提出用五年左右的时间在全国范围内建立起管理制度化、操作规范化的城市医疗救助制度。全国各地根据国家政策、结合自身实际出台了相应的实施意见，使得城乡居民医疗救助制度普遍性地建立起来。

3. 医疗保障管理制度的普遍建立

基本医疗保险制度的建立需要对这些多样化的制度加以有效管理。为了深化医疗保障制度改革，尽早实现从公费医疗向社会医疗保险的转变，一些地方依托各自的公费医疗管理办公室，结合国家《公费医疗管理办法》及本地实际出台了公费医疗实施细则，逐步缩小公费医疗覆盖对象，整合公费医疗待遇标准。例如，北京市采取分类管理办法，将享受公费医疗待遇的人员明确为"各级国家机关、党派、人民团体由国家预算内开支工资的、在编制的工作人员"等 12 种情况，而对于"经费自理或实行差额补助的各级各类学会、协会、研究会、基金会的工作人员"、"差额预算管理（不含全民所有制的医院）和自收自支管理的事业单位的工作人员"等原来享受公费医疗的群体则不再享受公费医疗②。通过分类改革，逐步压缩了享受公费医疗人员的数量，减少公费医疗制度改革的阻力。在公费医疗报销管理上，为了适应公费医疗与职工基本医疗保障制度的整合，北京、广东等地统筹兼顾原来的公费医疗以及现行的职工基本医疗运行情况，对报销范围做了具体规定，对不能报销的医药费进行了明确区分。不仅如此，广东省还出台了 585种公费医疗用药报销目录，为后来的国家基本药物制度奠定了基础③。同时

---

① 大连市民政局：《大连市城市居民最低生活保障工作手册》，2004。
② 参见京卫公字［1990］第 100 号《北京市公费医疗管理办法》，1990 年 2 月 24 日。
③ 参见粤卫［1998］232 号《广东省公费医疗用药报销范围》。

在公费医疗经费预算、监督检查及考核奖惩等方面做出规定。

从原来的单位医疗向现行的社会医疗转变，需要建立起与社会医疗相适应的管理制度，它构成了医疗保障管理制度的重要一环。为此，早在1998年，国务院在《关于建立城镇职工基本医疗保险制度的决定》中就对城镇职工基本医疗保险的管理模式、管理项目、管理内容等做了明确规定，全国各地据此组建了社会保障厅（局）及社会保险管理中心，负责职工基本医疗保险的经费筹集、资金使用以及费用监管等事宜，规范基本医疗保险制度的管理。不仅如此，各地还扩大基本医疗保险制度的覆盖对象，调整单位与个人的缴费结构比例，增加医疗检查、治疗以及药品报销范围，提高补偿比例以及补偿额度，增强参保对象对基本医疗保险制度的认同度。

另外，原来由卫生部门主管的新型农村合作医疗、由人力资源和社会保障部门主管的城镇居民基本医疗以及由民政部门作为主管部门主管的城乡居民医疗救助等制度也进行了改革。有的改革管理制度，将原来由卫生局主管的新型农村合作医疗以及城镇居民基本医疗保险制度一并划归到人力资源和社会保障局，实现了城乡居民基本医疗保障制度管理的整合，还有的地方探索成立医疗保障制度协调部门，统筹医疗救助与其他各类基本医疗保险制度的管理工作。

4. 公共卫生服务体系逐步健全

20世纪70年代末、80年代初，中央政府颁布了《急性传染病管理条例》、《全国卫生防疫站工作条例》等制度，这对于我国卫生防疫体系的恢复、建立与发展起到了很好的促进作用。后来政府又颁布实施了《食品卫生法》、《尘肺病防治条例》、《公共场所卫生监督条例》等政策，有效地改善了人民群众的生产与生活环境，提高了民众的健康水平。

但是，受市场经济体制改革的影响，我国医疗卫生领域也进行了市场化改革，这使得公共卫生服务提高效率的同时也带来了诸多问题，"非典"以及其他公共卫生事件的不断发生就是教训。于是，深化公共卫生服务体系改革，加强传染病尤其是流行性传染病的预防和控制，促进公共卫生服务体系发展就成为普遍共识。

一方面，政府日益重视社区卫生服务机构在公共卫生服务体系中的作用，拓展社区卫生服务机构功能，探索社区医院与大医院双向转诊，组建社区卫生服务中心或站，规范各种预防接种服务，加强疾病预防与控制机构设施建设以及专业技术人才培训工作，启动了"全国现场流行病学专业人员培训项目"以及"国家传染病与突发性公共卫生事件报告管理信息系统"，强化了突发性公共卫生事件的应急处置能力。另一方面，加强公共卫生服务法规建设，2001 年修订了《药品管理法》、《职业病防治法》，2003 年修订了《传染病防治法》。同时，注重对环境、食品卫生等领域里的监管力度，2009 年实施了《食品安全法》，2010 年向世人宣告实施"消除疟疾行动计划"，提出了《全国城乡环境卫生整洁行动方案》。所有这些，有力促进了城乡公共卫生服务体系的建立健全。

二 医疗保障制度存在的主要问题

尽管我们基本上建立起与社会主义市场经济相适应、覆盖全体国民的医疗保障制度，实现了从原来的国家单位制医疗保障制度向社会医疗保险制度的转变。但是，我国现行的医疗保障制度还存在着诸多不足，群众看病难、看病贵问题还没有从根本上得到解决。

1. 医疗保障体系的普遍性不够

虽然我国医疗保障制度的普遍性比较明显，但是却存在着医疗救助以及公共卫生等普遍性不足问题，制约着医疗保障体系的持续发展。医疗保障体系普遍性不够体现在两个方面。

一是医疗救助对象的普遍性不够，产生了许多"应救未救"人员。各地出台的医疗救助政策对被救助对象实行了严格限制。例如，民政部《关于实施农村医疗救助的意见》规定农村医疗救助对象只能是"五保户、贫困户家庭成员以及地方政府规定的其他符合条件的贫困农民"，而城镇居民的医疗救助对象仅仅局限在"低保户"、"优抚对象"以及因突发性事件而导致家庭人均生活水平处于最低生活保障线标准以下人员。这些人员生病时固然需要进行医疗救助，但问题是，收入水平稍微高于最低生活保障线的人员生病后同样无法支付较高的医疗费用。医疗救助对象的普遍性不足不仅沉淀了大量的医疗救助资金，而且产生了大量应救未救群体。不仅如此，医疗救助资金补偿的普遍性也不够，全国各地城乡居民医疗救助往往仅限于住院补偿，尤其是患重大疾病补偿，而没有涵盖门诊补偿，使得现有的补偿范围普遍性不够，甚至诱发各种机会主义行为的产生。

二是以疾病预防为主的公共卫生服务普遍性不足。我国公共卫生服务存在着城乡分布不平衡问题，政府将主要财力投入到城镇医疗卫生事业中去，而对于农村传染病的防控与救治普遍投入不足。由于现行的卫生经费按照病床位数来确定，农村虽然人口多，但由于病床位数少，所获得的救治与防控经费自然就比较少。另外，农村公共卫生基础设施能力尤其是食品安全、药品安全、改水、改厕等方面的投入较少。农村三级医疗卫生服务网络尚未完全建立起来，农民难以普遍性地获得医疗资源，尤其难以较为均等地获得医疗资源。同时，农村社区医疗服务机构的服务能力也无法普遍性地满足广大农民的需求。所有这一切，意味着我国城乡公共卫生服务的普遍性不够。

2. 医疗保障制度碎片化严重

现行的医疗保障制度基本上是按照职业类型和户籍身份来设置的，各项医疗保障制度的整合程度低，碎片化十分明显。

一是医疗保障制度设置上存在着身份和职业的碎片化。部分机关工作人员仍然享有几乎免费的公费医疗，城镇企业职工通过缴费获得社会医疗保险待遇，而灵活就业人员、农民以及居民等无雇主人员只能获得较低的、以大病补偿为主的医疗保障待遇。由此形成了针对各个职业阶层或不同户籍设置的多样化医疗保障制度，使得参保人员的保障待遇各不相同，制度区隔非常明显，这种区隔逐渐演变成为强势群体与弱势群体之间的"博弈"。也就是说，现行的医疗保障制度即使已经"普遍性"与"全覆盖"，其实是一种等级制的"全覆盖"，或者叫做"普遍性"的等级制，它只会加剧我国医疗保险制度的碎片化。当然，造成这种状况主要原因在于我们的制度设计"整体上还处于支离破碎、头痛医头脚痛医脚的阶段，既没有一个追求的模式理念，也没有短期、中期、长期的量化规划"。医疗保障制度碎片化安排危害十分巨大①。

---

① 郑秉文：《中国社保"碎片化制度"危害与"碎片化冲动"探源》，《甘肃社会科学》2009 年第3 期。

二是各项医疗保障制度在保障对象、筹资标准以及补偿比例等方面存在着碎片化，而较少地实现衔接与整合。公费医疗与社会医疗之间、职工医疗与居民医疗之间在保障对象、筹资及补偿标准等方面各不相同。例如，公费医疗的保障对象主要是公务员，职工医疗保险对象是企业职工，城乡居民医疗保险也有自己的保障对象，这些群体很少能够选择补偿待遇较高的其他医疗保障制度。在筹资标准方面，公务员免费参加公费医疗，企业职工按照个人工资总额的2%左右建立个人账户，城镇居民根据上年度居民人均纯收入的0.7%缴费，而农民按照一个固定数额（如每人每年50元不等）缴交新农合费用。在缴费方式上，农民按照互济原则以家庭为单位进行缴费，企业职工以及城镇居民由个人单独缴费，公务员则免费。不仅如此，同一个医疗保障制度内部之间碎片化问题也相当突出。例如，全国各地城镇职工基本医疗保险制度筹资标准各异、统筹层次不一、补偿比例差距悬殊，新型农村合作医疗制度及其补偿待遇更是如此。

三是医疗卫生管理与服务的碎片化。管理是对项目及制度的管理，有什么样的项目或制度就会形成什么样的管理方式与管理手段。适应碎片化的医疗保障制度，我国逐步建立起与之相适应的医疗保障管理制度。全国各地公费医疗制度隶属于公务员局（人事局）所属公费医疗管理办公室，职工基本医疗保险、城镇居民基本医疗保险的管理则属于各地人力资源和社会保障局所属的社会保险或医疗保险管理中心，而新型农村合作医疗很多地方隶属于卫生局基层卫生与妇幼保健处，还有的归口农（林）业局有关部门，也有一些地方划归到人力资源和社会保障局下属相关部门进行管理。另外，各地针对城乡居民的医疗救助则由民政部门管理。管理部门的多样性及其非整合性带来了整个医疗保障管理体系的碎片化。

3. 医疗保障责任定位不准

合理地划清医疗保障责任界限与责任范围，明确基本医疗与大病医疗各自所应承担的责任是医疗保障制度应有的要求。而我国现行的医疗保障制度所设定的功能不够清晰，定位不够准确。

一方面，各项医疗保障制度所承载的责任与功能不相一致。有的主要承担着大病医疗，新农合以及城镇居民基本医疗保险等制度就是如此，这些制度的门诊补偿功能不足[①]；有的完全兼顾基本医疗与大病医疗，例如公费医疗就体现了这样的功能；还有的制度，如职工医疗保险制度，主要偏重于大病治疗适当兼顾基本医疗。也就是说，现行的四种医疗保障制度类型在实施过程中体现出不同的责任定位与责任要求，使得医疗保障制度在责任定位与功能设置上呈现出碎片化倾向，在参保人没有选择性的前提下自然不利于民众公正地享有医疗保障待遇。

另一方面，上述四种医疗保障制度均侧重于疾病治疗，普遍性地缺乏疾病预防功能，从而使得现行的医疗保障制度没有科学地划分治疗、疾病预防以及公共卫生之间的责任界限与责任关系。从功能上看，治疗并不是导致死亡率下降、人均寿命延长的最重要因素[②]，比起卫生和保健，治疗是一种花费巨大且效果有限的补救式方式，人均预期寿命较高的国家比较重视疾病预防与公共卫生。例如，日本十分重视公共卫生保健，将更多的资金投入到公共卫生事业中去，定期为民众尤其是老龄人进行体检与康复护理评估，由此使得该国成为世界上人均预期寿命最长的国家之一。所以，医疗保障体系的建立、医疗保障制度的完善本身不应该是单纯为了治疗，而应该借助于人人享有基本的卫生保健去实现减少疾病、增进健康、延年益寿等功效，这又必须要依赖于基本医疗保障制度及卫生保障体系的健全。反过来，如果我们责任定位不准，责任方向不明，那么即使再完善的医疗保障制度，其效果也只能事倍功半。由此观之，我国医疗保障体系在疾病预防与公共卫生方面还缺乏普遍性。

三　医疗保障制度普遍整合的迫切性

上述情况表明，我国现行的医疗保障制度还存在着普遍性不足、碎片化程度高以及责任定位不够科学等诸多问题，这不利于医疗保障制度的完善，不利于我国医疗卫生事业的持续发展，迫切需要加快推进医疗保障制度的普遍整合改革。

---

①　有的地方将个人缴纳的几十元直接计入个人账户，用于门诊补偿。

②　Clyde Hertzman, Dariel P Keating, 1999. *Developmental Health and the Wealth of Nations: Social, Biological, and Educational Dynamics.* Guilford Pubn.

1. 民众医疗保障的客观需求

人民群众是医疗保障制度的最终受益者，也是医疗保障制度成效的检验者，他们在使用过程中所形成的意见、他们对于医疗保障制度的态度是我们改革的强大动力。2012 年 2 月我们在苏州的调研发现，82.3%的专业人士赞成把新型农村合作医疗的管理职能移交给人力资源和社会保障部门；70%的民众认为"新农合"与城镇居民医保的合并"非常有必要"以及"有必要"，只有 17.6%认为"没有必要"；74%的专业人士认为两者合并是可行或是比较可行的；79.6%的专业人士认为"新农合"信息系统与城镇居民基本医疗保险信息系统合并也是"比较可行"或是"非常可行"。这说明，对医疗保障制度进行整合体现了民众的意愿。

2. 医疗保障持续发展的客观需要

2009 年以来，我国医疗卫生事业进入到新的历史发展阶段。2009 年 3 月 17 日，国务院《关于深化医药卫生体制改革的意见》正式出台，明确提出要建设"覆盖城乡居民的公共卫生服务体系、医疗服务体系、医疗保障制度、药品供应保障体系"，形成"四位一体"的基本医疗卫生制度[①]。但是，我国医疗保障制度建设还有很长的路要走，许多老问题尚未彻底解决，一些新问题又将接踵而至。例如，如何真正使现行的"重治疗、轻预防"向"重预防、轻治疗"方向转变，如何在医疗保障制度普遍覆盖的基础上增进各个参保人员的选择性，提升各种碎片化医疗保障制度的整合性，如何实现城乡居民医疗救助制度的普遍整合，如何实现疾病预防、治疗与康复等环节的整合，如何引导患者小病进社区大病到医院这一较为合理的就医习惯，以便增进医疗保障资源的公正配置等。所有这些问题是当前医疗保障制度建设中的重大问题，必须要给予准确把握和科学回答。

3. 医疗卫生事业深化改革的需要

近年来，政府深化医疗卫生事业的改革，扩大医疗保障制度覆盖面，努力做到应保尽保，健全国家基本药物制度，加快公立医院改革试点。但是，城乡与区域之间医疗卫生事业发展不平衡，医疗卫生资源配置不合理、医疗保障制度碎片化、民众看病难、看病贵等问题并没有得到很好的解决。

---

① 《关于深化医药卫生体制改革的意见》，《人民日报》2009 年 4 月 7 日。

　　根据卫生部《2011 年我国卫生事业发展统计公报》显示，2011 年全国医疗卫生机构总诊疗达到 62.7 亿人次，但是到医院就诊的仅有 22.6 亿人次占36%，到基层医疗卫生机构就诊的达到 38.1 亿人次占 60.8%，但是，医院拥有 452.7 万名卫生人员，而基层医疗卫生机构仅有 337.5 万名卫生人员[1]，在卫生人员分布上呈现出明显的不普遍性与不平衡性。从病床位使用情况来看，全国各级医院对于病床位的使用率也呈现出不均衡性：公立医院使用率达到92%，在公立医院中三级医院的病床位使用率更是达到 104.2%，而一级公立医院的病床位使用率仅为 58.9%，略低于民营医院的使用率（62.3%）[2]。这就迫切需要我们切实加快医疗卫生资源普遍整合改革，进行合理的医疗卫生资源配置，引导民众养成合理的就医习惯。否则，无论怎样增加投入，看病难、看病贵问题仍然无法从根本上解决。

第二节　医疗保障制度普遍整合的设计与验证

　　医疗保障制度的整合涉及制度、管理、服务等诸多项目，核心在于制度设计与政策安排方面。因此，我们探讨普遍整合的医疗保障制度重点要关注制度设计、模式选择以及模式验证等三个方面。

一　医疗保障制度普遍整合的安排

　　在制度设计方面，普遍整合的医疗保障制度应该打破参保人的身份界限，它更多地考虑参保人的就业状态，尤其是有无聘用关系。对应这两种类型的劳动关系，我们将整个医疗保障制度划分为有聘用关系的"职工基本医疗保险制度"以及没有聘用关系的"个人基本医疗保险制度"。而且允许这两种类型的医疗保障制度参保人可以根据自身的就业状态灵活选择或转换。

　　在适用对象上，前者针对被各类单位雇用的人员，包括各级公务员，事业单位、各党派、人民团体及其工作人员，国有、集体、外资、民营、

---

　　① 卫生部：《2011 年我国卫生事业发展统计公报》，卫生部统计信息中心，2012 年 4 月 25 日。
　　② 同上。

私营以及其他所有制企业职工，民办非企业单位员工等一切被单位雇用的人员，甚至包括一些机关事业单位非在编人员，因而涵盖了现行的公费医疗、职工社会医疗、被企业聘用的农民工医疗保障等制度；而后者针对无聘用关系的个体户以及自然人，包括农民、城镇居民、个体工商户、自由职业者以及其他灵活就业人员等，它涵盖了现行城镇居民医疗保险、新农合、未成年人医疗保险以及个别地区尚在实行的农民工医疗保险等制度类型。

在缴费原理上，普遍整合的医疗保障制度所设计的两种模式其缴费原理一致，"职工基本医疗保险"实行单位与个人共同缴费，而"个人基本医疗保险"则采取政府补贴与个人共同缴费相结合，对于低保户、农村五保户以及其他需要帮扶的困难群众，可以出台统一的政策适当减免个人所应承担的部分。这样不仅建立起可积累的个人账户与大病统筹相结合的基本医疗保险制度，而且保证了两种基本医疗保险制度的相互衔接与相互转换，为个人工作情况发生变化选择不同的医疗保险制度提供了保证。

在统筹水平方面，"职工基本医疗保险"筹资额可以按照上年度本市城镇职工月平均工资的10%进行筹资，其中，职工个人缴费可以从现行的2%逐步提高到4%，而单位则由原来的8%逐步下降到6%左右。职工个人所缴纳的费用全部计入个人账户，单位缴纳的费用根据职工年龄等因素分别划入2%、3%、5%到个人账户之中。同理，"个人基本医疗保险"则按照上年度城乡居民人均纯收入的2%缴费，各地财政按照上年度城乡居民人均纯收入的5%进行补贴。其中，财政补贴部分再根据年龄按照1%、2%、3%比例分类计入个人账户。这样，个人基本医疗保险也实现了个人账户与大病统筹的结合，两种制度在筹资机理方面实现了有机整合，真正做实个人账户。

在费用补偿方面，整合后的两种医疗保障制度统一实行预防、门诊、住院以及大病救助四种补偿模式，两种基本医疗保险制度在疾病预防方面完全统一，在门诊费用补偿项目及补偿比例方面一致，在住院费用补偿方面都执行相同的起付线和封顶线。同时，整合后的医疗保障制度要适当上浮门诊补偿尤其是社区医院门诊补偿比例，扩大门诊特别是社区门诊补偿项目与范围，引导民众更加注重预防保健以及门诊治疗，使参保人养成更加科学合理的生活与就医习惯，真正做到花较少的钱达到最大的社会效用。在封顶线补偿额度、补偿比例或补偿标准方面，两种制度也要完全统一。

在制度功能上，普遍整合的医疗保障制度在原有的"门诊医疗"与"住院治疗"基础上，增加"预防和保健"功能，积极采取措施加大社区医院的建设，提高社区医院的医疗水平以及社区医疗的补偿比例，增加社区医院药物种类与基本药物品种，满足社区居民多层次用药需求，将疾病预防与保健功能置于重要位置，切实改变现有的医疗保险制度"重治疗、轻预防"的问题。

在制度管理上，普遍整合的医疗保险制度实现了管理体制的整合，将分散在公务员局、人力资源和社会保障局、卫生局、农业局、民政局等部门的各基本医疗保险制度统一归口到人力资源和社会保障局，这既有利于整个医疗保障制度的统筹管理，也能够扩大医保基金总量，增强各地基本医疗基金抗击风险的能力，为各地基本医疗保险账户的转接、续存提供便捷的管理通道。卫生部门则负责业务管理与业务指导，民政部门负责医疗救助对象的审核，财政、审计、监察等部门则负责整个医疗保险制度的监管。

二　医疗保障制度普遍整合的验证

我们认为，上述医疗保障制度的普遍整合比起原来的制度安排更加具有公平性，能够引导民众形成合理的就医习惯，提高部分群体尤其是无单位人员的医疗福利水平，降低医疗保障制度碎片化程度，增强医疗保障制度的整合性与统筹性。我们在苏州、厦门、重庆以及红河对 1000 名专业人士的分层配额抽样调查发现，72.4% 的被访者赞同将公务员纳入到城镇职工医疗保险制度中，76.4% 的被访者赞同将事业单位人员纳入城镇职工医疗保险体系中，71.8% 的被访者赞同将城镇居民也纳入其中，当然有 59.4% 的被访者赞同将农民工纳入职工医疗保险体系中。这表明，以个人账户与大病统筹相结合整合现行的医疗保障制度已经得到被访者的普遍认同。这就需要我们对自己所构建的医疗保障制度进行验证。

由于厦门市普遍性地实行了职工基本医疗保险、城镇居民医疗保险、新农合、大学生医疗保险以及未成年人医疗保险等多种制度，2010 年参加基本医疗保险 234. 87 万人，占全市户籍人口总数的 130. 3%，占全市总人口的 66. 5%[①]。2011 年，厦门市基本医疗保险参保人数 259. 29 万人，基本医疗保险覆盖率达到 98% 以上。其中，城镇居民、农民、大学生以及未成年人的基本医疗保险在缴费额度、补偿比例等方面完全一致，统称为"城乡居民基本医疗保险"，职工基本医疗保险则按照上年度社会平均工资不同比例进行缴费，从而形成了除职工基本医疗保险制度以外的其他医疗保险制度的整合。为此，我们以厦门为个案进行基本医疗保险制度普遍整合的验证研究。

第一，对厦门市民众两周患病率测算。民众患病率与年龄及性别等变量相关，通常男性患病率随着年龄的增大患病率先下降再上升。基于此，我们建立患病率模型：

$$Y = B_1 + B_2 X_1 + B_3 X_2 + B_4 X_2^2 + \mu \qquad (4.1) ①$$

对偏回归系数进行检验，从表 4.2.1 可知年龄、年龄方的 t 统计量的 p 值均为 0.000，说明年龄、年龄方对 Y 有影响。在 11% 的显著性水平下性别也统计显著，说明性别对 Y 也有影响，且拟合的系数与预期一致。最后模型为：

表 4. 2. 1 民众两周患病率的 OLS 回归

变量	非标准化系数	标准误差	标准系数
性别（以女性为参照组）			
男	− 0.028	0.017	− 0.036
年龄	− 0.122 ***	0.018	− 0.713 ***
年龄（以 0—4 岁为参照组）			
5—14 岁			
15—24 岁			
25—34 岁			
35—44 岁			

---

① 2010 年末厦门市户籍人口为 180. 2 万人，全市总人口（含常住人口与暂住人口）为 353 万人。参见《2011 年厦门特区统计年鉴》。

② 式 4.1 中 Y 是两周内被调查者是否患病：1 表示被调查者患病，0 表示不患病。X₁ 表示调查者的性别：1 表示男的，0 表示女的；X₂ 表示调查者的年龄：1 表示 0—4 岁，2 表示 5—14 岁，3 表示 15—24 岁，4 表示 25—34 岁，5 表示 35—44 岁，6 表示 45—54，7 表示 55—64，8 表示 65 岁以上。

变量	非标准化系数	标准误差	标准系数
45—54 岁			
55—64 岁			
65 岁以上			
年龄平方	0.019 ***	0.002	1.007 ***
常数项	0.275	0.035	
R-squared	0.123		
观察值			

注：a. 因变量：患病。

b. ＊＊＊ p≤0.001；＊＊ p≤0.01；＊ p≤0.05。

$$Y = 0.275 - 0.028X_1 - 0.122X_2 + 0.019X_2^2 \tag{4.2}$$

因此，我们可以通过厦门市人口分布情况来测算各个人群的患病概率，再结合厦门医疗支出情况来计算其医疗总花费，得出医疗总花费占财政支出的比例。

第二，厦门市医疗费用总支出占财政支出比例的测算。医疗费用总支出可分为门诊及住院费用总支出两个部分。其中：

门诊费用总支出 = 总人口 × （两周患病率 – 两周住院率）×26.06×平均门诊支出

住院费用总支出 = 总人口 × 两周住院率×26.06×平均每人次住院支出

医疗费用总支出占财政支出比例 = 医疗保险费用总支出/财政支出

模型 4.1 表明，患病率和年龄及性别有关，各项支出和 GDP、CPI、中医药价格指数、人口有关，因此，采用模型 $Y = B_0 + B_1X_1 + B_2X_2 + B_3X_3 + \cdots + \mu$ 对医疗费用总支出占财政支出比例进行拟合。

其中 Y 医疗费用总支出，解释变量是 GDP、CPI、中医药价格指数、人口、男性比例、老年人比例、婴幼儿比例等。通过 SPSS17.0 统计软件对上述变量回归可得：

经过向后回归之后，剔除了多个变量。模型调整的 R^2 增大，拟合效果变好。进一步检验联合假设：$B_2 = B_3 = \cdots = 0$ 即 $R^2 = 0$。从表 4.2.2 可知检验统计量。

表 4. 2. 2　　　　　　　　　　医疗费用总支出 OLS 回归

变量	非标准化系数	标准误差	标准系数
人口	30918. 853 **	7217. 315	. 460 **
CPI	5. 055E7 *	1. 711E7	. 200 *
男性比例	− 1. 659E12 **	4. 373E11	− . 245 **
老龄人增长率	1. 781E10 **	5. 036E9	. 373 **
常数项	7. 627E11	2. 219E11	
可决系数（R − squared）			
观察值（N）			

注：*** p≤0. 001；** p≤0. 01；* p≤0. 05

$$F = (ESS/d. f)/(RSS/d. f) = 70. 577 \qquad (4.3)$$

且其 p 值为 0. 000，因此拒绝原假设 $B_i = 0$：老龄人口数、老龄人增长速度、人口、CPI 对医疗支出无影响。各系数的 P 值小于 0. 05，因此拒绝原假设，表明以上各项都对医疗花费有显著影响。模型整体以及各系数在 5% 显著性水平下显著。所以最终模型：

$$Y = 7. 627E11 + 30918. 853 人口 − 1. 659E12 男性比 + 1. 781E10 老龄人增长率 + 5. 055E7CPI \qquad (4.4)$$

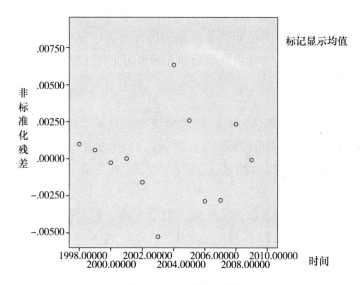

图 4. 2. 1　时间序列图

通过时间序列图可知不存在异方差，经过杜宾—沃森检验可知模型不存在自相关。变量的方差膨胀因子均小于10，不存在多重共线性。

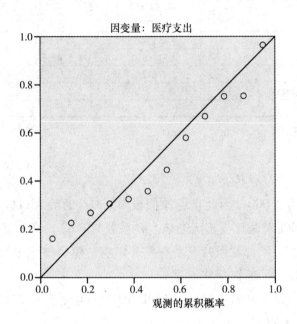

图 4.2.2 回归标准化残差的标准 P—P 图

由上面的正态概率图可知残差服从正态分布。

第三，根据扩展线性支出模型分析城乡居民消费结构。

$$P_i X_i = P_i X_i^0 + B_i \left(Y - \sum_{i=1}^{n} P_i X_i^0 \right) \tag{4.5}$$

Y 为收入，$P_i X_i$ 为第 i 种商品的消费支出，$P_i X_i^0$ 为第 i 种商品的基本消费支出，b_i 为第 i 种商品的边际消费倾向，表示收入扣除基本消费支出之后的剩余，用于对第 i 种商品或服务追加支出比例，且 $0 \leq b_i \leq 1$，$\sum b_i \leq 1$。

为了估计模型未知参数，采用截面数据样本，假设同一截面上不同收入的消费者同一商品价格 P_i 是相同的。由（4.5）式得：

$$P_i X_i = \left(P_i X_i^0 - b_i \sum P_i X_i^0 \right) + b_i Y, i = 1, 2, \cdots, n。 \tag{4.6}$$

令 $a_i = \left(P_i X_i^0 - b_i \sum P_i X_i^0 \right)$，则有 $P_i X_i = a_i + b_i Y, i = 1, 2, \cdots, n。 \tag{4.7}$

利用某种商品的消费支出和收入的样本观察值，采用最小二乘法（OLS）可得到 4.7 式中参数 a_i、b_i 的值，进而得到第 i 项商品的基本消费支出 $P_i X^0$ 以及总支出 $\sum P_i X^0$ 的值。对城镇及农村居民的消费结构模型参数分别估算：

表 4.2.3 厦门市城镇居民消费结构

支出	a_i	b_i	F 统计量	p 值	基本支出
食品	4030	0.099	103.809	0.000	5026.791
衣着	211	0.047	301	0.000	684.2239
设备用品及服务	−137	0.046	164.8	0.000	326.1553
医疗保健	−23	0.065	67.005	0.000	631.4586
交通通信支出	34	0.128	15.488	0.003	1322.78
娱乐文娱支出	100	0.077	170.29	0.000	875.2817
居住	277	0.065	44.378	0.000	931.4586
杂项商品与服务	−61.819	0.033	97.118	0.000	270.4446

表 4.2.4 厦门市农村居民消费结构

支出	a_i	b_i	F 统计量	p 值	基本支出
食品	2659.105	0.083	490.324	0.000	3132.967
衣着	39.787	0.016	1673.948	0.000	131.1339
设备用品及服务	12.803	0.015	4046.96	0.000	98.44074
医疗保健	−56.317	0.076	1118.503	0.000	490.2149
交通通信支出	−31.76	0.167	1447.065	0.000	921.6735
娱乐文娱支出	−4.699	0.098	539.831	0.000	554.8009
居住	−45.995	0.067	602.063	0.000	336.5202
杂项商品与服务	3.467	0.007	447.02	0.000	43.43128

从表 4.2.3、表 4.2.4 可知，ELES 模型 F 统计量在 1% 的显著性水平下通过了检验，模型整体效果较好。这表明，人均可支配收入或人均纯收入对城乡居民的八类商品消费影响显著。由 T 值可知所有 b_i 的值也在 1%

的水平下显著。经检验，模型不存在一阶自相关以及异方差问题。

常数项可以判断随着收入水平的增加该类支出所占比重的变动趋势。常数项小于零，则随着收入的增加，该类支出比重将上升；反之，常数项大于零，则随着收入的增加，该类支出比重将下降。由此可见，随着收入水平的提高，城镇居民医疗保健、交通通信、家庭设备用品、教育文化娱乐服务以及居住消费支出比重呈现出上升趋势；而食品、衣着、杂项商品及服务消费支出比重有下降趋势。在农村，随着农民收入的增加，医疗保健、交通通信、教育文化娱乐服务以及居住消费支出比重有上升的趋势，而食品、衣着、家庭设备用品、杂项商品及服务消费支出比重有下降趋势。

居民基本消费需求支出是指在一定的社会经济水平下，为保证劳动力的正常再生产，居民对商品和劳务所需要的基本消费量的支付能力，它反映了居民最低消费需求。从表 4.2.3、表 4.2.4 可知厦门市城、乡居民的基本生活线分别为 10068 元/年、5709.783 元/年[①]。当年厦门市城、乡居民人均可支配收入分别为 26130 元/年、10601 元/年，相应地，他们的剩余可支配收入分别为 16062 元/年、4891.217 元/年。我们计算出厦门市城乡居民需求收入弹性（见表 4.2.5）。

表 4.2.5　　　　　　　　　厦门市城乡居民需求收入弹性

	食品	衣着	设备用品及服务	医疗保健	交通通信	娱乐文娱	居住	杂项
城	0.376	0.838	1.065	2.475	1.101	0.986	0.875	1.061
乡	0.739	1.974	2.307475	8.359	4.794	7.808	2.641	2.299

在现有收入水平下，可以测算出厦门市城乡居民医疗消费支出水平可以分别达到 2082 元/年、1275 元/年，其中可以承担医疗保险费用。

第四，厦门市未来人口与经济等数据的预测。医疗保障制度的普遍整合

---

① "娱乐及文娱支出"是否属于基本消费支出有争议。我们在这里仍然根据这个模型本身将其纳入进来。

与未来若干年份民众的医疗消费支出水平、人均可支配收入、财政总收入等指标密切相关，为此就需要测算未来若干年份人口、经济以及医疗保险的财政投入等数据。通过 SPSS17.0 对厦门市人口分别对年份及人口的一、二、三、四阶滞后项进行回归：

表4.2.6　　　厦门市人口、GDP、财政收入、医疗费用支出等回归结果

项目	R2	F 值	p 值	常数系数	年份系数	p 值
人口	0.931	133.974	0.000	− 7.977E7	40538.643	0.000
GDP	0.987	664.288	0.000	4.875E9	1.073	0.000
财政收入	0.975	234.503	0.000	1.56232E9	1.121	0.000
医疗费用支出	0.963	237.766	0.000	2.220E7	1.119	0.000

利用 ARMA 模型及 SPSS17.0 统计软件对厦门市未来人口、GDP、财政收入、医疗费用支出等变量进行预测，得到表4.2.7。其中财政收入采用逐步回归方法对财政收入及其一、二、三、四阶滞后项拟合而成。

表4.2.7　　　厦门市未来人口、GDP、财政收入、医疗费用支出等预测

年份	2015	2020	2025	2030
人口（人）	1821202	1986043	2150357	2314433
GDP（元）	2.81765E11	4.28964E11	6.3833E11	9.36115E11
财政收入（元）	1.02289E11	1.501374E11	2.15654E11	3.21334E11
医疗费用支出（元）	4.320E9	7.720E9	1.368E10	2.415E10

根据上述测算，2015 年厦门市财政收入占 GDP 的比重将达到35％左右，展示出厦门市良好的经济发展质量。采用逐步回归方法对财政收入和它的一、二、三、四阶滞后项进行拟合，发现医疗费用支出只与其一阶滞后项有关即采用 AR（1）。拟合可得医疗费用支出占财政支出的比重。

表 4.2.8　　　　　　厦门市未来医疗费用支出占财政收入比重测算　　　　　单位:%

年份	2015	2020	2025	2030
	4.23	5.15	6.34	7.515

　　上述情况表明，普遍整合的医疗保障制度所需要的医疗经费支出占整个财政收入比例较低，因而完全可以整合各种碎片化的医疗保障制度，建立起普遍整合的医疗保障制度，促进医疗保障制度更加公正持续地发展。

三　医疗保障制度普遍整合的民意支撑

　　实现医疗保障制度的普遍整合不仅具有科学基础，而且也需要得到民众的支持。如果说经过科学验证我们所构建的普遍整合医疗保障制度更具有公正性和科学性，具有理论上的可行性，那么，社会各界的认同则是保证该项制度具有长久生命力的重要支撑。课题组为此在厦门进行了调研。

　　1. 被访者的基本情况

　　厦门的问卷调查采取了分层非概率抽样方法，首先将调查对象分为两类，第一类调查对象主要分布在政府部门从事社会福利政策研究、制定与实施的人员，高等学校从事社会福利教学研究的教师，企业人力资源部门经理等。具体包括政府的教委及教科所、发改委、财政、医疗卫生、人力资源和社会保障、民政、普通高校或党校（行政学院）、党委政府政策研究、住房建设或房产管理、乡镇政府或街道办事处以及企业人力资源等 12 个部门；第二类调查对象主要包括公务员及参公人员、事业单位人员、城镇企业职工、城镇居民、农村居民以及农民工或外来员工等六类对象。其中，第一类调查样本数为 250 个，样本分布到厦门市所属的思明、湖里、集美、同安等 4 个行政区，海沧和翔安没有涉及。原因在于厦门市绝大多数社会福利政策均由市委市政府组织实施，这类调查对象主要集中在岛内的思明和湖里两个区域，而乡镇街道办事处则集中在岛外，课题组因而选择了集美和同安这两个区。第二类调查的样本数 500 个，样本基本均匀分布在岛内外各个区域，其中岛外样本数占第二类样本数的 50.1%。样本基本情况如表 4.2.9 和表 4.2.10 所示。

表 4.2.9　　　　　　　　　　**厦门市公众卷样本基本情况描述**

变量及取值		人数	百分比（%）	有效百分比（%）
性别	男	240	48.0	48.4
	女	256	51.2	51.6
	缺失	4	0.8	
年龄	20 岁及以下	2	0.4	0.4
	21—30 岁	122	24.4	24.6
	31—40 岁	161	32.3	32.5
	41—50 岁	135	27.0	27.2
	51—60 岁	41	8.2	8.3
	61 岁及以上	35	7.0	7.1
	缺失	4	0.8	
户口	非农户口	315	63.0	63.8
	农业户口	179	35.8	36.2
	缺失	6	1.2	
文化程度	小学及以下	30	6.0	6.0
	初中	125	25.0	25.1
	高中/职高/中技/中专	144	28.8	28.9
	大学专科	96	19.2	19.2
	大学本科	89	17.8	17.8
	研究生	15	3.0	3.0
	缺失	1	0.2	

表 4.2.10　　　　　　　　　　**厦门市专业人士卷样本基本情况描述**

变量及取值		人数	百分比（%）	有效百分比（%）
性别	男	114	45.6	45.8
	女	135	54.0	54.2
	缺失	1	0.4	
年龄	20 岁及以下	0	0	0
	21—30 岁	61	24.4	24.9
	31—40 岁	100	40.0	40.8
	41—50 岁	66	26.4	26.9
	51—60 岁	17	6.8	6.9
	61 岁及以上	1	0.4	0.4
	缺失	5	2.0	

续表

	变量及取值	人数	百分比（%）	有效百分比（%）
文化程度	小学及以下	30	6.0	6.0
	初中	125	25.0	25.1
	高中/职高/中技/中专	144	28.8	28.9
	大学专科	96	19.2	19.2
	大学本科	89	17.8	17.8
	研究生	15	3.0	3.0
	缺失	1	0.2	
职称	初级	36	14.4	14.6
	中级	91	36.4	36.8
	高级	46	18.4	18.6
	没有职称	74	29.6	30.0
	缺失	3	1.2	

2. 厦门被访者对医疗保障制度普遍整合的态度

被访者对于医疗保障制度普遍整合的态度包括各类医疗保险制度统筹层次、职工基本医疗保险的整合对象或覆盖对象、城乡居民医疗保险的出资比例、医疗救助制度统一等几个方面。

从统筹层次上看，38%的专业人士认为新农合应该实行市级统筹，另有38.8%的专业人士被访者认为可以实行省级统筹，两者比例基本相当；对于城镇居民基本医疗保险，40%的专业人士认为可以实行市级统筹，36.4%的专业人士认为可以实行省级统筹；而对于城镇职工基本医疗保险分别有40.8%、36%的专业人士认为可以实行市级统筹和省级统筹。相应地，坚持全国统筹以及县区统筹比例较低。见表4.2.11。

表4.2.11 专业人士对新农合、城镇居民、职工医保统一层次的态度 单位:%

项目	频数	全区统一	全市统一	全省统一	全国统一
新型农村合作医疗统一层次	250	6.8	38.0	38.8	16.4
城镇居民基本医疗保险统一层次	250	4.4	40.0	36.4	19.2
城镇职工基本医疗保险统一层次	250	3.6	40.8	36.0	19.6

在新农合与城镇居民基本医疗保险制度整合方面，由于厦门业已进行了整合，因此，专业人员普遍认为"非常可行"或"比较可行"，两者累计74%。访谈发现，有些被访者之所以认为"不太可行"或"非常不可行"，这是他们站在全国立场上来回答此类问题的。对公众卷的统计分析显示，70%的被访者认为新农合与城镇居民基本医疗保险进行合并"非常必要"或"有必要"，认为"没有必要"以及"完全没有必要"的只有14.8%。显示出整合这类制度具有深厚的民意基础。在职能整合方面，74%的专业人士认为将新农合信息系统与城镇居民基本医疗保险系统合并"非常可行"或"比较可行"，83.9%的专业人士"非常赞成"和"比较赞成"将新农合的管理移交给社会保障部门。这验证了我们所设计的普遍整合医疗保障制度。

城镇职工基本医疗保险制度应该覆盖哪些参保对象，对厦门专业人士的调查表明，72.4%的专业人士认为公务员应该纳入到现行的城镇职工基本医疗保险制度中，79.6%的被访者认为应该将事业单位人员纳入职工医疗保险体系中，68.8%的被访者赞同将城镇居民纳入其中，66.4%的被访者赞同将农民纳入职工医疗保险体系中。这说明，建设普遍整合型医疗保障制度具有浓厚的民意基础。

对厦门的调查发现，无论是专业人员还是普通民众，都倾向于选择本市范围内的统一。其中，37.3%、44.8%以及43.6%的专业人员被访者认为，农村医疗救助、城市医疗救助以及城乡医疗救助制度应该在本市范围内统一，当然，也有36.1%、36%以及38.8%的专业人员被访者认为可以实行本身范围内的统一（见表4.2.12）。两者合计分别为73.4%、80.8%以及82.4%，展示出较高的认同率。

表4.2.12　专业人员对厦门市"十二五"末期城乡医疗救助制度统一层次的选择　单位:%

项目统一层次	有效样本	本区	本市	本省	全国
农村医疗救助制度	249	11.6	37.3	36.1	14.9
城市医疗救助制度	250	2.8	44.8	36.0	16.4
统一城乡医疗救助制度	250	3.2	43.6	38.8	14.4

对于普通民众而言，他们更倾向于本市范围内统一医疗救助制度，40%、43.5%以及44%的民众被访者认为，对于农村医疗救助标准、城市医疗救助标准以及统一的城乡医疗救助标准等都应该实行本市范围内的统一（见表4.2.13）。而对于实行本省或全国范围内的统一态度大致相同。

表4.2.13　　　　　民众对城乡医疗救助制度统一层次的选择　　　　单位:%

项目	有效样本	本区	本市	本省	全国	不清楚
农村医疗救助标准	500	11.2	40.0	19.6	19.8	9.4
城市医疗救助标准	499	7.2	43.5	17.4	23.0	8.8
统一城乡医疗救助标准	500	8.0	44.0	18.6	20.2	9.2

所有这些充分表明，在本地区范围内实行医疗保障制度的普遍整合具有深厚的民意基础。

第三节　医疗保障制度普遍整合的实践探索

随着医疗卫生事业的发展，全国各地逐步推进医疗保障制度的整合探索，这为我们构建普遍整合型医疗保障制度提供了有益借鉴。总结这些地方的做法与经验，有助于我们更好地探索普遍整合的医疗保障制度。

一　医疗保障制度普遍整合的杭州实践

杭州市管辖上城、下城、建德、富阳、临安、桐庐等13个区（县、市）。自2003年试点新农合以来，经过4年的实践探索，他们于2007年底出台了"全民覆盖、城乡统筹、相互衔接、可以转换"的城乡居民基本医疗保险办法，实现了新农合与城镇居民基本医疗保险等制度的普遍整合。这为我们研究普遍整合医疗保障制度提供了实践性例证。

1. 普遍整合的基本医疗保险制度

2008年初，杭州市正式实施了《基本医疗保障办法》（2010年进行了修订）以及《新型农村合作医疗实施办法》，对新农合与原有的城镇居民基本医疗保险制度进行整合，现行的"杭州市基本医疗保险制度"具有三个方面的特征①：

第一，农民及城镇非从业人员可以灵活选择两种医疗保险制度的一种。根据 2010 年的《杭州市基本医疗保障办法》，农民可以参照城镇个体劳动者缴费办法参加城镇居民基本医疗保险，城镇居民以及灵活就业人员也可以参加新型农村合作医疗。这个《办法》将新农合参加对象界定为"本市农村户籍居民和城镇非从业人员"，而城镇居民基本医疗保险参加对象拓展为"农村户籍居民"，参保对象由此实现了普遍整合。

第二，定点医疗机构的普遍共享。全市所有定点医院及定点零售药店都是参保人员的就医机构，参保人员凭社会保障卡在各医保医院及零售药店就医、买药都能享受相关补偿。同时，政府逐步增加农村地区的门诊报销机构，参保人员可以到杭州全市 13 个区县范围内所有联网的社区卫生机构进行治疗并获得补偿。这就使得城镇居民基本医疗保险以及新农合等制度在实施过程中具有了职工基本医疗保险制度的特性，为建立普遍整合的医疗保障制度扫清了运行上的障碍。

第三，城乡居民医疗费用补偿比例实现了普遍整合。参合人员的医疗费用在起付标准、门诊及住院起付线、最高报销限额等方面与城镇居民一致，超过起付线以上部分的报销比例也大致相当。例如萧山区对于参保的城乡居民全年累计最高补偿限额由 2003 年的 2 万元、2004—2006 年的 3 万元、2007 年的 5 万元、2008 年的 7 万元上升到 2009 年以来的 10 万元，两类参保人员的最高补偿额度完全一致②。补偿比例与补偿额度实现了普遍整合。

2. 基本医疗保险制度供给推动着普遍整合

第一，从个人与政府的筹资比例看，新农合及城镇居民基本医疗保险制度作为杭州市基本医疗保障制度的一部分，它们的筹资水平相对较低，而政府财政补贴逐渐加大，两者的个人与政府筹资比例基本相当，实现了筹资水平的公平。例如，2009 年萧山区参合农民个人仅需缴纳 100 元，而区镇两级政府补贴分别为 115 元和 125 元，两级政府的补贴合计为 240 元，是农民个

---

① 参见王英豪、高和荣等《论新型农村合作医疗制度的城乡统筹》，《西北人口》2010 年第 6 期。

② 资料来源：《萧山区新型农村合作医疗制度政策解答》，萧山区人力资源和社会保障局编，2010 年。

人的 2.4 倍。这与城镇居民的负担比例大致相当。两个阶层筹资结构的公平有利于两种制度的普遍整合。

第二，从医疗费用补偿角度看，杭州市通过城镇职工、城镇居民、新农合以及农民工等医疗制度的供给实现了制度的全部覆盖以及参保对象的普遍覆盖。不仅如此，城乡居民无论参加何种类型的医疗保障制度，都获得大致相当的补偿比例及补偿额度，在最高补偿额度方面也体现了两者的一致性。从医疗费用补偿来看，全国大多数新农合采取住院补偿方式，这并不符合患病规律与健康理念，也不利于降低医疗费用①，也与职工医疗保险补偿方式不一致。而杭州市规定城乡居民都可以获得门诊补偿，这样就实现了各种类型的医疗保障制度补偿方式的普遍与整合，为现在全国其他地区的新农合制度以及城镇居民基本医疗保险制度实行门诊补偿提供了借鉴。

第三，从制度设计角度看，包括城镇居民以及农民在内的基本医疗保险制度要想得到持续发展必须与当地经济社会发展水平相适应。有关调查表明，随着经济发展以及收入水平的提高，城乡居民更希望适当提高缴费标准以便获得更好的健康保障及补偿待遇②。为此从 2009 年起，杭州市农民与城镇非从业人员在缴费比例、补偿待遇等方面实现了普遍整合与普遍一致，减少了城乡居民之间的区隔，从而为建立普遍整合乃至城乡一体的医疗保障制度提供了基础。另外，杭州市按照职工基本医疗保险的理念规定了参保居民不仅可以选择所在区（县）的定点医院看病，还可以在杭州市下属的其他区（县）定点医院就医，实现了医疗机构供给的普遍整合。

总之，杭州市城乡居民基本医疗保险制度突破了区（县）地域界限，打破了城乡居民的身份界限，按照城乡统筹协调发展、相互衔接理念实现了制度供给的普遍整合，为建立普遍整合型医疗保障制度提供了思路。

二　医疗保障制度普遍整合的苏州经验

医疗保障制度内容比较丰富，不仅包括医疗保险，而且也包括医疗救助

---

① 景天魁：《围绕农民健康问题：政府、市场、社会的互动》，《河北学刊》2006 年第 4 期。

② 高和荣：《新型农村合作医疗可持续发展研究——基于部分经济发达城市的经验》，《北京师范大学学报》2009 年第 1 期。

以及公共卫生服务，它们成为医疗保障制度的有机组成部分，相应地，医疗保障制度的普遍整合也应该包括这些方面。近年来，在医疗保障制度建设过程中，一些地方敏锐地发现医疗救助以及公共卫生服务普遍整合的必要性与迫切性，他们结合自身实际开展了有益探索。我们为此选择了苏州市医疗救助制度的普遍整合加以研究。

1. 苏州市医疗救助的普遍整合

2011年苏州市（区、市）人口为642.3万人，其中市区人口245.2万人。下辖张家港、常熟、昆山、太仓、吴江五个县级市以及吴中、相城、沧浪以及工业园、高新区等7个区。调研发现，在医疗救助方面，苏州市实现了救助对象、救助项目与内容的普遍整合。

在医疗救助制度安排方面，苏州市实行了城乡整合的医疗救助办法。同一个区（市）按照同一个制度、实施同一个标准、采取同一个审核办法与审批程序为被救助对象提供规范的医疗救助服务。无论是城市还是农村，都按照"先保险、后救助"原则，要求同一区（市）的所有居民全部参加城乡居民医疗保险制度。其中，对于符合救助条件的个人或家庭，其医疗费用自负部分的70%享有医疗救助，全年医疗费用总额超过封顶线部分则享受95%的医疗救助。为了更好地为城乡居民提供医疗救助服务，苏州市给每个参保人员办理了"一卡通"，采取同步结算方法，为被救助对象本人及其家庭成员提供便捷的医疗救助服务。

在医疗救助对象确定方面，苏州市为所有城乡最低生活保障人员、低保边缘户、重度残疾人、临时困难群体、农村五保户等提供医疗救助；对于家庭收入在低保标准两倍以内的低保边缘群体，如果患有癌症、白血病、尿毒症、重度精神病、红斑狼疮、血友病、再生障碍性贫血及器官移植等8种大病，可以参照低保同类对象享受医疗救助；在救助项目与救助内容方面，政府不仅提供了住院与门诊救助，而且还提供了康复、理疗、心理干预、精神治疗等方面的救助，被救助人员根据自身情况获得相应的救助。从医疗救助资金使用方面来看，以2009年为例，苏州市医疗救助金受益人数达到11034人，发放金额1821.36万元，较上年度分别增长5194人和696.86万元，增幅分别为88.94%和61.97%。其中，涉及职工医保6764人，居民医保2129人，学生医保1950人，被征地农民186人以及20世纪

60 年代退职人员 5 人①。

2. 社区卫生服务的普遍整合

社区卫生服务中心是为居民提供疾病预防、疾病治疗以及康复护理的基层服务单位，它能够有效地解决社区居民医疗服务的可及性与可得性问题。2008 年底，苏州市登记注册的卫生机构 2344 个，共建成社区卫生服务中心 133 家，社区卫生服务站 1161 家。社区卫生机构总诊疗人次为 2472.33 万，占全市医疗机构诊疗人次的 55%②。

苏州市普遍性地加强了各区（市）社区卫生服务中心的硬件建设，从标准化角度将各零碎的社区医疗机构整合为社区卫生服务中心（站），并对其房屋、医疗器械及电器用品、药品及设备、流动资金等进行普遍性、标准化建设，确保社区卫生服务中心（站）能够为居民提供基本的医疗与康复服务。同时注重社区卫生服务中心（站）的软件建设与整合；在社区医疗服务获得普遍性方面，各区（市）采取措施，逐步实现医疗卫生资源的普享性。例如，沧浪区早在 2009 年就提出了"5.15 为民服务圈"计划，其中就包括民众步行 15 分钟就能够享受到社区健康服务；在社区医疗卫生人才培养方面，苏州市加快社区医疗卫生人才队伍建设，全市对 186 名全科医生进行了培训，普遍提高社区医疗中心医护人员的学历与专业技术结构，为社区居民提供更加优质的医疗健康服务。

不仅如此，围绕各街镇社区卫生服务中心，各村普遍性地建立起卫生服务站。例如，太仓市沙溪镇全面启动农村社区卫生服务中心的建设，建成松南、半泾村、岳镇、凡山、印北、中荷等村级卫生服务站。同时，该市为农民普遍提供"免费母婴健康咨询、免费婚前医学检查、免费产前筛查诊断、免费儿童计划免疫、免费特困妇女病普查"以及"关怀妇女、关怀儿童、关怀特殊人群"等"六免三关怀"公共卫生服务，使他们享有与城镇居民同等的公共卫生服务，实现了社区公共卫生服务的普遍而均等的供给。

3. 社区精神防治服务的普遍供给

精神疾病不断上升是城市化、工业化的副产品，对这些群体提供康复服

---

① 数据来源：2010 年 7 月 15—16 日在苏州民政局的调研所得。

② 数据来源：2010 年 7 月 16 日在苏州民政局座谈会上苏州市卫生局基层卫生处的报告。

务成为一项重要任务。根据苏州市公安局精神病防治办公室统计，到 2009 年底，苏州全市共有各类精神病患者近 9 万名，总患病率为 14.02‰；登记在册的重症精神病患者近 4 万名，检出率达 6.37‰[①]。

第一，苏州市实现了精神病管理工作的普遍整合。公安部门及其所属派出所负责辖区内精神病患者（尤其是肇事的精神病患者）的收治及治安管理，协同卫生、民政、残联等部门做好精神病者的社区防治工作；卫生部门负责对这类群体的医疗、预防、保健、康复，对社区卫生服务中心（站）人员进行业务指导和业务培训，提高他们的专业技术水平，使之更好地服务于这些群体。民政部门依托社区加强对精神病患者的社区防治与康复训练。其他部门，如教育、财政、社保以及残联等也加强对精神病群体的工作。同时，他们还成立了以公安、卫生、财政、民政、计生、劳动、残联为主体的精神病防治领导机构，将原来分散在各个部门的相关工作予以了普遍整合。

第二，以社区卫生服务中心（站）为载体，普遍建立精神病患者的防治工作。在防治手段上，他们将巡诊、走访以及送医送药上门等服务整合起来，为患者提供更有针对性的服务。在医疗服务项目上，将门诊治疗、住院治疗及社区康复指导等项目整合起来，根据患者的实际情况加以组合，形成有针对性的防治方案对这些群体进行康复指导，减少复发和再住院。2008 年，全市精神病医生共走访、专访、巡诊 99866 人次，其中对易复发和易肇事的精神病患者进行了 10885 人次的重点巡诊，重点专访了 2997 人次，常规走访了 83153 人次，强制收治了 48 人次，移送救助治疗 198 人次，及时消除精神病肇事隐患 89 起。这有力地维护了社会稳定，促进了社会和谐[②]。

第三，通过"日间康复站"实现了医疗服务与家庭照顾的普遍整合。"日间康复站"是发达国家广泛采用、介于医院和家庭之间的康复服务模式，目的是将原来由医院和家庭承担的、碎片化康复服务整合为社区康复服务。早在 2006 年，苏州市平江区的观前、苏锦两个社区就成立了精神卫生日间康复站，对工作站的用房面积、康复和医疗设施，工作站的职责与服务内容等做了明确规定，同时聘请广济医院的医务人员进驻康复站对那些精神

---

① 数据来源：2010 年 7 月 16 日在苏州民政局座谈会上苏州市公安局、苏州市卫生局的报告。

② 同上。

患者进行康复训练与指导，逐步推出家庭病床、远程就诊、双向转诊、生活工作技能训练、辅助就业、干预治疗、心理咨询等服务，帮助精神病患者回归社会。到 2008 年底，苏州市日间康复站共走访病人 17850 次，送医送药、康复治疗 5650 人次，免费送医送药 434 人次，参加生活、工作技能培训1600 余人次，经康复站照料后成功回归社会的有 63 人次①。"日间康复站"的建设，整合了住院治疗与家庭护理，增强了患者本人、家庭成员乃至社会成员的认同感，实现了精神病防治三级网络的普遍整合。

三　医疗保障制度普遍整合的厦门探索

健康是人全面发展的基础，关系到千家万户的幸福。按照世界卫生组织的看法，健康重在预防而不在于治疗，治疗仅仅是一种必要的补充及无奈之举。因此，医疗保障制度的普遍整合不仅包含着医疗保障、医疗救助等制度的普遍整合，而且包含着医疗资源及医疗服务体系的普遍整合。厦门市围绕"医疗资源、医疗保险、医疗服务"等三个方面进行普遍整合，社会各界形象地称之为"医疗重组"。

1. 医疗卫生资源的普遍整合

所谓医疗资源的普遍整合主要指卫生部门对一个地区的医院、医生等资源重新配置，优化组合，从而发挥医疗卫生资源的最大效用，它包括优质医疗卫生资源的普遍覆盖以及对闲置医疗卫生资源的重新整合两个方面。

一方面，政府加强优质医疗资源横向配置的普遍覆盖，将优质医疗资源均衡地配置到岛外以及岛内新区，改变了岛内与岛外、岛内东北部与南部地区卫生资源分布不均局面，增强了优质卫生资源的普遍性与可及性。例如，厦门原有的三甲医院都集中在思明区中山路附近，优质医疗资源过于重叠，政府为此将厦门市中医院迁到人口比较稠密的东部地区，建成福建省规模最大的中医院，增强了岛内东部地区民众获得优质医疗资源的普遍性；再如，厦门市将第二医院、第三医院总部分别迁建到集美区以及同安区，使之成为这两个行政区的医疗中心，为保障厦门岛外民众普遍地获取优质医疗资源起到了积极作用。与此同时，厦门长庚医院的投入使用也优化了海沧区的医疗

---

① 数据来源：2010 年 7 月 16 日在苏州民政局座谈会上苏州市公安局、苏州市卫生局的报告。

卫生资源供给，2012 年，厦门市政府依托厦门大学着手在翔安区建设一家三甲医院，在集美区再建设一座辐射厦漳泉的三甲医院，力争使每个行政区都拥有三甲医院。

另一方面，政府加强优质医疗资源纵向配置的普遍整合，以三级医院为龙头分区、分片整合各辖区内的医疗资源，形成若干个以三级医院为骨干、采取"人、财、物"一体化管理模式的医疗服务综合体。例如，厦门第一医院兼并市杏林医院、思明医院，整合翔安区的同民医院；厦门市中医院兼并江头医院；厦门市第二医院合并了集美医院；中山医院兼并厦门铁路医院、湖里医院、厦大医院；市疾病预防控制中心、医疗紧急救援中心和卫生监督所整体搬迁至岛外集美区。所有这些，实现了优质医疗卫生资源的纵向整合，增强了优质医疗资源的普遍性与可及性。

整合医疗卫生资源，让三级医院接管社区医疗机构，形成医疗服务集群，为民众提供便捷可靠的医疗卫生服务，是医疗重组的重要方面。为此，厦门市卫生部门采取三级医院全面接管社区医疗服务中心办法，让优质医疗资源直接进入社区，引导民众养成"小病进社区、大病到医院"的就医习惯，缓解民众看病难问题。自 2004 年以来，厦门市相继出台了《建立和完善社区卫生服务机构和医院双向转诊制度的意见》、《关于发展社区卫生服务的实施意见》、《关于改革和发展医疗卫生事业，破解人民群众"就医难"的决定》、《社区医疗服务中心管理办法（试行）》、《社区医疗服务中心基本用药目录（试行）》以及《关于公立基层医疗卫生机构实施国家基本药物制度的若干意见》等政策，由三级医院托管 36 家社区卫生服务中心，社区卫生服务中心工作人员由三级医院指派，他们的基本工资也由所挂靠的三级医院负担。为了切实提高社区医疗服务中心的水平，政府给每家社区医疗服务中心配备了 X 光、B 超等检查检验设备，医疗面积均不少于 1000 平方米，让社区医务人员必须到所依托的三级医院接受培训。同时，三级医院的医务人员晋升副高或高级职称必须到社区医疗服务中心工作半年以上。通过这些措施，实现了医疗资源的普遍整合，增强了医疗资源的普遍性与可及性。

2. 医疗保障制度管理的普遍整合

一是形成了普遍整合的医疗保险管理制度，将面向机关事业单位人员、企业职工、城镇居民、农村居民、大学生、未成年人等设置的基本医疗保险制度费用缴纳、费用补偿以及大病统筹基金使用等统一归口到人力资源和社会保障局所属的医疗保险经办机构，改变原来多头管理所带来的医疗保险基金运营效率低下、运营风险增大等问题，保证了基本医疗保险制度的持续发展。

二是建立普遍整合的医保补偿与筹资标准。2007 年以来，厦门市统一了城镇居民、农民、大学生及未成年人基本医疗保险门诊及住院起付线、起付线以上部分的补偿比例以及医疗费用最高限额等①。另外，这些群体医疗费用补偿原理与职工基本医疗保险一致。例如，职工首次在三级、二级以及一级医疗机构费用发生费用的起付线标准分别为上年度全市职工平均工资的 6%、4% 以及 2%，而城乡居民则统一按照上年度全市职工费用平均工资的 5%、3% 以及 1% 予以补偿。使得两种类型的基本医疗保险制度具有良好的整合性，为将来整合职工基本医疗保险与个人基本医疗保险提供了基础。同时，政府整合了城乡居民的筹资标准，自 2011 年 7 月起每人每年统一缴纳 80 元，政府补贴 300 元，这两类群体的基本医疗保险制度筹资与补偿实现了整合及统一。为了利用好医保卡中的个人账户资金，2012 年 8 月 1 日，厦门市开始实施《医疗保险健康综合子账户管理试行办法》，参保人员个人医疗账户实际结余资金中划出部分资金，用于本人及其父母、子女、配偶等医疗费用支出，这不仅有效地释放了个人账户的沉淀资金，提高了个人账户资金的使用效率，还可以实现家庭成员之间互助共济。

三是建立起普遍补偿的药品消费制度。为了解决民众看病难、看病贵问题，引导参保人员养成更加合理的就医习惯，自 2010 年起，厦门市规定参保人员到社区医疗服务中心就诊每年可以获得 500 元的免费药品补贴。也就是说，无论是企业职工还是城乡居民，所有参保人员到社区医疗服务中心接受治疗每年可以享受累计 500 元的免费药品，如果到大医院就诊则不能享受这种补偿待遇②。政府还规定，所有参保人员每年都可以普遍性地获得 200—400 元额度的体检费用补偿③。另外，自 2011 年 7 月起，公立医院药品加成

---

① 厦门市将城镇居民、农村居民、大学生、未成年人等四类群体统称为"城乡居民"。

② 由于这笔费用来源于统筹基金，因此该政策在实施过程中还存在着争议。

③ 其中，机关事业单位人员、企业职工的体检额度为每人每年 400 元，城乡居民每人每年享受 200 元体检额度。

率从原来的 15% 降低至 10%①，2012 年更是取消了药品加价。所有这些，就是为了建立普遍整合的医疗保险管理制度以及药品价格制度，促进参保人员普遍性地享有医疗保障待遇。

① 厦门市物价局：《厦门市公立医院药品加成率降低 5% 的工作方案》，2011 年 4 月 8 日。

第五章

就业保障制度的普遍整合

就业是民生之本，它与民众的生活息息相关，是经济与社会政策领域关注的重要议题，成为社会稳定与社会和谐的重要方面。就业问题没有解决，城乡劳动力享受不到充分而平等的就业，就根本谈不上其他方面的和谐。构建完整的就业保障制度，实现普遍而平等就业、提高自身福利水平是每个人的梦想，也是各国政府追求的政治与社会目标。因此，必须要探索就业保障制度的普遍整合。

第一节　就业保障制度的运行及存在问题

改革开放以来，我国以充分就业以及更高质量的就业为目标，实施就业优先以及采取更加"积极的就业政策"，"促进创业带动就业"，着力解决下岗失业人员的再就业培训，提高各类劳动者的就业创业能力与本领，同时，完善失业调控机制，加强劳动保障监察和争议调解仲裁，健全就业保障制度。

一　就业保障制度的运行

就业保障应当贯穿于劳动者求职就业、劳动权益与失业保障的全过程，并针对不同劳动群体的具体情况有所兼顾和倾斜。它主要包括积极的就业政策，劳动者权益保障制度以及失业保险制度等三个方面。

1. 劳动就业政策积极实施

劳动就业政策是就业保障制度的主体，体现着政府的就业政策理念与就业政策目标。十六大以来，政府实施了更加有利于促进就业的产业、贸易、财税和金融政策，完善促进就业的综合政策体系，实施鼓励劳动者多渠道、多形式灵活就业的扶持政策。

在政策制定方面，政府以下岗失业人员为重点，构建较为完整的就业服务体系。早在 2002 年，中央颁布了《关于进一步做好下岗失业人员再就业工作的通知》（中发［2002］12 号），政府的工作重点从失业保障转移到促进再就业，2003 年，为了落实这个政策性文件，国务院各部委出台了 8 个配套文件，各地制定了相应的实施办法，初步形成了积极的再就业政策体系。不仅如此，政府还将再就业政策的覆盖对象扩大到农村富余劳动力等群体，试图解决农村富余劳动力就业问题。2005 年国发 36 号《关于进一步加强就业再就业工作的通知》将积极促进再就业政策扩展到城镇新增劳动力和农村富余劳动力，充实了财政、社保、就业服务等各项保障性措施。2008 年《就业促进法》的颁布，将"积极的就业政策"提升到法律高度，该法巩固、丰富、完善了原有的积极就业政策。

首先，政府着力创造有利于就业的宏观经济环境，增大就业含量和力度。中央要求县级以上人民政府将"扩大就业作为经济和社会发展的重要目标"，纳入"国民经济和社会发展规划"，并制订促进本地就业的"中长期规划和年度工作计划"①。为此，《就业促进法》要求县级以上政府建立就业专项资金，以就业为核心建立了一套涵盖财政、金融、贸易、投资、产业、区域经济、教育、社会保障等方面的政策体系。其次，加大普惠性。不仅鼓励各类企业"通过兴办产业或者拓展经营，增加就业岗位"，扶持"失业人员和残疾人就业"②，而且扩展了可享受税收优惠的企业范围与小额信贷的受益群体，将"零就业家庭"纳入就业援助中。再次，突出劳动者公平就业的地位。强调妇女、残疾人、传染病病原携带者、农村进城劳动者依法享有平等的就业机会，保护"各民族劳动者享有平等的劳动权利"③。最后，注重公共就业服务体系的建设，实行就业服务体系的统筹供给，做到产业政策与就业政策

---

① 参见《就业促进法》第 4 条。

② 参见《就业促进法》第 12、17 条。

③ 参见《就业促进法》第 28 条。

的城乡统筹，地区统筹，以及有就业需求的不同群体间的统筹等。

在增加就业人数方面，政府以城镇新增就业人口的就业、城镇失业人员再就业为龙头，着眼于就业保障制度的完善。2007—2011 年，全国城镇失业人员再就业人数分别为 1204 万、1113 万、1102 万、1168 万以及 1221 万，各年度城镇登记失业人数分别为 830 万、886 万、921 万、908 万以及 922 万，城镇登记失业率控制在 4.3% 以内[①]。

同时，政府重视农村富余劳动力的就业问题，认为农村富余劳动力向非农产业以及城镇转移是一个必然趋势，2004 年 2 月中央颁布《关于促进农民增加收入若干政策的意见》，提出要"保障进城就业农民的合法权益"，城市政府要加强对"农村劳动力的职业技能培训"，政府给予一定的补贴和资助，坚决纠正各种强制农民参加有偿培训和职业资格鉴定的错误做法。2010 年中央 1 号文件再次强调要促进农民就业创业，建立覆盖城乡的公共就业服务体系，促进农村劳动力平稳有序转移。

就调研地厦门来说，政府着力完善劳动就业政策，加快实施产业技工培养计划，努力改善就业环境，加快推进劳动就业的结构转型，切实解决劳动力供给总量不足、结构性矛盾突出等问题，劳动供需活跃。2010 年厦门市全社会从业人员 207.47 万人，比 2005 年的 139.52 万人增加了 67.95 万人。在这 200 多万的就业人口中，三大产业用工比例为 0.3∶66.03∶30.4[②]，第二产业从业人员仍然占据主导地位。

2. 劳动者权益保障制度逐步健全

为处于就业状态的劳动者提供普遍性的劳动保护，确保他们获得稳定、安全、健康的工作环境，及时处理各种劳资纠纷，以避免发生不合理的失业情形。为此，政府出台了《劳动法》、《劳动合同法》以及《劳动争议调解仲裁法》等法律法规。早在 1995 年就实施的《劳动法》明确了劳动者的主要权利和义务，涵盖劳动合同、工作与休息时间、劳动安全卫生、职业培训、工资与劳动报酬、劳动卫生和安全、社会保险和福利、劳动争议与监督检查等方面；2007 年制定的《劳动合同法》站在"完善劳动合同"，"保护

---

① 参见人力资源和社会保障部《2011 年度人力资源和社会保障事业发展统计公报》。
② 参见厦门市统计局网站《2011 年厦门特区统计年鉴》，原文数据如此，特注明。

劳动者的合法权益，构建和发展和谐稳定的劳动关系"角度，围绕劳动合同的订立、劳动合同的履行与变更、解除和终止等方面进行详细规定；《劳动争议调解仲裁法》分别从劳动合同的制定与实施、劳动争议的处理、工伤的界定与相应的保险基金的设定等具体细则对劳动者提供全面细致的保护。这样，以《劳动法》为核心的制度就对劳动者的就业进行了普遍性保护。

不仅如此，政府还致力于完善人力资源市场，加大了对劳动就业信息、就业培训以及其他就业服务的提供，推进人力资源市场的整合，不断规范人力资源市场。数据显示，2011 年政府在全国范围内整顿人力资源市场秩序，共检查职业介绍机构和用人单位 13.3 万户次，查处违法案件 1.01 万件，其中取缔非法职业中介活动 4055 起。其实，早在 2009 年、2010 年这两年间每年均查处违法案件 1.3 万件，取缔非法职业中介活动分别为 5000 起以及 4100 起以上。

3. 失业保险制度的逐步建立

为失业人员在失业期间提供基本的生活保障，以促进其再就业，主要体现在 1999 年施行的《失业保险条例》中。目前，缴纳失业保险费并享受失业保险待遇的人员主要是城镇企事业单位职工，保费由企业上交单位工资总额的 2%，职工上交个人工资的 1%，由当地社会保险经办机构负责管理。失业保险基金在直辖市和设区的市实行全市统筹，其他地区的统筹层次由省、自治区人民政府规定。参保人员可按照参保时间领取最多 2 年的失业保险金，失业保险金的标准按照低于当地最低工资标准、高于城市居民最低生活保障标准，由省、自治区、直辖市人民政府确定。社会保险经办机构负责失业人员的登记、调查、统计等工作，并拨付失业人员职业培训、职业介绍补贴费用，并为失业人员提供免费咨询服务等。

在 2011 年实施的《社会保险法》中，政府扩大了失业保险的参保范围，规定各类职工（包含进城务工的农民、被征收土地的农民及在中国境内就业的外国人等）都应当参加失业保险，由用人单位和职工按照规定共同缴纳失业保险费①。这就增强了失业保险制度的普遍覆盖以及失业保险金的普遍获得，最大限度地维护了各类从业人员的合法就业权益。有数据显示，2002—

① 参见《社会保险法》第 95 条、第 96 条以及第 97 条。

2011 年这十年间，全国总就业人数、城镇就业人数以及参加失业保险人数都呈现出增长态势，展示了失业保险制度的普遍覆盖性不断增强。具体见表 5.1.1。

表 5.1.1　　　　2002—2011 年全国就业与失业保险参保情况表①　　　单位：万人

年份	2002	2003	2004	2005	2006	2007	2008	2009	2010	2011
总就业	73740	74432	75200	75825	74978	75321	75564	75828	76105	76420
城镇就业数	24780	25639	26476	27331	29630	30953	32103	33322	34687	35914
参保数	10181	10372	10583	10647	11186	11644	12399	12715	13375	14317
城镇失业数	770	800	827	839	847	830	886	921	908	922
城乡失业数	1620	1643	1623	2052	1137	1210	1482	1682	2283	2159
失业保险金领取数	657	741.6	753.5	677.8	598.1	538.5	516.7	483.9	209.1	197.0

表 5.1.1 表明，随着《失业保险条例》的颁布与实施，全国参加失业保险人数呈现出逐年提高态势，尤其经过了 2002 年到 2005 年的平稳期之后又呈现出快速增长势头，从 2006 年到 2009 年 4 年增长了 19.42%。标志着失业保险制度的普遍覆盖功能得到了一定程度的彰显。这为社会成员就业保障制度提供了最后的安全网。

二　就业保障制度存在的问题

20 世纪 90 年代以来，随着我国社会福利体系由原来的单位制向社会制转变，内在地需要进行就业保障制度的改革与完善，切实改变过去那种单位制就业保障制度。但是，由于我国庞大的就业人口，长期以来城乡分割的二元经济结构，单位制就业保障制度的惯性影响，使得现行的就业保障制度还存在着如下问题。

1. 就业保障制度覆盖面不广

适应市场经济发展、国有企业改革以及社会福利体系建设的需要，我国

---

①　资料来源：《中国统计年鉴》2010 年卷、2011 年卷、2012 年卷，中国统计出版社 2010、2011、2012 年版。

努力建设市场化就业保障制度。但是，现行的就业保障制度覆盖面较窄，整合性不足。

首先，就业保障制度覆盖面窄表现为就业政策没有覆盖所有劳动力人口。我国现行的就业政策主要针对城镇人口，较少地涉及农民以及农民工等群体；例如最低工资制度、下岗再就业制度、"4050"就业制度、职业技术职称制度等，主要更多地服务于城镇职工及城镇居民，农民以及农民工几乎不可能享受到这些制度及政策所带来的相关福利待遇。再如，现行的失业保险制度同样仅仅针对城镇企业职工，不仅农民及农民工难以纳入其中，而且也不包含公务员、部分事业单位人员以及在各党派与人民团体中就业的人员。

其次，就业保障制度覆盖面窄还表现为就业统计对象有限化。一方面，我国的就业人口统计对象主要限定在一定的劳动年龄内，有劳动能力、无业且要求就业并在当地就业服务机构进行求职登记的非农业户口人员，就业人口统计尤其是失业人口的统计不仅排除了广大农民，而且也排除了数量庞大的农民工阶层，导致这类群体的就业信息登记制度与管理体系基本缺乏。另一方面，现行的就业人员统计也排除了失地农民和退养渔民，公布的失业率往往低于实际失业情况。实际上，就业人口统计有限化不仅不利于我们准确把握人口就业的真实情况，使我们难以提出更加公正的就业政策，而且不利于保护农民、农民工、失地农民及退养渔民等群体的合法就业权益。正因为如此，一些学者对我国公布的失业率始终持批判的态度。

再次，就业保障制度覆盖面窄也表现为职业身份区隔化。与就业密切相关的人事制度同样存在着差异化与选择性：非大中专毕业生的就业关系隶属于人力资源和社会保障局，仍然将其身份界定为工人；而应届大中专毕业生则归口公务员局主管的人才市场，仍然保留所谓的"干部"身份，这类人员哪怕处于失业状态其人事档案仍然可以保存在人才市场。这不仅难以建立起全国统一的劳动力市场，甚至连本市、本地区统一的劳动力市场也难以建立起来，不利于就业人口管理的整合，也人为地增加了人力资源流动成本。

另外，就业保障制度覆盖面窄还表现为就业服务缺少多样性，无法满足不同群体的需求。失地农民、进城务工农民、大学生、特困人员（残疾人、4050人员）等不同的群体有着自身特征的就业意向与就业需求，但是现有的就业培训、就业帮扶等就业服务过于同质化、缺乏针对性。例如，职业技能培训学校普遍存在教学条件较差，教育内容与教学方法没有很好的市场定位，与普通高等学校特别是专科学校雷同，远远脱离真实的市场需求。再如，农村劳动力流动缺少有关部门的有效组织，农民进城就业具有较强的盲目性。

最后，就业保障制度覆盖面窄表现为劳动就业保护不够普遍，就业安全呈现出差异化特征。有的职业阶层如公务员、事业单位人员、国有或集体企业正式职工等职业群体拥有较为完善的就业保护，而上述单位的非编人员、在高危行业中从事一线工作的人员，如采矿工人、锅炉工人等劳动保护普遍不足，有的单位对女工怀孕及生育期间的劳动保护不够。

2. 失业保障体系不够完善

失业保险与就业政策密切相关，完善的失业保险制度有助于就业问题的解决。目前，以失业保险制度为核心的失业保障体系在实施过程中还存在着三点不足：

第一，失业保险覆盖面不够普遍。失业保险覆盖面可以用失业保险人数与就业总人数的比值来衡量，比值越大，失业保险应保尽保率就越大。在理想状态下，参加失业保险人数与总就业人数的比值为1。实际上，表5.1.1显示，近十年来，我国参加失业保险人数占全国城镇就业人口总数的比值始终在45%以下，而参加失业保险人数占全国总就业人口的比重更是没有超过16%。这是因为现行的《失业保险条例》覆盖对象不够普遍，1999年的《失业保险条例》最初只规定城镇企业事业单位职工才能参加，而"城镇企业事业单位招用的农民合同制工人"则"不缴纳失业保险费"[1]，这就使得一些非正规就业人员、灵活就业人员以及众多农民工不能普遍地参加失业保险制度[2]。另外，大量非公经济组织采取"寻租行为"故意不为本单位员工缴纳失业保险金，导致失业保险覆盖面较低。《社会保险法》虽然将失业保险对象有所扩大，将所有职工纳入失业保险体系，并且要求流动人员的失业

① 参见1999年颁布的《失业保险条例》第6条。

② 虽然政府鼓励农民工参加失业保险制度，但由于领取到失业保险金需要连续参保1年以上。而农民工的劳动合同往往一年一签。因此，他们即使失业了也很难领取到失业保险金，他们自然就不愿意参保。

保险关系随本人转移，在一定程度上推进了失业保险的普遍性。但是仍然缺乏相应的登记制度与监督制度等。

　　第二，失业者享受失业保险金普遍性不足。理论上讲，领取失业保险金人数应该与失业人数大致相当，在理想状态下两者的比值为1。可是表5.1.1显示，失业保险金领取人数不仅远远低于全国城乡失业人数，而且也低于城镇失业人数。其中，领取失业保险金人数占城镇失业人数比值最高的年份为2003年，达到92.7%，最低的年份为2009年，领取失业保险金人数占城镇失业人口总数的52.5%。如果从领取失业保险金人数占全国总失业人口的比重来看，最高的为2004年的46.4%，最低的则为2002年的13.8%。也就是说，2002年全国领取失业保险金人数仅仅为城乡总登记失业人口数的13.8%。这表明，劳动者享受失业保险金水平较低，很多人虽然参加了失业保险制度，但他们一旦失业后并不能够及时地享有失业保险金，这反过来将制约整个失业保险制度的持续发展。

　　第三，《失业保险条例》的预防失业、促进就业功能普遍性不够。《失业保险条例》是在应对国际金融危机背景下出台的，其目的是为了保障失业者的基本生活，促进失业者再就业、预防在职人员失业，它要成为预防失业、促进就业、稳定社会的第一道防线。可是，现行的失业保险制度在就业促进方面的支出比重没有明确的规定，完全依靠失业保险经办机构自行安排，随意性太大，这就造成了很多地方偏重于失业人员的生活救济，而较少地投入于职业技能培训、职业介绍，不利于预防失业以及促进再就业功能的发挥。例如，《失业保险条例》实施以来，全国失业人数呈整体上扬趋势，2005年甚至突破2000万达到2052万，2010年甚至达到了2283万。也就是说，《失业保险条例》的实施并没有能够有效地阻止失业人员的增多，没有起到预防失业作用。当然，失业人数的增大由多种因素造成，包括劳动力人口增多、"买方垄断市场、产业结构失衡导致就业比例失调、就业培训体系不健全、劳动力市场信息不对称，就业渠道不畅"等①，其中，失业保险制度本身的预防失业、促进就业功能不足是一个重要方面。

　　第四，失业保险的管理不够科学。一方面，失业保险金计发及给付期限

---

① 孙强：《我国结构性失业原因与对策研究》，《经济问题》2009年第4期。

设计不太合理。失业保险金与最低生活保障线以及最低工资之间应该有一个科学的比例关系，由于现行的城市最低生活保障线与最低工资标准之间相差3倍以上，因此，将失业保险金简单地规定为高于当地城市居民最低生活保障标准、低于当地最低工资标准过于笼统与随意。另一方面，现行的失业保险条例将失业保险金领取期限规定为两年，这虽然可以缓解这部分群体的基本生活，但是客观上却有可能诱发自愿性失业。

三　就业保障制度普遍整合的必要性

当前我国正处于全面建成小康社会的关键时期，就业保障制度的健全、民众就业问题的妥善解决对于推动经济社会的发展、增进社会稳定、促进小康社会的全面建成等具有极其重要的价值。这就需要我们对现行的就业保障制度进行普遍整合，推进就业保障制度的完善。

第一，贯彻落实中央精神需要我们普遍整合就业保障制度。十六大以来，中央高度重视以就业为核心的民生事业，提出要"千方百计扩大就业，不断改善人民生活"，为此应当"完善就业培训和服务体系，提高劳动者就业技能"。党的十七大报告强调要"实施积极的就业政策"，完善市场就业机制，改善就业结构，"健全面向全体劳动者的职业教育培训制度，加强农村富余劳动力转移就业培训"；"完善面向所有困难群众的就业援助制度，及时帮助零就业家庭解决就业困难"。党的十八大把"实现更高质量的就业"当作就业保障制度的建设目标，为此要"加强职业技能培训"，"完善就业服务体系"，"健全劳动标准体系和劳动关系协调机制"，构建和谐劳动关系。

第二，就业保障制度的普遍整合是缓和我国劳动力供求矛盾，维护劳动者合法权益，促进经济发展与就业增长良性循环的必然要求。当前，我国劳动力供求矛盾十分突出，一方面，由于人口基数大并呈现出惯性增长态势，使得我国每年新增800多万人口，另一方面，由于我国经济体制及发展结构的转变，产生了劳动力过剩问题，城市劳动力过剩约1500万，农村过剩劳动力更是达到1.5亿—2亿人，在这种情况下，只有完善就业保障制度，实行就业保障制度的整合，才能最大限度地挖掘劳动者的就业潜能，扩大就业渠道，增加就业机会，让劳动者能够顺利就业，切实缓解劳动力供求矛盾。

从维护劳动者合法权益角度也需要我们进行就业保障制度的普遍整合。大量富余劳动力导致就业领域长期形成了"买方市场"，使得劳动力供给方长期处于弱势地位，需求方利用自己的强势地位随意抬高准入门槛，甚至刁难求职者，产生就业歧视。课题组在四地的调查发现，71.5%、66.6%以及79.8%的专业人员认为我国现行的就业制度存在着"性别"、"户籍"以及"学历"方面的歧视，另外，有68.6%的民众认为在就业方面存在着学历歧视，相比较而言，59.2%的被访者认为就业领域内普遍性地不存在着"民族歧视"。实际上，一些用人单位利用自己不愁招不到工的强势地位，缩减劳动成本以赚取更大的利润，尽力压低劳动者就业价格，例如，强制性地要求员工加班，放任工作环境恶化、压低工资或其他相关福利待遇等。这就需要我们加快就业保障制度的普遍整合建设，通过政策调整、制度创新、法律保护等措施，合理利用有限资源，建立统一、公平、人性化的劳动力市场，完善公共服务体系与相关服务机构，为求职者提供更加公正的就业环境。

第三，就业保障制度的普遍整合是加快我国工业化、城市化进程的必然要求。工业化、城市化是国家走向经济强国的必由之路，两者相辅相成。在工业化、城市化进程中必然带来大量的农业人口迁入城市[1]，要使这些人口能够在城市中生存和发展，为城市化和工业化提供人力资源，就必须要拓展原有的就业保障范围，扩大就业保障制度的覆盖对象，将所有人员都整合到就业保障制度中去，妥善解决他们的就业保障与就业服务问题，尤其要针对他们现有的就业条件有针对性地进行就业辅导与就业培训，为他们提供有用的就业信息。这样才能使他们安心为社会贡献自己的才力，才能加速工业化与城市化进程，进而提高民众自身的收入水平。

第四，就业保障制度的普遍整合是缩小城乡差距、缓和社会矛盾的客观要求。改革开放30多年的发展极大地壮大了我国经济实力，使得我国经济总量跃居世界第二，但是我国经济发展存在着严重的不平衡，地区、阶层以及行业之间的收入差距显著，基尼系数较高，联合国有关机构测算2010年我国基尼系数超过0.5，位于全球倒数第四[2]。收入差距过大、基尼系数过

---

[1]　数据表明，我国城镇人口2011年末首次超过农村人口，城镇人口占人口总数达到51.27%。

[2]　丛亚平、李长久：《中国基尼系数到0.5超警戒线》，参见中国经济网。

高很大程度上与劳动就业保障问题没有很好地解决有关。为此，我们应当从源头出发，为所有劳动者创造公平的就业环境与就业机会，为劳动者提供更加便捷与实用的就业培训，切实保障劳动者的就业收入。同时，对那些就业困难人员给予基本的生活保障，为他们提供更加贴切并有效的就业帮扶，将广大农民特别是失地农民、失海渔民以及进城务工民众普遍性地纳入整个就业保障制度中，打破有损农民利益的就业制度壁垒，切实缓解就业领域普遍存在的城乡差距、地区差距、阶层差距问题，减缓由于贫富差距过大、就业待遇不公等引起的社会矛盾，促进社会和谐。

第二节　就业保障制度普遍整合的流程与设计

我国劳动就业领域内所出现的这些问题需要我们构建普遍整合的就业保障制度，明确就业保障制度普遍整合的目标，对此目标进行制度设计与流程再造，确定就业保障制度的整合路径，使得普遍整合后的就业保障制度能够更加公正地促进民众就业问题的解决。

一　就业保障制度普遍整合的目标

我国就业保障制度总体目标是建立广覆盖、多功能、系统化的就业保障制度，为各类求职者（包括所有劳动者、失业者）提供全面的就业服务，满足劳动者多元化的就业服务需求，推动劳动者实现更高质量的就业。

第一，建立全面覆盖的就业保障制度。就业保障制度的全面覆盖包括三层含义：首先，要能够覆盖全体从业人员，不仅只针对城镇职工，而且要包括城镇居民、农民工以及农民，甚至还要包括公务员及各党派人员。也就是说，它是一种面向所有从业人员的就业保障制度，而不是仅仅面向某个特定阶层或特定群体的就业保障制度。例如，现行的就业保障制度尤其是失业保险的覆盖对象排除了公务员，这显然就不是一种普遍覆盖的就业保障制度，因为公务员同样也有失业的可能。我们在厦门、苏州等四地对 2000 位民众的调查表明，55.5% 的被访者认为公务员参加失业保险"非常必要"和"有必要"，只有 26.2% 的被访者认为"没有必要"。

其次，从纵向上看，这样的就业服务体系要普遍性地覆盖县级人民政府这个层面，并以县级人民政府为载体向乡镇街乃至村居延伸与拓展，从而构建起普遍覆盖的就业保障制度。我们在厦门、苏州、重庆以及红河等地的调查发现，43.2%的专业人员认为"为求职者提供就业信息服务网络系统"可以建设到"村居委员会"这个层次，位居第二的是认为应该建设到乡镇街这个层次，占20.5%。也就是说，大部分专业人士都倾向于就业信息服务应该向基层延伸。

再次，要能够覆盖就业服务、就业管理、职业教育、就业培训、就业援助以及就业监督保障等领域，不能只顾一点而不及其余。例如，根据《就业促进法》第四章规定，县级人民政府不仅要"加强人力资源市场信息网络及相关设施建设，健全人力资源市场信息服务体系"，努力"培育和完善统一开放、竞争有序的人力资源市场"，而且要"健全公共就业服务体系"，为劳动者提供"就业政策法规咨询"、"职业供求信息"、"市场工资指导价位信息和职业培训信息"、"职业指导和职业介绍"、"对就业困难人员实施就业援助"、开展"失业登记"等服务，推进"覆盖城乡就业服务体系"的完善[1]。也就是说，就业服务内容要普遍而全面。

第二，建立功能齐全的就业保障制度。从过程角度看，就业保障制度应该包括就业信息提供、就业辅导与就业培训保障、职业技能鉴定、就业安全与劳动保护、就业报酬及福利、劳动权益维护、就业发展与失业保障等方面，这些方面成为就业保障制度的一部分。也就是说，就业保障制度要贯穿于就业之前、就业之中及就业之后，而不该有所偏颇。例如，失业保险是就业保障制度的重要组成部分，失业保险条例的制定与实施应当体现着"保障生活"、"促进就业"以及"预防失业"等功能[2]，实现这些功能的统一，如果仅仅满足于其中的一项功能而忽视其他两项功能，那么，作为就业保障制度一部分的失业保险制度就没有真正发挥其功效。

具体到微观层次上，对于劳动者而言，所谓功能齐全的就业保障制度，就是要建设一个统一的劳动力市场信息网络系统，使每一个劳动者登录这个系统就能进行就业或失业登记、职业指导与介绍、就业培训咨询、职业技能

---

[1]　参见《就业促进法》第32条、第33条、第34条以及第35条。
[2]　吕学静：《我国失业保险制度功能的改革与优化》，《中国社会保障》2010年第9期。

鉴定、就业政策咨询、劳动监察与就业维权咨询、工资与社会保险待遇以及就业援助等一揽子工作，或者劳动者只需要到人力资源市场就可以办完与就业相关的所有事务。也就是说，功能齐全的就业保障制度要能够形成一个全面的、为所有劳动者提供的服务网络。例如，与职业培训相关的各类职业技能培训学校，与职业技能鉴定相关的鉴定中心，与劳动者维权相关的劳动监察大队、劳动仲裁机构以及律师事务所，与失业保险、优惠政策及福利相关的社会保险经办机构等。这些服务网络的健全可以保证劳动者通过公共就业服务平台快捷地找到自己所需要的服务，又便于公共就业服务平台掌握劳动者的就业意向与就业动向，实现整个就业信息系统的动态管理与有效管理。

第三，建立规范有序的就业保障制度。一方面，建立规范的就业保障制度要推进劳动力市场有序化，整合现行的劳动力市场与人才市场，改变劳动力市场与人才市场各自为政局面，促进各类劳动者都能够平等地获得就业保障，允许劳动者依据自己的情况及判断进行跨地区、跨行业、跨单位地自由流动，劳动者和用人单位实行双向自由选择，以劳动合同的形式确定双方所应承担的权利和义务。另一方面，规范的就业保障制度需要建立科学的就业保障基金筹集、使用与监管体系，各社会保险经办机构及服务网点应确保所有用工单位和职工及时、足额缴纳保费，各地区应根据保险基金数额及失业现状做出科学的测算，确保失业保险基金保值、增值与合理支出，最大限度地为促进就业提供支持。

同时，要明确各级政府组织在就业保障制度的功能与目标定位，实现就业保障制度全国一体化：向上有国家宏观统筹管理，中间有各省、市及县人力资源的管理，向下落实到城市街道、农村乡镇乃至村居。就国家层面来看，国家除了宏观就业政策公布、各地就业工作指导、全国劳动力信息收集管理等职能之外，还需要对就业保障困难地区进行补充、调剂。县级以上政府按照《就业促进法》的要求并根据各地实际情况，对劳动力市场、公共就业服务平台及职业培训、职业鉴定、社会保险经办机构等相关服务单位进行合理规划与统筹管理，确保劳动力能够便捷地获取就业服务。另外，要根据各地劳动力具体情况，建立失业预警制度，对可能出现的较大规模失业实施预防、调节和控制，以防止大量失业人员的产生影响经济发展与社会稳定。

二　就业保障制度普遍整合的流程设计

建设服务完善、规范有序、功能齐全的就业保障制度，需要对就业管理与服务机构进行系统规划，整合就业管理与服务机构及资源，形成一套普遍整合的就业保障制度服务流程。

1. 就业保障制度普遍整合的流程设计原则

就业保障制度普遍整合的流程设计包括纵向流程与横向流程两个维度，它应当遵循三个原则。

第一，以劳动力为本原则。以劳动力为本原则是以人为本原则在就业领域的具体化与操作化。其核心就是维护劳动者的合法就业权益，提高劳动者的就业技能与就业本领，为劳动者提供就业保护。以劳动力为本就是要求政府及社会各界就业管理与服务部门把劳动者当成服务对象而不是管理对象来对待，针对劳动力在求职—就业—失业—再就业过程等环节中可能需要的服务加以整合（如图5.2.1所示），使就业服务能够普遍地覆盖到"求职—就业—失业—再就业"过程中的各个环节。

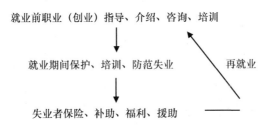

图 5.2.1　劳动力求职—就业—失业—再就业过程中所需服务示意图

第二，可操作性原则。任何就业保障制度总是在执行过程中发现不足并加以完善的，反过来，也只有经过反复实践和执行，才能体会到就业保障制度存在着诸多需要完善之处。因此，我们在进行就业保障制度流程设计的时候不一定非得追求十分完美的制度或政策体系，而应该根据就业形势的变化细化就业政策内容，完善就业政策条款，不断总结经验，解决就业政策实施过程中存在的问题。

第三，前后一致原则。劳动者的就业是一个连续过程，"就业前—就业中—就业后"以及"就业应聘—就业—失业—再就业"等各个环节都处于连续性之中，需要政府及社会各界给予劳动者就业服务帮助。因此，就业保障制度的流程设计就需要明确在各个环节中各相关责任主体的任务及职责，将就业服务贯穿到整个就业的全过程，减少因为就业服务的缺失或断层而给求职者带来的不便。

2. 就业保障制度普遍整合的流程设计要求

就业保障制度普遍整合的流程设计包括两个方面，即包括对就业保障制度供给部门以及就业服务需求对象之间的流程设计。

对就业保障制度建设与供给部门来说，主要涉及两个维度，即上下级政府相关部门之间的就业保障制度建设（纵向流程设计）以及同级政府各部门之间的就业保障制度建设（横向流程设计）。

从纵向流程设计角度看，普遍整合的就业保障制度通过流程再造，能够更好地协调上下级相关部门之间的就业服务项目的供给等，理顺上下级政府部门在劳动就业保障领域内的责任范围，确保各级政府所提供的就业服务能够为民众所获得。在此流程中，"国家就业服务机构"负责就业法规的完善、全国就业制度与政策的制定，全国就业信息的统计、省（市）就业服务机构的指导与培训等；"省级就业服务机构"则根据国家就业服务机构的工作流程，结合本省实际，构建本地就业服务工作流程，并指导市（县）相关部门开展就业服务工作；相应地，各市（县）就业服务中心要在国家及省级就业指导机构指导下从事本地就业保障工作，完善本地就业保障流程，使各级政府的就业政策能够为民众所接受，切实解决本地民众的就业服务需求。

从横向流程设计角度看，普遍整合的就业保障制度通过流程再造，整合同一地区不同的就业保障部门所提供的碎片化就业服务项目，使得生活在这个地区的民众能够便捷地获得就业服务。为此，就应当将分布在公务员局、人力资源和社会保障局、民政局、仲裁委员会等部门以及工会、共青团、妇联等组织的相关就业职能整合起来，通过设立网上或实体的就业服务大厅为所有劳动者提供就业指导、职业规划、能力测试、失业保险、工伤鉴定与理赔、就业培训、就业信息查询、职业介绍以及就业招聘等一站式服务，最大限度地方便求职者，最大程度上缩短求职者的求职时间，促进就业保障制度的普遍整合建设。

3. 就业保障制度普遍整合的流程设计内容

从内容上看，就业保障制度普遍整合的流程设计包括两个方面：一是对整个就业体系的流程设计，二是对各类就业群体的流程设计与规划。

一方面，统一规划全国就业保障制度服务机构，形成"信息向上集中，服务向下传递"的就业服务体系。县级以上人民政府在制订就业年度方案时，将就业服务资源的整合作为一项工作内容，进行本地区的就业服务统筹，确保劳动力市场、公共就业服务平台以及其他相关服务机构合理布局，就业信息共享。不仅要实现上面所讲的党和政府层面的就业服务机构及功能的整合与普遍供给，而且要对政府就业服务机构与民间乃至中外合资举办的就业服务机构进行整合，使整个就业服务主体更加多元，就业服务内容更加全面，就业服务供给更为有效。该流程内容可参见图5.2.2。

另一方面，针对不同就业群体的需求提供多样化、个性化的就业服务。例如，初、高中毕业生在填报考试志愿时，可以引导他们除了填报高一级学历教育信息外，还应该加入各类职业技能培训学校供其选择，从而为那些没有进入高中及大学学习的初、高中毕业生提供就业技能学校，引导其通过职业教育和培训获取相应的职业资格，增强其求职能力，同时也避免出现用人单位招不到专业技能人员这个问题。再如，大学生可以依托高校就业服务机构获得充足的就业信息与就业辅导，学校通过举办就业培训班等形式对大学生进行职业教育，帮助学生了解就业现状与市场需求情况，鼓励学生参加社会实践，引导学生形成自己的职业设想与职业规划，提升专业知识技能应用能力，提高毕业生的求职技巧。

对于那些进城务工人员，不仅要为其提供与城镇企业职工同等的技能培训等服务，而且还要加强乡镇就业管理服务机构建设，发挥其对农村劳动力在组织就业、提供信息、介绍职业与指导就业等方面的功能，有条件的地方采取"订单式"职业技能培训，使他们能够尽快地找到工作，适应城市生活，减少农民进城务工的盲目性与随意性，提高农村劳务向城镇输出的效率。当然，对那些有就业困难的劳动力，如长期失业人员、"4050"人员、零就业家庭、残疾人等，要发挥街镇、村居在解决这些人员就业困难中的特殊地位与作用，利用公共就业服务网点的便利性，通过拓展公益性就业岗位、提供技能培训、社保补贴、税费减免等措施,为他们提供就业援助服务,有效促进其再次就业。

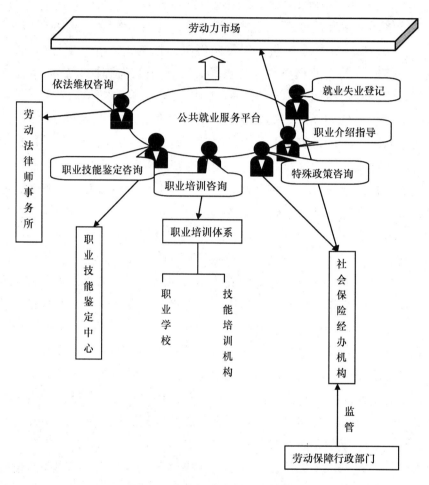

图 5.2.2　就业保障服务流程设计

三　就业保障制度普遍整合的制度设计

制度不仅是经济增长的关键,它同样也是社会福利资源公正配置、民生事业公正发展的保障。这就需要我们加强就业保障制度普遍整合的制度设计。

第一,把健全就业保障制度放在战略高度。在人口位居世界第一的中国，各项经济与社会政策的制定应该围绕如何促进就业这个目标，整合一切可以利用的资源，动员各方力量，加快就业保障制度的普遍覆盖与制度整合，最大限度地促进就业。为此，应当始终重视经济建设，努力扩大就业容量，实现经济增长与就业增长的良性循环，在经济快速发展的同时促进就业岗位的稳步增长，提高就业弹性系数。

值得注意的是，我国的就业弹性系数近年来一直保持在较低水平，只有1%左右，这就需要我们重新调节资本、技术、劳动力等各要素投入的平衡关系，在产业发展中强调"以劳动力就业为本"，在重视实体经济发展的同时，加速发展旅游业、服务业等就业弹性系数较高的第三产业，注重发展吸纳就业人员多的劳动密集型行业和各类中小企业，鼓励更为灵活的劳动就业形式，鼓励劳动者自谋职业和自主创业。此外，政府应积极投资开发各种公益性就业岗位，如整合社区服务资源，开发社区服务岗位等。同时，各级部门要采取措施，促进劳动力供需之间的合理配置，切实避免出现有就业岗位而无合适劳动者应聘这种结构性失业现象的出现。

第二，加快户籍制度改革，建立普遍覆盖的劳动力市场。改革不合理的户籍制度，建立普遍覆盖、城乡统筹、促进劳动力流动的劳动力市场，切实消除传统的城乡二元就业状态，努力解决长期在城市就业与居住的农民工落户问题，为农民工养老、医疗、教育等福利制度的落实提供便利，使就业制度覆盖到城乡所有居民，覆盖到不同地区各类就业群体，各种就业保障项目都普遍性地覆盖到所有就业民众。为此，要按照《社会保险法》的有关规定，建立全国统一的个人社会保障号码，要求企业必须给每一位就业人员办理社会保障卡，卡号与民众的个人身份证号码一致，进而完善社会保障卡就业保障服务方面的功能，使就业保障服务随着就业人员的社会保障卡而普遍性地享有，并随劳动者流动而实现动态化管理。同时，那些非全日制用工、灵活就业人员以及广大农民也要办理社会保障卡，逐步完善他们的就业保障服务供给。

第三，将所有劳动者都整合到失业保险制度中来，提高劳动者参加失业保险制度的普遍性，做到应保尽保，充分发挥失业保险制度预防失业、促进就业等功能。这就要求我们根据《社会保险法》尽快修改《失业保险条例》，以"从业人员"或"劳动者"概念取代《失业保险条例》中的"企业职工"概念，使每个劳动者都可以普遍性地参加失业保险制度，成为失业保险制度的受益对象。也就是说，修订后的《失业保险条例》要能够解决所有劳动者的参保问题，尤其要解决自主就业者、灵活就业人员以及农民工等群体的参保问题，最大限度地扩大失业保险参加范围。在此基础上要适当放宽自主就业人员、灵活就业人员以及农民工等群体领取失业保险金的条件，从紧执行"停止享受失业保险金"范围，提高失业保险金供给普遍性，增加领取失业保险金人数。

例如，可以规定这些群体连续参保半年，一旦失业后就可以领取到某种比例的失业保险金。又如，可以将《失业保险条例》45条第2款"非因本人意愿中断就业"修改为"因各种原因中断就业"都可以领取失业保险金。因为在现实生活中，一些劳动者迫于单位等无形压力而"主动"辞职，在这种情况下这些人尚不符合现行的规定有可能无法享受失业保险救济。可是，他们在劳动关系存续期间也缴纳了失业保险金，他们失业后同样需要得到社会救济，理应享有失业保险金。反过来，这些群体如果失业就给予失业保险金待遇，那么不仅可以充分发挥失业保险金在保障生活、促进就业以及预防失业中的积极功能，而且还减缓劳动者的心里排斥。另外，对于失业保险基金与就业专项基金如何相互衔接与整合，既确保资金充足，又避免重复浪费的问题，同样需要我们结合各地经济发展现实，科学测算所有从业人员的可能出现的失业问题、所需失业保险基金数额、失业保险基金收入等指标，探索失业保险基金支出与就业专项基金的设立规模和支出结构关系，逐步建立起一套系统化的就业保障基金管理机制。

第四，建全以用工需求为导向、面向所有劳动者的职业培训体系，加强困难群体的就业服务供给。职业培训是提高劳动力素质、使劳动力适应经济社会发展的客观要求。应当根据人口发展趋势及就业形势，灵活调整各级教育的投入，重视发展各种职业教育，鼓励劳动力通过增加人力资本的投资来提高其就业能力，"使无业者有业，有业者敬业和乐业"。为此，应当以用工需求为导向，以应用型技术人才的培养为主要任务，对各类职业技能培训学校进行规范与整合。

首先，学校的办学模式、课程设置、教学方式需要打破传统，要充分考虑到社会的需求，以提高劳动者的就业本领为目标，注重对劳动者就业能力的培养。其次，增强教师队伍的实践能力，增强培训教师的实践性、技能性和实用性，避免纸上谈兵。再次，改革现行的职业技能培训学制，采取弹性学制和较为灵活的教学管理制度，注重与企业具体需求相结合，努力与用人单位之间建立良好的合作关系，扎实开展"订单式"培养模式。

另外，各地要加强对就业困难群体的扶持，健全基层公共就业服务平台，利用该平台全面掌握长期失业人员、零就业家庭、"4050"人员等就业困难群众的实际情况，有针对性地为他们提供公益性岗位援助、税费减免、社保补贴、贷款担保、技能培训等帮助，确保他们实现稳定就业。尤其对一些因为结构性调整而引发的就业困难地区或行业，如老工业基地、资源枯竭型城市以及独立工矿区的劳动者等，国家要进行合理规划与安排，给予相应的补贴与政策扶持，组织实施国家培训项目，鼓励企业平稳转型，引导和组织跨地区劳务协作与劳务输出，促进下岗失业人员再就业，防止出现大面积失业。

第三节　就业保障制度普遍整合的实现条件

就业是人民安居、经济发展、社会稳定的源泉。通过就业保障制度的普遍整合，建设更加公正的就业保障制度离不开国家、社会、企业乃至劳动者的多方支持，尤其需要政府的公共财政、制度保障、政策措施等方面的支持。

一　就业保障制度普遍整合的财政支持

在就业保障领域实施积极的财政政策，要求我们在规划税收收入和财政支出的时候，应该将促进就业这个经济社会目标充分考虑进去，综合运用税收、预算、国债、贴息、转移支付、政府采购等多种工具，为建设普遍整合的就业保障制度提供充足的财政支持。

第一，在社会保障基金内部划出就业保障基金，补充到整个失业保险基金中去，用于解决各类劳动者的就业服务支出。要按照《社会保险法》的有关规定"设立全国社会保障基金"，由中央财政预算拨款、国务院批准的其他方式筹集的资金构成，用于社会保障支出的补充、调剂。根据《社会保险法》的这一规定，我们可以从整个社会保障基金中划出一块就业保障基金，用于解决城乡各类劳动者的就业培训、就业帮扶、就业补贴等，解决普遍整合就业保障制度可能出现的财政支持不足问题。

第二，普遍整合就业保障制度的财政支持要明确资金使用范围与使用要求，既要避免大量就业保障资金的沉淀与结余情况的发生，也要避免资金更多地用于失业保险金的发放，力争将这笔资金更直接地用于就业技能培训、就业岗位创造等领域。例如，对于失业人员，政府除了保障其失业保险金的领取，提供职业介绍、培训与鉴定等补贴之外，还要实施税费减免和小额担保贷款扶持政策，鼓励其自主创业，所需资金可以从就业保障金中支出；对就业困难人员要实施就业援助政策，运用这笔资金为他们提供适当的就业岗位补贴；对那些吸纳下岗失业人员与就业困难人员的企业，要采取社会保险金补贴以及税收减免政策，甚至也可以实施国家就业培训项目；对失地农民、失海渔民要提供一定的再就业补助金，实施免费的就业培训以及相关就业服务；对公益性、非营利性的劳动力市场和公共就业服务平台提供适当的资金支持；同时，对职业技能培训学校提供就业培训补贴等。通过这些改革措施，确保就业保障资金发挥出最大效用。

第三，优化就业保障财政支出结构，加大就业保障资金投入以及对再就业培训和职业技术教育的支持力度，加强对就业保障资金的科学管理。一是要改变现行的财政在城镇失业人员基本生活保障金、失业保障金支出方面较多，而职业培训及相关就业服务方面较少局面，改变现行的财政就业支出随意性过大问题，优化对失业人员的财政支持结构，重点向就业能力提升、就业技术培训等方面倾斜，向非城镇职工倾斜，向农村、农民工以及其他灵活就业人员倾斜。二是要改变各地对职业教育投入不足，尤其是职业教育预算内生均教育经费低于普通高中的情况，尽快确保职业教育与普通高中教育预算内生均教育经费一致，在此基础上对一些实训设备予以专项经费投入，确保职业学校学生获得良好的职业技能培训。三是要加强就业保障资金拨付使用的监督检查，确保资金使用符合规定，做到专款专用。此外，还需要加强财政支出的全国统筹，对高失业率地区实行特殊优惠扶持政策倾斜，加大对困难地区的财政转移支付和财政投资力度。

二　就业保障制度普遍整合的立法支持

法律作为一种正式的制度安排有力地规制着各个主体的行为，因而具有最高的权威性以及最大的制约性。人们对于某项社会政策的认同程度在很大程度上也取决于该项社会政策所拥有的强制性与制约性程度。这就是说，要想建设普遍整合的就业保障制度，就必须加强就业保障制度普遍整合的法制建设，使得这样的制度安排获得坚强有力的法律支持。

首先，完善《就业促进法》，强化《就业促进法》的执行。要明确《就业促进法》中的某些条款，使之更加具有操作性。例如，可以将"总则"中"国家把扩大就业放在经济社会发展的突出位置，实施积极的就业政策"，"国务院建立全国促进就业工作协调机制"等较为抽象的条款改为"国家把扩大就业放在经济社会发展的突出位置，国务院设立全国促进就业工作办公室，研究就业工作中的重大问题，检查、指导并协调各地的劳动就业工作，积极促进就业"[①]；又如，要对第16条加以明确，将现行的"国家建立健全失业保险制度，依法确保失业人员的基本生活，并促进其实现就业"，改为"所有劳动者都应当参加失业保险制度，劳动者在失业期间应该依法获得基本生活保障，参加职业培训与职业介绍，促进其实现就业"；再如，应该将现行的第20条"国家实行城乡统筹的就业政策，建立健全城乡劳动者平等就业的制度，引导农村富余劳动力有序转移就业"改为"国家实行城乡统筹的就业政策。城乡劳动者都要参加各类社会保险，实行同工同酬，建立健全城乡劳动者平等就业的制度，推进农村富余劳动力有序转移就业"。同时，还要加强《就业促进法》的执行力度，明确地方政府在扩大就业、促进平等就业、保障劳动者就业权益中的责任，更好地促进就业保障制度普遍整合目标的实现。

其次，理顺《劳动法》、《劳动合同法》中关于劳动就业方面的法律规范，增进这两部法律在就业保障方面的普遍整合，减少两部法律之间的不协调与不一致。1995年实施的《劳动法》与2008年实施的《劳动合同法》在就业方面存在着一些不一致之处，需要加以整合改革。例如，现行的《劳动

---

① 参见《就业促进法》第2条以及第6条。

法》第10条规定，"国家通过促进经济和社会发展，创造就业条件，扩大就业机会"不仅过于抽象，而且没有把就业保障基金在促进就业方面的作用纳入进来，因此，应当予以增加；第11条"地方各级人民政府应当采取措施，发展多种类型的职业介绍机构，提供就业服务"同样过于狭窄，似乎地方政府在促进就业中的责任仅仅在于"发展职业介绍机构"，并以此来"提供就业服务"，同样也应该把"就业保障基金"这个功能涵盖进来；又如，第13—15条分别规定了妇女、残疾人、少数民族人员、退役军人等群体的就业权利问题，而忽视了农民工就业权利的保护问题，应当在这一部分中体现出来并加以完善；再如，在《劳动合同法》第八章"职业培训"部分应当增加对各级地方政府的职业培训经费来源及职业培训的考核内容，确保职业培训的普遍覆盖在解决就业问题中的重要作用。

最后，完善《失业保险条例》中业已过时的条款。一方面，要解决失业保险金的全面征缴问题。现行的《失业保险条例》第2条只规定城镇企业事业单位及其职工"缴纳失业保险费"，这些城镇企业仅限于"国有企业、城镇集体企业、外商投资企业、城镇私营企业以及其他城镇企业"，不仅对灵活就业、进城务工等人员的参保及缴费没有具体规定，对机关人员是否应该缴费以及如何缴费同样也没有加以规定，因此，必须予以补充，切实将参保人员拓展到所有非农从业人员。另一方面，针对企业和个人失业保险缴费的法律法规还不够严谨，"五险合一"尚未强制执行和实施，对社会保险费缴纳的监督力度不强，使得企业及个人主观上产生迟缴、欠缴、拒缴以及虚报、瞒报等心理及行为。因此，应当在《失业保险条例》中增加一些条款，明确不参加失业保险的法律后果。例如，"将失业保险纳入劳动监察工作中，依靠劳动监察力量依法强制征收；在工商部门进行工商年检时，要审核失业保险缴费情况，凡未经失业保险管理机构办理失业保险年检合格手续的用人单位，工商行政部门不予办理工商年检合格手续，在办理营业执照注销手续时，必须先审核由失业保险机构出具的失业保险关系终结书；审计部门要定期进行失业保险费的征缴审计，督促企业及时缴纳失业保险费"。同时，对于失业保险基金、就业专项基金的管理应有详细的法律法规说明，建立预算编制、强化科学管理，依法理财，在此基础上加强对失业保险基金的规范化管理，加大对侵吞、挪用失业保险金的单位和个人的惩处力度，确保失业保险基金的安全使用。

三 就业保障制度普遍整合的技术支持

就业保障制度的普遍整合需要一定的技术支持，它构成了普遍整合就业保障制度的重要保证。

首先，需要我们扩大社会保障卡的办理与使用对象，将所有劳动者甚至把部分农村就业人口都普遍性地纳入进来，实现社会保障卡的最普遍覆盖。这既是就业保障制度普遍覆盖的内在要求，也是我国劳动就业事业发展的客观需要，待条件成熟时可以与身份证合并使用。

其次，要扩大社会保障卡的功能，不仅将失业保险金的领取纳入进来，而且要将就业信息发布、就业培训记录、就业合同登记等内容整合进来。为此，应该在各个社区以及人口集中地安装社会保障卡柜员机，使民众能够便捷地使用个人社会保障卡查询就业信息，获取就业培训资料，进行网上就业辅导，在柜员机或网上直接签订就业协议。

最后，要尽快建立就业保障管理信息系统，既要包括劳动力的动态数据库与各用人单位的就业岗位信息数据库，又要涵盖各就业服务相关机构的信息，如职业学校、职业技能鉴定中心、劳动法律师事务所等。通过村居、街镇、县、市、省到全国，数据向上集中形成动态数据网络与服务网络，为建立全国统一的劳动力市场、提高公共就业服务平台的效率，为各地统筹布局各就业服务机构，为国家全面管理就业服务体系提供强有力的技术支持。

四 就业保障制度普遍整合的社会支持

普遍整合的就业保障制度不仅需要财政和法律支持，而且需要一定的技术尤其是信息技术的支持，同时还需要良好的社会舆论、社会监控以及社会环境的支持。

一方面，加大就业政策的宣传力度，综合运用各种媒体（广播、电视、报纸、网络等）全面介绍就业形势、就业政策、就业信息以及其他就业服务内容，提高劳动者对就业的认识水平。例如，地铁及公交上的移动电视、广场上的电子屏幕、社区公告栏等都是一个很好的就业资源宣传平台，通过此平台向民众宣传社保卡、就业（失业）登记卡等政策内容，向民众公布就业信息，也可借助广播、电视、网络等媒体为民众提供劳动权益与劳动争议等相关咨询服务，从而使就业服务更加便民化、公开化，不断提高其为民服务的效率。

另一方面，动员社会组织积极参与就业服务工作。充分发挥社区在就业信息收集、就业信息核对、就业动态管理以及对就业困难人员跟踪服务等方面的便利，建立基层公共就业服务平台，围绕社区养老服务、社区康复服务、社区生活服务等开发社区公益性就业岗位。引导和鼓励工会、共青团、妇联、残联以及其他社会组织协助人民政府开展促进就业工作，依法维护劳动者的劳动权利，鼓励校企合作及社会各界对职业教育的资助和捐款，对捐资助学的企事业单位、社会团体和公民个人，给予税收优惠，鼓励社会各界对就业困难人员给予岗位及财力上的资助等。通过这些社会资源的整合，形成促进就业的强大合力。

第六章

收入保障制度的普遍整合

改革开放以来，随着经济社会的发展，我国综合国力得到了极大提高，社会财富以及人民收入不断增加。国家统计局公布的数据显示，2011 年，城镇居民人均可支配收入 21810 元，比 2010 年增加 2701 元，增长 14.1%；农村居民人均纯收入 6977 元，比上年增加 1058 元，增长 17.9%。党的十八大为此提出了"到 2020 年实现城乡居民人均收入比 2010 年翻一番"这一战略目标。在城乡居民收入水平不断提高的同时，我们也发现收入分配领域仍然存在着许多问题，迫切要求建立更加公正的收入分配制度，减少收入分配的严重不平等，促进形成更加公正的财富分配。这就需要我们整合现行的收入分配制度。

第一节　收入保障制度的运行情况

收入分配是改善民生的重要方面，它不仅是社会各界普遍关注的一个热点话题，也是学术界高度重视的一个研究领域。针对当前我国收入分配差距过于悬殊的问题，学者探讨了表现形式、形成原因与解决办法等。李实、赵人伟等人发现，专业技术人员与一般工人之间的收入差距之所以扩大就在于人力资本已经影响了收入分配[1]，边燕杰和张展新从社会学角度发现，伴随着市场化进程的加快，劳动者的人力资本和政治资本都在增值，并带来了收

---

[1]　李实、赵人伟：《中国居民收入分配再研究》，《经济研究》1999 年第 4 期。

入差距的扩大①。当然，也有一些学者从体制角度分析了造成收入分配巨大差距的问题，认为正是由于我国初次分配中过分注重资本而忽视劳动，二次分配中存在着"负福利效应"等问题，加上"相关制度安排不完善导致行业、城乡差距，非法非正常收入、行业垄断及权利寻租行为的存在"②，使得收入差距有所扩大。按照刘国光等学者的看法，收入差距扩大的主要原因仍然集中在初次分配不公上，尤其是没有理顺劳动收入与资本收入、公平与效率的关系③。这些问题的实质就是如何调整初次分配、再次分配以及三次分配关系，形成合理的收入分配结构。

因此，一些人认为，只有坚持以公有制为主体实行按劳分配，切实解决初次分配不公问题，同时，建立公开的收入申报制度让每个人的收入透明化、公正化，才有可能将收入差距控制在合理的限度内④。这些研究揭示出收入分配领域内的突出问题与主要矛盾，对于完善收入分配政策具有重要的借鉴价值。但是，现有的研究只关注收入分配本身，而没有将收入分配纳入到整个保障制度中去加以思考，也没有理顺三次收入分配之间的科学关系。因此，有必要深化现有的研究，努力实现"居民收入增长和经济发展同步、劳动报酬增长和劳动生产率提高同步，低收入者收入明显增加，中等收入群体持续扩大，贫困人口显著减少，人民生活质量和水平不断提高"这个政策目标。

近年来，政府日益重视收入分配领域内的种种矛盾，努力完善收入分配政策，加快收入分配制度改革，修改并实施了最低工资制度以及最低生活保障制度，有力地维护了劳动者的合法收入，保障了劳动者个人及其家庭成员的基本生活。这为我们深化收入保障制度的改革提供了基础。

一　完善收入分配政策，遏制收入差距扩大

收入分配改革主要就是调整各主体的收入水平，把各收入主体之间的收

---

① 边燕杰、张展新：《市场化与收入分配——对 1988 年和 1995 年城市住户收入调查的分析》，《中国社会科学》2002 年第 5 期。

② 王婷、徐玉立：《中国收入分配问题研究述评》，《红旗文稿》2011 年第 9 期。

③ 刘国光：《初次分配混乱是社会不公主要因素》，《中华工商时报》2005 年 10 月 14 日。

④ 曾湘泉：《当前城镇职工收入分配中的两个突出问题：收入差距过大与平均主义》，《人民日报》2002 年 2 月 6 日。

入差距控制在合理的范围之内。早在 21 世纪初，中央就把理顺国家、企业、个人等收入分配主体之间的关系作为分配制度改革的重点，着力完善不同分配方式之间的关系，调整初次分配与再次分配之间的关系，通过提高低收入者的收入水平，扩大中等收入者比重，调节过高收入，取缔非法收入等手段解决收入差距过大问题。2006 年，中央提出了"构建科学合理、公平公正的社会收入分配体系"的目标。

党的十七大明确提出要"深化收入分配制度改革，增加城乡居民收入"，认为合理的收入分配制度是社会公平的重要体现，强调要"坚持和完善按劳分配为主体、多种分配方式并存的分配制度，健全劳动、资本、技术、管理等生产要素按贡献参与分配的制度，初次分配和再分配都要处理好效率和公平的关系。逐步提高居民收入在国民收入分配中的比重，提高劳动报酬在初次分配中的比重。着力提高低收入者的收入，逐步提高扶贫标准和最低工资标准，建立企业职工工资正常增长机制和支付保障机制。创造条件让更多群众拥有财产性收入。保护合法收入，调节过高收入，取缔非法收入，扩大转移支付，打破经营垄断，创造机会公平，整顿分配秩序，逐步扭转收入分配差距扩大趋势"。

2008 年以来，中央政府在历次"深化经济体制改革工作的意见"中不断完善收入分配政策。一方面，调整初次分配政策，明确规定了国有企业负责人的薪酬制度，改革机关事业单位工资制度，推进集体合同制度以及落实最低工资制度。另一方面，完善再分配政策，试点并实施了《农民工参加基本养老保险办法》以及《关于开展新型农村社会养老保险试点的指导意见》，调高退休金及完善城乡最低生活保障制度。2010 年，国家发改委要求各地推进收入分配制度改革，提高劳动者收入，提高企业最低工资标准，事业单位施行绩效工资制以及建立健全工资集体协商制度。2012 年 11 月，党的十八大再次提出要"千方百计增加居民收入"，"努力实现居民收入增长和经济发展同步、劳动报酬增长和劳动生产率提高同步"，"初次分配和再分配都要兼顾效率和公平"，多渠道增加居民财产性收入。从具体措施上来看，可以归纳为以下三个方面：

第一，规范国有企业负责人薪酬管理制度。2009 年，人力资源和社会保障部等部委联合下发了《关于进一步规范中央企业负责人薪酬管理的指导意见》，对中央企业负责人薪酬制度做出了明确规定。中央企业负责人的薪酬结构主要包括基本年薪、绩效年薪和中长期激励收益三部分。其中，基本年薪与上年度在岗职工平均工资相联系，而绩效年薪则根据年度经营业绩考核结果进行确定。同时，对重要企业负责人职务消费也做出了原则性规定。中央企业要严格控制职务消费，按照有关规定建立健全职务消费管理制度。

第二，推进机关和事业单位工资制度改革，推进实施集体合同制度。2009 年，人力资源和社会保障部研究出台级别与工资等待遇适当挂钩、向县乡等主要领导实施工资政策倾斜的具体办法。与此同时，在事业单位工资制度改革中，积极推进义务教育学校实施绩效工资制度，并加快制定其他事业单位实行绩效工资制度的实施意见。同时，指导企业建立职工工资随经济效益协商调整的机制。

第三，增强社会保障制度普遍性，缩小收入差距。一方面，政府按照"低费率、广覆盖、可转移，并能够与现行养老制度衔接"的政策要求，于2009 年制定了《农民工参加基本养老保险办法》并向社会公开征求意见[1]。另一方面，逐步开展"新农保"以及"城居保"制度的试点，使农民及城镇居民老有所养，明确"新农保"及"城居保"的费用由个人、集体和国家共同负担，中央财政对中西部地区按中央确定的基础养老金标准给予全额补助，对东部地区给予 50% 的补助；地方政府应当对参保人缴费给予补贴。同时，调整退休人员养老金水平，提高老年人的生活质量。从 2009 年 1 月 1日起，连续六次企业退休人员养老金得到提高，每次幅度为上次的企业退休人员月人均基本养老金的 10% 左右[2]，2013 年国务院决定继续提高企业退休人员基本养老金，幅度为 2012 年企业退休人员月人均基本养老金的 10%。自 2005 年以来，这是连续 9 次上调基本养老金，增加了企业退休人员的收入，缩小了收入差距。

二　实行最低工资制度，提高最低工资标准

最低工资是指"劳动者在法定工作时间或依法签订的劳动合同约定的工

---

① 当然，这个政策后来被建议与新农保或城居保等社保制度合并，以减少养老保险制度的碎片化。

② 参见杨宜勇《当前我国收入分配领域存在的主要问题及其对策》，《经济要参》2010 年第 37 期。

作时间内提供了正常劳动的前提下，用人单位依法应支付的最低劳动报酬"①。它反映了劳动力自身的简单再生产所必须维持的一个收入水平，一般采取月最低工资标准和小时最低工资标准两种形式，前者适用于全日制就业的劳动者，后者适用于非全日制就业的劳动者。

早在 1994 年，《劳动法》中就明确规定我国要实行最低工资保障制度，为此，原劳动和社会保障部于 2004 年实施了《最低工资规定》，全国大部分地区建立了最低工资保障制度。自最低工资标准实施以来，全国各地进行了数次调整，其中以 2012 年的最低工资标准为最高，有的省份如山东的最低工资标准甚至达到了当地平均工资的 40% 以上，与国际上规定的 40%—50% 接近，具体见表 6.1.1。最低工资标准的实施有力地保障了低收入群体的收入。

表 6.1.1　　　　　　　　　　**2011 年各省市最低工资标准**　　　　　　　单位：元

序号	地区	月最低工资标准	2011 年月平均工资	最低工资占平均工资比（％）	省份	小时最低工资标准
1	深圳	1500	4595	32.64	北京	14
2	上海	1450	4331	33.48	深圳	13.3
3	天津	1310	3520	37.22	天津	13.1
4	浙江	1310	3888	33.69	山东	13
5	广东	1300	3763	34.55	广东	12.5
6	北京	1260	4672	26.97	上海	12.5
7	山东	1240	3061	40.51	山西	12.3
8	新疆	1160	3004	38.62	新疆	11.6
9	江苏	1140	3832	29.75	福建	11.6
10	山西	1125	3325	33.83	四川	11
11	湖北	1100	2892	38.22	宁夏	11
12	宁夏	1100	3715	29.61	辽宁	11
13	福建	1100	3249	33.86	河北	11

① 参见劳动和社会保障部《最低工资规定》第 3 条。

续表

序号	地区	月最低工资标准	2011年月平均工资	最低工资占平均工资比（%）	省份	小时最低工资标准
14	辽宁	1100	3179.5	34.60	浙江	10.7
15	河北	1100	3014	36.50	安徽	10.6
16	河南	1080	2803	38.53	甘肃	10.3
17	四川	1050	3160	33.23	河南	10.2
18	内蒙古	1050	未公布		陕西	10
19	湖南	1020	2960	34.46	湖北	10
20	安徽	1010	3387	29.82	湖南	10
21	陕西	1000	3254	30.73	贵州	10
22	吉林	1000	2850	35.09	青海	9.3
23	广西	1000	2848	35.11	江苏	9.2
24	甘肃	980	2742	35.74	云南	9
25	云南	950	2960	32.09	内蒙古	8.9
26	西藏	950	未公布		重庆	8.7
27	贵州	930	2621.5	35.48	江西	8.7
28	青海	920	3541	25.98	广西	8.5
29	黑龙江	880	2792	31.52	西藏	8.5
30	重庆	870	3337	26.07	吉林	7.7
31	江西	870	2838	30.66	黑龙江	7.5
32	海南	1050	3060	34.31	海南	7.2

三 实施最低生活保障标准

最低生活保障是国家为救济收入难以维持其基本生活需求的社会成员而制定的一种生活救济标准，是贫困群体的最后一道安全网。它最早于1993年6月在上海实行，1999年随着《城市居民生活最低保障条例》的颁布与实施，全国各地普遍性地建立起来，实现了城市最低生活保障标准的全覆盖。十六届六中全会以后，为了解决农村贫困人口的生活困难问题，国务院于2007年发布了《关于在全国建立农村最低生活保障制度的通知》，将最低生活保障制度从城市推广到农村，全国区县级以上城乡地区普遍性地建立起最低生活保障制度。其中，苏州自2011年实行城乡最低生活保障制度的全面覆盖与全民覆盖，保障标准完全一致，实现了最低生活保障制度的普遍整合。表6.1.2、表6.1.3分别为各省级单位城市与农村低保最新数据。

表6.1.2　　　　　2010年第四季度各省城市最低生活保障标准表①　　　单位：元/月

区划代码	地区	平均低保标准	区县合计数	区县数量
11	北京	428.89	7720	18
12	天津	447.5	7160	16
13	河北	249.85	47721	191
14	山西	216.13	26152	121
15	内蒙古	286.79	29539.8	103
21	辽宁	280.97	31188	111
22	吉林	213.97	14764	69
23	黑龙江	234.91	33122	141
31	上海	450	8100	18
32	江苏	336.2	40344	120
33	浙江	354.79	32641	92
34	安徽	247.5	28462	115
35	福建	215.59	18756	87
36	江西	237.05	26075	110
37	山东	272.26	45195	166
41	河南	196.04	34895	178
42	湖北	240.71	25034	104
43	湖南	204.62	27010	132
44	广东	252.12	31010.9	123
45	广西	226.05	24865	110
46	海南	247.38	5195	21
50	重庆	232.44	9530	41
51	四川	206.66	38438.2	186

---

① 数据来源：民政部规划财务司，http：//cws.mca.gov.cn/article/tjsj/dbsj/bzbz/201011/20101100112320.shtml。

续表

区划代码	地区	平均低保标准	区县合计数	区县数量
52	贵州	178.53	16067.5	90
53	云南	199.6	25748.2	129
54	西藏	305.75	22320	73
61	陕西	199.57	21553.3	108
62	甘肃	185.03	16097.4	87
63	青海	217.41	10000.9	46
64	宁夏	211.45	4652	22
65	新疆	181.75	21265	117

表6.1.3　　　　　2010年9月农村最低生活保障标准表（省级）①　　　　单位：元

区划代码	地区	标准	区县合计数	区县数量
11	北京	270.00	3510.00	13
12	天津	298.80	2988.00	10
13	河北	93.18	17051.80	183
14	山西	83.86	9728.20	116
15	内蒙古	148.41	13801.80	93
21	辽宁	131.87	13582.80	103
22	吉林	108.88	7513.00	69
23	黑龙江	108.08	13077.50	121
31	上海	300.00	2700.00	9
32	江苏	240.56	25499.00	106
33	浙江	230.26	20263.00	88
34	安徽	104.06	11238.00	108
35	福建	120.33	9747.00	81
36	江西	108.37	11812.00	109
37	山东	108.19	17418.50	161

---

　① 数据来源：民政部规划财务司，http://cws.mca.gov.cn/article/tjsj/dbsj/bzbz/201011/20101100 112320.shtml。

续表

区划代码	地区	标准	区县合计数	区县数量
41	河南	81.96	13932.40	170
42	湖北	91.90	9282.00	101
43	湖南	75.72	9995.10	132
44	广东	166.04	18098.00	109
45	广西	94.94	10443.70	110
46	海南	166.19	3490.00	21
50	重庆	122.51	4900.20	40
51	四川	82.08	14774.40	180
52	贵州	104.94	9444.90	90
53	云南	69.96	9024.70	129
54	西藏	64.16	4684.00	73
61	陕西	80.59	8461.70	105
62	甘肃	72.63	6319.00	87
63	青海	87.97	3958.50	45
64	宁夏	69.30	1524.50	22
65	新疆	79.76	7736.70	97

四 为劳动者的收入分配提供法律保障

21 世纪初以来，政府加大劳动保护的法律法规建设力度，修订或颁布了《就业促进法》、《劳动法》、《劳动合同法》、《工会法》等，并在此基础上于 2011 年推出了《社会保险法》，这些法律为劳动者保护自身收入安全提供了有力武器。

修订后的《劳动法》对"按劳分配，同工同酬"这一分配原则和方式予以肯定，对用人单位的工资制定与发放、劳动者节假日加班工资，以及最低工资等都做了明确规定；2008 年实施的《劳动合同法》是劳动者保障工资权益的有力工具，它规定劳动者的劳动报酬应体现在其与用人单位签订的劳动合同中，并对没有作出书面规定的劳动报酬争议处理办法进行了说明。同时，《劳动合同法》还对劳动者试用期的工资标准、非全日制用工及用人单位解除劳动合同需对劳动者作出的经济补偿也作了详细规定。按照《劳动合同法》，用人单位拖欠或者未足额支付劳动报酬的，劳动者"可以依法向当地人民法院申请支付令，人民法院应当依法发出支付令"①。

《工会法》肯定了工会组织在企业中存在的合法性，强调它是"职工自愿结合的工人阶级的群众组织"，工会应当协助处理职工与企业之间的关系，保护劳动者收入的公平性与合理性，"依法维护职工的合法权益"②，避免企业克扣职工工资行为的产生，切实为劳动者谋取福利。另外，自 2007 年开始，政府启动了《工资法》立法程序，重点放在同工同酬问题上，目标就是通过法律、经济和必要的行政手段，对企业工资分配进行规范、引导、调节和监督。

通过这些法律及政策的实施，我国初步建立了收入分配体系，从薪酬与工资制度、最低工资与最低生活保障制度、收入保护法规等方面，全方位地保障了民众基本的收入水平，这为增进民众收入福利，提升民众生活质量提供了可靠保证。

第二节 收入保障制度存在的问题

经过 30 多年的努力，我国已经逐步建立起以按劳分配为主体、多种分配方式并存的收入分配制度，初步建成了具有中国特色的收入保障制度。党的十六大以来，党和政府高度重视民生问题尤其是收入分配问题，提出了一系列收入分配改革措施，规范收入分配秩序，这对于遏制收入差距不断扩大的趋势起到了积极的作用，推动了经济和社会的和谐发展。但是，与全面建成小康社会及构建社会主义和谐社会的要求相比，现行的收入保障制度还存在着以下三个问题。

一 收入分配差距过大
从理论上讲，只要存在着劳动分工，就会产生收入分配差距；只要这种

---

① 参见《劳动合同法》第 30 条。
② 参见《工会法》第 2 条。

差距控制在合理的范围之内，它非但不会影响效率，而且还会迸发社会活力，使人们产生创造社会财富的动力。但实际上，我国现行的收入分配存在着差距过大等问题。

首先，收入分配关系及秩序混乱。受城乡二元经济社会体制的影响，我国地区之间、行业之间以及群体之间的收入分配差距偏大，农民以及劳动密集型企业员工工资收入远远低于社会平均工资收入水平，在这些行业劳动协商以及工资协商无法真正落实，由此拉大了人们之间的收入差距。国家统计局公布的数据表明，2011 年全国城乡居民收入差距达到 3.13∶1①，如果加上社会福利等，收入分配差距还会扩大，由此引发了一些群体性事件②。在收入分配秩序方面，一些用人单位拖欠、克扣劳动者工资，劳动者同工不同酬现象比较严重。有数据显示，我国收入最高行业与收入最低行业差距达15 倍，最富地区与最穷地区收入相差 2.68 倍，少数高管薪酬水平高于社会平均工资的数百倍③。《经济参考报》曾经报道："上市国企高管与一线职工的收入差距在 18 倍左右，与社会平均工资相差 128 倍！收入最高 10% 人群和收入最低 10% 人群的收入差距，已从 1988 年的 7.3 倍上升到 2007 年的23 倍。"④

其次，城乡收入差距依然过大。21 世纪初以来，我国城乡收入差距一直处于扩大中，如图 6.2.1 所示。2004 年以后，城镇人均可支配收入与农村人均纯收入比例增速虽然放缓，然而 2008 年仍高达 331.49%。如果考虑到城镇居民和农村居民在社会保障方面所存在的待遇差距，城乡居民之间的收入差距还更严重。城乡之间过大的收入差距，进一步加剧本已存在的城乡二元经济结构，造成城乡之间的碎片化与断裂化，不利于城乡之间的社会整合与统筹发展，制约了农民生活水平的提高。

---

① 国家统计局：《2011 年城乡居民收入之比为 3.13∶1》，中国经济网，2012 年 1 月 20 日。

② 例如 2013 年 1 月 11 日富士康江西公司部分员工抗议工资太低、加薪不平衡等问题而举行罢工游行。

③ 苏海南：《收入分配问题的症结和出路在哪里》，《21 世纪经济报道》2010 年 2 月 23 日。

④ 新华社：《中国贫富差距正逼近社会容忍红线》，中国经济网，2010 年 5 月 10 日。

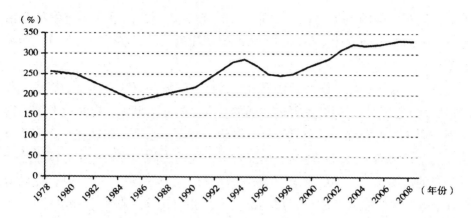

图 6.2.1　1978—2008 年中国城镇人均可支配收入与农村人均纯收入之比①

　　另外，农村区域之间收入差距扩大以及城镇间收入差距扩大的态势没有得到根本改变。图 6.2.2 显示，城镇居民收入差距较为平稳，基尼系数变化不大，维持在 0.15 以下，然而农村区域间收入差距较大。例如，中西部地区拥有大量的领土面积，容纳了众多人口。如果这些地区经济发展水平远远落后于其他地区，那么人民的收入增长就会受到极大限制，人民生活水平也就不能得到有效改善，而且也会限制内需的扩大，不利于我国经济的发展。

　　同时，行业间收入差距过大问题始终没有得到根本改善。我国行业收入差距中有一部分是由于行业差别所造成的合理收入差距。比如，信息传输、计算机服务和软件业与其他行业间的收入差距，是由这一行业的技术特点所决定，这就属于合理的收入差距。然而，我国行业收入差距中很大一部分是由垄断所造成，这一部分就属于不合理的行业间收入差距。行业间过大的收入差距造成了巨大的负面效应，它将过多的人力资源都集中到垄断行业，窒息了经济发展活力。图 6.2.3 中可以看出，不同行业间的收入差距整体呈拉大趋势。如果将各种隐性收入计入其内，差距还会更大。

<hr />

　　①　数据来源：杨宜勇、池振合：《2009 年中国收入分配状况及其未来发展趋势》，《经济研究参考》2010 年第 6 期。

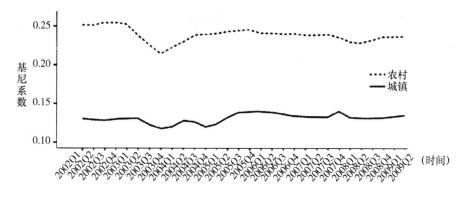

图 6.2.2 2002—2009 年居民收入地区收入差距①

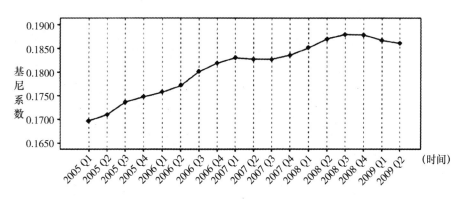

图 6.2.3 2005—2009 年国民经济各行业人均收入基尼系数②

再次，劳动者报酬以及居民收入占 GDP 的比重均不断下降。"劳动者报酬占 GDP 的比重"以及"居民收入占 GDP 的比重"等两个指标体现着社会财富分配方式以及分配结果。这两个比重低，意味着劳动者报酬增长趋缓，而参与收入分配的企业和政府增长迅速，反映了收入分配不公平情况。有学者研究了我国 1992—2007 年三大部门国民收入的初次分配与再分配格局（表 6.2.1），反映初次分配环节的劳动者报酬占 GDP 的比重以及再次分配

---

① 数据来源：杨宜勇、池振合：《2009 年中国收入分配状况及其未来发展趋势》，《经济研究参考》2010 年第 6 期。

② 同上。

环节上的劳动者报酬与财产性收入整体上呈现出逐年下降态势。图 6.2.4 较为清晰地展示了两个比重的变化趋势。

表 6.2.1 　　1992—2007 年三大部门国民收入的初次分配和再分配① 　　单位:%

年份	收入形成核算 （GDP 收入法构成）			企业部门		政府部门		住户部门	
	劳动报酬	生产税净额	营业盈余	初次分配	再分配	初次分配	再分配	初次分配	再分配
1992	54.59	14.51	30.90	17.37	11.70	16.57	19.96	66.06	68.34
1993	51.43	15.62	32.95	20.10	15.73	17.29	19.65	62.61	64.62
1994	52.29	15.55	32.16	17.77	14.52	17.08	18.51	65.15	66.96
1995	52.78	13.98	33.24	19.53	16.22	15.22	16.55	65.25	67.23
1996	52.1	15.03	32.87	16.90	13.69	16.62	17.88	66.48	68.44
1997	53.02	15.58	31.4	16.89	13.10	17.08	18.30	66.02	68.60
1998	52.51	16.41	31.08	16.19	13.45	17.74	18.13	66.07	68.41
1999	52.56	16.28	31.26	17.81	14.70	17.15	18.10	65.05	67.20
2000	50.42	16.31	33.28	18.95	16.60	17.65	19.20	63.39	64.20
2001	49.59	16.85	33.56	20.19	17.50	18.50	20.50	61.31	62.00
2002	50.41	17.18	32.41	20.32	18.00	19.14	21.00	60.54	61.00
2003	49.21	17.28	33.51	20.93	18.20	19.37	22.00	59.70	59.80
2004	47.07	14.93	38.00	25.98	23.27	16.34	18.90	57.68	57.83
2005	50.65	16.24	33.11	22.93	20.04	17.48	20.55	59.59	59.41
2006	49.72	16.83	33.45	22.39	18.52	18.59	22.75	59.02	58.73
2007	48.64	17.73	33.62	22.57	18.42	19.52	24.06	57.92	57.52

　　根据表 6.2.1 所制作的折线图较为清楚地展示了这 10 多年的变化趋势②。

---

　　① 数据来源:1992—2004 年数据根据《中国资金流量表历史资料 1992—2004》计算所得（该资料根据 2004 年经济普查结果以及核算方法的变化,对 1992—2003 年的全国资金流量表实物交易部分进行了修订）。2005—2007 年数据根据《中国统计年鉴 2008、2009》计算所得。参见贾康、刘微《提高国民收入分配"两个比重"、遏制收入差距扩大的财税思考与建议》,财政部财政科学研究所,2010 年第 93 期。

　　② 劳动报酬 1:劳动报酬占初次分配收入比,住户部门 1:住户部门收入占初次分配收入比,住户部门 2:住户部门收入占可支配收入比。参见贾康等《我国国民收入分配格局:近年走势与国际比较》,财政部财政科学研究所,2010 年第 15 期。

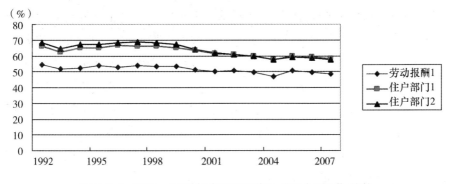

图 6.2.4　1992—2007 年我国国民收入"两个比重"趋势

二　收入分配调节力度不够

政府是调整收入差距、健全收入保障制度的组织者，也是收入保障的实施者。通过相关收入分配制度的安排，政府可以监控整个社会的收入分配。但是，从目前来看，政府仍然比较缺乏行之有效的监督手段与监督方法，使得健全的收入保障制度尚未真正形成。

在初次分配阶段，政府对那些占主导地位的国有企业的收入分配缺乏有效监管。一些国有企业依靠政府所赋予的垄断权力获取高额垄断利润，但是政府对于国有企业垄断利润如何分配没有科学合理的制度约束与监管机制。例如，国有资本收益支出没有纳入到政府公共支出，往往只用于国有经济的发展①，个别国有企业甚至成为政府官员及其管理者谋取个人利益的工具，将高额垄断利润收进少数人的口袋。另外，即使政府试图提出收入分配改革方案，努力提高低收入群体的收入，控制高收入群体的收入，扩大中等收入群体的收入，往往遭到"收入过高行业"以及其他"特殊行业"的阻扰与反对，最终难以面世。

在再次分配阶段，政府对收入差距的调节力度不大。再次分配是在初次分配基础上的对各收入主体通过现金或实物方式进行收入的再次分配，我国

---

① 中央国有资本经营预算支出 2008—2009 年达 1553.3 亿元，支出方向主要用于国有经济和产业结构调整、中央企业灾后恢复生产重建、中央企业重大技术创新、节能减排、境外矿产资源权益投资以及改革重组补助支出等。参见贾康、刘微《提高国民收入分配"两个比重"、遏制收入差距扩大的财税思考与建议》，财政部财政科学研究所，2010 年第 93 期。

主要依靠个人所得税和转移支付两种再分配手段。但是，这两种再分配手段存在着许多问题。就个人所得税而言，我国缺乏切实可行的监测居民收入办法，政府无法掌握居民收入的实际状况，逃税、漏税现象普遍存在。不仅如此，我国个人所得税在制度设计上存在着先天不足，如课税方式不合理、免征额过低，税收收入占 GDP 比重偏低等问题。同时，个人所得税的纳税主体不是高收入者，而是广大中低收入者。就转移支付来说，受财政收入的限制，现阶段转移支付规模相当有限，城乡之间、阶层之间社会保障收入差距较大，制约了收入保障制度的健全。

第三次分配在调整收入差距中的作用尚未显现出来。第三次分配是指在社会力量作用下通过社会互助、民间捐赠以及志愿服务等渠道而形成的分配形式。理论上看，第三次分配形式能够更加直观地反映弱势群体的生活状况，给予弱势群体物质帮扶、资金提供以及生活照料，改善他们的生存状态，提升他们的收入水平，进而起到缩小收入差距功能。但实际上，由于我国很多社会组织具有较为浓厚的官办色彩，"自组织"特点较弱而"他组织"色彩较浓，加上一些慈善组织自我管理能力与自我管理水平较低，公信力不高，难以很好地服务于社会弱势群体。

三　收入保障制度不合理

收入分配是一个普遍整合的有机整体，它涉及方方面面，收入分配制度的完善需要健全劳动就业与收入保障领域内的各项制度。我们发现，当前收入保障制度中还存在诸多不完善之处。

首先，最低工资、最低生活保障线以及失业保险金等"三条保障线"没有很好地整合起来。最低工资、最低生活保障线以及失业保险金是保障生活困难群众基本生活水平的制度安排，三条保障线的科学设置及有机整合有助于收入分配的公正供给，有助于保障这些群体的基本生活并促进其就业。

但是，现行的最低工资与低保标准没有很好地整合。最低工资标准是各地根据本地经济发展、民众生活水平及劳动力报酬等因素综合考虑的。一个劳动者除了维持自身生存之外，通常还要赡养他人，最低工资的确定需要考虑家庭赡养系数和家庭规模，如果一个劳动者所获得的最低工资与最低生活保障线相差不大，则无法激励他工作的激情。例如，一个只有一个劳动力的三口之家，按照厦门市 2011 年的标准，假设这个劳动者领取的最低工资是900 元/月，那么这个家人均收入就是 300 元/月，恰好是厦门市三人低保户的低保标准。在这种情况下，该劳动者显然不愿意去工作而更愿意领取低保。另外，现行的低保标准与失业保险金也没有很好地整合与衔接。失业保险金主要用于失业人员在失业期间的基本生活需要，促进失业人员再就业，失业保险金收入自然要低于最低工资标准，否则同样达不到促进就业、增加收入这个功能。仍然以厦门市为例，根据《厦门市失业保险条例》第 18 条规定，失业保险"累计缴费时间满一年不足五年的，为本市当年度最低工资标准的百分之八十五"，2010 年厦门市最低工资标准为 900 元，符合缴费年限的失业者领取的失业保险金将为 765 元，失业保险金与最低工资之间的差额仅仅为 135 元，如果加上失业人员享有的其他福利，极有可能使得失业人员的实际收入水平高于仅仅获得最低工资收入人员。也就是说，这样的失业保险金无法促进就业和增进收入，现行的这三条保障线没有很好地起到激励劳动、增进收入、减少贫困等功能。

其次，劳动者薪酬谈判能力较低，资本收入挤占劳动报酬的现象严重。《劳动法》、《劳动合同法》以及《工会法》等法律制度的出台给劳动者提供了较为全面的法律保障，但是，由于我国劳动力长期处于供大于求局面，劳动者在收入分配过程中处于弱势地位，他们享有的收入或多或少会遭到资本的侵蚀，劳资双方并未建立起真正的工资协商与谈判机制，有些地方员工的工资常年不变，《劳动法》及《劳动合同法》得不到有效执行，工会在保障劳动者收入方面的作用十分有限，使得最低工资和工资集体协商等制度执行力度较差，这进一步拉大收入差距。

再次，相关社会保障制度不够完善导致收入差距扩大。一方面，劳动者的收入除了工资性收入之外还包括福利性收入。但是，养老、医疗、住房公积金等收入与劳动者的工资有关，工资收入高、缴费基数大的群体所得到的相关福利收入自然要高于工资收入低以及缴费基数低的群体，这意味着，伴随着工资收入差距扩大的同时，劳动者的福利收入差距也同步扩大，由此加大了两个群体的收入差距。大量的研究表明，如果加上社会福利，我国居民收入差距将从现在的 3.3∶1 扩大到 5∶1 以上。另一方面，居民收入中有相当大的一部分用于教育、医疗、养老等消费性支出，在同等支出水平下，劳动者的收入越低，其支出幅度以及支付负担就越大，这类消费性支出所占收入比重就会增加。这反过来也加剧了收入分配制度的不完善。

所有这些，需要我们进行收入保障制度的改革，健全收入分配制度，促进收入分配体系的公正建设。

第三节　收入保障制度普遍整合的设计

针对当前我国收入分配领域与收入保障制度中存在的问题，需要我们加强收入保障制度的普遍整合建设，切实解决收入保障制度中业已存在的突出矛盾，缓解社会各阶层之间的矛盾，促进经济发展与社会进步。

一　收入保障制度普遍整合的必要性

收入保障制度的普遍整合是统筹城乡和地区发展的客观要求，优化收入分配格局的必然选择。通过收入分配政策尤其是转移支付制度或相关政策的调整，控制高收入群体，让整个收入分配向中、低收入阶层倾斜，向贫困地区倾斜，切实缓解城乡收入差距过大，地区收入差距过大以及不同职业之间收入差距过大问题。

首先，收入保障制度的普遍整合是国家调节我国群体收入分配格局，通过"提低—扩中—控高"手段设法绕过"中等收入陷阱"的必然要求。早在2009年，我国人均GDP突破3600美元，已经开始迈向中等收入国家，2011年，人均GDP更是超过5400美元。历史经验表明，中等收入国家往往面临着诸多来自经济、社会、政治和技术等方面的挑战，面临着经济社会快速发展所积聚的各种矛盾。许多国家在这一阶段无法很好地应对挑战和处理矛盾，经济增长回落或长期停滞不前，陷入所谓的"中等收入陷阱"。如拉美一些国家在20世纪70年代就已进入中等收入国家行列，但直到2007年，它们仍然徘徊在人均GDP3500—6000美元的发展水平上[1]，很大原因就在于

---

[1]　刘方棫、李振明：《中国可以跨过"中等收入陷阱"吗?》，《人民日报》2010年9月6日。

没有合理规划好收入分配差距。

当前，我国已经迈入中等收入国家的门槛，自然也面临着许多挑战和矛盾，其中，贫富分化严重，收入分配不均矛盾较为凸显。要跨过"中等收入陷阱"，保持经济持续平稳发展，应当特别重视整合收入保障制度，加快收入分配制度改革，通过税收政策，普遍性地实施最低工资制度以及职业教育与就业培训制度，普遍整合各个群体、各个阶层的收入，提高低收入者的收入水平，扩大中等收入者比重，调节过高收入，让广大群众享受到经济发展带来的福利，以居民消费需求的扩大与消费结构的改进推动产业结构升级及经济结构的调整，促使经济平稳快速发展，从而推动国民收入的整体提高，人均 GDP 快速增长，绕过"中等收入陷阱"。

其次，收入保障制度的普遍整合是提高人民生活水平，满足人民群众日益增长的物质和文化需求，推动经济健康持续发展的必然要求。国家的经济发展需要每个人的积极参与，而经济增长带来的福利也必须普遍性地"惠及于民"。收入保障制度的普遍整合，有利于提高劳动报酬占比与居民收入占比，促使居民收入增长跟上经济发展步伐。实际上，也只有提高民众的收入水平，他们才会对新的需求有支付意能力，刺激消费，扩大生产。特别是 2008 年经济危机之后，我国出口企业深受影响，加上人民币升值压力持续增大，出口企业的获利空间遭受层层挤压，许多企业将出口转内销作为突破发展瓶颈的有效途径。这必然需要稳步提升民众的收入水平，以便激发我国居民的消费潜力，拉动企业的生产，推动经济持续健康发展，形成经济发展与收入增长的良性循环。

最后，收入保障制度的普遍整合是构建和谐社会，促进国家安定团结的必然要求。收入是个人生存与发展的物质保障，是个人福利水平的直接体现，也是个人立足于社会的基础，它影响着个人生活水平的高低。人们对自己收入的多少、涨幅的大小及收入分配是否具有合理性与公正性具有较强的敏锐性，总希望相同的付出能够获得相似的收入，尽量使自己的收入水平达到最大化或者最优化。近年来，劳动者劳动报酬占比与居民收入占比的持续下降的现象已经引起民众的广泛关注，人们对垄断行业者的高收入表现出一定的不满情绪，他们渴望加快收入分配制度的改革，完善收入保障制度，走"强国富民"之路，促进社会和谐与国家安定。

二　收入保障制度普遍整合的目标

我们认为，收入保障制度普遍整合的目标是：针对国民收入分配领域凸显的两大矛盾，形成初次分配、再次分配以及三次分配更加合理的结构比例，实现两个扭转，一是要扭转国民收入差距逐年增大的势头，控制基尼系数持续增长态势，将基尼系数引入下降轨道。二是要扭转"劳动报酬占比"与"居民收入占比"逐年下降趋势，让广大的中低收入群体从经济发展中获得实惠，民众所得不被过快增长的物价所掏空，真正做到"藏富于民"。

第一，全面消除初次分配领域的垄断现象。实现一、二、三次分配结构合理化的前提是保证初次分配的合理性与公正性，它为二次分配以及三次分配的公正实现提供良好的基础。为此，对一些暂时无法消除、关系国计民生的垄断性企业，要通过建立科学的利润上缴机制与经营预算制度，形成更加公正的工资制度及年薪制度，有效规制这些垄断企业员工尤其是中高层管理人员的高额收入，控制垄断性企业收入过高问题，缩小这些阶层与其他阶层的收入差距。

第二，探索科学合理的最低工资标准，促进初次分配公平。最低工资是实现初次分配公平的重要保证，普遍整合的收入保障制度建设目标是寻求最低工资与社会平均工资之间的科学关系，使最低工资标准达到社会平均工资的40%—50%，努力使劳动者的收入增长速度适当高于GDP增长速度，将劳动报酬占GDP的比重从2011年的35%逐步提高到50%左右，基本接近中等收入国家的分配区间，真正实现居民收入增长与经济发展同步。

第三，综合运用房产税、遗产税、所得税、利润税、收益税、社会保险以及社会福利金等手段。试点并推广征收房产税与遗产税，力争"十二五"末、"十三五"期间全面实行房产税与遗产税，规范其他税种，通过转移支付方式优先发展于教育、就业、医疗卫生、社会救助以及公共福利等事业，完善最低生活保障制度，使最低生活保障线、最低工资线以及失业保险金形成科学的比例关系，缩小各阶层之间的收入差距，矫正初次分配中由于机会、规则、个人能力等不平等所造成的收入不平等，促进起点公平与机会公平，促进再次分配公平。

第四，鼓励发挥企业以及社会慈善组织在解决收入分配差距中的作用，出台相应的法规或政策，修订并完善《公益事业捐赠法》以及《基金会管理条例》，细化慈善捐赠税收减免等优惠政策，鼓励和引导企业、社会慈善组织深入到街镇村居为民众尤其是为弱势群体提供相关社会服务，增进这些群体的福利水平，进而发挥三次分配在缩小收入分配差距中的积极作用。

三　收入保障制度普遍整合的建议

围绕上述政策目标，我们认为，收入保障制度的普遍整合关键就在于如何优化经济结构，继续保持经济健康稳定发展，将经济这个"蛋糕"做大做强，在此基础上着力完善三个方面的分配政策：一是如何完善初次分配，减少初次分配领域内收入差距过大问题；二是如何完善再次分配，通过社会保障以及其他转移支付等方式控制高收入群体的收入，增加低收入群体的收入，扩大中间收入群体的收入；三是如何完善三次分配，积极发挥三次分配在调整收入分配差距中的积极作用。

第一，规范初次分配，健全国有企业利润上缴机制与国家对收缴利润的经营预算制度，提高劳动收入所占比例，建设更加公正的初次分配制度。国有企业的垄断地位不仅会对其他企业产生排挤，扭曲各要素的市场供给价格，而且其获得的巨额收益会加剧企业收入占 GDP 比重上涨趋势，加上缺乏合理的收缴垄断利润机制，使得国有企业在收入分配上产生对政府及民众的挤占，从而扩大收入分配。为此，必须要转变政府职能，深化国有企业改革。

一方面，凡是与公共利益无关的国有企业，国家应该破除行政性垄断，消除垄断门槛，逐渐减少持股比例，建立更加公平的市场准入机制，鼓励其他所有制企业的发展，使其最终成为由社会资本控制、以营利为目标的现代企业，进而发挥市场在资源配置和产业结构调整中的基础性作用，逐步缩小不合理的收入分配差距，从而最终消除垄断利润；凡是与公共利益有关的国有企业，仍然由政府直接经营，但是要加强现代企业制度改革，提升其运行质量与经营效益，加强企业薪酬制度管理，明确国家、企业和职工三者利益关系，积极调整国家和企业的分配关系，改革这些企业把税后利润留归已用状况，加大国有资本经营收益收缴力度，扩大征收范围，提高征收比例，建立和完善企业的特别收益金制度和上缴利润制度，逐步实现由国家掌控利润。

另一方面，要建立并完善企业集体工资制度，保障劳动者在工资形成制度中的平等地位，从而形成公平、公正的企业工资形成机制。为此，要调整最低工资标准，实行以鼓励劳动者就业为导向的最低工资制度，建立与社会平均工资以及 CPI 相挂钩的最低工资动态调整机制，加大对最低工资标准执行的执法检查力度，切实保障劳动者的劳动所得不受侵犯。建立行之有效的工资集体协商制度，这既是扭转单个劳动者处于弱势地位的最佳途径，也是为劳动者争取到合理、公正的劳动报酬，使职工分享到行业和企业发展成果，从而形成合理劳动报酬的有效途径。积极推进《劳动法》、《劳动合同法》以及《社会保险法》的实施，为保护劳动者的合法权益提供法律依据和法律支持。

同时，改革不合理的税制设计，真正让利于企业和民众。在初次分配中，政府的收入主要来源于生产税净额，它是政府对生产单位从事生产、销售和经营活动以及使用某些生产要素所征收的各种税费，如营业税、增值税、消费税、进口税、固定资产使用税、印花税、排污税等。其中，营业税、增值税、消费税属于间接税，它们便于征收和监管，有助于获取稳定的财政收入，但是也易于将税收压力转嫁给消费者。而且这三类间接税在生产税中占有很大的比例，这自然会导致初次分配环节中政府的生产税净额增长较快，从而挤占了企业和居民的收入占比[①]。这就需要我们改革营业税和增值税中不合理的税制设计，适当降低间接税比重，减少企业特别是服务业企业的税负，让利于企业。

第二，完善再次分配，尤其要健全普遍整合的社会福利制度，推进社会福利体系的普遍整合，通过社会福利的供给促进收入差距的缩小。

首先，要完善《个人所得税法》，这是完善再分配的前提。为此，要推进不动产税、遗产和赠予税的建设，实施针对富裕阶层的直接税，建立科学合理的监测居民收入方法，适当调高起征点，调整各个收入层次的税率，改变当前个人所得税占 GDP 比重较低、纳税主体为中低收入者局面，在确保富裕阶层个人所得税及时足额上交的同时加大对贫困人员的免征范围。要加大那些持有公司大量股权、取得大额投资收益以及从事金融保险、证券信托投资、房地产、矿产资源投资等高收入人群的税收征管，也要推进存量性质的财产

---

① 贾康、刘微：《提高国民收入分配"两个比重"、遏制收入差距扩大的财税思考与建议》，财政部财政科学研究所，2010 年第 93 期。

税，如不动产税、遗产与赠予税等的征缴，用来作为调节贫富差距的工具。

其次，要完善劳动就业、医疗卫生、教育住房以及社会救助等福利制度。政府转移支付中的社会保险、社会救助等福利项目具有"补瘦"功能，特别是向贫困群体进行的转移支付，最能反映政府促进社会公平与稳定职能。对此，国家应该加大社会保险、社会救助等转移支付的规模，适当提高城乡居民最低生活保障线，科学测算好三条保障线之间的科学关系，不断完善城乡居民社会福利体系，在保障民众基本生活的同时缩小阶层之间的收入差距。

最后，要积极推进阶层之间、地区之间的收入整合，缩小城乡与地区之间的收入差距。要千方百计地保证经济增长速度，为农民以及中西部地区的民众创造更多的就业岗位。要因地制宜地推动城镇化建设，逐步减少农村人口占总人口的比例，推动农产品价格上涨，增加农民收入。

第三，健全三次分配制度，为弱势群体以及其他需要帮扶的群众提供福利，缩小他们与其他群体的收入与福利差距。

一方面，要完善《公益事业捐赠法》、《社会团体登记管理条例》以及《基金会管理条例》，制定《志愿服务促进条例》、《社会工作服务条例》，在税收优惠、场地租借、价格补贴等方面鼓励那些能够向社会提供相关福利的民间组织的成立，鼓励建设专业化、专门化的志愿者及社会工作者队伍，使他们能够更加普遍性地为民众提供物质保障与生活服务。

另一方面，要明确社会组织及个人在社会福利供给中的权力与义务，地位及身份，完善接受捐赠制度与社会监督制度，形成公开透明的物质、资金及服务等供给途径与供给方式，增进其公信力。

在上述对策建议中，转变经济增长方式，保持经济健康稳定发展，做大做强经济"蛋糕"是前提和保证，完善初次分配是关键，优化二次分配是重点，重视三次分配是补充。通过三次分配方式的普遍建立与有机整合，实现控制高收入群体、扩大中等收入阶层、提高低收入人群，促进更加公正的收入分配制度的形成。

第七章

教育保障制度的普遍整合

教育发展，是民族振兴与社会进步的基石，也是人们改变自身经济社会地位、促进社会公正发展的有效途径。教育保障是社会各界普遍关注的社会福利项目，是重大的民生问题之一。因此，教育保障制度普遍整合就成了社会福利体系普遍整合的重要组成部分。

第一节　教育保障制度普遍整合的研究

教育保障制度是国家通过资金投入，保障社会成员基本教育权益，提高民众科学文化素质，提升其职业技能，促进其自我发展而进行的制度安排。通过政府投入、社会支持以及民众参与，发展教育事业，保障民众享有基本的教育服务，不断满足其个性化教育服务需求，逐步增进全体社会成员的福利水平，成为社会福利体系的重要组成部分。

一　教育保障制度普遍整合的国外研究

国外对于教育保障制度普遍整合的研究较早就开始了，他们以教育均等化为普遍整合的着眼点，探讨了教育均等化含义及其存在问题，提出促进教育均等化的建议，推进教育保障制度普遍整合目标的实现。

1. 教育均等化概念及内涵

教育保障制度普遍整合目的之一就是促进教育均等化，教育均等化是普遍化基础上的均等化，它需要通过整合各类教育制度，公正配置教育资源。围绕这个问题，国外一些学者对教育均等化进行了研究。

科尔曼认为，教育均等化集中体现在儿童以及义务教育阶段的教育机会均等化，包括让"所有适龄儿童享受某一规定水平的免费教育"，所有适龄儿童，"不论其社会背景如何，接受普通课程的教育"，同时，不同家庭、不同阶层出身的适龄儿童"具有进入同样学校的机会"①。L. 安德森认为，教育公平主要体现在四个方面：向每一个人提供等量的教育，学校教育能促使学生达到既定的标准，为每一个体的潜能发挥提供均等的机会，提供继续教育的机会。② 胡森吸收罗尔斯的思想，认为教育平等包括"个体的起点平等"、"中介性阶段的平等"以及"个体的最终目标平等"三个方面，"教育平等"强调每个人都有不受歧视进行学习的机会，每个人的学业成就机会也趋于平等。③也就是说，教育均等化体现在入学、学习过程以及学业考核等方面的均等化。

总体上看，西方学者的教育均等化概念注重权利及机会的均等化。从量的角度看，他们的均等化侧重于对义务教育阶段均等化进行测量，如义务教育阶段各学校间的生均教师数量、教学设施、教育经费等方面均等化；从质的方面来看，更多地关注教学质量及办学水平等方面的均等化。

2. 教育均等化存在的问题

教育均等化要求不同地区、不同阶层、不同群体的人员获得均等的受教育权利，每个人在受教育过程中得到平等对待，各类教育资源的均等分配，教育形式普遍共享。然而，现实的教育保障制度在教育均等化方面存在着许多问题。

一方面存在着教育资源供给的不平等，学生就学机会的不平等以及学生选择课程机会的不平等④。科尔曼发现，教师水平作为影响学生学业的条件，存在着种族之间的差异，白人学校的师资水平较高，而黑人学校的师资水平相对较低，这必然影响到学生的学习成绩。另一方面，学生家庭所处的社会声望、社会地位，所拥有的社会资源等，都会影响教育资源供给的普遍性以

---

① ［美］詹姆斯·科尔曼：《教育机会均等观念》，载张人杰《国外教育社会学基本文选》，华东师范大学出版社 1989 年版，第 187 页。

② ［美］L. W. 安德森：《学习、教学和评估的分类学》，皮连生等译，华东师范大学出版社 2008 年版，第 88 页。

③ ［瑞典］托尔斯顿·胡森：《社会环境与学业成就》，张人杰译，云南教育出版社 1991 年版，第 6—8 页。

④ 沈有禄、憔欣怡：《教育券的重要价值取向：教育公平》，《外国教育研究》2006 年第 2 期。

及教育资源享用的整合性与公正性，进而影响着学生受教育结果的平等性。[①]
法国国立教育研究所的综合报告也认为，阶级的文化价值观念、受教育愿望、
学业成绩与家庭教育背景等因素都会导致教育不均等、不普遍以及不整合[②]。

3. 促进教育均等化的对策研究

科尔曼通过对美国 60 万处于义务教育阶段的儿童进行分析，认为要想
实现教育均等化，不仅要关注教育投入而且也要关注教育结果，以此来考察
不同受教育者的教育机会普遍性、均等性获得问题，扭转弱势人群受教育机
会事实上的不平等。[③] 菲利普·库姆斯认为，要缩小城市内部及城乡之间的
教育不平等，需要提高贫困地区或乡村地区的教育普及程度和教育质量，增
强这些地区教育的普遍性与整合性。这意味着在分配任何新的资源的时候，
要优先考虑这些地区，甚至把现在分给发达地区或城市的一部分资源调拨给
贫困地区使用。[④] Doe 则结合南非基础教育普遍而均衡发展的做法，认为要
实现教育均等化，就要采取"均衡分配法"（Equitable Share Formula, ESF）
以及"国家学校经费规范和标准"（NNSSF）配置经费投入，实现教育经费
的均衡分配；制定学校教师岗位国家标准，实现师生比均衡化；实行"全国
学校营养计划"（NSNP），采取免费教育办法，降低教育成本等，推进弱势
群体的义务教育[⑤]，促进受教育者教育机会均等化。

虽然世界各国普遍存在教育非均等化现象，但是国外的教育制度没有泾渭
分明的城乡差别，因而他们对城乡教育非均等化问题的关注不多，加上我国特
有的经济、社会与人口结构需要我们解决更多的问题，这就使得国外的研究成
果主要给我们提供了认识论和方法论上的参考，而不能简单地照搬照抄。

二　教育保障制度普遍整合的国内探索

国内对于教育保障制度的普遍整合研究主要集中在两个维度，一是义务

---

① 转引自国家教育发展研究中心《中国教育政策年度分析报告》，教育科学出版社 2002 年版，第
76 页。

② 同上书，第 77 页。

③ 转引自林达《科尔曼报告改变美国公共教育》，《新京报》2005 年 4 月 2 日。

④ ［美］菲利普·库姆斯：《世界教育危机》，赵宝恒等译，人民教育出版社 2000 年版，第 242 页。

⑤ Doe, *Education in South Africa: Achievements since 1994*, Pretoria: Department of Education, 2001,
pp. 16 – 19.

教育如何普遍性地实现，确保适龄儿童能够普遍性地接受义务教育，在此基础上如何进一步扩大义务教育范围，二是教育资源如何进行整合。前者侧重于义务教育均等化研究，而后者侧重于教育资源尤其是教育经费的投入问题，包括地区及城乡之间教育经费如何分配，如何整合中小学布局，如何提高办学质量，缩小各个学校之间的教学质量差距等。

1. 教育均等化的研究

普遍是教育保障制度建设的基础，也是教育保障制度的重要特性。作为社会福利体系重要组成部分，教育保障制度的普遍性集中表现在义务教育阶段的普遍性，它要求全国各地都要实行义务教育，适龄儿童和少年都要接受义务教育，其他年龄层次的民众都能获得相应的教育机会，它要求根据经济发展水平适当延长义务教育时间。另外，它要求建成包括学前教育、基础教育、特殊教育以及职业技能培训与教育、继续教育乃至高等教育在内的、较为完整的教育体系，满足民众受教育的需要。

围绕这个问题，国内学者把教育公平当成社会公平的基础，认为教育公平包括"人人享有平等的教育权利"、"人人平等地享有教育资源"、"教育资源的配置向弱势群体倾斜"以及"反对各种形式的教育特权"四个方面的含义[①]，在此基础上综合运用政治学、教育学、经济学以及社会学等理论探讨了教育普遍性、教育公平性以及教育均等化等方面的问题，进而提出教育资源如何有效配置、教育投入与教育规划如何实施才能增进教育公平目标的实现。这些研究对于深化教育保障制度的普遍整合改革具有重要的参考作用。

均等化是测量教育保障制度普遍整合的重要方面，可以从两个维度来测量。

从教育类型上看，主要包括基础教育、中等教育、高等教育以及继续教育等几种类型的普遍整合程度。研究发现，高中阶段教育资源极其短缺，加上历史形成的重点与非重点高中的校际差距，普通高中优质教育资源更成为制约高中阶段学生入学的瓶颈[②]。就职业教育而言，同一隶属关系的高职院校生均教育经费仅为普通本科院校的1/2[③]，甚至还不到1/2。例如，2005

---

①　石中英：《教育公平的主要内涵与社会意义》，《中国教育学刊》2008 年第 3 期。

②　杨颖秀：《高中阶段教育公平的缺失及策略思考》，《教育理论与实践》2007 年第 11 期。

③　张朝晖、王治中：《试论高等职业教育中的教育公平问题》，《西北农林科技大学学报》2008 年第 5 期。

年全国普通本科院校财政预算内拨款为 936.05 亿元，占普通高校预算内财政拨款的 89.46%，而高职高专学校财政预算内拨款为 110.32 亿元，仅占普通高校预算内财政拨款的 10.54%①。民办教育是教育普遍性的重要方面，而民办高校数量少、招生规模小等问题较为明显②。即便是高等教育同样也存在着普遍性不足问题，钟秉林等人发现，我国高等教育入学机会增加的同时也带来了"区域失衡和阶层分化加剧"以及"量"的普遍性有余而"质"的普遍性不足等问题③。

从地域上看，它表现在城乡教育尤其是城乡基础教育均等化。人们普遍认为，我国城乡教育尤其是城乡基础教育普遍性地存在着"非均等化"问题，体现出明显的城乡差别特性④，这种差别不仅表现在城乡之间的学校办学水平、办学条件、师资力量方面，表现在城乡居民的子女所获得的教育机会、所享有的师资力量等方面，甚至体现在城市内部优质学校与普通学校之间的资源差异与不平衡⑤。

为此，有学者利用全国教育统计数据，从教育投入和教育水平两个方面分析了我国城乡义务教育发展差异的特点和变动趋势。也有学者从财政分权角度研究农村义务教育财政投入公平性问题，发现基础教育生均经费城乡差距经历了先增长后下降，再上升又持续下降的演变过程，基础教育各类学生的公用经费城乡差距十分显著，⑥ 也就是说，基础教育城乡差距不是体现在入学率上，更多地体现为生均教育经费投入以及地区间生均教育经费投入上，这是造成基础教育非均等化的重要方面。⑦

从原因上看，我国教育均等化与普遍化所出现的问题主要在于四个方面。

---

① 胡秀锦、马树超：《我国高等职业教育发展的政策环境分析与思考》，《职教论坛》2006 年第 12 期。

② 邬大光：《中国民办高等教育发展状况分析（上）》，《教育发展研究》2001 年第 7 期。

③ 钟秉林、赵应生：《我国高等教育大众化进程中教育公平的重要特征》，《北京师范大学学报》2007 年第 1 期。

④ 翟博：《教育均衡发展——现代教育发展的新境界》，《教育研究》2002 年第 2 期。

⑤ 王斌泰：《着力推进基础教育均衡发展》，《求是》2003 年第 19 期。

⑥ 吴春霞：《中国城乡义务教育经费差距演变与影响因素研究》，《教育科学》2007 年第 6 期。

⑦ 参见刘颂《我国义务教育发展的城乡差异分析》，《辽宁教育研究》2006 年第 11 期；张光：《中国省内财政分权和农村义务教育财政投入》，《教育与经济》2008 年第 3 期。

首先，我国城乡二元经济社会结构是制约教育均等与普遍目标顺利实现的社会根源。城市的教育主要由财政出钱，而农村由于财政投入不足教育成本往往转嫁到农民身上，各类教育资源在城乡之间没有得到公平配置，城乡基础教育发展出现了失衡①，教育领域尤其是教学设施、教学质量以及升学率所形成的城乡差别又进一步加剧了城乡教育的特殊化与差异化，②二元经济社会结构诞生了二元教育结构。

其次，教育资源供给与需求的失衡是教育非均等化问题产生的经济原因。新中国成立以后相当长的一段时期内，政府把有限的财政投入到各类重点学校，产生了教育资源的福利拥挤与福利叠加③，加剧了教育领域内教育资源配置的失衡，加上原来的"精英型"教育体系无法承载"普遍精英型"教育体系的需求，整个社会对优质学校的追崇，出现了"以分择校、以权择校、以钱择校"等不正常现象④。

再次，不合理的财政体制加剧了教育非均等化问题的产生。高如峰通过对农村义务教育财政体制的实证分析发现，自 2001 年开始实行的以县级政府作为投资筹措主体的财政体制，虽然明确了教育投资主体地位，但由于全国县级财政支撑能力不同，有的县级财政给予了较高水平的财政投入，而有的则无法足额投入，导致城乡教育非均衡发展，⑤其中，贫困地区更有极强的"压缩农村义务教育投入的内在动力"⑥，它构成了农村教育状况不断恶化的重要原因。

最后，我国城乡有别的社会政策加剧了城乡教育非均等化。例如，二元户籍制度及其附着在户籍身上的其他相关政策限制了农村子女进城就读，反过来制约着这个地区的教育资源向农村分流，城乡义务教育差别难以消

---

① 鲍传友：《中国城乡义务教育差距的政策审视》，《北京师范大学学报》2005 年第 3 期。

② 焦建国：《农村教育与二元经济社会结构——城乡教育比较与我国教育当前急需解决的问题》，《学习与探索》2005 年第 3 期。

③ 国家教育发展研究中心：《实现基础教育均衡发展的现状分析及对策选择》，《人民教育》2002 年第 5 期。

④ 董洁等：《关于义务教育阶段择校现象的思考》，《教育改革》2008 年第 1 期。

⑤ 高如峰：《中国农村义务教育财政体制的实证分析》，《教育研究》2004 年第 5 期。

⑥ 卢洪友、李凌：《财政分权视角下中国农村义务教育落后的原因分析》，《财贸经济》2006 年第 12 期。

除。① 翟博认为，教育政策的导向或偏差人为地加大了城乡之间教育资源配置的不公和失衡，不论是硬件设施还是师资力量，城镇教育都要优于农村教育，这是造成城乡教育差距的政策性因素。②

2. 推进城乡教育均等化对策研究

学术界从三个方面提出增进教育普遍整合性、促进教育均等化的建议。

一是强化政府责任，引导城乡义务教育均衡发展。如明确各级政府的教育投入责任，将教育均等化实施情况纳入到对各级政府的绩效考核中，引导和督促各级政府优化学校布局，实现优质教育资源最大化，③ 使政府致力于教育均等化的政策供给。杨东平认为，促进教育尤其是义务教育均衡发展，应该建立行政问责制和独立的督导制度。④ 这是实现教育均等化目标的理性选择。

二是改革财政体制，促进教育资源均衡分配。发展各类教育事业离不开经费投入与财政支持，促进教育均等化在很大程度上取决于财政支持力度及财政支持结构，它们是教育均等化目标能否顺利实现的关键因素。在义务教育阶段，要落实财政"低保"政策，以学生数为标准实行义务教育阶段均等化的拨款制度。⑤ 在非义务教育阶段，则要明确经费及财政优先投入于农村、西部以及其他不发达地区，优先投入于各类薄弱学校，缩小名优学校与薄弱学校之间的软硬件差距，实现教育资源的普遍整合与均衡发展。

三是转变教育投入机制和筹资方式，实现教育投入战略由非均衡投入转为均衡投入，投入方式由"逆向非均衡分配"转向"正向非均衡分配"，投入主体由基层政府"分散投入"与特殊性投入转为中央政府"统筹投入"与普遍性投入。通过构造教育投入新模式，实现教育均等化发展目标。⑥ 在此基础上，鼓励各类 NGO 或 NPO 组织投入于教育事业，引进私人资金投入

① 王云京：《我国城乡义务教育差别的制度障碍分析》，《财经问题研究》2009 年第 9 期。
② 翟博：《教育均衡论：中国基础教育均衡发展实证研究》，人民教育出版社 2008 年版，第 259—260 页。
③ 康开洁：《教育均衡发展理论与实证研究综述》，《当代教育论坛》2008 年第 9 期。
④ 杨东平：《应当突出体制改革优先》，《教育旬刊》2010 年第 5 期。
⑤ 粟玉香：《义务教育均衡推进的财政分析与政策选择》，《教育理论与实践》2006 年第 8 期。
⑥ 王元京等：《重构城乡义务教育投入模式》，《经济学动态》2010 年第 6 期。

到教育领域，缓解公共教育经费支出压力，促进教育均等发展。①

三　国内外教育均等化研究的借鉴

国内外学者对于教育均等化的研究，有助于推进教育均等化，实现教育资源的普遍整合，推进教育保障制度更加公正的建设。

国外关于教育均等化的研究扩大了我们的研究视野。他们从经济体制、社会结构、社会分层等方面寻求解决问题的途径。在他们看来，"光靠教育家并不能矫正教育系统存在的所有这些脱节的情况"，"教育与社会要大力协作，共同调整和适应"，否则，"教育与社会之间日益加剧的不平衡将会不可避免地打破教育系统的结构"②。这有助于我们在特定的时空背景中审视教育均等化问题。

另外，国外的研究表明，教育均等化应该是一种有差别的均等化，而不是完全一致或绝对平等。正如科尔曼所言，"教育均等只可接近，而无法完全达到"③。教育均等化是与社会经济发展以及人们的文化观念相适应的、相对的均等，教育的平等受制于经济与社会平等，反过来也影响着经济及社会的平等。这些观点对于我们探索教育保障制度的普遍整合具有重要的借鉴价值。

国内关于教育均等化的研究起步较晚，主要围绕义务教育均等化、高等教育普遍化、其他类型的教育普遍化等问题进行了研究，提出促进各类教育均衡发展的若干建议。但是，现有的研究成果还存在如下几点不足：

第一，在探讨城乡教育发展不均等状况时，学者们常常比较城乡之间各种教育资源数量的绝对差异，极少考虑到城乡教育水平与各自社会经济发展的协调性问题，以为均等是城乡之间的绝对相等，认为教育均等化就要给城乡提供相等的资源和条件，实现同步增长。实际上，教育与经济发展水平紧密相关，教育均等化应该考虑到其与地区社会经济水平的适应性和协调性，既不能让教育拖了经济后腿，也不能忽视教育投入。这就需要我们探讨教育与经济发展之间的变动关系，从而更好地推进教育保障制度的普遍整合

---

① 巩真：《教育均等化政策对收入差异影响的国际比较——美、韩经验借鉴和中国问题分析》，《陕西师范大学学报》2006 年第 2 期。

② ［美］菲利普·库姆斯：《世界教育危机》，赵宝恒等译，人民教育出版社 2000 年版，第 4 页。

③ ［美］詹姆斯·科尔曼：《教育机会均等观念》，华东师范大学出版社 1989 年版，第 196 页。

建设。

第二，对教育保障制度均等化拓展研究不够深入。很多研究停留在教育均等化尤其是义务教育均等化方面，着重关注义务教育均等化存在的问题及其解决之道，而忽视了包括学前教育、义务教育、职业教育、高等教育、继续教育在内的各类教育如何更加普遍均衡发展，忽视了教育制度、教育管理机构以及教育资源的普遍整合。实际上，普遍整合是均等化的基础，均等化是普遍整合的表现，只有对各类教育制度、对与教育有关的管理机构及制度进行普遍整合才能真正实现义务教育均等化。如果忽视了义务教育以外的其他教育类型以及相关教育制度的普遍整合，而一味地强调义务教育均等化，那么义务教育均等化终将无法实现。

第三，缺乏教育保障制度普遍整合的指标体系研究。现有的研究重宏观轻微观，重定性轻定量。大部分研究侧重于从宏观层面分析影响教育保障制度普遍整合的体制与政策原因，很少构建指标体系对教育保障制度普遍整合加以探索，使得现有的研究成果针对性不足。这就需要我们开展教育保障制度普遍整合的研究。

第二节　教育保障制度的运行

教育贯穿于人的一生，是人全面发展的有力保证。从教育层次上看，教育保障制度包括学前教育、初等教育、中等教育、高等教育、继续教育、特殊教育以及职业教育等几种类型。

一　教育保障制度的实施情况

教育是人们平等地认识世界、改造世界的重要基础，也是我们立足于世界民族之林的根本保证。新中国成立以后，政府十分重视教育事业，颁布了法律法规，保障民众的受教育权利。

第一，建立起较为完整的教育体系。围绕基础教育、高等教育、继续教育、特殊教育以及职业教育，我们可以把整个教育体系划分为学前教育、小学教育、初中阶段教育、高中阶段教育、高等教育等。经过60多年的发展，逐渐形成了比较完备的教育保障制度体系。

2011 年底，全国共有幼儿园 16.68 万所，在园幼儿人数达到 3424.5 万人，学前教育毛入园率达到 62.3%；全国共有 24.12 万所小学，在校生数为 9926.4 万人，小学学龄儿童净入学率达到 99.79%，小学专任教师学历合格率达到 99.7%，生师比为 17.7：1；2011 年全国拥有初中学校 5.41 万所，在校生为 5066.8 万人，毛入学率达到 100%，初中专任教师学历合格率为 98.9%，生师比为 14.4：1；全国高中阶段教育共有 27638 所学校，在校学生 4686.5 万人，高中阶段毛入学率为 84%，其中普通高中专任教师数为 155.7 万人，生师比为 15.8：1，专任教师学历合格率为 95.7%；2011 年全国共有普通高校以及成人高校 2762 所，各类在校生 3167 万人，高等教育规模位居世界第一，高等教育毛入学率为 26.9%，其中普通高校专任教师 139.3 万人，普通高校师生比为 17.4：1；公办职业技术培训机构 12.95 万所，专任教师 29.8 万人，民办职业培训机构 21403 所，培训了 955.5 万人次；另外，民办教育也得到了较快发展，共有各类民办高校 698 所，在校生 505.1 万人①。在校生总数达到 25412.7 万人。

第二，形成了具有中国特色的教育保障政策体系。早在 1951 年，当时的政务院就公布了《关于改革学制的决定》，确立了全日制学校各层次学生的修学时间，1954 年的《宪法》首次确认了我国的教育性质与地位，规定"公民有受教育的权利"。1977 年中央决定恢复高考制度并于 1980 年通过《学位条例》。十一届三中全会以后，邓小平同志明确指出："教育是一个民族最根本的事业"，"发展科学技术，不抓教育不行"。1981 年国务院批转教育部《关于高等教育自学考试试行办法的报告》，决定建立自学考试制度。1983 年邓小平提出教育要"三个面向"，从而形成了我国教育工作的指导方针。

为此，1985 年中央颁布了《关于教育体制改革的决定》，要求各级党委、各级政府、各行各业都要支持教育事业，"把教育问题解决好"。1986 年通过了《义务教育法》，有步骤地实施九年制义务教育。1987 年党的十三大提出要"把发展科学技术和教育事业放在首要位置，使经济建设转到依靠科技进步和提高劳动者素质的轨道上来"。1990 年国家教委决定在普通高中实行毕业会考制度。在那个年代，中央政府相继颁布了《关于大力发展职业

---

① 《2011 年全国教育事业发展统计公报》，《中国教育报》2012 年 8 月 31 日。

技术教育的决定》、《中国教育改革和发展纲要》、《教育法》、《高等教育法》以及《面向21世纪教育振兴行动计划》。党的十六大以来，胡锦涛同志十分重视教育事业，指出要"优先发展教育，建设人力资源强国"，为此修订了《义务教育法》。这些政策的颁布与实施，有力地推进了我国教育保障制度的完善，形成了具有中国特色的教育保障政策体系。

第三，形成了稳定增长的教育财政支持体系。改革开放以后，我国深化教育体制改革，完善教育经费投入制度，形成了中央和地方财政拨款为主，多渠道筹措教育经费体制。自1978年以来，我国教育经费政府投入逐年增加，1992年达到728.75亿元，占GDP的2.71%；1997年增长到1862.54亿元，占当年GDP的2.36%；2002年政府财政性教育经费为3491.4亿元，占GDP的2.9%；2007年我国财政性教育经费达到8280.2亿元，占GDP的3.32%；2012年财政性教育经费支出达到2万亿左右，占GDP的比重首次达到4%①。政府不断增加教育投入为教育事业的发展提供了可靠的财政保障。

不仅如此，政府还开源节流，扩大教育经费来源，早在1989年就下发通知，在高等学校实行公费生与自费生同步招生，1996年高校试行并轨招生。这些教育经费的筹措对于扩大高校办学自主权、改善高校办学条件起到了推动作用。随着教育经费投入的增多，政府不断优化教育经费支出结构，优先解决义务教育尤其是贫困地区农村中小学生的学习费用负担问题。早在2001年，教育部等部门就下发了《关于对全国部分贫困地区农村中小学生试行免费提供教科书的意见》，减免部分贫困地区农村中小学教材费用，2005年中央和地方财政安排"两免一补"资金，2006年、2007年相继免除西部地区、全国所有地区的农村义务教育阶段学生学杂费，2008年城市义务教育阶段学生学杂费也全部免除，从而实现了城乡免费义务教育制度，在中国教育史上具有里程碑意义，一个普遍享有的义务教育体系基本形成。

二 教育保障制度存在的问题

在教育领域取得成就的同时应当看到，现行的教育保障制度在普遍性与

① 参见国家统计局《中国统计年鉴2012》，中国统计出版社2012年版。其中2012年的数据来自国家统计局网站。

整合性方面还存在着许多问题，显示出教育资源配置的失衡。由于经费投入是教育普遍整合的核心，我们主要从经费投入角度进行分析。

第一，高等学校生均教育财政投入普遍整合性不足。经费投入是办好高等教育的基础，合理的经费投入能够促进高等教育的发展。但是，高等教育经费投入缺乏科学的分配结构。

一方面，高等本科院校生均教育经费投入与高职高专学校之间缺乏普遍整合性。例如，2011 年全国普通高等本科学校生均财政总经费为 3.294 万元，而同年高职高专院校生均经费为 1.096 万元，后者仅为前者的 1/3；再如，2011 年全国普通高等本科院校生均国家财政性教育经费为 1.786 万元，而同年高职高专院校生均经费仅为 0.513 万元，后者不到前者的 1/3。同样是高等教育，生均教育经费差距如此之大，显示出高等教育财政经费投入的整合性与公正性不足。另一方面，政府重视公办高等教育财政投入而轻视民办高等教育的投入。例如，2011 年我国普通公办高校生均国家财政性教育经费为 1.257 万元，而民办高校的财政投入几乎没有。其实早在 2001 年，邬大光对全国 39 所民办高校的研究发现，除了上海建桥学院"不详"之外，其余 38 所民办高校中只有 1 所学费收入占学校总收入的 30% 以下，另有 1 所学费收入占总收入的 60%，4 所占 70%—80%，其余 32 所民办高校中有 14 所占 100%，9 所占 90% 以上[1]。具体见表 7.2.1。

表 7.2.1　　　　　2011 年全国各类高等学校学生数及财政拨款数[2]　　　单位：千元、人

高等学校	财政总经费 (1)	国家财政性教育经费 (2)	(2)／(1)	学生数 (3)	(1)／(3)	(2)／(3)
普通高校	549786489	290180256	52.8%	23085078	23.81	12.57
高等本科学校	444637576	241017683	54.2%	13496577	32.94	17.86
高职高专学校	105148913	49162573	46.8%	9588501	10.96	5.13

① 邬大光：《中国民办高校教育发展情况分析》，《教育发展研究》2001 年第 7 期。
② 《中国教育经费统计年鉴 2011》，中国统计出版社 2012 年版，第 4 页；《中国统计摘要 2012》，中国统计出版社 2012 年版。

　　第二，中等教育内部财政经费投入缺乏公正合理性。中等教育是初等教育与高等教育的中间环节，教育保障制度的公平需要中等教育内部各类学校生均教育经费的投入大致相当。可是，全国各类中等学校的财政投入没有普遍而均等地供给。例如，2011 年全国生均财政总经费最高的是普通高中，达到 0.816 万元，最低的则是技工学校，生均经费仅有 0.394 万元，不到普通高中的 1/2（见表 7.2.2），职业高中及中专学校生均财政总经费界于中间状态；另外，四类中等学校生均国家财政性教育经费拨款最多的是职业高中学校，为 0.577 万元，其次是普通高中为 0.538 万元，最少的仍然是技工学校仅为 0.249 万元，不到职业高中的 1/2。技工学校生均教育经费投入的低下不利于技工学校的发展，不利于更好地培养各类专业技术工人，也不利于各类中等教育的均衡发展。

表 7.2.2　　　　　　**2011 年全国各类中等学校学生数及财政拨款数**①　　　　单位：千元、人

中等学校	财政总经费 (1)	国家财政性教育经费 (2)	(2)／(1)	学生数 (3)	(1)／(3)	(2)／(3)
中等专业学校	60655115	41513358	68.4%	8552071	7.09	4.85
职业高中学校	50929581	39276109	77.1%	6809722	7.48	5.77
技工学校	16964436	10709221	63.1%	4304232	3.94	2.49
普通高中	200334600	132183501	65.9%	24548227	8.16	5.38

　　第三，各类学校之间的生均教育经费投入缺乏有机整合性。上面的分析表明，我国高等学校之间、中等学校之间生均教育经费投入差异性较大。高等教育经费倾向投入于公办普通高校，较少地投入于高职高专院校，而民办高校几乎没有获得财政投入。中等教育中普通高中以及职业高中能够获得更多的生均财政投入，而技工学校以及中专学校获得的生均财政投入相对较少。就普通高中、普通初中、普通小学等三类教育而言，初中阶段的生均国家财政性教育经费最多为 0.598 万元，高于高中阶段的 0.538 万元，也高于小学阶段的 0.468 万元（见表 7.2.3）。在生均教育总经费投入方面，普通

---

　　① 《中国教育经费统计年鉴 2011》，中国统计出版社 2012 年版，第 4 页；《中国统计摘要 2012》，中国统计出版社 2012 年版。

高中又位居第一，显示出生均教育总经费与生均国家财政性教育经费之间的不一致，合理的解释便是地方政府通过其他途径增加了对普通高中的财政投入。另外，我国的学前教育生均财政总经费仅为 0.213 万元，而生均国家财政性教育经费只有区区 714 元（见表 7.2.3）。

表 7.2.3　　　　　　2011 年全国各类初等学校学生数及财政拨款数[1]　　　　单位：千元、人

初等学校	财政总经费（1）	国家财政性教育经费（2）	（2）／（1）	学生数（3）	（1）／（3）	（2）／（3）
普通初中	341314952	315236936	92.4%	50642058	6.47	5.98
特殊教育学校	6878902	6543779	95.1%	398736	16.16	15.37
工读学校	311927	294266	94.3%	8976	29.06	27.41
普通小学	488707190	464259842	95.0%	99263674	4.92	4.68
学前教育	72801425	24435264	33.56%	34244456	2.13	0.714

第四，不同省份拥有的教育资源差异性较大。教育资源配置是指对一个国家或地区的教育设施、教育经费等进行分配，推进这个国家或地区教育普遍而均等地发展，尽力让每个人获得公平的教育机会，它反映着一个国家或地区整体教育发展水平情况。根据第五次以及第六次全国人口普查数据，我国高等教育资源主要集中在北京、天津、上海以及江苏等经济发达地区，这些地方 2011 年每十万人口正在接受高等教育的人数依次为北京（5613 人）、天津（4329 人）、上海（3556 人）、陕西（3378 人）、湖北（2991 人）以及江苏（2824 人），而每十万人口接受高等教育人数最少的五个省份经济发展水平较低，分别为青海（1081 人）、贵州（1254 人）、西藏（1446 人）、云南（1520 人）以及新疆（1521 人）[2]。从人才聚集地来看，2010 年每十万人口拥有大专以上人力资源数较多的省份依然是北京、上海、江苏等经济大省，这些地方的人均 GDP 总体上位居前列；而每十万人口拥有大专以上人力资源较少的省份主要集中在贵州、云南、河南、安徽以及甘肃等经济发展

---

①　《中国教育经费统计年鉴 2011》，中国统计出版社 2012 年版，第 4 页；《中国统计摘要 2012》，中国统计出版社 2012 年版。

②　国家统计局：《中国统计年鉴 2012》，中国统计出版社 2012 年版。

水平尤其是人均 GDP 总体偏低的省份（见表 7.2.4）。这表明，教育资源、人力资源与经济发展水平之间呈现出一定的相关性，展示出不同省份之间教育资源的差异性。

表 7.2.4　　全国东中西部地区每十万人口拥有的学历人口数及人均 GDP[①]

指标 地区	初中及高中		大专及以上			人均 GDP		
	2000	2010	2000	2010		2000	2010	
					排名			排名
全国	11146	14032	3611	8930		7086	29970	
北京	23151	21220	16843	31499	1	24127	78194	3
上海	23018	20966	10940	21952	2	34547	93488	1
江苏	13039	16143	3917	10815	5	11773	52448	4
浙江	10758	13562	3189	9330	11	13461	52421	5
河南	10031	13212	2674	6398	27	5444	23842	20
安徽	7625	10774	2297	6697	25	4867	19768	26
湖北	12595	16602	3898	9533	10	7188	27339	14
湖南	11125	15420	2927	7595	21	5639	23798	21
云南	6563	8376	2013	5778	29	4637	16049	29
贵州	5626	7282	1902	5292	31	2662	11640	31
陕西	12246	15773	4138	10556	7	4549	27267	15
甘肃	9863	12687	2665	7520	22	3838	14459	30

第五，生均教育财政投入差异性显著。近年来，随着政府不断加大财政投入力度，财政性教育经费占 GDP 的比重从 2002 年的 2.9% 上升到 2012 年的 4%。但是，一方面，现行的财政教育投入存在着地区之间的差异。例如，2005 年东部地区小学生均经费为 2440 元，而中西部地区小学生均经费只有 1400 元，低于东部地区 1000 元以上；东部地区初中生均经费为 3070 元，但中西部地区初中生均经费只有 1670 元，比东部地区低 1400 元[②]。

---

① 根据《中国统计年鉴 2000》、《中国统计年鉴 2010》资料整理而成。
② 胡瑞文：《教育经费缺口分析》，《学习时报》2007 年 10 月 30 日。

另一方面，财政教育投入存在着省际之间的差异，表现在生均教育经费投入上最高省份是最低省份的 7 倍以上。例如，《2009 年全国教育经费执行情况统计公告》显示，2009 年上海市普通小学生均预算内教育事业费为 14792.68 元，位居全国第一，而河南省普通小学生均经费仅为 1949 元，两者相差 6.59 倍；同年，上海市的普通初中生均预算内教育事业费为 18224.25 元，位居全国第一，而贵州省普通初中生均经费仅为 2698.18 元，两者相差 5.75 倍；2009 年上海市普通高中生均预算内教育事业费排名仍为第一，达到 16853.72 元，湖北省仅为 2192.67 元，两者相差 6.69 倍[①]。《2010 年全国教育经费执行情况统计公告》表明，2010 年上海市普通小学生均公共财政预算教育事业费为 16143.85 元，位居全国第一，而同年河南省普通小学生均经费仅为 2186.14 元，两者相差 6.38 倍；2010 年北京市普通初中生均公共财政预算教育事业费为 20023.04 元，列全国第一，最低的是贵州省为 3204.20 元，相差 5.25 倍；就普通高中而言，2010 年生均教育事业费最高的为北京市，达到 20619.66 元，而最低的则是河南省为 2457.82 元，仅为北京市的 11.9%；再如，2010 年北京市普通高校生均教育事业费为 34546.43 元，仍然位居全国第一，而最低的则为河南省，仅为 4276.64 元，两者相差 7.08 倍[②]。另外，财政教育投入还存在着重点校与非重点校之间的差异。与非重点校相比，重点校能够获得大量的教育资源，包括高水平的师资、高额的资金投入、众多的科研经费支持以及优惠的政策倾斜等，这必然导致不同学校之间的碎片化与非均衡化。

这表明，就财政投入而言，我国教育资源配置存在着普遍不均衡问题，各级各类学校应该投入多少、如何投入并没有进行很好的顶层设计与制度安排，财政供给存在着碎片化倾向。必须要加快教育保障制度的普遍整合建设，推进各项教育事业更加公正持续地发展。

三　教育保障制度整合的必要性

党的十八大提出要努力办好人民满意的教育，坚持教育优先发展，深化

---

① 《2009 年全国教育经费执行情况统计公告》，《中国教育报》2010 年 12 月 7 日。
② 《2010 年全国教育经费执行情况统计公告》，《中国教育报》2011 年 12 月 30 日。

教育改革，大力促进教育公平，合理配置教育资源，引导社会力量兴办教育，让每个孩子都能成为有用之才。这就要求我们加快教育保障制度的普遍整合建设。

第一，实现教育公平需要整合教育保障制度。教育公平主要是一种"机会公平"，它能够让"所有人享有充分与均等的教育机会"①，以便达到结果公平，因而为发达国家广泛重视，他们纷纷加大教育投入力度，均衡布局教育资源，完善教育保障制度，给予各个地区、各类群体平等的教育权益、教育机会和教育条件，推进教育公平的实现。因此，它不仅是一种理想性追求，更是一种现实性实践。这就需要我们调整好教育发展规模与速度，合理布局各类教育层次，整合各种教育资源，完善各种教育保障制度，实行普遍而均衡地财政投入，促进各类学校办学条件均衡发展，保障每个人获得均等的教育机会，切实解决教育保障制度中存在的城乡差距、地区差距、阶层差距、性别差距以及民族差距等问题，为推进社会和谐发展提供基础。

第二，建设人力资源强国需要整合教育保障制度。人是经济社会发展的主体，经济社会的发展最终要为人的发展提供条件，同时，经济社会的发展离不开高素质人才的支撑。中国是一个拥有 13 亿人口的大国，拥有丰富的人力资源，但是，长期以来我国教育保障制度碎片化较为明显，教育投入总体偏低，不同地区之间的教育投入差异性很大，各个层次的教育投入尤其是基础教育及职业教育投入不足，教育质量参差不齐，素质教育推进缓慢，高层次创新人才培养不足，教育体制创新不足，教育运行机制不够灵活，终身教育体系尚未完全建成。按照 2010 年《国家中长期教育改革和发展规划纲要》所规定的各类办学层次目标，需要我们加快教育保障制度的普遍整合，优化财政投入结构，合理调整好义务教育与非义务教育财政投入关系，调整好学前教育、基础教育、中等教育、高等教育以及继续教育等财政投入比例，优化同一层次教育内部不同学校之间的财政投入，适度扩大义务教育范围，提升高等教育质量，推进教育保障制度的普遍整合，为建设人力资源强

---

① National Center for Education Statistics, "The Condition of Education 2000", Washington, D. C. U. S. Government Printing Office, 2000, p. 190.

国、全面建成小康社会提供有力保障。

第三，促进社会合理流动需要整合教育保障制度。社会流动与职业选择密切相关，职业变动是引起社会流动的重要方面，公正而合理的社会流动有助于个人社会地位以及社会角色的变更，有助于社会发展与社会和谐。而社会流动路径、方式、程度以及趋势又影响着一个国家的教育制度，使得教育内容、教育模式、教育结构以及教育目标发生改变。反过来，教育也是人们向上流动的主要途径，通过公正均等的教育可以保证受教育者获得平等的教育权益以及公平的向上流动机会，是弱势群体向上流动的最主要途径，也是他们向上流动、缩小各个阶层之间的收入差距、促进社会职业结构合理化的最公平途径。不合理的教育资源配置以及教育设置也减少人们平等地接受教育机会，不利于社会流动以及合理的社会分层。这就需要我们深化教育保障制度改革，均衡发展学前教育、基础教育、中等教育、高等教育以及继续教育，合理配置教育资源，尤其要整合教育人员、教育经费以及教育机构，重点向农村、边远、贫困、民族地区倾斜，切实提高教育教学质量，大力促进教育公平，办人民满意的教育，推进教育保障制度的普遍整合。

第三节　教育保障制度普遍整合的实现

实现教育保障制度的普遍整合，需要我们凝聚社会各界广泛共识，设计出普遍整合型教育保障制度，勾画教育保障制度普遍整合的实施步骤，推进教育均衡而公正地发展。

一　教育保障制度普遍整合的设计

教育保障制度的普遍整合就是要建立起基本公共教育制度，保证所有适龄儿童、少年和青年享有平等的接受基础教育权利，提高国民基本文化素质。在此基础上，着力完善高等教育、继续教育、特殊教育以及职业教育制度。因此，教育保障制度的普遍整合设计就包括对各种教育保障制度进行整合建设，推进各类教育持续发展。

第一，建立普遍整合的基本公共教育制度。基本公共教育是基础教育的核心，也是教育保障制度普遍整合的起点，基本公共教育制度的普遍整合重点就在于幼儿园、小学、初中以及高中等基础教育保障制度的普遍整合。

首先，延长义务教育时间，逐步将基础教育纳入其中。为此要修订并完善《义务教育法》，将义务教育时间从现行的 9 年制逐步扩大到 15 年制，使民众能够普遍性地享有基础教育保障待遇。众所周知，现行的义务教育制度及其所规定的义务教育年限最初来源于 1986 年的《义务教育法》，当时我国的经济总量、人均经济总量都比较低下，适龄儿童的入学率不高，高等教育毛入学率低于 3.56%，不及世界平均水平的 1/4；1980 年中国 15 岁以上人口的预期平均受教育年限仅为 7.13 年①。在那个时代提出 9 年制义务教育具有合理性与前瞻性。

随着改革开放的深入，2007 年高等教育毛入学率已经升至 23%，在校生总体规模跃居世界第一；2010 年我国成年人口预期平均受教育年限达到 9 年，小学、初中、高中以及高等教育毛入学率分别达到 99.7%、100%、82.5% 以及 26.5%②。从平均受教育年限这个指标来看，1996 年我国 15 岁以上人口平均受教育年限已经达到了 8.33 年，到 2009 年进一步提高到 8.5 年。在这种情况下，9 年制义务教育已经不是一个目标而是一个基础性条件。这就需要我们根据经济社会以及民众接受教育情况适度调整义务教育年限。

实际上，延长义务教育年限也是社会各界的普遍要求。我们在苏州、厦门、重庆以及红河的调查也证明了这一点。调查结果显示，不论是专业人员还是普通民众，被访者普遍性地认为以小学和初中为主的 9 年制义务教育区间已远远不能满足社会需求，自幼儿园到高中的 15 年义务教育区间得到了最广泛的认可，61% 的专业人员被访者、61.8% 的民众被访者认为应该实施 15 年义务教育区间。当然，如果采用 12 年义务教育制，公众和专业人员比较希望率先将高中教育纳入其中（表 7.3.1）。

---

① 李文利、闵维方：《中国高等教育发展规模的现状和潜力分析》，《高等教育研究》2001 年第 2 期。

② 《2010 年全国教育事业发展统计公报》，《中国教育报》2011 年 7 月 8 日。

表7.3.1　　　　　　　　　　　被访者认为义务教育应包含的阶段

	专业人员	民众
人数（人）	994	1974
小学和初中（%）	4.5	5.6
幼儿园、小学和初中（%）	10.2	12.4
小学、初中和高中（%）	24.3	20.3
幼儿园、小学、初中和高中（%）	61.0	61.8
总计（%）	100.0	100.0

其次，完善基础教育项目标准以及覆盖水平。在教育项目方面，以9年制义务教育为起点向15年义务教育目标迈进，并普遍性地将职业教育、中专教育等纳入到义务教育中，实现义务教育项目的普遍整合。在覆盖水平方面，确保义务教育内所有学生全部接受免费教育，其中，学前教育、小学及初中教育入园（学）率为100%，高中、职业高中或中专学校累计入学率为100%，外来务工人员子女按照务工地划片进入当地公办学校接受义务教育，外来工子女进入民办学校就读所需费用由财政支付给民办学校，从而做到义务教育全覆盖。在教育经费标准方面，引导和鼓励各地按照城乡同一个标准划拨义务教育经费，对义务教育阶段各类学生实行免费。这不仅是缩小城乡教育投入差距的理性选择，也是民意的集中体现。我们的调查发现，高达66.3%的专业人员以及70.7%的公众被访者，都认为统一城乡生均教育经费是义务教育发展的未来方向，这是消除城乡二元教育格局的关键一步。甚至有10.9%的专业人员以及11.3%的公众被访者认为生均教育经费农村应当高于城市（具体见表7.3.2），以便尽快缩小城乡教育差距。

表7.3.2　　　　被访者认为义务教育阶段城乡生均教育经费合理标准

	专业人员	民众
人数（人）	999	1973
城市高于农村（%）	22.8	18.0
农村高于城市（%）	10.9	11.3
城乡一个标准（%）	66.3	70.7
总计（%）	100.0	100.0

同时，普遍性地免除农村寄宿生住宿费，免费向不发达地区学生提供教科书。在结合当地经济社会发展水平、对本地义务教育各年级或层次进行科学的抽样调查基础上，合理确定生均义务教育经费投入，合理确定各类学生的助学金以及农村学生营养膳食补助标准。

最后，努力缩小重点学校与普通学校之间的差距。义务教育阶段重点学校与普通学校之间教育不均衡状况十分明显。调查显示，想要缩小重点学校与普通学校之间的差距，专业人员认为较为合理的措施就是要"提供岗位补贴，引导和鼓励重点学校师资到普通学校去任教"（79.4%），"加大对普通学校的投入"（69.6%），尽快缩小普通学校的办学条件。而选择"严格实行电脑派位、划片入学"的比例为45%，认为从领导层抓起，"重点学校校长到普通学校担任学校领导"的有43.4%，只有30.7%的被访者认为可以"将普通学校办成重点学校的分校"（表7.3.3）。整体上看，四个调查地区的被访者都认同通过岗位补贴的方式，将普通学校和重点学校的师资进行整合，尤其厦门和苏州两地认同这一措施的被访者超过了80%。相对而言，"将普通学校划分成为重点学校的分校"是不为被访者所认可的整合措施，因为它并不能从根本上解决教育资源不平等问题。

表7.3.3　　　　**专业人员认为缩小重点学校与普通学校差距的措施**

	总计	地区			
		厦门	苏州	重庆	红河
人数（人）	995	246	250	249	250
将普通学校划分成为重点学校的分校（%）	30.7	32.1	29.6	24.9	36.0
重点学校校长（副校长）到普通学校担任学校领导（%）	43.4	45.9	42.4	37.3	48.0
提供岗位补贴，引导和鼓励重点学校师资到普通学校去任教（%）	79.4	80.5	83.2	75.1	78.8
严格实行电脑派位、划片入学（%）	45.0	51.6	52.0	36.9	39.6
加大对普通学校的投入（%）	69.6	76.0	65.2	69.9	67.6

除此之外，还应该加强外来工子女义务教育的整合。调查发现，77.4%的专业人员及68.8%的普通公众被访者都认为外来工子女应该和本地适龄

学生一样进入公办学校获得义务教育，这既减少了这些打工者子女一旦送回原籍接受教育可能会引发留守儿童问题，也降低了民办学校所带来的教育风险。只有 10.6％的专业人员以及 21.3％的民众认为外来务工子女更适合回原居地读书。在进入公办学校编班过程中应该将打工者子女和城市生源混合编班，从而加强两类群体的交流，更加合理地整合教育师资资源。当然，如果城市公办教育资源紧张，可以让部分外来工子女进入民办学校，但所需教育经费应该以购买服务的形式由财政免费提供，从而缩小民办学校与公办学校之间的差别，增进各类教育的普遍整合。

第二，建设更加公正的高等教育制度。建设普遍整合的高等教育制度努力增进高等教育公平是高等教育发展的内在要求，也是广大人民群众对优质教育资源公平享用的强烈渴望。由于高等教育自身所具有的特殊性，长期以来，各个高校之间、公办高校与民办高校之间普遍存在着运行机制、投入机制以及评估机制不公平，普遍存在着重视直属高校、轻视地方高校，重视重点高校而轻视一般高校尤其是高职院校，大量的财政投入于重点高校及直属高校，从而拉大了校际之间的差距，拉大了发达地区与欠发达地区高校之间的差距，高校之间的财政投入形成了马太效应。例如，全国 39 所"985 工程"学校额外获得中央和地方财政拨款 300 多亿元，其中北大、清华各得到 18 亿元[①]。不仅如此，高校评估机制也不够科学公正。这不利于高等学校持续而公正地发展，不利于各类高层次人才的培养。为此，应当加强以下三个方面的制度建设。

一是实行部省共建大学制度。废除现行的部属院校以及省市两级管理体制，所有高校统一实行部省共建。根据高校综合发展情况、科研水平以及师生员工数量等指标科学测算各个高校所需办学经费，根据国家及各省经济发展水平灵活划分中央、省级财政各自负担比例，市级财政提供支持，使得经济欠发达地区的高校也能得到足额的经费支持，从而缩小经济发达地区与欠发达地区高校经费拨款之间的巨大差异，促进经济欠发达地区高校、非重点高校的均衡发展。在这种制度下，国家教育部门统一管理各个高校的发展，制定高等教育事业发展方针政策，出台制度或政策优化各高校、各学科的发

---

① 参见"985 工程"百度百科词条。

展，引导各学科及专业合理布局，推进高等教育区域协调发展。

二是完善高校教育投入和成本分担制度。既然高校实行部省共建，相应的，就应该合理地分担高校办学成本与教育投入，明确国家与省之间的高校办学成本财政负担比重，明确发达地区与欠发达地区高校办学成本财政负担比重。为此，国家应该根据各地经济社会发展水平、高校各专业培养成本等因素，科学制定费用筹措及费用负担比例，明确规定国家财政、地方财政以及学生个人分别负担比例，欠发达地区的地方财政投入达不到国家规定标准或者学生因贫困而无法支付学费时，中央财政及时给予补足，保证不因教育投入不足而降低培养质量。同时，按照招生及就业人数给予民办高校适当的补贴，以便减轻民办高校办学负担，调动民办高校办学积极性，推进民办高校提高办学质量。

三是建立公平配置优质教育资源制度。要从着眼于消除高等教育投入不公平出发，加大中西部高等教育的投入，优化教育资源配置，设立薄弱学校、薄弱学科扶持基金制度，以便加强薄弱学校的投入，缩小地域之间、高校之间的办学经费、办学水平以及办学质量等方面的差距。建立欠发达地区高校发展基金制度，每年拿出一部分资金支持这些地区的高校发展。同时，针对经济欠发达地区的高校在对口帮扶基础上建立优势学科、特色学科扶持制度，推进这些高校的学科建设。

四是建立科学合理的高校评价制度。要形成相对独立的专门机构，根据各个高校办学类型、办学层次、培养目标、科研水平等情况制定科学的高校评价指标体系与评价办法，定期开展高校办学水平与教学质量评估，对一些以教学为主的或者专业性比较强的高校，也要依据各自学科及专业特点出台合理的评价标准并进行评估，从而促进各类高校不断提升教育教学质量。

第三，形成完备的终身教育体系。《教育法》、《面向 21 世纪教育振兴行动计划》以及《国家中长期教育改革和发展规划纲要》均明确提出要建立起从学前教育到老年教育在内的"终身教育体系"，这就需要我们整合各类教育资源，实行全面教育与全员教育，建立更加灵活开放的终身教育体系。

一方面，要落实国家有关政策，切实采取有效措施，整合各类教育资源，充分发挥家庭、学校、社区以及其他教育培训机构在终身教育中的积极作用，建立起传统校舍教育与远程教育等形式相结合、教育网络普遍覆盖城乡民众的教育体系，在制度安排上给予每个人终身学习的机会，使每个人能够不断学习，提高自身素质，适应经济社会的发展。另一方面，要加强终身教育管理机构的整合建设，终身教育涉及教育、人力资源和社会保障、财政、规划、街道、文化、体育乃至医疗卫生等众多部门，实施终身教育同样需要整合这些部门的教育资源，解决制约终身教育制度实施的具体问题，出台促进终身教育制度发展的相关措施，努力形成一个有机整合的终身教育系统，推进终身教育目标的实现。

二　教育保障制度普遍整合的指标体系

教育指标体系是由一些能够反映、衡量和评价教育保障制度发展情况，促进各类教育均衡发展，推进教育保障制度普遍整合目标实现的指标构成。

第一，教育保障制度普遍整合指标的选择依据。究竟哪些指标可以测量教育保障制度普遍整合程度主要依据有以下几点。

一是国外教育保障制度普遍整合指标的设置。20 世纪 80 年代，英格尔斯在《人的现代化》一书中提出了 11 个衡量现代化程度的指标，其中"成人识字率"以及"在校大学生占适龄人口比例"成为衡量教育现代化的依据。后来，世界银行在《2006 年世界发展指标》中从"教育投入"、"教育就学"、"教育效能"以及"教育完成和产出"四个方面构建了 14 个二级指标、31 个三级指标衡量各个国家的教育发展情况。2011 年 OECD 从"教育机构的产出及学习"、"教育财政与人力资源投入"、"教育机会、参与与过渡"以及"学习环境与学校组织"等四个维度、运用 29 个指标对经合组织国家的教育发展情况进行了评估[①]。当然，这些指标体系中有些并不适用于测量教育保障制度的普遍整合程度。但是，这些机构把教育放置于经济社会现代化以及人的全面发展这个大背景下设计指标体系，提出教育发展水平与发展程度的指标，对于我们构建普遍整合教育保障指标具有重要的价值。

二是国内教育保障制度普遍整合指标的提出。近年来，国内学者围绕教育现代化、教育均等化等对教育指标体系进行了大量探索。中央教科所早在

---

① OECD：《教育概览 2011：OECD 指标》，教育科学出版社 2011 年版，第 1—2 页。

2001 年就选择了"教育投入"、"教育规模"、"教育成就"以及"教育质量"等四类指数化指标探索如何测量教育现代化问题[1]。后来，杨东平运用"总体教育水平差异系数"、"义务教育均衡指数"、"高中教育公平指数"以及"高等教育公平指数"四个方面，并将每个方面细化成若干可操作的二级和三级指标体系，以便测量教育公平评价指标体系[2]。这为我们构建教育保障制度普遍整合指标提供了基础。

三是教育保障制度普遍整合的内在需要。教育保障制度的普遍整合不是财政投入均等化，也不同于义务教育均等化。它涉及办学层次、办学类型、财政投入、师资力量等各个方面，也涉及管理机构、实施机制、监督与保障机制等各个方面的普遍整合。这就需要我们选取一些具有代表性的指标，科学地揭示出教育保障制度普遍整合程度，进而提出推进教育保障制度普遍整合的政策建议，解决教育保障制度普遍整合方面存在的问题。

第二，教育保障制度普遍整合指标的构成。我们把教育保障制度作为一级指标，探讨教育保障制度普遍整合问题就需要对这个概念进行操作化，建构教育保障制度普遍整合的二级指标及三级指标，并对这些指标进行赋值，以便于测量。

一是确定二级指标。二级指标是对教育保障制度的解释，主要包括学前教育制度、基础教育（小学教育、初中教育、高中教育、中专教育）制度、高等教育制度、特殊教育制度、继续教育制度以及职业教育制度等几个指标。这六种制度能够代表教育保障制度的发展情况、发展程度以及发展水平。

二是明确三级指标。三级指标主要解释二级指标，它根据普遍整合的建设目标运用可操作化的指标来反应二级指标。例如，围绕学前教育制度，我们认为应该逐步将其纳入义务教育范围，因此，我们选择了入园率、生均财政教育经费以及师资合格率等三个指标；对于小学以及初中教育制度，由于这两类制度属于义务教育范畴，因此，我们更多地关注入学率、生均教育经

---

① 课题组：《关于发达地区基础教育现代化发展水平若干指标的思考》，《教育研究》2001 年第 10 期。

② 杨东平、周金燕：《我国教育公平评价指标体系初探》，《教育研究》2003 年第 11 期。

费投入、师资合格率以及生师比；考虑到高中及中专教育应该逐步纳入义务教育中，对于这个指标侧重于考察学生总和入学率，生均教育经费投入、生师比以及师资合格率等。高等教育则采取入学率、生均教育经费、财政总投入占 GDP 比重、生师比、外籍留学生比例等；特殊教育制度则采用生均教育经费、入学率、生师比来测量；继续教育以及职业教育可以用生师比、生均教育经费投入来测量。

第三，教育保障制度普遍整合指标的测量。对各个指标进行赋值可以评估各种类型的教育制度普遍整合情况。比如，通过比较某个省份所属各个地区儿童入园率情况测量出该省各个地区学前教育普及率，通过比较该省各个地区城乡之间幼儿园入园率以及生均教育经费投入可以测量该地区城乡学前教育的整合程度。再如，由于将 9 年制义务教育范围拓展到 15 年是一个渐进过程，在测量各地义务教育覆盖水平，可以将实行 9 年制义务教育的设为 0.6，实行 10 年、11 年义务教育的各增加 0.1，达到 0.8；实行 12 年、13 年义务教育的各增加 0.05，分别达到 0.85、0.9；而实行 14、第 15 年再增加 0.05，分别达到 0.95、1.0，从而可以测量各地义务教育的普遍整合水平。其他类型的教育层次也可以进行测量，进而得出一个地区整个教育保障制度的普遍整合程度。

三　教育保障制度普遍整合的支持

建设普遍整合的教育保障制度，促进教育保障制度的均衡发展与公正发展，需要经济社会的支持。

第一，教育保障制度普遍整合的财政支持。教育事业的发展离不开坚强有力的财政支持，合理的财政投入有助于教育事业的发展。

首先，要建立起财政投入教育事业稳步增长机制，确保全国以及各省份每年 GDP 的 4% 投入到教育事业中去，使之成为全国及各地投入于教育事业的底线，这是促进教育事业发展、实现教育保障制度普遍整合的前提。

其次，建立起各类高校生均教育经费合理的分配机制，使普通高校与高职高专学校之间、高等学校各学科之间的生均教育经费投入形成合理的分配关系。为此，要在实地调查基础上准确核算各个学科人才培养成本，明确各类高校教育投入需求，使之成为划拨高校教育经费的重要依据，努力形成更加公正合理的财政经费分配关系，保证各类高校获得基本的财政投入。同时，以此方法确定更加普遍整合的基础教育内部各类教育财政经费投入机制，进而形成普遍整合的学前教育经费分配机制。

最后，形成地区之间教育经费投入协调机制。要改变地区之间教育经费投入差距过大问题，在各省教育经费投入不低于 GDP 的 4% 基础上，合理划分中央、省级财政在各类教育层次中的财政投入比例。同时，中央财政要对 GDP 尤其是人均 GDP 比较低省份以及生均教育费用投入比较低的省份进行适度的追加，使之尽快缩小与发达地区尤其是人均 GDP 以及生均教育经费投入比较多的省份差距，促进教育经费投入普遍整合目标的实现。

第二，教育保障制度普遍整合的办学条件支持。在学前教育、基础教育以及特殊教育阶段，一方面，要加强师资队伍的整合建设，切实解决城乡或地区之间师资学历差异问题，实行新进教师按照城乡统一标准配置，对原有的农村师资以及学历尚未达标的师资进行培训，引导城市教师到农村任教，鼓励优质学校教师到一般学校任教等办法，尽快缩小城乡师资学历差距，缩小优质学校与一般学校之间的师资学历差距，促进各类学校师资队伍均衡发展。另一方面，要加强城乡及地区之间校舍及教学设施的整合建设，出台城乡及地区学前教育、小学教育、中学教育、中专教育以及特殊教育等校舍及教学设施建设标准，对薄弱校加大投入力度，缩小不同学校之间的办学条件差异，增进不同学校之间办学条件的普遍整合。同时，严格实行划片入学以及电脑派位入学，让城市外来工子女就近接受义务教育，外来工子女到民办学校就读的政府应该予以费用支持，使之享受到义务教育待遇。在高等教育阶段，要制定多样性的评估办法，对不同类型的普通高校及高职高专等学校采取差异化的考核及经费投入办法，根据招生及专业设置等情况给予民办高校适当的财政补贴，促进各类高校都能够获得较快的发展。

在职业教育、继续教育以及终身教育方面，要加强教育管理机构的普遍整合建设，建立起协调机制，将散布在教育、人力资源和社会保障、文化、民政以及街道等部门的教育职能整合起来，建立起本地区职业教育、继续教育以及终身教育等师资队伍、办学场所普遍共享制度，统筹协调本地区职业教育、继续教育以及终身教育事业。

第三，教育保障制度普遍整合的社会支持。近年来，中国教育事业发展过程中所暴露出来的问题迫切需要我们加快整合教育保障制度，促进教育保障制度公正发展，人民群众对此反响比较强烈，迫切希望整合教育保障制度。例如，学前教育与基础教育而言，我们在苏州、厦门、重庆以及红河州等地的调研发现，66.3%的专业人员以及70.7%的民众被访者都希望统一城乡生均教育经费；只有4.5%的专业人员以及5.6%的民众被访者认为义务教育阶段继续维持在小学及初中阶段，61%的专业人员以及61.8%的民众被访者都希望将义务教育年限扩大到15年，使之覆盖到学前教育、小学教育、初中教育、高中教育、中专教育以及特殊教育等类型，所需教育经费投入以中央和省级财政为主，这是消除城乡及地区二元教育格局、促进教育保障制度普遍整合的关键所在，也是提高人民群众科学文化素质的可行之道。

第八章

住房保障制度的普遍整合

住房作为基本的福利需求，是社会保障体系重要组成部分。随着我国住房制度的市场化改革，我国城乡居民居住条件得到较大改善，但与此同时，住房价格持续攀升超出了绝大多数居民的实际支付水平，这就需要我们审慎反思现行的住房保障制度，推进住房保障制度改革，构建普遍整合型住房保障制度，实现"住有所居"这个民生建设目标。

第一节　住房保障制度的运行

新中国成立后，我国在城镇实行了福利化住房政策，住房作为一种劳动补偿形式，在实物福利名义下分配给劳动者居住，劳动者一般不具有产权。改革开放以后，传统的住房制度日益呈现出住房供给不足、福利住房分配不公等诸多问题，不同单位对其成员所提供的住房福利水平不均衡，即使在一个单位内部，以成员身份为分配依据的住房制度同样存在着不公平。而且当时的住房政策也不能满足民众多样化的住房需求。为此，20 世纪 90 年代起，政府推进住房市场化改革的同时加快住房保障制度的建设与完善，基本建立了以廉租房、公共租赁房、经济适用房以及限价房为主体的住房保障制度，试图解决民众住房保障问题。

一　保障性租赁房制度的形成

我们可以把以廉租房、公共租赁房、经济适用房以及限价房为主体的住房保障制度划分为保障性租赁房和保障性商品房两种。其中，前者是一种向特定群体提供低于市场租金的保障性住房，主要包括廉租房和公共租赁房。

1. 廉租房制度的形成

廉租房是保障性租赁房的一种，是指政府向那些收入低于某种水平的城镇住房困难家庭提供的租金相对低廉的普通住房。早在 1998 年，国务院就颁布了《关于进一步深化城镇住房制度改革，加快住房建设的通知》，确立了我国保障性租赁住房的供应模式：最低收入家庭租赁廉租房，中低收入家庭购买经济适用房，高收入家庭购买或租住商品房，进而形成了分层次住房供应政策。《通知》要求各地建立廉租住房制度，对最低收入家庭提供廉租住房，廉租住房的租金由当地政府定价。2007 年，原建设部等九部委联合颁布了《廉租住房保障办法》，对保障方式、资金筹集、房屋来源、住房申请、审核批准以及监督管理等进行了详细规定。

从保障对象来看，原先规定为具有城镇常住居民户口的低收入家庭，主要指"城市和县人民政府所在地的镇范围内，家庭收入、住房状况等符合市、县人民政府规定条件的家庭"[1]，也就是通常所说的低收入家庭。现在各地在实施过程中逐步拓展享受对象，增强廉租房制度的普遍覆盖性以及普惠性，它包括最低生活保障家庭以及具有本地城镇户籍的低收入住房困难家庭。

从保障方式来看，廉租房制度将"货币补贴"和"实物配租"等方式整合起来。其中，"货币补贴"是政府向申请者"发放租赁住房补贴，由其自行承租住房"，而"实物配租"则是由政府向申请者"提供住房，并按照规定标准收取租金"。[2] 在具体实施过程中究竟采用哪一种保障方式主要取决于住房市场的供求关系。

如果采取货币补贴方式，补贴额度按照"城市低收入住房困难家庭现住房面积与保障面积标准的差额、每平方米租赁住房补贴标准确定"[3]，每平方米租赁住房补贴标准由政府根据当地经济发展水平、市场平均租金、租住

---

① 参见建设部：《廉租住房保障办法》第 2 条。
② 参见建设部：《廉租住房保障办法》第 5 条。
③ 参见建设部：《廉租住房保障办法》第 7 条。

户经济承受能力等因素分类确定。例如，厦门市规定，家庭收入为中低收入家庭收入标准上限的0.5倍以上，给予房屋70%的租金补贴，如果在中低收入家庭收入标准上限的0.5倍及以下的，则给予80%的租金补贴，属于最低生活保障对象的，则给予90%的租金补贴①；如果实行实物配租方式，配租面积为城市低收入住房困难家庭"现住房面积与保障面积标准的差额"，实物配租住房的租金按照配租面积和政府规定的租金标准确定。另外，有条件的地区，对城市居民最低生活保障家庭"可以免收实物配租住房中住房保障面积标准内的租金"②。

从保障水平来看，廉租住房保障水平以满足中低收入家庭的基本居住需求为原则，由市、县人民政府根据当地家庭平均住房水平、财政承受能力以及城市中低收入家庭中住房困难的家庭人口数量、人口结构等因素，以户为单位确定廉租房保障面积标准。由于房改过程中公房基本出售完备，各地政府手中的存量房屋数量非常有限，加上建设资金的制约使得新建的廉租住房数量较为有限。

2008年以来，中央政府加大对城市中低收入家庭提供廉租房保障力度，各地加快廉租住房的建设步伐，加大廉租住房供应量，大多数中低收入家庭的住房困难问题得到缓解。例如，课题组调研发现，截至2011年，苏州市累计筹集廉租住房4007套，其中实物配租1506户，租赁补贴4225户。再如，厦门市早在1998年就开始了保障性住房体制的改革，加快廉租住房的建设力度，1998—2000年提供550套"解困房"（廉租房的前身），并于2000年出台了《厦门市城镇廉租住房管理规定》，对廉租住房的住房来源、申请条件、申请程序、配租原则、控制标准等进行了详细的规定，使得廉租房建设走上了制度化、规范化发展之路。从此以后，厦门市廉租住房建设得到了快速发展，仅2009年就建成3000套廉租房，增加租赁补贴1000户。到2011年6月底，厦门市共解决了2.29万户低收入家庭廉租房供给问题，有效地解决了这些群体的住房困难，住房保障建设被誉为"厦门蓝本"③。

---

① 2011年5月课题组到厦门市建设局、保障性住房办公室访谈，根据对方提供的政策整理而成。

② 参见建设部：《廉租住房保障办法》第8条。

③ 《5年建5万套公租房，厦门将实现居者有其屋蓝图》，《厦门晚报》2011年9月16日。

2. 公共租赁住房的兴起

公共租赁住房是指政府、企业和非营利机构等作为投资者以低于市场价的方式租给特定人群居住的保障性租赁住房，其租金价格水平介于廉租住房与商品房之间。公共租赁住房旨在解决城市中那些不符合廉租房保障标准又买不起经济适用房的中低收入群体住房问题，也就是所谓的"夹心层"住房问题，同时也有利于城市吸引高层次人才。

公共租赁住房 2007 年在厦门率先开始[①]，并逐步推广到北京、重庆、天津、上海、广州、深圳、常州、青岛等城市，得到了中央政府的肯定。2009年，温家宝总理在政府工作报告中首次提出公共租赁住房概念，为此，北京、厦门、深圳等地还颁布了公共租赁住房管理办法。2010 年 6 月 8 日，住房和城乡建设部等七部委联合下发了《关于加快发展公共租赁住房的指导意见》，对我国公共租赁住房的发展提出规范性要求。2010 年，上海、重庆、广州、苏州等城市也分别颁布了公共租赁住房管理办法。引导公共租赁住房建设、供应和管理，我国公共租赁住房开始进入快速、规范发展的阶段。

总体上看，各城市都把公共租赁住房作为住房保障制度的有机组成部分，与廉租房、经济适用房和其他保障性住房一样，具有解决中低收入家庭住房困难问题功能。因此，公共租赁住房的保障对象主要为城市中等偏下收入住房困难家庭，最初有较为严格的户籍限制，现在部分城市将公共租赁房覆盖对象扩大到新就业人员、外来务工人员以及高层次引进人才。公共租赁住房只能用于租住人自住，不得出借、转租或闲置，也不得作为其他经营场所，租赁期一般为 3—5 年，期满后可以续租。例如，重庆市规定，公共租赁住房配租面积与申请人的家庭人数相对应，2 人以下（含 2 人）选择建筑面积 40 平方米以下住房，3 人以下（含 3 人）选择建筑面积为 60 平方米以下住房，4 人以上（含 4 人）可选择建筑面积 80 平方米以内的住房。北京市则综合考虑了家庭代际、性别、年龄结构和家庭人口等因素，根据不同因素组合进行配租[②]。

各地公共租赁住房的运作都坚持政府主导，并实行专业机构市场化运

---

① 厦门市于 2007 年 6 月率先推出第一批公共租赁住房，厦门称为社会保障性租赁房。

② 根据课题组的调研资料所得。

作。通过中央专项资金、地方财政预算专项资金、土地出让金、贷款和投融资等方式进行资金筹集。政府委托住房保障管理部门将这笔资金用来新建、改建和收购部分房源，采用市场化运作手段进行运营管理，以提高公共租赁住房的运营效率。例如，苏州市的公共租赁住房主要提供给有一定专业技能的大学毕业生和大专以上的人才租住。其中，昆山市通过政府、房产公司、村镇集体经济组织以及用工企业等组织建设公共租赁房，让外来人员集中居住与集中管理，允许投资超 5000 万美元、员工超 3000 人的企业自建集体宿舍，并将其纳入公共租赁房范畴中由企业自己管理，这两个办法解决了 60 多万"新昆山人"的居住问题，同时，建设数百套人才公寓，租赁给符合条件的高层次人才居住①。

二　保障性商品房制度的运行

保障性商品房是以向特定群体提供低于市场价出售的商品房，包括经济适用房、限价房以及部分安置房。

1. 经济适用房政策的实施

经济适用房是政府提供政策优惠，限定套型面积和销售价格，按照合理标准建设，"面向城市低收入住房困难家庭供应，具有保障性质的政策性住房"②。早在 1994 年，国务院在《关于深化城镇住房制度改革的决定》文件中首次提出建立以中低收入家庭为对象、具有保障性质的经济适用房供给体系，1995 年国家开始实施具有社会保障性质的"国家安居工程"项目，全国当年建设规模约为 1250 万平方米。现行的制度是由 2007 年建设部等七部委联合颁布的《经济适用住房管理办法》以及这些部门据此发布的相关配套性文件，推动了经济适用房的建设。有关数据显示，2009 年深圳、广州、成都、南京、重庆、西安、大连规划的经济适用房在整个房地产市场的占比分别达到 3%、14%、2%、21%、9%、15%、18%。

经济适用房的价格应当以保本微利为原则。根据《经济适用住房管理办法》，房地产开发企业开发的经济适用房项目，其利润率按照"不高于 3%

---

① 根据 2012 年课题组调研整理而成。

② 参见建住房〔2007〕24 号：《经济适用住房管理办法》第 2 条。

核定"，如果是市（县）人民政府直接组织建设的经济适用房"只能按成本价销售，不得有利润"①。为此，经济适用房销售实行明码标价并向社会公布，销售价格不得高于基准价格及上浮幅度，不得在标价之外收取任何未予标明的费用。按照这个规定，经济适用房购房人拥有"有限产权"，购买经济适用房"不满5年，不得直接上市交易"，否则应由政府按照原价格并考虑折旧和物价水平等因素进行回购；满5年的可以"上市转让"交易，但需要按照同地段普通商品房与经济适用房差价的一定比例向政府交纳土地收益等价款②。而对于那些已经购买经济适用房的家庭又购买其他住房的，原经济适用房"由政府按规定及合同约定回购"③，另外，经济适用房在取得完全产权以前"不得用于出租经营"。这些措施有力地解决了中低收入家庭住房困难问题，一度成为我国住房市场化改革的政策调控工具。

随着住房制度改革的深化、住房市场的发展，经济适用房政策在具体执行中也存在一些问题，如经济适用房的售价并不经济，个别住房宽裕的官员及高收入者享有经济适用房等问题，有的地方甚至决定停建经济适用房或者实现经济适用房与廉租房并轨。另外，经济适用房的监管问题也没有很好地执行，使得经济适用房退出机制不够通畅。这些都是经济适用房制度需要加以完善之处。

2. 限价房政策的出台

限价房是指政府在土地供应时就限定其房屋套型和价格，并采取竞地价、竞房价办法，以招标方式确定开发建设单位，面向城镇中低收入居民供应的临时性举措，一般也称为"两限房"，它不属于经济适用房。

限价房是在全国房价持续上涨的背景下，为了稳定房价，消除市场供给垄断，促进住房市场供需均衡，解决那些既不符合住房保障条件，又买不起商品房的中低收入家庭的住房问题，同时，发挥政府对于住房市场的干预作用，积极调控和稳定商品房价格。2006年5月29日，国务院办公厅转发了建设部等九部委《关于调整住房供应结构稳定住房价格的意见》简称"国

---

① 参见建住房［2007］24号：《经济适用住房管理办法》第20条。
② 参见建住房［2007］24号：《经济适用住房管理办法》第30条。
③ 参见建住房［2007］24号：《经济适用住房管理办法》第31条。

六条"，其中第 2 条第 6 款规定"土地的供应应在限套型、限房价基础上，采取竞地价、竞房价的办法，以招标方式确定开发建设单位"，这种"限套型、限房价"的普通商品住房就是"限价房"。2007 年，北京、广州、南京、成都、福州、南昌、青岛等城市开始尝试推出限价房，面向具备一定的购买能力但是又不足以承受高房价的人群以及部分拆迁户群体。

2008 年 2 月，广州首个限价房也是全国首个"两限房"共 843 套正式出售。广州规定，"两限房"的价格定位在同区域内同品质商品房市场价格的 70% 以内，为此，政府在进行土地招投标时就采取公开招标、限套型限房价、竞房价竞地价方式相结合，择优选择开发商。北京市在规定两限房的价格在项目同区域内同品质商品房的平均售价基础上下浮动 10%—15%，利润限制在 2%—10%。当然，全国其他地区甚至发展成为"三限房"及"四限房"，其实都是"两限房"的翻版，本质区别不大。

与保障性住房不同，限价房购买时即取得完全产权。由于政府出让了部分土地收益，也就是说政府通过转移支付方式对购房者提供了补贴，因而它具有保障房的部分属性，在操作上也限定了一些退出条件。当然，限价房政策的实施不但遮蔽了真实房价，而且在实际执行过程中出现偏差：房价上涨时将衍生出住房不公平，房价回调时便会遭遇到"弃购"或"退房"尴尬。因此，限价房政策自出台之日起便遭到社会各界的非议。

3. 安置房政策的落实

安置房是指因建设道路桥梁等公共设施、开发土地、旧城改造、农村城镇化等原因对被拆迁住户进行安置所建的房屋。安置的对象是城市及农村的拆迁户。这类拆迁包含四种情况：一是政府重大市政工程建设，如修建公路、铁路、桥梁以及其他公共场所等，需要拆迁民众的住房；二是对原有的居住区进行改造而需要拆掉民众的住房，也就是所谓的旧城改造；三是农村工业化、城镇化进程中；四是因地震、海啸、山体滑坡等各类自然灾害引发的住房倒塌、住房安全达不到居住要求需要拆除原来的住房。无论何种情况，都涉及对被安置户进行住房安置或货币补偿，以保障他们最基本的住房权益。这种给被拆迁人居住使用的房屋是一种定向配置的住房。这类安置房享受政府土地出让金、相关税费等减免优惠政策。

例如调查发现，到 2010 年底，厦门市已经建成 56 个安置房项目，

37500套安置住房，2011年安置房建设项目90多个。其中，湖里区成为厦门市安置房建设项目最多的一个区，总用地面积100多万平方米，房屋总套数2.9万套。为了解决安置房的建设用地划拨、住房配售以及物业管理等问题，厦门市安置房实行先定价后收购政策。其中，安置房收购价由开发成本、租金和利润三部分构成，开发建设单位根据批准的设计施工范围和相关计价规定进行价格预算，送政府部门审批。当然，厦门市有的安置项目也采取了代建回购方式进行。但是，无论是杭州的"大项目带动安置"模式，江苏淮安的"政府搭台、部门操作"模式，南通的"多方融资、兼防同管"模式，还是厦门的"收购代建"模式，都普遍性地涉及"建设用地、建设资金、拆迁过渡性住房、住房产权"等共性问题，涉及如何和谐拆迁、愉快搬迁问题。

三　城市居民住房的其他福利

我国住房市场化改革之后，实现了传统的单位供给制住房福利向社会化住房保障的转变，在住房市场化进程中，全国众多城市的房价不断上涨，给人民群众住房购买带来了一定的困难，为此，全国逐步建立起住房公积金制度，有些单位为本单位职工或者引进的人才提供一些相应的购房补贴和优惠，以便从不同的方面解决民众的住房问题。

1. 住房公积金福利

住房公积金是指国家机关、国有企业、城镇集体企业、外商投资企业、城镇私营企业及其他城镇企业、事业单位、民办非企业单位、社会团体及其在职职工缴存的长期住房储金。1991年，上海市借鉴新加坡的住房保障经验率先推出住房公积金制度，并逐步在全国推广。最初参与试点的城市并不是很多，涉及的民众人数也较为有限，因而住房公积金制度并没有实行全国统一，往往根据自身实际情况颁布条例与实施意见。现行的住房公积金的运行和管理办法主要依据2002年3月国务院修订颁布的《住房公积金管理条例》及其配套性文件。

根据《住房公积金管理条例》及其配套文件精神，住房公积金由在职职工和单位以职工上一年度月平均工资为基数按照同样的比例缴存，缴存比例为5%—12%，并规定了缴存额的上限。目前住房公积金逐步向外来务工人员、城镇个体户和自由职业者开放，由此使得住房公积金规模迅速扩大。根据住房和城乡建设部公布的数据，2008 年，全国住房公积金缴存总额为 20699.78 亿元，缴存余额为 12116.24 亿元；当年缴存 4469 亿元，缴存余额 2511 亿元；2008 年住房公积金个人提款额高达 8583 亿元，其中，住房贷款提款额达到 6094 亿元，住房公积金使用率达到 72.81%。①

2. 其他优惠措施的实施

除了实施住房公积金制度之外，全国各地还采取住房贷款利率折扣、住房交易契税减免等办法，这些措施对居民购房形成一定支持，并成为国家调控房地产市场的主要手段。

一方面，政府提供一定额度的免息或低息贷款，以减轻购房者的银行贷款付息压力。有的地方如上海市部分高校为新进教职工提供 10 万元额度 10 年期的无息贷款，有的企业也采取这种办法吸引人才；还有的部门为本单位员工购房时提供一定额度的购房补贴，甚至一些地方政府部门或企业在引进或奖励高端人才时往往会把产权住房作为激励条件。另一方面，有些地方为本单位员工提供短期周转房或集体宿舍，以解决这部分员工临时性居住问题。这些福利作为住房保障制度的补充起到了很好的促进作用，但由此也会形成不同职业群体的住房福利差异，不利于住房福利的公正配置。

四　农村住房保障制度运行情况

新中国成立以来，为适应城乡二元经济社会结构需要，我国农村采取了与城镇不同的住房福利制度及政策体系。农民依据家庭和人口向集体申请给予无偿划拨"宅基地"并由农民自建、自居、自用。现行的政策规定农村宅基地不准出租和买卖。对于特殊困难群体的住房问题，由市（县）、乡镇以及农村集体组织负责救济。这些政策包括：

一是农村五保户、优抚对象等群体在自身无法解决住房困难时乡镇基层政府和村级集体组织提供的住房保障，给他们修建房屋，或直接提供安置房供他们居住。二是对那些因遭受自然灾害而失去原有住房的农民，在国家救灾措施中会以灾区重建方式向受灾的农民直接给予住房安置或提供住房补

---

① 住房和城乡建设部网站，http://www.mohurd.gov.cn。

贴，如南方雨雪冰冻灾害地区灾后恢复重建、汶川地震灾后重建等政府对农村困难家庭提供危房改造补贴。三是对因生态保护或国家大型建设工程而从原居住地搬迁的农民，政府提供安置住房或相应补偿，如"三江源"生态移民、三峡移民、南水北调移民等。

第二节　住房保障制度的实践分析

我国住房保障制度的建设是一个由点到面、逐步完善、加快发展的过程。最初，全国只有少数城市开展保障房建设，后来，随着政府的重视，各类保障性住房的建设步伐不断加快。仅 2011 年国家就计划开工建设各类保障性住房 1000 万套，完成农村危房改造 150 万套，2012 年国家计划再开工建设 700 万套，2013 年仍将计划建设 500 万套以上。在全国各地兴建保障性住房过程中逐渐形成了几个具有鲜明特色的建设经验，总结这些地方住房保障建设实践，有助于住房保障制度的完善。为此，我们在对厦门和重庆的调研基础上总结了他们的建设经验。

一　厦门市保障性住房的建设实践

安居才能乐业，住房问题是民众普遍关心的大事。对中低收入家庭住房实行保障是他们的热切期望。围绕住房保障问题，厦门市早在 2006 年就全面启动了社会保障性住房建设工作，2009 年还通过了全国第一部社会保障性住房法规《厦门市社会保障性住房管理条例》，树立"让买不起商品房的人能够购买保障性保障房或者租住租赁房，买得起商品房的群体主动放弃保障房，转而购买商品房"理念，加大保障性商品房及公共租赁房的建设力度，被国家建设部称之为"厦门蓝本"。

第一，政府明确保障性商品房的性质及功能。把保障性商品房界定为政府向本市无住房家庭提供的一种"限定套型面积和销售价格"、具有保障性质的政策性住房，其目的是为了解决本市居民住房困难问题。因此，保障性商品房以经济适用的小户型为主，满足居民的基本住房需求，并实行统一装修。

第二，对于普通市民，申请购买保障性住房必须具备一定的条件。例如，必须具有本市户籍的无房户，这种户籍不得通过投靠子女的方式取得，年满 35 岁以上的单身居民也可以个人名义申请购买，申请人必须在本市连续缴交社保 1 年以上。另外，申请人在申请之日前 5 年内没有房产转让行为等。在选房方面，申请人可以按照轮候顺序进行，申请人如果未按规定参加选房或者选房后放弃购房的则视为放弃申请资格，两年后可以重新申请。后来，政府将那些介于最低收入和中等收入间的"夹心层"群体、新参加工作群体以及引进人才等一并考虑进来，允许他们购买保障性商品房。

在具体实施上，政府对购买保障性商品房资格做了详细规定。从家庭收入角度看，2005 年以前，申请对象主要集中在低收入家庭，即家庭年收入为 1 万元以下的家庭，当时，这类人群占厦门家庭总数的 10.75% 左右。2006 年，政府把三人户家庭年收入 5 万元以下，四人户家庭年收入 6 万元以下，五人户家庭年收入 7 万元以下的家庭界定为低收入家庭，保障范围扩大到 60% 以上的家庭。从家庭人均住房面积看，政府提高了住房保障对象的人均住房面积标准，规定人均住房面积不超过 12 平方米的住房困难家庭在符合收入标准的前提下都可以申请保障性住房。

第三，明确了保障性商品房的产权性质。规定购买人对于保障性商品房拥有有限产权，其中购房取得产权未满 5 年不得直接上市交易，确需转让的可以由政府回购，回购价格为原购房价格并结合同区域同品质商品房价格计算；购房取得产权满 5 年后上市转让的，应按原购房价格与届时相应地段社会保障性住房上市交易指导价格差价的 60% 向政府缴交土地收益等价款，政府可优先回购；购买保障性商品房后又取得其住房的应该退出保障性商品房。另外，保障性商品房只能自住而不得出租、出借、经营或违规转让，除了购房按揭抵押外不得进行其他形式的商业抵押。当然，购买保障性商品房可以按规定提取个人住房公积金和办理住房公积金贷款，按规定享受优惠房贷。

第四，包括保障性商品房在内的各类保障性住房选址日趋合理。为了让住房困难群体不仅有房居住而且能够"住得好、住得下"，政府坚持就近就便原则选址建设保障性住房项目。到 2010 年底，厦门岛内外各个行政区都规划建设了保障性住房项目，同时加大岛外保障性住房的建设力度，优先选择人居环境比较好的海沧、集美、同安三个区集中建设保障性住房，引导住房困难群体到岛外生活。当然，随着翔安隧道的建成通车，翔安区也建设保障性住房项目，2006—2010 年，厦门市累计新开工建设保障性住房项目达到 682 万平方米。具体见表 8.2.1。

表 8.2.1　　　　　　　　　**厦门市社会保障性住房项目开工表①**　　　　单位：万平方米

年份	思明区	湖里区	海沧区	集美区	同安区	翔安区	合计
2006	17	35	5	26	33	35	186
2007	0	32	20	18	40	19	148
2008	5	12	15	20	38	15	120
2009	5	9	15	24	20	15	103
2010	0	6	17	26	32	22	125
合计	27	94	72	114	163	106	682

另外，为了优化保障性住房的居住环境，提升保障性住房的居住品质，政府改变以往纯保障性住房小区建设思路，将保障性住房项目与商品房项目混合建设，统一分配、统一管理、统一运作，为保障性住房制度的执行提供保障。

在保障性租赁房方面，厦门市的保障性租赁房覆盖了五个群体，一是本市户籍居民中既不符合廉租住房条件，又无力购买商品房和保障性商品房的中低收入住房困难家庭。保障性租赁住房按市场租金标准计租，政府按家庭收入分别给予房屋市场租金 90%、80%、70% 的租金补助。二是以学校、医疗等为主的事业、行政单位住房困难的职工，政府给予最长三年房屋市场租金 60% 的租金补助。三是符合相关条件的企事业单位人才，政府予以房屋市场租金 60% 的租金补助。四是高校等驻厦省部属单位和部分大型企业或高新技术企业的住房困难职工，租金参照市场租金标准。五是开发区、工业集中区和外来人员密集区中的农民工等外来务工人员集中租住在金包银项目以及阳光公寓项目中。

保障性租赁房采取"小户型、功能全、装修到位"原则，严格控制户

---

① 资料来源：《厦门市住房保障建设成就（2006—2010）》，http：//xm. focus. cn/news/2006 – 10 – 24/249179. html。此表包括保障性租赁房和保障性商品房。

型面积，做到小区配套设施和屋内厨卫等基本生活功能设施配备齐全，并一次性装修到位，着力解决这些群体的基本住房需求。同时实行分类租金补贴，按市场租金标准计租，政府根据家庭收入或申请者的工作单位等情况进行租金补助，租金收取和租金补助实行"收补分离"。另外采取入住登记备案制度和巡查制度相结合，严格限制了非申请家庭成员的入住。努力发挥保障性租赁房自身应有的功能。

二　重庆市住房保障制度的建设

根据国家统计局重庆调查总队对主城区住房情况进行的 1% 入户抽样调查，推算到 2020 年重庆主城区常住人口将达到 1000 万人，主城区约需提供 33.5 万套公共租赁住房，建设规模为 2000 万平方米左右；根据远郊区县城镇化进程，预计公共租赁住房需求规模为 2000 万平方米左右，全市总规模为 4000 万平方米。为此，2010 年初，重庆市连续 3 年每年建设 1000 万平方米，然后视社会需求再建 1000 万平方米的公租房。其中，主城区 2000 万平方米公共租赁房的建设分"两步走"：2010—2012 年建设 1000 万平方米，约 17 万套，可供 42 万人居住；2013—2020 年再建公共租赁房 1000 万平方米①。由此形成了全国规模最大的公共租赁房（公租房）建设规划，重点发展公共租赁房，并通过公租房建设实现对廉租房、经济适用房（保障性商品房）的整合，努力创新现行住房保障制度，形成了"重庆模式"。

在重庆公租房建设规划中，政府不再单独新建廉租房，将廉租房包含在公共租赁住房体系中，廉租房居民与租赁房居民同住一个小区、享有同一品质房屋，只是租金有所区别。同时，租住租赁房 5 年后可以成本价方式购买，转换成有限产权的经济适用房。购买者如果需要转让，只能由政府公租房管理机构回购，作为公共租赁房流转使用。

首先，政府采取混建模式，打破户籍樊篱。一方面，公租房所覆盖的人群打破城乡差别，不设户籍限制，凡年满 18 周岁，在重庆有稳定工作和收入来源并具有租金支付比例的人员，且家庭人均住房面积低于规定标准、单

---

① 参见黄奇帆《大力建设公共租赁住房，努力扩大住房保障覆盖》，《人民日报》2010 年 9 月 20 日；黄奇帆：《逐步实现住房保障的全覆盖》，《人民论坛》2010 年 7 月（下）。

身人士每月收入低于 2000 元、家庭每月收入低于 3000 元的，有租金支付能力的无住房人员均可申请。根据规定，公租房的享用对象包括大中专毕业生，无房户的进城务工人员及外来工，而引进的人才、劳模、二等功以上的复员军人等可以直接申请公租房。另一方面，公租房实行商品房、公租房"混建"模式，按照"均衡布局、交通方便、配套完善、环境宜居"原则选点布局和建设。主要分布在轻轨沿线或交通条件较好的地区，参照商业楼盘标准进行建设，同步配套学校、医院、商店、银行以及图书馆等设施和场地。为此，政府将主城区的公租房与商品房融合在一起，两类住户共享小区环境和专业物业公司的管理与服务，避免社会阶层区隔和"贫民窟"的形成，促进和谐社会建设。①

其次，设置较为廉价的租金标准，确保租住人支付得起。在租金确定方面，根据重庆经济发展水平、人均可支配收入、个人消费水平、建房贷款利息、公租房维修管理费、空置损耗等因素合理制定租金标准，使得租金水平相当于同地段、同品质、同户型的普通商品房市场租金的 60%，约占家庭收入的 15% 左右，确保所有租住户能够支付得起租金。根据这些条件进行测算，得到租金标准在 9 元/平方米—11 元/平方米之间。另外，政府还将户型控制在 60 平方米左右，以减轻租住人总租金的负担压力。

再次，坚持产权公有。重庆市公共租赁房的建设主体是市、区（县）两级政府，公租房产权由国有的重庆地产集团和重庆城投集团或区县政府性投资公司持有，实行"封闭运作"，租住人所购买的公共租赁房在进行转让或抵押处置时，其回购的主体只能是政府的公租房管理局，用以再转让给新的低收入群体，从而避免因利益输送带来的灰色交易问题。这样就可以最大限度地降低租金。为此，政府还以划拨方式提供公共租赁房建设用地，提供免征各种税费的优惠政策②。为了保障公共租赁房的产权公有属性，政府还依靠商业银行贷款、公积金贷款、发行债券、房屋租售等方式多渠道筹集资金③。通过这些措施，逐步实现住房保障的全覆盖。

---

① 王建新、崔佳：《解析公租房建设的"重庆模式"》，《人民日报》2010 年 9 月 13 日。
② 参见张定宇《公共租赁住房建设的重庆实践》，《改革》2010 年第 3 期。
③ 参见谷文《"重庆模式"能否复制》，《新理财》2010 年第 10 期。

最后，探索合理的退出机制，实现公租房良性运转。政府规定公租房的租期为1—5年，租住期满后，符合条件尤其是符合收入条件的租住人既可以续租，也可以退租，还可以直接购买。当然，如果租住人由于收入增加和自购商品房等原因不再符合公租房租住条件，政府将收回公租房再出租给其他符合条件的申请人。租住人租满5年后，可以在按成本加银行利息基础上申请购买自己居住的公租房。但是，购买后的公租房不能出租、转让、赠予，如果确需转让，只能由政府回购，回购价格为原购买价格加上同期活期存款利息，其价格不受市场房价涨跌等因素的影响。这一点与厦门不完全相同。

三　我国住房保障制度建设的不足

从厦门和重庆住房保障制度的建设情况来看，我国住房保障制度尤其是保障性住房的建设还存在着如下几点不足。

第一，保障性住房制度的理念不够清楚、制度定位不够准确，使得保障房的建设目标普遍性不够。保障性住房虽然优先解决困难群体的住房问题。从本质上讲，这个制度理应解决所有居民的基本住房问题，是一个普遍福利问题。也就是说，这个制度应该面向所有人员，只要他们的收入水平低于某种程度，只要他们的居住问题发生某种困难，政府就应该给予保障。因而，它是一个基本的生存权问题，而不应该只着眼于有限的群体。可是，这两地城市乃至全国绝大多数城市在制定保障房制度的时候依然以户籍居民为保障对象，虽然重庆纳入了非户籍人员，但对这类人员的工作年限、社保缴交等资格审查要求比较严格，离解决城市中低收入家庭住房问题的要求依然很远。

第二，房源与资金筹集渠道较为单一。各地以政府为主，采用新建（含配建）方式解决保障房房源问题，通过市场收购的数量还比较少，很少引入社会力量建设保障房。这些新建住房对政府提出了较高的资金要求，如果仅仅依赖财政专项拨款，仅仅依赖以部分土地出让金和贷款形式来筹集资金，则难以解决众多民众的住房需求。这对于财政较为薄弱的城市带来的困难更大。另外，保障房尤其是保障性租赁房的租金补贴水平较低，只有厦门在租金补贴上设置了一定的层次，其他城市的补贴水平基本没有设置层次，对于不同家庭的实际承受能力的适用性相对较差。各地往往以市场租金为基础，按照市场租金的70%左右作为房租补贴。这样的租金水平对于中低收入家庭的实际租金承受能力来说还存在一定的压力。这不利于这个制度的功能发挥。

第三，保障房名称众多，碎片化程度严重，缺乏整合性。总体上看，全国各地现行的保障性住房制度中存在四种类型的碎片化：一是保障性住房类型的碎片化。迄今为止的保障性住房名目较多，安居房、安置房、经济适用房、两限房、三限房、四限房、廉租房、租赁房等名称不一而足，这些多样化的保障房之间的关系怎样？如何区别？是按照收入、户籍还是按照住房面积等，都没有科学的规定。二是产权性质的碎片化。各类保障性商品房的产权性质究竟是有限产权还是无限产权，是部分产权还是完全产权，能否完全上市交易，保障性租赁房转化为保障性商品房之后的产权性质又如何界定等均缺乏依据。三是各类保障性住房所要解决的群体碎片化，有的城市试图保障低保户以及低保边缘户，有的努力保障低收入家庭，还有的想要保障中低收入家庭，也有的把人才房纳入其中。由此使得整个保障房制度碎片化程度较为严重。四是保障性商品房与租赁房之间没有很好地衔接起来，租房与购房、租房及购房面积等均没有很好地衔接、整合与转换。

第四，退出与监管机制不明确。很多城市对于保障性住房的退出只是做出了模糊规定。仅规定"退出的社会保障性住房由市行政住房保障管理部门按规定回收或者回购"，但是对市行政住房保障管理部门应该按照怎样的规定回收或者回购并没有做出详细表述。这样的规定对社会保障性住房的退出不具有规制作用，造成社会保障性住房"只有进没有退"的尴尬状态。另外，各地保障性住房制度缺少明确的监管细则，各地的保障性住房制度只规定不得"出租、转租、转借、调换、转让、抵押以及作为经营性用房"①，但是缺少如何禁止的详细规定。也就是说，现行的制度在对住房使用的监控方面措施不力、监管缺位，使得保障房在使用后可以不受约束进行转租、出租或是作为经营性用房等，影响社会保障性住房退出工作的展开。

第五，保障性住房制度执行不力。制度执行是制度建设的重要内容，制度执行不力会引起人们对制度逐渐失去信心，甚至漠视这个制度的存在。例如，早在2006年厦门市在全国率先提出了保障性住房概念，2009年6月出

---

① 参见《厦门市社会保障性住房管理条例》第39条。

台了全国第一部社会保障性住房法规。但是受各种因素的影响，这个制度未能得到有效的执行。例如，尽管社会保障性住房制度对住房申请户的家庭财产做出了严格规定，但是仍然存在着一部分不符合申请条件的人群骗租骗购行为[①]。这些行为发生后，相关职能部门无法处理这些人，唯一可做的就是取消认购权，而这不是在规范这个制度的实施，这在很大程度上损害了社会保障性住房的执行力和约束力。所有这些，内在地需要我们加快住房保障制度的完善。

第三节　我国住房保障制度的普遍整合

保障性住房制度在实施过程中存在的问题，需要我们加快住房保障制度的全覆盖，使每个需要帮扶的人员都能够享受住房保障，同时对多样化的住房保障制度进行整合，减少保障房制度的碎片化，增进住房保障制度的公正发展，推进住房保障制度的完善。

一　住房保障制度普遍整合的必要性

住房是人类最基本的需求，也是人立足于社会的重要载体，从生到死伴随人的一生。而养老、医疗、就业等福利只是人生某个阶段、某个时间的需求。因此，加强住房保障制度建设，做到住有所居就显得十分必要。

第一，住房是普遍性的基本福利需求，也是一种普遍性的基本福利权利，具有重要的地位，被视为"福利国家摇摆不定的支柱"[②]。作为占家庭支出比重较大的住房是人类生存的基础，任何一个人，任何一个家庭，无论贫富，无论地位高低，都需要住房，有多少家庭就有多少种类的住房需求。因此，凯梅尼（Jim Kemeny）认为"在研究福利体制的这一建构与重组的过程中，住房是建构福利国家的一个关键领域"[③]，日本学者早川和男也认为，

---

① 例如，2012年12月26日，河南郑州二七区房管局原局长翟振锋被举报倒卖经济适用房事件。其他地方也有类似的情况发生。

② ［瑞典］吉姆·凯梅尼：《从公共住房到社会市场——租赁住房政策的比较研究》，王韬译，中国建筑工业出版社2010年版，第144页。

③ 同上。

住宅福利是社会福利之最,主张"把住宅问题作为国家、社会的首要问题看待","福利从住宅开始,以住宅结束"①。但是,我国各个城市都不同程度地存在着一些群体仍然买不起商品房,仍然买不起保障性商品房、租不起保障性租赁房。这表明,住房问题已经成为社会福利领域重要的研究课题,探索住房福利体系的完善,在保障住有所居的前提下致力于改善民众的居住条件就成了社会各界的普遍共识。

第二,住房保障制度的普遍整合已经成为共识。随着商品房价格的上涨以及收入差距的拉大,住房已经成为人们普遍关注的重大民生问题。社会各界意识到,要想实现"住有所居"的目标,仅靠商品化远远无法实现这一目标。为此,只有加快住房保障制度的完善,科学探索保障性商品房与保障性租赁房、保障性住房与普通商品房之间的数量与结构关系,合理划分民众基本的住房需求与非基本的住房需求之间的关系,着力解决民众最基本的住房需求,而不是非基本的,尤其是奢侈性住房需求。事实上,以解决民众基本住房需求为己任的保障性住房制度日益得到民众的普遍认同。课题组在厦门、苏州、重庆和红河等地的调查显示:无论是公众还是专业人员,被访者都普遍把保障住房作为解决当前住房问题的首要手段。具体详见表8.3.1:

表8.3.1　　　　被访者认为解决住房问题主要靠各类保障房的比例　　　单位:%

类型 \ 地区	厦门	苏州	重庆	红河
公众	73.3	63.0	67.8	67.0
专业人员	80.8	69.2	79.2	62.4

再如,即使在经济不发达的云南红河州,调查显示,67%的公众认为主要靠保障房,只有12.2%的公众认为要靠商品房;62.4%的专业人员认为应该依靠保障房,仅有15.2%的专业人员认为要靠商品房,具体见表8.3.2、表8.3.3。

---

①　[日]早川和男:《居住福利论》,李桓译,中国建筑工业出版社2005年版,原版前言。

表 8.3.2 红河州的公众对解决我国民众住房问题方法的看法

	人数	百分比（%）	有效百分比（%）	累积百分比（%）
主要靠商品房	61	12.2	12.2	12.2
主要靠保障房	335	67.0	67.0	79.2
主要靠福利房	48	9.6	9.6	88.8
主要靠自建房	56	11.2	11.2	100.0
合计	500	100.0	100.0	—

表 8.3.3 红河州的专业人员对解决我国民众住房问题方法的看法

	人数	百分比（%）	有效百分比（%）	累积百分比（%）
主要靠商品房	38	15.2	15.2	15.2
主要靠保障房	156	62.4	62.4	77.6
主要靠福利房	37	14.8	14.8	92.4
主要靠自建房	19	7.6	7.6	100.0
合计	250	100.0	100.0	—

第三，住房保障制度的完善具有重要的现实意义。随着工业化、城市化的推进，大量人口向城镇迁移，2011 年我国城镇人口占总人口的比重首次超过 50%，而且每年还将有数百万人口迁徙到城镇，这不仅意味着城镇人口数量的增长，更意味着必须建设大量的住房以解决这些人口的居住问题。另外，一些城市过度开发高档住宅小区，人为抬高地价及商品房价格，使得大批工薪阶层无力购买商品房，有的城市新建的高档商品房因为价高而空置。这就需要我们加快住房保障制度的普遍整合研究，努力探索中国究竟需要什么样的住房制度，究竟要解决住房领域内的何种问题，重点要解决哪些群体的住房问题。同时，住房既是基本的生活必需品，也是一种财富和商品，我们应当搞清楚两者的关系，确定保障性租赁房、保障性商品房与普通商品房之间的数量关系，建立与人多地少国情相一致、与中国人购买力相符合的住房保障制度。

二　住房保障制度普遍整合的目标

住房保障制度的普遍整合需要我们在实地调查基础上，明确住房保障制度普遍整合的建设理念，寻求住房保障制度的建设目标，探索住房保障制度的制度框架与政策内容，推进住房保障制度普遍整合的实现，为实现"住有所居"提供理论依据与政策建议。

第一，明确住房保障制度普遍整合的理念。首先，树立居住权理念。住房权是人类基本的权利，把住房确立为一种普遍享有、最基本的福利"资格"，必须改变住房"过度商品化"状态，从"非商品化"角度回归住房的日常生活功能，强调住房保障是每个公民、每个家庭不可缺少的福利需求，也是一项最基本的生存权利。为此，我们应当明确住房保障制度的建立是为了解决所有民众的"基本住房问题"，把"居有其所"当成所有民众的基本权利。在整合各种保障性住房类型基础上探索保障房与普通商品房之间的结构关系与结构比例，加大保障性住房供给，降低保障性住房价格，控制商品房过度开发，使一部分民众买得起满足基本居住需要的普通商品房，绝大多数民众买得起保障性商品房，提供廉租房供买不起住房的居民使用。

其次，坚持底线公平理念。住房保障是一种适度的福利而不是福利国家所追求的高福利，它着眼于解决民众基本的住房需求而不是非基本需求，更不是要解决民众的奢侈性住房需求，因此，它要在适合中国人基本的居住习惯、居住偏好基础上切实扭转中国人对于住房过于追求奢华的消费观念；它不仅要避免住房保障"剩余化"，也要防止出现住房福利供给"过度化"倾向。因此，就应该把解决民众基本的住房需求而不是非基本的住房需求作为社会制度与相关政策制定的根本点与出发点，在人均住房面积、生活设施配套、公共服务提供等要与我国人多地少的国情相适应，与经济发展水平以及可持续发展相适应，注意提防住房福利的过度供给，防止陷入"高福利陷阱"，守住民众住房需求的底线，确保"住有所居"。

再次，强调居住服务理念。居民对住房的需要不能仅仅满足于对房屋本身的需要，而包含着对居住服务的需要。用来居住的建筑物只是构成住房的前提，而要想把这类建筑物变成为人所居住的房屋还必须完善各类服务设施，为居住在这里的人们提供项目齐全、功能完善的服务项目，进而逐步提升服务品质。在这里，政府的责任在于引导社会各界为保障性住房居住区提供较为完善的公共服务，提供其他主体不愿或无法提供的公共服务，解决民众基本的住房需求。

第二，整合现行的经济适用房、限价房、廉租房及租赁房等各种碎片化住房类型，整合多层次租金补贴体系，构建一个普遍整合的住房保障制度，为所有民众提供住房保障。

一方面，政府要承诺并保证民众享有"住有所居"权利，确保每个家庭"非商品化"地享有房屋居住的权利。尤其要保障那些买不起普通商品房以及保障性商品房的民众有房居住，实现住有所居。这就是说，住房保障制度应当解决全体民众的基本住房问题，而不是解决某个阶层的住房问题，它应该无收入限制、无身份限制地面向所有民众，在此基础上优先解决低收入群体的居住问题，对弱势群体提供适当的补贴，让所有民众能够买得起或者租得起住房，而不能任由市场裁决他们的生活。

另一方面，政府要通过制度安排让那些买得起商品房的群体主动放弃购买或租住保障性商品房，通过出台政策遏制那些能够自行解决住房问题的群体进入住房保障制度，引导他们主动购买普通商品房。为此，应该明确规定保障性商品房的产权只能归政府所有而不能私下让渡，禁止保障性商品房上市交易，确保保障性商品房的"内循环"。同时，政府在完善保障性住房居住功能与居住环境的基础上，合理界定各类保障性住房人均住房面积与户型，规定保障性住房只能自住而不能出租、出售或继承。

三　住房保障制度普遍整合的制度设计

普遍整合的住房保障制度就是要承认并保障民众普遍享有"住有所居"权利，强调任何一个人只要他无力或不愿购买及租住普通商品房，政府有责任出售或租住保障性住房给民众居住，确保住有所居。为此，就要整合各类住房制度，解决不同群体的基本住房需求。

第一，继续适度建设普通商品房，为解决民众的改善性需求提供条件。经济社会的发展、人们生活水平的提高必然反映到居住条件上，"建成小康社会"这个目标内在地蕴涵着住房条件的适当改善。这就是说，整合各类住房保障制度并不是要抑制民众的住房需求，也不是要抑制民众改善居住条件的需求，而是构建功能合理的住房市场体系，培育集普通商品房、保障性商品房、租赁房以及廉租房于一体的差异化住房市场。继续发挥市场的力量鼓励和吸引社会资本建设高品质普通商品房，通过普通商品房的开发及其小区建设改善人民群众的住房条件，提升人民群众的居住品质，满足居民对于私有住房的需求。当然，普通商品房的发展应以实现住房的居住功能为要求，坚决制止奢侈性商品房的开发建设，避免普通商品房的过度开发所造成土地资源的浪费。为此，政府要出台政策，鼓励投资于满足基本居住需求或改善需求为基础的普通商品房开发建设，同时综合运用税收、利息、信贷等杠杆限制奢侈性商品房的开发建设，对居民家庭实际拥有的住房套数或总住房面积进行必要的干预。

第二，加快建设保障性住房，确保广大人民群众享有基本的住房保障权利。要整合现行的各种保障房类型，将其统一界定为保障性住房，加大保障性住房供给力度，降低保障性商品房的销售价格，使保障房的价格远低于当地城市同区域商品房价格，甚至低于现行的"两限房"价格，以便让中等及中等偏下收入家庭都能够买得起保障房。明确规定民众所购买的保障房只具有部分产权性质，而不具有商品房属性；购买者只能居住甚至终身居住，而不能私自转让、转租、出售或自我经营，也不得继承；购买者因种种原因需要转让或交易则只能由政府进行回购，所形成的溢价按照最初购房时房款占同类地区商品房价格的比重进行分配。同时，那些买不起保障房或不愿购买保障性商品房的民众、外来务工人员以及其他流动人口可以租住保障性租赁房，租金价格由地方政府确定。也就是说，政府要把原来的经济适用房、两限房、三限房、四限房、公租房、廉租房、租赁房等统统整合为保障房，将保障房划分为可供出售以及可供出租两种类型，由民众自主选择与决定。另外，要鼓励企业及社会组织按照保障房标准建立用于租住的保障房，以便加快保障房的建设步伐，尽快解决民众的住房问题。

第三，加强保障性住房的管理与监督。一方面，要制定严密的监管细则，明确民众可以享受的住房面积，规范保障房购买或租住的申请程序；另一方面，要建立住房电子档案，动态掌握每套保障房的信息，将所有保障房全部纳入到住房监管体系中去，严格执行保障性住房"只能自住"这一规定，加大对私下转租、转售行为的处罚力度，切实减少各种"搭便车"行为的发生。另外，要增强保障性住房制度的严肃性建设，优先解决生活或住房困难人员的住房需求，充分体现保障房制度的执行力和约束力，严肃查处、坚决打击非法侵吞或倒卖保障性住房行为。为此，必须要清查那些购买或租住保障性住房后并没有按照规定自住的人员，树立保障性住房制度的权威性。

第四，大力推进城镇化建设，规划好农民住房建设。要以农村县城为纽带、以农村乡镇为依托、以村庄为落脚点科学规划农村住房建设项目，形成公共设施完善、配套齐全、居住环境优美、生活品质提高的农村住房保障制度。首先，要按照"一户一宅"原则保障农民基本的建房用地需求，农民按照规划要求建设自住房。其次，改变缺乏科学规划和"空心村"现象所造成的土地资源浪费情况，避免借"城镇化建设"之名强制农民搬迁至楼房问题，要采取措施引导农民自愿到乡镇集中居住。例如，对于退出原有宅基地到乡镇购买商品房的农民（农民工）可以提供一定额度与期限的免息贷款作为奖励，额度与期限等由地方人民政府确定，中央财政予以贫困地区利息补贴，较为发达的地区则由地方政府自行解决。而对那些退出宅基地的农民，政府要予以适当的物质奖励，以利于退房还田。最后，对于农村"五保"老人、生活困难农民等弱势群体政府要提供住房安置，切实保障他们的住房权利。

总之，通过住房保障制度的普遍整合建设，推进城乡居民住房福利的建设，真正实现"住有所居"这个政策目标，为全面建成小康社会夯实生活根基。

第九章

社会救助制度的普遍整合

社会救助是人类发展史上最古老的社会保障制度，世界上170多个国家实施的社会保障体系中大多涵盖了社会救助。社会救助是以保障社会成员最低生活水平为目标的底线福利制度，是普遍整合社会福利体系的"根基"，构建普遍整合社会救助制度是实现社会福利领域底线公平的根本途径。近年来，我国社会救助事业取得了长足进步，有效发挥了最后一道"安全网"作用，同时也存在着一系列突出问题，需要我们进行顶层设计，建设普遍整合的社会救助制度。

第一节　我国社会救助制度概述

建设普遍整合的社会救助制度需要准确界定社会救助制度的内涵，了解我国社会制度的发展历程和现实状况，分析我国社会救助制度存在的主要问题，明确我国社会救助制度普遍整合的必要性和紧迫性。

一　社会救助概念的界定

1. 国外的社会救助概念

英国是现代社会救助制度的发源地，英国政府于1948年颁布《国民救济法》，标志着英国的社会救助进入新的发展阶段。英国的社会救助实行申请和调查相结合，主要针对生活水平低于法定最低生活标准的个人和家庭，包括不具备工作能力的人和陷入临时生活困境的人；社会救助的资金主要来源于国家财政收入中的一般税收，主要由政府根据财政预算进行拨付①。德国也非常重视社会救助制度的建设。早在 1881 年 11 月，威廉一世在《黄金诏书》中就规定工人在患病、发生事故、伤残和年老而造成生活困难时，应该得到救助以保障其基本生活。1961 年，德国颁布《联邦社会救助法》规定，社会救助对象是家庭收入低于最低保障标准的贫困者，社会救助资金主要来源于政府的工资税和燃油税，以地方政府负担为主，社会救助可以人员帮助、货币或实物方式发放②。瑞典于 1957 年通过《社会福利和社会救助法》，建立了现代社会救助制度。瑞典的社会救助专门针对穷人，为那些家庭收入无法满足或不足以满足最低生活需要的所有居民提供帮助，救助对象需要经过调查后才能获得援助，社会救助资金由中央政府对地方政府提供财政资助，以体现中央政府在社会救助制度中的国家责任③。美国对社会救助的界定比较灵活，在 1965 年出版的《社会工作百科全书》中写道："社会救助是社会保险制度的补充，当个人或家庭生计断绝急需援助时，乃给予生活上的扶助，是在整个社会保障制度体系中，最富有弹性而不受拘束的一种计划。"④ 正因为如此，美国是世界上社会救助方案最为复杂的国家之一，仅由联邦政府推出的社会救助项目就超过 100 个，如补充保障收入、医疗救助、食品券、住宅救助等。20 世纪 80 年代，智利进行社会保障制度改革，将分散的社会救助制度措施从社会保险制度中剥离出来，形成一个相对独立的社会救助制度。智利社会救助的资金同样主要来源于政府税收，社会救助申请者需要经过政府的经济社会状况调查和资格认定；社会救助项目中，有专门为穷人设立的非缴费性社会救助计划，面向所有收入不足以维持生活并且不能从社会保险制度中获得生活保障的人。

亚洲发展银行从广义和狭义两个层面对社会救助进行了界定，广义的社会救助是指"针对因为各种原因导致难以维持最低生活水平的公民，由国家和社会依据法定的资格定义的标准，给予现金或实物的帮助，以使其最低生活得到保障"；狭义的社会救助是指"针对因为各种原因导致难以维持最低生活水平的公民，由中央或地方政府依据预定的资格定义的标准和家计调查

① 王卫平、郭强：《社会救助学》，群言出版社 2007 年版，第 298—339 页。
② 同上。
③ 同上。
④ 胡务：《社会救助概论》，北京大学出版社 2010 年版，第 2 页。

的结果，给予的最低水平的现金或实物帮助，以使其最低生活得到保障"①。日本通常把社会救助制度称为"生活保障制度"，即对贫困者提供最低生活水平保障的制度。日本于 1950 年颁布《生活保护法》，后经多次修订形成日本特色的生活保障制度。日本的社会救助属于国家行为，由国家出资救助，又称之为"国家救济制度"。日本的生活保障制度立足于保障贫困国民的最低限度生活，保障范围比较广泛，主要包括日常生活保障方面的现金救助和生活保护设施方面的实物与服务救助。

综观国外主要国家的社会救助制度，发现有四个共性特征：一是通过社会救助立法以便增强社会救助的强制性；二是主要由政府承担费用责任；三是受益对象主要是穷人或生活在贫困线以下的个人和家庭；四是社会救助旨在维持贫困人口的最低生活水平。

2. 中国的社会救助概念

纵观国内学术界关于社会救助的各种界定，总体上可分为"广义论"、"中义论"和"狭义论"三种观点。广义论主张，社会救助由基本生活救助、专项救助以及临时救助构成的系统救助体系，其中基本生活救助包括城市低保、农村低保、农村五保等，专项救助包括教育救助、医疗救助、住房救助等，临时救助主要针对遇到突发性、临时性困难的人群。② 胡务认为，社会救助是"为保障弱势群体的基本生活以及解决他们生活中遇到的特殊困难而建立的各项救助制度的总和"③，主要项目包括生活救助、住房救助、医疗救助、教育救助、生产救助、法律援助、就业援助和意外救助等。④ 贾楠认为，社会救助"是一个以城乡低保制度为基础，以农村五保供养制度、灾害紧急救济制度、医疗救助、流浪乞讨人员救助为主要内容，以住房救助、教育救助、司法援助制度相配套，以临时救助制度为补充，与慈善事业相衔接的一种制度"。⑤ 林闽钢认为，我国的社会救助制度由四层结构组成⑥：第一层是

① 张黎黎、谈志林：《构建我国普惠型社会救助制度的战略思考》，《理论与改革》2009 年第 1 期。
② 刘喜堂：《建国 60 年来我国社会救助发展历程与制度变迁》，《华中师范大学学报》2010 年第 4 期。
③ 胡务：《社会救助概论》，北京大学出版社 2010 年版，第 2 页。
④ 同上书，第 3 页。
⑤ 贾楠：《中国社会救助报告》，中国时代经济出版社 2009 年版，第 1 页。
⑥ 林闽钢：《中国社会救助制度的整合》，《学海》2011 年第 4 期。

针对城乡贫困人口的基本生活救助，以及当前我国针对农村"三无"人员的"五保"供养；第二层是各项专项救助，包括教育救助、医疗救助、住房救助、司法援助以及就业救助；第三层是临时、应急救助，包括自然灾害救助、城市流浪乞讨人员救助以及见义勇为人员救助；第四层是补充社会救助，包括社会互助、非政府组织救助和优惠政策。

"中义论"的代表是民政部门。在民政部公布的《2011年社会服务发展统计报告》中，把社会救助分为城市居民最低生活保障、城市"三无人员"救济、农村最低生活保障、农村五保户供养、农村传统救济、城市医疗救助、农村医疗救助、城市居民临时救助、农村居民临时救助等九个小项目。民政部门从部门职责和分管领域角度界定社会救助的边界，其范围小于广义论者划定的范围。

"狭义论"认为，社会救助是维持贫困群体最低生活水平的生活保障制度，生活保障是社会救助的一方面，社会救助是满足弱势群体多种需求的综合性救助系统[①]。唐钧认为，社会救助制度实际上就是最低生活保障制度，可以从理论与实践两个角度界定。从理论角度看，"社会救助是现代国家中得到立法保障的基本公民权利之一，当公民难以维持最低生活水平时，由国家和社会按照法定程序和标准向其提供保证其最低生活需求的物质援助的社会保障制度"。从实践角度看，社会救助通常"根据维持最起码的生活需求的标准设立一条最低生活保障线，每一个公民，当其收入水平低于最低生活保障线而发生困难时，都有权利得到国家和社会按照法定程序和标准提供的现金和实物救助"。[②] 曹立前等人认为，社会救助是指"国家和社会对无劳动能力的人或因自然灾害以及其他经济、社会原因导致无法维持最低生活水平的社会成员给予救助，以保障其最低生活水平的一项生活保障制度"。[③]廖益光等人认为，"社会救助是国家和社会依照法律，向那些因各种原因导致基本物质生活陷入困境、依靠自身力量无法维持最低生活水平的社会成员

---

①　景天魁、毕天云、高和荣：《当代中国社会福利思想与制度》，中国社会出版社2011年版，第127页。

②　参见郑功成《中国社会保障制度变迁与评估》，中国人民大学出版社2002年版，第204页。

③　曹立前：《社会救助与社会福利》，中国海洋大学出版社2006年版，第2页。

提供各种形式援助的一种社会保障制度"。①

本研究在狭义上使用社会救助概念，认为社会救助是保障贫困群体最低生活水平的底线福利制度，包括城市居民最低生活保障制度、农村居民最低生活保障制度和农村五保供养制度。这一界定包括四层含义：

第一，社会救助的对象是贫困群体。这里的"贫困群体"主要指"绝对贫困群体"而非"相对贫困群体"，通俗地说就是"尚未解决温饱的人群"。同时，在贫困群体的认定上主张"结果论"而非"原因论"，即不管造成贫困的原因是什么，只管处于贫困境地的结果。

第二，社会救助的责任主体是国家和政府。国家和政府是救助的责任主体，对社会救助负有不可推卸的政治责任、法律责任和道义责任，社会救助的资金主要来源于政府的财政预算和财政拨款，唯有如此，才能保证社会救助的稳定性、持续性和生命力。当然，这并不排斥政府之外的社会力量提供资源支持，但这是一个不能确定的变量，是一个不可预知的因素，不能把社会救助的希望寄托于政府之外的其他主体。

第三，社会救助的目标是维持贫困群体的最低生活水平。换句话说，社会救助是一项"保命的制度"，既区别于保证社会成员基本生活水平的社会保险制度，也区别于提高社会成员生活质量的普惠型公共福利制度。

第四，社会救助的定位是一种底线福利制度。社会救助是社会福利体系的"最低纲领"，是社会福利体系的"最后一道安全网"，是一种不可再往下突破的刚性福利制度。

二 我国社会救助制度的现状

由于我们在狭义层面上理解社会救助制度，因此，就把它划分为城市最低生活保障制度、农村最低生活保障制度以及农村五保供养制度等三种类型。

1. 城市最低生活保障制度

城市最低生活保障制度是保障共同生活的家庭成员人均收入低于当地城市居民最低生活保障标准的城市居民基本生活的社会救助制度。我国城市最

---

① 廖益光：《社会救助概论》，北京大学出版社2009年版，第3页。

低生活保障制度的创建发端于地方政府的试点。1993 年 6 月，上海市率先
建立了城市居民的最低生活保障制度，同年 12 月，厦门成为全国第二个实
行城市居民最低生活保障制度的城市。到 1995 年底，建立该制度的城市有
12 个；1997 年 5 月，增加到 206 个城市，约占全国建制市的 1/3。[①] 1997 年
9 月，国务院颁发《关于在全国建立城市居民最低生活保障制度的通知》，
要求加快制度的建设步伐。到 1999 年 9 月底，全国 668 个城市和 1638 个县
级人民政府所在地的建制镇全部建立起城市低保制度，全国有 260 多万人纳
入保障范围。[②] 1999 年 9 月，国务院颁布《城市居民最低生活保障条例》，
标志着全国城市最低生活保障制度的全面建立，走上了规范化和制度化的轨
道。到 2000 年底，全国共有 402.6 万城镇居民得到了最低生活保障，全年
国家用于城市居民最低生活保障支出为 27.2 亿元。[③] 从 2001 年到 2011 年，
城市低保对象逐步实现了"应保尽保"，有效保证了城市贫困人口的基本生
活。截至 2011 年底，全国共有城市低保对象 1145.7 万户、2276.8 万人，全
年各级财政共支出城市低保资金 659.9 亿元，全国城市低保平均标准 287.6
元/人·月，全国城市低保月人均实际补助水平 240.3 元。[④] 具体如表 9.1.1
所示：

表 9.1.1　　　　　　2001—2011 年我国城市最低生活保障发展情况

年份	人数（万人）	年增长率（%）	月平均标准（元/人）	月实际补助（元/人）	全年财政支出（亿元）
2001	1170.7	190.8	—	—	
2002	2064.7	76.4	—	52	108.7
2003	2246.8	8.8	149	58	151
2004	2205	-1.9	152.0	65.0	172.7
2005	2234.2	1.3	156.0	72.3	191.9

---

① 景天魁、毕天云、高和荣：《当代中国社会福利思想与制度》，中国社会出版社 2011 年版，第
132 页。

② 廖益光：《社会救助概论》，北京大学出版社 2009 年版，第 54 页。

③ 民政部：《2000 年民政事业发展统计报告》。http://cws.mca.gov.cn/article/tjbg/200801/
20080100009395.shtml。

④ 民政部：《2011 年社会服务事业发展统计公报》。

续表

年份	人数（万人）	年增长率（%）	月平均标准 （元/人）	月平均支出 （元/人）	全年财政 支出（亿元）
2006	2240.1	0.3	169.6	83.6	224.2
2007	2272.1	1.4	182.4	102.7	277.4
2008	2334.8	2.8	205.3	143.7	393.4
2009	2345.6	0.5	227.8	172.0	482.1
2010	2310.5	-1.5	251.2	189.0	524.7
2011	2276.8	-1.5	287.6	240.3	659.9

资料来源：民政部：《2001—2009 年民政事业发展统计公报》和《2010—2011 年社会服务发展统计公报》。

2. 农村最低生活保障制度

我国农村最低生活保障制度的建立也是始于地方性政府的试点和探索。1995 年 12 月 11 日，广西壮族自治区武鸣县颁布《武鸣县农村最低生活保障线救济办法》，这是我国出台的第一个县级农村最低生活保障制度文件，规定从 1996 年 1 月 1 日起正式实施。[①] 1996 年，民政部下发了《关于加快农村社会保障体系建设的意见》和《农村社会保障体系建设指导方案》两个指导性文件，提出凡是开展农村社会保障体系建设的地方，应该把建设农村低保制度作为重点。到 1997 年底，全国已有 997 个县市初步建立了农村低保制度。[②]

2002 年党的十六大提出要"发展城乡社会救济和社会福利事业。有条件的地方，探索建立农村养老、医疗保险和最低生活保障制度"[③]；2003 年，在《中共中央关于完善社会主义市场经济体制若干问题的决定》中再次提出："农村养老保障以家庭为主，同社区保障、国家救济相结合。有条件的地方探索建立农村最低生活保障制度。"[④] 2005 年底，全国有 13 个省份、

[①] 廖益光：《社会救助概论》，北京大学出版社 2009 年版，第 146 页。

[②] 景天魁、毕天云、高和荣：《当代中国社会福利思想与制度》，中国社会出版社 2011 年版，第 138 页。

[③] 江泽民：《全面建设小康社会，开创中国特色社会主义事业新局面》，人民出版社 2002 年版，第 28—29 页。

[④] 《中共中央关于完善社会主义市场经济体制若干问题的决定》，人民出版社 2003 年版，第 28 页。

1308 个县（市）建立了农村最低生活保障制度，有 406.1 万户家庭、825.0 万村民得到农村最低生活保障；2006 年底，全国有 23 个省份建立农村最低生活保障制度，2133 个县（市）开展农村最低生活保障工作，有 777.2 万户家庭、1593.1 万人得到农村最低生活保障。[①] 2007 年 7 月，国务院颁发《关于在全国建立农村最低生活保障制度的通知》，决定在全国普遍建立农村最低生活保障制度，把农村低保制度提升到国家政策层次，加快了农村低保制度的建设步伐。2007 年以来，农村低保制度发展迅速，受益人数逐年增加，各级政府的财政投入和补助标准稳步提高。截至 2011 年底，全国有农村低保对象 2672.8 万户、5305.7 万人，全年各级财政共支出农村低保资金 667.7 亿元，全国农村低保平均标准 143.2 元/人·月，全国农村低保月人均补助水平 106.1 元。具体如表 9.1.2 所示：

表 9.1.2　　　　　　　　2007—2011 年农村最低生活保障发展情况

年份	人数（万人）	年增长率（%）	月平均标准（元/人）	月补助水平（元/人）	全年财政支出（亿元）
2007	3566.3	123.9	70	38.8	109.1
2008	4305.5	20.7	82.3	50.4	228.7
2009	4760.0	10.6	100.84	68	363.0
2010	5214.0	9.5	117.0	74	445.0
2011	5305.7	1.8	143.2	106.1	667.7

资料来源：民政部：《2007—2009 年民政事业发展统计公报》和《2010—2011 年社会服务发展统计公报》。

3. 农村五保供养制度

作为一项具有中国特色的社会救助制度，五保供养制度对保障农村五保对象的基本生活、维护社会稳定、实现社会公正发展发挥了极为重要的作用。农村五保供养制度建立于 1956 年，在当年颁布的《高级农业生产合作社示范章程》第五十三条规定："农业生产合作社对于缺乏劳动力或者完全丧失劳动力、生活没有依靠的老、弱、孤、寡、残疾的社员，在生产上和生

[①]　民政部：《2005—2006 年民政事业发展统计公报》。

活上给予适当的安排和照顾，保证他们的吃、穿和柴火的供应，保证年幼的受到教育和年老的死后安葬，使他们生养死葬都有依靠。"① 这个规定成为现行农村五保供养制度的由来。

在计划经济时代，农村五保供养属于农村集体福利事业，农村集体经济组织负责提供五保供养所需的经费和实物。改革开放以后，农村实行家庭联产承包责任制，传统的农村集体经济被削弱甚至误解，五保供养工作出现了一系列新问题。1994 年 1 月，国务院颁布《农村五保供养条例》，首次对农村五保供养的对象与性质、内容和形式等做出了明确规定，推进了农村五保供养的法制化。

21 世纪以来，随着农村税费改革的推行，农村五保供养面临着资金短缺、集中供养率低等问题。为此，2006 年 1 月，国务院颁布新修订的《农村五保供养工作条例》，将农村五保供养纳入公共财政范畴。五保供养资金由地方人民政府在财政预算中予以安排，中央财政对"财政困难地区的农村五保供养在资金上给予适当补助"，形成国家保障、集体补助和群众帮助相结合的体制。2006 年，全国农村有 468 万户、503.3 万人享受五保供养。从 2007 年到2011 年间，农村五保集中供养人数稳步上升，集中供养年均标准不断提高；分散供养人数逐年下降，分散供养年均标准逐步提高。具体如表 9.1.3 所示：

表 9.1.3　　　　　　　2006—2011 年农村五保供养发展统计表

年份	总户数（万户）	总人数（万人）	集中供养（万人）	集中供养年均标准（元/人）	分散供养（万人）	分散供养年均标准（元/人）
2006	468	503.3	—	—	—	—
2007	499	531.3	138.0	1953	393.3	1432
2008	521.9	548.6	155.6	2176.1	393.0	1624.4
2009	529.4	553.4	171.8	2587.49	381.6	1842.71
2010	534.1	556.3	177.4	2951.5	378.9	2102.1
2011	530.2	551	184.5	3399.7	366.5	2470.5

资料来源：民政部：《2006—2009 年民政事业发展统计公报》和《2010—2011 年社会服务发展统计公报》。

---

① 《建国以来重要文献选编》（第 8 册），中央文献出版社 1994 年版，第 422—423 页。

三 我国社会救助制度的主要问题

尽管我国业已建立起包含城镇居民、农村居民以及农村五保户在内的较为完整的生活救助制度，成为社会救助制度的主体。但是，不可否认的是，现存的社会救助制度在实施过程中还存在着以下几个问题。

1. 救助标准偏低，覆盖范围偏窄

总体上看，我国社会救助的保障水平不高。2011 年，全国城镇居民年人均可支配收入 21810 元，月人均可支配收入为 1773.33 元；而全国城市低保对象月人均标准仅为 287.6 元，相当于城镇居民月人均可支配收入的 16.59%；全国城市低保对象人均月补助水平为 240.3 元，相当于城镇居民月人均可支配收入的 13.86%。有研究表明，全国很多地区的城市居民最低生活保障标准要比当地的实际贫困线低（维持起码生活的保障线），一般只占实际贫困线的 80% 左右，有的地区最低生活保障标准低于实际贫困线的 60%。① 2011 年，全国农村居民年人均纯收入 6977 元，月人均纯收入为 581.42 元，而全国农村低保对象月人均标准仅为 143.2 元，相当于农村居民月人均纯收入的 24.63%；全国农村低保对象月人均补助 106.1 元，相当于农村居民月人均纯收入的 18.16%。2011 年，全国农村五保集中供养年均标准为 3399.7 元，相当于全国农村居民年人均纯收入的 48.73%，农村五保分散供养年均标准为 2470.5 元，仅相当于全国农村居民年人均纯收入的 35.41%。

社会救助标准低的结果是覆盖人数少，覆盖面比较窄，社会救助的普遍性不足。由于社会救助标准偏低，加之比较严格的申请程序和家计调查，导致一部分需要社会救助的城乡低收入家庭排除在最低生活保障制度之外。以 2011 年为例，全国获得城镇低保、农村低保和农村五保救助的总人数为 8133.5 万人，占全国总人口（134735 万人）的 6.04%。其中，享受城镇低保待遇的人口有 2276.8 万，占城镇总人口（69079 万）的 3.29%；享受农村低保待遇的人口有 5305.7 人，占乡村总人口（65656 万人）的 8.08%。如果按照年人均纯收入 2300 元的最新国家扶贫标准，2011 年末全国农村扶

---

① 郑功成：《中国社会保障改革与发展战略》，人民出版社 2011 年版，第 5 页。

贫对象为 12238 万人；2011 年全国享受农村低保和五保供养救助的总人口为 5856.7 万人，只占农村扶贫对象总数的 47.86%。与发达国家相比，我国的社会救助比例仍然较低。虽然发达国家的贫困现象低于发展中国家，但社会救助的受助比例却比较高。例如，新西兰的受助人数占总人口的比例为 25%，澳大利亚为 17.8%，英国为 15.9%，美国为 10%，加拿大为 9.9%。[①]

2. 制度设置分割，整合程度不高

现行社会救助制度存在着两大突出的分割现象：

一是城乡分割。城乡分治是我国二元社会结构的显著特点，先城后农、重城轻农是我国社会福利体系建设中长期存在的问题，社会救助制度也不例外。全国城市低保制度建立比农村低保制度整整提前了 10 年，迄今为止尚未出台全国统一的农村低保法规，也未制定城乡一体化的低保政策。在城乡分割的二元救助体系中，城乡低保的财政投入、救助标准差距比较明显。以 2011 年为例，全国城市低保对象月人均补助标准 240.3 元，农村低保对象月人均补助水平 106.1 元，城市是农村的 2.26 倍；如果加上城镇低保对象在教育救助、医疗救助、住房救助、就业援助等方面的叠加待遇，城乡低保对象的救助待遇差距可能超过 2 倍以上甚至 3 倍。尽管城乡分割的社会救助具有一定的历史必然性和现实合理性，但这种情况由此也导致了城乡资源分配不公，进一步强化甚至扩大了城乡差距。随着更多的农村居民转化为城镇居民，城镇化水平的提高，国家财政实力的增强，城乡分割的二元社会救助制度越来越违背统筹城乡发展的基本要求，必须加快推进城乡社会救助的统筹与整合。

二是部门分割。随着社会救助项目的日益增多和专项社会救助制度膨胀，社会救助的主管部门不断增加。民政部门主管最低生活保障、农村五保供养、医疗救助、灾害救助、流浪乞讨人员救助等，就业援助、教育救助、住房救助、法律援助分属社会保障部门、教育部门、住房部门和司法部门。这种分割状况导致政府与社会之间、政策与政策之间、部门与部门之间的分割与脱节，导致社会救助信息资源分散和信息共享机制缺失，不仅造成社会

---

① 郑功成：《中国社会保障改革与发展战略》，人民出版社 2011 年版，第 5 页。

救助的交叉重叠与残缺漏洞并存，而且还有可能产生多头救助、重复救助、救助遗漏等混乱状况，必将浪费有限的社会救助资源。

3. 运行机制不全，道德风险频发

在城乡低保制度的实际运行过程中，由于运行机制特别是进入机制、监控机制和退出机制不健全，产生了一系列道德风险现象。道德风险的存在，不仅背离了社会救助的初衷，也有悖于社会救助的公平。

一是甄别机制不严谨，"漏保"与"错保"并存。在筛选和确定城乡低保对象的过程中，由于各种原因，产生了一系列"搭便车"行为。结果是应该进入低保的穷人没有进入，不应该进入低保的"富人"却"混进"了低保队伍，甚至有的人死亡之后仍然继续领取"低保"待遇。这些"违规"现象在城乡低保制度均不鲜见。

二是激励机制不足，产生"贫困陷阱"和"福利依赖"。我国的社会救助标准一直偏低，本来应该不会存在"贫困陷阱"和"福利依赖"。包括本课题在内的众多研究表明，由于救助金额等于政府救助标准减去申请者的实际收入，一些低保对象无意通过自己的劳动增加收入，而是坐享国家保障，形成"贫困陷阱"。此外，由于社会救助政策的叠加设计，导致部分"低保"对象因低保户身份获得多项社会救助，增加了"低保收益"，从而降低了部分低保户主动工作的积极性，造成"福利依赖"。

三是监控机制不灵敏，产生骗保与延保。低保制度本来设计了动态监控机制，低保对象死亡后将停止低保待遇；但是在实际运行过程中，个别低保对象死亡后仍然继续领取低保金。另外，低保制度规定，家庭收入超过贫困线标准者将取消低保资格，但个别低保对象在家庭收入增加后仍然瞒报，把低保待遇视为免费午餐，继续骗取低保待遇或延长低保受益期。

4. 专业人员不足，水平亟待提高

随着社会救助项目的增多和社会救助人数的增加，社会救助工作量大幅度提高。但是，与社会救助任务成倍增加相比，社会救助队伍增长缓慢，远远不能满足工作需要。我国的社会救助工作特别是城乡低保工作，主要依靠民政部门的工作人员承担；越是基层，工作人员越少，但工作量越大；基层低保工作人员往往身兼数职，不堪重负。例如云南省红河州的金平县，2011年底，全县有农村低保对象8.8万人，占全县农村人口的43%；但县民政局专门从事低保工作的人员不足 5 人，严重超负荷运转。另外，社会救助是一项政策性很强的专业服务，需要专业机构与专业人员经办。但是，在从事社会救助工作的管理者和服务者中，绝大多数没有经过专业学习和专门培训，不了解社会救助的基本知识和基本原理，不熟悉社会救助的政策规定。特别是从事城乡最低生活保障管理的工作人员，主要依靠街道、社区、村委会的干部承担，文化水平不高，缺乏相关专业知识和技能；加之办公设施简陋，办公手段落后，有的地方还依靠手工统计。

5. 法制建设滞后，法治化程度低

我国《宪法》明确规定了国家建立与经济发展水平相适应的社会保障制度，人民在遭遇困难时有从国家获得物质标准的权利。2010 年 10 月 28 日，全国人民代表大会常务委员会第十七次会议通过《社会保险法》，这为社会保险制度的运行提供了坚实的法律保障。同理，我国要建立现代社会救助制度，必须从法律上确立国民的社会救助权利，通过法律来界定社会救助运行中的各种权利义务关系。但是，新中国成立以来，我国尚未制定和出台全国统一的《社会救助法》。2009 年，民政部曾将《社会救助法草案》报送国务院法制办，并经历过向全民征求意见阶段，由于立法内容过于复杂未在国务院获得通过，也没有进入全国人大的立法程序。① 目前，社会救助工作主要依靠中央和地方各级政府所颁布的各种"条例"、"决定"和"通知"来进行规范，具有鲜明的"政策治理"特征。由于缺乏统一的法律规范，各级政府的有关部门在处理社会救助事务时常常无法可依，往往从本部门的角度出发去理解和实施社会救助政策，在一定程度上导致社会救助行为的随意性、多变性和零碎性，削弱了社会救助的综合效应与社会整合功能。

解决上述问题的出路在于加快社会救助制度的普遍整合，通过建设普遍整合的社会救助制度，提高社会救助的统一性、规范性、公平性和效率性，发挥社会救助制度的底线公平功能。

---

① 郑功成：《中国社会保障改革与发展战略》，人民出版社 2011 年版，第 14 页。

第二节　社会救助制度普遍整合的思路与途径

思路决定出路，推进社会救助制度普遍整合必须确定清晰的基本思路，必须选择可行的具体途径。

一　社会救助制度普遍整合的思路

1. 转变理念，保障民权

社会政策本质上是一种权威性的社会价值分配方案，背后蕴涵着一定的价值理念、价值选择和价值趋向。社会救助政策作为一种扶贫救济困的社会行动，体现着一定的价值理念。建设普遍整合的社会救助制度，首先要解决的不是制度设计和操作方案，而是政策背后的价值理念，它具有安身立命的功能。在我国的社会救助事业发展过程中，价值理念也在发生变化，需要更新一些不合时宜的价值理念。

一是从恩赐施舍观念向基本权利观念转变。在传统社会救济中，相当数量的社会救助者常常以一种施恩者的姿态面对贫困者，期待和要求受救助者"感恩戴德"甚至"知恩图报"，这种价值理念严重偏离了社会救助的本质意义。现代社会救助的价值理念认为，生存权是社会成员最根本的权利，接受社会救助是贫困者的基本权利，提供社会救助是国家和社会义不容辞的义务。

二是从以物为本观念向以人为本观念转变。传统社会救济强调向贫困群体提供资金或实物的援助，强调物的分配与输送，在一定程度上忽视了贫困群体的潜能和能力建设；现代社会救助在重视实物援助的同时强调优势视角理念，强调注重挖掘社会救助对象本人及其所处环境中的优势和资源。

三是从个体贫困观向社会贫困观转变。个体贫困观把贫困归咎于个人因素，认为个人对自己的贫困处境负有完全责任；社会贫困观认为，导致贫困的主要原因是社会结构因素，要从社会角度解决贫困问题。在中国传统文化中，个体贫困观一直占据主导地位，不仅影响施助者的行为，也影响受助者的心理。只有从个体贫困观转向社会贫困观，才能为普遍整合的社会救助制度建设提供坚实的思想基础。

2. 构筑底线，优先发展

社会救助是保障贫困群体最低生活水平的底线福利制度，是保证贫困群体生存权的重要方面，是其他社会福利制度的基石，最能体现底线公平的价值理念，是社会公正价值实现的集中表现。正是在这个意义上，社会救助制度被公认为社会保障的最后一道"安全网"。"基础不牢，地动山摇"。在社会福利体系建设中，社会救助制度具有毋庸置疑的优先性，这一点已被国内外社会保障制度发展的历史经验所证明。当今世界，即便是以社会保险制度为核心的西方发达国家，仍然高度重视社会救助制度。我们甚至可以说，一个发展中国家可以没有社会保险体系，也可以没有普惠性的公共福利体系，但不能缺少社会救助制度。如何优先发展承担底线公平功能的社会救助制度？需要实现三个优先：

一是地位排序优先。社会救助是雪中送炭的社会福利制度，要把城乡居民最低生活保障制度放在社会福利体系建设的首位，把锦上添花的福利制度放在后面，优先解决民众最基本的生存需求问题。

二是财政投入优先。用于社会福利支出的公共财政投入，要优先安排和保障各类社会救助资金，确保最低生活保障费及时足额发放，保证贫困群体的生存不受资金拖欠的威胁。

三是标准提高优先。近几年来，虽然城乡居民最低生活保障标准逐年提高，但是保障金额仍然相当低。2011 年，全国城市低保对象月人均标准为287.6 元，平均每天只有 9.59 元；全国农村"低保"对象月人均标准为143.2 元，平均每天只有 4.77 元。对于"低保"对象而言，每增加 1 元低保金，就增加了一份"活下去"的希望，提高低保标准应该成为提高社会保障标准的优先选择。党的十八报告提出 2020 年全面建成小康社会，如果没有上述三个优先，现有 8133.5 万社会救助对象很难在 8 年时间内，实现从贫困到温饱再到小康的飞跃。

3. 政府主导，社会参与

政府是社会救助制度普遍整合建设的第一责任人，集法律责任、政治责任、经济责任和伦理责任于一身，政府主导是政府责任不可推卸的"刚性责任"。政府主导主要体现在三个方面：

一是制定社会救助法律。通过国家立法推动社会救助制度的建立和完善，是世界各国社会福利发展史上的共同做法。英国政府先后于 1601 年和 1834 年两次颁布《济贫法》，建立起政府主导的社会救助制度；瑞典政府于 1957 年通过《社会福利和社会救助法》，建立了瑞典的现代社会救助制度。我国的社会救助立法比较滞后，严重落后于社会救助实践，需要加快社会救助立法进程，早日出台和实施《社会救助法》。

二是制定社会救助政策。新中国成立 60 多年来，政府先后制定和实施了一系列社会救助政策，推进了社会救助事业的发展。在建设普遍整合的社会救助制度过程中，还有一系列问题需要政府制定新的政策加以调节和规范，如农村低保与农村五保整合的政策，城乡低保衔接与统筹的政策等。

三是提供社会救助资金。随着国民经济的发展和财政收入的增加，政府应该建立起低保标准与财政收入之间的联动机制，形成低保标准、失业保险金以及最低工资标准之间的科学比例关系，在增加社会救助经费投入基础上增强社会救助的科学性与持续性，确保社会救助对象共享经济发展的成果。政府承担社会救助的主要责任，但政府不是社会救助的唯一主体，需要广泛动员社会力量参与，特别要充分发挥各种志愿组织、慈善组织等非营利组织的作用，以便增强社会救助的综合实力，扩大社会救助的覆盖面，提高社会救助服务质量。

4. 城乡统筹，制度一体

由于城乡二元经济结构和重城轻农的政策理念，以低保制度为核心的社会救助制度长期处于城乡分治状态，城乡低保制度在资源配置、管理体制、运行机制、救助范围、救助水平、操作方式等方面都存在着明显差异。社会救助的城乡差距造成了新的社会不公平，有违底线公平的价值理念。从实现社会福利底线公平的角度讲，统筹城乡社会救助制度应该成为我国统筹城乡社会福利体系的突破口，而且统筹城乡社会救助制度的难度最低。统筹城乡社会救助制度的核心任务是建立城乡一体化的最低生活保障制度。结合我们的调研，具体方式有两种：

一种方式是"一套制度、两个标准"。2008 年 7 月，重庆市三届人大常委会通过《重庆市城乡居民最低生活保障条例》，提出建立城乡统一的居民最低生活保障制度，实行城乡有别的保障标准，并逐步缩小城乡保障标准的差距。

第二种方式是"一套制度,一个标准"。例如,苏州市不仅建立了城乡一体化的最低生活保障制度,而且实现了城乡最低生活保障标准的同一化。苏州市分别于 1996 年和 1998 年建立城市、农村居民最低生活保障制度,从 1998 年起就着力推进城乡一体的最低生活保障制度,不断缩小低保标准之间的差距。2005 年,苏州工业园区在全省率先实现低保标准城乡并轨,2008 年昆山市、2010 年吴江市、吴中区、相城区、高新区先后实现低保标准城乡并轨。从 2011 年 7 月起,苏州市城乡最低生活保障标准统一提高到 500 元/月,这标志着苏州市城乡最低生活保障制度实现了并轨。2012 年 7 月 1 日起,苏州市区城乡低保标准由原来的 500 元/月提高到 570 元/月。

二 社会救助制度普遍整合的途径

社会救助制度的普遍整合内容比较丰富,项目众多,包括救助主体、救助资源、救助机制以及救助方式的普遍整合四个方面。

1. 社会救助主体的整合

社会救助主体包括政府主体和非政府主体两大类,主体整合分为政府主体整合与非政府主体整合。政府是社会救助的第一责任主体,社会救助主体整合首先是政府系统内部的整合。政府系统内部的整合包括两个方面:

一是纵向整合。从纵向角度看,我国的政府体系由中央政府、省(市)政府、市(州)政府、县(区)政府和乡镇街政府五个层级组成,不同层级的政府都是社会救助的责任主体,但不同层级政府承担责任的范围与大小不同。政府系统内部的纵向整合,实质是明确不同层次政府的责任,包括中央政府与地方政府之间的责任,地方各级政府之间的责任。不同层级政府之间的责任划分,核心和关键在于财政责任的分担比例,寻求中央政府与地方政府分担财政责任的均衡点与合理区间。

二是横向整合。从横向角度看,同级政府的多个部门都承担着社会救助的责任,需要实现不同部门之间的整合。民政部门是我国社会救助的主管部门,但不是唯一承担社会救助责任的政府部门,还有人力资源和社会保障部门、教育部门、卫生部门、住房部门、司法行政部门,甚至还包括具有准政府性质的群众团体如工会、共青团、妇联、残联等。由于职能分工和部门利益的存在,横向整合既势在必行又难度巨大,民政部门难以发挥横向整合的

"龙头"地位和作用。

政府承担社会救助的首要责任但不是唯一责任主体，政府之外的社会力量也有责任，各种非政府主体之间的整合成为社会救助主体整合的第二要义。在非政府主体整合中，一是要强调企业的社会责任。不同所有制类型的公司企业都应该主动承担社会救助责任，尤其是国有大中型企业更是义不容辞。在社会救助方式中，公司企业主要提供实物救助和现金援助。二是要充分发挥社会组织的作用。我国现行的社会组织分为社会团体、民办非企业单位和基金会三类，三类社会组织具有承担社会救助责任的优良传统。国家既要大力培育和发展社会组织，增加社会组织数量；也要信任和依靠社会组织，充分发挥它们在服务救助中的天然优势和积极作用。

2. 社会救助资源的整合

社会救助资源主要有财力资源、物力资源、人力资源和文化资源，需要实现四种资源的有效配置，提高资源利用效率，减少资源浪费现象。在财力资源方面，要有效整合政府投入的财政资金与社会力量的捐赠资金，严格执行财务法规和财经政策，合理分配社会救助经费，提高救助经费使用的透明度和公开性，加强社会救助经费的监督，确保财力资源效用的最大化。在物力资源方面，要综合统筹各级政府提供和社会力量捐献的救助物资，根据救助对象的需要内容和需求排序，优先满足救助对象的紧迫需要，物尽其用。

在人力资源方面，要继续扩大专职与兼职的社会救助队伍，最大限度地发挥政府工作人员、具体经办机构人员和民间志愿队伍的各自优势，减少相互推诿扯皮，增强救助合力，为救助对象提供方便快捷的社会救助服务。在文化资源方面，社会救助深深植根于文化传统之中，文化资源是社会救助事业发展的"精神力"。中华民族具有深厚悠久的扶危济困传统，民间社会拥有丰富的社会互助经验；要大力宣传和弘扬社会互助精神，提高社会公众的互助意识，增强互助行为的主动性和自觉性。在四种救助资源的整合上，要根据救助对象的实际需要，建立灵活多样的资源组合方式，形成具体可行的资源组合方案，提供针对性的"资源组合支持"；减少资源配置重叠，降低资源配置错位，避免资源配置失调。

3. 社会救助机制的整合

社会救助活动中存在多种救助机制，不同救助机制的有机整合不仅能够增强社会救助的效率性，还能提高社会救助的公平性。

一是强制机制与志愿机制的有机结合。强制机制是一种行政机制，在特殊情况下（如救灾救急等）能够发挥特殊优势，提高救助效率。通过行政命令和行政指挥，能够迅速调集各种救助资源，集中各种救助力量，及时运输和分配各种救助物资，满足救助对象的临时生活需要。志愿机制主要依靠社会成员的慈善精神和志愿精神，通过慈善组织或非志愿组织的集体行动，自愿无偿地为救助对象提供现金支持、实物支持或服务支持。志愿机制植根于城乡社会基层，了解和熟悉底层民众的真实需求，值得大力倡导。

二是进入机制与退出机制有机结合。社会救助对象的具体情况是动态发展的，一般情况下不存在永恒的救助对象，有进有退才是常态。在进入环节，特别要建立准确的识别与筛选指标，有效预防不符合条件的"机会主义者"乘机钻空子；进入之后，要建立动态的监控机制，及时掌握救助对象的情况变化，适时调整"救助蓄水池"，清理不符合救助条件的人员，减少"救助负担"和"救助浪费"，确保救助资源真正用到刀刃上，最大限度地发挥社会救助效益。

三是激励机制与惩罚机制有机结合。激励机制就是要鼓励救助对象树立自强自立精神，积极地为有劳动能力的救助对象提供就业技能培训，创造就业机会，提供就业岗位，增加收入来源，摆脱生活困境。惩罚机制就是要采取有效措施，约束、限制、惩戒各种道德风险，预防和减少个别救助对象陷入福利陷阱，养成福利依赖习惯。

4. 社会救助方式的整合

从个体角度看，社会救助对象的情况千差万别，社会救助对象的需求丰富多样，决定了社会救助方式的多元性。不同救助方式各有所长，整合不同救助方式，发挥综合集成优势。

一是提供现金援助。现金援助的最大优点是能够为救助对象提供生活安排的选择性和灵活性，通过对救助者直接发放现金补贴，让受助者根据自身的实际需要，优先安排和解决紧迫的生活困难问题。

二是发放代金券。有的救助对象不一定能够适用救助金，此时适用满足某种特定需要的代金券是一种比较有效的援助方式。社会救助主管部门可以根据救助对象的实际需要设计和发放具有特定用途的代金券，如教育券、交通券、食品券等，让救助对象直接消费或支付，提高社会救助的针对性和有效性。使用代金券援助方式必须做好预防机制，杜绝可能出现的资金挪用和福利腐败现象。

三是提供实物援助。有的救助对象最紧迫的生活需要可能不是现金而是实物，可以直接为他们提供食物、药品、油盐、衣服、被子、房屋、帐篷等，直接满足救助对象的基本生活需求。

四是以工代赈。对具有劳动能力的救助对象，可以通过提供公益岗位或其他工作岗位，以发放工资或者劳动报酬的方式援助困难群体。以工代赈是一种积极的援助方式，适用于一般性的生活救助和灾害救助；不仅能帮助救助对象增加收入，培养他们的工作伦理和进取精神，而且能够减轻受助对象"吃低保"导致的心理压力，减少因此造成的社会歧视或社会排斥现象。

五是提供服务。对于生活自理能力低下或没有生活自理能力的人而言，他们最需要帮助的可能不是现金也不是实物，而是日常生活服务，如高龄失能老人的日常生活护理、残疾人起居照顾与康复训练等。面对该类救助对象，提供服务是最人性化和最有效的援助方式，政府可以通过直接提供服务或者购买服务的方式满足救助对象的基本生活需要。

第三节　社会救助制度普遍整合的步骤与对策

社会救助制度的普遍整合不可能一蹴而就，需要分阶段有步骤地进行。实现社会救助制度普遍整合，应采取针对性的具体措施。

一　社会救助制度普遍整合的实施步骤

社会救助制度普遍整合目标的实现，从建设步骤上看，我们可以分为三个步骤。每一个步骤的任务与要求有所不同。第一步，要建立城乡整合的最低生活保障制度，第二步是要建立"三保合一"的生活保障制度，最后一步则是推进社会救助制度与相关制度的普遍整合。

1. 建立城乡一体化的最低生活保障制度

第一步的基本目标是建立城乡整合的最低生活保障制度，主要有四项任务：

第一，科学测定低保标准，准确测算低保数量。"定标准、核数量"是建立普遍整合的社会救助制度基础性工程。2012年9月，国务院下发《关于进一步加强和改进最低生活保障工作的意见》，提出"努力构建标准科学、对象准确、待遇公正、进出有序的最低生活保障工作格局"。科学确定最低生活保障标准是提高最低生活保障制度科学性的前提，也是界定低保范围、核定低保对象、确定补助水平以及安排补助财政资金的重要依据。

目前，全国还有相当一部分地区在城乡低保标准测定上缺乏扎实调查、必要的论证和科学测算，有的简单参照国家扶贫标准，有的直接使用全国平均低保标准，有的地方甚至就是一笔"糊涂账"。低保标准测定不科学不合理，必然导致低保范围要么过宽、要么过窄，低保对象要么过多、要么过少，违背"应保尽保"的基本原则。科学测定低保标准涉及很多因素，难度确实很大，但并非不能完成，关键在于是否下决心，是否下工夫。科学测定城乡低保标准，关键在于选择合适的测算方法。目前常用的基本生活费用支出法、恩格尔系数法和消费支出比例三种测量方法方法各有所长，要坚持综合运用与相互印证的办法，根据三种测量结果的相关性高低，综合加权后确定一个统一合理的低保标准①。

第二，优化公共财政投入，加强低保资金管理。公共财政投入是低保制度稳定运行和持续发展的经济基础，随着国家经济实力增强和财政收入增加，以及低保对象数量增加和低保标准不断提高，增加并优化公共财政投入成为"刚性任务"。为此，要建立低保标准与国民收入和财政收入同步增长的联动机制，明确规定低保财政支出在公共财政支出中的最低比例和增长机制；整合常规化城乡低保金、城乡低保对象价格补贴、节日补贴等临时或一次性的生活补助资金，形成统一的城乡低保专项资金。与此同时，要加强城乡低保资金管理，提高资金使用效益，严格执行《城乡最低生活保障资金管理办法》规定。

一是预算管理科学精细。合理编制城乡低保资金预算，提高低保资金预算的科学性、完整性；加强预算执行管理，注重绩效考评，完善资金分配办法，提高预算支出的均衡性和有效性。

---

① 课题组以厦门市为例对该市的最低生活保障线进行了测算。

二是保障标准动态调整。根据经济社会发展变化和物价变动情况适时调整城乡低保标准，可以采取城乡低保标准增减幅度与 CPI 同步方法确保低保标准不降低。

三是管理信息公开透明。依法公开相关政策、数据等信息，严格执行低保对象审批和资金发放公示制度，确保补助资金用于符合条件的困难群体，实现低保对象的"应保尽保、应退尽退"。

四是资金管理规范安全。规范资金管理程序，健全监督机制，确保城乡低保资金专项管理、分账核算、专款专用。在资金筹集阶段，应将城乡低保资金纳入同级财政预算，并通过财税优惠政策鼓励和引导社会力量提供捐赠和资助，多渠道筹集城乡低保资金；在资金分配阶段，中央财政城乡低保补助资金重点向贫困程度深、保障任务重、工作绩效好的地区倾斜，地方财政和民政部门主要依据城乡低保对象数量、地方财政困难程度、城乡"低保"资金安排情况等因素分配资金，建立资金绩效评价制度，对资金安排、预算执行、资金管理、保障措施、组织实施和实际效果进行评价；在资金发放阶段，实行社会化发放，通过银行、信用社等代理金融机构，直接发放到户。

第三，坚持公开公平公正，规范低保运行过程。健全和完善最低生活保障运行程序规定，畅通城乡居民参与渠道，加大政策信息公开力度，做到运行过程公开透明，结果公平公正。

一是规范申请程序。申请人要以家庭为单位申请最低生活保障，按规定提交相关材料，书面声明家庭收入和财产状况。作为审核最低生活保障申请的责任主体，乡镇人民政府（街道办事处）要在村居的支持下详细核查申请材料以及各项声明事项的真实性与完整性。

二是规范民主评议。以对申请人声明的家庭收入、财产状况以及入户调查结果的真实性评议为核心，建立健全最低生活保障民主评议办法，规范评议程序、评议方式、评议内容和参加人员。

三是规范审批程序。县级人民政府民政部门是低保审批的责任主体，坚持审批过程的民主参与和公开透明，确保审批结果符合政策规定，在严格规范的基础上做到应保尽保。

四是规范公示程序。严格执行最低生活保障审核审批公示制度，规范公示内容、公示形式和公示时限，确保公示的真实性和准确性，建立完善面向公众的最低生活保障对象信息查询机制和异议复核制度，接受群众的监督。

五是规范发放程序。推行最低生活保障金社会化发放，通过银行、信用社等金融机构代理，将最低生活保障金直接支付到保障家庭账户，确保最低生活保障金足额、及时发放到位。

第四，制定《社会救助法》，推进法治化进程。《社会保险法》已经颁布实施，社会救助立法进程应该加快。我国的社会救助立法已基本具备了两个基础条件：一是社会救助事业积累了丰富的实践经验。1956年建立的农村五保供养制度已经实践了50多年，城镇最低生活保障制度运行了10多年，农村最低生活保障制度也已有5年历史。三大社会救助项目在具体实践中得到了不断改进、修正、调整和完善，积累了正反两个方面的经验教训。二是社会救助的政策法规体系初步形成。20世纪90年代以来，国家有关部门先后制定和颁布了一系列社会救助政策法规，为社会救助立法提供了有力支撑。如：《关于在全国建立城市居民最低生活保障制度的通知》（1997）、《城镇居民最低生活保障条例》（1999）、《关于进一步加强城市居民最低生活保障工作的通知》（2001）、《农村五保供养工作条例》（2006）、《关于农村五保供养服务机构建设的指导意见》（2006）、《关于在全国建立农村最低生活保障制度的通知》（2007）、《全国基层低保规范化建设暂行评估标准》（2008）、《城市低收入家庭认定办法》（2008）、《关于进一步加强城市低保对象认定工作的通知》（2010）、《关于进一步规范城乡居民最低生活保障标准制定和调整工作的指导意见》（2011）、《关于进一步加强和改进最低生活保障工作的意见》（2012）、《城乡最低生活保障资金管理办法》（2012）《农村五保供养服务机构等级评定暂行办法》（2012）和《最低生活保障审核审批办法（试行）》（2012）。这为《社会救助法》的制定提供了重要的政策依据。

2. 建立"三保合一"的生活保障制度

第二步骤的目标是整合城乡低保与五保，建立"三保合一"生活保障制度。具体任务有三点。

第一，缩小城乡低保标准差距，统一城乡低保制度。统计分析发现，在2007—2011年间，全国低保对象的月人均保障标准和月人均补助水平不仅存在着较大的城乡差距，而且城乡差距越来越大。从2007年到2011年，城乡月人均保障标准的差距从 112.4 元增加到 144.4 元，增加了 32 元；城乡月人均补助水平差距从 63.9 元增加到 134.2 元，增加了 70 元。具体如表9.3.1 所示：

表9.3.1 　　　　　　　　　　2007—2011 年城乡低保差距统计表

年份	月人均保障标准（元）			月人均补助水平（元）		
	城镇低保	农村低保	城乡差距	城镇低保	农村低保	城乡差距
2007	182.4	70	112.4	102.7	38.8	63.9
2008	205.3	82.3	123	143.7	50.4	93.3
2009	227.8	100.84	126.96	172.0	68	104
2010	251.2	117.0	134.2	189.0	74	122
2011	287.6	143.2	144.4	240.3	106.1	134.2

资料来源：根据民政部当年度民政事业发展统计公报整理而成。

表9.3.1 所反映的问题非常严峻，不断扩大的城乡"低保"差距导致在两个底线福利制度内部产生了新的社会不公平，而且是底线不公平，这个趋势和现象不仅需要引起高度重视，而且必须坚决扭转。在实现城乡"低保""制度合一"后，必须加大农村低保财政投入，缩小城乡低保标准差距，最后实现城乡"低保"的"标准合一"，确保城乡低保对象之间实现"同等国民待遇"。

第二，整合城乡低保与五保，实现"三保"制度合一。我国社会救助制度的"三保并立"格局是由多种原因造成的，农村五保建立时间最长，城镇低保次之，农村低保最短。随着经济社会的发展，这种格局是否需要永远延续下去？或者说，在新的历史条件下，这种格局可否改变？我们认为，这种格局符合普遍性的要求，但与整合性相悖，更与城乡居民基本生活水平业已发生巨大变化的国情不一致。从整合性角度看，这种格局实际上是底线福利制度内部的"碎片化"，同样针对贫困群体的最低生活保障，却因人而异形成三种制度设计。从长远角度看，实现"三保整合"、建立一体化的生活保障制度是大势所趋。

首先，三个制度的目标群体具有共同性。无论是城镇低保对象、农村低保对象还是农村五保对象，归根结底都是"穷人"；区别仅仅在于城乡"低保"对象是"群体穷人"（家庭），农村五保对象是"个体穷人"（孤老、孤儿）。既然都是穷人，完全可以纳入一个制度中统筹考虑。

其次，三个制度的资金筹资模式相同。无论是城镇低保、农村低保、还是农村五保，主要依靠政府的公共财政支撑，区别主要在于各级政府承担的责任大小不同。但是，这种不同是政府系统内部的纵向分担机制，对外并不影响政府的统一性质，也不影响政府的担当责任。

再次，三个制度的保障逻辑取向相同。我国城乡最低生活保障制度遵循"结果主义"逻辑而非"原因主义"逻辑，只要陷入贫困，不管致贫原因只认贫困结果。其实，农村"五保"制度的逻辑也是一样的，只要符合五保对象的条件就可以享受五保待遇，政府不可能去追究为什么会成为五保户。

最后，三个制度的政府主管部门相同。城镇低保、农村低保和农村五保，它们的主管部门都是民政部门，三者之间的整合是民政部门的"内部性"问题而非"外部性"问题，整合难度相对较小。因此，实现三个制度整合，建立统一的生活保障制度不仅必要而且可行。

第三，缩小"三保"补助差距，实现"三保"标准合一。统计分析发现，在2007—2011年间，"三保"对象的月人均补助水平存在两个鲜明的现象：一是"级差"现象。城镇低保对象月人均补助水平最高，农村五保对象次之，农村低保对象最低；二是"级差扩大化"趋势。从2007年到2011年，城镇低保对象与农村五保对象的月人均补助差距从8.9元增加到56.24元，增加了47.34元，农村五保对象与农村低保对象的月人均补助差距从55元增加到77.96元，增加了22.96元。具体如表9.3.2所示：

表9.3.2　　　2007—2011年"三保"月人均补助水平差距统计表　　单位：元

年份	城镇低保	农村五保	农村低保	城居保与五保差距	五保与农保差距
2007	102.7	93.80	38.8	8.9	55
2008	143.7	76.55	50.4	66.45	16.15
2009	172.0	132.51	68	39.49	64.51
2010	189.0	146.95	74	42.05	72.95
2011	240.3	184.06	106.1	56.24	77.96

资料来源：根据民政部当年度民政事业发展统计公报整理而成。

表 9.3.2 所反映的现象，归纳起来就是"穷人分层"。从客观事实看，贫困群体内部肯定存在着分层现象；从政府角度看，针对穷人的生活保障制度是否应该继续"保护"和"固化"这种分层呢？如果答案是肯定的，分层的制度设计必然导致"穷人之间的不和谐"。从底线公平的角度看，"三保"制度都属于底线福利制度，在底线上还要分层吗？我们的答案是否定的。

3. 推进社会救助制度与相关制度的整合

社会救助制度普遍整合不仅包括内部整合，还包括社会救助制度与相关制度之间的外部整合。

一是推进社会救助制度与扶贫制度的衔接。目前，我国的农村低保和扶贫开发由不同的部门负责，形不成政策合力，使得救助和扶贫效果不太理想。两项制度整合后，可以将低保对象和扶贫开发对象区分开来，对丧失劳动力的农民发放低保金，对有劳动能力的农民进行扶贫开发，使其提高收入，突破低保标准。

二是推进生活救助制度与就业保障制度的整合。在市场经济时代，下岗失业是导致贫困的主要原因，重新就业是摆脱贫困的治本之策。因此，对处于劳动年龄和具有劳动能力的低保对象而言，最重要的是加强职业技能培训，提高就业技能，提供就业岗位，重新回到就业队伍。减少一个"零就业家庭"比增加一个"低保家庭"更具有发展型社会政策的价值。

三是推进社会救助制度与养老保障制度的衔接。城乡低保对象存在着年龄分层，既有中年人也有老年人，二者的劳动能力和收入潜力不一样。对于 60 岁以上的低保老人，可以把低保制度与养老保障制度合并，以基本养老保障标准作为低保标准，提高低保标准，维持老年人的基本生活水准。

四是推进社会救助制度与教育保障制度的衔接。低保家庭也是教育负担能力最差的家庭，贫困家庭子女接受基本教育是整个家庭摆脱"贫困循环"或"贫困传递"的根本途径。因此，对于低保家庭子女，应该加大教育救助力度，在维持最低生活水准的同时，为贫困家庭子女提供公共教育保障，提高贫困家庭子女的受教育程度，增强整个贫困家庭的脱贫能力和脱贫潜力，预防和避免"贫困陷阱"。

二 社会救助制度普遍整合的具体对策

1. 实现管理机构的一元化

管理机构一元化就是由一个政府部门统一管理社会救助事务。本研究将社会救助界定为保障贫困群体最低生活水平的底线福利制度，为管理机构一元化提供了理论基础。根据我国现行的政府机构职能分工，实现管理机构一元化的条件比较成熟。在中央政府层次，民政部是主管部门；在民政部内部，社会救助司专管社会救助。鉴于中国的现实情况，实现管理机构一元化需要解决好以下三个问题：

一是社会救助管理机构的独立化。这里的独立不是指在中央政府层面成立"社会救助部"，而是指"社会救助司"不论设在现在的民政部还是今后机构改革后的其他部，都必须作为一个独立机构完整保留。理由很简单：在现代社会的社会福利体系中，作为底线福利制度的社会救助是任何一个国家不可或缺的生活保障制度；如果一个国家不要底线福利制度或者建设不好底线福利制度，那么，这样的国家一定是一个不要底线的国家。中国的社会福利体系建设，没有社会救助制度是不可想象的。

二是社会救助管理机构的专业化。社会救助管理机构专业化是社会救助事业科学发展的基础条件，也是提高社会救助服务质量的必由之路。实现社会救助管理机构的专业化，需要将民政部门主管的城乡医疗救助移交其他政府部门。医疗救助属于医疗保障的范围，其运行逻辑与城乡低保制度不同，纳入医疗保险的主管部门比较合适。在新型农村合作医疗与城镇居民基本医疗保险尚未合并的地区，城乡医疗救助可移交卫生部门；在新型农村合作医疗制度与城镇居民基本医疗保险制度合并的地区，城乡医疗救助可移交人力资源和社会保障部门（如云南昆明市和重庆市）。

三是其他专项社会救助管理"条条化"。教育救助由教育主管部门负责，住房救助由住房与建设部门负责，法律援助由司法行政部门负责，就业援助由人力资源和社会保障部门负责。

2. 加快管理制度法制建设

获得社会救助是公民的权利，权利由法律赋予，只有依靠法律才能获得根本保障。实现社会救助管理制度法制化，既符合建设法制社会的客观要求，也是明确社会救助制度法律地位的保证。

长期以来，由于各种原因，我国社会救助事业主要依靠法规和政策进行管理。"政策治理"是我国社会救助治理的必经阶段，但不能永远停留在"政策治理"的层次，法规和政策毕竟不是狭义的法律。经过多年实践，《社会救助法》的立法条件基本成熟，应该尽快制定和出台《社会救助法》，明确社会救助的定性与定位问题、社会救助与社会保险的关系问题、社会救助与公共福利的关系问题、体系框架问题、社会救助内部的关系问题、政府责任问题、经费保障问题、公民权责问题、监督机制问题、激励与约束问题、经办机制问题、社会救助程序、法律责任等，为社会救助制度的普遍整合提供法律依据。有了社会救助法为基础，结合国务院的社会救助法规、部门规章和地方性法规，综合发挥法律治理与政策治理的合力作用。

3. 建立救助标准动态调整机制

社会救助的根本目的在于解决贫困人口最低生活水平需求问题，但最低生活水平是一个变量而非常量。随着经济社会条件的变化，随着总体生活质量的改善，特别是物价水平的不断提高，最低生活水平的内涵和外延也在不断变化。纵观世界各国最低生活保障制度的发展史，最低生活保障线具有鲜明的"刚性"特征，需要根据经济社会发展水平的变化适时进行调整。

近年来，在我国城乡低保标准的制定和调整中还存在一些突出问题需要进一步规范。例如，一些地方缺乏必要论证和科学测算，简单参照扶贫标准或全国平均低保标准来制定和调整低保标准，难以真实反映当地居民的基本生活需求，甚至导致保障面过宽而影响了低保对象劳动就业的积极性；还有一些地方没有及时根据经济社会发展水平和财政承受能力，随着生活必需品的价格变化和人民生活水平的提高而适时调整低保标准，影响了低保制度的实施效果和困难群众基本生活保障力度。2011年5月，民政部、国家发展改革委、财政部和国家统计局等四部门联合下发《关于进一步规范城乡居民最低生活保障标准制定和调整工作的指导意见》，提出"建立和完善城乡低保标准与物价上涨挂钩的联动机制，并随着当地居民生活必需品价格变化和人民生活水平的提高定期调整城乡低保标准。"从2007年到2011年，我国城镇低保月平均标准从182.4元/人提高到287.6元/人，增加了105.2元/人，增长了57.68%；城镇低保月平均补助标准从102.7元/人提高到240.3

元/人，增加了 137.6 元/人，增长了 133.98％。从 2007 年到 2011 年，我国农村低保月平均标准从 70 元/人提高到 143.2 元/人，增加了 73.2 元/人，增长了 104.57％；农村低保月平均补助标准从 38.8 元/人提高到 106.1 元/人，增加了 67.3 元/人，增长了 173.45％。具体如表 9.3.3 所示：

表 9.3.3　　　　　2007—2011 年城乡低保标准动态调整统计表　　　　单位：元/人

年份	2007	2008	2009	2010	2011
城镇低保月平均保障标准	182.4	205.3	227.8	251.2	287.6
比上年增长率（％）	7.55	12.55	10.96	10.27	14.49
城镇低保月平均补助水平	102.7	143.7	172.0	189.0	240.3
比上年增长率（％）	22.85	39.92	19.69	9.88	27.14
农村低保月平均保障标准	70	82.3	100.84	117.0	143.2
比上年增长率（％）	—	17.57	22.53	16.03	22.39
农村低保月平均补助水平	38.8	50.4	68	74	106.1
比上年增长率（％）	—	29.90	34.92	8.82	43.38

资料来源：民政部：《2006—2009 年民政事业发展统计公报》和《2010—2011 年社会服务发展统计公报》。

4. 保障财政投入持续增长

公共财政投入是社会救助经费的主要来源和经济支柱，具有法定性和强制性，属于社会财富的第二次分配。从经济学角度讲，最低生活保障标准的"刚性"增长规律和"联动机制"要求政府必须逐年增加公共财政投入，才能确保贫困人口的最低生活水平不降低。"财政投入递增化"既是我国社会救助事业发展的客观规律，也是建设普遍整合型社会救助制度的必然要求。从 2006 年到 2011 年，我国国内生产总值从 216134 亿元增加到 471564 亿元，增加了 255430 亿元，增长了 118.00％；全国公共财政收入从 38760 亿元增加到 103740 亿元，增加了 64980 亿元，增长了 167.65％。从 2006 年到 2011年，我国投入城镇低保、农村低保和农村五保的公共财政支出总额逐年上升，由 2006 年的 309.8 亿元增加到 2011 年的 1449.3 亿元，五年间增加了 1139.5 亿元，增长了 2.68 倍。从 2006 年到 2011 年，社会救助（即"三保")财政支出占全国公共财政收入的比例稳步上升,从 2006 年的 0.8% 提高到 2011 年的 1.40%。如表 9.3.4 所示:

表 9.3.4   2006—2011 年社会救助财政支出统计表   单位:亿元

年份	2006	2007	2008	2009	2010	2011
全国国内生成总值	216314	265810	314045	340903	401513	471564
比上年增长率(%)	12.7	14.2	9.6	9.2	10.4	9.2
全国公共财政收入	38760	51322	61330	68518	83102	103740
比上年增长率(%)	22.5	32.4	19.5	11.7	21.3	24.8
城镇低保支出	224.2	277.4	393.4	482.1	524.7	659.9
农村低保支出	43.5	109.1	228.7	363.0	445.0	667.7
农村五保支出	42.1	59.8	73.7	88.0	98.1	121.7
"三保"支出合计	309.8	446.3	695.8	933.1	1067.8	1449.3
比上年增长率(%)	—	44.06	55.90	34.10	14.44	35.73
"三保"支出占公共财政收入的比例(%)	0.80	0.87	1.13	1.36	1.28	1.40

资料来源:民政部:《2006—2009 年民政事业发展统计公报》和《2010—2011 年社会服务发展统计公报》;国家统计局:《2011 年国民经济和社会发展统计公报》。

5. 加快社会救助信息化建设

我国的社会救助信息化建设比较落后,是导致社会救助过程中一系列"违规行为"(如"地方保"、"关系保"、"人情保"等)的重要原因。

根据国家审计署 2012 年 8 月 2 日发布的《全国社会保障资金审计结果》披露,截至 2011 年底,全国尚未对城乡低保实行信息化管理的县有 1657 个,占全国县级行政区划单位总数(2853 个)的 58.08%;部分地区民政部门的城乡低保数据信息不完整,质量不高;大部分地区民政与公安、工商、地税部门间的低保信息沟通机制尚未建立,对低保工作的监督管理不利。[①] 因此,应当尽快加强社会救助信息化建设。加强信息化建设具有重要的意义和价值。

---

① 参见国家审计署《全国社会保障资金审计结果》,http://www.gov.cn/zwgk/2012-08/02/content_2196871.htm。

一是有利于提高社会救助决策的科学化水平。通过社会救助信息系统，可以全面、及时、准确地收集社会救助工作的有关数据和信息；通过信息系统数据分析和处理，为制定政策和决策迅速提供真实可靠的依据，提高决策的科学化水平。

二是有利于增强社会救助工作的透明化。通过访问社会救助信息系统，可以直接查询每个困难群众的个人情况和家庭情况，扩大了广大群众的知情权；通过社会救助信息系统，能够规范和约束基层干部的行为，有效预防"地方保"、"人情保"、"关系保"等问题。

三是有利于提高社会救助信息的共享度。"一口上下"社会救助信息系统，能够充分整合行政区域内的各级网络资源，社会救助相关部门之间实现了信息共享，彻底改变救助口子多、协调难度大、重复遗漏多的局面，使各种社会救助资源得到科学合理的整合和配置。

四是有利于提高人员素质和工作效率。通过社会救助信息化建设，不仅能有效提升社会救助专职人员运用现代信息技术进行的业务能力和管理水平，还可以节省大量的时间、人力和财力，提高工作效率，降低管理成本。

6. 提高工作队伍专业素养

专业化是现代社会救助管理的发展趋势，这对社会救助管理者和服务者提出了更高的专业素质要求。在很大程度上可以说，社会救助队伍的专业化水平决定了社会救助工作的效果，决定了社会救助对象的受益状况。反观中国从事社会救助工作的管理者和服务者，毕业于社会保障、社会政策、社会福利、社会工作专业的人员比例较低，绝大多数"半路出家"的工作人员没有接受过系统完整的专业训练，主要通过短期业务培训和实践摸索，专业知识和专业技能远远不能满足社会救助工作专业化的要求。社会救助工作队伍专业化建设的基本途径有三条：

一是提高现有人员的专业素养。根据现有人员的岗位性质和岗位层级，采取针对性的分类分层培训，集中学习社会救助的法规政策、基本理论、专业知识和专业技能。

二是补充高校相关专业的毕业生。在每年国家机关和事业单位新进人员考试中，确定一定的比例，专门招聘社会工作、社会学、社会保障、心理学等专业毕业的本科生和研究生，充实社会救助工作队伍，提升整个队伍的专业化水平。通过若干年的"新陈代谢",最终实现社会救助队伍的专业化。

三是"民政工作的社会工作化"。我国的民政工作遵循"以民为本、为民解困、为民服务"的理念,社会工作遵循"以人为本、助人自助"的价值观,二者具有"异曲同工"之妙。通过在民政工作中引入社会工作方法,更新社会服务理念,充实社会服务内涵,提高社会服务水平,实现传统民政工作向现代社会工作转型,这是社会救助队伍专业建设的必由之路。

第十章

社会服务体系的普遍整合

养老、医疗、就业、收入分配、教育、住房以及社会救助等社会福利项目是包含物质供给、资金提供以及社会服务在内的有机整体，社会福利体系的普遍整合自然就需要对增进福祉的社会服务普遍整合。只有这样，才能形成科学完整的普遍整合社会福利体系。

第一节　社会服务体系概念及现状

当前，面对特殊群体需求的、不同于实物和资金等经济保障的社会服务正在社会福利体系中得到明确地强调并且得到加强，社会服务也正努力朝着覆盖全体人民和方便人民生活的各个方面扩展。中国社会服务需求的扩大和增长都把社会服务推向一个前所未有的发展时期。

一　社会服务体系概念

社会服务这个概念在国内学术界早已有之，最初人们往往将它理解为向社会提供相关服务，如高校以及高校图书馆如何向社会大众提供有偿性的服务等。在社会福利领域较早提出社会服务概念的是彭希哲教授，他在《瑞典的老年保障和社会服务》一文中介绍了瑞典的养老服务①。近年来，社会福利意义上的社会服务一词在政府和学界的研究报告中出现的频率越来越高，它在社会建设中的地位日益突出。当然，由于社会福利意义上的社会服

①　彭希哲：《瑞典的老年保障和社会服务》，《人口学刊》1992 年第 3 期。

务概念产生得比较晚，与公共服务、社区服务等概念有些交叉，这就需要我们厘清社会服务概念的基本含义。

1. 始于西方的社会服务概念

现代意义上的社会服务作为一项实践活动早在 19 世纪的英国已经露出端倪。根据 1834 年的《济贫法》，英国政府管理部门给习艺所的贫困者提供就业培训、就业介绍等服务。受英国社会服务实践的影响，欧洲其他国家，美洲、澳洲和东亚等国家也相继开展了社会服务，特别是在北欧得到了充分发展。当时的社会服务更多地侧重于针对贫困人口的社会救助服务。

社会服务作为一个学术概念于 1951 年由英国伦敦政治经济学院的教授理查德·蒂特姆斯首次提出。在此前的社会福利研究中，社会福利概念基本明确为教育、住房、收入保障和国民医疗健康四部分。蒂特姆斯说："除了四种福利外，还有一种服务独立地存在，即社会服务"，社会服务由此就成为社会福利体系的重要内容，赛恩斯伯里认为，只讲提供给个人的服务还不太明确，应该加入一个重要因素：即根据人类的不同需求提供的服务。

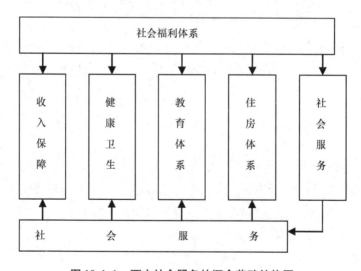

图 10.1.1　西方社会服务的概念范畴结构图

赛恩斯伯里认为，"个人社会服务是关心有需求和困难的人，因为困难阻止了他作为个体在社会上所应能发挥的最大的社会能量，阻止了他自由地发展他的个性和通过与外界的接触实现自己的渴望。这种需要在传统上由个人和家庭的功能来帮助解决的；而目前改为社会服务来满足需求，并且是社会提供更高水平的帮助过程，并不是仅提供单一化的帮助；服务资源适应个人和群体的不同需求并不是对所有人提供单一的服务"①。

英国在 1970 年就成立地方社会服务部并发表报告："提供一个以社区为基础的和以家庭为导向的，提供给全体公民的服务。这个新的部门所做的将不仅仅限于发现和医治社会疾病；而是为了整个社会的福祉，它将最大限度地让数量更多的个人参与相互给予和接受服务的行为。"② 当然，发达国家对社会服务的限定有所不同，英国称为个人社会服务（Personal Social Service），侧重于个体需要；北欧叫做社会关照服务（Social Care Service）；而在美国则被称为健康人类服务（Health Human Service），它更注重医疗救助、公共卫生以及康复护理等服务。

社会服务自出现以来，便成为社会结构中的一个新现象，构成社会福利体系的重要组成部分。其在金融投入、组织管理、生产程序和控制过程的增长程度上都已经变成了公共事业中一个独立部分，因而成为 20 世纪 70—80 年代西方国家发展速度最快的领域。

2. 中国的社会服务概念及含义

新中国成立后社会服务在中国有自己独特的发展实践。例如，城乡社会救助服务、救灾服务、残疾人康复服务等，它为我国的社会建设和人民群众的生活福利提供了基本保障。改革开放以后，伴随着城乡经济社会的发展，人民群众生活水平的提高，他们对社会服务的需求也逐渐增长，推动着我国社会事业的发展。1987 年，民政部首次倡导开展社区服务，为社区居民的生活提供便利。20 多年来，中国城市的社区服务和社区建设已经有了较快发展，并且向农村蔓延。开展城市社区服务的同时，政府着手加强农村社区建设，为农村居民提供相关服务。

社会服务实践需要理论概括与理论总结，社会服务实践推动着理论升华

①　Sipila, Jorma ed., *Social Care Services: The Key to the Scandinavian Welfare Model*, England: Avebury, 1997, p. 11.

②　Young, Pat, *Mastering Social Welfare*, London: Palgrave, 2000, p. 206.

与理论创新。反过来，社会服务的理论研究又对社会服务提出了新要求，推动着社会服务实践的发展，不断拓展社会服务项目与内容，完善社会服务方法。但总体上看，现行的社会服务还没有从公共服务概念中剥离出来，这就需要我们明确社会服务概念。我们认为，社会服务是国家和社会为解决全体社会成员特别是一些特殊群体如弱势群体和有困难的群体的基本生活需求，保证和提高其生活质量而开展的各种社会活动、社会工作和社会事务的总称①。这个定义包括以下三层含义：

第一，社会服务是一种以劳动（物质的和精神的活动）形式满足社会成员基本生活需要的社会行动。作为一种社会行动，社会服务区别于资金（实物）服务，具有资金（实物）服务无法替代的功能，因而在民众基本生活中起着独特作用。

第二，社会服务的对象包括一般对象和特殊对象。所谓"一般对象"就是全体社会成员，面向全体社会成员提供的社会服务即"普遍服务"；所谓的"特殊对象"主要指社会弱势群体，面向弱势群体提供的社会服务即"特殊服务"。根据"弱者优先"的公平理念，要优先发展面向弱势群体的社会服务，优先满足弱势群体的基本社会服务需求。

第三，社会服务的供给主体是多元的，包括各级政府、城乡基层自治组织、社会组织以及其他社会力量。从供给内容看，社会服务涉及民众基本生活的各个领域，包括城乡社会救助、社会扶持、福利服务、优抚安置、社区服务、社会工作服务、专项社会事务服务；包括养老、健康、教育、就业、住房等与基本生活紧密相关的各类服务。随着经济社会的发展，广大民众的社会服务基本需求将越来越丰富，社会服务供给的内容还将不断拓展和扩大。

因此，社会服务概念的确立不仅把现金、物质的保障到服务的提供突出出来，把民众福祉扩展了，丰富了社会福利理论与实践。

3. 社会服务与其他相关福利的关系

由于社会服务在实际运行中并不清晰，公共服务、社会服务、社区服务等概念交叉使用，还有许多属于商品流通服务和其他生产服务的也掺杂到社

---

① 中国社会科学院社会政法学部课题组：《中国社会服务体系建设课题研究报告》，2010 年 8 月。

会服务中，这就需要明确社会服务与它相近领域的关系。

第一，社会服务与社会福利相关。社会福利囊括社会服务，社会服务是社会福利的一部分。社会服务有满足个人基本需求的社会救助特色，重点在关心与照顾，改善其生活质量，是一种关心人的服务提供。比如，青少年在学校接受的免费义务教育属于社会福利，而失学儿童在社区得到的救助更多地属于社会服务。同时，社会工作者对学校内问题青少年的介入也属于社会服务。另外，社会服务不是以现金方式提供的帮助，它强调行为的提供，是一种劳动或者活动形式。

第二，社会服务与公共服务不同。社会服务更多地强调提供给个人或者给予特殊群体的基本服务，它尤其为服务享用者在生活区域或工作区域提供的服务，更多地指向社区服务。而公共服务的范围比较宽泛，包括所有公共事务，比如交通畅通、企业注册登记、行政服务中心所提供的各类服务等。社会服务基本上限于社会福利范畴及其有限的延伸，限于民众的基本社会权利的保护与提高。正是在这个层面上，蒂特姆斯曾指出，公共服务包括社会服务，社会服务属于公共服务的一部分。

第三，社会服务与社会工作。社会工作提供专业化和职业化的社会服务，社会工作者是专业化和职业化的社会服务者。由于我国的社会工作队伍处于初创阶段，尚未成为社会服务队伍的主力军，因此，发展中国社会服务事业需要加强专业的和非专业的社会服务队伍培养，扩大社会工作者数量，提高社会工作者素质，同时吸引社会爱心人士加入到社会服务队伍中来，为民众提供便捷的社会服务。

第四，社会服务与社会救助及社区服务。社会服务与社会救助虽然在表现形式上有所不同，但项目及内容上互有交叉。在很多地方，社会服务具有社会救助特色，尤其是社会救助服务更是社会救助项目的重要组成部分，这类社会救助项目集中到社区领域，有时人们甚至把社会服务和社区服务混为一谈。在欧洲社会福利体系中，社会服务常常当做社区服务的同义语。实际上，社区服务意味着社会服务的具体提供区域与提供方式。例如，英国把医院医疗照护服务转移到社区的社会关照服务，强调服务在社区内提供。蒂特姆斯就认为，社会服务"不同于那种久居医院的、属于医疗护理范围的医疗护理服务的，而是隶属于在社区内提供的满足不同的人群基本需要的照顾关心服务，在社会政策的学科框架下被称为：社会服务"。①

第五，商业服务与社会服务。某些地方的社区服务主要设立消费和娱乐的商业网点。例如，将社区中设立的诸多商店、饭店、酒店、宾馆等消费服务项目称为社会服务，其实扭曲了社会服务本意。相反，真正属于社会服务领域的养老院、托幼所、学龄前儿童小饭桌、残疾人、慢性病人和老人护理照顾服务等才属于社会服务。还有一些地方，一提到社区服务，就是盖一个大楼，挂一个牌子，把所有能囊括的项目都包含进来，混在一起管理，对社会服务缺少清晰的思想指导与具体的专业管理。这些商业服务如果有公益性质，就应该属于社会服务的一部分；但是如果以纯营利为目的，就是商业服务。

二 社会服务体系的现状

社会服务是为改善社会成员的生活质量而提供的相关服务，因此它应该面向全体社会成员，表现为一种普遍性服务。从社会服务对象来看，它更多指向军人及其家属服务，老年人、残疾人社会服务，妇女儿童社会服务以及其他特殊群体的社会服务等。通过社会服务的提供，增进社会成员的福利，改善其生活质量，调整社会关系，减少社会矛盾与社会冲突，促进社会和谐。

1. 老年人社会服务

我国的养老服务事业，正在经历从传统的家庭养老到普遍的基本养老服务的改革阶段。1996 年，国家颁布了《老年人权益保障法》，确定家庭赡养与扶养，社会保障等条款。

中国是世界上老龄人口最多的国家，也是老龄化进程最为快速的国家，人口快速老龄化以及家庭结构的核心化，空巢老人日益增多，家庭养老功能逐渐弱化，传统的居家养老已经难以支持老年人的生活和医护等需求，迫切需要与人口结构以及家庭结构相适应的养老服务模式。这就需要从传统家庭养老的方式，调整为"以居家为基础、社区为依托、机构为补充的养老服务

---

① Titmuss, M. Richard, *Social Policy*, in Introduction, London: Pantheon Books, 1974.

体系"①。2012 年 8 月修订的《中华人民共和国老年人权益保障法》对这种新型养老方式予以肯定，明确增加了社会服务等条款。

居家养老服务、社区养老服务以及机构养老服务是互为补充的系统工程。坚持居家养老在整个养老体系中的基础地位，使绝大多数老年人老有所养；积极发挥社区的依托作用，使居家养老的基础地位得以巩固；强化机构养老的补充作用，使有特殊困难、需特殊照顾的老年人得到有效照顾，通过示范辐射提高养老服务水平，实现"人人享有基本养老服务"目标。社会服务要为不同经济状况和生活能力的老年人提供帮助，特别是高龄人群提供机构养老照护服务。

近年来，国家加强收养型、护理型养老机构的建设，重点解决城乡孤寡老人、低收入老人及其他有特殊困难老人的养老服务问题；加大资金投入，在城镇，建立面向"三无"老人的社会福利院，大力发展老年公寓、养老院和老年护理院；探索支持家庭养老的社会政策、开展日间照料服务以及其他相关社会服务；在农村，加强敬老院建设，为"五保"老人提供集中供养场所，为他们提供基本的生活服务，同时探索为空巢和留守老人开展的互助养老服务。

2. 残疾人社会服务

据第二次全国残疾人抽样调查数据推算，中国现有各类残疾人总数为8296 万人，占全国人口总数的 6.34%。中国残疾人康复工作开展了 20 多年，累计为 1300 多万残疾人提供了系统康复训练服务②。截至 2010 年，831个市辖区和 1676 个县（市）开展了社区康复工作，累计建立社区康复站14.5 万个，配备 32.9 万名社区康复协调员③。建立了 34 个省级孤独症儿童康复训练机构，对 5620 名孤独症儿童进行了康复训练。

中国政府于 2008 修订了《残疾人保障法》，对残疾人的康复、教育、劳动就业、文化生活以及社会保险与社会救助等服务做出明确规定。根据《残疾人保障法》，政府和有关部门要设立康复医学科室，举办专门的康复机构，

① 李学举：《1.5 亿老年人口给老龄工作带来空前压力》，人民网，2008 年 12 月 25 日。
② 中国残疾人联合会：《中国残疾人事业"十二五"发展纲要》，http：//www.cdpf.org.cn/index/2011－06/09/content_ 30340867_ 9.htm。
③ 中国残疾人联合会：《2010 年中国残疾人事业发展统计公报》，http：//www.cdpf.org.cn。

组织"城乡社区服务网、医疗预防保健网、残疾人组织、残疾人家庭和其他社会力量"①，开展社区康复工作。政府要采取措施，对生活有困难的残疾人给予救济和补助，对无劳动能力、无法定抚养人、无生活来源的残疾人予以供养和救济等服务。另外，残疾人《无障碍环境建设条例》于2012年8月1日起施行。

根据中国残疾人事业"十二五"发展纲要，国家在规范残疾人就业服务体系，加大有就业需求的残疾人就业服务和职业培训方面的投入，力争使城镇新就业残疾人口达到100万，为100万农村残疾人提供实用技术培训。同时，国家建立残疾人托养服务体系，为智力、精神和重度残疾人托养服务提供200万人次的补助。

3. 妇女与儿童社会服务

2005年，国家修订出台了《妇女权益保障法》。对妇女的政治权利、文化教育权益、劳动和社会保障、财产权益、人身权利和婚姻家庭权益提出保护。

在文化教育权益方面，《妇女权益保障法》要求学校应当根据女性青少年特点，"在教育、管理以及设施等方面采取措施"，提供专门服务，促进女性青少年身心健康发展②；政府和有关部门要根据城镇和农村妇女的需要，组织妇女接受职业教育和实用技能培训。在劳动和社会保障权益方面，国家发展社会保险与社会救助等社会福利事业，为贫困妇女提供必要的生育救助服务。在婚姻家庭权益方面，国家要采取措施，预防和制止家庭暴力，其他社会组织与社会团体应当在各自的职责范围内开展相关工作，为受害妇女提供救助服务③，同时政府要保障妇女享有计划生育技术服务，提高妇女的生殖健康水平。

在狭义层面上，妇女社会服务主要内容包括单亲家庭支持，尤其是单身母亲支持，反对家庭暴力，促进妇女就业等服务，现在还包括社会对养老和儿童照顾的支持，间接地服务于妇女。

---

① 参见《中华人民共和国残疾人保障法》第15条。
② 参见《中华人民共和国妇女权益保障法》第17条。
③ 参见《中华人民共和国妇女权益保障法》第46条。

妇女和儿童一般都是联系在一起的，所以妇幼服务常常是把两者结合起来，为此我国最早颁布的法律就是《妇女儿童权益保护法》。后来，伴随着社会进步及法律的完善，该法分为妇女权利和未成年人权益两部分。2006年12月国家颁布《未成年人保护法》。该法提出家庭保护、学校保护、社会保护、司法保护和法律保护等责任和措施。因此，儿童社会服务覆盖贫困儿童、孤儿、农村留守儿童、流动家庭儿童和流浪儿童以及其他所有儿童，从而实现社会服务对象的普遍覆盖。

在儿童社会服务，政府加强儿童福利机构服务的建设。截至2009年底，全国各类收养性单位共收养儿童11.5万人。全国独立儿童福利机构303个，床位4.4万张。2009年全国收养登记合计44260件。政府投资的流浪儿童救助保护中心全国共有116个，床位0.4万张。全年救助城市生活无着的流浪乞讨未成年人14.5万人次①。全国在乡镇、村分级建立针对留守儿童的"儿童活动之家"等，目前农村有留守儿童托管中心6500多所，农村留守儿童家庭教育服务机构3万多个。2005年，全国首次对失去父母的未成年人（简称"孤儿"）做出统计，总数为57.3万人，在这些孤儿中，约6.9万人生活在国有儿童福利机构中；29.4万人得到国家制度性的救助，其中5.3万人得到城市低保救助，12.5万人得到农村五保救助，11.6万人得到农村特困户救助。除此以外，全国尚有20万孤儿没有得到经常性制度性救助②。

国家引导孤残儿童养育向家庭化、亲情化、社区化方向发展。提倡公民收养、亲属监护、家庭寄养、社会助养以及小家庭养育等多种模式，多渠道妥善安置孤残儿童，使孤残儿童回归家庭、融入社会。

教育机构与社区在社会服务上的延伸和互嵌，也拓展出一些新的儿童社会服务项目。包括低龄"学生的校车接送服务、放学后的托管服务、校外寄宿服务等"。当然，儿童社会服务还有许多内容需要探索，例如，如何建立学校留守儿童教育管护队伍、代理家长队伍，如何有效建立起留守儿童工作志愿服务队伍、留守儿童教育管护专家队伍等，使留守儿童"心有人爱、身有人护、难有人帮"。

---

① 民政部：《2009年民政事业发展统计报告》，www.mca.gov.cn。
② 民政部：《我国孤儿的现状与面临的困境》，www.mca.gov.cn。

4. 精神病及艾滋病人的社会服务

我国正在把精神病以及艾滋病人纳入社区卫生服务体制中，加强社区康复机构的建设，为这些患者提供相关服务。

大力推广"社会化、综合性、开放式"精神病防治康复工作，将精神疾患的预防与康复管理从专业医院转到社区是精神卫生服务的发展趋势，也是保护精神病患人身权利的途径之一。据统计，2010 年，全国共有 1818 个市县开展精神病防治康复工作，对 495.2 万重性精神病患者进行综合防治康复，监护率达到 84.0%，显好率达到 68.4%，社会参与率达到 54.5%，肇事率 0.3%；解除关锁 5477 人；对 36.6 万贫困精神病患者进行医疗救助①。例如，根据苏州市公安局精神病防治办公室的统计，到 2009 年底，全市共有各类精神病患者 89522 名，总患病率为 14.02‰；登记在册的重性精神病患者 39789 名，检出率达 6.37‰。其中，精神分裂者为 27852 名，占总患病者的 70%；躁狂症 3979 名，占总数的 10%；重症抑郁症 3183 名，占总患病人数的 8%；双向情感障碍者 1989 名，约占总患病人数的 5%；伴有精神症状癫痫的 1194 名，占 3%；其他心理病症 798 名，约占总数的 2%②。

为此，政府开始实施精神病人以社区为基础的康复。各地纷纷确立了由政府出资、举办为精神疾病患者提供服务的社区康复机构。国家发展改革委、民政部、卫生部共同完成了《精神卫生防治体系建设与发展规划》，形成以三级专科医院为依托，以社区卫生服务中心为基础的精神疾病预防与医疗、康复服务体系。残联和医疗卫生部门联合推进精神病人的社区康复，包括用药护理、特殊管理和心理康复等，学习生活技能并参与娱乐活动。例如，苏州市以社区卫生服务中心（站）为载体强化对精神病患者的预防服务工作，通过巡诊、走访和送医送药上门等多项服务，认真对他们进行康复指导，减少复发和再住院。2008 年，全市精神病医生共走访、专访、巡诊99866 人次，其中对易复发和易肇事的精神病患者进行了 10885 人次的重点巡诊，重点专访了 2997 人次，常规走访了 83153 人次，强制收治了 48 人次，移送救助治疗 198 人次，及时消除精神病肇事隐患 89 起。对这些精神

---

① 中国残疾人联合会：《2010 年中国残疾人事业发展统计公报》，http://www.cdpf.org.cn。
② 资料来源：2010 年 7 月 16 日在苏州民政局座谈会上苏州市公安局、苏州市卫生局的报告。

病患者提供的服务有力地维护了社会稳定，促进了社会和谐①。

随着人口流动的增强，中国艾滋病人和病毒感染者人数不断增大，全国累计报告艾滋病人和艾滋病感染者近 80 万例，而且各地呈现出不平衡。例如，截至 2011 年 10 月 31 日，云南省累计报告艾滋病病毒感染者和病人 93567 例，其中艾滋病病毒感染者 67869 例，艾滋病病人 25698 例②。

针对日益严峻的艾滋病蔓延形势，政府在艾滋病暴发比较严重的地区普遍建立了以家庭为基础、社区为依托、专业机构为指导的抗病毒治疗管理模式，并在生活、教育、医疗、康复、住房、就业等 9 个方面提供优惠政策，将艾滋病服务体系融入社区的卫生服务体制之中，艾滋病患者的康复服务得到社区支持和家庭关照。例如，云南红河州地处边境属于艾滋病的高发地区，他们针对艾滋病孤儿制定专门的工作方案，充分利用城乡低保、农村五保、城乡医疗救助、临时救助等各项社会救助手段对艾滋病孤儿进行有效救助，将其中的 11 户 12 人纳入城市低保，其余的 1 户 2 名儿童纳入农村五保，资助他们加入城镇居民基本医疗保险和新农合，在有条件的县建立艾滋病孤儿康复中心，对其进行集中供养和救助。进而实现了社会服务与社会救助的整合。

三　社会服务内容与方式

以方便民众生活、改善民众生活质量、增进民众福祉为目的的社会服务是社会各界普遍需要的福利项目，从社会服务项目上看，包括养老服务、低保服务、医疗救助服务、残疾人服务、优抚服务、灾民救济与服务、流浪人群服务、公共卫生服务、就业服务、教育服务以及住房服务等。从供给方式上看，有些社会服务项目可以实行物质供给，而有的则采取资金供给，还有的可以实行纯粹服务供给，当然有些项目也可以采取组合供给。

实际上，上述各种社会服务项目都与民众的日常生活有关，都离不开民众日常生活的场所。为此，我们可以将上述各种社会服务项目整合起来，分析以社区为载体的相关社会服务。

---

① 资料来源：2010 年 7 月 16 日在苏州民政局座谈会上苏州市公安局、苏州市卫生局的报告。
② 《云南省艾滋病病毒感染者和病人新数据出炉》，《云南日报》2011 年 12 月 1 日。

1. 社区照护服务

社区照护服务包括有特殊需求的老年人、残疾人和儿童的照护护理等服务。社区提供的照护服务具体包括住养、日托照料、生活、上门服务、紧急救援等内容。

根据 2009 年民政事业发展统计报告，截至 2009 年底，全国共有各类社区服务中心 17.5 万个，其中综合性社区服务中心 10003 个。居委会社区服务站 5.3 万个，其他社区服务设施 11.2 万个。城市便民、利民服务网点 69.3 万个[①]。2011 年，为全体居民提供的社区服务设施总数达到 147966 个。同年，中国社会服务业总支出 2726.5 亿元，提供社会服务的机构 41364 个，收养床位数为 367.2 万张，每千人为 2.75 张[②]。

在这些社区服务中，以老年社区照护为例，为老年人提供的养老照护服务包括基本生活供应照料、日间照料和情感慰藉等。为满足老年人多样化的服务需求，中国正在初步形成以居家养老为基础、社区服务为依托、机构养老为补充的养老服务体系。在积极推进机构养老服务的同时，发展社区养老服务，不断改善老年人居家养老的支持环境。2009 年，全国平均每个街道有 1.32 个老年服务设施，每 9.8 个社区居委会有一个城市老年服务机构或设施[③]。各地采取上门服务、定点服务和巡回服务等方式，为老年人提供生活照料、家政服务、紧急救援以及其他便利老年人的无偿、低偿服务项目。

例如，苏州市实行居家养老与公寓养老、实体养老院与虚拟养老院相结合，形成了一个虚拟养老院、日托所以及"幸福联盟"等相结合的立体养老服务模式，为老年人提供比较完整的养老服务。其中，虚拟养老院享受政府养老援助，具体分为 A、B 两大类，A 大类又分为三小类，B 大类又分为两小类[④]，当老人有服务需要的时候拨打电话给信息服务平台，就可以获得相应的居家养老服务：有的护工或志愿者前来为老人打扫居室，有的帮老人代购物品，有的则陪老人聊天，有的则给予老年人应急救助等。现在，虚拟

---

① 民政部：《2009 年民政事业发展统计报告》，www.mca.gov.cn。

② 同上。

③ 阎青春：《我国人口老龄化的状况及老年人社会福利政策》，第二届中国老龄国情与养老服务业发展论坛上的发言，2009 年 12 月。

④ 资料来源：2010 年 8 月 5 日课题组赴苏州沧浪区民政局的调研所得。

养老院所产生的各类服务工单每日 250 张左右，每月产生的服务工单 6500
多张，满足了不同层次老年人多元化社会服务的需求。

2. 社区卫生服务

建立社区卫生服务网络，利用社区卫生中心（站），为妇女、儿童、老
年人、慢性病人、残疾人和其他社区成员建立健康档案，提供集预防、保
健、医疗、康复、健康教育和计划生育技术指导为一体的卫生健康服务是社
区卫生服务的重要内容。社区卫生服务保证公民基本的医疗需求，以便捷的
形式让部分健康服务问题在社区得到解决。

加强社区卫生服务体系建设，以便更好地为社区居民提供医疗卫生服务
已经成为共识。根据卫生部《2011 年我国卫生事业发展统计公报》显示，
截至 2011 年底，全国已设立社区卫生服务中心（站）32860 个，其中社区
卫生服务中心 7861 个，社区卫生服务站 24999 个。社区卫生服务中心人员
32.9 万人，平均每个中心 42 人；社区卫生服务站人员 10.4 万人，平均每站
4 人。2011 年，全国社区卫生服务中心提供诊疗人次为 4.1 亿人次，平均每
个中心年诊疗量 5.2 万人次，医师日均担负诊疗 14.0 人次；全国社区卫生
服务站提供诊疗人次 1.4 亿人次，平均每站年诊疗量 5600 人次，医师日均
担负诊疗 13.8 人次。

通过便捷的社区卫生服务，为民众普遍性地供给各类医疗服务，并将治
疗、保健、护理和康复等方式有机整合起来，形成安全、有效、便捷、经济
的卫生服务。基层医疗机构可以根据老年人的特殊需求，提供家庭出诊、家
庭护理、日间观察、临终关怀等服务。而依托社区卫生服务中心（站）为
残疾人康复提供服务，则是从单一的医疗康复扩展到职业康复、教育康复
等，是一个以专业康复机构为骨干、社区康复为基础、残疾人家庭为依托的
社会化服务康复体系。

3. 社会救助服务的拓展

社会救助服务在社区为居民解决各种困难。它不仅有对各种困难群体和
特殊群体提供物资、资金救助，还包括心理救助和法律援助等服务以及社会
工作者的介入服务。具体的救助内容涵盖困难帮扶、医疗救治、生活保障、
就业援助、养老援助、政策援助、爱心参与等各方面。形成以实物、医疗、
养老、就业、助学等多项配套援助为补充的社区救助体系。社会救助服务有

新的探索，如建立社会救助中心，互助中心、义工服务中心、老年人援助中心、生活援助中心等服务平台等。

由于我们是从狭义层面上探讨社会服务普遍整合的。因此，这里的社会救助服务主要指城乡低保救助服务、农村五保服务等方面。在城乡低保救助方面，全国各地都根据经济发展情况适时提高城乡最低生活保障以及农村五保供养标准，进而扩大低保人数，以改善这些群体的物质生活。例如，云南省红河州的低保人数从 2008 年的 10.3 万人扩大到 2010 年的 11.3 万人，仅 2009 年就新增低保对象 6094 人，保障标准在原来的基础上提高了 30 元；农村低保人数从启动实施时的 28 万人扩大到 37.94 万人[①]。低保服务的普遍性扩大有力地保障了困难群体的基本生活。

4. 社区教育服务

社区教育服务同样是提升民众素质与能力的重要举措，也是丰富社区民众日常生活的重要方面。目前，全国许多地方建立了社区培训学院、或社区学校（大学）、社区讲堂和远程教育学校等，对农民工和剩余劳动力开展就业技能培训、转岗培训、下岗职工再就业培训、残疾人生存技能培训，在老年人群中开展社会文化教育活动，对外来人群进行适应城市生活培训（对拆迁农民进入楼房的文明素质教育），少年儿童假期培训班等，给妇女的健康知识讲座，还为全体居民做政策解答、科学普及、安全知识教育、文化宣传、理财知识、生活技能和家政辅导等社区教育培训工作。

5. 社区便民服务

社区的便民服务为社区居民，特别是对生活困难的老年人、残疾人和各种困难群体提供多种便民利民服务。社区便民服务包括提供日常生活帮助，如房屋维修、物业管理、家政服务、就业服务信息，还有具体到如代购物品与登记配送。在中国，便民的社会服务还有民事调解、婚姻、殡葬等各种民事服务。农村的便民服务包括建立商业网点、农业生产资料供销合作社等。社区服务中心提供各种社会服务，包括社会救助、慈善公益、优抚助残、敬老扶幼、治安巡逻、环境保护、社区矫正、科普咨询和法律援助等。

总之，社会服务就是要通过各种服务的提供，在社区内满足居民的各种

---

① 2010 年 6 月，课题组赴云南省红河州的调研所得。

需要，解决个人、家庭和工作单位有困难解决的问题。

第二节　社会服务体系的问题

作为社会服务涉及人口最多的国家，我国的社会服务项目、社会服务内容以及社会服务方式等随着经济的发展以及民众服务需求的提高有了较大发展，各项社会服务从无到有、由不全面到逐步全面，从仅仅面向特定人群到面向普通群众。但是，与民众日益增长的社会服务需求相比，与民众迫切希望社会服务公正供给相比，还存在着许多不完善之处。

一　社会服务普遍性不够

社会服务普遍性不够可以从社会服务项目、社会服务对象以及社会服务内容等三个维度加以说明。

一方面，社会服务项目的普遍性不够。经济社会的发展以及民众生活水平的提高必然带来社会服务需求的多样化、多层性的增长，民众不仅需要获得基本的物质生活服务，而且也需要享有精神生活以及健康生活服务。也就是说，民众的社会服务需求项目、需求内容以及需求方式、方法等也发生着变化，他们的社会服务需求已经不再仅仅满足于最基本的物质生活需求，而更多地集中于社会互动、自我实现。可是，现实社会中的各种服务项目仍然停留在物质服务方面，其他方面的服务供给相对较为薄弱。

另一方面，贫困人口的社会服务不全面。中国城乡居民之间的收入差距拉大，相对贫困问题日益严重。2011 年《中国城市发展报告》指出，城市贫困人口自 20 世纪 90 年代后呈现出不断上升趋势，到 2009 年约有城市贫困人口 5000 万人[1]，2010 年，中国城乡失业人口达到 2 亿人[2]，人口失业又加剧贫困人口的产生。巨大数量的贫困人口除了日常生活救济等服务之外，还需要增加就业机会、获得就业培训等服务以提高自身收入。另外，贫困不仅指收入难以维持基本生存的需求，而且还包括经济、社会、文化等方面的

---

[1]　牛凤瑞、潘家华：《中国城市发展报告》，社会科学文献出版社 2011 年版。

[2]　温家宝：《2010 年在中国发展高层论坛上的讲话》，2010 年 3 月，中国日报网。

匮乏。由于收入低而难以满足起码的生活水平，不具备与他人相同的权利去选择健康、自由和体面的生活，受到社会排斥。

另外，其他特殊群体的社会服务不足。例如，根据《中国儿童福利政策报告2011》，2010年，全国孤儿达到71万，5年增长约24%。农村留守儿童为5800万人。[①] 这些儿童应该获得生活照理、教育、医疗以及心理健康等方面的服务，可是，现有的社会服务项目还没有普遍性地覆盖到这些儿童身上。就老年人口来说，我国老年人口高龄化、失能化、空巢化发展迅速，据国家统计局计算，2010年60岁以上需要护理的失能老人为1470万[②]，然而，针对这些人口的护理服务十分缺乏。

二　社会服务碎片化明显

社会服务碎片化包括社会服务项目所覆盖对象不平衡、社会服务项目的不一致以及社会服务部门的碎片化。

首先，社会服务覆盖对象不普遍。普遍整合的社会服务体系建设必须做到针对同一群体设置的社会服务项目能够普遍性地覆盖到相关个人，争取做到社会服务覆盖的普遍性与全面性。然而，我国社会服务覆盖对象不普遍现象比较明显。例如，对于残疾人医疗服务，全国仅有35.61%的残疾人接受过医疗服务，而超过60%以上的残疾人无法获得此类服务；再如，对于残疾人康复训练服务其普遍性与全面性更差，全国仅有8.45%的残疾人接受过康复训练服务，仅有7.31%的残疾人接受过辅助器具的配备服务，高达90%的残疾人都没有获得过类似服务。又如，2010年，我国养老机构床位总数为312.3万张，仅占全国老龄人口的1.72%[③]。根据苏州市调查组的调查，2010年苏州市有60岁以上老年人131.7万人，而老年人的床位数不到1.7万[④]。远低于发达国家3%—7%的养老床位比例。

其次，社会服务项目的不一致。社会服务项目不一致是社会服务碎片化的另一种表现形式。全国各地社会服务供给项目普遍性地存在着城乡碎片化

---

①　民政部社会福利和慈善事业司：《中国儿童福利政策报告2011》，www.mca.gov.cn。
②　赵宝华：《中国人口老龄化进程中的突出矛盾和问题》，《老龄参考》2011年第4期。
③　同上。
④　苏州市民政局网站：《2010年苏州市民政事业报告》。

问题，各地还存在着自身的碎片化。总体上看，全国各地城市基本上建立起专业的护理制度，而广大农村尤其是西部地区的农村，护理服务基本上处于空白状态。妇女没有地方接受孕期产期保健知识、没有机会得到妊娠期护理，没有托幼所，青壮年男性进城打工后留下老年人、妇女和儿童，缺少必要的社会服务的支持。许多老年病人从来都没有听说过护理一词，他们在年老身病卧床时，最多是由女儿、媳妇等家人照顾，然后等待离世。课题组调研也发现，苏州的社会服务项目的供给就存在着老苏州人与新苏州人之间的差别。云南红河州存在非常明显的南北差距问题：红河州的北部地区在经济、社会、文化等方面都较之南部较为发达，北部地区占据了全州 60% 以上的经济、社会、教育优势资源，养老、医疗、教育等服务体系建设较南部地区健全。厦门的社会服务集中在岛内两个行政区，优质教育、医疗、养老、残疾人康复等社会服务项目明显健全于岛外四个行政区。

再次，社会服务管理部门的碎片化。社会服务体系建设是一项系统工程，需要相关部门、社会力量之间相互整合，形成合力，才能更为有效地做好社会服务工作。但是，实地调查发现，各部门之间并未形成较好的相互协调与整合。例如，对于贫困群体的医疗救助服务，民政部门往往要求助于医疗部门以及人力资源和社会保障部门，使得针对贫困群体的医疗救助服务管理部门的碎片化，这种碎片化的管理方式导致各部门之间无法形成很好的合力，无法把有限的资源整合起来做好社会服务工作。这就是说，卫生、教育、民政、妇联以及人力资源和社会保障等部门的社会服务工作领域存在着交叉与重叠问题，由此使得一些服务领域出现多头管理而有些服务项目则无人问津的情况。举例来说，对高龄和失能失智老人的社区健康护理工作，涉及民政系统和卫生系统等部门，但由于两个部门交叉，这个领域的工作进展很慢。在有关艾滋病防治后，除了医院和疾病预防监测机构外，对艾滋病人及家属的心理康复以及后期生活救助、就业服务就比较缺乏。

最后，社会服务监管机制的不健全。社会服务的主要目标就是为社会弱势群体提供满足其基本生活需要的各类帮助。这就需要协调社会服务主体、服务项目、服务内容、服务对象以及服务方式，并对这些方面进行有效监督，确保社会服务目标的顺利实现。但是，现行的社会服务监督机制比较薄弱。例如，在对社会服务供给主体监督方面，正是由于监督机制的缺失，一些地方的社会服务供给主体不作为，孤残儿童流落街头，得不到最基本的生活保障，一些地方的社会服务项目严重缺失，有的地方社会服务方式较为单一。

三 社会服务产业发展较为缓慢

作为一种产业类型，社会服务从属于第三产业。从这个角度看，现行的社会服务在产业发展过程中存在着几点不足：

一是对社会服务业重视不够，传统服务业比重依然过大。很多服务业重点在娱乐消费。其中，提供给年轻人和有钱人的旅游娱乐项目居多，包括旅游风景区、观光度假区、高档商场及相关娱乐设施等；而关系到民众基本社会服务需求的产业相对投入不足，尤其是为大多数家庭中老年人、妇女儿童以及残疾人提供的基本社会服务项目，如社区老人照顾护理中心、残疾人康复护理中心、孤儿院等的建设处于匮乏状态①，针对聋哑人、盲人以及相关智障人员的基本教育服务投入不足。设施在目前要做的是转变方向，调整现存的第三产业内的结构，把第三产业的服务转向建立以社区为基础的社会服务。

二是大量富余劳动力没有融进社会服务业中。经济社会的发展、人口老龄化进程的加快，社会福利事业的发展使得整个社会越来越需要更多的人员从事社会服务领域，为民众提供基本的社会服务，增进民众的福祉。按照后工业社会的划分标准，在发达国家，从事服务业的人口比例通常高于50%，有的国家甚至超过70%，而从事第一产业的人口通常低于10%。可是，我国服务业产值占整个 GDP 比重在50%以内，服务业从业人员占社会就业人口的30% 不到。这不是因为我国劳动力不足，而是由于我们的社会服务领域没有很好地发挥吸引就业的作用。也就是说，大量富余劳动力没有从事社会服务行业。

三是城乡社区服务业发展差异显著。我国社区服务业的启动源自于国有企业改革产生了社会福利社会化，即把下岗职工返送回社会、回到社区，在

---

① 2013 年 1 月 4 日，河南兰考县城关镇居民楼失火导致袁厉害收养的 7 名孤儿死亡事件体现了基本服务缺失。

社区内开展社区服务和社区建设，由此使得社区服务从无到有、由特殊到普遍、由不完善到逐步完善地发展起来。可是，我国农村社区服务还处于初步探索阶段，很多地方规划发展农村服务的时候，往往把它混同于农村金融、贸易、商业、保险等经济服务，而忽视了解决民众基本生活需求的服务，如基本的教育、医疗服务，基本的生活照料、康复、理疗服务，基本的公共交通服务以及最为基本的社会救助服务等十分匮乏，这类服务企业及从业人员非常缺乏，使得城乡社区服务产业发展的不平衡。

四　社会服务组织的支持不足

各类社会组织参与社会服务事业，不仅克服政府部门提供社会服务的单一性以及片面性问题，增进了社会服务供给主体以及供给项目的普遍性，解决了民众多层次、多样化的社会服务需求，因而日益得到世界各国的普遍认同，成为一些国家增进社会服务均等化的重要方面。但是，我国社会服务长期以来以政府为主导，社会组织在提供社会服务方面普遍性地存在着服务意识不足以及服务能力较低等问题。

一是社会服务的社会力量支持较为缺乏。社会服务体系的建设离不开社会力量的支持。可是，在我国，社会组织数量较少，2011 年为 25.5 万个；民办非企业单位仅为 20.4 万个[①]，平均每万名人口不到 2 个社会组织及民办非企业单位。例如，调查发现，云南红河州只有位于个旧、蒙自两县的两所民办养老服务机构，更不存在养老志愿服务组织；在就业服务方面，全州除了政府部门的就业管理中心外，有些县市级尚无民办职业介绍所，全州人力资源市场处于空白状态。

二是社会组织的服务水平不高。社会组织的存在为社会服务的供给提供了可能性，但是，能否提供服务、提供服务的水平与质量则取决于社会组织自身的服务供给能力与供给水平。总体上看，现行的各类社会组织所提供的社会服务质量参差不齐，有的社会服务组织发展较为成熟，它们所提供的社会服务比较规范，社会服务水平较高；有的社会服务组织发展较为一般，它

---

① 民政部：《2011 年社会服务发展统计报告》，http：//cws. mca. gov. cn/article/tjbg/201210/2012 1000362598. shtml。

们所提供的社会服务比较简单、粗放；还有的社会组织所提供的社会服务还缺乏长效机制与保障机制，一些问题甚至成为社会服务组织持续发展的障碍。例如，苏州市的民办养老机构中，个别民办养老机构根本无法为老年人尤其是生活不能自理的老年人提供个性化养老服务，老年人无法得到全天候的观察、照顾，他们的一日三餐甚至都无法得到保障。

第三节　社会服务体系普遍整合的实现

针对我国社会服务供给情况及其自身存在的问题，我们认为，要想促进社会服务持续发展，就必须加快社会服务项目及其内容的普遍整合建设，在坚持普遍整合社会服务供给基础上提高社会服务供给品质，同时，壮大社区工作者以及志愿者队伍，促进社会服务水平的提高。

一　社会服务体系普遍整合建设

改革开放三十年后，我国经济飞速发展的同时，带来了贫富差距的扩大以及社会服务的供给不足。为此，在"十二五"规划中，国家民政部提出健全社会服务体系，推进社会服务事业的全面发展。

社会服务体系的普遍整合建设，要明确社会服务是面向所有民众的、以解决其基本生活需要为主要目标的社会建设。因此，社会服务的完善首先要包括覆盖对象的完善，它不仅面对的是弱势群体，而是任何有困难的人、特殊人群以及其他所有需要基本服务的人群。当然，政府所构建的社会服务体系一般针对老年人、残疾人、慢性病人、妇女、儿童、农民工、困难群体以及其他所有民众的基本服务需求，而不是这些群体的非基本服务需求。民众非基本的社会服务需求则需要整合并发动社会力量。

社会服务体系的普遍整合建设包括服务项目的完善以及服务内容拓展，使人们所需要解决的问题，如生活救助、生活和健康照顾护理、医药卫生、文化娱乐、教育、就业培训、法律援助、心理疏导、精神慰藉等，都可以在社会服务中找到出口。为此，一些常规的社会服务项目需要确立、普及、巩固和加强。比如，老年人的社区文化生活和娱乐服务；妇女儿童的保健和医疗；残疾人的社区康复、技能培训和心理健康咨询；青少年的心理健康咨询和就业指导；贫困人口（包括三无对象、单亲家庭等诸多群落）的生活帮助；空巢老人的生活和情感支持；高龄失能老人的照护精神慰藉；吸毒者、艾滋病人和精神病患者的预防、治疗与康复；下岗工人、新毕业大学生和新一代进城打工者的就业培训；高校大学生的就业指导、创业培训和待业大学生的心理支持；城市化进程中"失地农民"的养老与再就业服务；"城中村"改造中"失房市民"的临时住房安置服务；农村小学校集中后的交通服务、安全服务和卫生服务等。

　　总之，社会服务体系的普遍整合需要确立社会服务体系，拓展社会服务内容，完善社会服务项目，拓展社会服务对象。为全体人口解决他们在个人发展中和生活中遇到的所有困难。

二　社会服务体系的普遍整合目标

　　社会服务全面开展的城市社区建设中，在农村社区建设试点铺开阶段中占了很大的比例。在经济发达地区的社区建设和社会服务中也引进了诸如政府购买服务、服务的多元化等概念。但是，由于在社会福利体系中的社会服务整体框架不清楚，影响了具体政策的理解与执行。我们国家的社会服务体系面临普遍整合建设。

　　第一，构建完整的社会服务体系，形成社会服务纵向与横向关系的衔接和整合。在纵向上，完善养老、医疗、公共卫生、就业、教育、住房以及社会救助等领域内的相关社会服务项目，完善社会服务内容，形成项目健全、内容完善、互相衔接的社会服务体系。在横向上，普遍整合政府部门内部之间、政府各个部门之间、政府部门与党派团体之间、政府与社会组织之间所涉及的相关社会服务职能，普遍整合各社会服务供给主体的社会服务资源，形成相互衔接、结构完整、内容全面的社会服务体系。

　　构建完整的社会服务体系，推进社会服务体系的普遍整合，要充分发挥各类社会组织的作用，形成多元社会服务供给。因为社会组织在社会服务供给上具有自身独特的优势，它通过自己的社会服务供给探索，为政府普遍性政策法规的制定提供了依据；它对特殊群体提供的服务，如对吸毒人员和艾滋病人的心理辅导与康复护理服务，比较容易得到这些群体的认同。所以，各级政府要积极扶持社会服务组织的建立与发展，为社会服务组织的发展提供优惠的政策扶持，如实行税收、土地使用和贷款优惠等政策；帮助它们提高自我管理能力，使之尽快成为我国社会服务提供给的生力军。同时，引导各类组织进入养老、健康、教育、住房、就业、托幼等社会服务领域，运用准市场机制，促进社会服务质量的提高。

第二，扩大社会服务供给对象，加强社会服务的普遍享用建设。要加强社会服务供给对象的普遍性建设，政府提供的社会服务应该面向生活在这个区域内的所有人员，而不能仅仅局限于所谓的本地居民或常住人口，更不能将社会服务供给对象人为地划分为本地人与外地人。任何一个人，只要他工作或生活在这个城市，就应该与本地居民一样，"非商品化"地获得基本的社会服务，这是公民权利在社会服务领域的体现。反过来，如果把社会服务对象人为地进行身份和户籍区分，针对某个阶层或户籍人员的社会服务即便十分完善，那至多也是一种覆盖对象特殊性的普遍。这就是说，扩大供给对象意味着社会服务不能只是为某个群体或某个阶层所专享，它应该为所有成员普遍享用，包括外来务工人员及其家属，让它成为民众基本的"社会权利"。

第三，拓展社会服务内容，提升社会服务品质。拓展社会服务内容与提升社会服务品质相辅相成，拓展社会服务内容需要提升社会服务质量，否则这样的社会服务项目或内容仅仅是一种数量的积累，是一种低水平重复而不能形成服务档次的提升，无法满足民众日益增长的社会服务需求；反过来，提升社会服务品质同样需要较为充足的社会服务项目支撑，没有一定数量的社会服务难以言说服务质量。

例如，现有的养老服务项目包括家庭自我养老、社区居家养老、日间照顾养老、社会养老以及虚拟院养老等诸多服务项目，它们基本上涵盖了所有的养老服务类型，但是，在养老服务项目完善的同时更需要我们提升养老服务质量，例如，可以针对个人或家庭的实际需要，开展个性化的老年辅导与老年关爱服务，强调在提供专业化社区工作服务尤其是老年工作服务的同时，积极开展针对老年人自身特征方面的社会服务，不仅仅只是泛泛地提供普通的社会服务需求，而是把老年人放置于特定的家庭以及社区中，努力关注老年人所赖以生存的家庭及社区的纵向人际关系以及横向社会联系，不断加以改善，发掘家庭与社区资源，提升家庭与社区的能力，为家庭及社区增能。

第四，整合各类社会服务项目，增强社会服务供给的公正性。第二次世界大战后，社会服务在西方国家得到了规范化、专业化发展，形成了一个服务体系。但是，它在中国的发展时间较短，很多服务项目尚未形成和成型，有的社会服务项目及其服务方法还面临着本土化问题，面临着如何与中国文化和生活相结合的问题，由此使得中国的社会服务还处于初步发展阶段。

为此，我们应当加强社会服务项目的整合建设，从服务需求者出发、以服务需求者为主体形成较为完整的社会服务项目供给体系。例如，可以把社区服务和社会管理创新结合起来，社区服务与城镇化建设结合起来，社区服务与就业、康复、培训、公共卫生等结合起来，形成综合社会服务项目供给，克服单一社会服务项目供给的局限性；我们应当从满足民众基本生活需求出发，整合各项社会服务项目，防止有的社会服务项目供给标准过高，有的社会服务项目供给标准过低，有的社会服务项目还没有供给等情况的发生；我们也应该加强社会服务体系建设的区域整合建设，重点解决社会服务体系建设过程中长期存在的地区差异、阶层差异问题，在服务机构的建设、服务成本的投入、服务资源的开发、服务环境的打造等方面注重社会服务的均衡发展，形成一套适合中国特质的制度化社会服务体系。

三 社会服务体系普遍整合的实现途径

社会服务体系的普遍整合以增进社会服务项目的普遍覆盖、社会服务对象的普遍享用、社会服务的公正供给为目的，它以政府为主体并整合企业、社会组织乃至家庭等各个主体，充分发挥各个主体在社会服务供给中的作用。这就需要构建社会服务体系普遍整合的实现途径。

第一，转变社会福利建设理念，以社会服务提升社会福利事业，使之成为和谐社会建设的重要方面。社会福利包括物质性福利与服务性福利，前者以物质或资金供给为主，后者注重于服务供给，使民众更加便利地生活，两者在民众的日常生活过程中缺一不可。这就需要我们在建设社会福利事业的时候切实转变观念，变原来的社会控制为现在的社会服务，变原来的社会管理为现在的社会服务，变原来的被动服务为现在的主动服务，变原来的整齐划一的社会服务为现在的个性化、多层化的社会服务，变原来的低层次的服务为现在的综合性全面服务，变原来的单一供给主体的社会服务为现在的多元主体供给的社会服务，用以人为本、助人自助理念整合社会服务资源，提升社会服务能力，使所有民众能够享受到经济社会发展的成果，最大限度地提升民众的幸福感，增强民众的满意度。为此，政府有关部门在发展民生事业过程中要加强部门之间的联系、沟通、协调与整合，及时了解民生政策的变化，合理安排好各项社会服务，真正把社会服务作为整个民生工作的重要组成部分。

第二，加强社会服务队伍建设，提升社会服务水平。提升社会服务水平依赖于一支结构完善、力量精干、充满活力、专业化的社会服务队伍，尤其是职业化的社会工作队伍，依赖于其他组织及广大民众的普遍参与，增强社会服务的整合能力。结合调查情况来看，不仅要扩大社会服务人员的数量，而且更要提高社会服务人员的专业技能素质，兼顾到不同阶层、不同群体的特殊性社会服务需求，使他们能够适应经济社会发展以及民众对社会服务的需求，为民众提供个性化、专业化的社会服务，提升社会服务品质。这就需要政府探讨如何解决社会服务人员的待遇问题，给予获得社会工作资格认证的人员进入社会服务队伍的优先权，对那些愿意到老、少、边、穷地区的社会服务人员以相对优厚的待遇和生活保障。

社会服务的发展不仅决定于社会服务人员数量，还决定于服务人员素质、服务人员的专业水平及其工作分工。由于我国这类人员较为匮乏，受过专业社会服务培训的人数较少。这就需要我们加大社会服务人员的培训力度，结合社会服务需求，通过高等学校和专业培训机构有针对性地分类培养或培训社会服务人才，提高社会服务人员的专业水平和服务技能，让他们在贫困或失业人口的就业服务、社区生活照顾服务、公共住房改造服务、公共环境改善服务、社会互助网络服务、公共卫生服务以及小型商业服务等方面提供专业化服务，大幅度提高社会服务的供给能力与供给品质。

第三，培育和发展社会组织，动员社会力量参与社会服务事业。实现社会服务体系的普遍整合需要将各社会服务供给主体普遍整合起来，实现社会服务供给主体的多元化。为此，政府应该制定政策促进社会组织的发展，鼓励各种社会服务类组织及志愿者队伍的成长，使之成为社会服务供给主体中的重要一环，充分利用低保对象、退休人员、下岗失业人员以及热心社会服务的各类人员组建志愿服务组织，为民众提供便民服务和相互服务，提高社会服务的供给能力。同时，政府要加强各类社会服务组织的培育，尤其要培养各类专业性服务组织，如老年服务组织、青少年服务组织、吸毒人员、艾滋病人员以及其他精神病人的心理辅导组织、康复护理组织等，由这些专业性社会组织为民众提供包括生活照料、康复护理、心理健康、个性发展等方面的服务，促进"每一个年龄、性别、阶层、种族、文化的人以平等的机会"①。

动员社会力量投身于社会服务事业，需要我们积极探索社会服务产业化。社会服务作为社会福利事业，既是社会福利体系有机组成部分，也是一种特殊的、不以盈利为目的的社会产品。将社会服务作为产业化，尤其是养老、医疗、康复护理等服务行业进行产业化，不仅可以解决社会服务资金供给不足问题，还可以壮大第三产业，推进产业转型与产业升级，进而确保为民众提供优质服务。

第四，加大社会服务经费投入，加强社会服务监管，推进社会服务普遍整合目标的实现。社会服务的普遍整合在很大程度上就是要在扩大社会服务覆盖面、增强社会服务普遍供给的同时，对各类社会服务供给机构、供给主体、供给项目以及供给内容进行有效整合，形成社会服务供给合力，增进社会服务供给的公正性。

首先，要加大社会服务经费投入，在加强财政投入社会服务事业的同时，动员社会资源投入于社会服务事业建设中，通过政策制定引导各类资金优先投入于民众最基本的社会服务项目的建设，确保民众最基本的社会服务需求得到满足和解决，在此基础上逐步提升社会服务档次与品质。

其次，破除体制与政策性障碍，使社会服务建设拥有良好的体制与政策平台。既要加强政府社会服务部门内部、政府各社会服务部门之间的整合，对各部门的社会服务工作进行归类、划分，调整部门之间的利益分配，制定有效的社会服务规范，改变"政出多门"的状态，在社会服务主管部门之间形成良好的沟通合作和资源整合，以最有效的方式实现良好的社会服务。也要加强政府与社会组织之间的服务职能整合，在坚持政府主导的前提下充

① Denney, David, *Social Policy and Social Work*, Oxford: Oxford University Press, 1998, p. 18.

分发挥社会组织在社会服务供给中的作用。

最后，做好社会服务监管工作，规范社会服务运行。社会服务主管部门要制定规范的社会服务监管法规，形成有效的监管机制，杜绝社会服务中出现的各种不良现象，切实保障各项社会服务资金用在"刀刃上"，社会服务做到点子上，减少民众对社会服务工作的不平衡、抱怨心理，最终提高社会服务质量，促进社会服务普遍整合目标的顺利实现。

下　篇

民意基础

第一章

民意视角的社会福利研究

第一节　社会福利政策视角：政府、专家与公众

在现代社会的公共政策制定和施行的环节中，政府、专家和公众是三个重要的角色。政府作为公共政策的制定主体，充当凝聚社会公众"公意"，调节社会利益的角色；专家以其专业方面系统性的知识，为公共政策的制定提供专业化、科学化的支持、论证或启发；公众既作为"公意"的利益表达方，亦作为公共政策最广大的"受众"。依法理而言，在公共政策所涵括的三类角色中，公众应该处于最为基要的位置。这是因为在现代社会中，人民主权成为国家缔造的基本原理，公共政策的本质不过是政府权威部门对社会公众"公意"的执行。在公共政策的范畴之中，国家的社会福利政策更是直接指向为公民普遍提供旨在保证一定生活水平和尽可能提高生活质量的资金和服务，公众的核心地位更应毋庸置疑。然而长久以来中国社会福利政策在制定和运行中，公众视角却往往是被忽视的。

公众视角的缺位首先表现在一些社会福利政策的制定忽视了公众的基本权益，而过多地凸显了政府的管理权力。比如，为公民提供义务教育是政府公共服务的基本职能之一，但农民工子女却因为户籍、学籍等制度障碍难以在流入地享受相应的权益。为满足流动儿童教育需求的农民工子弟学校，却因为达不到教育部门设立的"办学条件"，而屡遭关闭①。在某些地区，那

---

① 2011年夏季，北京市有30余所农民工子弟学校被关停，涉及近3万学生。详见新华网2011年8月16日，http://news.xinhuanet.com/edu/2011-08/16/c_121863295.htm。

些因学校关闭而辍学的农民工子弟，要"五证"齐全才可向公立学校申请入学。这种忽视公众权益，怠于履行为公众提供福利服务的职责，却借不符合政府法规为由，禁止民间自发的社会福利供给的现象，非止一端①。

公众视角的缺位还表现在一些社会福利政策在出台过程中缺乏对民意、公众心理和应对行为的深入了解，善意的政策举措可能适得其反。比如为抑制大城市的房价高企，2013 年 2 月国务院颁布了五项加强房地产市场调控的政策措施（被称为"新国五条"），各地也纷纷出台了实施细则。其中一项措施是出售自有住房征收 20% 的交易税。这一措施的本意是抑制房产投机，增大"炒房"的难度，缩减"炒房"的利润空间，但却没有考虑到，售房者大多出售的是非自住房产，而购房者往往是购第一套住房，双方在交易关系上不是对等的，后者的需求更为"刚性"。在这种状况下，售房者会把税收转嫁到购房者一方，后者实际上比政策出台前支付了更高的房价。由于没有深入广泛地了解民意，推演体察公众的心理，这一系列"楼市新政"还诱发了部分大城市的离婚热潮，公众以"政策性离婚"的方式，突破"限购"禁令，规避房产买卖的征税。②

公众视角的缺乏的第三种表现是社会福利政策在制定过程中为公众参与留下的空间和渠道十分有限。"凡生活受到某项政策影响的人，就应该参与那些决策的过程"③，然而我们看到，在我国的社会福利政策的制定过程中，公众参与是相当不足的。据《中国青年报》2010 年 12 月的一次对 1655 人进行的调查显示，96.9% 的人认为，政府在制定公共政策时应征集民意；84.5% 的人首选"存在走过场现象"，其次是"有的征集缺乏对公众的及时反馈"（70.3%），"民意征集与政策制定脱节"排在第三位（69.8%）。63.7% 的人认为部分民意征集"随意性大，缺乏统计和分析"。④ 目前我国的重大公共政策的制定过程中，专家学者的意见往往会占据主导地位，他们

---

①　河南兰考妇女袁厉害 20 多年收养上百名弃婴，地方政府不能承担抚养之责，却称之为"非法收养"，便是一例。详见财经网：http：//politics. caijing. com. cn/2013 - 01 - 05/112409015. html。

②　详见《"假离婚"，苛政所逼，并非背德》，http：//view. 163. com/special/reviews/fakingdivorce 0322. html。

③　［美］科恩：《论民主》，聂崇信、朱秀贤译，商务印书馆 1988 年版，第 15 页。

④　http：//zqb. cyol. com/content/2010 - 12/29/content_ 3471641. htm。

的主要任务是以其在某个领域内的突出的专业知识来弥补决策者在专业上的不足。但长此以往，专家意见会覆盖民意，普通公众难以置喙。凌驾于民意之上的专家"科学"决断，易于演变为"内行专制"，而使民意和民智的汇集难以体现。

上述社会公共政策中公众视角遭受忽视的现象种种，究其深层原因，乃是"民主政治"与"行政官僚"两种理念的冲突。[①] 在民主政治理念下，权威最终是掌握在公众手中，政府必须向人民负责；权威是分散式的，因此决策的过程也是开放的、由下而上的参与。但在行政官僚制度下，强调对上级主管的负责，信息保密、遵守命令与法规；维护部门利益，并采用集权和控制的方式制定政策。

公众在社会公共政策制定和运行过程中核心地位的获得，必要且唯一的方式是：遵循民意。

第二节　社会福利政策中公众角色及民意的双重性

来源于西方社会的民意（Public Opinion）一词，在近代以来民主政治的诸多理念中具有极为重要的地位。它和"天赋人权"、"生而平等"、"社会契约"、"人民主权"、"权力制衡"等民主政治观念密切关联，有强烈的启蒙主义和理性主义色彩。中国数千年的政治文化中并没有"民意"的位置，其对译的结果是"舆论"一词。因此 Public Opinion 一词在中文语境中既可称作"民意"，又可称为"舆论"。

根据我国台湾学者魏宏晋的研究，民意产生的条件应该有三大要素：非官方的人民、公开讨论的空间和场域以及公共事务议题。[②] 换言之，民意是姓"公"的，其中的"Public"既指"公众"，又指"公开讨论"，还指"公共事务"。民意的核心问题就是"非政府的意见如何转变为公共的意见"。如此而来，民意就成为了"公意"，其表达方式就类似于民主体制下

① 参见全钟燮《公共行政：设计与问题解决》，五南图书出版股份有限公司 2001 年版，第 238 页。

② 魏宏晋：《民意与舆论：解构与反思》，台湾商务印书馆 2008 年版，第 41 页。

票决的"多数原则"，以对公共议题表达赞同或反对的比例多寡为公众利益的向背。这样"民意"在民主政治和公共政策的范畴中自然就成为公共利益的载体。

然而在现实的政治和政策过程中，民意的"公共性"却是不甚可靠的。

首先，所谓的"公众"在现实中大多情况下是多元的"分众"。有些是善于提出公共议题的公众（Issue Public），有些是对公共议题高度关注的公众（Attentive Public），有些则是被动接受议题的普通公众（General Public），还有的是对公共事务毫无兴致的公众（Uninterested Public）。一项公共议题在多大程度和规模上获得了公众的回应就算"征得民意"，在民意研究领域还未有成论。其次，面对一项公共议题，公众的角色也是多样的，由于利益关联的程度差异，不同的"利益关系人"因其价值观、利益、立场等不同而有着不同的感受与看法，对于议题的共识达成也是艰难的。比如向持有房产者征税，对于有房者而言是利益损失，故此很可能反对；对于无房者而言，可能就会倾向赞成。在每一个利益群体都优先考虑自身利益的情况下，"公共"的利益又如何平衡出来？再次，讨论的"公开"范围和程度也是不平等的。由于教育程度、媒介接触程度等多方面的差异，不是所有的公众都有同样的时间、精力和能力卷入公共议题的公开讨论中去，最终的民意结果是否会偏向于一小部分拥有话语权的"小众"者？最后，甚至连民意的多数原则也未必放之四海而皆准，大多数人赞同或反对的事项，未必合理。最极端的例子便是第二次世界大战时纳粹德国消灭犹太人的政策，由于政府通过宣传洗脑将犹太民族描绘成贪婪的经济动物与日耳曼民族的敌人，使得整个德国充满了仇视犹太人的气氛，当时的多数民意不但不以犹太人清洗的政策为错误，反而理直气壮地认为是正义的行为。

如此说来，在公共政策领域中，作为民意主体的公众本身就具有双重性。具体体现在个体理性与集体理性之间、短期利益与长远利益之间的张力。当面临自身没有特殊利益的公共议题时，公众会尽量以"大多数人的利益就是我的利益"的"集体理性"思维来发表意见；当面临自己特殊利益时，又会突出"我的利益高于一切"的"个体理性"。当长远利益和短期利益冲突的时候，公众也多会考虑现实短期利益的实现，而使得长远利益不能保障。比如明知道过度砍伐森林、开发矿山、排放污水等会留下长久的环境生态破坏，损害公众的长久利益，但更关注短期利益者却难以自我制约。

个体理性与集体理性，短期利益与长远利益的抵牾也必然造成民意的双重性。

第三节　审慎思辨：从个人意见走向公众意见

民主政治要兼筹并顾两大重要价值：平等参与（equal participation）和审慎思辨（deliberation）。前者是指人人有权参政，有表达意见和参与决策的机会；后者是指参与决策者能对于不同政策选项的正反面意见与利弊得失，有认真思考和相互讨论的机会，以期政策抉择是深思熟虑的理性产物。[①] 此二者的平衡，恰恰是民意与社会公共政策的核心关系所在。如上所述，在民主体制下，作为利益表达的民意在社会政策制定过程中具有正当性和基础性，但也同样存在容易偏向个体理性和短期利益的局限。而作为协调社会群体利益的公共决策则要求具有平衡性、慎思性和规则性。如何由将个人意见汇聚成公共意见，并作为公共政策的制定依据，确实成为公共选择领域的难题。

20 世纪 70 年代以来，源自西方世界的"协商民主"的政治理论和实践，为破解民意与公共政策之关系的难题提供了启示。所谓"协商民主"（Deliberative Democracy）[②]，"简单地说，就是公民通过自由而平等的对话、讨论、审议等方式，参与公共决策和政治生活"。正如俞可平所言，"协商民主是建立在发达的代议民主和多数民主之上的，它是对西方的代议民主、多数民主和远程民主的一种完善和超越"，"公民与官员之间就共同相关的政治问题进行直接面对面的对话与讨论，是政治民主最基本的要素之一……政府与公民的协商，既是达到民主决策的必要环节，同时这种协商本身就是

---

① 参见余致力《民意与公共政策——理论探讨与实证研究》，五南图书出版股份有限公司 2002 年版，第 57 页。

② Deliberative Democracy 一词在台港等地区被译做"深思熟虑的民主"、"审慎明辨的民主"；在国内多被译做"协商式民主"。笔者本人倾向于台港学者的译法，因为 Deliberative 在英文中本是"共同审议的"、"审慎的"含义，强调通过参与者的集体讨论，达成成熟、理性的共识。在此考虑到国内学界的习惯，笔者暂用国内的"协商式民主"的译法。

一种民主的实践。它既是公民政治参与的现实形式，也是公民培育民主精神的重要渠道"。①

协商民主的政治实践在民意研究领域便是产生了"协商式民意调查"的研究范式。协商式民意调查的思想来源于美国斯坦福大学教授詹姆斯·费什金（James S. Fishkin），他从雅典人利用抽签来选择法官及立法者的方式得到启发。以现代意义而言，他认为我们可以采取随机抽样的方式，选取一些民众，这些民众将是一个社会的缩影。更进一步要让这些民众聚集在一地，面对面的互相讨论，如此可以提供民众成为一个理想公民的机会与动机，因为他们的意见不再只是几千万人之中微弱的声音，而是在小组一二十人中被听得到的意见，借此可以暂时减轻理性无知的程度。协商式民意调查与传统民意调查的根本不同就在于其目的并不只是在于预测民意，更多的是一个实践民主政治的过程，这个过程提供了一个思辨的场所，尝试了解在一个资讯充分以及公众能够审慎思考和相互辩难的理想状况下所呈现的民意。

从实践层面看，协商式民意调查一般首先随机抽取一个样本（可以是全国，也可以是地方），针对某个政策议题进行问卷调查，并征询受访者参加审议会议的意愿。其次，在邀集受访者参加的审议会议中，参与的公民和其他公民进行讨论，向来自不同立场的专家提问，并阅读相关的信息，来了解公共议题不同的行动方案或政策选项的优劣得失。最后，对审议会议的参与者进行后测的问卷调查，比较参加会议前后参与者对政策议题的态度和知识是否发生变迁。所有讨论的过程由公共媒体播出，从而影响公共政策的决策过程，提高政治人物参与讨论的动机，并展现与传统民调有别的来自民众的声音。②

通过对协商式民意调查的了解，可以看到，这一实践方式有以下几个特点：第一，和以往的民意调查不同，协商式民意调查的信息提供者，是针对某项公共议题各类利益关系人的共同集合，而不是一个一般人口学意义上的

---

① 见俞可平为《作为公共协商的民主：新的视角》一书所作的"总序"。收入毛里西奥·帕瑟林·登特里维斯主编：《作为公共协商的民主：新的视角》，中央编译出版社2009年版。

② 有关协商式民主的介绍，参见 Fishkin, J. S., *Democracy and Deliberation：New Directions for Democratic Reforms*, New Haven, CT：Yale University Press, 1991；Fishkin, J. S., *The Voice of the People：Public Opinion and Democracy*, New Haven, CT：Yale University Press, 1995。

"代表性样本"；第二，协商式民意调查的主持者同时也是公共政策沟通的推动者，通过议题设置、调查开展、组织协调各方讨论、透过媒体传达意见等诸多方式，来促成公众对于公共议题的共识达成。这和以往主流的"科学主义"范式强调观察者的客观、独立截然不同；第三，协商式民意调查的研究方法绝不限于传统的定量调查方法，而是把问卷调查、座谈、观察、行动研究等系列方法整合起来；第四，协商式民意调查往往适用于范围不大的、有可能实现面对面沟通的社区或区域中。

在开展社会福利政策的民意基础这一研究中，课题组借鉴协商式民主和协商式民意调查的理念，选取了国内 4 个不同经济发展水平的地区进行调查。这四个地区分别为重庆市、江苏省苏州市、福建省厦门市、云南省红河哈尼族彝族自治州。并有针对性地将和社会福利政策相关的专家—精英人士以及相关的公众作为调查对象。

专家—精英人士分别代表了地方发展规划和财政部门（发改委、财政局）、社会福利政策制定部门（卫生局、人力资源和社会保障局、民政局、住房建设局）、公共政策专家（地方党校、行政学院；党委政府政策研究室）等不同类型，每个地区选取了 250 名，共 1000 人。相关公众包括了公务员（含参公人员）、事业单位人员、城镇企业职工、城镇居民、农村居民、农民工或外来工等不同的群体，每个地区选取了 500 名，共 2000 人。

本研究的目的即是通过描述、分析和比较专家—精英人士和相关公众对社会福利诸项制度的意见和评价，来剖析在社会福利政策领域，民意互动的公共理性达成的途径。

第二章

养老保障制度的整合意愿

近年来，养老保障事业飞速拓展，至 2012 年年底，社会养老保险已基本实现了制度全覆盖。据人力资源和社会保障部公布的数据，2011 年底，全国约有 8.7 亿人参加了各类社会养老保险。其中城镇基本养老保险参保人数为 28391 万，企业基本养老保险 26284 万，新农保 32643 万①。然而，当前养老保障制度的碎片化状况也甚为突出。城居保、新农保、城镇企业职工基本养老保险、公务人员和事业单位离退休制度等多重养老保障制度的分割设立，使得城乡居民之间、企业单位和机关事业单位之间存在着养老保障资源享有的不平等。据中国社会科学院调查与数据中心 2012 年全国五省市2520 位城乡居民的调查结果显示，有 47.4% 的公众对目前的养老保障制度在"制度公平性"方面的评价为"不公平"和"很不公平"。由此可见，养老保障的制度整合应当引起高度重视。下面我们就进一步解读公众和专业人员群体对于社会养老保险制度的整合意愿。

第一节　城居保与新农保制度的整合意愿

调查结果显示，就总体来看，专业人员是较为赞成把新型农村社会养老保险与城镇居民社会养老保险合并为一个制度。如表 2.1.1 所示，在整合新型农村社会养老保险和城镇居民社会养老保险中，3/4 的专业人员是持赞同态度的，其中占总体的 40% 的专业人员是非常赞成的。选择非常不赞成的

---

① 人力资源和社会保障部：《2011 年度人力资源和社会保障事业发展统计公报》。

比重很小，只有不到 2%。分地区来看，厦门、苏州、重庆、红河四地的总体趋势相同。除厦门以外，其他三地都有 40% 以上的专业人员是非常赞同这一整合的。在厦门地区，专业人员的态度相对而言更为缓和，持比较赞同态度的最多，占了 39%，而非常赞同的占了近 36%。通过表 2.1.1 可以看到，在这四个地区，非常不赞同对新型农村社会养老保险和城镇居民社会养老保险进行整合的专业人员极少，均不到 3%，其中厦门只有 1.2% 的被访专业人员持有非常不赞同的态度。可以说，在对城乡居民社会养老保险的调整中，将两者合并为一个制度得到了绝大多数专业人员的认同。这种整合在一定程度上是符合社会发展的总体趋势的。在社会养老保险上的城乡一体化，也是消除城乡二元格局所带来的城乡收入差距的有效手段。

表 2.1.1　　　　对新农保与城镇居民社会养老保险合并的专业人员意见

	总计	地区			
		厦门	苏州	重庆	红河
人数（人）	999	251	249	249	250
非常赞成（%）	39.7	35.9	40.2	43.0	40.0
比较赞成（%）	35.3	39.0	36.5	34.5	31.2
不太赞成（%）	23.1	23.9	21.3	20.9	26.4
非常不赞成（%）	1.8	1.2	2.0	1.6	2.4
总计（%）	100.0	100.0	100.0	100.0	100.0

第二节　公务员、事业单位、企业职工养老保障制度的整合意愿

对于城镇居民内部存在的三类养老保障制度区分——公务员、事业单位人员、企业职工的养老保障，大多数公众认为三者应该实行同一个制度。专业人员群体对此持有相同的意见，并认为这种整合也具有较高的可行性。

从公众的视角来看，首先大多数公众认为，公务员和事业单位人员在养老保障制度上绝大多数都认为应该是实行同一个制度的。通过对表 2.2.1 的分析可以看出，这一比重达到了 75% 左右，只有 12.3% 的公众认为两者是

应该实行不同制度的。另外，还有 13.1% 的公众对这一问题是持不清楚的态度的。从不同地区来看，公众对待这一整合问题的总体趋势基本相同。调查所在的四个地区，均有 70% 以上的被访者认为公务员和事业单位人员应该采取同一个养老保障制度。其中，厦门地区有 73%，苏州和重庆地区约有 77%，红河地区有 71%。除红河地区，厦门、苏州和重庆认为应采取不同制度的都只占 10% 左右。在红河的被访公众中，有 18% 认为应该采取不同的制度，相较于其他三个地区较多。就城市和农村的被访者来看，城市公众中认为应采取同一制度的人数占城市总被调查人数的比重要高于农村，其中城市有 78% 左右，农村则有不到 68%。这主要是因为农村的被访者中，有将近 21% 的公众对公务员和事业单位人员养老保障制度并不了解所致。这一比例在总体中相对较高，这与农村居民对这一问题的实际参与度较低有关。综上分析，不论是从总体还是从不同地区或者城乡来说，公众大都认为公务员和事业单位的养老保障制度应该整合为同一个制度。

表 2.2.1   **公众对公务员和事业单位人员养老保障的整合意见**

	总计	地区				城乡	
		厦门	苏州	重庆	红河	城市	农村
人数（人）	1971	493	478	500	500	1222	749
同一个制度（%）	74.5	73.0	76.8	77.4	71.0	78.7	67.7
不同的制度（%）	12.3	10.5	10.9	9.8	18.0	12.8	11.5
不清楚（%）	13.1	16.4	12.3	12.8	11.0	8.4	20.8
总计（%）	100.0	100.0	100.0	100.0	100.0	100.0	100.0

其次，大多数公众也同样认为事业单位人员和企业职工应实行同一个养老保障制度。分析表 2.2.2 可以发现，总体来看，有 71.3% 的公众认为事业单位人员和企业职工的养老保障应该施行同一个制度。只有不到 20% 的被访者认为两者应该采取不同的制度，有 10% 左右的公众对于这一问题是不清楚的。就事业单位和企业的养老保障整合上来看，不同地区间的差异较小。四个地区分别有 63%—75% 的被访公众认为二者应该采取同一个制度。相较而言，红河地区选择采取不同制度的公众较多一些，占了当地总人数的

26.4%，其他三个地区都只有不到20%。就城市和农村的公众来说，对待这一问题的差异不大。分别有75.1%和65.2%的公众认为要采取同一个制度。但是在农村受访者中，有16%的人不清楚应该如何实行这两者的养老保障制度，这应该与农村居民大多数并不直接参与这两种保障制度有一定的关系。在事业单位人员和企业职工的养老保障制度的调整中，将二者整合形成同一制度是绝大多数公众较为认可和赞同的。

表2.2.2　　　　　公众对事业单位人员和企业职工养老保障的整合意见

	总计	地区				城乡	
		厦门	苏州	重庆	红河	城市	农村
人数（人）	1975	492	483	500	500	1223	752
同一个制度（%）	71.3	74.4	74.3	73.6	63.2	75.1	65.2
不同的制度（%）	18.2	14.2	17.2	14.8	26.4	17.8	18.8
不清楚（%）	10.5	11.4	8.5	11.6	10.4	7.0	16.1
总计（%）	100.0	100.0	100.0	100.0	100.0	100.0	100.0

在公务员和事业单位人员养老保险制度的整合上，专业人员和公众的意见甚为一致。78%的专业人员认为，公务员和事业单位人员实行一个养老保险制度是可行的。如表2.2.3所示，在对专业人员的调查中，就公务员和事业单位人员的养老保险制度的整合问题上，均有39%左右的专业人员认为是非常可行和比较可行的，认为非常不可行的只占了不到4%。值得关注的是，厦门、苏州、重庆三地的专业人员群体的意见模式较为一致，而红河地区的专业人员则与其他各地有所不同。厦门地区的专业人员中选择非常可行和比较可行的比例合计占了83.2%，苏州地区的专业人员做同样选择的占了79.6%，重庆地区专业人员同样选择的比重也将高达82.4%，红河地区情况较前三个地区略有不同，认为非常可行和比较可行的专业人员占了67.2%，比前三个地区低了约12—14个百分点，他们认为不太可行的人数相对较多，占了近28%。这一现象可能和地区之间的经济发达程度有关。越是欠发达地区，公务员职业的含金量越高，和事业单位人员的各类待遇差

距也就越大，反映在专业人员群体中，便会认为公务员和事业单位人员养老保障制度的整合障碍越强。即便存在区域之间的态度差别，但是在对公务员和事业单位人员实行同一个养老保险制度这一问题上，专业人员大多数还都认为是可行的。认为这一整合非常不可行的专业人员所占的比重非常少，即使最多的厦门地区也只有6%的人选择了非常不可行。可以说，在专业人员心中，整合公务员和事业单位人员的养老保险的可行度是较高的。

表2.2.3　专业人员对公务员和事业单位人员实行一个养老保险制度的可行性评估

	总计	地区			
		厦门	苏州	重庆	红河
人数（人）	998	249	250	249	250
非常可行（%）	39.0	39.8	38.8	43.4	34.0
比较可行（%）	39.1	43.4	40.8	39.0	33.2
不太可行（%）	18.2	10.8	18.4	16.1	27.6
非常不可行（%）	3.7	6.0	2.0	1.6	5.2
总计（%）	100.0	100.0	100.0	100.0	100.0

Pearson Chi-Square（9）＝36.609，Asymp. Sig.（2－sided）＝0.000

在事业单位人员和企业职工的养老保险制度整合上，专业人员整体上认为是可行的，但地区之间差异较大。根据表2.2.4分析可以看出，专业人员的态度虽然较为分散——认为非常可行的占了近27%，比较可行的有近35%，不太可行的有34%，但从总体来看，60%以上的专业人员还是认为将事业单位人员和企业职工实行一个养老保险制度是可行的。从不同地区看，专业人员意见并不一致。在厦门地区，有46.2%的专业人员认为这是比较可行的，而整体上来看，有3/4左右的人觉得可以实行整合的。相较而言，在苏州地区，分别约有29%、34%、33%的专业人员认为是非常可行、比较可行和不太可行的，可以看到其认为可行的比重占了近63%，少于厦门地区。这一比例在重庆和红河依次递减为56.6%和49.6%。与之相对的，在这两个地区，认为不太可行的专业人员比例相对较大，分别为39%和44.4%。这一比例和厦门地区的不到20%形成较为鲜明的对比。可以看到，在整合事业单位人员和企业职工的养老保险问题上，不同地区的专业人员持有不同的意见，虽然认为非常不可行的比重都相对较少，但是比较来看，在厦门地区将事业单位和企业职工的养老保险制度进行统一化的可行性要依次高于苏州、重庆和红河地区。

表2.2.4　专业人员对事业单位和企业实行一个养老保险制度可行性评估

	总计	地区			
		厦门	苏州	重庆	红河
人数（人）	998	249	250	249	250
非常可行（%）	26.5	29.3	28.8	25.7	22.0
比较可行（%）	34.6	46.2	33.6	30.9	27.6
不太可行（%）	34.0	19.7	32.8	39.0	44.4
非常不可行（%）	5.0	4.8	4.8	4.4	6.0
总计（%）	100.0	100.0	100.0	100.0	100.0

Pearson Chi-Square（9）=43.080，Asymp. Sig.（2-sided）=0.000

在对公务员适合何种养老保险制度上，专业人员的态度差异较为不明晰，要视具体区域而定。如表2.2.5所示，在对专业人员的调查中，对于公务员参加何种养老保险制度合理这一问题，选择事业单位社会养老保险制度、城镇职工社会养老保险制度或单独设立一个养老保险制度的比例基本相当，分别为31.8%、39%和29.1%。按照所调查的四个不同调查地点来看，区域间差异显著，尤其以红河地区与其他三个地区的差别更为明显。红河地区的被访专业人员中，有40.4%认为应该单独设立一个养老保障制度。与之相比，厦门、苏州、重庆各有21.9%、29%和25.3%，都是各地方所占比重最小的选择。同时，在红河地区，只有22.4%的被访者认为采取事业单位社会养老保险制度是较为合理的，这一比例也与另外三个地区有着较大的不同。在这三个地区中，厦门地区的被访专业人员大多数（45%左右）认为城镇职工社会养老保险制度对于公务员来说是比较合理的，而在苏州和重庆，40%以上的专业人员认为事业单位社会养老保险制度相对来讲较为合理。在对公务员养老保险制度的整合过程中，总体上各种意见的力量较为平

均，而就不同地区来看，专业人员持有的意见又不尽相同，因此对于公务员
应该参加何种养老保险制度，如何对其进行整合还有待进一步考察和分析。

表2.2.5　　　　　专业人员认为公务员更适合参加的养老保险制度

	总计	地区			
		厦门	苏州	重庆	红河
人数（人）	998	250	249	249	250
事业单位社会养老保险制度（％）	31.8	32.7	30.9	41.4	22.4
城镇职工社会养老保险制度（％）	39.0	45.4	40.2	33.3	37.2
单独设立一个养老保险制度（％）	29.1	21.9	28.9	25.3	40.4
总计（％）	100.0	100.0	100.0	100.0	100.0

Pearson Chi-Square (6) = 35.853, Asymp. Sig. (2 – sided) = 0.000

　　总体来看，专业人员大多认为公务员、事业单位人员和企业职工实行一
个养老保险制度是必要的。根据表2.2.6所示，有将近62％的专业人员这样
认为，其中认为非常必要和比较必要的被访者各占了30％左右，另外有近
34％的专业人员认为这一整合是不必要的，所占比重也较大。认为非常不必
要的专业人员极少，只有不到5％。从不同地区来看，整体上都有超过50％
的专业人员认为这种整合是必要的，但具体来看，还是具有一定的差距。比
较厦门、重庆、苏州和红河这四地，可以发现，认为非常必要和比较必要的
专业人员所占比重和，分别为74.5％、62.2％、58％、52.8％，依次递减。
其中，厦门地区和苏州地区认为非常必要的专业人员要多于态度较为缓和的
重庆与红河地区，重庆和红河则正好与之相反。相对而言，红河地区的被访
专业人员在选择上有一定的特殊性，有40.4％的专业人员认为这种整合是
不必要的，明显高于总体和其他三个地区。但在这四地之间及其与总体的比
较中可以发现有一点是相同的，就是认为非常不必要的专业人员所占的比重
都十分小，均在5％左右。将公务员、事业单位人员和企业职工三类就业人
员的养老保险制度统一为一个制度是具有必要性，但这种必要性在不同的地
区也有不同的迫切程度，在对不同地区进行制度整合的过程中，也应该依据
不同的必要性，因地制宜。

表 2.2.6　专业人员对公务员、事业单位人员和企业职工实行一个养老保险
制度必要性态度

	总计	地区			
		厦门	苏州	重庆	红河
人数（人）	1000	251	250	249	250
非常必要（％）	30.0	39.8	31.2	30.1	25.2
比较必要（％）	31.6	34.7	26.8	32.1	27.6
不必要（％）	33.6	20.3	37.2	33.7	40.4
非常不必要（％）	4.8	5.2	4.8	4.0	6.8
总计（％）	100.0	100.0	100.0	100.0	100.0

Pearson Chi-Square（9）＝36.202，Asymp. Sig.（2－sided）＝0.000

　　总体来看，在对公务员、事业单位人员和企业职工实行一个养老保险制度的可行性分析中，专业人员大多数认为是可行的。根据表 2.2.7 可以看到，被访的 1000 位专业人员中，有 60% 以上的人认为是可行的，其中，认为非常可行的占了近 27%。但同时，也有 34% 的专业人员认为这一整合是不太可行的。这一问题在不同地区的专业人员看来，整体趋势是相似的。从厦门、苏州、重庆和红河的整体信息来看，分别有 73.3%、62.4%、56.6% 和 49.6% 的被访专业人员认为是可行的。虽然不论从总体还是分地区来看，认为非常不可行的专业人员比重都非常小，最大也只有 6%，但相较于其他三个地区，红河地区认为可行和不可行的比重各占一半左右，其推行这一整合的可行性争议较大。相比较而言，厦门地区的可行性最强。与表 2.2.6 比较来看，分别调查了专业人员眼中，将来我国公务员、事业单位人员和企业职工实行一个养老保险制度的必要性和可行性。相对而言，实行这一整合的必要性要更强，说明在现实中，推行这一整合可能会遇到较多的实际问题，这在一定程度上降低了其可行性。同时可以看到，必要性和可行性在不同区域间是同步变化的，认为可行的专业人员数越多，相对而言认为必要的专业人员也越多。在整合过程中，要同时考虑可行性和必要性，既要基于现实条件，又要考虑解决这一问题的迫切性，这样才能行之有效地推行整合工作。

表 2.2.7　　专业人员对公务员、事业单位人员和企业职工实行一个养老
保险制度可行性评估

	总计	地区			
		厦门	苏州	重庆	红河
人数（人）	998	249	250	249	250
非常可行（%）	26.5	33.5	28.8	25.7	22.0
比较可行（%）	34.6	39.8	33.6	30.9	27.6
不太可行（%）	34.0	23.1	32.8	39.0	44.4
非常不可行（%）	5.0	3.6	4.8	4.4	6.0
总计（%）	100.0	100.0	100.0	100.0	100.0

Pearson Chi-Square（9）=27.354, Asymp. Sig.（2–sided）=0.001

第三节　农民工、失地农民的养老保险的制度整合意愿

在农民工或外来工及失地农民养老保险整合过程中，专业人员认为城镇职工社会养老保险和新型农村社会养老保险都较为合适。而公众认为，失地农民和农民工都比较适合新型农村社会养老保险。

总体来看，专业人员在建议农民工或外来工最适合参加的社会养老保险的险种上，选择城镇职工社会养老保险和新型农村社会养老保险的人数相当，分析表 2.3.1 可以发现，分别约占总人数的 31% 和 36%。而选择参加城镇居民社会养老保险或单独建立养老保险制度的比重都较少，分别为 15% 和 18% 左右。对于这一问题，不同地区的专业人员持有不同的意见，差异显著。在厦门、苏州和重庆地区，其选择的趋势和总体比较接近，选择城镇职工社会养老保险和新型农村社会养老的比重相差不大，但这三个地区都与总体相反，其中选择前者的比重都高于后者，差距最大的是苏州地区，专业人员人数比重相差 9.2%。在红河地区，有近 50% 的专业人员认为，农民工或外来工最适合的是新型农村社会养老保险。比较特殊的是，在红河地区，有 23% 的专业人员选择了为农民工或外来工单独建立养老保险制度，这一比例高于选择城镇职工社会养老保险的比例 11.6% 和选择城镇居民社会养老保险的 15.6%。通过上述分析可以发现，不同地区的专业人员在这

一问题上意见较有分歧，正是由于红河地区较大比重的专业人员选择了新型农村社会养老保险制度而提高了其在总体中的比例。为农民工或外来工单独建立养老保险制度最合适这一选项，厦门和重庆的专业人员都较少选择，但在苏州和红河，都有20%以上的专业人员选择此项。

表2.3.1　　　专业人员建议农民工或外来工最适合的社会养老保险

	总计	地区			
		厦门	苏州	重庆	红河
人数（人）	998	249	250	249	250
城镇职工社会养老保险（%）	30.8	35.3	38.8	37.3	11.6
城镇居民社会养老保险（%）	15.2	17.7	11.2	16.5	15.6
新型农村社会养老保险（%）	35.9	30.9	29.6	33.3	49.6
单独建立养老保险制度（%）	18.1	16.1	20.4	12.9	23.2
总计（%）	100.0	100.0	100.0	100.0	100.0

Pearson Chi-Square（9）=70.901，Asymp. Sig.（2-sided）=0.000

公众普遍（46%）认为，农民工或者外来工最适合参加新型农村社会养老保险。根据表2.3.2所示，在被访的1974人中，有约1/4的公众认为其参加城镇职工社会养老保险是最合适的。选择城镇居民社会养老保险或者单独建议养老保险制度的公众较少，分别约占17%和12%。在这一问题上，不同地区间的总体趋势相似，最大多数公众选择的是新型农村养老保险，其次是城镇职工社会养老保险，最少选择的是单独建立养老保险制度，但其在比重上还是略有差异。在红河地区，选择新型农村社会养老保险最适合农民工或外来工的比例明显高于其他三个地区，占了该地区被访公众的近58%。相对其他三个地区而言，苏州地区选择新型农村社会养老保险和城镇职工社会养老保险的人数差距最小。对于农民工或外来工社会保险的选择，城乡之间的差距较大。相较于城市的39.4%，在农村的被访者中，有56.1%认为新型农村社会养老保险最适合农民工或外来工。但选择城镇职工社会养老保险、城镇居民社会养老保险上，城乡地区的差距较小。在农民工和外来工的社会保险选择上，地区间和城乡间的总体趋势都无较大差异，新型农村社会养老保险更适合农民工或外来工，而单独建立养老保险制度并不恰当。

表 2.3.2 公众认为农民工或外来工最适合的社会养老保险

	总计	地区				城乡	
		厦门	苏州	重庆	红河	城市	农村
人数（人）	1974	490	484	500	500	1225	749
城镇职工社会养老保险（%）	25.1	29.2	29.8	28.0	13.8	26.5	22.8
城镇居民社会养老保险（%）	17.3	18.0	15.7	18.4	17.0	19.4	13.8
新型农村社会养老保险（%）	45.7	40.8	38.2	46.0	57.6	39.4	56.1
单独建立养老保险制度（%）	11.9	12.0	16.3	7.6	11.6	14.6	7.3
总计（%）	100.0	100.0	100.0	100.0	100.0	100.0	100.0

就失地农民最适合参加的社会养老保险这一问题，公众中最大多数选择了新型农村社会养老保险。如表2.3.3所示，43.4%的被访公众认为失地农民最适合参加的是新型农村社会养老保险，有不到30%的公众则选择了城镇居民社会养老保险。分别只有14.1%和13%的被访者认为失地农民最适合城镇职工社会养老保险或者单独建立养老保险制度。在这一问题上，不同的地区相较而言有一定的差异。除重庆地区外，厦门、苏州和红河地区的公众，大多数都认为新型农村社会养老保险是最合适的，分别约有42%、43%和51%的公众这样选择。其次选择的是城镇居民社会养老保险。但在这两种社会养老保险的选择人数上，这三个地区都有较大差距。重庆地区的情况与这三地差别较大，在重庆，分别有近39%和38%的被访公众认为城镇居民社会养老保险或者新型农村社会养老保险是最适合失地农民的。但从总体上看，这四个地区选择城镇职工社会养老保险或单独建立养老保险制度的公众都比较少，都在10%左右。就城乡不同区域被访者的回答来看，其总体趋势是相同的。不论是城市还是农村绝大多数的被访者都认为新型农村社会养老保险对于失地农民来说是最合适的。其次是城镇居民社会养老保险，所占比重都在30%左右。从这一选择分布上我们可以看到，大多数公

众认为失地农民在享受社会养老保险中还应该和农村居民相同，很少有被访者认为有必要为失地农民单独建立养老保险制度。

表2.3.3　　　　　公众认为失地农民最适合参加的社会养老保险

	总计	地区				城乡	
		厦门	苏州	重庆	红河	城市	农村
人数（人）	1971	488	483	500	500	1222	749
城镇职工社会养老保险（%）	14.1	16.4	18.0	14.4	7.6	14.9	12.7
城镇居民社会养老保险（%）	29.5	27.0	25.5	38.6	26.8	29.4	29.8
新型农村社会养老保险（%）	43.4	41.6	43.3	37.8	50.8	40.3	48.3
单独建立养老保险制度（%）	13.0	15.0	13.3	9.2	14.8	15.4	9.2
总计（%）	100.0	100.0	100.0	100.0	100.0	100.0	100.0

第四节　基础养老金的统筹意愿

在基础养老金的统筹意愿上，公众对农村居民和城镇居民享受相同标准的基础养老金上是持赞同态度的。专业人员认为城乡居民的基础养老金标准制定时，是应该实行一个标准的，同时城镇居民低保标准应该与基础养老金标准相同。

总体看来，绝大多数（80%左右）的被访公众在农村居民和城镇居民享受相同标准的基础养老金上是持赞同态度的。如表2.4.1所示，其中，51.9%是非常赞成统一的。只有13%左右的被访者对于城乡基础养老金的统一标准持不赞成的观点，另外约有6%的人对于此事不清楚。在统一城乡基础养老金问题上，选取的四个调查地的公众的观点基本相同，从厦门到红河，各有83%、81.5%、83.2%和75.8%的人是赞同的。相对而言，红河地区的公众的态度比前三个地区较为平缓，选择非常赞同和比较赞同的人数比例较小。这四个地区不赞同统一标准的公众都较少，尤其非常不赞成的人数都少于3%，苏州地区最少，只有不到2%。从城乡区分来看，不论是城市还是农村的被访者，绝大多数都是赞同统一城乡基础养老金标准的。但相比较而言，农村居民选择赞成的比例稍高于城市居民，其中，农村居民有86.3%选择了赞成，城市居民中只有77.5%。在农村居民中，仅有不到8%对统一持有不赞成的态度，而城市居民中有17.1%是不赞同这一观点的。虽然城乡间有一定的差距，但是总体趋势是较为相同的。在整合城乡基础养老金的过程中，绝大多数的公众是赞成的，而且很大一部分是持非常赞成的态度的。在这一问题上，地区间的差异也很小，某种程度上说，统一城乡基础养老金标准是不同经济发展水平的地区的一致需求。

表2.4.1　　　　　对城乡居民享受相同标准的基础养老金的公众态度

	总计	地区				城乡	
		厦门	苏州	重庆	红河	城市	农村
人数（人）	1981	494	487	500	500	1228	753
非常赞成（%）	51.9	53.6	50.9	57.4	45.8	47.2	59.6
比较赞成（%）	28.9	29.4	30.6	25.8	30.0	30.3	26.7
不太赞成（%）	11.3	8.9	9.4	10.4	16.4	14.0	6.9
非常不赞成（%）	2.2	2.4	1.8	2.0	2.6	3.1	0.8
不清楚（%）	5.6	7.9	7.2	4.4	5.2	5.4	6.0
总计（%）	100.0	100.0	100.0	100.0	100.0	100.0	100.0

在城乡居民的基础养老金标准制定上，大多数专业人员认为应该实行一个标准。根据表2.4.2可以看出，在进行城乡居民基础养老金整合时，近62%的专业人员认为这两者的标准应该相同，取消城乡差别对待。同时，有36%的专业人员认为城镇居民的基础养老金应该高于农村居民。但只有极少数（2.1%）被访者认为要将城镇居民的基础养老金调到低于农村居民。在这一问题上，不同地区的专业人员几乎持有较为一致的观念。在我们开展调查的四个地点，分别有60.2%、63.3%、58.6%、65.2%的被访者认为应该将城乡居民的基础养老金调整到同一个标准，而不是差别对待。但同时，在这四个地区，也都有35%左右，最多不到40%的被访者认为城镇居民的基础养老金是应该高于农村居民的。无论什么地区，都极少有专业人员认为城

镇居民的基础养老金是要低于农村居民的，比例都不到3%。可以说，在城乡居民基础养老金的制定过程中，城乡间的差异应该是逐渐降低的，并且应该逐渐趋于相同化，取消城乡的差别对待，更好地对基础养老金进行整合，缩小城乡居民保障性收入的差距。

表2.4.2　　　对城乡居民的基础养老金所采取标准的专业人员意见

	总计	地区			
		厦门	苏州	重庆	红河
人数（人）	996	249	248	249	250
城乡居民实行一个标准（%）	61.8	60.2	63.3	58.6	65.2
城镇居民高于农村居民（%）	36.0	37.8	35.5	38.6	32.4
城镇居民低于农村居民（%）	2.1	2.0	1.2	2.8	2.4
总计（%）	100.0	100.0	100.0	100.0	100.0

Pearson Chi-Square（9）=4.285，Asymp. Sig.（2-sided）=0.638

　　总体来看，专业人员认为低保标准应该与基础养老金标准相同。根据表2.4.3可以看到，被访专业人员中，有44.2%的人认为城镇居民的低保标准应该与基础养老金标准相同，但同时，也有36.3%的人是认为低保标准应该低于基础养老金标准。相对而言，选择低保标准高于基础养老金的专业人员较少，只占了不到20%。在不同地区，专业人员的意见差距显著。在厦门、苏州、红河，分别有45.8%、46.8%、48%的被访者认为低保标准应该与基础养老金相同，分别都占了这三个地区被访专业人员的最大多数。与这三地不同的是，在重庆，有将近50%的专业人员认为低保标准应该低于基础养老金标准，而只有36.1%的专业人员认为两者是应该相同的。厦门、苏州、重庆地区选择低保标准高于基础养老金标准的专业人员所占比重都不到25%，后两个地区甚至低于15%，而红河地区的专业人员各有26%左右认为低保标准或者高于或者低于基础养老金标准。综合来看，在确定低保标准和基础养老金标准的过程中，专业人员更多地倾向于将二者相同化，与此同时在调整二者标准时，较少有专业人员认为应该将低保标准调整到高于基础养老金标准。虽然不同地区间有一定的差异，但是总体的趋势相差不多。

表2.4.3 专业人员对城镇居民的低保标准与基础养老金标准关系的意见

	总计	地区			
		厦门	苏州	重庆	红河
人数（人）	996	249	248	249	250
低保标准与基础养老金标准相同（%）	44.2	45.8	46.8	36.1	48.0
低保标准高于基础养老金标准（%）	19.5	22.9	14.5	14.9	25.6
低保标准低于基础养老金标准（%）	36.3	31.3	38.7	49.0	26.4
总计（%）	100.0	100.0	100.0	100.0	100.0

Pearson Chi-Square（6）=37.025, Asymp. Sig.（2 - sided）=0.000

第五节 基础养老金的统筹层次

在进行基础养老金的统筹过程中，公众认为如果要统一城乡的基础养老金标准，则应该在全国进行统一，但不同区域间的差距较大，需要因地制宜。而就统一城镇居民社会养老保险方面，绝大多数专业人员认为在全省统一更好。

公众认为，如果要统一城乡的基础养老金标准，则应该在全国进行统一。分析表2.5.1可以发现，被访公众中有近34%认为如果要统一农村居民和城镇居民的基础养老金则应该在全国层面进行统一。将近30%的被访者认为应该在州市级统一。认为在省级和县级统一的公众所占比例较小，分别为17%和12.9%。在不同地区，公众的意见差别很大。在厦门和苏州两地，分别约有42%和34%的公众认为应该在州市级进行统一的，相较而言，在重庆和红河，比重最大的却是在全国统一，分别约占43%和47%。在厦门、重庆和红河，60%以上的被访者都集中在了全市（州）统一和全国统一，而苏州地区的公众选择相比之下较为分散，在县级和省级层面都各有将近20%的被访者选择。就城乡来看，城市和农村的被访者的观点较为相似，都有60%以上的被访者认为是应该在全市（州）和全国进行统一。但两者又有一定的区别，在城市被访者中，有31.3%的人认为应该是全市（州）统一，占据了最大的比重；在农村被访者中，有近34%的被访者认为应该在全国统一农村居民和城镇居民的基础养老金。在统一城乡基础养老金问题上，不同地区的差异较大，而城乡的差异较小，但不论从地区还是城乡来看，大部分被访者倾向于全国统一，而选择在全县统一的被访者都是最少的。可以看到，被访者主要集中认为在全国统一或在全市（州）统一，跳过了省级，同时也不倾向于在最小级别的县级进行城乡基础养老金的整合。

表 2.5.1 公众对城乡基础养老金标准统一层次的意见

	总计	地区				城乡	
		厦门	苏州	重庆	红河	城市	农村
人数（人）	1980	494	486	500	500	1227	753
全县统一（%）	12.9	10.1	19.3	10.2	12.0	13.6	12.9
全市（州）统一（%）	28.9	41.7	34.4	23.8	16.2	31.3	28.9
全省统一（%）	17.0	14.0	19.3	15.2	19.4	17.2	17.0
全国统一（%）	33.7	24.5	20.0	43.2	46.8	29.9	33.7
不清楚（%）	7.5	9.7	7.0	7.6	5.6	8.0	7.5
总计（%）	100.0	100.0	100.0	100.0	100.0	100.0	100.0

总体来看，绝大多数专业人员认为在全省统一城镇居民社会养老保险的基础养老金更好。如表 2.5.2 所示，从总体来看，近 42% 的被访者认为城镇居民的社会养老保险金基础养老金应该是全省统一的。分别有 25.5% 和 27% 的被访者认为，是应该在全市（州）和全国进行统一的。仅有不到 6% 的被访者认为应该在全县层次统一基础养老金。在被调查的四个地区，专业人员的意见也有较大的不同。厦门和苏州地区的基础养老金统一层次划分差距较重庆和红河并不十分明显。在厦门和苏州两地，认为应该在省级和州市级层次统一的被访专业人员基本保持在 31%—37% 左右，认为需要在全国统一的专业人员占了 22%—24% 左右，而认为应该在县级统一的比例较小，均不到 10%。在重庆和红河，均有 45% 以上的专业人员是认为应该在全省层次进行基础养老金的统一的。排在全省层次统一之后的，是认为在全国层次进行统一，两地分别约有 32% 和 29% 的专业人员选择了这一选项。排在后一位的是在州市级统一，占了 17%—18%。同厦门、苏州两地相似的是，重庆和红河的被访专业人员也很少认为应该是在县级统一基础养老金，所占

比例也都不到10%。分析可知，在厦门和苏州，被访专业人员主要认为基础养老金的统一层次应该是居于中间的省级和州市级。但是在重庆和红河，认为省级统一的专业人员占据了较大多数，其次认为在全国进行统一，认为在州市级及县级统一的专业人员相对较少。

表2.5.2　专业人员认为城镇居民社会养老保险基础养老金较好的统一层次

	总计	地区			
		厦门	苏州	重庆	红河
人数（人）	997	249	249	249	250
全县统一（%）	5.6	3.2	7.6	5.6	6.0
全市（州）统一（%）	25.5	36.1	31.3	16.9	17.6
全省统一（%）	41.9	37.8	36.9	45.8	47.2
全国统一（%）	27.0	22.9	24.1	31.7	29.2
总计（%）	100.0	100.0	100.0	100.0	100.0

Pearson Chi-Square（9）=42.119，Asymp. Sig.（2－sided）=0.000

第六节　基础养老金的财政分担

专业人员认为，不论是城镇居民社会养老保险还是新型农村社会养老保险，中央财政都应该负担最大的比重，财政负担额度随政府级别逐级递减。但就不同区域而言，其比例额度的实际分配又有较大的区别。

专业人员认为，中央财政应该负担城镇居民社会养老保险的较大部分。从表2.6.1可以看出，被访专业人员认为中央财政负担城镇居民的社会养老保险基础养老金的比例最高，占了43%。其次为省级财政，占24%，州市级财政及县区财政相对较小，分别为17%和15%。在厦门、苏州、重庆和红河四个调查地，被访者认为各级政府应负担的比例平均值的分布有较大区别。虽然从总体上看，这四个地区的专业人员在财政分配上都是认为中央财政需负担最大的份额。但是，红河和重庆两地的专业人员认为中央财政应承担的份额均值明显高于厦门和苏州两地。前两者的比例均值分别为54%和49%，而后两者为36%和31%。这似乎表明区域经济发达程度和对中央财政转移支付的期许有关。越是经济欠发达地区，越会倾向于依靠中央财政来解决地方社会养老金的缺口。在四级财政的负担比例分配中，苏州的被调查专业人员的分配均值较为平均，从中央财政到县区财政分别为31%、25%、22%和22%，而红河地区的分配则最为分散，从中央财政的54%，到省级财政的23%，州市级的13%，再到县区财政的10%，份额跨度较大。在其他两个地区中，厦门的被调查专业人员在省级财政和州市级财政的分配额度较为接近，都在20%—25%，而重庆则是州市级财政和县级财政的分配额度基本保持在12%—13%。不论从总体还是分地区来看，专业人员都给予中央财政较大的期望，在城镇居民的社会养老保险基础养老金中都将中央财政放在了最为重要的位置，但同时，省级、州市级和县区级财政不能单单依靠中央财政，也需要根据实际的地区经济发展情况和财政级别分担不同程度的责任。

表2.6.1　专业人员认为各级财政负担城镇居民养老保险基础养老金的比例

	总体均值	地区				Pearson Chi-Square	Asymp. Sig.（2-sided）
		厦门	苏州	重庆	红河		
人数（人）	966	239	228	249	250		
中央财政（均值）（%）	42.89	36.23	31.32	48.52	54.18	312.341	0.000
省级财政（均值）（%）	24.35	24.41	24.78	25.47	22.79	172.336	0.000
州市级财政（均值）（%）	17.41	21.92	22.11	12.90	13.33	401.953	0.000
县区财政（均值）（%）	15.35	17.44	21.79	13.11	9.7	258.430	0.000
总计（%）	100.00	100.00	100.00	100.00	100.00		

鉴于新农保的特殊性，专业人员也同样认为，中央财政应该负担新型农村社会养老保险的较大部分。如表2.6.2所示，被调查者在负担新型农村社会养老保险的基础养老金的分配中认为，中央财政应该承担超过40%的比例，其次是省级财政应承担24%，而州市级及县区财政承担的平均份额较小，分别占到15%左右。分地区来看，厦门和苏州两地的被调查者相较于重庆和红河的被调查者，认为中央财政所要负担的比例较小，为30%—40%之间，而后二地则在50%—55%左右。相比较而言，厦门和苏州在省级

财政和州级财政的分配比比较接近，平均值在 20%—25%，而重庆和红河两地相较而言，州市级及县级财政所需负担比例较小，基本在 12%—13%，其中红河的县级财政负担更是小于 10%，该两地的省级财政支出基本也保持在 22%—25%。较为特殊的是苏州地区，四级财政的分配比例均值较为接近，从中央财政一直到县区财政分配比例分别为 32%、24%、22% 和 22%。而红河在四级财政中的分配差距最大，从中央财政到县区财政的分配比例为 55%、23%、13%、10%。但四个调查地区的总体趋势都是中央财政的承担份额最大，其后依次是省级财政、州市级财政，最小的为县区财政。在被调查者看来，中央财政应该承担新型农村社会养老保险的基础养老金的绝大部分，而县区财政相较而言责任较小，不过同时也可发现，被调查者认为基础养老金是应该由不同级别的政府分别按照份额承担的，而不是由某一级政府单独负担。

表 2.6.2　　　　　专业人员认为各级财政负担新农保基础养老金的比例

	总体均值	地区				Pearson Chi-Square	Asymp. Sig. (2-sided)
		厦门	苏州	重庆	红河		
人数（人）	965	239	227	249	250		
中央财政（均值）（%）	43.68	37.58	31.65	49.34	54.75	301.109	0.000
省级财政（均值）（%）	24.20	24.52	24.67	25.13	22.56	158.904	0.000
州市级财政（均值）（%）	16.96	20.80	22.03	12.55	13.09	392.062	0.000
县区财政（均值）（%）	15.16	17.10	21.64	12.98	9.60	246.599	0.000
总计（%）	100.0	100.0	100.0	100.0	100.0		

第三章

医疗保障制度的整合意愿

第一节　对于新农合制度整合的意愿

在新型农村合作医疗制度整合过程中，专业人员群体认为统一的层次为省级是更为合适的，而个人的筹资比例不应占总筹资额过高，1/10 的比重较为适宜。同时根据当地经济发展情况，适时可以将新型农村合作医疗的管理职能移交给人力资源和社会保障部门。而对于取消新农合中个人（家庭）账户，公众的意见大相径庭，区域间的差异也较为明显，需要因地制宜，不可一刀切，应该更为深入地调查和了解实际情况。

一　新农合的统筹层次

总体来看，多数专业人员认为新型农村合作医疗应该在全省层次进行统筹，根据表 3.1.1 所示，有 41.1% 的专业人员持有上述观点。认为适合在全市（州）层次统一的专业人员占了将近 31%，还有 21% 左右的专业人员选择了全国统一新型农村合作医疗制度，只有不到 8% 的专业人员认为适合在全县统一。分地区来看，在新型农村合作医疗整合层级这一问题上，四个被调查地之间的专业人员意见差距显著，综合分析，重庆和红河地区的专业人员倾向于全省统一新型农村合作医疗，苏州地区的专业人员则认为全市（州）统一更为合适，而在厦门地区选择州市级和省级的专业人员比例相当。其中，在厦门地区，持市级统一和全省统一意见的专业人员均约占38%—39%，相较而言，苏州地区的被访专业人员的选择也主要集中在这两个级别，但比例有一定的差别，分别将近42%（全市统一）和36%（全省统一）。经济水平相对较低的重庆和红河，专业人员意见和前两区域区别较大。在重庆地区，有将近45%的专业人员认为适合在全省进行统一，而选择州市级和全国统一的均占1/4左右。在红河地区，专业人员更倾向于全省统一（45.6%），另有约1/4的专业人员选择了全国统一，而对于市级（18.8%）和县级（10.4%）的统一层次，较少有专业人员认为是合适的，但相比较而言，在红河地区选择全县统一的专业人员比例相较于其他三个地区是最高的。

表3.1.1　　　　　　　**专业人员对新型农村合作医疗统一层次的观点分布**

	总计	地区			
		厦门	苏州	重庆	红河
人数（人）	998	251	248	249	250
全县统一（%）	7.7	6.8	6.9	6.8	10.4
全市（州）统一（%）	30.5	37.8	41.9	23.3	18.8
全省统一（%）	41.1	38.6	35.5	44.6	45.6
全国统一（%）	20.7	16.7	15.7	25.3	25.2
总计（%）	100.0	100.0	100.0	100.0	100.0

Pearson Chi-Square（9）=47.775，Asymp. Sig.（2-sided）=0.000

二　新农合的个人缴费比例

分析专业人员对于新型农村合作医疗个人缴费占筹资总额的合适比例这一问题的数据，从整体来看，1∶10的比例分布得到了最大多数专业人员的支持，根据表3.1.2所示，选择这一比例的专业人员占了总人数的34%。同时，1∶5（16.6%）和1∶8（10.8%）也得到了相对较多的专业人员支持。在四个被调查地，被访专业人员最支持的个人缴费筹资比例都为1∶10。其中，厦门为32.1%，苏州为30%，重庆为34.5%，红河为39.2%。但在其他比例的选择中，各地区间的差异是显著的。在厦门地区，专业人员认为1∶5（18.9%）、1∶8（14.5%）和1∶4（12.4%）也都是较为合理的。在苏州地区，1∶5（18%）、1∶3（11.6%）是得到一定专业人员认可的。

相较而言，在重庆和红河地区，1∶5 的比例分布也是得到了较多的专业人员的支持，两地分别为 16.5% 和 13.2%。综合来看，专业人员认为在新型农村合作医疗的筹资比例中，个人的筹资不应占据筹资总额太大的比重，认为占 1/5 以上的专业人员比重不到 40%。比较来看，经济的发达程度与否，与专业人员认为个人缴费的合理比例关系不大，在这个四个地区，50% 左右的专业人员都选择了 1∶8—1∶10 的比例为合适分布。在进行新型农村合作医疗的个人缴费调整中，专业人员认为不应该给予个人过高的负担，个人承担的只是其较小的比重是相对合理的。

表 3.1.2　专业人员认为在新农合筹资比例中个人缴费占筹资总额的合理比例

	总计	地区			
		厦门	苏州	重庆	红河
人数（人）	998	249	250	249	250
1∶2	7.3	2.8	8.0	10.0	8.4
1∶3	7.9	5.6	11.6	8.8	5.6
1∶4	7.5	12.4	6.0	5.2	6.4
1∶5	16.6	18.9	18.0	16.5	13.2
1∶6	7.7	7.6	8.0	6.0	9.2
1∶7	3.6	2.4	3.6	4.0	4.4
1∶8	10.8	14.5	10.0	11.2	7.6
1∶9	4.5	3.6	4.8	3.6	6.0
1∶10	34.0	32.1	30.0	34.5	39.2
总计（%）	100.0	100.0	100.0	100.0	100.0

Pearson Chi-Square（24）=46.148，Asymp. Sig.（2 – sided）=0.004

三　对于取消新农合个人账户的态度

公众对于取消新型农村合作医疗的个人（家庭）账户的态度较为分散，相对而言，总体上不赞成的人数略高于赞成的人数。根据表 3.1.3 所示，有近 38% 的公众表示赞成取消个人（家庭）账户，同时，也有 41% 的人不赞成这种取消行为。但也可以看到，对于这一问题，有 21% 的被访者是没有明确态度的，表示其不清楚是否该取消新农合中的个人（家庭）账户。在这一问题上，区域间的差异十分明显。在厦门地区，表示不赞同的人数和赞同的人数基本持平，各自约占了38%和37%。在苏州地区，这之间的差距相对明显，赞成的人数相对较多，占了将近43%，而不赞成的约为32%。重庆和厦门地区较为相似，赞成和不赞成的态度区分不是十分明显，分别为45.6%和39.2%。而红河地区的公众态度最为鲜明，且与苏州地区呈明显相反，55.2%的公众是不赞成的，相对只有约27%的公众持赞同态度。不可忽视的是，在厦门和苏州，对这一问题没有发表个人态度的公众占了超过1/4的比例。就城乡区分来看，城市被访者和农村被访者对这一问题的态度趋同。城乡均约有38%表示赞同。农村被访公众的不赞成比例略高于城市，为45.4%（城市为38.3%）。城市被访者选择不清楚的人员比例要明显高于农村被访者。就数据分析来看，对是否取消新型农村合作医疗体系中的个人（家庭）账户尚存争议，公众的意见也较为分散，需要进一步深入地进行调查访问，也需根据不同地区提出针对该地区的行之有效的方案。

表3.1.3　　　　　公众对取消新农合个人（家庭）账户的态度

	总计	地区				城乡	
		厦门	苏州	重庆	红河	城市	农村
人数（人）	1979	493	486	500	500	1227	752
非常赞成（%）	18.0	17.4	20.4	21.6	12.8	18.8	16.8
比较赞成（%）	19.9	19.3	22.4	24.0	14.0	18.9	21.5
不太赞成（%）	32.2	29.6	25.1	30.4	43.4	29.3	36.8
非常不赞成（%）	8.8	8.3	6.4	8.8	11.8	9.0	8.6
不清楚（%）	21.0	25.4	25.7	15.2	18.0	24.0	16.2
总计（%）	100.0	100.0	100.0	100.0	100.0	100.0	100.0

四　对于新农合主管部门的倾向

就专业人员群体而言，绝大部分专业人员对把新型农村合作医疗的管理职能移交给人力资源和社会保障部门是持赞同意见的。如表3.1.4所示，共有超过3/4的专业人员选择了非常赞成或者比较赞成，两者的比例分别为34.4%和41.2%。对此职能移交持非常不赞成态度的专业人员极少，只有不到5%。分地区来看，被调查的四地区域间的差异显著。比较来看，厦门和苏州地区较为相似，重庆和红河地区意见结构趋同。在厦门和苏州地区，选择比较赞同的专业人员明显占据了最大比重，分别为50%和46.2%，在这两地区，赞同的专业人员均超过了80%。而在重庆和红河地区，赞同的态度没有前两个地区那么明显，表示赞同的专业人员分别为71%和65%左右。虽然四个地区强烈不赞成的专业人员比重都不高，均未超过7%，但是重庆和红河地区选择不太赞成的专业人员比例较高，都超过了20%，红河地区甚至快达到30%。可以看到，经济发展较为落后的地区对于将新型农村合作医疗的管理职能移交给人力资源和社会保障部门的支持度更低。这一趋势对于在经济相对落后地区进行职能整合的方式提出了一定的挑战，专业人员不赞成这种职能移交的背后因素还需要进一步探讨，但可以看到，这种职能的移交是新型农村合作医疗整合过程中应该逐渐推行的一个趋势，只是在实际操作中要根据具体地区就时间和方式进行适当的调整。

表3.1.4　　　　　专业人员对将新农合管理职能移交给社保部门的态度

	总计	地区			
		厦门	苏州	重庆	红河
人数（人）	998	250	249	249	250
非常赞成（%）	34.4	33.6	36.1	34.9	32.8
比较赞成（%）	41.2	50.0	46.2	36.5	32.0
不太赞成（%）	20.0	13.6	15.3	22.9	28.4
非常不赞成（%）	4.4	2.8	2.4	5.6	6.8
总计（%）	100.0	100.0	100.0	100.0	100.0

Pearson Chi-Square（9）=48.852, Asymp. Sig.（2-sided）=0.000

第二节　城镇居民医保制度整合意愿

在城镇居民基本医疗保险的整合问题上，专业人员认为全省层级的统一比较合适，在这一过程中，个人缴费占筹资总额的1/10是更为合适的。

一　城镇居民医保的统筹层次

从被访的1000名专业人员总体来看，大部分人认为城镇居民基本医疗保险在全省进行统一比较合适。分析表3.2.1可知，有41.5%的专业人员选择了全省统一，另外分别有不到30%和24%的专业人员选择了全市（州）统一和全国统一。而选择在县级进行统一的专业人员极少，只占了5%。根据统计结果可以看到，不同调查区域间的差异比较显著。具体来看，厦门地区和苏州地区情况较为相似，选择在全市（州）统一和在全省统一的专业人员比重相当，厦门的比例分别约为40%和36%，苏州的比例分别约为39%和35%。而在重庆和红河地区，选择全省层级统一的专业人员比重明显高于其他三个层级，两地分别为47%和48%。与厦门、苏州比较，重庆和红河的另一不同是，选择全国统一的专业人员比重相对略高，分别约为27%和28%。可以说，相对较为发达的厦门和苏州，全省或全州市统一较为合理，而对于经济略微落后的重庆和红河，全省或全国的统一则在专业人员眼中更为合理。根据地域间的差距和整体的情况来看，在各个省份进行城镇居民基本医疗保险的统一是更为合适和恰当的，县级或州市级的统一过于小范围也不利于更好地整合，而全国统一在一定程度上推行起来难度较大，更难以考虑到不同发展地区的经济发展水平。

表3.2.1　　　　　专业人员对城镇居民基本医疗保险统一层次的意见

	总计	地区			
		厦门	苏州	重庆	红河
人数（人）	1000	251	250	249	250
全县统一（%）	5.0	4.8	5.6	5.2	4.4
全市（州）统一（%）	29.7	39.8	39.2	20.5	19.2
全省统一（%）	41.5	36.3	34.8	47.0	48.0
全国统一（%）	23.8	19.1	20.4	27.3	28.4
总计（%）	100.0	100.0	100.0	100.0	100.0

Pearson Chi-Square（9）=38.665，Asymp. Sig.（2-sided）=0.000

二　城镇居民医保的个人缴费比例

从被调查的专业人员的总体来看，大部分专业人员认为在城镇居民基本医疗保险的筹资比例中，个人缴费占筹资总额的1/10是比较合适的。根据表3.2.2数据显示，有接近29%的专业人员支持这一观点。同时，1∶5的比例也得到了近20%的认同率。除1∶6和1∶8，其他比例结构都只有不到10%的专业人员选择。可以看到，高于1∶5（含1∶5）的比例分配相对来说只有41%左右的专业人员认为是合理的，而低于1∶8（含1∶8）的筹资比例则得到了超过45%的专业人员认同，是更为合理的。分地区来看，不同地区之间的差异是显著的，尽管1∶10的比例都是获得最高专业人员选择比例的。具体来看，厦门地区45%左右的专业人员认为1∶8及以下比例是合理的，苏州地区则约为42%，重庆和红河地区分别约为45%和48%。而厦门地区和苏州地区支持1∶5以上比例的专业人员要略高于重庆和红河地区，这一比例在这四个地区分别约为41%、44%、40%和38%。在这一问题上，专业人员的意见较为分散，分地区来看，趋势较不明显。在对个人筹资比例进行调整和制定的过程中，何种比例更为恰当，一是要根据当地的经济发展水平而定，二是要考虑实际的社会环境。但总体来看，较低的比例还是得到相对较多的专业人员的支持，不应该在城镇居民基本医疗保险筹资中给居民过大的压力和负担。

表3.2.2　专业人员认为城镇居民医保筹资比例中个人缴费占筹资总额的合理比例

	总计	地区			
		厦门	苏州	重庆	红河
人数（人）	999	250	249	250	250
1∶2	7.0	2.4	7.2	9.6	8.8
1∶3	8.1	6.4	10.8	8.8	6.4
1∶4	7.3	10.8	5.6	6.0	6.8
1∶5	18.5	22.0	20.8	16.8	14.4
1∶6	10.0	11.6	10.0	8.4	10.4
1∶7	3.9	2.4	3.2	4.8	5.2
1∶8	10.8	14.0	10.4	10.8	8.0
1∶9	5.8	5.2	5.2	4.0	8.8
1∶10	28.5	25.2	26.4	30.8	31.2
总计（%）	100.0	100.0	100.0	100.0	100.0

Pearson Chi-Square（24）＝43.464，Asymp. Sig.（2－sided）＝0.009

第三节　城镇职工医保制度的整合意愿

在对城镇职工基本医疗保险进行整合过程中，专业人员认为全省统一更为可行，而在考虑纳入这一制度体系时，企业职工、公务员和事业单位人员相对更为适宜。同时，公众认为，不应该取消城镇职工基本医疗保险的个人账户。

一　城镇职工医保制度整合的人群

专业人员认为，适宜纳入现行城镇职工基本医疗保险制度的人群，依次为企业职工、事业单位人员、公务员、城镇居民和农民。根据表 3.3.1 所示，在问及专业人员哪些人群应该纳入现行的城镇职工基本医疗保险制度时，有83.6%的专业人员选择了企业职工，76.5%选择了事业单位人员，72.5%选择了公务员，71.9%选择了城镇居民，59.5%选择了农民，比例相对较低。分地区来看，在是否纳入企业职工、城镇居民和农民这三部分人群，四个被调查地的区域差别显著，而对另两个人群，专业人员意见差别不大。具体来看，厦门地区按照专业人员意见适宜纳入城镇基本医疗保险制度的被访者比例排序，依次为企业职工82.9%，事业单位人员79.3%，公务员72.5%，城镇居民68.5%，农民66.5%。在苏州地区，这一比例分布排序与厦门有一定的差别，最大的不同是其中排在第二位的是城镇居民，为81.5%。重庆地区除选择企业职工比例较高，选择农民比例较低，其他三个人群的比例接近，基本都为70%左右。红河地区情况较为特殊，公务员、事业单位人员、企业职工比例相当，都有75%左右的专业人员选择。而城镇居民和农民选择的专业人员相对较少，分别约为65%和55%。综合来看，在考虑将哪部分人群纳入城镇职工基本医疗保险制度时，农民工相对来讲不太适宜，而企业职工、事业单位人员和公务员在这一问题上争议不大，较为适宜，至于城镇居民是否应该纳入，不同地区之间的差异较大，也需要进一步进行考察，因地制宜。

表3.3.1 专业人员对纳入现行城镇职工基本医疗保险制度的适宜人群意见

	总计	地区				Pearson Chi-Square	Asymp. Sig.（2-sided）
		厦门	苏州	重庆	红河		
人数（人）	999	251	249	249	250		
公务员（%）	72.5	72.5	71.9	70.7	74.8	1.122	0.772
事业单位人员（%）	76.5	79.3	75.5	73.1	78.0	3.138	0.371
企业职工（%）	83.6	82.9	86.3	89.2	76.0	17.592	0.001
城镇居民（%）	71.9	68.5	81.5	72.3	65.2	18.396	0.000
农民（%）	59.5	66.5	60.2	56.2	54.8	8.607	0.035

二 城镇职工医保制度统筹的层次

在整合城镇职工基本医疗保险系统的过程中，专业人员认为全省统一应该更为适当。根据表3.3.2所示，有40%以上的专业人员持有该种意见。在州市级和国家级进行统一，分别得到了30%和25%左右的支持。很少（4.3%）有专业人员认为这种整合适宜在县级进行。在医疗系统整合层级问题上，不同地区的专业人员意见差异显著，在执行过程中，需深入具体考察不同地区的整合方式。具体来看，在厦门地区，有41%的专业人员认为全州市进行统一是更为可行的。但同时选择全省统一的专业人员也不占少数，为近36%。在苏州地区，选择这两个选项的专业人员比例基本相当，都在38%左右。而重庆和红河的数据与前两个地区有着明显的差别。在重庆地区，近46%的专业人员选择了在全省统一，在红河这一选项的比例也有42%。除这一选项外，与前两地更为不同的是，重庆和红河各有29.3%和32.8%的专业人员认为应该在全国层次统一城镇职工基本医疗保险。而选择在全市（州）统一的比例都较低，分别为21.7%和19.2%，这明显和厦门、苏州两地有很大的不同。综合分析，虽然说全省统一在不同地区都得到了最大多数的专业人员支持，但不同经济发展水平的地区在这一问题上的差别很大。经济较为发达的厦门和苏州，省级和市级是更为合适的统筹层次，而重庆和红河，专业人员则认为省级或国家级的整合才更为可行。

表3.3.2　　　　　　城镇职工基本医疗保险统一层次的专业人员意见

	总计	地区			
		厦门	苏州	重庆	红河
人数（人）	998	251	248	249	250
全县统一（%）	4.3	3.6	4.4	3.2	6.0
全市（州）统一（%）	29.9	41.0	37.5	21.7	19.2
全省统一（%）	40.5	35.9	38.3	45.8	42.0
全国统一（%）	25.4	19.5	19.8	29.3	32.8
总计（%）	100.0	100.0	100.0	100.0	100.0

Pearson Chi-Square（9）=50.028，Asymp. Sig.（2 – sided）=0.000

三　对取消城镇职工医保个人账户的态度

从总体上来看，绝大多数公众不太赞成取消城镇职工基本医疗保险个人账户。根据表3.3.3所示，有超过48%的人选择了不太赞成或非常不赞成。只有不到32%的人是赞成这一措施的。同时，在被访者中，有20%左右的公众对这一问题没有自己明确的意见，不清楚是否该取消个人账户。分不同地区来看，不太赞成在四个地区都占了该地区被选择的最大比重，就厦门、苏州、重庆、红河来看，分别约有47%、44%、45%和56%的被访者是持不赞成态度的，其中以红河地区的不赞成比例最高。相对而言，重庆地区的赞成比例略高于其他三个地区，将近40%，厦门、苏州和红河则都在30%左右。但同时也要注意到，在取消城镇职工基本医疗保险个人账户这一问题上，不太了解的公众的比例较高，分别约为24%、22%、16%和19%。情况较为特殊的是，经济越发达的地区这一比例越高，公众对于这一问题的参与度越低。从城乡区域的被访者反映的情况来看，城市和农村分别约有50%和45%的公众是不赞成取消个人账户的，基本趋势相同。比较来看，农村被访者对这一问题不清楚的比重要略高于城市公众。综合分析认为，取消城镇职工基本医疗保险的个人账户在公众中并不能得到较大的支持，人们大多持反对意见，如果强行取消医疗保险的个人账户，势必会引起较多公众的不满。

表 3.3.3　　　公众对取消城镇职工基本医疗保险个人账户的态度

	总计	地区				城乡	
		厦门	苏州	重庆	红河	城市	农村
人数（人）	1973	490	483	500	500	1223	750
非常赞成（%）	15.1	14.9	17.2	17.4	11.0	14.9	15.5
比较赞成（%）	16.4	14.5	15.7	22.0	13.4	16.4	16.5
不太赞成（%）	34.4	33.1	30.8	33.6	40.0	34.5	34.3
非常不赞成（%）	13.9	14.1	13.9	11.2	16.4	15.7	10.9
不清楚（%）	20.2	23.5	22.4	15.8	19.2	18.6	22.8
总计（%）	100.0	100.0	100.0	100.0	100.0	100.0	100.0

四　农民工适合的医保制度

在公众眼中，新型农村合作医疗是最适合农民工或外来打工者的社会医疗保险。总体来看，对于农民工或外来工最适合参加的社会医疗保险这一问题，公众较为明显地认为新型农村合作医疗更为合适。根据表 3.3.4 所示，有将近 43% 的公众选择这一选项。另外，各有约 26% 和 21% 的公众选择城镇职工基本医疗保险和城镇居民基本医疗保险。相对而言，单独设立医疗保险只得到了不到 11% 的公众认可。整体分析被调查的四个地区，新型农村合作医疗都得到了最大比重的支持，但各地的具体情况又有所差别。在厦门地区，虽然近 35% 的公众选择了新型农村合作医疗，但是认为城镇职工基本医疗保险和城镇居民基本医疗保险最适合农民工或外来工的比重相对也不低，分别达到 29% 和约 25%。在苏州地区，选择城镇职工基本医疗保险的比重和选择新型农村合作医疗的比重差别不大，都在 30% 以上。相对经济水平落后一些的重庆和红河，新型农村合作医疗明显得到了最大多数被访者的认可，分别约有 44% 和 55% 的公众这样选择。城乡区分来看，得到最多认可的也是新型农村合作医疗，但相对比重上有一定的差别，农村公众有将近 50% 的人选择此项，高于城市居民的 38.8%。而城镇职工基本医疗保险在公众眼中，也较适用于农民工或外来工。在对农民工或外来工的医疗保险进行整合的过程中，新型农村合作医疗保险是更为恰当和合适的，是公众最为认可的。虽然城镇职工基本医疗保险、城镇居民基本医疗保险和单独设立医疗保险也依次得到了一定的支持，但支持的比例较低，如此整合可能会遇到更多的现实问题。

表3.3.4 公众眼中农民工或外来工最适合参加的社会医疗保险

	总计	地区				城乡	
		厦门	苏州	重庆	红河	城市	农村
人数（人）	1975	489	486	500	500	1225	750
城镇职工基本医疗保险（%）	25.5	29.0	30.5	27.8	14.8	25.8	24.9
城镇居民基本医疗保险（%）	21.2	25.2	19.3	21.4	19.0	22.7	18.8
新型农村合作医疗（%）	42.8	34.8	36.4	44.2	55.4	38.8	49.3
单独设立医疗保险（%）	10.5	11.0	13.8	6.6	10.8	12.7	6.9
总计（%）	100.0	100.0	100.0	100.0	100.0	100.0	100.0

第四节 失地农民适合的医保制度

公众认为，新型农村合作医疗最适合失地农民。同时，将其纳入城镇居民基本医疗保险也得到了较多公众的支持。

在公众眼中，总体来看，失地农民最适合参加的社会医疗保险是新型农村合作医疗。对表3.4.1的数据分析可以发现，有近42%的被访者支持了这一观点。同时，也有较大比重（33.6%）的人认为城镇居民基本医疗保险也是最为合适的。而城镇职工基本医疗保险和单独设立医疗保险都只有10%左右的公众选择。分地区来看，城镇居民基本医疗保险和新型农村合作医疗分别得到了较大的认同。在厦门地区，被访公众分别有近40%选择了新型农村合作医疗，近32%选择了城镇居民基本医疗保险，比例相当。而在苏州和红河地区，较大比重的公众认为新型农村合作医疗更为适合失地农民，各占了将近41%和50%。重庆地区较为特殊，有43%的公众认为城镇居民基本医疗保险是更适合农民的，相较而言，选择新型农村合作医疗的被访者比重小一些，为36%左右。城乡被访者对于这一问题的意见基本相同，都认为新型农村合作医疗最适合失地农民。但相比较而言，农村公众选择新型农村合作医疗的比例（46.1%）较城市（38.9%）略高一些。城乡居民认为城镇居民基本医疗保险也较适于失地农民。综上所述，在对失地农民设立医疗保险的过程中，或将其与新型农村合作医疗进行整合，或将其与城镇居民基本医疗保险进行整合都有现实的基础，而单独设立医疗保险或参与城镇职工基本医疗保险都较为不合适。

表 3.4.1　　　　　　　公众眼中失地农民最适合参加的社会医疗保险

	总计	地区				城乡	
		厦门	苏州	重庆	红河	城市	农村
人数（人）	1968	486	482	500	500	1220	748
城镇职工基本医疗保险（%）	13.9	16.5	18.3	13.4	7.8	14.6	12.8
城镇居民基本医疗保险（%）	33.6	31.7	29.7	43.0	29.8	33.5	33.7
新型农村合作医疗（%）	41.7	39.5	40.9	36.4	49.8	38.9	46.1
单独设立医疗保险（%）	10.8	12.3	11.2	7.2	12.4	12.9	7.4
不清楚（%）	0.1	0	0	0	0.2	0.1	0
总计（%）	100.0	100.0	100.0	100.0	100.0	100.0	100.0

第五节　新农合与城镇居民医保制度的整合意愿

对于新型农村合作医疗与城镇居民基本医疗保险进行整合得到了公众和专业人员的一致认可，公众认为这一合并具有现实的必要性，专业人员则支持了两个制度及其制度背后的信息系统合并的可行性。

对于合并新型农村合作医疗与城镇居民基本医疗保险，绝大多数的被访公众认为是有必要的。根据表 3.5.1 分析可知，总体来看，分别有 28.4% 的公众选择了非常必要，41.3% 选择了有必要。只有不到 20% 的公众认为没必要。另外，有 11% 左右的人对这一问题的必要性并不清楚。从不同地区来看，区域间的差距并不明显。综合分析，厦门、苏州、重庆和红河各有70.2%、69.8%、77.6% 和 61.2% 的被访公众肯定了整合城乡基本医疗保险的必要性。但具体来看，重庆地区的公众对这一问题的认知略有不同。相较于其他三个地区，重庆最大多数公众选择了非常必要，占了近 41%，而厦门、苏州和红河都只有 20%—30% 的人是持有非常必要态度的。对比数据可以发现，在厦门和苏州地区对这一问题不清楚的公众要高于重庆和红河地区，但认为完全没必要的比重四个地区大致相当。就城乡来看，城市和农村的被访公众的态度基本相同。相对而言，农村的被访者有近75%认为整合是必要的，略高于城市66.6%这一比例。对这一问题不清楚的城乡公众比例都为11%左右。综上所述，在公众眼中，合并新型农村合作医疗与城镇居民基本医疗保险，不同地区，无论城乡，都是有必要的。推行这一整合，在公众中得到了较大程度的肯定和支持，近70%的公众对这一整合必要性的认同，说明了进行城乡医疗保障系统整合具有现实的基础和需要。

表3.5.1　　　　公众认为合并新农合与城镇居民基本医疗保险的必要性

	总计	地区				城乡	
		厦门	苏州	重庆	红河	城市	农村
人数（人）	1980	493	487	500	500	1227	753
非常必要（%）	28.4	28.2	24.6	40.6	20.0	25.9	32.4
有必要（%）	41.3	42.0	45.2	37.0	41.2	40.7	42.4
没必要（%）	16.1	13.4	15.6	11.6	23.6	18.6	12.0
完全没必要（%）	2.8	1.6	2.1	2.0	5.6	3.6	1.6
不清楚（%）	11.4	14.8	12.5	8.8	9.6	11.2	11.7
总计（%）	100.0	100.0	100.0	100.0	100.0	100.0	100.0

对于评估合并新型农村合作医疗与城镇居民基本医疗保险两个制度的可行性这一问题上，将近3/4的专业人员持肯定的态度。根据表3.5.2所示，有接近43%的专业人员认为这一制度的合并是比较可行的。甚至有将近30%的专业人员对此举措的可行性是非常认可的。只有2%的专业人员认为城乡基本医疗制度的合并是非常不可行的。在不同被调查地区，专业人员的态度的差异并不显著，区域间的可行性差异相对不明显。从厦门、苏州、重庆、红河四地的专业人员问卷来看，各约有74%、74%、68%和73%的专业人员认为这一合并具有可行性。在对待这一问题上，不同的经济发展水平并没有影响专业人员对整合城乡基础医疗体系的可行性评估。在这四个地区，虽然也有一定比重的专业人员选择了不太可行（依次约为26%、22%、30%和26%），但分别只有0.4%、4.4%、2.0%和1.6%的专业人员是持非常不可行态度的，所占的比例微乎其微。可以说，在不同区域推行新型农村

合作医疗和城镇居民基本医疗保险两个制度的整合的现实可行性是较高的，不论当地的经济发展水平如何，这种整合都得到了专业人员较高程度的认可。

表3.5.2 专业人员对合并新农合与城镇居民基本医疗保险的可行性评估

	总计	地区			
		厦门	苏州	重庆	红河
人数（人）	1000	251	250	249	250
非常可行（%）	29.3	29.1	30.0	25.7	32.4
比较可行（%）	42.9	44.6	44.0	42.6	40.4
不太可行（%）	25.7	25.9	21.6	29.7	25.6
非常不可行（%）	2.1	0.4	4.4	2.0	1.6
总计（%）	100.0	100.0	100.0	100.0	100.0

Pearson Chi-Square（9）=15.851，Asymp. Sig.（2–sided）=0.070

在整合新型农村合作医疗信息系统与城镇居民基本医疗保险信息系统过程中，大部分专业人员认为这一合并是可行的。根据表3.5.3可以看到，有将近80%的专业人员对合并这两个信息系统的可行性是持肯定意见的。其中，有45.7%的专业人员选择了比较可行，相对比例最高。极少有专业人员认为这种信息系统整合方式是非常不可行的，只有1.4%的人是持坚决否定可行性态度的。在这一问题上，不同地区间的专业人员评估是较为相似的，差异并不显著。总体来看，厦门、苏州、重庆和红河地区分别约有84%、80%、76%、75%的专业人员认为是可行的。根据数据显示，虽然在评估整合城乡医疗信息系统上，四地大多数专业人员都认为这一举措的可行性较高，但也可以发现，随着经济水平的变化，不同地区的可行性评估还是具有一定的差异。厦门和苏州地区的专业人员相对于重庆和红河地区的专业人员，认为合并新型农村合作医疗信息系统与城镇居民基本医疗保险信息系统的现实可行性更高。不过，在这四个地区，认为这一合并非常不可行的专业人员都非常少，没有超过2.5%，在厦门只有0.4%的专业人员持强烈否定的态度。综合来看，推行城乡基本医疗信息系统的整合得到了专业人员的认可，这一趋势不论地区的经济发达程度如何，都将会是一种可行的，并且会行之有效的整合途径。

表3.5.3　专业人员认为新农合与城镇居民基本医疗保险信息系统合并可行性

	总计	地区			
		厦门	苏州	重庆	红河
人数（人）	998	249	250	249	250
非常可行（%）	33.3	37.8	31.2	29.3	34.8
比较可行（%）	45.7	46.6	48.4	47.0	40.8
不太可行（%）	19.6	15.3	18.8	21.3	23.2
非常不可行（%）	1.4	0.4	1.6	2.4	1.2
总计（%）	100.0	100.0	100.0	100.0	100.0

Pearson Chi-Square（9）=13.215，Asymp. Sig.（2-sided）=0.153

第六节　社会统筹与个人账户的关系

在处理社会统筹和个人账户关系中，专业人员认为个人缴费不应占据新型农村合作医疗筹资总额的较大比重，1：10较为合理；而取消个人账户，所带来的积极影响是要多于消极影响的。

社会医疗保险该如何协调个人和社会统筹的关系呢？在专业人员看来，个人缴费首先不应该占总筹资额过大的比重，减轻公众的负担，同时取消个人账户只保留社会统筹所带来的积极影响是会大于消极影响的。综合分析前表3.1.2和表3.2.2可以发现，1：10是专业人员认为个人缴费占总筹资额的最适宜比例。在只采用社会统筹时，能够增强社会互济功能、减少个人所承担的医疗费用、提高个人所获得的补偿比例以及提高医疗保险金的使用效率属于这一整合的积极影响，而降低个人缴费积极性、增加向农民及居民收缴参保费用的难度及滥用医疗资源属于消极影响。

通过数据分析可以看到，整体来看，选择积极影响的专业人员的比重要明显高于选择消极影响因素的专业人员数。虽然取消个人账户，只留社会统筹，会降低个人的缴费积极性，但分别只有33.9%和39%的专业人员认为其会增加向农民及居民收缴参保费用的难度和滥用医疗资源。分地区来看，在四个被调查地，被访专业人员最支持的个人缴费筹资比例都为1∶10，而对于减少个人所承担的医疗费用、提高个人所获得的补偿比例、提高医疗保险金的使用效率、降低个人缴费积极性及滥用医疗资源的选择上，地区间的差异显著。具体来看，重庆地区的专业人员认为取消个人账户、只有社会统筹的影响相较于其他三个地区更为积极。而红河和厦门地区专业人员的态度则较为消极。综合分析，不论哪个地区，这一调整，主要可能带来的消极作用就是降低个人缴费的积极性，而最重要的积极作用就是能够增强社会互济功能和减少个人所承担的医疗费用。

表3.6.1　专业人员认为取消个人账户、只有社会统筹的医保制度所带来的影响

	总计	地区				Pearson Chi-Square	Asymp. Sig.
		厦门	苏州	重庆	红河		
人数（人）	998	250	249	249	250		
能够增强社会互济功能（%）	51.0	45.2	54.6	53.0	51.2	5.077	0.166
减少个人所承担的医疗费用（%）	53.9	49.6	55.0	61.8	49.2	10.538	0.015
提高个人所获得的补偿比例（%）	36.5	29.2	35.3	44.6	36.8	12.917	0.005
提高医疗保险金的使用效率（%）	40.4	34.4	42.6	46.2	38.4	8.102	0.044
降低个人缴费积极性（%）	47.2	51.6	49.0	38.2	50.0	11.229	0.011
增加向农民及居民收缴参保费用的难度（%）	33.9	32.0	32.5	32.1	38.8	3.640	0.303
滥用医疗资源（%）	39.0	42.8	38.2	32.1	42.8	8.054	0.045

第七节　小结：医疗保险制度的整合

在新型农村合作医疗整合过程中，专业人员认为统一的层次为省级是更

为合适的，而个人的筹资比例不应占总筹资额过高，1/10 较为适宜，同时根据当地经济发展情况，适时可以将新型农村合作医疗的管理职能移交给人力资源和社会保障部门。而对于取消新农合中个人（家庭）账户，公众的意见大相径庭，区域间的差异也较为明显，需要因地制宜，不可一刀切，应该更为深入地调查和了解实际情况。

在城镇居民基本医疗保险的整合问题上，专业人员认为全省层级的统一比较合适，在这过程中，个人缴费占筹资总额的 1/10 是更为合适的。

在对城镇职工基本医疗保险进行整合过程中，专业人员认为全省统一更为可行，而在考虑纳入这一制度体系时，企业职工、公务员和事业单位人员相对更为适宜。同时，公众认为，不应该取消城镇职工基本医疗保险的个人账户。

在公众眼中，新型农村合作医疗同时是最适合农民工或外来打工者及失地农民的社会医疗保险。同时，将失地农民纳入城镇居民基本医疗保险也得到了较多公众的支持。

对于新型农村合作医疗与城镇居民基本医疗保险进行整合得到了公众和专业人员的一致认可，公众认为这一合并具有现实的必要性，专业人员则支持了两个制度及其制度背后的信息系统合并的可行性。

在处理社会统筹和个人账户关系中，专业人员认为个人缴费不应占据新型农村合作医疗的较大比重，而取消个人账户所带来的积极影响是要多于消极影响的，不论哪个地区，这一调整，主要可能带来的消极作用就是降低个人缴费的积极性，而最重要的积极作用就是能够增强社会互济功能和减少个人所承担的医疗费用。

第四章

就业保障制度的整合意愿

第一节　对破除就业歧视的态度

对就业歧视这一问题，不论专业人员还是公众，基本认同是相似的。我国目前就业市场中，最主要存在的是学历歧视，性别歧视和户籍歧视也较为明显，而民族歧视相对较弱。地区和城乡间，在不同的歧视问题上，存在着一定程度的区别，这与当地的经济发展和文化背景都息息相关。

专业人员认为，目前在我国主要存在的就业歧视包括学历歧视、性别歧视和户籍歧视，相对而言，民族歧视的现象较少。根据表 4.1.1 所示，有接近 80% 的被访专业人员认为在就业过程中，存在着学历歧视，同时有 70% 以上的专业人员认为存在着性别歧视问题。在中国城乡二元体制和户籍制度下，户籍歧视依旧存在于我国目前的劳动就业市场，有 65% 以上的专业人员对此是认同的。但是，民族歧视在就业中鲜有存在，只有不到 1/4 的专业人员选择此项。分地区来看，除学历歧视外，性别、户籍和民族歧视在四个调查地区是有显著性差异的。具体来看，学历歧视在四个地区是普遍存在的，而且也是绝大多数专业人员所认同的，基本上都有 80% 左右的专业人员选择了学历歧视。厦门和苏州两地认为就业中存在性别歧视的专业人员比例要明显高于重庆和红河地区。在厦门地区，户籍歧视尤为明显，82.3% 的专业人员比例显著高于重庆和红河地区的 55% 左右的比例。对比可以发现，经济越发达的地区，相对而言，性别歧视和户籍歧视就越明显，越多专业人员认为这两种歧视明显存在。民族歧视状况在苏州和红河地区较为明显，分别有接近 30% 和 32% 的专业人员选择了这一选项。民族歧视与地区文化和地域民族分布有关,但整体来看,不论在哪个地区,选择民族歧视现象存在的专业人员都不是很多,可以说,在我国目前的劳动力就业市场,属于何种民族较少会影响到实际的就业情况。

表 4.1.1　　　　　　　　　专业人员分析我国目前存在的就业歧视现象

	总计	地区				Pearson Chi-Square	Asymp. Sig.（2-sided）
		厦门	苏州	重庆	红河		
人数（人）	997	249	249	249	250		
学历歧视（%）	79.8	80.3	78.3	79.5	81.2	2.359	0.884
性别歧视（%）	71.5	78.7	73.1	65.9	68.4	16.685	0.011
户籍歧视（%）	66.6	82.3	72.3	55	56.8	67.374	0.000
民族歧视（%）	24.4	16.9	28.9	19.7	32	37.252	0.000

在公众眼中,最大多数认为我国就业市场目前存在着学历歧视,同时性别歧视、户籍歧视也得到了较大多数公众的认同,民族歧视相对较少。如表 4.1.2 所示,有将近 70% 的公众选择了学历歧视,认为性别歧视和户籍歧视存在的公众各占了总被调查人数的 46% 左右,而只有不到 19% 的公众认为存在民族歧视。分地区来看,在这一问题上,红河地区和其他三个地区相比有其特殊性。虽然被访四个地区的公众中,最大多数都认同了学历歧视的存在,但红河地区的 79.2% 的比例明显高于其他三个地区均不到 70% 的比例。同时,红河地区的民族歧视现象较其他三个地区应更为严重,有接近 30% 的被访公众认为在就业中存在民族歧视——这自然和红河是少数民族聚集地的地方特征有关。就性别歧视和户籍歧视问题,四个被访地区的情况较为相似,选择这两个选项的公众也基本都在 50% 左右,可以说,性别歧视和户籍歧视依旧存在,但在公众眼中,只有半数人是感受到了的。分城乡来看,除性别歧视问题外,其他三个歧视在城乡公众的选择上差别不大。城市和农村都有不到 70% 的公众认为存在学历歧视,有 18% 左右的公众认为存在民族歧视,分别有 49% 和 41% 左右的人选择了户籍歧视。而在性别歧视问题上,城市公众认为存在这一现象的比例明显高于农村公众,其中,城市有

53%，农村有不到35%选择了性别歧视。这在一定程度上说明，城市就业中，性别歧视的存在要明显高于在农村或者农民群体中。对比表4.1.1和表4.1.2可以发现，专业人员和公众的认知基本相同，我国目前最主要存在的就业歧视就是学历歧视，但同时性别歧视和户籍歧视也较被关注，而民族歧视相对较弱。

表4.1.2　　　　　　　　公众眼中我国目前存在的就业歧视现象

	总计	地区				城乡	
		厦门	苏州	重庆	红河	城市	农村
人数（人）	1977	491	486	500	500	1227	750
学历歧视（%）	69.0	67.0	63.2	66.6	79.2	69.9	67.6
性别歧视（%）	46.1	45.2	44.9	44.2	50.2	53.0	34.9
户籍歧视（%）	45.9	48.9	46.1	43.0	45.8	48.9	41.1
民族歧视（%）	18.6	15.5	18.3	11.6	28.8	18.7	18.4

第二节　政府提供就业服务的期望

一　对失地农民的就业援助

专业人员认为政府和社会主要应该从技能培训、就业信息和创业机会等方面对失地农民提供就业援助，但同时，提供创业补助和工作岗位也较为重要。如表4.2.1所示，有90%以上的被访专业人员都认为应该为失地农民提供技能方面的培训，实际就业技能的提高可以大大提高失地农民的人力资本，这对于其就业机会和工作报酬都有积极作用。同时，各有80%以上的专业人员认为就业信息和创业机会也是政府和社会应该提供的援助。虽然选择提供工作岗位和创业补助的专业人员相对少于前三项，但其比例也都在70%以上，这两方面在政府和社会对失地农民就业方面给予援助时，也是需要考虑和重视的。同时，也有一部分被访专业人员提出了个人的观点，认为政府的补贴、社会保障的融入以及就业意识的培养也都需要政府和社会给予关注。就这一问题分地区来看，除对提供就业信息和提供工作岗位两项援助外，差异并不十分明显。具体分析来看，尽管经济发展和文化背景不同，提供技能培训都是专业人员最为认同的就业援助方式。所谓授人以鱼不如授人以渔，技能水平的提高是从最根本上改善失地农民就业困难的方式。同时，重庆地区的被访专业人员选择提供就业信息和工作岗位的比例都明显高于其他三个地区，两个比例都高出 10 个百分点左右。综合来看，政府和社会为失地农民提供就业援助的过程中，首先要从失地农民的人力资本本身出发，提高其就业能力，其次要从就业和创业两方面共同为其搭建更好的就业平台。

表 4.2.1　　　专业人员认为政府和社会应该为失地农民提供的就业援助

	总计	地区				Pearson Chi-Square	Asymp. Sig.（2-sided）
		厦门	苏州	重庆	红河		
人数（人）	1000	251	250	249	250		
提供技能培训（%）	91.3	90.8	91.2	91.6	91.6	0.122	0.989
提供就业信息（%）	84.3	80.1	85.6	90.0	81.6	11.101	0.011
提供工作岗位（%）	71.0	67.3	71.2	79.9	65.6	14.808	0.002
提供创业机会（%）	80.3	77.7	80.0	80.3	83.2	2.425	0.489
提供创业补助（%）	73.5	74.5	74.4	73.9	71.2	0.932	0.818
其他（%）	3.5	3.6	2.0	5.2	3.2	3.921	0.270

公众寄希望政府和社会为失地农民提供的就业帮助与专业人员的认同较为相似，都认为提供技能培训是重中之重的，但同时提供就业岗位、就业信息，提供创业机会、创业补助也是十分关键的。根据表 4.2.2 所示，有 83% 左右的被访者认为，政府和社会应该为失地农民提供技能培训，这一比例明显高于对其他四种帮助的认同。从公众的选择来看，被访者认为就业平台的搭建相对要重于创业方面的援助。分地区来看，就这一问题，不同地区的公众观点稍有不同，但对技能培训的支持是十分一致的，都有 80% 以上的被访者选择了这一选项。比较而言，重庆地区的公众认为就业信息和工作岗位的提供是更为重要的，而红河和厦门两地对于创业方面的重视则较为突出，相对来说，苏州地区的公众对于创业平台的搭建的认同感最低，其更为重视就业机会的提高。分城乡区域来看，农村地区的被访者对于技能培训的认同

明显要低于城市被访者，在这方面的观点上，农村被访者对于就业技能重要
性的认识相对还不深，其认为相对而言，直接提供就业岗位是较为有用的，
有接近73%的被访农民是这样选择的。对于创业方面的帮助，城乡公众的
基本认同是相似的，相对于就业帮助平台的搭建，创业机会和创业补助的关
注度要低一些。

表4.2.2　　　　公众认为政府和社会应该为失地农民提供的就业帮助

	总计	地区				城乡	
		厦门	苏州	重庆	红河	城市	农村
人数（人）	1980	494	486	500	500	1227	753
提供技能培训（%）	82.5	80.0	81.5	88.2	80.2	84.8	78.8
提供就业信息（%）	68.3	64.0	64.8	72.8	71.4	70.2	65.2
提供工作岗位（%）	69.2	64.6	68.5	74.6	69.2	67.2	72.5
提供创业机会（%）	63.3	61.7	58.4	65.0	67.8	65.9	59.1
提供创业补助（%）	53.4	57.1	48.6	49.2	58.6	54.2	52.1
其他（%）	1.4	2.8	1.0	1.4	0.4	1.6	1.1

二　对农民工的就业援助

专业人员认为，政府和社会最主要为农民工或外来工提供的就业援助也
应该是提供技能培训，整体来看，不论是从基本就业还是创业，信息和机会
的援助要重于直接提供岗位和补助，这样的就业援助更有利于农民工或外来
打工者就业的可持续发展。根据表4.2.3所示，超过90%的专业人员认为需
要提供技能培训，在这一问题上，专业人员的观点和对失地农民工的观点相
同，不论对待哪一种群体，技能的提高都是尤为重要的。同时，就业信息的
提供也是尤为重要的，有接近90%的专业人员持有此种观点。相对而言，
分别只有大约69%和61%的专业人员认为政府和社会应该提供工作岗位和
创业补助，这种表面上短时高效的就业援助并不能从根本上解决农民工或外
来工的就业困境。就这一问题，分地区来看，对于提供就业信息、工作岗位
和创业机会三种援助方式上，地区间的差异是显著的。四地的专业人员都十
分支持政府和社会提供技能培训的就业援助，这一比例都在90%以上。在

基本就业方面，经济较为发达的厦门和苏州两地，专业人员更多地认为应该提供就业信息，而重庆和红河两地更重视提供工作岗位。从创业方面看，重庆地区对于创业机会的认同明显高于其他三地，尤其苏州地区对创业机会的关注最低。对于创业补助的认同，四地差异不明显，选择的专业人员都在60%左右的比例。可以看到，不论对于失地农民还是农民工，专业人员都认为技能和信息的提供比直接提供就业岗位和补助更为重要。

表4.2.3　专业人员认为政府和社会应该为农民工或外来工提供的就业援助

	总计	地区				Pearson Chi-Square	Asymp. Sig.（2-sided）
		厦门	苏州	重庆	红河		
人数（人）	1000	251	250	249	250		
提供技能培训（%）	91.4	91.2	90.4	91.6	92.4	0.654	0.884
提供就业信息（%）	88.8	90.0	93.2	89.2	82.8	14.335	0.002
提供工作岗位（%）	68.8	61.0	70.4	78.7	65.2	20.405	0.000
提供创业机会（%）	75.5	72.9	69.2	80.3	75.5	11.677	0.009
提供创业补助（%）	61.4	62.5	59.6	63.9	59.6	1.457	0.692
其他（%）	2.0	2.4	1.6	1.6	2.4	0.800	0.849

公众在政府和社会应该为农民工提供何种就业帮助问题上，与专业人员相同的是对提供就业技能培训的支持最高，但其关注的就业帮助结构与专业人员又有差异，公众更关注对基本就业的帮助，而对于创业方面的举措相对而言认同度较低。如表4.2.4所示，有80%以上的被访者认为，政府和社会应该提供技能培训给农民工。同时，有大约71%和68%的人认为提供就业信息和工作岗位也是应该的。相对而言，61.1%和48.7%的人选择提供创业机会和创业补助，这两项公众比例就明显低于前三个选项。就这一问题，分地区来看，公众的总体观点结构是相似的，但其中又有细微的差别。比较而言，红河和重庆地区，在就业平台的搭建中，关注就业信息和工作岗位方面帮助的被访者相对于厦门和苏州地区比例要较高。同时，红河地区对于创业平台的搭建关注度明显要高于另外三个地区，这可能是由两方面因素导致的，一是红河地区的公众对于创业带动就业的认知要高于其他三个地区，另

一个原因是，厦门、苏州和重庆的经济水平高于红河地区，当地农民工自主创业的能力和水平都明显高于红河地区，公众故而对此的关注度相对较低。而从城乡来看，农村被访者对于技能培训的认知依旧明显低于城市公众，这方面的认知相对较差，但在其他四个方面的帮助方式的认同结构和认同比例都与城市公众相似。

表 4.2.4　　　　　公众认为政府和社会应该为农民工提供的就业帮助

	总计	地区				城乡	
		厦门	苏州	重庆	红河	城市	农村
人数（人）	1979	493	486	500	500	1226	753
提供技能培训（%）	82.5	80.3	83.3	86.0	80.4	85.1	78.4
提供就业信息（%）	70.8	69.8	68.1	73.2	72.2	72.7	67.9
提供工作岗位（%）	67.7	61.9	65.4	76.2	67.2	67.1	68.7
提供创业机会（%）	61.1	56.0	58.6	63.0	66.8	61.3	61.0
提供创业补助（%）	48.7	48.7	41.8	48.0	56.0	48.0	49.8
其他（%）	1.8	2.4	0.6	3.2	0.8	1.3	2.5

综合表 4.2.1 到表 4.2.4 来看，不论对于失地农民还是农民工，专业人员主要从间接援助和直接援助的区分来看政府和社会的就业援助，而公众的关注点是以基本就业和创业进行区分的。专业人员和公众有一个认知是极为相似的，即技能培训应该是政府和社会最应该为失地农民和农民工提供的。

三　对失业的城镇职工的就业援助

绝大多数专业人员认为对于失业的城镇企业职工提供的最为重要的就业援助方式应该是免费的技能培训，同时，提供新的工作岗位也得到了相对较多人数的支持。分析表 4.2.5 可知，分别有接近 43% 和 35% 的人选择了这两个选项。而分别只有大约 11% 的被访专业人员认为最重要的援助方式是发放失业救济金和提供就业信息。在这一问题上，四个调查地区的专业人员意见差异显著。厦门地区和红河地区情况较为相似，认为提供免费技能培训的比重最高，都在 42% 左右，略高于选择提供新的工作机会的比重。在苏州地区，选择提供免费技能培训的专业人员比重明显高于其他援助方式，为43.2%。而重庆地区，选择提供免费技能培训和提供新的工作岗位的专业人员比重相当，都在43%左右。但总体来看，都是选择提供免费技能培训的比重最高。

综上所述，可以看到，对于失业的城镇企业职工，专业人员更认同技能培训是最为重要的就业援助，这一点与对失地农民和农民工都是相同的。技能的提高可以从根本上解决城镇企业职工的失业问题，提高其劳动就业的人力资本，改善其就业能力。而除此之外，就业岗位的提供也尤为重要，新的岗位的出现，可以缓解城镇企业职工的失业现状，提供更大的就业平台。而发放失业救济金不能从根本上解决问题，提供就业信息虽然在提高就业率上有一定作用，但其效果并不直接明显，不是最为重要的援助手段。

表4.2.5　　专业人员认为对于失业的城镇企业职工最重要的就业援助方式

	总计	地区			
		厦门	苏州	重庆	红河
人数（人）	930	225	206	249	250
发放失业救济金（%）	11.3	16.4	11.2	5.6	12.4
提供免费技能培训（%）	42.9	42.7	43.2	43.8	42.0
提供新的工作岗位（%）	34.6	31.1	28.6	42.2	35.2
提供就业信息（%）	10.8	8.9	16.5	8.4	10.0
其他（%）	0.4	0.9	0.5	0.0	0.4
总计（%）	100.0	100.0	100.0	100.0	100.0

Pearson Chi-Square（12）=30.437，Asymp. Sig.（2-sided）= 0.002

相较于专业人员的观点，公众中的绝大多数认为直接提供新的工作岗位是对于失业的城镇企业职工最为重要的就业帮助，但同时提供免费技能培训也不可忽视。根据表4.2.6所示，有近43%的被访者选择了提供新的工作岗位，而选择提供免费技能培训的为34.4%。和专业人员的观点相似的是，选择发放失业救济金和提供就业信息的比重相对都较低。分地区来看，地区间的差异明显。具体来看，苏州地区的公众意见最为特殊。其认为提供免费技能培训最为重要和认为提供新的工作岗位最为重要的公众比重相当，都在34%上下，同时其选择发放失业救济金最为重要的公众比重也要明显高于其他三个地区，为23%。其他三个地区虽然在比重上略有差异，但总体上来说，都是绝大多数认为提供新的工作岗位最重要，其次是提供免费的技能培训最重要。分城乡来看，选择比重最大的都是提供新的工作岗位，而农村被访者的这一比重要明显高于城市公众。城市被访者选择提供免费技能培训和新的工作岗位两项的比重相当，分别为35.2%和39.5%，差别不大，而农村则差异明显，分别为33.1%和48.2%。综合分析表4.2.5和表4.2.6可知，专业人员更看重技能的提高，更加关注从根本上改善失业的城镇企业职工的就业能力。而公众认为更为直接的提供就业岗位是最为迫切的重中之重。

表4.2.6　　　　公众认为对于失业的城镇企业职工最重要的就业帮助方式

	总计	地区				城乡	
		厦门	苏州	重庆	红河	城市	农村
人数（人）	1882	403	479	500	500	1158	724
发放失业救济金（%）	14.3	12.7	23.0	15.4	6.4	16.8	10.5
提供免费技能培训（%）	34.4	34.7	35.3	31.6	36.2	35.2	33.1
提供新的工作岗位（%）	42.8	43.9	32.8	47.0	47.4	39.5	48.2
提供就业信息（%）	7.9	7.9	8.4	5.8	9.6	7.9	8.0
其他（%）	0.5	0.7	0.6	0.2	0.4	0.7	0.1
总计（%）	100.0	100.0	100.0	100.0	100.0	100.0	100.0

四　对无业的城镇居民的就业援助

对于待业或无业的城镇居民来说，最大多数专业人员认为最重要的就业援助是提供免费的技能培训，其次是提供新的工作岗位。分析表4.2.7可知，有接近50%的专业人员认为提供免费技能培训是最为重要的，这一比例明显高于其他三个选择。当然，也有30%左右的专业人员认为提供新的工作机会是最重要的，这两项援助对于待业或无业的城镇居民都十分关键。而认为发放基本生活补贴和提供就业信息最为重要的专业人员较少，都在10%左右。就待业或无业的城镇居民的就业援助这一问题，地区间的差异显著。可以看到，厦门、苏州、红河三地，选择提供免费技能培训的专业人员比例明显要高于选择提供新的工作岗位的比重，三地分别为46.7%、47.9%和50.8%，可以说，这三地的专业人员意见较为鲜明。而重庆地区在这两个选项的比重相当，分别为45%和41.8%，可以说这两者的重要性都得到了相当比例的专业人员支持。综合分析表4.2.5和表4.2.7可以看到，专业人员认为不论对于失业的城镇企业职工还是待业或无业的城镇居民，最重要的都是为其提供免费的就业技能培训。但同时，为其提供新的就业岗位也是十分重要的。不论对于失地农民、农民工还是失业的城镇企业职工、待业或无业的城镇居民，技能的提高都是专业人员认为政府和社会最应该为其提供的就业援助。

表4.2.7　　专业人员认为对于待业或无业城镇居民最重要的就业援助方式

	总计	地区			
		厦门	苏州	重庆	红河
人数（人）	935	225	211	249	250
发放基本生活补贴（%）	12.5	15.1	13.7	5.6	16.0
提供免费技能培训（%）	47.6	46.7	47.9	45.0	50.8
提供新的工作岗位（%）	29.5	28.9	24.2	41.8	22.4
提供就业信息（%）	10.3	8.9	14.2	7.6	10.8
其他（%）	0.1	0.4	0.0	0.0	0.0
总计（%）	100.0	100.0	100.0	100.0	100.0

Pearson Chi-Square（12）=41.844，Asymp. Sig.（2 - sided）= 0.000

对于待业或无业的城镇居民来说，最重要的就业帮助方式在公众眼中，和对失业的城镇企业职工相似，都应该是提供新的工作岗位。根据表4.2.8所示，有41.1%的公众这样认为。同时，也有接近36%的公众选择了提供免费技能培训。而选择发放基本生活补贴的公众为14.6%，选择提供就业信息的较少，只有8.4%。在这一问题上，不同地区间的公众意见差异较大。具体来看，厦门和苏州两地，在提供免费技能培训和提供新的工作岗位两个选项上，公众的意见较不鲜明，比重都较为相当，尤其厦门地区，都在37%左右。而在重庆地区，选择提供新的工作岗位的公众比例明显高于其他选项，为50.2%。红河地区情况极为特殊，其最高比重为提供免费的技能培训，为41.4%，选择提供新的工作岗位要略低，为38.6%。对这一群体的就业帮助，城乡公众的意见差距不大。相对而言，城市公众的意见不如农村被访者的意见鲜明。城市公众分别有38.9%和37.4%选择了提供新的工作岗位和提供免费的技能培训。而在农村，选择前者的比重明显要高，为44.6%。综上所述，结合表4.2.6可以看到，不论对于失业的城镇企业职工还是待业或无业的城镇居民，公众更为看重的是对于新的工作岗位的提供，最大多数都认为这是最为重要的。相较于专业人员认为提供免费的技能培训最为重要，公众更关注更为直接的就业帮助。

表4.2.8　　公众认为对于待业或无业的城镇居民最重要的就业帮助方式

	总计	地区				城乡	
		厦门	苏州	重庆	红河	城市	农村
人数（人）	1877	401	476	500	500	1157	720
发放基本生活补贴（%）	14.6	17.5	20.6	11.4	9.8	15.4	13.3
提供免费技能培训（%）	35.5	37.9	33.2	29.8	41.4	37.4	32.4
提供新的工作岗位（%）	41.1	37.2	37.4	50.2	38.6	38.9	44.6
提供就业信息（%）	8.4	6.5	8.4	8.0	10.2	7.9	9.2
其他（%）	0.5	1.0	0.4	0.6	0.0	0.4	0.6
总计（%）	100.0	100.0	100.0	100.0	100.0	100.0	100.0

第三节　对公务员缴纳失业保险金的意见

虽然公务员相对而言属于"铁饭碗"类的职业，但是可以看到，绝大多数的专业人员认为公务员缴纳失业保险金是有必要的。根据表4.3.1所示，有近29%的专业人员就这一问题选择了非常必要，同时近37%的专业人员选择了必要，只有不到35%的专业人员认为公务员没有必要缴纳失业保险金。就这一问题分地区来看，其差异是显著的。总体来看，经济越不发达，被访者越认为"没有必要"建立失业保险金，从厦门的不足30%到苏州的31%，以及重庆的34%，再到红河的44%。不过比较来看，这四个地区，相对而言，认同公务员缴纳失业保险金具有必要性的专业人员比重都是要高于认为其不必要的比重。厦门地区分别有约33%和约37%选择了非常必要和必要，苏州地区则分别约为28%和41%，重庆地区分别约为27%和39%，红河地区分别约为25%和31%。可以看到，公务员这一职业类型相对于其他职业具有较高的稳定性，但专业人员在评估其缴纳失业保险的必要性时，依旧认为其是必要的。随着公务员系统的深化改革，对公务员的工作要求和绩效评价系统势必会更为细致和严谨，这也在一定程度上会使公务员这一职业存在失业的风险，因此其缴纳失业保险金也需要纳入考虑。

表4.3.1　　　　　　专业人员评估公务员缴纳失业保险金的必要性

	总计	地区			
		厦门	苏州	重庆	红河
人数（人）	999	250	250	249	250
非常必要（%）	28.5	33.2	28.4	27.3	25.2
必要（%）	36.9	37.2	40.8	39.0	30.8
不必要（%）	34.5	29.6	30.8	33.7	44.0
总计（%）	100.0	100.0	100.0	100.0	100.0

Pearson Chi-Square（6）=16.157，Asymp. Sig.（2-sided）= 0.013

从总体来看，大多数专业人员认为公务员缴纳失业保险金是可行的。根据表4.3.2所示，有24.3%的专业人员选择了非常可行，同时有约38%的专业人员认为这是比较可行的，只有不到7%的专业人员持有强烈的非常不可行的态度。就这一问题，不同地区间的专业人员态度差异显著。具体来看，在评估公务员缴纳失业保险金这一问题上，厦门地区认为可行的专业人员比例超过了70%，而苏州为66%，重庆为63.1%，红河只有48%。可以看到，公务员缴纳失业保险金的可行性是随着地区经济水平的提高而有所增强的。综合表4.3.1和表4.3.2来看，专业人员在评估公务员缴纳失业保险金的必要性和可行性上，区域间的差距明显，经济越发达的地区，被访者越认为公务员有必要缴纳失业保险金，且可行性越高，与之相对的，在经济较为落后的地区，被访者认为公务员缴纳失业保险金的必要性降低，其实际推行过程中的可行性也更低。

表 4.3.2　　　　　　　专业人员评估公务员缴纳失业保险金的可行性

	总计	地区			
		厦门	苏州	重庆	红河
人数（人）	1000	251	250	249	250
非常可行（%）	24.3	27.5	25.2	22.1	22.4
比较可行（%）	37.8	43.8	40.8	41.0	25.6
不太可行（%）	31.5	23.1	28.4	32.1	42.4
非常不可行（%）	6.4	5.6	5.6	4.8	9.6
总计（%）	100.0	100.0	100.0	100.0	100.0

Pearson Chi-Square（9）=36.839，Asymp. Sig.（2-sided）= 0.000

在公务员缴纳失业保险金必要性这一问题上，公众中的大多数认为是必要的。根据表 4.3.3 所示，有 55% 左右的被访者认为公务员缴纳失业保险金是非常必要或必要的。但同时，也有超过 18% 的公众对这一问题是不清楚的。在这一问题上，地区间的差异较为明显。厦门地区认为这一措施的具有必要性的公众比重最低，只有 41.1%，其中认为非常必要的为 16.2%，必要的为 24.9%。相对而言，苏州的 62.8%、重庆的 59.8% 和红河的 57.6% 则较高。可以说，四地中经济最为发达的厦门地区，在公众眼中，公务员最没必要缴纳失业保险金。同时也可以看到，对于这一问题不清楚的比重，厦门地区也是最高，为 24.3%，苏州、重庆和红河依次递减，分别为 19.1%、18.8% 和 11.6%。分城乡来看，城市公众认为这一举措必要的比例要略高于农村被访者的比例。城市有 58% 的公众认为是（非常）必要的，农村刚超过 50%。而农村的被访者中，不清楚的比例明显要高于城市被访者，这与农村居民对于公务员系统的了解程度和实际相关度有关。对比表 4.3.1 和表 4.3.3 可以发现，在对公务员缴纳失业保险金的必要性评价上，专业人员意见和公众意见较为相似，都认为其是有必要的，专业人员对此肯定更高，这其中也有一部分原因在于公众中有很多人对这一问题是不清楚的，没有自己较为明显的态度。但综合专业人员和公众的观点，公务员缴纳失业保险金还是有其现实需要的。

表 4.3.3　　　　　　　公众认为公务员缴纳失业保险金的必要性

	总计	地区				城乡	
		厦门	苏州	重庆	红河	城市	农村
人数（人）	1980	494	486	500	500	1228	752
非常必要（%）	26.1	16.2	34.0	27.2	27.0	29.2	20.9
必要（%）	29.2	24.9	28.8	32.6	30.6	29.0	29.7
不必要（%）	26.3	34.6	18.1	21.4	30.8	26.4	26.1
不清楚（%）	18.4	24.3	19.1	18.8	11.6	15.4	23.4
总计（%）	100.0	100.0	100.0	100.0	100.0	100.0	100.0

第四节　对就业信息服务网络系统建设的意见

在统一专门为求职者提供就业信息服务的网络系统建设问题上，最大多数专业人员认为其统一层级应该是社区居委会或村委会，这一相对最小行政单位。根据表 4.4.1 所示，有 43.2% 的专业人员持有上述观点。认为在街道办事处或乡镇政府和县级人力资源和社会保障部门层级统一的专业人员比例较为接近，都在 20% 左右。相对而言，选择在州市人力资源和社会保障部门层级统一的专业人员较少。分地区来看，不同地区的专业人员所持有的观点差异显著。虽然四地的专业人员的最大多数都认同应该在社区居委会或村委会层级统一信息服务系统，但比例有一定的差距，重庆地区明显低于其他三地，只有不到 35%。具体来看，厦门地区的专业人员，认为应该在县级统一的比例最低，而苏州认同这一观点的比例仅低于在社区居委会或村委会统一。而在重庆和红河地区，选择街道办事处或乡镇政府和县级人力资源和社会保障部门的比例都是相当，两地各自在这两个选项上都没有明显差异。综合来看，专门为求职者提供就业信息服务的网络系统其统一层级不宜过高，专业人员更支持从最基层的社区居委会或村委会抓起，根据该社区的实际就业人员的教育、性别和年龄结构，提供适合该社区居民的信息服务。过高的层级统一不能考虑到实际的发展需要，进行就业信息服务的时候所提供的支持不具有针对性。

表 4.4.1　专业人员认为为求职者提供就业信息服务网络系统应建设的级别

	总计	地区			
		厦门	苏州	重庆	红河
人数（人）	995	250	246	249	250
社区居委会或村委会（%）	43.2	43.2	41.5	34.8	43.2
街道办事处或乡镇政府（%）	20.5	20.4	17.9	23.6	20.5
县级人力资源和社会保障部门（%）	20.1	12.0	26.8	24.4	20.1
州市人力资源和社会保障部门（%）	16.2	24.4	13.8	17.2	16.2
总计（%）	100.0	100.0	100.0	100.0	100.0

Pearson Chi-Square（9）=48.137，Asymp. Sig.（2-sided）= 0.000

第五节　最低工资标准统筹的层次

到"十二五"末期，最低工资标准的统一层次要根据不同地区的实际发展情况和现实需求来确定。全国层次的统一较难实现，而县级的统一层级已经明显不能满足实际需求。对于经济较为发达的地区，州市级的统一更为可行，而经济相对落后的地区，全省统一可能更行之有效。

最大多数专业人员认为，到"十二五"末期，最低工资标准应该在全省层次上进行统一。如表 4.5.1 所示，有近 47% 的专业人员持有上述观点。同时，认为应该全市（州）统一的专业人员也占据了一定的比例，为 34.5%。而认为全国统一和全县统一的人数较少，这两个层级或过高或过低，全国统一的可行性较低，而全县统一的统筹层级明显作用和意义都不大。分地区来看，对统筹最低工资标准这一问题，区域间的差异十分明显。具体来看，厦门地区的专业人员明显更支持从州市级进行统一，这一比例超过了半数。虽然其同时也有不到 40% 的比例选择了全省统一，但要明显低于其他三地。苏州地区的专业人员意见较难统一，选择州市级和省级统一的专业人员比例相当，都在 41%—45%，相对而言州市级的比例略高一些。重庆地区和红河地区的专业人员意见较为相似，认为应该在省级进行统一的专业人员明显高于其他三个层级，重庆约为 50%，红河约为 57%。同时，这两个地区，选择州市级统一和国家级统一的比例都是相当的，支持率也都相对不高。综合上述的情况来看，不同区域的专业人员的意见各有千秋，从这一点来说，全国统一是很难执行的。但具体应该是省级统一还是州市级统一，需要根据各地的实际情况和可操作性来进行评估，在厦门和苏州两地，州市级统一相对的可行性要更高，而重庆和红河地区明显应该进行全省统一。

表 4.5.1　专业人员认为"十二五"末期最低工资标准较可行的统一层次

	总计	地区			
		厦门	苏州	重庆	红河
人数（人）	999	250	250	249	250
全县统一（%）	3.7	3.6	3.6	4.4	3.2
全市（州）统一（%）	34.5	51.6	44.8	22.1	19.6
全省统一（%）	46.7	38.8	41.6	49.8	56.8
全国统一（%）	15.0	6.0	10.0	23.7	20.4
总计（%）	100.0	100.0	100.0	100.0	100.0

Pearson Chi-Square（9）= 102.291，Asymp. Sig.（2 - sided）= 0.000

第六节　小结

目前，我国在就业上存在的最主要的歧视就是学历歧视，与此同时，性别歧视和户籍歧视也依旧存在，民族歧视相对较少出现。教育程度对于劳动力来说是十分重要的人力资本，故而，不论是对失地农民、农民工、城镇失业、待业或无业人员来说，专业人员和公众一致认为提供免费的技能培训是政府和社会最应该为其提供的就业援助。

不同的是，专业人员主要从直接援助和间接援助的角度认为间接援助的持久性和根本性更强。而公众则是从基本就业和创业平台两个角度区别开来，更加关注基本就业中的援助措施。对于城镇无业人员，专业人员和公众的意见有一定的区别，专业人员认为最重要的应该是提供免费的技能培训，这和对于失地农民和农民工群体是一样的。而对公众来说，最大多数的人还是认为直接提供新的工作岗位是对于失业城镇企业职工和待业或无业的城镇居民最为重要的就业帮助。在公务员缴纳失业保险金上，专业人员意见和公众意见较为相似，都认为其是有必要的，而经济越发达的地区，公务员越有必要缴纳失业保险金，若推行这一举措，其可行性也越高。与之相对的，在经济较为落后的地区，公务员工作的稳定性较高，其缴纳失业保险的必要性不高，其实际推行过程中的可行性也更低。在就业信息服务网络系统的搭建上，其统一层级不宜过高，专业人员更支持从最基层的社区居委会或村委会抓起，根据该社区的实际就业人员的教育、性别和年龄结构，提供适合该社区居民的信息服务。过高的层级统一不能考虑到实际的发展需要，进行就业信息服务的时候所提供的支持不具有针对性。

虽然公众和专业人员的意见在个别群体的问题上有一定的差异，但可以看到，技能的提高是可以从根本上解决这些不同群体的就业困难问题的。而信息服务的网络平台的搭建，应该从最基层做起，通过社区给予更具有针对性和实时性的就业帮助服务。

同时，对于工作性质相对稳定的公务员群体，其缴纳失业保险金是具有必要性和可行性的，但在具体执行和操作过程中，也要根据地区的实际经济发展和社会需要而逐步推行。

从长远的发展角度来看，到"十二五"末期，最低工资标准应该根据具体地区的实际发展需要，或在全省统一，或在省内按州市进行统一，过高或过低层次的统一都不符合实际的发展和切实的需求。

第五章

教育保障制度的整合意愿

第一节　拓展义务教育范围的意愿

调查结果显示，不论从专业人员的意见还是公众的需求来看，目前以小学和初中为主的义务教育区间已远远不能满足社会需求，自幼儿园到高中的15年义务教育区间得到了最广泛的认可。在现实条件下，如果采用12年义务教育制，公众和专业人员都较为支持首先将高中教育纳入其中。从总体趋势和长远发展来看，我国应逐步改革义务教育，将教育福利更大范围和更大强度地惠及百姓。

大多数专业人员认为义务教育应该同时包括幼儿园、小学、初中和高中。根据表5.1.1所示，有61%的专业人员持有这种意见，比重明显高于其他观点。其次的选择组合是小学、初中和高中三阶段放入义务教育阶段（24.3%），最后是"幼、小、初"（10.2%），赞同现行的小学和初中义务教育的只有4.5%的专业人员。

表5.1.1　　　　　　　　专业人员认为义务教育应包含的阶段

	总计	地区			
		厦门	苏州	重庆	红河
人数（人）	994	250	245	249	250
小学和初中（%）	4.5	4.8	7.3	2.8	4.5
幼儿园、小学和初中（%）	10.2	12.0	12.2	10.4	10.2

续表

	总计	地区			
		厦门	苏州	重庆	红河
小学、初中和高中（%）	24.3	24.4	27.8	21.3	24.3
幼儿园、小学、初中和高中（%）	61.0	58.8	52.7	65.5	61.0
总计（%）	100.0	100.0	100.0	100.0	100.0

Pearson Chi-Square（9）=20.426, Asymp. Sig.（2 – sided）=0.015

　　分地区来看，不同地区的专业人员意见虽有显著性差异，但差异度并不大。具体来看，从整体趋势来看，四地的专业人员都有较大多数的人支持应该将幼儿园、小学、初中和高中都包含在义务教育之内。但相比较而言，苏州地区支持这一观点的专业人员比重最小，为52.7%，而重庆地区则最大，为65.5%，厦门和红河居中，依次为58.8%和61%。

　　由此可见，作为公民的基本社会福利之一的义务教育，专业人员认为应该从学前教育一直延续到高中阶段。义务教育的进一步拓展，更加深入地推行了均衡教育的理念，也从根本上提高了全民的教育水平，更是社会福利结构的深化和改革。

　　对于义务教育包含阶段问题，公众和专业人员的意见基本相同，绝大多数公众都认为应该自幼儿园到高中，都被纳入义务教育的范畴之内。根据表5.1.2所示，有接近62%的公众认同这一选项。随着义务教育所涵盖的阶段越少，支持的公众比例越低。相较于幼儿园和高中，公众中的更大多数认为应该将高中纳入义务教育。而就目前施行的九年义务教育已经明显不能满足公众的需求。在这一问题上，地区间的总体趋势相同，但也有细微差别。具体来看，苏州地区认同最大范围地拓展义务教育时间的比例最低，为53.8%，红河地区最高，为66%，但可以看到四地对于这一观点的支持人数都超过了一半。就城乡来看，没有显著差异。农村支持将幼儿园、小学、初中和高中都纳入义务教育的比重略高于城市，分别为64.7%和60%。不论从不同经济发展水平的地域还是从城乡来看，九年义务教育获得的认同度都是最低的。同时从专业人员的意见和公众的需求来看，延长义务教育时间势在必行。现实条件下，如果无法最大范围地施行义务教育，相较于高中和幼儿园，公众和专业人员都较为支持首先将高中教育纳入义务教育。从总体趋势和长远发展来看，我国应逐步改革义务教育，将教育福利更大范围和更大强度地惠及百姓。

表5.1.2 公众认为义务教育应包含的阶段

	总计	地区				城乡	
		厦门	苏州	重庆	红河	城市	农村
人数（人）	1974	489	485	500	500	1223	751
小学和初中（%）	5.6	3.7	6.0	5.8	6.8	6.1	4.7
幼儿园、小学和初中（%）	12.4	11.5	18.4	12.2	7.6	12.8	11.6
小学、初中和高中（%）	20.3	20.2	21.9	19.4	19.6	21.0	19.0
幼儿园、小学、初中和高中（%）	61.8	64.6	53.8	62.6	66.0	60.0	64.7
总计（%）	100.0	100.0	100.0	100.0	100.0	100.0	100.0

第二节 教育资源均等化的意愿

一 义务教育生均经费的城乡标准

义务教育生均经费的城乡差距，是城乡社会福利差距的具体体现之一。研究表明，我国义务教育生均经费的城乡差距30年来呈现出波动的趋势，1993年到1994年，城乡生均教育经费差距迅速扩大；1994年到1997年城乡之间的差异缓慢下降；1998年至2003年教育经费城乡比持续上升；自2004年之后，城乡义务教育生均经费差距持续下降。[1] 近十年来这一差距的相对趋势虽然有所缓解，但城乡的绝对差距是一直在扩大的。[2]

此次调查的结果显示，无论从专业人员意见还是公众看法，统一城乡生均教育经费都是义务教育未来的发展方向。逐步实现两者的统一标准化是具有现实基础和重要的实际意义的，也会是消除城乡二元格局差异的关键

---

① 吴春霞：《中国城乡义务教育经费差距演变与影响》，《教育科学》2006年第6期。
② 王元京：《中国城乡义务教育差别的制度障碍分析》，《财经问题研究》2009年第9期。

一步。

专业人员认为我国义务教育阶段的城乡生均教育经费应该保持在同一个标准较为合理。根据表 5.2.1 所示，有 66% 以上的专业人员是支持城乡生均教育经费同标准的。相对而言，认为农村应该高于城市的比重要低于认为城市高于农村的，前者只有不到 11%。在不同地区的专业人员对于这一问题的观点差异较小，不具有显著性。支持城乡统一标准的比重都在 65% 左右。出于现实的考虑，各地专业人员也认为，农村生均经费调整到高于城市的标准是不太可能的，支持农村标准高于城市的专业人员比例最低，只有 10.9%。就目前的现实情况和专业人员认为的合理标准可以看出，我国的城乡生均教育经费需要进行较大力度的调整和改革，城乡间的差距是不利于义务教育的未来发展的，更为合理的发展趋势是逐渐实现城乡生均教育经费的一体化。

表 5.2.1　　专业人员认为义务教育阶段的城乡生均教育经费合理标准

	总计	地区			
		厦门	苏州	重庆	红河
人数（人）	999	251	249	249	250
城市高于农村（%）	22.8	25.5	22.9	23.3	19.6
农村高于城市（%）	10.9	9.6	10.8	10.4	12.8
城乡一个标准（%）	66.3	64.9	66.3	66.3	67.6
总计（%）	100.0	100.0	100.0	100.0	100.0

Pearson Chi-Square (6) = 3.371, Asymp. Sig. (2 - sided) = 0.761

从整体来看，公众和专业人员的意见基本相同，最大多数的公众也都认为在生均教育经费这一问题上，城乡应该施行统一标准。根据表 5.2.2 可知，选择此项的公众超过了 70%。同样，只有 11% 的公众认为农村标准应该高于城市。分地区来看，公众的意见有一定的区别。虽然四个地区最大多数的公众都认为应该将城乡生均教育经费统一化，这一比例都超过了 70%。但是红河地区和其他三个地区不同的是，选择农村应该高于城市的公众比例要高于选择城市应高于农村的比例。而在厦门和苏州两地，这两个选项之间的差异是明显比较大的。就城乡来看，差异也十分明显。农村的公众更认为城乡间应该施行同一个标准，有 74.1% 的人支持一体化，而城市只有 68.6%。相比较而言，农村公众选择农村标准要高于城市标准的比重高于选择城市高于农村的比重，分别为14.7%和11.2%，而城市公众则正好相反，认为城市应高于农村的比重达到了22%以上。这一差别显然体现了城乡公众的利益视角的差异。从整体来看，对于城乡生均教育经费一体化的需求，农村公众较城市公众更为迫切。并且虽然目前城市户口的学生享受的教育经费要高于农村学生，但是城市公众也较为认同二者的统一化。综合专业人员和公众意见以及目前我国生均教育经费的城乡差异，逐步实现两者的统一标准化是具有现实基础和重要的实际意义的，也会是消除城乡二元格局差异的关键一步。

表5.2.2　　　　　**公众认为义务教育阶段的城乡生均教育经费合理标准**

	总计	地区				城乡	
		厦门	苏州	重庆	红河	城市	农村
人数（人）	1973	489	484	500	500	1223	750
城市高于农村（%）	18.0	20.4	21.3	16.2	14.4	22.2	11.2
农村高于城市（%）	11.3	8.8	8.1	12.8	15.2	9.2	14.7
城乡一个标准（%）	70.7	70.8	70.7	71.0	70.4	68.6	74.1
总计（%）	100.0	100.0	100.0	100.0	100.0	100.0	100.0

二　促进城乡小学教育均衡发展的举措

城乡教育福利的差异还表现在城乡之间师资、办学条件等教育资源的失衡配置。在调查中我们以小学教育为例，征询了专业人员对于城乡教育均衡发展的举措的意见。从专业人员的意见可以看到，平衡发展城乡教育水平，改善农村小学办学条件、加强农村小学师资培训、引导城市师资下乡任教三项举措是最为重要的。

从表5.2.3可以看到，分别有87.5%、84.1%和86.3%的专业人员选择了这三种措施。只有不到41%的专业人员认为严格实行划片入学，电脑派位升学是有利于城乡教育均衡发展的。分地区来看，不同地区的专业人员对于促进城乡小学教育均衡化发展的措施意见基本相同，除就改善农村小学的办学条件差异稍微显著。具体来看，在厦门地区，最大多数专业人员认为提供岗位补贴是合理有效的措施，其次是改善农村小学的办学条件和加强其师资培训；而在苏州地区，有89.2%的专业人员即最大多数认为改善农村小学办学条件是行之有效的手段。重庆地区和厦门地区的专业人员意见分布情况较为相似，而红河地区选择从改善小学的办学条件和提供岗位补贴两方面来均衡发展城乡教育的专业人员比重要明显高于其他三个地区，分别为92%和90.8%。这四个地区的专业人员都不是十分支持通过严格施行划片入学和电脑派位升学来均衡教育水平。这一措施从城市内部看，可以相对地提高教育均等化水平，但是在城乡之间，并不能从根本上改变城乡教育条件的差距。从专业人员的意见可以看出，平衡发展城乡教育水平，最重要的就是从师资入手，一方面要加强在职教师的培训，另一方面也需要通过提高工资水平和福利补贴，吸引更多的优秀教师到农村任教。同时，农村小学目前较为落后的办学条件也需要有所改善，这从另一个角度也是吸引教育人才到农村发展的有利条件。

表 5.2.3　　　专业人员认为促进城乡小学教育均衡发展应当采取的措施

	总计	地区				Pearson Chi-Square	Asymp. Sig.（2－sided）
		厦门	苏州	重庆	红河		
人数（人）	998	249	250	249	250		
加强农村小学的师资培训(%)	84.1	83.5	88.0	79.5	85.2	7.027	0.071
改善农村小学的办学条件（%）	87.5	85.1	89.2	83.5	92.0	10.119	0.018
提供岗位补贴，引导和鼓励城市师资到农村任教（%）	86.3	86.3	81.6	86.3	90.8	8.938	0.030
严格实行划片入学，电脑派位升学（%）	40.6	43.0	44.4	38.6	36.4	4.339	0.227
其他（%）	2.9	3.6	0.8	4.8	2.4	7.831	0.050

三　缩小重点学校与普通学校差距的举措

除城乡之间义务教育福利的失衡之外，全国重点学校和普通学校的教育资源的不公平状况也十分明显，这也是目前"择校风"屡禁不止的根源。调查结果显示，专业人员认为想要缩小重点学校与普通学校之间的差距，较为合理的措施是提供岗位补贴，引导和鼓励重点学校师资到普通学校去任教以及加大对普通学校的投入。

根据表5.2.4所示，专业人员认为引导和鼓励重点学校师资到普通学校任教是缩小重点学校和普通学校差距的首要举措（79.4%），其次为加大对普通学校的投入（69.6%）。选择严格实行电脑派位、划片入学的专业人员比例为45%，认为从领导层抓起，重点学校校长到普通学校担任学校领导的有43.4%，只有不到31%的专业人员认为可以将普通学校办成重点学校的分校。在这一问题上，除严格实行电脑派位这一措施外，不同区域间的专业人员观点差异并不显著。具体来看，厦门和苏州两地的专业人员均有半数以上都认同电脑派位的作用，但是在重庆和红河地区选择这一选项的专业人员都不到40%，相比而言更认可重点学校校长任职普通学校的举措。从整体来看，四个地区的专业人员都最为认同通过岗位补贴的方式，将普通学校和重点学校的师资进行融合，尤其厦门和苏州两地，对这一措施支持的专业人员比重都超过了80%。其次是应该加大对普通学校的投入，改善其自身的办学条件，厦门地区的专业人员尤为支持这一观点，比重达到了75%以上。相对最不切实有效的方法就是将普通学校办成重点学校的分校，这种方式只是将普通学校附属于重点学校，并不能从根本上解决教育资源的不平等问题。综上所述，想要从根本上缩小普通学校和重点学校的较大差距，首先需要从师资水平和办学条件上出发，一方面引进更优秀的教育人才，另一方面则是加强学校的硬件和软件设施。

表5.2.4　　专业人员认为缩小重点学校与普通学校差距应采取的措施

| | 总计 | 地区 | | | | Pearson Chi-Square | Asymp. Sig.（2-sided） |
		厦门	苏州	重庆	红河		
人数（人）	995	246	250	249	250		
将普通学校办成重点学校的分校（%）	30.7	32.1	29.6	24.9	36.0	7.617	0.055
重点学校校长（副校长）到普通学校担任学校领导（%）	43.4	45.9	42.4	37.3	48.0	6.609	0.085
提供岗位补贴，引导和鼓励重点学校师资到普通学校去任教（%）	79.4	80.5	83.2	75.1	78.8	5.254	0.154
严格实行电脑派位、划片入学（%）	45.0	51.6	52.0	36.9	39.6	21.583	0.001
加大对普通学校的投入（%）	69.6	76.0	65.2	69.9	67.6	7.561	0.056

第三节　教育经费统筹的层次

在义务教育经费财政分担的问题上，专业人员意见和公众观点都认为，在今后的较长时间内，更多地还是要依靠中央财政的支持，同时，地方各级随级别的不同来分摊一定份额的经费。经济较为落后的地区需要中央财政更大的倾斜，经济相对发达的地区，可以一定程度地降低中央财政的负担，将义务教育的费用由较低级别的财政机构支付。

专业人员认为，义务教育阶段，中央财政应该承担最大份额的支出，同时，省级、州市级及县级财政也需要有一定份额的分担，但随着政府级别的降低，所需负担的比重也依次下降。根据表5.3.1所示，专业人员认为中央财政应该承担45%以上的义务教育支出，省级约为24%，州市级约为16%，县区级约为14%。就这一问题，各地的专业人员意见总体趋势相同，但是差异也较为显著。在经济较为发达的厦门和苏州两地，专业人员对于财政负担的比重分布较为平均，虽然中央财政也是承担最大比例的，但是和其他三级财政相比较而言，差异比重庆和红河两地小很多。在重庆和红河，专业人员认为中央财政要承担50%以上的义务教育支持，而州市级及县区级财政承担的比例明显要低于较高两级财政。在厦门和苏州两地，专业人员认为，虽然随着财政级别的下降，其所承担的义务教育的支出也在降低，但从省级到县区级财政分担的比重差距不大。通过数据及上述分析可以看到，在义务教育财政分担上，经济较为落后的地区更多地需要依靠中央财政，而经济相对发达地区，可以一定程度地降低中央财政的负担，将义务教育的费用由较低级别的财政机构支付。但从总体来看，我国义务教育的大力发展，在今后的较长时间内，更多地还是要依靠中央财政的支持，同时，地方财政也需要随着经济的进一步发展在其中扮演更为重要的角色。

表 5.3.1　　　　　专业人员认为义务教育阶段各级财政支出占比分配情况

	总体均值	地区			
		厦门	苏州	重庆	红河
人数（人）	963	237	227	249	250
中央财政（均值）（%）	45.57	39.40	34.48	50.53	56.52
省级财政（均值）（%）	23.94	24.22	24.80	24.64	22.20
州市级财政（均值）（%）	16.36	20.82	20.64	12.60	12.02
县区财政（均值）（%）	14.13	15.56	20.08	12.23	9.26
总计（%）	100.00	100.00	100.00	100.00	100.00

　　绝大多数公众认为，义务教育阶段的费用主要应该由中央财政来负担。根据表 5.3.2 所示，有接近 62% 的公众持有上述观点。认为应该主要由省级财政支付的占不到 1/5，只有 10% 左右的被调查者选择了由州市财政负担。不同地区的公众对于负担义务教育阶段费用的政府级别的意见明显不同。厦门和苏州两地较重庆和红河地区，认为应该由中央负担义务教育的公众比重明显偏低，分别只有 54.8% 和 47.2%，而重庆和红河在都达到了 70% 以上。与之相对的，厦门和苏州两地认为应由省级财政负担的比重要明显高于另外两地，都达到了 20% 以上。就城乡来看，在这一问题上，城乡公众间的意见区分度不大。分别有 61.3% 的城市被访者和 61.8% 的农村被访者认为应该由中央财政负担，而省级及州市级的比重都相对较低。结合表 5.3.1，可以看到，不论是公众还是专业人员，认为主要负担义务教育阶段费用的政府级别都应该是中央财政，但是经济较为发达的地区，对于中央财政的依赖度相对较低，公众也较多地认为应该由省级财政负担主要部分。根据不同地区公众和专业人员意见的差别，在负担义务教育阶段费用问题上，中央财政的负担比例应该因地制宜，对于经济较为落后的地区给予更大程度的支持，而对于经济自主性较强，发展较快的地区，则可以适当地将中央财政的负担转移给省级及州市级财政，增强当地的义务教育发展的灵活性。

表5.3.2　　　公众认为义务教育阶段费用主要承担财政支出的政府级别

	总计	地区				城乡	
		厦门	苏州	重庆	红河	城市	农村
人数（人）	1972	489	483	500	500	1226	746
中央财政（%）	61.5	54.8	47.2	73.0	70.2	61.3	61.8
省级财政（%）	19.7	21.1	29.0	12.2	16.8	20.4	18.5
州市财政（%）	10.2	14.1	13.7	6.2	7.2	11.4	8.3
不清楚（%）	8.6	10.0	10.1	8.6	5.8	6.9	11.4
总计（%）	100.0	100.0	100.0	100.0	100.0	100.0	100.0

第四节　外来务工人员子女义务教育的接纳

我国目前有两亿多流动人口，外来务工人员子女的教育福利如何实现，是关乎教育公平的一项重大议题。调查中专业人员和普通公众都集中表明了对外来务工者子女入学的接纳态度，认为打工者的子女更应该和城市户口的适龄儿童一样进入公办学校接受义务教育，这一方面减少了将打工者子女送回原籍接受教育所引发的一系列留守儿童问题，另一方面也降低了民办学校所带来的教育风险。在入校后的编班过程中，认为应该将打工者子女和城市生源混合在一起，加强两个群体之间的交流，也能够更加合理和公平有效地配置师资资源。就目前的情况来看，要实现外来务工者子女进入公办学校，专业人员认为首先政府应该给予公办学校一定的财政补贴，另一方面，本地的公办学校能够接收的名额应该充裕。

一　对于外来务工者子女在流入地入学的态度

绝大多数专业人员认为外来务工子女在义务教育阶段适合上打工所在地的公办学校。根据表5.4.1所示，有77%以上的专业人员持有上述观点。认为外来务工子女适合回原居住地读书的为10.6%，而认为这一群体更适合在打工所在地为其单独建立的民办学校读书的比重也只有11.9%。从不同地区来看，专业人员的意见显著不同。在重庆和红河两地，支持务工者其打工所在地的公办学校更适合其子女接受义务教育的专业人员比重要明显高于厦门和苏州两地。其中，苏州支持这一观点的专业人员近70%，厦门为72%左右，而重庆和红河都在80%以上。除厦门外，苏州、重庆和红河的专业人员支持比重最小的方式都是让外来务工者子女回原居住地学校就读，厦门的专业人员最不支持的则是就读打工地的民办学校。上述现象可能和这些地区的劳动力输入输出状况有关。厦门、苏州是高度城市化地区，外来务工者流入较多，本地人会考虑到当地教育资源的承载力。而重庆和红河是城市化程度较低的地区，是劳动力流出地，会更加希望在流入地享受平等的教育福利。

表5.4.1　　　专业人员认为外来务工子女适合接受义务教育的学校类型

	总体均值	地区			
		厦门	苏州	重庆	红河
人数（人）	997	248	249	250	250
原居住地学校（%）	10.6	14.5	15.7	5.2	7.2
打工地公办学校（%）	77.4	72.2	67.5	88.4	81.6
打工地民办学校（%）	11.9	13.3	16.9	6.4	11.2
总计（%）	100.00	100.00	100.00	100.00	100.00

Pearson Chi-Square（6）=39.428，Asymp. Sig.（2-sided）=0.000

　　但是就我国目前的义务教育发展情况来看，其管理体制与资源配置之间的矛盾制约着外来务工子女的受教育机会。[1] 目前，我国义务教育的准入手续还是依据户籍来进行划分的，这就让外来务工者子女很难接受其打工所在地的公办学校的教育。随之产生的民办打工子弟学校，又因为缺乏政府的引导和管理导致教学质量和教学环境参差不齐。根据此次调查的专业人员意见可以看到，专业人员认为打工者的子女更应该和城市户口的适龄儿童一样进入公办学校参加义务教育，这一方面减少了将打工者子女送回原籍接受教育所引发的一系列留守儿童问题，另一方面也降低了民办学校所带来的教育风险。

---

[1] 左光禄：《城市外来务工人员子女义务教育问题研究》，硕士学位论文，内蒙古师范大学，2011年。

与专业人员的意见相类似，绝大多数公众同样认为外来务工者的子女应该在其打工所在地的公办学校就读。根据表5.4.2所示，有接近70%的公众认同这一观点。但与专业人员意见略有差异的是，认同外来务工者子女更适合回原居地学校接受义务教育的比重，明显高于在打工地民办学校接受教育（21.3%：9.9%）。分地区来看，不同地区间的差异显著。在苏州地区，支持外来务工子女到当地的公办学校就读的公众比重较其他三个地区最低，只有52%，相反，认为其应该回原居住地接受义务教育的比重最高，接近33%。在红河和重庆两地，超过3/4的公众都认为外来务工子女更适合在公办学校就读。从城乡公众意见来看，在这一问题上，其意见基本没有差异。城市和农村都有69%左右的公众是支持就读公办学校的。其次是都有21%左右的被调查者认为回原居住地学校更为合适。认为适合在打工地民办学校就读的都只有9.9%。综合表5.4.1分析可以看到，外来务工者子女更加适合在其打工所在地的公办学校上学，但是在目前无法全面实现这一目标的前提下，公众认为回原籍就读更好，而专业人员则较多地认为在打工所在地的民办学校就读更为合适。同时，可以看到，在苏州地区，不论专业人员还是公众，支持外来务工子女进入公办学校接受义务教育的比重较其他三个地区都是最低。通过上述分析，可以得出两个推论：第一，和专业人员相比，人口流入地的普通公众对外来务工者子女进入本地公办学校有一定的排斥倾向；第二，诸如农民工子弟学校等打工地民办学校的存在，实际上是流入地城市不能对外来人口子女提供公平教育福利的产物，选择在这类学校入学，是打工者的无奈之举。

表5.4.2　　　　公众认为外来务工子女适合接受义务教育的学校类型

	总计	地区				城乡	
		厦门	苏州	重庆	红河	城市	农村
人数（人）	1979	492	487	500	500	1227	752
原居住地学校（%）	21.3	22.0	32.9	17.0	13.6	21.8	20.3
打工地公办学校（%）	68.8	69.7	52.0	75.8	77.4	68.2	69.8
打工地民办学校（%）	9.9	8.3	15.2	7.2	9.0	9.9	9.9
总计（%）	100.0	100.0	100.0	100.0	100.0	100.0	100.0

二 对于外来务工者子女在流入地公立学校编班的态度

对于城市公办学校中，外来务工人员子女应该如何进行编班这一问题，专业人员更多地认为应该将其与城市生源进行混合编班。根据表5.4.3所示，有接近85%的专业人员支持这一观点，而认为应该单独编班的专业人员只有不到16%。分地区来看，就这一问题，各地的专业人员意见具有显著性差异，但总体趋势是相同的。虽然苏州地区认为应该与城市生混合编班的比重相对于其他三个城市最低，只有76.4%，而其他三个地方都达到了85%以上，但是可以看到，专业人员还是绝大多数地支持应该将打工者子女与城市户口的生源混合在一起组成班级，而不应该将其单独编班。这一编班形式，有利于教育资源和教育机会的均等化。如果将打工者子女进行单独编班，学校在考虑师资配备问题上，可能会有偏颇。同时，单独编班也不利于打工者子女的心理健康发展，将其作为独立的班级划分出来，这一群体就更难与城市户口的学生融为一体，对这一群体的社会融入会造成很大的阻力。因此，在城市的公办学校进行班级编排过程中，专业人员更多地是建议将打工者子女和城市生源混合在一起，加强两个群体之间的交流，也能够更加合理和公平有效地配置师资资源。

表5.4.3　专业人员认为在城市公办学校上学的外来工子女合适的编班形式

	总体均值	地区			
		厦门	苏州	重庆	红河
人数（人）	1000	250	250	250	250
单独编班（%）	15.6	13.1	23.6	11.6	14.4
与城市生源混合编班（%）	84.4	86.9	76.4	88.4	85.6
总计（%）	100.00	100.00	100.00	100.00	100.00

Pearson Chi-Square（3）＝17.159，Asymp. Sig.（2 - sided）＝0.001

公众大多数认为在城市公办学校上学的外来工子女更加适合与城市生源混合编班，表5.4.4显示，有接近83%的公众持有这种意见。只有不到20%的公众认为单独编班是合理的。在这一问题上，公众和专业人员的意见基本相同。从不同区域来看，苏州地区支持与城市生源混合编班的公众比重最低，只有不到70%，而重庆达到了93%，厦门和红河基本相同在84%左右。对比专业人员意见可以发现，从专业人员到公众，苏州地区认为混合编班更好的被访者比重都是最低的。结合表5.4.3和表5.4.4可以看出，在一定程度上，苏州地区的外来打工者融入问题相较其他三个地区较为严重。公众和专业人员对于外来务工者子女进入公办学校及进入公办学校后和城市生源混合编班的支持度都较低。从城乡来看，在这一问题上，城市公众认为混合编班合理的比重要高于农村被访者，分别为84.3%和79.9%，其差异并不显著。综合分析外来务工者子女应该接受何种类型的学校的义务教育及其编班方式可以看到，随着义务教育的进一步发展和教育资源的合理化配置，不论从专业人员还是公众，都支持推行外来务工者子女进入本地公办学校就读的政策，同时应该将这一群体与城市生源混合编班，以加快外来务工第二代、第三代的社会融入，也从根本上提高打工者子女教育目前存在的诸多问题，提高其接受教育的水平。

表5.4.4　　公众认为在城市公办学校上学的外来工子女合适的编班形式

	总计	地区				城乡	
		厦门	苏州	重庆	红河	城市	农村
人数（人）	1973	489	484	500	500	1222	751
单独编班（%）	17.4	15.7	32.0	7.0	15.2	15.7	20.1
与城市生源混合编班（%）	82.6	84.3	68.0	93.0	84.8	84.3	79.9
总计（%）	100.0	100.0	100.0	100.0	100.0	100.0	100.0

三　对于外来务工者子女在流入地公立学校入学的条件的看法

专业人员大多认为外来务工者子女应该进入打工者所在地的公办学校接受义务教育，但是就目前的教育资源情况来说，还需要配套的相应条件才能较好地逐步实现这一目标。专业人员大多数认为，首先，政府应该给予公办学校一定的财政补贴；其次，本地的公办学校能够接收的名额应该充裕。根据表5.4.5所示，有84%的专业人员认同第一个条件，同时也有接近3/4的公众认为第二个条件也是必备的。只有35%左右的专业人员认为应该向外来务工人员收取适当的费用才可以将其子女送进公办学校进行就读。在这一问题上，地区间的差异较为显著。在红河地区，专业人员尤为支持应该由政府给予公办学校一定的财政补贴，支持这一观点的专业人员达到了90％。而在厦门和苏州，这一比重都不到80％，这两地支持应该在本地公办学校能够接收的名额充裕的情况下接收打工者子女的比重较高，分别约为77％和80％。苏州地区认为应该由外来务工人员缴纳适当的费用的比重较高，接近50％，而重庆地区则最低，只有不到23％。可以看到，经济越发达地区，在考虑外来打工者子女进入公办学校过程中，支持打工者本身需要缴纳一定费用的专业人员比重越高。经济越发达地区，随着外来务工者的大量增加，给本地学校带来的压力越大，如何在现有的师资资源下，合理地配置和接纳打工者子女进入公办学校接受义务教育是教育和行政部门亟待解决的问题。专业人员的意见还是更多地支持从政府的角度，给予公办学校支持，并且扩大公办学校的规模，使其能够承载越来越多的外来务工者子女的教育需求。

表5.4.5　　　　专业人员认为外来工子女进入本地公办学校所需的条件

| | 总计 | 地区 | | | | Pearson Chi-Square | Asymp. Sig.（2-sided） |
		厦门	苏州	重庆	红河		
人数（人）	997	249	249	249	250		
本地公办学校接收名额充裕（％）	74.5	77.1	79.9	70.7	70.4	8.869	0.031
政府给予公办学校财政补贴（％）	84.0	79.9	78.3	87.6	90.0	18.062	0.000
外来务工人员需要适当缴费（％）	35.6	37.3	47.8	22.9	34.4	34.169	0.000
其他（％）	3.1	4.0	2.0	4.8	1.6	5.989	0.112

第五节　结论

综合上述分析，可以看到，我国目前的九年义务教育不论是时长还是惠及的深度、广度都已经不能满足公众的需求。从时间上，义务教育未来的发展趋势应该涵盖从学前教育一直到高中阶段。在过渡时期，首先应该将高中教育纳入其中。

而就其所惠及的广度来说，义务教育目前在城乡教育资源配置上仍有较大差距。如何统一城乡生均经费，也是消除城乡二元体制带来的收入及福利差异的重中之重。而要想均衡发展城乡教育水平，要从根本上吸引更为优秀的师资力量到农村中小学任教，并且从基础上提高农村学校的办学条件。而不论在城市还是农村，普通学校和重点学校的差距问题也是不容忽视的，如何调配这两类学校的教育资源，也是均衡发展义务教育的重要内容。在这一问题上，首先也是需要从师资水平和办学条件上出发，一方面引进更优秀的教育人才，另一方面则是加强学校的硬件和软件设施。

对于外来打工者子女来说，虽然目前无法大范围地接收其进入打工所在地的公办学校，但可以看到不论从专业人员意见还是公众的观点，公办学校的教育会更适合这一群体，同时对已经进入公办学校的打工者子女，更加适合的是跟城市生源进行混班教学。经济越发达地区，随着外来务工者的大量增加，对于本地学校带来的压力越大，如何在现有的师资资源下，合理地配置和接纳打工者子女进入公办学校接受义务教育是教育和行政部门亟待解决的问题。专业人员的意见还是更多地从政府的角度给予公办学校支持，并且扩大公办学校的规模，使其能够承载越来越多的外来务工者子女的教育需求。

从义务教育未来的发展深度来看，主要还是要借助中央财政的力量。但是，可以根据不同地区的经济发展，将财政负担部分地移交给当地政府财政系统，一方面可以降低中央财政的负担，另一方面也可以更好地因地制宜。

第六章

社会救助的福利意愿

第一节　对农村五保的统筹意愿

对于统一农村五保供养标准，专业人员和公众的意见差别较大。专业人员多认为应该在居中的省级层次进行统筹规划，而公众意见则有全国统一、全省统一、全市（州）统一三种不同的选择。经济较为发达地区，公众更为支持在州市统一，而相对落后地区则认为全国统一更为合理。

根据表 6.1.1 所示，对于统一农村五保制度，大多数专业人员认为应该在全省统一，这一比例达到了 45.3%；其次认为可以在市（州）一级统一（30.2%）。同时也有 27.5% 的公众认为应该在州市统一农村五保制度（见表 6.1.2）。专业人员认为可以在全国或全县层面上统一的占少数，分别为 15.8% 和 8.7%。在总体趋势一致的基础上，不同地区间也有其特点。四个被调查地，专业人员都更为认同应该在省级进行统一。这一比重在厦门、苏州、重庆和红河分别为 41.0%、40.8%、50.2% 和 49.2%。但是在厦门和苏州，认为应该在州市级进行统一的专业人员比重也较高，分别为 35.5% 和 38.8%。而在重庆和红河两地，这一比重则较低，都不到 1/4。这种状况可能和地区经济水平有关。对于在国家层次进行统一，厦门、苏州两地的专业人员支持比重很低，分别只有 12.4% 和 11.2%，而重庆和红河则相对高一些，都接近 20%。综合专业人员对于统一农村五保制度的意见可以发现，专业人员较为倾向于在相对居中的省级层面进行统一，这既考虑了当地的经济发展水平，又能够更好地进行统筹规划，为实现五保制度的完善和提高提供了更好的平台。

表6.1.1　　专业人员对"十二五"末期农村五保制度统一层次的意见

	总计	地区			
		厦门	苏州	重庆	红河
人数（人）	1000	251	250	249	250
全县统一（%）	8.7	11.2	9.2	6.0	8.4
全市（州）统一（%）	30.2	35.5	38.8	24.1	22.4
全省统一（%）	45.3	41.0	40.8	50.2	49.2
全国统一（%）	15.8	12.4	11.2	19.7	20.0
总计（%）	100.0	100.0	100.0	100.0	100.0

Pearson Chi-Square（9）=35.100，Asymp. Sig.（2 – sided）=0.000

对于农村五保供养标准的统一层次，公众意见较难统一。根据表6.1.2所示，分别有27.5%、21.8%和28.4%的人选择了全市（州）统一、全省统一和全国统一，比例较为相当。分地区来看，不同地区间差异明显。厦门和苏州两地的公众较为支持在全市（州）统一，分别有36.7%和35.0%的人这样选择。而在重庆和红河，均有近38%的人认为应该在全国统一农村五保供养标准。经济较为发达的地区，公众较为支持在较低层级统一，而相反，在经济较为落后地区，公众则认为应在较高层次进行统一。而在城乡公众之间，态度差异也较为明显。城市公众的大多数，较为支持在州市级进行统一，而农村居民则认为应该在全国进行统一五保供养标准。综合分析，可以看到，在统一农村五保供养标准这一问题上，公众意见较难得到统一，不同地区，城乡之间的态度差异都十分明显，若要统筹规划，则需要进一步分地区、分城乡进行综合考察，并且根据当地的实际发展需要，来制定更为合理有效的统一标准和层次。

表6.1.2   在公众眼中农村五保供养标准合理的统一层次

	总计	地区				城乡	
		厦门	苏州	重庆	红河	城市	农村
人数（人）	1977	491	486	500	500	1225	752
全县统一（%）	14.3	13.6	19.5	11.0	13.0	16.2	11.2
全市（州）统一（%）	27.5	36.7	35.0	22.6	16.0	30.9	21.8
全省统一（%）	21.8	18.9	20.2	22.2	25.8	21.4	22.5
全国统一（%）	28.4	20.6	16.3	38.2	38.0	23.8	35.9
不清楚（%）	8.1	10.2	9.1	6.0	7.2	7.8	8.6
总计（%）	100.0	100.0	100.0	100.0	100.0	100.0	100.0

第二节 对城乡低保的统筹意愿

对于统一城乡低保标准，公众意见较难统一，不论是农村低保还是城市低保，抑或是城乡统筹规划，不同地区间的公众持有的意见较难集中，厦门、苏州两地都倾向于州市级统一，而重庆和红河则更支持全国层面统一。综合各方面条件，专业人员则认为城乡低保统筹规划应该在省级层面进行。

一 对农村低保标准统筹层次的意愿

对于厦门、苏州、重庆及红河四个城市共1000个样本的统计数据（见表6.2.1）显示，平均约44%的专业人员认为到"十二五"末期农村低保制度应达到全省统一。其中，红河（50.4%）、重庆（49.8%）两地专业人员认可度略高于厦门（37.5%）、苏州（36.8%）。其次，约有31%的专业人员认为农村低保制度应达到全市（州）统一，其中苏州（41.6%）、厦门（39.4%）略高于红河（22.4%）、重庆（22.1%）两地。支持全县统一及全国统一的专业人员人数较少，约9.4%的专业人员支持农村低保制度达到全县统一，约15.6%的专业人员支持农村低保制度达到全国统一的层次。总体看来，支持全省统一农村低保制度的人数最多，接近半数；其次是支持全市（州）统一农村低保制度的专业人员，约为30%；支持全国统一农村低保制度的专业人员与全县统一农村低保制度的专业人员较少，共计25%。厦门、苏州两地支持全省和全市（州）统一农村低保制度的专业人员数相仿，约为40%；重庆、红河两地支持全省统一农村低保制度的比例（约50%）远远高于支持全市（州）统一的专业人员数（约为22%）。比较公众在同一问题上的观点，专业人员意见较为集中，统一层次也相对更能考虑到各方面的实际发展需要。

表6.2.1　　专业人员对"十二五"末期农村低保制度统一层次的意见

	总计	地区			
		厦门	苏州	重庆	红河
人数（人）	1000	251	250	249	250
全县统一（%）	9.4	10.4	9.6	9.2	8.4
全市（州）统一（%）	31.4	39.4	41.6	22.1	22.4
全省统一（%）	43.6	37.5	36.8	49.8	50.4
全国统一（%）	15.6	12.7	12.0	18.9	18.8
总计（%）	100.0	100.0	100.0	100.0	100.0

Pearson Chi-Square（9）=43.720，Asymp. Sig.（2－sided）=0.000

对于农村低保标准统一层次，公众的意见较为分散，相对而言，选择州市级和国家级统一的公众较多。根据表6.2.2所示，分别有29.4%和27.7%的公众认为应该在全市（州）或全国统一农村低保标准。但同时，也有21.3%的公众认为在全省统一更为合理。在这一问题上，不同地区以及城乡之间的差异都十分显著。在厦门和苏州两地，公众明显较为支持在州市级进行统一，都有接近2/5的被访者这样选择。在重庆和红河两地，公众则更多地认为应该在全国进行统筹。同时，在城市的被访者，认为在州市级进行统一更为合理，而农村被访者则更多地认为应该在全国进行统一。从整体和不同地区和城乡之间的区别来看，就统一农村低保标准这一问题，经济水平较高地区的公众，不希望在较高层级统筹农村低保，而是认为根据当地州市的实际发展进行统一规划。但是在经济水平较低的区域，公众认为全国统一更为合理有效，这样的区分与现有的低保标准有关，现有低保标准较高的地区，公众并不希望在较高层次进行平均化和统一化，这在某种程度上，可能会拉低当地的农村低保标准。而在现有低保水平不高的地区，全国层面的统一，可能更能带动当地的低保系统发展。因此如何平衡公众的意见，在不同区域和城乡之间统筹规划农村低保标准，需要根据当地的实际情况来进行平衡发展。

表6.2.2　　　　　　　在公众眼中农村低保标准合理的统一层次

	总计	地区				城乡	
		厦门	苏州	重庆	红河	城市	农村
人数（人）	1980	494	486	500	500	1227	753
全县统一（%）	14.8	16.0	20.0	11.4	12.2	16.8	11.7
全市（州）统一（%）	29.4	38.1	37.0	23.0	20.0	33.3	23.1
全省统一（%）	21.3	18.2	19.1	23.0	24.6	20.6	22.3
全国统一（%）	27.7	18.8	15.4	37.6	38.4	22.4	36.3
不清楚（%）	6.8	8.9	8.4	5.0	4.8	6.8	6.6
总计（%）	100.0	100.0	100.0	100.0	100.0	100.0	100.0

二　对城市低保标准统筹层次的意愿

专业人员认为，到"十二五"末期城市低保制度应该较为适合在全省进行统一。根据表6.2.3所示，有46.8%的专业人员持有此种意见。同时，有31.7%的专业人员认为州市级的统一也相对较为合理。在这一问题上，各地专业人员意见显著不同。具体来看，厦门地区的专业人员更为支持应该在全市（州）统一，这一比重达到了43.2%，而对于全省统一的支持比重相对略低，有38.4%。在苏州、重庆和红河，专业人员都最支持在全省统一城市低保制度，这一比重随着经济水平的下降而呈现了上升的趋势，分别为43.2%、51.8%和54.0%。相比较来看，这三个地区中，重庆地区支持在全国统一的比重最高，达到了21.3%，其他三地赞同如此层级的统一的比例相对较低。可以看到，随着经济水平的上升，专业人员意见越不清晰，厦门和苏州两地，专业人员在省级和州市级的比重不相伯仲，都有相当比重的专业人员支持。因此，在统一城市低保制度过程中，应该根据经济发达程度，综合考虑专业人员和公众的意见，结合当地的实际发展需要，首先在州市级进行初步的统一，可以试点进行全省的统一，但是全国范围的统一可能在短时间内执行起来有一定的困难，并且不一定利于整体的发展。

表 6.2.3　　　专业人员对"十二五"末期城市低保制度统一层次的意见

	总计	地区			
		厦门	苏州	重庆	红河
人数（人）	999	250	250	249	250
全县统一（％）	5.0	4.0	6.4	4.8	4.8
全市(州)统一(％)	31.7	43.2	38.8	22.1	22.8
全省统一（％）	46.8	38.4	43.2	51.8	54.0
全国统一（％）	16.4	14.4	11.6	21.3	18.4
总计（％）	100.0	100.0	100.0	100.0	100.0

Pearson Chi-Square （9） =46.298，Asymp. Sig. （2 − sided） =0.000

在公众眼中，最为认同的城市低保标准统一层次是在全市（州）统一。根据表 6.2.4 所示，有 34.6％ 的公众持有此种意见。同时，也有 28.1％ 的公众认为在全国统一合适，其次有 21.9％ 则认为应该居中，在全省统一。认为在县级统一的公众比重较少，只有不到 10％。对于城市低保标准统一层次这一问题，比较农村低保，不同地域的公众观点也是明显有差异。在厦门和苏州，公众对于城市低保的统一，也多数认为应该在全市（州）统一，分别有 47.7％ 和 43.7％ 的支持比重。而认同在全国统一的比重都不到 20％。反之，在重庆和红河，公众更认同在全国进行统一，这一比例都接近 40％。除苏州外，其他三个地区支持在县级进行统一的公众比重都不到 10％。从城乡来看，同农村低保标准统一层次相似，城市公众认为城市低保标准的统一层次也较适合在州市级进行，而农村公众则认为应该在全国统一。城市被访者选择在省级或国家级统一的比重相当，都在 22％—23％。而农村公众对于在州市级还是省级统一上，更多地认为应该在州市级统一，这一比重为 27.4％。综合分析表 6.2.2 和表 6.2.4 可以看到，不论是统一城市低保标准还是农村低保标准，经济水平和现有的低保标准都影响着公众对于统一层次的认知。

表6.2.4　　　　　　　　　在公众眼中城市低保标准合理的统一层次

	总计	地区				城乡	
		厦门	苏州	重庆	红河	城市	农村
人数（人）	1980	493	487	500	500	1228	752
全县统一（%）	9.4	7.3	13.1	8.4	9.0	10.4	7.8
全市（州）统一（%）	34.6	47.7	43.7	25.6	22.0	39.1	27.4
全省统一（%）	21.9	17.2	21.8	23.8	24.6	22.1	21.4
全国统一（%）	28.1	19.7	15.4	37.2	39.8	23.1	36.3
不清楚（%）	5.9	8.1	6.0	5.0	4.6	5.2	7.0
总计（%）	100.0	100.0	100.0	100.0	100.0	100.0	100.0

三　对城乡低保标准统筹层次的意愿

　　城乡各自独立规划低保标准的未来趋势应该是将二者进行进一步的统一融合，专业人员认为到"十二五"末期这一统一层次应该达到全省层级更为合理。根据表6.2.5所示，有41.5%的专业人员持有此种意见。但是，同时，也有相当比重（31.1%）的专业人员认为应该在州市级进行统一。具体分析不同地区来看，在统筹城乡低保体系过程中，不同地区的专业人员态度差异明显。首先，在厦门地区，专业人员较为支持在州市级进行统一，这一比重达到了42.8%。与之相比，选择全省统一的专业人员比重略低，达到34.0%。而对于在全国或者全县统一，厦门地区的专业人员较不认可。在苏州地区，对于全市统一还是全省统一，专业人员意见很难区分，比重差异不大，都在37%—41%。同厦门地区相似的是，苏州地区的专业人员更不支持在县级或者国家级进行统一，层级都过低或过高。在重庆和红河，专业人员意见集中在全省统一，这一比重都在45%左右。而对于州市或全国统一，比重则相当，在1/4上下。可以看到，随着经济水平的变化，专业人员意见更倾向于向较高层级统一城乡低保标准，希望大范围的统筹可以带动相对落后的区域。但是对于经济发达地区，可能会产生一些不利的效应，对当地的城乡低保标准统一管理起到了反作用。

表6.2.5　　　"十二五"末期城乡低保制度统一层次的专业人员意见

	总计	地区			
		厦门	苏州	重庆	红河
人数（人）	999	250	250	249	250
全县统一（%）	6.5	4.0	6.8	8.4	6.8
全市（州）统一（%）	31.1	42.8	37.6	22.5	21.6
全省统一（%）	41.5	34.0	40.8	44.6	46.8
全国统一（%）	19.3	16.8	11.2	24.5	24.8
不清楚（%）	1.5	2.4	3.6	0.0	0.0
总计（%）	100.0	100.0	100.0	100.0	100.0

Pearson Chi-Square（12）=70.001，Asymp. Sig.（2－sided）=0.000

　　如果要统一城乡低保标准，公众较为认同应该在州市级进行统一。在表6.2.6中可以看到，有接近34%的公众对这一问题持有这种意见。但是，同时也可以看到，也有接近28%的公众认为应该在全国统一。除了这两个级别，有20.8%的公众认为应该在全省统一。分地区来看，和统一城市或农村低保标准比较相似，若要统筹规划城乡低保，地区间的公众意见差异也十分明显。具体来看，厦门和苏州两地的公众对于这一问题，十分明显地支持在州市级进行统一，均有45%左右的被访者这样选择。比较而言，苏州地区对于其他三个层级的选择较为平均，而厦门地区的公众很少有支持在县级进行统一的。而在重庆和红河地区，大多数公众认为应该在全国统一，尤其是红河地区。比较来看，重庆地区有36.6%的公众选择在全国统一，而红河这一比例明显较高，达到了40.8%。从城乡来看，城乡间差距也是显著的。城市和农村都有相当的比重或选择在州市级统一，或选择在国家统一，城市有37.8%的公众认为应该在全州市进行统一，农村则有35.8%的公众认为全国统一更为合理。可以看到，统筹规划城乡低保标准并且进一步将两者合并，不同区域的公众态度差异较大，协调综合的难度相对较大。

表6.2.6　　　　　　　　在公众眼中城乡低保标准合理的统一层次

	总计	地区				城乡	
		厦门	苏州	重庆	红河	城市	农村
人数（人）	1978	493	485	500	500	1226	752
全县统一（%）	11.3	9.5	15.3	8.6	12.0	12.3	9.7
全市（州）统一（%）	33.8	45.4	44.3	25.2	20.6	37.8	27.1
全省统一（%）	20.8	18.3	18.4	24.0	22.4	21.3	19.9
全国统一（%）	27.6	17.6	14.6	36.6	40.8	22.5	35.8
不清楚（%）	6.6	9.1	7.4	5.6	4.2	6.0	7.4
总计（%）	100.0	100.0	100.0	100.0	100.0	100.0	100.0

第三节　对城乡医疗救助的统筹意愿

对于统筹城乡医疗救助体系，公众的意见分化较为明显。就农村、城市及城乡统一化，经济发达地区的公众认为应该在较低层级进行管理，即在州市级，而在经济落后地区，公众的意见更偏向于在国家层面进行统一。但是专业人员的意见则认为应该综合各方面考虑，在各个省内部进行医疗救助的统一化管理，这一层面既兼顾了当地的经济发展，又能更好地整合医疗救助系统。

一　对于农村医疗救助标准统一层次的意见

对于统筹农村医疗救助标准，专业人员的意见更倾向于在全省进行统一。根据表6.3.1所示，有接近43%的专业人员认为省级的统一层次更为合适。但同时，也有30%左右的专业人员认为应该在州市级统一。在这一问题上，专业人员和公众的意见差别较大，认为应该在全国进行统一的专业人员只有不到18%。分地区来看，不同地区的专业人员意见差异显著。在厦门和苏州，选择在州市级和省级统一的专业人员比重都比较相当。在厦门，这两个比重分别为37.2%和36.0%，而在苏州则略高一些，分别为38.4%和39.2%。在重庆和红河，专业人员比较明显地更支持在全省统一农村医疗救助标准，分别有49.8%和46.8%的专业人员这样认为。综合来看，专业人员评估农村医疗救助的统一层级，认为在省级统一是更为合理的。这在一定程度上，是综合了不同经济发展水平地区的情况，能够更为有效地统筹规划农村医疗救助标准。在州市级进行统一的统筹层级过低，统筹效果并不明显，地区间的差异可能会因此越拉越大，而在全国统一，则很难实际考虑到地方上的发展需要。因此专业人员的意见相对更具有借鉴意义，在省级层面统一农村医疗保险，既兼顾地方特点，又能统筹发展。

表 6.3.1　　　　　　　　对农村医疗救助统一层次的专业人员意见

	总计	地区			
		厦门	苏州	重庆	红河
人数（人）	999	250	250	249	250
全县统一（%）	9.3	12.0	8.8	8.4	8.0
全市（州）统一（%）	30.3	37.2	38.4	20.9	24.8
全省统一（%）	42.9	36.0	39.2	49.8	46.8
全国统一（%）	17.4	14.8	13.6	20.9	20.4
总计（%）	100.0	100.0	100.0	100.0	100.0

Pearson Chi-Square（9）=35.067, Asymp. Sig.（2 - sided）=0.000

公众对于农村医疗救助标准的合理统一层次意见较难统一，意见也较为分散。根据表 6.3.2 所示，在被访公众中，除去有 6.2% 左右的人对这一问题不清楚，以及有 13.3% 左右的人选择了在县级进行统一外，支持全市（州）统一、全省统一以及全国统一的人数相对差别不大，分别有 29.8%、22.7% 和 28.0%。分地区来看，区域间差异显著。在厦门和苏州两地，公众明显更支持在全市（州）进行统一，分别有接近 40% 和 38% 的公众这样认为。而在重庆和红河两地，大多数公众认为，在全国统一是更为合理的。可以看到，经济相对发达的地区，认为因地制宜，在本市或本州统一医疗救助是更为合理的；而在经济相对落后的地区，则希望全国一刀切，在更大范围进行统一更有利于当地的医疗救助发展。从城乡来看，城市公众和农村公众的意见大不相同。城市公众较为认同在州市级进行统一，而农村公众则认为应该在全国进行统一，这一比重分别占到了 32.8% 和 35.4%。对于农村医疗救助的统一问题，可以看到，对于经济发展较好的地区，其自身内部的消化和资源配置能力较强，相对能够较好地根据自身发展统一制定合理的救助标准。而对于自身经济发展较为落后的地区，全国统一的医疗救助标准会更有利于带动当地的救助水平，更利于其发展。

表 6.3.2　　　　　　　　　在公众眼中农村医疗救助合理的统一层次

	总计	地区				城乡	
		厦门	苏州	重庆	红河	城市	农村
人数（人）	1977	494	483	500	500	1226	751
全县统一（%）	13.3	11.3	21.1	10.2	10.6	15.1	10.3
全市（州）统一（%）	29.8	39.9	38.3	24.2	17.4	32.8	25.0
全省统一（%）	22.7	19.4	17.4	24.8	29.0	22.3	23.4
全国统一（%）	28.0	20.0	15.9	35.8	39.6	23.4	35.4
不清楚（%）	6.2	9.3	7.2	5.0	3.4	6.4	5.9
总计（%）	100.0	100.0	100.0	100.0	100.0	100.0	100.0

二　对于城市医疗救助标准统一层次的意见

在统筹城市医疗救助标准这一问题上，专业人员更支持在全省进行统一。根据表 6.3.3 所示，有接近 43% 的专业人员持此意见。对于城市医疗救助，专业人员的意见和对农村医疗救助基本相似，也有很大比重的专业人员是较为支持在州市级统一的。分地区来看，不同地区的专业人员意见差别十分显著。和对农村医疗救助标准统一层次意见不同的是，在厦门和苏州两地，专业人员明显更为支持在全市（州）统一，分别有 44.6% 和 41.6% 的专业人员持有此种观点。而支持在省级统一的专业人员虽然也较多，但和州市级的支持比重相对而言，要低一些，分别只有 36.3% 和 37.2%。而在重庆和红河，专业人员的意见更为明显，认为较为合理的是在省级进行统一，支持这一观点的比重都接近 50%。综合分析表 6.3.1 和表 6.3.3 可以发现，在分别统筹城市和农村医疗救助标准问题上，专业人员的意见是略有差距的。对于统筹农村医疗救助标准，不同地区的专业人员意见虽差别显著，但四地支持在省级统一的专业人员比重都较高。但对于城市医疗救助，经济较为发达的地区，专业人员的意见还是认为应该在州市级统一，统一级别不宜太高。而经济较为落后的地区，则还是认为应该高一些层级，在省级进行统一，但对于公众较为支持的全国统一，专业人员并不十分认同。

表6.3.3　　　　　　　　对城市医疗救助统一层次的专业人员意见

	总计	地区			
		厦门	苏州	重庆	红河
人数（人）	1000	251	250	249	250
全县统一（%）	5.3	2.8	6.0	6.0	6.4
全市（州）统一（%）	32.0	44.6	41.6	21.3	20.4
全省统一（%）	42.6	36.3	37.2	47.8	49.2
全国统一（%）	20.1	16.3	15.2	24.9	24.0
总计（%）	100.0	100.0	100.0	100.0	100.0

Pearson Chi-Square（9）＝60.893，Asymp. Sig.（2－sided）＝0.000

公众认为，城市的医疗救助较为合理的统一层次，或者是在全州市进行统一，或者是在全国统一。根据表6.3.4所示，有约33%的公众选择在州市统一城市医疗救助，同时也有接近30%的人选择在全国进行统一。其次，也有接近24%的人选择了在全省进行统一。对比公众对农村医疗救助统一层次的意见，对于城市医疗救助的意见也同样较难统一。从四个被调查地区来看，区域间的差异也十分显著。在厦门和苏州，都有接近44%的人是认为该在州市级进行城市医疗救助的统一的，而在重庆和红河，40%左右的公众是认为该在全国统一城市医疗救助的。而对比厦门和苏州两地，最主要的区别在于，厦门地区的公众观点跨度较大，认为在州市级和国家级统一的人最多，而在苏州，除州市级外，有接近24%的公众认为是该在全省进行统一的。从城乡来看，城市公众的意见靠近州市级统一，而农村公众的意见则认为全国统一更为合理，这一比重，都是分别在37%左右。对比表6.3.2可以看到，不论对于城市医疗救助，还是农村医疗救助，公众的意见都是较为相似的，全国整体来看意见较为分散，但地区和城乡内部意见却较为统一。这与经济发展水平和当地现有的医疗救助条件有关。对于本身医疗救助较好的地区，并不希望全国一碗水端平，而对于相对落后的地区，全国范围的统一，更有利于当地医疗救助水平的发展。

表6.3.4 在公众眼中城市医疗救助合理的统一层次

	总计	地区				城乡	
		厦门	苏州	重庆	红河	城市	农村
人数（人）	1978	493	485	500	500	1226	752
全县统一（%）	8.2	7.3	13.6	6.2	5.8	9.2	6.5
全市（州）统一（%）	33.1	43.4	43.9	25.2	20.2	37.0	26.6
全省统一（%）	23.7	17.4	23.5	24.6	29.0	23.3	24.2
全国统一（%）	29.5	23.1	13.8	38.6	41.8	25.3	36.3
不清楚（%）	5.6	8.7	5.2	5.4	3.2	5.1	6.4
总计（%）	100.0	100.0	100.0	100.0	100.0	100.0	100.0

三 对于统一城乡医疗救助标准统筹层次的意见

绝大多数专业人员认为，到"十二五"末期，如果要统一城乡医疗救助标准，较为合理的是在全省进行统一。根据表6.3.5所示，除去31%左右的专业人员认为应该在州市级统一，最大多数即46.2%的专业人员认为统一层级应该为省级。分地区来看，四个被调查地区的专业人员意见显著不同。在厦门地区，专业人员最为支持在州市级统一，有43.8%的支持比重，其次为在省级统一，为38.6%。在苏州地区，专业人员最大多数选择了在省级统一，为41.2%，但同时，选择在州市统一的人数略低，但也达到了37.2%。而在重庆和红河，专业人员明显更为支持在全省统一，达到了50%以上的支持比重。通过分析此表，可以清晰地看到，随着地区经济水平的下降，支持全省统一的专业人员比重持续上升。对比前述分析可以发现，在统筹城乡医疗救助问题上，地区的经济发展影响了专业人员和公众的意见。但是，公众意见的分化十分明显，在经济发达地区则希望统筹层级不要过高，州市级则比较合理，而在经济落后地区，却希望尽可能高层级地统筹医疗救助，因此全国统一更为合理。专业人员的意见较为综合，省级统一更为恰当有效，但是地区间的专业人员意见还是有较大区别的，不同经济发展水平，专业人员意见仍旧有不同程度的偏倚。

表6.3.5 专业人员对"十二五"末期城乡医疗救助制度统一层次的意见

	总计	地区			
		厦门	苏州	重庆	红河
人数（人）	1000	251	250	249	250
全县统一（%）	5.9	3.2	8.8	7.2	4.4
全市（州）统一（%）	30.7	43.8	37.2	20.5	21.2
全省统一（%）	46.2	38.6	41.2	50.2	54.8
全国统一（%）	17.2	14.3	12.8	22.1	19.6
总计（%）	100.0	100.0	100.0	100.0	100.0

Pearson Chi-Square（9）=59.355，Asymp. Sig.（2－sided）=0.000

如果要统一城乡医疗救助标准，最大多数公众认为合理的统一层次应该是在州市级统一，但是选择省级和国家级统一的公众也占据相当的比重。根据表6.3.6所示，对于统一城乡医疗救助这一问题，公众中有33.3%选择了在全市（州）进行统一，有23.9%选择了在全省统一，而也有27.6%的人选择了在全国统一，从整体来看，意见较为分散。分地区来看，在这一问题上，区域间差异显著。在厦门和苏州两地，45%左右的公众认为应该在全州市进行统一，统一级别较低。而在重庆和红河，35%以上的被访者，则认为应该在全国进行统一，统一层次较高。城乡之间的公众对于这一问题的态度区别也十分明显。城市公众最支持的是在州市级进行统一城乡医疗救助，而农村公众则认为应该全国统一。在这一问题上，不同地区的公众态度与城市和农村医疗救助自身的统一层次基本相似。在公众看来，不论是统一城市医疗救助，还是农村医疗救助，抑或是统筹城乡医疗救助标准，都应该依据不同地区的经济发展水平而进行区分。对于经济发达地区的公众，认为在统筹医疗救助方面，不希望在较高层级进行统筹划一，而对于经济落后地区的公众来说，越高层级的综合统一，更有利于当地的医疗救助整体发展。根据表6.3.6、表6.3.2和表6.3.4可以看到，在统筹城乡医疗救助过程中，如何协调不同经济发展地区的标准，如何在保持经济发达地区现有的医疗救助水平上，拉动经济较为落后地区的水平，是统筹建设医疗救助体系的关键议题。

表6.3.6　　　　　　　在公众眼中城乡医疗救助标准合理的统一层次

	总计	地区				城乡	
		厦门	苏州	重庆	红河	城市	农村
人数（人）	1977	494	483	500	500	1225	752
全县统一（%）	9.3	8.1	13.9	6.0	9.4	10.4	7.4
全市（州）统一（%）	33.3	43.9	45.1	25.8	18.8	37.1	27.1
全省统一（%）	23.9	18.4	21.3	26.2	29.4	23.2	25.0
全国统一（%）	27.6	20.4	13.5	36.4	39.4	23.6	34.0
不清楚（%）	6.0	9.1	6.2	5.6	3.0	5.7	6.4
总计（%）	100.0	100.0	100.0	100.0	100.0	100.0	100.0

第四节　结论

在社会救助方面，不论从农村五保，还是城乡低保，抑或是城乡医疗救助方面，不同区域间的公众意见差异十分显著，但是整体趋势比较明显。在经济发达地区，社会救助自身水平较全国较高，因此公众不希望在较高层面一碗水端平，更应该根据各地的自身发展来确定合理的社会救助标准。但是在经济较为落后地区，当地的社会救助能力较差，公众希望能够借助全国统一的力量来拉动当地的发展。而综合了各方面的意见，专业人员则评估了各地的特殊性，也综合考虑了统筹规划后带来的管理上的优势，认为在全省进行统一，更有利于社会救助的进一步发展，能够更合理有效地惠及百姓。

第七章

住房保障制度的整合意愿

综合专业人员和公众的意见，目前我国解决居民住房问题，主要依靠的方法应该是保障性住房，包括廉租房、经济适用房和公租房。同时，需要根据不同地区的实际需要，辅之以商品房或自建房市场的发展。

公众认为，我国想要解决民众住房问题主要还是要依靠保障性住房，包括廉租房、经济适用房和公租房。根据表 7.1 所示，有 67.9% 的被访者认为保障性住房应该是当前民众住房的主要方式。只有不到 11% 的公众认为商品房可以解决我国当前的住房问题，认为自建房有效的只有不到 13%，而福利房的比重最低，不到 9% 的公众支持这种住房形式。在不同经济发展水平地区，公众对于这一问题的看法略有不同，但从整体上看，四个被访地区，公众最大多数都认为保障性住房才是能够解决我国民众住房的主要依靠方法。具体到各地，除去保障性住房，公众对其他方法的观点差别较大。在厦门地区，有 73.4% 的公众认为应该利用保障性住房解决住房问题，这一比重在四地是最高的，其次则应该是靠自建房，比重接近 12%。在苏州地区，除保障性住房，自建房的支持比重较高，达到了 17.2%，同时也有一部分公众认为商品房可以解决这一问题。在重庆地区，对于商品房、福利房和自建房，认为这些住房形式可以解决问题的公众比重相当。在红河地区，公众较为认同的是商品房和自建房。从城乡来看，城市公众更为认可保障性住房的重要作用，有 73.2% 的公众选择，相比较而言，农村公众则少了很多，不到 60%。对比来看，农村公众认为自建房也可以解决住房问题，而城市公众则相对支持商品房的住房形式。综上所述，想要解决我国目前的住房问题，还应该大力发展保障性住房，对于城乡不同区域，可根据实际需要，或辅之以商品房或自建房，福利房的形式已经很难满足当前的住房需求。

表7.1 公众认为我国解决民众住房问题的主要依靠方法

	总计	地区				城乡	
		厦门	苏州	重庆	红河	城市	农村
人数（人）	1971	488	483	500	500	1222	749
主要靠商品房（％）	10.9	9.6	11.4	10.4	12.2	13.1	7.3
主要靠保障房（％）	67.9	73.4	63.6	67.8	67.0	73.2	59.3
主要靠福利房（％）	8.2	5.1	7.9	10.2	9.6	8.8	7.3
主要靠自建房（％）	12.9	11.9	17.2	11.6	11.2	4.9	26.0
总计（％）	100.0	100.0	100.0	100.0	100.0	100.0	100.0

对比公众意见，对于解决我国现有的民众住房问题，专业人员更加倾向于保障性住房。表7.2的数据所示，有73.5%的专业人员是支持这一住房形式的。除去保障性住房，商品房在一定程度上也是一条解决当前住房问题之路。但是专业人员不太认同自建房的作用，只有不到5%的专业人员支持。从不同被访地区来看，区域间差异显著，尤其是红河地区的情况最为特殊。具体来看，虽然四地的专业人员都最为支持保障性住房的关键作用，但是厦门和重庆两地的支持比重明显较高，分别为80.8%和79.1%，苏州地区居中，有不到72%的专业人员认同，而红河地区较低，只有不到63%。在苏州地区，支持商品房的专业人员比重较高，有21.6%。而在红河地区，较为特殊的是，福利房的支持比重高出其他三地许多，达到了14.8%。可以看到，虽然从整体上看，保障性住房是最主要的可以解决我国当前民众住房问题的方法，但是不同地区需要的辅助方式略有不同。在厦门、苏州和重庆三地，商品房市场还是扮演较为重要的角色，而在红河地区，自建房在一定程度上也有效缓解了当地民众的住房问题。因此，在调整我国住房市场，配合保障性住房的大面积建设的同时，需要根据当地的实际需要，或适度发展商品房市场，或提供适度的空间开发自建房。

表7.2　　　　　　　　专业人员认为我国解决民众住房的主要方式

	总计	地区			
		厦门	苏州	重庆	红河
人数（人）	980	240	241	249	250
主要靠商品房（%）	15.6	12.5	21.6	13.3	15.2
主要靠保障房（%）	73.5	80.8	71.8	79.1	62.4
主要靠福利房（%）	6.1	3.8	1.2	4.4	14.8
主要靠自建房（%）	4.8	2.9	5.4	3.2	7.6
总计（%）	100.0	100.0	100.0	100.0	100.0

Pearson Chi-Square（9）=65.858，Asymp. Sig.（2－sided）=0.000

　　面对我国目前住房市场紧张，居者无其屋的现状，专业人员认为解决当前城市人口的住房问题最主要的还是要依靠保障性住房。根据表7.3所示，有69.6%的专业人员认同保障性住房的重要作用。同时，也有12.8%的专业人员对于商品房的住房形式也是较为认可的。而对于单位福利房、自建房、住房公积金以及群众集资共建房，较少有专业人员认同，累计比重不到17%。不同地区对于解决城市住房问题的专业人员意见显著不同。重庆地区的专业人员尤为认同保障性住房的关键性，有3/4的专业人员持有这种观点。在厦门和苏州两地，持同样观点的专业人员比重也较高，都在70%以上，但同时，对于商品房也是有一定的认同的，支持的专业人员比重在15%左右。但在红河地区，相对而言，认同保障性住房的专业人员比重略低，只有不到60%，相反，对于住房公积金以及商品房，专业人员较其他三地略微认同一些，比重分别为12.8%和14%。综合来看，目前我国城市人口住房问题较为严重，解决这一问题，主要依靠的方式方法应该是大面积建设保障性住房，但同时，商品房市场也应该得到适度的开发。当然在一些区域，住房公积金也有其较为重要的作用，也是改善当地住房情况行之有效的手段。收益群体较少、惠及范围较小的单位福利房、自建房以及集资建房，不能从根本上解决当前的高房价和住房紧缺问题。要想城市居民都能够居有定所，保障性住房的大力推行是必须的，而且是紧迫的，这种住房形式的发展也会使社会福利的实际效用更为明显。

表 7.3　　　　　　专业人员认为我国解决城市人口住房问题的主要方式

	总计	地区			
		厦门	苏州	重庆	红河
人数（人）	962	238	225	249	250
商品房（%）	12.8	15.1	13.3	8.8	14.0
保障房（%）	69.6	73.1	70.7	76.7	58.4
单位福利房（%）	4.4	2.5	2.2	3.2	9.2
自建房（%）	1.7	1.3	2.2	2.0	1.2
住房公积金（%）	7.8	4.6	7.1	6.4	12.8
群众集资共建房（%）	3.0	2.1	3.1	2.8	4.0
其他（%）	0.7	1.3	1.3	0.0	0.4
总计（%）	100.0	100.0	100.0	100.0	100.0

Pearson Chi-Square（18）=48.274，Asymp. Sig.（2-sided）=0.000

第八章

社会服务体系的整合意愿

第一节 养老社会服务整合的意愿

当前老年人需要的社会服务主要分为两个方面，一方面是身体健康的服务，另一方面是精神生活的服务，而日常生活照料服务和文体活动服务是这两类最基本的服务方式，也是专业人员和公众认为最需要的服务类型。在开展这两项服务的同时，精神陪护服务、慢性病跟踪服务以及急诊呼叫服务的配套能够更好地给予老年人以帮助。

老年人当前最需要社会提供的服务首先应该是日常生活照料服务。根据表8.1.1所示，在这一问题上，选择这一选项的公众比例明显高于其他选项，达到了73.3%。同时，在满足日常生活的基础上，有64.8%的公众认为文体活动也是老年人特别需要的社会服务。其次，是针对老年人这一群体，慢性疾病的跟踪服务业尤为关键。而相对来说，精神陪护、法律援助、康复护理以及急诊呼叫等服务类型，在现有的基础上能够提供是很好的，但从需要的迫切程度来看，公众的认可度不高。从不同地区来看，公众的意见略有不同，其中红河地区最为特殊。具体来看，在厦门、苏州和重庆，公众中最大多数都认为老年人需要的应该是最基本的生活照料，三个地区分别有72.3%、79.5%和74.0%的公众这样认为，但在红河地区最大多数的公众认为应该从慢性病的跟踪服务上给老人以服务是最需要的。同时，数据显示，在四个地区，公众都认为文体活动也应该是社会给予的一项重要服务。从城乡来看，城市公众和农村公众的基本观点相近，都认为日常的生活照料是特别需要的，其次是对文体活动的服务认同度较高。综合来看，老人们所需要的社会服务首先应该从基本的生活护理做起，同时，老年人比较需要的是在精神生活上的帮助，即社会组织开展各类的文体活动服务，丰富老年人的空闲时间。

表 8.1.1　　　　公众认为特别需要为本地老年人提供的社会服务

	总计	地区				城乡	
		厦门	苏州	重庆	红河	城市	农村
人数（人）	1981	494	487	500	500	1228	753
日常生活照料服务（%）	73.3	72.3	79.5	74.0	67.6	72.2	75.0
精神陪护服务（%）	52.4	56.9	50.9	50.4	51.4	56.3	46.1
法律援助服务（%）	52.8	47.4	53.6	49.4	60.6	54.9	49.3
慢性病跟踪服务（%）	63.3	61.1	56.9	61.2	73.8	64.8	60.8
康复护理服务（%）	57.2	58.7	53.4	54.8	62.0	61.0	51.1
急诊呼叫服务（%）	54.8	57.5	53.2	51.0	57.6	60.3	45.8
文体活动服务（%）	64.8	67.6	54.2	67.8	69.4	66.5	62.0
其他（%）	1.6	2.8	0.4	2.0	1.2	1.2	2.3

在专业人员看来，特别需要为本地老年人提供的社会服务基本分为两类，一类是身体健康方面的，另一类是精神生活方面的。具体来看，根据表 8.1.2 所示，日常生活照料服务、慢性病跟踪服务、急诊呼叫服务分别有 78.3%、73.3% 和 72.5% 的专业人员选择，比例都较高，属于对老年人提供的健康服务。而精神陪护和文体活动两方面属于丰富老年人生活的服务，主要是针对当前空巢老人的空虚和寂寞，希望可以合理有意义地安排其暮年生活，提高其生活质量，选择这两类服务的专业人员比重也较高，分别为72.1% 和 73.6%。而对于法律援助和康复护理，面向的人群较小，有这方面需求的老年人属于特殊情况，故而专业人员的关注度较低。分地区来看，横向来看，选项间的区域差异并不十分显著，但是纵向来看地区间的专业人员意见趋势则有较大的不同。在厦门地区，专业人员中的最大多数对于急诊呼叫服务的关注度较高，接近 80%。而在苏州和重庆，日常生活照料服务是

更为引起专业人员注意的。文体活动服务是红河地区专业人员所更为关心的，这一比重达到了80%。但在四个地区，相对关注度最低的都是法律援助服务，这类服务的需求程度较其他服务需求程度较低。综合来看专业人员意见和公众观点，日常生活照料以及文体活动是从身体到精神两方面服务的基本项目，也是相对最为需要的，辅助以慢性病跟踪服务、急诊呼叫服务以及精神陪护服务则能更为全面地给老年人以社会关怀。

表8.1.2　　　　专业人员认为特别需要为本地老年人提供的社会服务

	总计	地区				Pearson Chi-Square	Asymp. Sig.（2－sided）
		厦门	苏州	重庆	红河		
人数（人）	998	249	250	249	250		
日常生活照料服务（%）	78.3	76.3	82.4	76.7	77.6	3.494	0.321
精神陪护服务（%）	72.1	72.7	78.0	66.7	71.2	8.131	0.043
法律援助服务（%）	54.5	55.4	46.4	52.6	63.6	15.407	0.001
慢性病跟踪服务（%）	73.3	75.9	70.0	70.3	76.4	4.051	0.256
康复护理服务（%）	69.3	71.9	70.0	65.1	70.4	3.089	0.378
急诊呼叫服务（%）	72.5	78.7	72.0	67.5	72.0	8.054	0.045
文体活动服务（%）	73.6	75.9	68.4	71.1	79.2	9.014	0.029
其他（%）	1.2	1.6	0.4	2.0	0.8	3.398	0.334

专业人员认为，社区养老应该是当前主要应采取的养老服务方式。根据表8.1.3所示，有46.2%的专业人员持有这种观点。选择家庭养老和机构养老的比重相当，都在27%左右。在这一问题上，四地的专业人员意见基本相似，差别并不显著。横向比较来看，苏州地区认为社区养老合适的专业人员比重最高，接近50%，但其他三地也只是略低，基本也在45%左右。中国传统社会的养老形式应该为家庭养老，但是随着大家庭的解体，核心家庭的建立以及计划生育政策作为基本国策的全面展开，家庭养老面临的问题越来越多，其压力和现实可行性都较为堪忧。当前空巢老人数量不断增加，如何解决养老难问题是社会服务亟须关注和解决的问题。从专业人员的意见来看，依靠家庭的养老方式，支持的比重较低，在被访四地最高也不到30%

的专业人员认同这种方式。而当前社区养老成为了专业人员更为认同的养老模式。虽然当前也有部分机构可以承担一定的养老负担，但是惠及人群不够广，同时便利性不强。而基于社区的养老方式，可以更好地为老年人，尤其是单独居住的空巢老人根据其不同需要，提供更有针对性的服务类型，从饮食到居住，从健康到排遣寂寞，社区能够更好地解决当前养老中的诸多问题，而且可以让老人不离开自己惯有的居住地，在当地享受社会养老。因此，社区养老将是中国社会未来主要依靠的养老方式。

表 8.1.3　　　　　　　　专业人员认为主要应采取的养老服务方式

	总计	地区			
		厦门	苏州	重庆	红河
人数（人）	987	246	242	249	250
家庭养老（%）	26.8	29.7	24.8	26.1	26.8
社区养老（%）	46.2	46.7	49.2	45.4	43.6
机构养老（%）	27.0	23.6	26.0	28.5	29.6
总计（%）	100.0	100.0	100.0	100.0	100.0

Pearson Chi-Square（6）＝4.036，Asymp. Sig.（2－sided）＝0.672

第二节　儿童社会服务整合的意愿

公众和专业人员对于本地儿童特别需要的社会服务类型观点略有不同，专业人员更关注弱势群体尤其是孤残儿童和留守儿童的社会服务问题，而公众除对孤残儿童群体的社会服务的认同度较高，其更为注重幼儿园入园方面现有的诸多困难，认为其更是为本地儿童特别需要的社会服务类型。

公众认为，社会最需向本地儿童提供的服务应该是针对孤残儿童的社会救助服务。根据表 8.2.1 所示，接近 3/4 的公众认为本地儿童特别需要的是孤残儿童的救助服务。同时，70.3% 的公众认为幼儿园的入园服务也是十分需要的。对于流浪儿童和留守儿童的救助，相对来讲认同的公众比例较低，分别只有 58.6% 和 64.1%。从四个被调查地来看，不同地区间的差异较为显著。在厦门和苏州两地公众们较为关注的是幼儿园的入园服务，两地分别有72.0%和74.1%的公众选择。相比较而言，在重庆和红河地区，对于孤残儿童的救助服务更受到公众的关注，尤其在红河地区，有82.8%的公众认为本地儿童特别需要这方面的社会服务。在厦门、苏州和重庆三地，公众对于流浪儿童和留守儿童的关注都相对较少，认为对这两个群体的社会救助服务特别需要的比重都不高。从城乡来看，不论城市公众还是农村公众，孤残儿童的社会救助服务都是关注度最高的，都有70%以上的公众认为其是特别需要向本地儿童提供的社会服务。其次是幼儿园的入园服务，城乡都有70%左右的公众认同这一服务的重要性。综合来看，对于孤残儿童、流浪儿童和留守儿童三类较为特殊的弱势群体，公众认为社会首先应该考虑的是为孤残儿童提供服务，他们相对更为迫切地需要社会的帮助。而幼儿园入园问题涉及了适龄的大多数儿童，尤其在经济发达地区，入园难问题尤为严重，所以也应该给予较多的重视。

表 8.2.1　　　　　**公众认为特别需要为本地儿童提供的社会服务**

	总计	地区				城乡	
		厦门	苏州	重庆	红河	城市	农村
人数（人）	1979	493	486	500	500	1226	753
孤残儿童救助服务（%）	73.4	71.4	68.3	70.8	82.8	75.2	70.4
流浪儿童救助服务（%）	58.6	55.4	53.7	53.6	71.6	61.7	53.7
留守儿童救助服务（%）	64.1	65.5	52.3	66.8	71.6	64.0	64.3
幼儿园入园服务（%）	70.3	72.0	74.1	61.4	73.8	71.6	68.1
其他（%）	1.2	2.8	0.6	0.8	0.6	1.0	1.6

对比公众的意见，专业人员对于本地儿童所特别需要的社会服务类型的意见明显不同，其更为关注孤残儿童和留守儿童两大弱势群体的社会关怀。根据表8.2.2所示，分别有83.7%和80.7%的专业人员认为孤残儿童救助和留守儿童救助是当前特别需要的社会服务。不同于公众意见的是，选择幼儿园入园服务的专业人员比重较低，只有70.2%。分地区来看，在对于留守儿童、流浪儿童以及幼儿园入园问题的选择比例上，四个地区的差异显著，但是从整体趋势来看，四地的专业人员意见较为相似。从整体来看，重

庆地区的专业人员意见略有特殊，关注留守儿童的救助服务的专业人员比重最高，达到了87.6%，而在当地，孤残儿童的救助服务关注度要低一些，为83.5%的专业人员选择。在厦门、苏州和红河三地，专业人员最为认同的特别需要的社会服务类型是孤残儿童的社会救助服务，分别为86.5%、81.6%和83.1%。横向比较来看，厦门地区关注孤残儿童救助服务的专业人员比重最高，红河地区对于流浪儿童以及幼儿园入园服务的关注度在四地是最高的，分别为79.1%和77.5%。对于留守儿童，重庆地区的特别需求程度最高。综合分析表8.2.1和表8.2.2，专业人员较公众更为关注弱势群体，认为社会应该更多地给他们以服务，尤其是孤残儿童和留守儿童。相对来讲，专业人员对于幼儿园入园问题的关注度略低，并不十分认同这是特别需要的社会服务类型。

表8.2.2　　　　专业人员认为特别需要为本地儿童提供的社会服务

	总计	地区				Pearson Chi-Square	Asymp. Sig.（2 - sided）
		厦门	苏州	重庆	红河		
人数（人）	999	251	250	249	249		
孤残儿童救助服务（%）	83.7	86.5	81.6	83.5	83.1	2.265	0.519
流浪儿童救助服务（%）	73.9	75.7	63.2	77.5	79.1	20.442	0.000
留守儿童救助服务（%）	80.7	83.3	71.6	87.6	80.3	21.862	0.000
幼儿园入园服务（%）	70.2	71.3	67.2	64.7	77.5	11.233	0.011
其他（%）	1.9	2.4	2.0	1.6	1.6	0.567	0.904

第三节　妇女社会服务整合的意愿

综合公众和专业人员意见，社会首先应给妇女以健康方面的服务，尤其以妇科病检查为先。同时要在就业方面给予更大的帮助，包括就业援助服务及职业技能培训服务。相对而言，家庭暴力庇护和留守妇女救助的惠及面具有群体特殊性，需求程度略低。

公众认为，社会特别需要为本地妇女提供的服务，最重要的应该是妇科病的检查。根据表8.3.1所示，有接近80%的公众认可了这一服务的需求。

其次是就业援助服务和职业技能培训服务，分别有71.4%和70.2%的公众这样选择。相对而言，选择家庭暴力庇护尤其是留守妇女救助服务的公众比重略低，分别只有62.6%和45.9%。从不同地区的数据来看，需求选择的比重排序基本相同，但数据本身略有不同。相对而言，重庆和红河对于妇科病检查服务的认可度更高，都有80%以上的公众选择，而在厦门和苏州，选择的比重则在75%左右。就业援助服务和职业技能培训服务在一定程度上属于配套服务，这两类服务的比重在各地内基本相同，四地也都在70%左右。对于家庭暴力庇护，红河地区的公众较其他三个地区更为重视，有70.8%的公众选择，而其他三地都在60%左右。四个地区认为留守妇女救助服务特别需要的比重都不高，分别是46.6%、41.2%、43.2%和52.4%。从城乡对比来看，基本情况较为相似。约80%的公众都认为妇科病检查是特别需要的服务类型，其次是有关职业方面的就业援助和职业技能培训，而家庭暴力庇护及留守妇女救助的需求人群较少，故而需求程度也相对较低。从数据分析可以看到，在公众认为，对于本地妇女来说，社会首先需要对其健康给予关注，同时就业方面的相关服务也是十分重要的，相对而言，遭受家庭暴力和留守妇女问题涉及的人群有一定的特殊性，需要根据不同社区的具体情况而提供这方面的服务。

表8.3.1　　　　　　　公众认为特别需要为本地妇女提供的社会服务

	总计	地区				城乡	
		厦门	苏州	重庆	红河	城市	农村
人数（人）	1980	494	486	500	500	1227	753
家庭暴力庇护服务（%）	62.6	63.4	57.6	58.4	70.8	64.5	59.4
妇科病检查服务（%）	79.5	73.5	76.7	83.6	84.2	80.0	78.8
留守妇女救助服务（%）	45.9	46.6	41.2	43.2	52.4	47.2	43.7
就业援助服务（%）	71.4	72.1	68.7	72.0	72.8	74.0	67.2
职业技能培训服务（%）	70.2	72.1	68.3	71.2	69.2	72.4	66.7
其他（%）	1.1	1.8	0.8	1.2	0.4	1.0	1.2

　　从专业人员意见来看，对于本地妇女来说，社会应该同时从妇科病检

查、就业援助和职业技能培训同时给予其服务。根据表 8.3.2 所示，80% 左右的专业人员都选择了这三个选项。相对于公众意见来说，认为家庭暴力庇护服务需求度较高的专业人员比重也相对较高，达到了 73.0%。比较而言，专业人员对于留守妇女救助服务的认同度就要低出很多，只有不到 60% 的专业人员选择了这一选项。在这一问题上，不同选项的地区差异都不显著，换言之，在这一问题上，专业人员意见基本相同。但是从数据上来看，厦门地区略有不同。厦门地区的专业人员更关注的是职业方面的服务，分别有82.9% 和 81.7% 的专业人员选择了就业援助服务和职业技能培训服务。而选择妇科病检查服务的专业人员比重就略低，只有 78.5%。在另外三个地区，对于妇科病检查的重视度要略高。而从职业服务内部来看，厦门、苏州和重庆更注重职业技能的培训服务，而红河地区更注重就业援助服务。四个地区的专业人员也都相对弱化了对留守妇女救助服务的关注。综合专业人员和公众的意见，对于女性群体来说，社会首先应该给予其应有的健康服务，尤其是妇科检查服务，这是从最大范围内根本上改善妇女的生活质量问题。其次，是要在就业上提供较好的服务，一方面提供就业机会，另一方面也要提高其自身的就业能力，为其提供职业技能培训。对于家庭暴力庇护和留守妇女救助服务，相对来说需求范围不如前三项服务广，但是社会也应该针对不同女性群体的需求而给予其相应的服务。

表 8.3.2　　　　　**专业人员认为特别需要为本地妇女提供的社会服务**

	总计	地区				Pearson Chi-Square	Asymp. Sig.（2 - sided）
		厦门	苏州	重庆	红河		
人数（人）	999	251	249	249	250		
家庭暴力庇护服务（%）	73.0	78.1	71.5	69.5	72.8	5.154	0.161
妇科病检查服务（%）	80.1	78.5	76.7	81.9	83.2	4.234	0.237
留守妇女救助服务（%）	59.9	59.8	58.6	62.7	58.4	1.185	0.756
就业援助服务（%）	79.6	82.9	75.9	79.1	80.4	3.878	0.275
职业技能培训服务（%）	79.9	81.7	77.9	81.1	78.8	1.524	0.677
其他（%）	1.3	1.2	0.8	1.6	1.6	0.857	0.836

第四节　残疾人社会服务整合的意愿

不论从专业人员还是公众的意见来看，特别需要为本地残疾人提供的社会服务首先是就业服务，法律援助相对需求迫切度较低。不同的是，专业人员更认可职业技能培训的重要性，而公众则将康复服务排在前面。

对于本地残疾人特别需要的社会服务，公众认为最重要的应该是提供残疾人的就业服务。根据表8.4.1所示，从就业、康复、技能培训到法律援助，公众认为社会都应该给予残疾人以帮助。数据显示，最大多数公众认为需要的社会服务首先是就业服务，有82.3%的公众选择这一选项。认为残疾人的康复服务也是特别需要的公众比重达到了78.4%，同时，也有76.8%的公众选择了为残疾人提供职业技能培训。虽然选择提供法律援助服务的公众比重略低于前三项服务，但也有64.3%的公众认为其也是特别需要的。从不同区域来看，四个地区的公众最认同的社会服务都是在就业方面，但是四地的公众选择比例略有不同，其中红河地区的比重最高，达到了85.6%，苏州地区最低，为79.1%。而在四个地区，公众认同比例最低的社会服务类型都是对残疾人的法律援助服务，红河相对最高，有72.2%，而苏州最低，只有不到60%。从城乡来看，整体趋势较为相似，但从数据上显示，城市公众对于残疾人需要的社会服务更为关注。城乡公众各有83.7%和80.1%的人认为就业服务是特别需要的，其次各有81.3%和73.7%的人选择了康复服务，同时，分别有80.0%和71.6%的人选择了职业技能培训服务。虽然法律援助的需要没有那么迫切，但认同人数也都在60%左右。综合来看，社会给予残疾人的服务中，就业方面的服务应该是最迫切的，也是最能从根本上解决残疾人当前生活中的主要问题的。当然，在就业的同时，残疾人的康复服务及其因为自身的条件有限所需要的针对残疾人的职业技能培训也是十分重要的。而相对来说，法律援助服务的需求程度没有那么高，但也应该是社会服务向残疾人这一弱势群体所提供的。

表 8.4.1　　　　　　公众认为特别需要为本地残疾人提供的社会服务类型

	总计	地区				城乡	
		厦门	苏州	重庆	红河	城市	农村
人数（人）	1981	494	487	500	500	1228	753
残疾人康复服务（%）	78.4	80.6	75.6	79.0	78.4	81.3	73.7
残疾人就业服务（%）	82.3	83.0	79.1	81.6	85.6	83.7	80.1
残疾人职业技能培训服务（%）	76.8	78.7	74.5	70.0	83.8	80.0	71.6
残疾人法律援助服务（%）	64.3	62.8	58.9	63.0	72.2	67.1	59.6
其他（%）	1.3	2.2	0.6	1.0	1.2	1.0	1.7

　　对比公众对残疾人社会服务的需求类型的选择，专业人员的关注程度更高，同时，对于职业技能培训的关注度也要更高。根据表 8.4.2 所示，达到91.3% 的专业人员认为就业服务是本地残疾人所特别需要的，同时，有接近90% 的公众高度认同了职业技能培训的服务。85.2% 的专业人员也认识到康复服务对于残疾人群体的重要性。相对来说，专业人员和公众相同，认为最不迫切的就是法律援助服务，选择这一选项的专业人员比重最低，不到71%。从不同地区来看，在这一问题上，专业人员的意见基本无区域差别。在被访的四个地区，认同度最高的都是残疾人的就业服务，其次是职业技能培训服务，之后是康复服务，最后是法律援助服务。综合分析表 8.4.1 和表 8.4.2 可以看到，专业人员和公众同时都认识到就业方面的服务是残疾人群体最为需要的，也是目前社会服务中亟须关注和解决的问题。在提供就业服务的基础之上，专业人员和公众的意见略有不同，专业人员认为职业技能的培训更为重要，这种服务类型从本质上也是为就业服务提供更好的平台的，残疾人自身的就业能力的提高，也有利于其就业，能够更有效地配合就业服务系统所提供的就业机会。而公众则认为，康复服务是更为重要的，其能够从根本上解决残疾人的身体和生活问题。法律援助可能惠及的残疾人不是大多数，所以需要的程度也相对较弱，但也应该是社会给予这一群体的服务类型。

表8.4.2　　　专业人员认为特别需要为本地残疾人提供的社会服务类型

	总计	地区				Pearson Chi-Square	Asymp. Sig. (2-sided)
		厦门	苏州	重庆	红河		
人数（人）	1000	251	250	249	250		
残疾人康复服务（%）	85.2	87.3	85.2	83.9	84.4	1.280	0.734
残疾人就业服务（%）	91.3	92.0	88.0	92.4	92.8	4.663	0.198
残疾人职业技能培训服务（%）	89.4	89.6	89.2	88.4	90.4	0.578	0.902
残疾人法律援助服务（%）	70.6	74.9	67.6	68.3	71.6	4.090	0.252
其他（%）	2.0	2.8	0.8	3.2	1.2	5.319	0.150

参考文献

上　篇

胡锦涛：《坚定不移沿着中国特色社会主义道路前进，为全面建成小康社会而奋斗——在中国共产党第十八次全国代表大会上的报告》，人民出版社 2012 年版。

习近平：《始终与人民心心相印、同甘共苦》，人民网，2012 年 11 月 15 日。

［丹麦］艾斯平—安德森：《福利资本主义的三个世界》，郑秉文译，法律出版社 2003 年版。

［美］保罗·克鲁格曼：《克鲁格曼的预言：美国经济迷失的背后》，张碧琼译，机械工业出版社 2004 年版。

毕天云：《试论慈善组织的福利供给》，《云南民族大学学报》2009 年第 6 期。

陈平：《建立统一的社会保障体系是自损国际竞争力的短视国策》，《中国改革》2002 年第 4 期。

陈少晖、许雅雯：《养老保险制度：韩国的经验对中国的启示》，《亚太经济》2005 年第 6 期。

成思危：《中国社会保障体系的改革与完善》，民主与建设出版社 2000 年版。

崔月琴、李文焕：《儒家文化对东亚经济发展的双重影响》，《东北亚论坛》2000 年第 4 期。

《邓小平文选》第 3 卷，人民出版社 1993 年版。

［英］蒂特马斯：《社会政策 10 讲》，江绍康译，商务印书馆 1991 年版。

丁雯、张录法：《韩国医疗保险制度借鉴》，《经济视角》（下旬刊）2010 年第 9 期。

丁建定、魏科科：《社会福利思想》，华中科技大学出版社 2005 年版。

丁建定：《西方国家社会保障制度史》，高等教育出版社 2010 年版。

丁元竹：《中国社会建设战略思路与基本对策》，北京大学出版社 2008 年版。

窦玉沛：《中国社会福利的改革与发展》，《社会福利》2006 年第 10 期。

窦玉沛：《社会福利事业将转为适度普惠型》，《政协天地》2007 年第 11 期。

复旦大学日本研究中心：《日本社会保障制度》，复旦大学出版社 1997 年版。

顾俊礼、田德文：《福利国家析论——以欧洲为背景的比较研究》，经济管理出版社 2002 年版。

郭伟伟：《新加坡社会保障制度研究及启示》，《当代世界与社会主义》2009 年第 5 期。

贡森、葛延风等：《福利体制和社会政策的国际比较》，中国发展出版社 2012 年版。

韩克庆、金炳彻、汪东方：《东亚福利模式下的中韩社会政策比较》，《经济社会体制比较》2011 年第 3 期。

胡务：《社会救助概论》，北京大学出版社 2010 年版。

胡晓义：《社保待遇"双轨制"终将统一》，《深圳特区报》2012 年 12 月 20 日。

黄晨熹：《社会福利》，格致出版社、上海人民出版社 2009 年版。

金海和、李利：《社会保障与政府责任》，《中国行政管理》2010 年第 3 期。

景天魁：《基础整合的社会保障体系》，华夏出版社 2001 年版。

景天魁：《中国社会保障的理念基础》，《吉林大学社会科学学报》2003 年第 5 期。

景天魁：《论底线公平》，《光明日报》2004 年 8 月 10 日。

景天魁：《底线公平与社会保障的柔性调节》，《社会学研究》2004 年第 6 期。

景天魁：《围绕农民健康问题：政府、市场、社会的互动》，《河北学刊》2006 年第 4 期。

景天魁：《社会保障：公平社会的基础》，《中国社会科学院研究生院学报》2006 年第 6 期。

景天魁：《以底线公平为原则调整社会利益关系》，《中共福建省委党校学报》2007 年第 10 期。

景天魁：《三十年民生发展之追问：经济发展、社会公正、底线公平——由民生研究之一斑窥民生发展之全豹》，《理论前沿》2008 年第 14 期。

景天魁：《大力推进与国情相适应的社会保障制度建设——构建底线公平的福利模式》，《理论前沿》2007 年第 18 期。

景天魁：《底线公平：和谐社会的基础》，北京师范大学出版社 2009 年版。

景天魁：《福利社会学》，北京师范大学出版社 2010 年版。

景天魁：《应对金融危机的"大福利构想"》，《探索与争鸣》2010 年第 1 期。

景天魁、毕天云：《从小福利迈向大福利：中国特色福利制度的新阶段》，《理论前沿》2009 年第 11 期。

景天魁、毕天云：《建设具有中国特色的福利社会》，《人民论坛》2009 年 10 月（下）。

［英］莱恩·多亚尔、伊恩·高夫：《人的需要理论》，汪淳波等译，商务印书馆 2008 年版。

李绍光：《政府在社会保障中的责任》，《经济社会体制比较》2002 年第 5 期。

李彤：《从毛泽东到邓小平的思想意识转变对社会福利的影响》，《现代哲学》2010 年第 5 期。

林卡：《东亚生产主义社会政策模式的产生和衰落》，《江苏社会科学》

2008 年第 4 期。

林卡、赵怀娟：《论"东亚福利模式"研究及其存在的问题》，《浙江大学学报》2010 年第 9 期。

林闽钢：《社会政策——全球本地化视角的研究》，中国劳动社会保障出版社 2007 年版。

林闽钢：《东亚福利体制与社会政策发展》，《浙江学刊》2008 年第 2 期。

林万亿：《台湾的社会福利：历史经验与制度分析》，五南图书出版股份有限公司 2006 年版。

林义：《东亚社会保障模式初探》，《财经科学》2000 年第 1 期。

林毅夫、任若恩：《东亚经济增长模式相关争论的再探讨》，《经济研究》2007 年第 8 期。

吕学静：《日本社会保障制度》，经济管理出版社 2000 年版。

吕学静、江华：《东亚福利模式普遍整合的背景与基础探析》，《首都经济贸易大学学报》2012 年第 2 期。

《马克思恩格斯全集》第 42 卷，人民出版社 1979 年版。

梅艳君、钟会兵：《亚洲四小龙的社会保障制度初探》，《重庆科技学院学报》2008 年第 11 期。

穆怀中：《中国社会保障水平研究》，《人口研究》1997 年第 1 期。

［美］Neil Gilbert、Paul Terrell：《社会福利政策导论》，黄晨熹等译，华东理工大学出版社 2003 年版。

彭华民：《社会福利与需要满足》，社会科学文献出版社 2008 年版。

彭华民：《论需要为本的中国社会福利转型的目标定位》，《南开学报》2010 年第 4 期。

［韩］朴炳铉、高春兰：《儒家文化与东亚社会福利模式》，《长白学刊》2007 年第 2 期。

钱宁：《现代社会福利思想》，高等教育出版社 2006 年版。

［挪威］斯坦恩·库恩勒等编：《北欧福利国家》，复旦大学出版社 2010 年版。

宋晓梧：《中国社会保障体制改革与发展报告》，中国人民大学出版社

2001 年版。

孙光德、董克用：《社会保障概论》，中国人民大学出版社 2000 年版。

唐钧：《中国城市居民贫困线研究》，上海社会科学院出版社 1998 年版。

王思斌：《我国适度普惠型社会福利制度的建构》，《北京大学学报》2009 年第 3 期。

王延中、龙玉其：《改革开放以来中国政府社会保障支出分析》，《财贸经济》2011 年第 1 期。

王增文：《中国社会保障财政支出最优规模研究：基于财政的可持续性视角》，《农业技术经济》2010 年第 1 期。

［英］希尔·迈克尔：《理解社会政策》，刘升华译，商务印书馆 2003 年版。

熊跃根：《国家力量、社会结构与文化传统——中国、日本和韩国福利范式的理论探索与比较分析》，《江苏社会科学》2007 年第 4 期。

许斌：《战后东亚经济的发展》，《历史教学》1999 年第 5 期。

杨方方：《中国转型期社会保障中的政府责任》，《中国软科学》2004 年第 8 期。

杨玲玲：《韩国社会福利模式的特点、问题及对我国的启示》，《中国党政干部论坛》2009 年第 9 期。

于广军、胡善联：《城镇职工补充医疗保险发展策略研究》，《卫生经济研究》2002 年第 7 期。

张彦、陈红霞：《社会保障概论》，南京大学出版社 1999 年版。

［韩］赵胡铉：《韩国"生产性福利"的政策理念与制度安排》，杨玲玲译，《当代世界与社会主义》2009 年第 5 期。

郑秉文、史寒冰：《东亚社会福利政策中公平与效率的问题——价值取向与政策效应》，《辽宁大学学报》2002 年第 3 期。

郑秉文：《中国社会保障制度 60 年：成就与教训》，《中国人口科学》2009 年第 5 期。

郑秉文：《"碎片化"或"大一统"——英、法、美社保模式的比较》，《中国社会科学院学报》2009 年 7 月 14 日。

郑秉文：《社保制度改革不能再碎片化》，《21 世纪经济报道》2012 年

10 月 9 日。

郑功成:《社会保障学——理念、制度、实践与思辨》,商务印书馆 2001 年版。

郑功成:《中国社会保障改革研究及理论取向》,《经济学动态》2003 年第 6 期。

郑功成:《中国社会保障 30 年》,人民出版社 2008 年版。

郑功成:《中国社会保障改革与发展战略(养老保险卷)》,人民出版社 2011 年版。

郑功成:《中国社会保障改革与发展战略(总论卷)》,人民出版社 2011 年版。

郑功成:《东亚地区社会保障模式论》,《中国人民大学学报》2012 年第 2 期。

郑功成:《中国社会保障改革与发展》,人民网 2012 年 11 月 20 日。

中国发展基金会:《构建全民共享的发展型社会福利体系》,中国发展出版社 2009 年版。

"中国社会保障体系研究"课题组:《中国社会保障制度改革:反思与重构》,《社会学研究》2000 年第 6 期。

周弘:《福利国家向何处去》,社会科学文献出版社 2006 年版。

周良才:《中国社会福利》,北京大学出版社 2008 年版。

Aspalter, Christian, *Conservative Welfare State Systems in East Asia*, Westport, CT: Praeger, 2001.

Allardt, Erik and others, *Nordic Democracy, Ideas, Issues, and Institutions in Politics, Economy, Education, Social and Cultural Affairs of Denmark, Finland, Iceland, Norway, and Sweden*, Copenhagen: Det Danske Selskab, 1981.

Barr, Nicholas and others ed., *The State of Welfare, The Welfare State in Britain since 1974*, Oxford: Oxford University Press, 1990.

Barr, Nicholas, *The Economics of the Welfare State*, Oxford: Oxford University Press, 1998.

Bäckman, Guy, *The Creation and Development of Social Welfare in the Nordic Countries*, Tampere University, 1991.

Baldock, John, Manning, Nick, and Vickerstaff, Sarah, *Social Policy*, Oxford: Oxford University Press, 1999.

Baldwin, Peter, *The Politics of Social Solidarity: Class Bases of the European Welfare State 1875 – 1975*, Cambridge University Press, 1990.

Cochrane, Allan, and Clarke, John ed. , *Comparing Welfare States*, London: The Open University, 1993.

Commission on Social Justice, *The Justice Gap*, Institute for Public Policy Research, 1993.

Crouch, Colin, *Social Change In Western Europe*, Oxford: Oxford University Press, 1999.

Crouch, Colin, Eder, Klaus, and Tambini, Damian ed. , *Citizenship, Market, and the State*, Oxford: Oxford University Press, 2001.

Esping-Andersen, Gøsta, *The Three Worlds of Welfare Capitalism*, Cambridge: Polity Press, 1990.

Esping-Andersen, Gøsta ed. , *Welfare States in Transition. Social Security in the New Global Economy*, London: Sage, 1996.

Fitzpatrick, Tony, *New Theories of Welfare*, London: Palgrave, 2005.

Forder, Anthony, Caslin Terry, Ponton, Geoffrey, & Walklate Sandra, *Theories of Welfare*, London: Poutledge & Kegan paul, 1984.

George, Vic and Wilding, Paul, *Welfare and Ideology*, London: Harvester Wheatsheaf, 1994.

George, Vic and Wilding, Paul, *Globalization and Human Welfare*, London: Palgrave, 2002.

Giddens, Anthony, *The Third Way: The Renewal of Social Democracy*, Cambridge: Polity Press, 1998.

Glennerster, Howard, *British Social Policy*, since *1945*, Oxford: Blackwell, 1995.

Goodman, R. &Peng, Ito: *The East Asian Welfare States: Peripatetic Learning, and Nation-Building*, in Esping-Andersen, G. (ed.): *Welfare States in Transition: National Adaptions in Global Economies*, London: Sage, 1996.

Gough, Ian, *Social Policy Regimes in the Developing World.* Aldershot: Edward Elgar, 2003.

Gough, Ian: *East Asia: the Limits of Productivist Regimes.* in: Gough, Ian and Wood, Geof (ed.): *Insecurity and Welfare Regimes in Asia, Africa and Latin America.* Cambridge: Cambridge University Press, 2004.

Grabl, John and Teague, Paul, *Is the European Social Model Fragmenting?* In The Welfare State Reader, ed. Pierson, Christopher and Castles, Francis, Cambridge: Polity Press, 2000.

Grand, Le Julian and Bartlett, Will ed. , *Quasi-Markets and Social Policy,* London: Macmillan, 1993.

Hayek, A. Friedrich, *The Road to Serfdom,* London: Routledge & Kegan Paul, 1944.

Hayek, A. Friedrich, *New Studies in Philosophy, Politics and Economics.* London: Routledge & Kegan Paul, 1967.

Holliday, Productivist, *Welfare Capitalism: Social Policy in East Asia,* Political Studies, 2000.

Hort, Sven E. O. and Kuhnle, Stein, "The Coming of East and South-East Asian Welfare states", *Journal of European Social Policy,* 2000.

Hudson, John and Kühner, Stefan, "Towards Productive Welfare? A Comparative Aanalysis of 23 OECD Countries", *Journal of European Social Policy,* 2001, Vol. 19, No. 1.

J. Dixon & H . S. Kim, *Social Welfare in Asia,* Kent: Croom Helm, 1985.

Jacobs, Didier, "Low Public Expenditure on Social Welfare: Do East Asian Countries Have a Secret?", *International Journal of Social Welfare,* 2000.

Jeon, Jei Guk, "Exploring the Three Varieties of East Asia's State-Guided Development Model", *Studies in Comparative International Development,* 1995.

Jones-Finer, Catherine, "The Pacific Challenge: Confucian Welfare States", in Jones-Finer, Catherine (ed.), *New Perspectives on the Welfare State in Europe,* London: Routledge. 1993.

Kim. Jong and Lawrence Lau, "The Sources of Economic Growth of The Last

Asian Newly Industrialized Countries", *Journal of Japanese and International Economies*, 1994.

Kwon, Huck - Ju, "Beyond European Welfare Regimes: Comparative Perspectives on East Asian Welfare Systems", *Journal of Social Policy*, 1997.

Lin Ka, *Confucian Welfare Cluster, A Cultural Interpretation of Social Welfare*. Tampere: University of Tampere, 1999.

Marshall, Thomas H. , *Citizenship and Social Class and Other Essays*, Cambridge: Cambridge University Press, 1950.

McCarthy, Michael ed. , *The New Politics of Welfare: An Agenda for the 1990s*, London: Macmillan, 1989.

McKinnon, Catriona and Hampsher-Monk, Lain ed. , *The Demands of Citizenship*, London: Continuum, 2000.

Mishara, Ramesh, *Society and Social Policy, Theories and Prctice of Welfare*, Canada: Yumanities Press, 1981.

Mishara, Ramesh, *Globalization and the Welfare State*, Cheltenham: Edward Elgar, 1999.

Nussbaum. C. Martha and Sen. Amartya ed. , *The Quality of Life*, Oxford: Oxford University Press, 1993.

O'brien, Martin, Penna, Sue, *Theorising Welfare, Enlightment and Modern Society*, London: Sage Publications, 1998.

Peng, Ito, "Postindustrial Pressures, Political Regime Shifts, and Social Policy Reform in Japan and South Korea", *Journal of East Asian Studies*, 2004.

Pierson, Christopher, *Beyond the Welfare State*, Cambridge: Polity Press, 1992.

Pierson, Christopher, *The Modern State*, London: Routledge, 1996.

Pierson, Christopher and Castles, G. Francis ed. , *The Welfare State Reader*, Cambridge: Polity Press, 2000.

Pierson, Paul, *The New Politics of the Welfare State*, Oxford: Oxford University Press, 2001.

Rajakru, Dang, "The State, Family and Industrial Development: the Singapore Case", *Journal of Contemporary Asia*, 1996.

Rao, J. Mohan, "Equity in a Global Public Goods Framework", In Kaul, Inge, Grunberg, Isabelle, and Stern, A. Marc ed. *Global Public Goods, International Cooperation in the 21st Century*, Oxford: Oxford University Press, 1999.

Rose, Richard & Shiratori Rei, *The Welfare State: East and West*, New York: Oxford University Press, 1986.

Rothstein, Bo, *Just Institutions Matter, The Moral and Political Logic of the Universal Welfare State.* Cambridge: Cambridge University Press, 1998.

Sen, Amartya, *Global Justice, Beyongd International Equity*, In Kaul, Inge, Grunberg, Isabelle, and Stern, A. Marc ed. *Global Public Goods, International Cooperation in the 21st Century*, Oxford: Oxford University Press, 1999.

Sherraden, Michael, *Asset and the Poor, A New American Welfare Policy*, New York: Armonk, 1991.

Shiratori, Rei, "The Experience of the Welfare State in Japan and Its Problem", in Eisenstadrt, S. N. and Ahimeir, Ora (ed.) *The Welfare State and Its Aftermath*, London and Sydney: Croom Helm, 1985.

Sipilä, Jorma, *Social Poilicy as Social Investent?* University of Tampere, A Speech Given at ZhengJiang University, in Dec. 2009.

Sipilä, Jorma; Anttonen, Anneli & Kröger, Teppo, "A Nordic Welfare State in Post-industrial Society", in Powell, J. L. & Hendricks, J. (ed.) *The welfare state in post-industrial society: A global perspective*, Dordrecht: Springer, 2009.

Smith, D. Anthony, "State-making and Nation-Building", in Hall, A. John (ed.) *State in Hostory*, Oxford: Balckwell, 1986.

Takegawa, Shogo, "Pension Reform in 2004: Birth of Welfare Politics?", *Japanese Journal of Social Policy Association*, 2005.

Taylor-Gooby, Peter and Dale, Jennifer, *Social Theory and Social Welfare*, London: Edward Arnold, 1981.

Titmuss, M. Richanrd, *Commitment to Welfare*, London: Allen and Unwin, 1968.

Walker, Alan & Wang Chack-kie (ed.), *East Asian Welfare Regime in Transition From Confucianism to Globalization*, Bristol: The Policy Press. 2005.

White, Gordon and Goodman, Roger, "Welfare Orientalism and the Search for an East Asian Welfare Model", in Roger Goodman, Gordon White and Huck-juKwon (ed.): *The East Asian Welfare Model: Welfare Orientalism and the State*, London: Routledge, 1998.

Wong, J. , "The Adaptive Developmental State in East Asia", *Journal of East Asian Studies*, 2004.

中　篇

江泽民:《全面建设小康社会,开创中国特色社会主义事业新局面》,人民出版社 2002 年版。

胡锦涛:《坚定不移沿着中国特色社会主义道路前进,为全面建成小康社会而奋斗》,《人民日报》2012 年 11 月 17 日。

〔美〕迈克尔·谢若登:《资产与穷人:一项新的美国福利政策》,商务印书馆 2005 年版。

〔美〕菲利普·库姆斯:《世界教育危机》,赵宝恒等译,人民教育出版社 2000 年版。

〔美〕L. W. 安德森:《学习、教学和评估的分类学》,皮连生等译,华东师范大学出版社 2008 年版。

〔美〕詹姆斯·科尔曼:《教育机会均等观念》,载张人杰《国外教育社会学基本文选》,华东师范大学出版社 1989 年版。

〔英〕卡尔·波兰尼:《大转型:我们时代的政治与经济起源》,冯钢等译,浙江人民出版社 2007 年版。

〔英〕哈特利·迪安:《社会政策十讲》,岳经纶等译,格致出版社 2009 年版。

〔英〕保罗·皮尔逊:《拆散福利国家——里根、撒切尔和紧缩政治学》,舒绍福译,吉林出版发行集团 2007 年版。

〔英〕克莱尔·肖特:《消除贫困与社会整合:英国的立场》,《国际社会科学杂志》（中文版）2000 年第 4 期。

[日] 早川和男：《居住福利论》，李桓译，中国建筑工业出版社 2005 年版。

[丹麦] 艾斯平—安德森：《福利资本主义的三个世界》，郑秉文译，商务印书馆 2010 年版。

[匈] 雅诺什·科尔奈、翁笙和：《转轨中的福利、选择和一致性：东欧国家卫生部门》，中信出版社 2003 年版。

[瑞典] 吉姆·凯梅尼：《从公共住房到社会市场——租赁住房政策的比较研究》，王韬译，中国建筑工业出版社 2010 年版。

[瑞典] 托尔斯顿·胡森：《社会环境与学业成就》，张人杰译，云南教育出版社 1991 年版。

安华：《养老保障和住房保障整合发展的探讨》，《中国行政管理》2006 年第 8 期。

白重恩、钱震杰：《中国的国民收入分配：事实、原因和对策》，《比较》2009 年总第 45 期。

鲍传友：《中国城乡义务教育差距的政策审视》，《北京师范大学学报》2005 年第 3 期。

边燕杰、刘勇利：《社会分层、住房产权与居住质量——对中国"五普"数据的分析》，《社会学研究》2005 年第 3 期。

边燕杰、张展新：《市场化与收入分配——对 1988 年和 1995 年城市住户收入调查的分析》，《中国社会科学》2002 年第 5 期。

毕天云：《论普遍整合型社会福利体系》，《探索与争鸣》2011 年第 1 期。

蔡昉：《建立可持续的养老保障体系》，《人民日报》2004 年 11 月 6 日。

蔡汉贤：《中华传统福利理念对精深现代福利体系的贡献——以源头活水来为生民立命》，载景天魁、葛雨琴主编《海峡两岸社会福利基本经验》，海峡出版发行集团、鹭江出版社 2013 年版。

曹立前：《社会救助与社会福利》，中国海洋大学出版社 2006 年版。

陈加元：《为人人享有社会保障而努力——在浙江省社会保障与社会发展"十二五"规划论坛上的讲话》，载郑造桓《发展与共享》，浙江大学出版社 2011 年版。

仇雨临、翟绍果:《城乡居民医疗保障体系的二元三维态势和统筹发展思路》,《河南社会科学》2009 年第 6 期。

崔凤、李红英:《新型农村社会养老保险可能面临的主要问题与政策建议》,《西北人口》2011 年第 2 期。

丁建定:《中国生活保障制度整合与体系完善纵论》,《学习与实践》2012 年第 8 期。

丁建定、孙健:《欧洲一体化进程中的社会福利整合》,《长安大学学报》2006 年第 1 期。

董克用:《中国经济改革 30 年:社会保障卷》,重庆出版社 2008 年版。

高和荣:《中国社会福利体系责任结构的顶层设计》,《吉林大学社会科学学报》2012 年第 2 期。

高和荣:《新型农村合作医疗可持续发展研究——基于部分经济发达城市的经验》,《北京师范大学学报》2009 年第 1 期。

高如峰:《中国农村义务教育财政体制的实证分析》,《教育研究》2004 年第 5 期。

郜风涛、张小建:《中国就业制度》,中国法制出版社 2009 年版。

谷文:《"重庆模式"能否复制》,《新理财》2010 年第 10 期。

古允文:《不确定的年代——走在钢索上的国际社会福利发展》,载詹火生、古允文《社会福利政策的新思维》,财团法人厚生基金会 2001 年版。

杭行:《中国居民收入分配差距扩大的原因及对策分析》,《复旦学报》2002 年第 2 期。

郝大海、王卫东:《理性化、市场转型与巨野机会差异——中国城镇居民工作获得的历时性分析(1949—2003)》,《中国社会科学》2009 年第 3 期。

何文炯:《浙江省老年经济保障制度与政策研究》,载郑造桓《社会保障:统筹、协调持续发展》,浙江大学出版社 2012 年版。

胡务:《社会救助概论》,北京大学出版社 2010 年版。

胡秀锦、马树超:《我国高等职业教育发展的政策环境分析与思考》,《职教论坛》2006 年第 12 期。

黄怡:《城市社会分层与居住隔离》,同济大学出版社 2006 年版。

贾楠:《中国社会救助报告》,中国时代经济出版社 2009 年版。

贾康等:《我国国民收入分配格局:近年走势与国际比较》,财政部财政科学研究所 2010 年第 15 期。

焦建国:《农村教育与二元经济社会结构——城乡教育比较与我国教育当前急需解决的问题》,《学习与探索》2005 年第 3 期。

景天魁:《建设中国特色福利社会》,载包智明《社会学名家讲座》(第 1 辑),中国社会科学出版社 2013 年版。

景天魁等:《当代中国社会福利思想与制度》,中国社会出版社 2011 年版。

景天魁:《底线公平:和谐社会的基础》,北京师范大学出版社 2009 年版。

景天魁:《围绕农民健康问题:政府、市场、社会的互动》,《河北学刊》2006 年第 4 期。

景天魁:《底线公平与社会保障的柔性调节》,《社会学研究》2004 年第 6 期。

康开洁:《教育均衡发展理论与实证研究综述》,《当代教育论坛》2008 年第 9 期。

李骏、吴晓刚:《收入不平等与公平分配:对转型时期中国城镇居民公平观的一项实证分析》,《中国社会科学》2012 年第 3 期。

李实、赵人伟:《中国居民收入分配再研究》,《经济研究》1999 年第 4 期。

李海燕、刘晖:《教育指标体系:国际比较与启示》,《广州大学学报》2007 年第 8 期。

李立国:《回顾"十一五",展望"十二五"》,民政部网站,2010 年 12 月。

李学举:《民政部门首开先河,全民推广社工职业制度》,《中国民政》2007 年第 1 期。

李迎生:《社会保障与社会结构转型:二元社会保障体系研究》,中国人民大学出版社 2001 年版。

粟玉香：《义务教育均衡推进的财政分析与政策选择》，《教育理论与实践》2006 年第 8 期。

李彦昌：《城市贫困与社会救助研究》，北京大学出版社 2004 年版。

廖益光：《社会救助概论》，北京大学出版社 2009 年版。

林闽钢：《中国社会救助制度的整合》，《学海》2011 年第 4 期。

林治芬：《社会保障统计国际比较与借鉴》，《统计研究》2011 年第 10 期。

刘继同：《中国特色全民医疗保障制度框架与政策要点》，《南开学报》2009 年第 2 期。

刘军强：《增长、就业与社会支出——关于社会政策的"常识"与反"常识"》，《社会学研究》2012 年第 2 期。

刘俊霞：《人力资本投资、就业促进与社会保障》，《中南财经政法大学学报》2008 年第 3 期。

刘苓玲：《中国社会保障制度城乡衔接理论与政策研究》，经济科学出版社 2008 年版。

刘喜堂：《建国 60 年来我国社会救助发展历程与制度变迁》，《华中师范大学学报》2010 年第 4 期。

刘祖云、胡蓉：《城市住房的阶层分化：基于 CGSS2006 调查数据的分析》，《社会》2010 年第 5 期。

龙书芹、风笑天：《城市居民的养老意愿及其影响因素——对江苏四城市老年生活状况的调查分析》，《南京社会科学》2007 年第 1 期。

卢洪友、李凌：《财政分权视角下中国农村义务教育落后的原因分析》，《财贸经济》2006 年第 12 期。

陆学艺：《当代中国社会结构》，社会科学文献出版社 2010 年版。

吕学静：《我国失业保险制度功能的改革与优化》，《中国社会保障》2010 年第 9 期。

罗应光：《中国保障性住房建设的理论与实践》，中共中央党校出版社 2011 年版。

孟庆瑜：《中国义务教育保障制度研究》，中国海洋大学出版社 2008 年版。

孟天广：《转型期中国公众的分配公平感：结果公平与机会公平》，《社会》2012年第6期。

米红等：《农保，谨防"碎片化"》，《中国社会保障》2008年第4期。

OECD：《教育概览2011：OECD指标》，教育科学出版社2011年版。

彭海燕：《中国省际间城乡居民初次分配结构及贡献比较：1995—2009》，《新疆社会科学》2012年第2期。

彭华民、黄叶青：《福利多元主义：福利提供从国家到多元部门的转型》，《南开学报》（哲学社会科学版）2006年第6期。

彭宅文：《最低生活保障制度与救助对象的劳动激励："中国式福利依赖"及其调整》，《社会保障研究》2009年第2期。

戚学森：《社工培训：风好正是扬帆时》，《中国社会报》2006年12月26日第2版。

申曙光、侯小娟：《我国社会医疗保险制度的"碎片化"与制度整合目标》，《广东社会科学》2012年第3期。

沈有禄、譙欣怡：《教育券的重要价值取向：教育公平》，《外国教育研究》2006年第2期。

石中英：《教育公平的主要内涵与社会意义》，《中国教育学刊》2008年第3期。

宋效中等：《企业年金方案设计实务》，冶金工业出版社2006年版。

孙百才：《经济增长、教育扩展与收入分配——两个"倒U"假说的检验》，《北京师范大学学报》2009年第2期。

孙立平：《断裂：20世纪90年代以来的中国社会》，社会科学文献出版社2003年版。

孙强：《我国结构性失业原因与对策研究》，《经济问题》2009年第4期。

唐钧：《中国住房保障问题：社会政策的视角》，《中共中央党校学报》2010年第2期。

王婷、徐玉立：《中国收入分配问题研究述评》，《红旗文稿》2011年第9期。

王斌泰：《着力推进基础教育均衡发展》，《求是》2003年第19期。

汪国华：《社会权利视野中我国医疗保险制度发展模式研究》，《南京社会科学》2011 年第 11 期。

王洪春：《住房社会保障研究》，合肥工业大学出版社 2011 年版。

王胜今、沈诗杰：《发达国家典型养老保险模式改革及其启示》，《吉林大学社会科学学报》2011 年第 3 期。

王思斌：《断裂与弥合：社会转型与保障制度建设》，《中国行政管理》2003 年第 9 期。

王思斌：《我国适度普惠型社会福利制度的构建》，《北京大学学报》2009 年第 3 期。

王卫平、郭强：《社会救助学》，群言出版社 2007 年版。

王晓军：《中国基本养老保险基金偿付能力的地区差异分析》，北京大学出版社 2005 年版。

王延中、张时飞：《统筹城乡社会保障制度发展的建议》，《中国经贸导刊》2008 年第 1 期。

王英豪、高和荣等：《论新型农村合作医疗制度的城乡统筹》，《西北人口》2010 年第 6 期。

王云京：《我国城乡义务教育差别的制度障碍分析》，《财经问题研究》2009 年第 9 期。

王元京等：《重构城乡义务教育投入模式》，《经济学动态》2010 年第 6 期。

汪泽英、何平：《建立覆盖城乡居民社会保障体系》，中国劳动社会保障出版社 2010 年版。

吴春霞：《中国城乡义务教育经费差距演变与影响因素研究》，《教育科学》2007 年第 6 期。

邬大光：《中国民办高等教育发展状况分析》（上），《教育发展研究》2001 年第 7 期。

夏学銮：《老龄化社会对公共服务和公共财政发出强烈呼唤和挑战》，《中国社会报》2006 年 12 月 19 日。

阎青春：《我国人口老龄化特点及发展养老事业的基本思路》，中日韩社会福利国际研讨会论文集，2007 年 3 月 28 日。

阎青春：《我国人口老龄化的状况及老年人社会福利政策》，第二届中国老龄国情与养老服务业发展论坛上的发言，2009 年 12 月。

杨翠迎、何文炯：《社会保障水平与经济发展的适应性关系研究》，载郑造桓《公民权利：与社会保障》，浙江大学出版社 2008 年版。

杨东平：《中国教育公平的理想与现实》，北京大学出版社 2006 年版。

杨颖秀：《高中阶段教育公平的缺失及策略思考》，《教育理论与实践》2007 年第 11 期。

杨宜勇等：《就业理论与失业治理》，中国经济出版社 2000 年版。

杨宜勇、池振合：《2009 年中国收入分配状况及其未来发展趋势》，《经济研究参考》2010 年第 6 期。

俞可平：《中国公民社会成长的制度空间和发展方向》，《中国社会科学》2006 年第 1 期。

余明琴等：《社会保险法制研究》，中国人事出版社 2004 年版。

原新、韩靓：《多重分割视角下外来人口就业与收入歧视分析》，《人口研究》2009 年第 1 期。

岳经纶等：《社会服务，从经济保障到服务保障》，中国社会科学出版社 2011 年版。

张德元：《论社会保障的城乡统筹与城乡统一》，《调研世界》2004 年第 2 期。

张定宇：《公共租赁住房建设的重庆实践》，《改革》2010 年第 3 期。

张国英：《中国城镇就业的正规化与社会保障》，《中国行政管理》2012 年第 10 期。

张洪涛、孔泾源：《社会保险案例分析——制度改革》，中国人民大学出版社 2008 年版。

张黎黎、谈志林：《构建我国普惠型社会救助体系的战略思考》，《理论与改革》2009 年第 1 期。

张展新：《从城乡分割到区域分隔——城市外来人口研究新视角》，《人口研究》2007 年第 6 期。

张朝晖、王治中：《试论高等职业教育中的教育公平问题》，《西北农林科技大学学报》2008 年第 5 期。

赵星义：《解决就业和再就业问题之我见》，《改革与战略》2008 年第 4 期。

赵宝华：《中国人口老龄化进程中的突出矛盾和问题》，《老龄参考》2011 年第 4 期。

翟博：《教育均衡发展——现代教育发展的新境界》，《教育研究》2002 年第 2 期。

翟博：《教育均衡论：中国基础教育均衡发展实证研究》，人民教育出版社 2008 年版。

郑秉文：《中国社保"碎片化制度"危害与"碎片化冲动"探源》，《甘肃社会科学》2009 年第 3 期。

郑秉文、齐传君：《社保制度走到十字路口："大一统"还是"碎片化"》，《中国证券报》2009 年 1 月 22 日。

郑功成等：《中国社会保障制度变迁与评估》，中国人民大学出版社 2002 年版。

郑功成：《中国社会保障 30 年》，人民出版社 2008 年版。

郑功成：《中国社会保障改革与发展战略》，人民出版社 2011 年版。

郑造桓：《社会保障：统筹、协调持续发展》，浙江大学出版社 2012 年版。

钟秉林、赵应生：《我国高等教育大众化进程中教育公平的重要特征》，《北京师范大学学报》2007 年第 1 期。

中国（海南）改革发展研究院：《政府转型与社会再分配》，中国经济出版社 2006 年版。

周弘：《50 国（地区）社会保障机构图解》，中国劳动生活保障出版社 2011 年版。

周弘：《福利国家向何处去》，社会科学文献出版社 2006 年版。

朱亚鹏：《住房制度改革政策创新与住房公平》，中山大学出版社 2007 年版。

Anheier, Helmut K. , *Civil Society*, *Measurement*, *Evaluation*, *Policy*, London: Earthscan, 2004.

Backman, Guy, *The Creation and Development of Social Welfare in the Nordic*

Countries, University of Sheffield, 1991.

Baldock, John, Manning, Nick, and Vickerstaff, Sarah ed. , *Social Policy*, Oxford: Oxford University Press, 2003.

Barr, Nicholas and others, *The State of Welfare, the Welfare State in Britain since 1974*, Oxford: Clarendon, 1995.

Brayne, Hugh, Carr, Helen, *Law for Social Workers*, Oxford: Oxford University Press, 2003.

Clyde Hertzman, Dariel P. Keating, *Developmental Health and the Wealth of Nations: Social, Biological, and Educational Dynamics*, Guilford Pubn, 1999.

Crouch, Colin, *Social Change in Western Europe*, Oxford: Oxford University Press, 1999.

Denney, David, *Social Policy and Social Work*, Oxford: Oxford University Press, 1998.

Doe, *Education in South Africa: Achievements since 1994*, Pretoria: Department of Education, 2001.

Ginsburg Norman, *Divisions of Welfare, A Critical Introduction to Comparative Social Policy*, London: Sage Publications, 1992.

Glennerster, Howard and Hills, John, *The State of Welfare, The Economics of Social Spending*, Oxford Press, 1998.

Grand, Le Julian and Bartlett, Will ed. , *Quasi-Markets and Social Policy*, London: Macmillan, 1993.

Hall, John, A. and Trentmann, Frank ed. , *Civil Society, A Reader in History, Theory and Global Politics*, London: Palgrave Macmillan, 2005.

Harris, Margaret, and Rochester, Colin ed. , *Voluntary Organisations and Social Policy in Britain, Perspectives on Change and Choices*, London: Palgrave Macmillan, 2001.

Jacob Mincer. *Education and Unemployment: Studies in Human Capital*, Cambridge, 1993.

Malin, Nigel, Manthorpe, Jill, Race, David and Willmot, Stephen, *Community Care for Nurses and the Caring Professions*, Buckingham: Open University, 1999.

National Center for Education Statistics, *The Condition of Education 2000*, Washington, D. C. U. S. 18. Government Printing Office, 2000.

National Statistics, http: //www. statistics. gov. uk, 2005.

Nygren, Lennart, "New Policies, New Words, the service concept in Scandinavian Social Policy", In Sipial ed. , *Social Care Services*, 1997, pp. 9 – 26.

Office for National Statistics, *Social Focus on Older People*, London, 1999.

Payne, Malcolm, *Modern Social Work Theory*, London: Palgrave Macmillan, 1997.

Sipilä, Jorma ed. , *Social Care Services: The Key to the Scandinavian Welfare Model*, England: Avebury, 1997.

Sipilä, Jorma, *Social Poilicy as Social Investent?* University of Tampere, A Speech Given at Zhengjiang University, 2009.

Sipilä, Jorma; Anttonen, Anneli & Kröger, Teppo, "A Nordic Welfare State in Post-industrial Society", in Powell, J. L. & Hendricks, J. (ed.) *The Welfare State in Post-industrial Society, A Global Perspective*, Dordrecht: Springer, 2009, pp. 181 – 199.

Titmuss, M. Richard, *Social Policy*, in Introduction, London: Pantheon Books, 1974.

Titmuss, Richard, *Essays on the Welfare State*, London: George Allen & Unwin, 1976.

William Jeynes, "What We Should and Should Not Learn from the Japanese and Other East Asian Education Systems", *Education Policy*, 2008, Vol. 22 No. 6.

Xie, Zexian, *Creating an Integrated Caring Environment for the Elderly, The Case in Finland and Some Comparison in China*, Helsinki: Hakapaino Oy, 1997.

Young, Pat, *Mastering Social Welfare*, London: Palgrave, 2000.

下　篇

［美］科恩：《论民主》，聂崇信、朱秀贤译，商务印书馆1988年版。

陈敏：《重庆三峡库区统筹城乡社会保障制度构建研究》，《特区经济》2011年第6期。

蒋晓川：《城乡统筹背景下重庆试验区社会保障制度探讨》，《农业经济》2010年第11期。

李继云：《边疆民族地区城镇化水平测算与分析》，《农业考古》2008年第6期。

梁平、滕琦等：《统筹重庆城乡社会保障的制约因素分析》，《安徽农业科学》2008年第21期。

刘一平、杨福生：《打好南部扶贫开发硬战，促进红河南北协调发展》，《云南日报》2009年3月18日。

毛世国：《重庆统筹城乡中的社会保障制度建设》，《重庆行政》2009年第8期。

全钟燮：《公共行政：设计与问题解决》，五南图书出版股份有限公司2001年版。

王筱欣、张思萌：《重庆城乡社会保障经济公平"度"评估》，《重庆理工大学学报》2011年第4期。

魏宏晋：《民意与舆论：解构与反思》，台湾商务印书馆2008年版。

杨玲：《重庆都市区城乡一体化中社会保障与社会文明研究》，《社科纵横》2005年第1期。

殷守革、孙华、毛江东：《二元户籍条件下农民社会保障机制研究——基于重庆户籍改革的思考》，《中共山西省直机关党校学报》2012年第1期。

殷守革、孙华、毛江东：《统筹城乡户籍条件下农民社会保障机制研究——基于重庆户籍改革引发的思考》，《成都行政学院学报》2012年第1期。

余致力：《民意与公共政策——理论探讨与实证研究》，五南图书出版股份有限公司2002年版。

周沛：《论社会福利的体系构建》，《社会保障研究》2012 年第 6 期。

国务院：《国务院关于推进重庆市统筹城乡改革和发展的若干意见》。

红河州扶贫办：《红河州扶贫开发工作及存在困难问题专报》。

红河州统计局：《红河州 2003—2011 年国民经济和社会发展统计公报》。

红河州人民政府：《新型农村和城镇居民社会养老保险实施办法（试行)》。

红河州人民政府：《红河州城镇居民基本医疗保险办法（试行)》。

红河州人民政府：《〈红河州城镇居民基本医疗保险办法（试行)〉实施细则》。

红河州人民政府：《红河州城镇居民基本医疗保险门诊补助试行办法》。

红河州人民政府：《红河州城镇居民大病补充医疗保险办法（试行)》。

红河州人民政府：《关于加大城乡统筹力度促进农业转移人口转变为城镇居民的实施办法（试行)》。

重庆市人力资源和社会保障局：《重庆市街道（乡镇）劳动就业社会保障服务中心建设标准》。

重庆市人大常委会：《重庆市城乡居民最低生活保障条例》。

重庆市人民政府：《关于开展城乡居民合作医疗保险试点的指导意见》。

重庆市人民政府：《关于开展城乡居民社会养老保险试点工作的通知》。

重庆市人民政府：《重庆市实施〈城市居民最低生活保障条例〉办法》。

重庆市人民政府：《关于全面建立农村居民最低生活保障制度的意见》。

重庆市人民政府：《重庆市统筹城乡教育综合改革试验实施方案》。

重庆市人民政府：《关于统筹城乡户籍制度改革的意见》。

重庆市人民政府：《重庆市统筹城乡户籍制度改革社会保障实施办法（试行)》。

重庆市人民政府：《重庆市社会保障体系和人力资源开发第十二个五年规划》。

重庆市统计局：《重庆市 2003—2011 年国民经济和社会发展统计公报》。

重庆市统计局：《2010—2011 年度重庆市人力资源和社会保障事业发展统计公报》。

云南省住建厅：《云南省各州、市 2006—2008 年城镇化水平指标对比》。

中共重庆市委：《中共重庆市委关于缩小三个差距促进共同富裕的决定》。

《福建省厦门市加快打造"五个厦门"》，http：//www. china news. com/qxcz/2011/12－29/3568628. shtm，2012。

《2007 厦门经济特区年鉴》。

《2008 厦门经济特区年鉴》。

《2009 厦门经济特区年鉴》。

《2010 厦门经济特区年鉴》。

《2011 厦门经济特区年鉴》。

《2011 年厦门市国民经济和社会发展统计公报》。

《2010 年厦门市国民经济和社会发展统计公报》。

《2009 年厦门市国民经济和社会发展统计公报》。

厦门市人力资源和社会保障局：《关于妥善解决企业职工基本养老保险有关问题的意见》，http：//www. xmhrss. gov. cn/ldhshbzjxxgk/xxgkml/201202/t20120206＿169310. htm，2012。

厦门市人力资源和社会保障局：《关于印发〈厦门市医疗保险综合子账户管理试行办法〉的通知》，http：//www. xmhrss. gov. cn/ldhshbzjxxgk/xxgkml/201207/t20120717＿182350. htm，2012。

厦门市人力资源和社会保障局：《关于公布厦门市企业最低工资标准及非全日制用工小时最低工资标准的通知》，http：//www. xmhrss. gov. cn/ldhshbzjxxgk/xxgkml/201208/t20120803＿184006. htm，2012。

厦门市劳动保障局：《关于转发〈关于完善城乡一体化基本医疗保险制度建设的意见〉》，http：//www. xmhrss. gov. cn/ldhshbzjxxgk/xxgkml/201012/t20101209＿123220. htm，2010。

厦门市人力资源和社会保障局：《关于"1＋1"群创业培训有关事项的通知》，http：//www. xmhrss. gov. cn/ldhshbzjxxgk/xxgkml/201203/t20120328＿173659. htm，2012。

中共苏州市委、苏州市人民政府：《关于加快实现城乡教育一体化现代化的意见》，http：//www. nb. suzhou. gov. cn/newsview. asp？id＝924。

附　　录
社会福利体系普遍整合调查问卷 (1)

亲爱的朋友：

您好！

为了全面了解和反映社会各界对我国社会福利体系建设的意见、建议和要求，我们组织了此次调查。根据科学调查的要求，我们使用随机抽样方式选择调查对象，您是其中的一位。本次调查使用问卷方式，问卷中的答案没有对错之分，请在相应的答案序号上打"√"（除特别注明的题目外均为单选题）。我们将严格遵守国家的法律规定，对您的资料保密，请您放心！

衷心感谢您的支持与合作！

中国社会科学院社会学研究所

"普遍型社会福利体系的基础和设计研究"课题组

2012 年 1 月

问卷编号：A1 [＿＿＿＿＿＿]

调查地点：福建__省/市__厦门__/市/区＿＿＿＿县/区/市

A2 [＿＿＿]　　　A3 [＿＿＿]　　　A4 [＿＿＿＿]

调查开始时间：　　[＿＿＿]年 [＿＿＿]月 [＿＿＿]日 [＿＿＿]时 [＿＿＿]分

调查结束时间：　　[＿＿＿]年 [＿＿＿]月 [＿＿＿]日 [＿＿＿]时 [＿＿＿]分

调查员：＿＿＿＿＿

复核员：＿＿＿＿＿

Q1. 您性别是

    1. 男

    2. 女

Q2. 您的出生年份是＿＿＿＿＿＿年

Q3. 您现在的学历是：

    1. 初中及初中以下

    2. 高中/职高/中技/中专

    3. 大学专科

    4. 大学本科

    5. 研究生

Q4. 您的工作单位属于：

    1. 教委及教科所部门

    2. 发改委部门

    3. 财政部门

    4. 医疗卫生部门

    5. 人力资源和社会保障部门

    6. 民政部门

    7. 普通高校

    8. 党校、行政学院（校）

    9. 党委、政府政策研究部门

    10. 企业人力资源部门

    11. 住房建设或房产管理部门

    12. 乡镇政府或街道办事处

Q5. 您的职称是或者相当于：

    1. 初级

    2. 中级

    3. 高级

    4. 没有职称

Q6. 您的职务是或者相当于：

    1. 科员及科员以下

2. 科级或相当于科级

3. 处级或相当于处级

4. 处级以上或相当于处级以上

Q7. 您认为农民工或外来工最适合参加哪一种社会养老保险？

1. 城镇职工社会养老保险

2. 城镇居民社会养老保险

3. 新型农村社会养老保险

4. 单独建立养老保险制度

Q8. 您认为各级财政负担新型农村社会养老保险的基础养老金比例应分别为：

1. 中央财政_____%

2. 省级财政_____%

3. 州市级财政_____%

4. 县区级财政_____%

Q9. 您认为新型农村社会养老保险的基础养老金应该在哪个层次上统一？

1. 全县统一

2. 全市（州）统一

3. 全省统一

4. 全国统一

Q10. 您认为农村居民的低保标准与基础养老金标准的关系如何确定比较合理？

1. 低保标准与基础养老金标准相同

2. 低保标准高于基础养老金标准

3. 低保标准低于基础养老金标准

Q11. 您认为各级财政负担城镇居民社会养老保险的基础养老金比例应分别为：

1. 中央财政_____%

2. 省级财政_____%

3. 州市级财政_____%

4. 县区级财政_____%

Q12. 您认为城镇居民社会养老保险的基础养老金应该在哪个层次上统一比较好？

　　1. 全县统一

　　2. 全市（州）统一

　　3. 全省统一

　　4. 全国统一

Q13. 您认为城镇居民的低保标准与基础养老金标准的关系怎样确定比较合理？

　　1. 低保标准与基础养老金标准相同

　　2. 低保标准高于基础养老金标准

　　3. 低保标准低于基础养老金标准

Q14. 您认为城乡居民的基础养老金标准应该采取哪一种标准比较合理？

　　1. 城乡居民实行一个标准

　　2. 城镇居民高于农村居民

　　3. 城镇居民低于农村居民

Q15. 如果统一城乡居民的基础养老金标准，您认为应该在哪个层次上统一？

　　1. 全县统一

　　2. 全市（州）统一

　　3. 全省统一

　　4. 全国统一

Q16. 您赞成把新型农村社会养老保险与城镇居民社会养老保险合并为一个制度吗？

　　1. 非常赞成

　　2. 比较赞成

　　3. 不太赞成

　　4. 非常不赞成

Q17. 您认为公务员参加哪一种养老保险制度比较合理？

　　1. 事业单位社会养老保险制度

　　2. 城镇职工社会养老保险制度

　　3. 单独设立一个养老保险制度

Q18. 您认为公务员和事业单位人员实行一个养老保险制度是否可行？

　　1. 非常可行

　　2. 比较可行

　　3. 不太可行

　　4. 非常不可行

Q19. 您认为事业单位人员和企业职工实行一个养老保险制度是否可行？

　　1. 非常可行

　　2. 比较可行

　　3. 不太可行

　　4. 非常不可行

Q20. 您认为公务员、事业单位人员和企业职工实行一个养老保险制度是否必要？

　　1. 非常必要

　　2. 比较必要

　　3. 不必要

　　4. 非常不必要

Q21. 您认为将来我国公务员、事业单位人员和企业职工实行一个养老保险制度是否可行？

　　1. 非常可行

　　2. 比较可行

　　3. 不太可行

　　4. 非常不可行

Q22. 您认为我国的社会养老保险制度应该选择哪一种筹资模式？

　　1. 只建立基础养老金制度

　　2. 只建立个人账户养老金制度

　　3. 基础养老金与个人账户相结合

　　4. 其他（请说明）＿＿＿＿＿＿＿＿＿＿＿

Q23. 您认为在新型农村合作医疗的筹资比例中，个人缴费占筹资总额的比例应该为多少比较合理？

　　1.　1 : 2

2.　1∶3

3.　1∶4

4.　1∶5

5.　1∶6

6.　1∶7

7.　1∶8

8.　1∶9

9.　1∶10

Q24. 您认为新型农村合作医疗在哪个层次上统一比较合适？

1. 全县统一

2. 全市（州）统一

3. 全省统一

4. 全国统一

Q25. 您赞成把新型农村合作医疗的管理职能移交给人力资源和社会保障部门吗？

1. 非常赞成

2. 比较赞成

3. 不太赞成

4. 非常不赞成

Q26. 您认为在城镇居民基本医疗保险的筹资比例中，个人缴费占筹资总额的比例应该为多少比较合理？

1.　1∶2

2.　1∶3

3.　1∶4

4.　1∶5

5.　1∶6

6.　1∶7

7.　1∶8

8.　1∶9

9.　1∶10

Q27. 您认为城镇居民基本医疗保险在哪个层次上统一比较合适？

　　1. 全县统一

　　2. 全市（州）统一

　　3. 全省统一

　　4. 全国统一

Q28. 您认为新型农村合作医疗与城镇居民基本医疗保险合并为一个制度是否可行？

　　1. 非常可行

　　2. 比较可行

　　3. 不太可行

　　4. 非常不可行

Q29. 您认为新型农村合作医疗信息系统与城镇居民基本医疗保险信息系统合并为一个系统是否可行？

　　1. 非常可行

　　2. 比较可行

　　3. 不太可行

　　4. 非常不可行

Q30. 您认为哪些人群应纳入现行的城镇职工基本医疗保险制度？（可多选）

　　1. 公务员（含参公人员）

　　2. 事业单位人员

　　3. 企业职工

　　4. 城镇居民

　　5. 农民工或外来工

Q31. 您认为城镇职工基本医疗保险在哪一个层次上统一比较可行？

　　1. 全县统一

　　2. 全市（州）统一

　　3. 全省统一

　　4. 全国统一

Q32. 您认为将来我国所有医疗保障制度都取消个人账户，只实行社会统筹的方式是否可行？

1. 非常可行

2. 比较可行

3. 不太可行

4. 非常不可行

Q33. 您认为取消个人账户，只有社会统筹的医保制度会有哪些影响？（可多选）

1. 能够增强社会互济功能

2. 减少个人所承担的医疗费用

3. 提高个人所获得的补偿比例

4. 提高医疗保险金的使用效率

5. 降低个人缴费积极性

6. 增加向农民及居民收缴参保费用的难度

7. 滥用医疗资源

Q34. 您认为到"十二五"末期，农村五保制度在哪一个层次上统一比较可行？

1. 全县统一

2. 全市（州）统一

3. 全省统一

4. 全国统一

Q35. 您认为到"十二五"末期，农村低保制度在哪一个层次上统一比较可行？

1. 全县统一

2. 全市（州）统一

3. 全省统一

4. 全国统一

Q36. 您认为到"十二五"末期，城市低保制度在哪一个层次上统一比较可行？

1. 全县统一

2. 全市（州）统一

3. 全省统一

  4. 全国统一

Q37. 如果统一城乡低保制度，您认为到"十二五"末期应该在哪个层次上统一？

  1. 全县统一

  2. 全市（州）统一

  3. 全省统一

  4. 全国统一

  5. 不清楚

Q38. 您认为农村医疗救助标准应该在哪个层次统一？

  1. 全县统一

  2. 全市（州）统一

  3. 全省统一

  4. 全国统一

Q39. 您认为城市医疗救助标准应该在哪个层次统一？

  1. 全县统一

  2. 全市（州）统一

  3. 全省统一

  4. 全国统一

Q40. 如果统一城乡医疗救助标准，您认为到"十二五"末期应该在哪个层次上统一？

  1. 全县统一

  2. 全市（州）统一

  3. 全省统一

  4. 全国统一

Q41. 您认为我国目前存在着哪些就业歧视现象？

	存在	不存在	不清楚
1. 性别歧视	1	2	3
2. 户籍歧视	1	2	3
3. 民族歧视	1	2	3
4. 学历歧视	1	2	3

Q42. 您认为政府和社会应该为失地农民提供哪些就业援助？（可多选）

　　1. 提供技能培训

　　2. 提供就业信息

　　3. 提供工作岗位

　　4. 提供创业机会

　　5. 提供创业补助

　　6. 其他（请说明）＿＿＿＿＿＿＿＿＿＿＿＿＿.

Q43. 您认为政府和社会应为农民工或外来工提供哪些就业援助？（可多选）

　　1. 提供技能培训

　　2. 提供就业信息

　　3. 提供工作岗位

　　4. 提供创业机会

　　5. 提供创业补助

　　6. 其他（请说明）＿＿＿＿＿＿＿＿＿＿＿＿＿

Q44. 对于失业的城镇企业职工，您认为最重要的就业援助方式是什么？

　　1. 发放失业救济金

　　2. 提供免费技能培训

　　3. 提供新的工作岗位

　　4. 提供就业信息

　　5. 其他（请说明）＿＿＿＿＿＿＿＿＿＿＿＿＿

Q45. 对于待业或无业的城镇居民，您认为最重要的就业援助方式是什么？

　　1. 发放基本生活补贴

　　2. 提供免费技能培训

　　3. 提供新的工作岗位

　　4. 提供就业信息

　　5. 其他（请说明）＿＿＿＿＿＿＿＿＿＿＿＿＿

Q46. 您认为公务员缴纳失业保险金有必要吗？

　　1. 非常必要

　　2. 必要

　　3. 不必要

Q47. 您认为公务员缴纳失业保险金可行吗?

　　1. 非常可行

　　2. 比较可行

　　3. 不太可行

　　4. 非常不可行

Q48. 您认为到"十二五"末期,最低工资标准在哪个层次上统一比较可行?

　　1. 全县统一

　　2. 全市(州)统一

　　3. 全省统一

　　4. 全国统一

Q49. 您认为专门为求职者提供就业信息服务的网络系统应建设到哪一级?

　　1. 社区居委会或村委会

　　2. 街道办事处或乡镇政府

　　3. 县级人力资源和社会保障部门

　　4. 州市人力资源和社会保障部门

Q50. 您认为女性可以根据自身情况申请与男性同龄退休是否可行?

　　1. 非常可行

　　2. 比较可行

　　3. 不太可行

　　4. 非常不可行

Q51. 您认为义务教育包括哪些阶段比较可行?

　　1. 小学和初中

　　2. 幼儿园、小学和初中

　　3. 小学、初中和高中

　　4. 幼儿园、小学、初中和高中

Q52. 您认为义务教育阶段,各级财政支出结构应分别为:

　　1. 中央财政_____%

　　2. 省级财政_____%

　　3. 市(州)级财政_____%

　　4. 县区级财政_____%

Q53. 您认为义务教育阶段的城乡生均教育经费实行哪一种标准比较合理？

　　1. 城市高于农村

　　2. 农村高于城市

　　3. 城乡一个标准

Q54. 您认为外来务工人员子女在哪里的学校接受义务教育比较合适？

　　1. 原居住地学校

　　2. 打工地公办学校

　　3. 打工地民办学校

Q55. 您认为在城市公办学校上学的外来务工人员子女如何编班比较合适？

　　1. 单独编班

　　2. 与城市生源混合编班

Q56. 您认为促进城乡小学教育均衡发展应当采取哪些措施？（可多选）

　　1. 加强农村小学的师资培训

　　2. 改善农村小学的办学条件

　　3. 提供岗位补贴，引导和鼓励城市师资到农村任教

　　4. 严格实行划片入学，电脑派位升学

　　5. 其他（请说明）＿＿＿＿＿＿＿＿＿＿＿＿

Q57. 您认为外来务工人员子女义务教育阶段划片进入本地公办学校就读需要哪些条件？（可多选）

　　1. 本地公办学校接受名额充裕

　　2. 政府给予公办学校财政补贴

　　3. 就读的外来务工人员需要适当缴费

　　4. 其他（请说明）＿＿＿＿＿＿＿＿＿＿＿＿

Q58. 为缩小重点学校与普通学校差距您认为应优先采取哪些措施？（可多选）

　　1. 将普通学校建成重点学校的分校

　　2. 重点学校校长（副校长）到普通学校担任学校领导

　　3. 提供岗位补贴，引导和鼓励重点学校师资到普通学校去任教

　　4. 严格实行电脑派位、划片入学

　　5. 加大对普通学校的投入

Q59. 您认为我国解决城市人口住房问题应该主要依靠哪一种方法？

　　1. 商品房

　　2. 保障房（廉租房、经济适用房、公租房、限价房等）

　　3. 单位福利房

　　4. 自建房

　　5. 住房公积金

　　6. 群众集资共建房

　　7. 其他（请说明）_____

Q60. 您认为我国解决民众住房问题应该主要依靠哪一种方法？

　　1. 主要靠商品房

　　2. 主要靠保障房（廉租房、经济适用房和公租房）

　　3. 主要靠福利房

　　4. 主要靠自建房

Q61. 您认为养老服务方式应该以哪种方式为主？

　　1. 家庭养老

　　2. 社区养老

　　3. 机构养老

Q62. 您认为特别需要为本地老年人提供哪些社会服务？（可多选）

　　1. 日常生活照料服务

　　2. 精神陪护服务

　　3. 法律援助服务

　　4. 慢性病跟踪服务

　　5. 康复护理服务

　　6. 急诊呼叫服务

　　7. 文体活动服务

　　8. 其他（请说明）_____

Q63. 您认为特别需要为本地儿童提供哪些社会服务？（可多选）

　　1. 孤残儿童救助服务

　　2. 流浪儿童救助服务

　　3. 留守儿童救助服务

4. 幼儿园入园服务

5. 其他（请说明）＿＿＿＿＿＿＿＿＿＿＿＿

Q64. 您认为特别需要为本地妇女提供哪些社会服务？（可多选）

1. 家庭暴力庇护服务

2. 妇科病检查服务

3. 留守妇女救助服务

4. 就业援助服务

5. 职业技能培训服务

6. 其他（请说明）＿＿＿＿＿＿＿＿＿＿＿＿

Q65. 您认为特别需要为本地残疾人提供哪些社会服务？（可多选）

1. 残疾人康复服务

2. 残疾人就业服务

3. 残疾人职业技能培训服务

4. 残疾人法律援助服务

5. 其他（请说明）＿＿＿＿＿＿＿＿＿＿＿＿

　　访问到此结束，非常感谢！如果您还有什么问题或建议，请写在下面的空白处。

社会福利体系普遍整合调查问卷 (2)

亲爱的朋友：

为全面了解和反映社会各界对我国社会福利体系建设的意见、建议和要求，我们组织了此次调查。根据科学调查的要求，我们使用随机抽样的方式选择调查对象，您是其中的一位。本次调查使用问卷方式，问卷中的答案没有对错之分，请您在相应的答案序号上打"√"（除特别注明的题目外均为单选题）。我们将严格遵守国家的法律规定，对您的资料保密，请您放心！

衷心感谢您的支持与合作！

中国社会科学院社会学研究所
"普遍型社会福利体系的基础和设计研究"课题组
2012 年 1 月

问卷编号：A1 ［_____］

调查地点：__福建__ 省/市 __厦门__ 州/市/区_____ 县/区/市

A2 ［____］   A3 ［____］   A4 ［_____］

调查对象类别：A5 ［____］

公务员（参公人员）   ②事业单位人员   ③城镇企业职工

④城镇居民   ⑤农村居民   ⑥农民工或外来工

调查开始时间：［_____］年［_____］月［_____］日［_____］时 ［_____］分

调查结束时间：［_____］年［_____］月［_____］日［_____］时 ［_____］分

调查员：_____

复核员：_____

Q1. 您的性别：

　　1. 男

　　2. 女

Q2. 您的出生年份是＿＿＿＿＿＿年

Q3. 您现在的户口属于：

　　1. 非农户口（含城镇户口和居民户口）

　　2. 农业户口（含农村户口）

Q4. 您现在的文化程度是：

　　1. 小学及以下

　　2. 初中

　　3. 高中/职高/中技/中专

　　4. 大学专科

　　5. 大学本科

　　6. 研究生

Q5. 您家共有几口人？＿＿＿＿＿人

Q6. 您家目前正在读书的孩子（从幼儿园到大学）有几个？＿＿＿个

Q7. 您家 2011 年平均每个月花在孩子读书上的费用（含学费、课本费、住宿费、在校生活费、课外补习费等）大概是多少？＿＿＿＿＿＿元

Q8. 您家 60 岁以上的老人有几个？＿＿＿＿＿个

Q9. 您家 2011 年看病的总费用人概是＿＿元，其中家庭负担了＿＿元？

Q10. 您现在居住的房屋属于哪一种？

　　1. 自建房

　　2. 单位福利房

　　3. 自购商品房

　　4. 租住商品房

　　5. 自购保障房（含廉租房、经济适用房、公租房等）

　　6. 租住保障房（含廉租房、经济适用房、公租房等）

　　7. 其他＿＿＿＿＿＿＿＿

Q11. 您家 2011 年的总收入大概有多少元（不含社会保障收入）？

　　1. 10000 元以下

2. 10001—20000 元

3. 20001—30000 元

4. 30001—40000 元

5. 40001—60000 元

6. 60001—80000 元

7. 80001—100000 元

8. 100001—120000 元

9. 120000 元以上

Q12. 您是否参加了下列社会养老保障？

	参加了	没参加
1. 公务员退休养老保障	1	2
2. 事业单位退休养老保障	1	2
3. 城镇职工社会养老保险	1	2
4. 城镇居民社会养老保险	1	2
5. 新型农村社会养老保险	1	2
6. 失地农民社会养老保险	1	2
7. 农民工或外来工社会养老保险	1	2

Q13. 您最愿意选择哪一种养老方式？

1. 家庭养老

2. 社区养老

3. 机构养老（养老院养老）

4. 其他（请说明）_____

Q14. 您认为农民工或外来工最适合参加哪一种社会养老保险？

1. 城镇职工社会养老保险

2. 城镇居民社会养老保险

3. 新型农村社会养老保险

4. 单独建立养老保险制度

Q15. 您认为失地农民最适合参加哪一种社会养老保险？

1. 城镇职工社会养老保险

2. 城镇居民社会养老保险

3. 新型农村社会养老保险

4. 单独建立养老保险制度

Q16. 您赞成农村居民与城镇居民享受相同标准的基础养老金吗？

1. 非常赞成

2. 比较赞成

3. 不太赞成

4. 非常不赞成

5. 不清楚

Q17. 如果统一农村居民与城镇居民的基础养老金标准，你认为应在哪个层次上统一？

1. 全县统一

2. 全市（州）统一

3. 全省统一

4. 全国统一

5. 不清楚

Q18. 您认为公务员（国家机关工作人员）和事业单位人员（如学校和医院的职工）的养老保障应该实行：

1. 同一个制度

2. 不同的制度

3. 不清楚

Q19. 您认为事业单位人员和企业职工的养老保障应该实行：

1. 同一个制度

2. 不同的制度

3. 不清楚

Q20. 您参加了哪些医疗保障制度？

	参加了	没参加
1. 公费医疗制度	1	2
2. 城镇职工基本医疗保险	1	2
3. 城镇居民基本医疗保险	1	2
4. 新型农村合作医疗	1	2
5. 农民工或外来工社会医疗保险	1	2

Q21. 您认为农民工或外来工最适合参加哪一种社会医疗保险？

    1. 城镇职工基本医疗保险

    2. 城镇居民基本医疗保险

    3. 新型农村合作医疗

    4. 单独设立医疗保险

Q22. 您认为失地农民最适合参加哪一种社会医疗保险？

    1. 城镇职工基本医疗保险

    2. 城镇居民基本医疗保险

    3. 新型农村合作医疗

    4. 单独设立医疗保险

Q23. 您认为新型农村合作医疗与城镇居民基本医疗保险有必要合并吗？

    1. 非常必要

    2. 有必要

    3. 没必要

    4. 完全没必要

    5. 不清楚

Q24. 您赞成取消新型农村合作医疗的个人（家庭）账户吗？

    1. 非常赞成

    2. 比较赞成

    3. 不太赞成

    4. 非常不赞成

    5. 不清楚

Q25. 您赞成取消城镇职工基本医疗保险的个人账户吗？

    1. 非常赞成

    2. 比较赞成

    3. 不太赞成

    4. 非常不赞成

    5. 不清楚

Q26. 2009 年以来，您家得到过政府提供的哪些社会救助？

	得到过	没得到
1. 最低生活保障	1	2
2. 临时生活救助	1	2
3. 大病医疗救助	1	2
4. 失业救济金	1	2
5. 农村建房补助	1	2
6. 农村五保供养补助	1	2

Q27. 您认为农村五保供养标准应该在哪个层次统一？

　　1. 全县统一

　　2. 全市（州）统一

　　3. 全省统一

　　4. 全国统一

　　5. 不清楚

Q28. 您认为农村低保标准应该在哪个层次上统一？

　　1. 全县统一

　　2. 全市（州）统一

　　3. 全省统一

　　4. 全国统一

　　5. 不清楚

Q29. 您认为城市低保标准应该在哪个层次统一？

　　1. 全县统一

　　2. 全市（州）统一

　　3. 全省统一

　　4. 全国统一

　　5. 不清楚

Q30. 如果统一城乡低保标准，您认为应该在哪个层次上统一？

　　1. 全县统一

　　2. 全市（州）统一

　　3. 全省统一

　　4. 全国统一

5. 不清楚

Q31. 您认为农村医疗救助标准应该在哪个层次统一？

    1. 全县统一

    2. 全市（州）统一

    3. 全省统一

    4. 全国统一

    5. 不清楚

Q32. 您认为城市医疗救助标准应该在哪个层次统一？

    1. 全县统一

    2. 全市（州）统一

    3. 全省统一

    4. 全国统一

    5. 不清楚

Q33. 如果统一城乡医疗救助标准，你认为应该在哪个层次上统一？

    1. 全县统一

    2. 全市（州）统一

    3. 全省统一

    4. 全国统一

    5. 不清楚

Q34. 您认为我国目前存在着哪些就业歧视现象？

	存在	不存在	不清楚
1. 性别歧视	1	2	3
2. 户籍歧视	1	2	3
3. 民族歧视	1	2	3
4. 学历歧视	1	2	3

Q35. 您认为政府和社会应该为失地农民提供哪些就业帮助？（可多选）

    1. 提供技能培训

    2. 提供就业信息

    3. 提供工作岗位

    4. 提供创业机会

　　5. 提供创业补助

　　6. 其他（请说明）＿＿＿＿＿＿＿＿＿＿＿＿＿

Q36. 您认为政府和社会应该为农民工提供哪些就业帮助？（可多选）

　　1. 提供技能培训

　　2. 提供就业信息

　　3. 提供工作岗位

　　4. 提供创业机会

　　5. 提供创业补助

　　6. 其他（请说明）＿＿＿＿＿＿＿＿＿＿＿＿＿

Q37. 对于失业的城镇企业职工，您认为最重要的就业帮助方式是什么？

　　1. 发放失业救济金

　　2. 提供免费技能培训

　　3. 提供新的工作岗位

　　4. 提供就业信息

　　5. 其他（请说明）＿＿＿＿＿＿＿＿＿＿＿＿＿

Q38. 对于待业或无业城镇居民，您认为最重要的就业帮助方式是什么？

　　1. 发放基本生活补贴

　　2. 提供免费技能培训

　　3. 提供新的工作岗位

　　4. 提供就业信息

　　5. 其他（请说明）＿＿＿＿＿＿＿＿＿＿＿＿＿

Q39. 您认为公务员有必要缴纳失业保险金吗？

　　1. 非常必要

　　2. 必要

　　3. 不必要

　　4. 不清楚

Q40. 您认为义务教育应该包括哪些阶段？

　　1. 小学和初中

　　2. 幼儿园、小学和初中

　　3. 小学、初中和高中

4. 幼儿园、小学、初中和高中

Q41. 您认为义务教育阶段的费用应该主要由哪一级财政承担？

1. 中央财政

2. 省级财政

3. 州市财政

4. 不清楚

Q42. 您认为义务教育阶段城乡生均教育经费实行哪一种标准比较合理？

1. 城市高于农村

2. 农村高于城市

3. 城乡一个标准

Q43. 您认为外来务工人员子女在哪里的学校接受义务教育比较合适？

1. 原居住地学校

2. 打工地公办学校

3. 打工地民办学校

Q44. 您认为在城市公办学校上学的外来工人员子女如何编班比较合适？

1. 单独编班

2. 与城市生源混合编班

Q45. 您认为我国解决民众住房问题应该主要依靠哪一种方法？

1. 主要靠商品房

2. 主要靠保障房（廉租房、经济适用房和公租房）

3. 主要靠福利房

4. 主要靠自建房

Q46. 您认为特别需要为本地老年人提供哪些社会服务？（可多选）

1. 日常生活照料服务

2. 精神陪护服务

3. 法律援助服务

4. 慢性病跟踪服务

5. 康复护理服务

6. 急诊呼叫服务

7. 文体活动服务

8. 其他（请说明）＿＿＿＿＿＿＿＿＿＿

Q47. 您认为特别需要为本地儿童提供哪些社会服务？（可多选）

1. 孤残儿童救助服务

2. 流浪儿童救助服务

3. 留守儿童救助服务

4. 幼儿园入园服务

5. 其他（请说明）＿＿＿＿＿＿＿＿＿＿

Q48. 您认为特别需要为本地妇女提供哪些社会服务？（可多选）

1. 家庭暴力庇护服务

2. 妇科病检查服务

3. 留守妇女救助服务

4. 就业援助服务

5. 职业技能培训服务

6. 其他（请说明）＿＿＿＿＿＿＿＿＿＿

Q49. 您认为特别需要为本地残疾人提供哪些社会服务？（可多选）

1. 残疾人康复服务

2. 残疾人就业服务

3. 残疾人职业技能培训服务

4. 残疾人法律援助服务

5. 其他（请说明）＿＿＿＿＿＿＿＿＿＿

访问到此结束，谢谢您的合作！

后　　记

　　《普遍整合的福利体系》是在国家社会科学基金重大招标项目"普遍型社会福利体系的基础和设计研究"（批准号：09&ZD061）结项成果基础上修改而成的，旨在从模式选择、制度建设及民意基础等三个方面探索中国社会福利体系的普遍整合问题，首席专家为中国社会科学院社会学研究所景天魁研究员。

　　自 2010 年初批准立项以来，经过课题组全体成员的共同努力，较为圆满地完成了课题研究的各项任务。三年来的科研经历点滴在心、历历在目。

　　课题甫一立项，课题组就于次月的 3、4 两日在北京召开会议，首席专家景天魁研究员就课题研究内容、研究进度、研究方法及研究重点难点等问题进行了详细阐述，子课题负责人围绕各自承担的科研任务进行了交流与研讨。

　　"福利体系"与"普遍整合"是本课题的两个核心概念，它们成了本课题研究的主要着力点。为了准确把握这两个概念的内涵与外延，明确它们在中国社会福利体系建设中的地位与作用，2010 年 4 月 9—10 日，课题组举行第二次研讨会，首席专家景天魁研究员对提出"普遍整合的福利体系"的必要性、相关背景、学术与实践价值进行了阐释，课题组对此进行了充分研讨，形成了学术共识。这次研讨会还邀请了苏州大学陈红霞、中国社会科学院社会学研究所潘屹两位老师介绍她们对社会福利思想的研究心得，加深了课题组成员对这个问题的理解。

　　此后，课题组分别于 2010 年 7 月、10 月，2011 年 4 月、6 月，2012 年 7 月和 12 月六次召开会议，进一步明确课题研究思路，讨论课题总体研究框架，选取苏州、厦门、重庆、云南红河等地为调查点，将问卷调查对象划分为普通民众和专业人员，组织讨论问卷内容，从社会福利的"模式建构"、"制度建设"及"民意基础"三个维度探讨养老、医疗、就业、收入分配、教育、住房、社会救助及社会服务等福利体系普遍整合问题。课题组成员结合问卷调查陆续发表相关研究成果，从多个层面、各个侧面构建普遍整合的社会福利体系，形成"普遍整合的社会福利体系模式建构"、"普遍整合的社会福利体系制度建设"以及"普遍整合的社会福利体系民意基础"三部研究成果。

在组织实施课题研究期间，首席专家及课题组成员还举办和参加了多项学术会议，及时交流取得的阶段性研究成果。如举办"海峡两岸社会福利论坛"，连续三年参与主办全国"社会福利论坛"，参加第六届、第七届、第八届"社会政策国际论坛"及"首届海峡两岸农村社会保险理论与实践研讨会"等学术研讨会。首席专家及课题组成员在以上会议上先后作了"社情人情与福利模式——中国大陆社会福利模式探索历程的反思"、"普遍整合型社会福利体系的内涵"、"迈向普遍整合型社会福利体系"、"应当重视社会福利体系的普遍整合建设"、"大福利视阈下我国社会福利体系整合的任务"、"我国失业保险制度的实施与普遍整合"以及"我国城乡居民社会养老保险制度的整合"等主题演讲，与境内外同行进行广泛的学术交流，研究成果得到了境内外同行的肯定。

民众是社会福利的建设者与受益者，他们的意见和态度对于社会福利体系建设具有重要的价值。为了更好地开展本课题研究，由中国社会科学院社会学研究所社会发展室李炜主任牵头，厦门大学、苏州大学、西南大学、云南师范大学等高校部分师生参加，赴苏州、厦门、重庆及云南红河等地区进行为期半年的问卷调查与个案访谈。其中，问卷调查采取分层抽样方法，面向公务员、事业单位人员、企业职工、居民、农民以及农民工等群体合计发放问卷2000份，对上述四地的财政、发改委、教委、卫生、社保、民政、住房、高校、党校、政策研究室、企业人力资源及乡镇街道等12个部门发放了1000份问卷。两类问卷共计3000份。为期半年多的问卷调查与个案访谈结束后建立了SPSS数据库，分别撰写出四个地方的社会福利体系建设调查报告。

本课题成果是集体智慧的结晶。初稿完成后，首席专家主持召开了两次统稿会，仔细斟酌、反复推敲整个书稿的观点和内容，修改甚至重写了部分章节，最后由毕天云（负责上篇）、高和荣（负责中篇）、李炜（负责下篇）协助首席专家完成全书的统稿任务。各章撰写人员如下：

前言：景天魁

上篇：模式建构

第一章：景天魁

第二章：潘屹

第三章：吕学静　江华　毕天云

第四章：崔凤

第五、六、七章：毕天云

第八章：高和荣

中篇：制度建设

第一章：景天魁

第二、四、七章：高和荣

第三章：崔凤

第五章：杨宜勇、高言、高和荣

第六章：杨宜勇、高言

第八章：杨向前、高和荣

第九章：毕天云

第十章：潘屹

下篇：民意基础

第一至第八章：李炜

课题结项后该成果申报了 2013 年度《国家哲学社会科学成果文库》并顺利入选（批准号为 13KSH001），这既是对课题组三年来的辛勤劳动及其所取得成就的肯定，更是鼓励和鞭策。课题组认真吸收了《国家哲学社会科学成果文库》评审专家的意见，修改、补充与完善了部分章节，景天魁、高和荣再次通读了全部书稿，力争把一部学术精品呈现给广大读者。

需要指出的是，北京石油化工学院赵春燕副教授虽然没有直接参与本课题的调研与撰写工作，但全程参加了课题组在北京的历次研讨，贡献了他的宝贵意见。本课题在调研过程中，得到了苏州大学陈红霞教授、宋言奇教授、河海大学顾金土副教授、安徽建筑工程学院黄佳豪副教授、重庆市政府研究室梅哲研究员、重庆科技学院吕庆春教授、西南大学何健副教授、张家港市委农工部李迎辉等同志的帮助，也得到了调研地相关政府部门的支持。本课题完成后，厦门大学公共事务学院的博士生朱火云、徐建伟，硕士生夏会琴、李丽娜、胡翰潮，云南师范大学哲学与政法学院的硕士生钟一军、朱珠、刘梦阳等学生协助校对了部分文稿。本著作的顺利出版，得益于中国社会科学院科研局的关心和支持，也得益于中国社会科学出版社的精心安排和热情帮助，在此一并表示感谢。

　　课题完成有期限，科学研究无止境。一项课题研究，只能把臻于完美作为追求的目标，作为无休止的进行时，它需要我们结合日新月异的经济社会发展形势加强对社会福利领域的持续关注，努力回答社会福利建设过程中所面临的新问题，积极推进普遍整合的社会福利体系建设。

"普遍型社会福利体系的基础和设计研究"课题组

执笔人：高和荣

2013 年 10 月 26 日

图书在版编目（CIP）数据

普遍整合的福利体系/景天魁等著．—北京：中国社会科学出版社，
2014.4

（国家哲学社会科学成果文库）

ISBN 978 - 7 - 5161 - 3921 - 9

Ⅰ.①普…　Ⅱ.①景…　Ⅲ.①社会福利—研究　Ⅳ.①C913.7

中国版本图书馆 CIP 数据核字（2014）第 021600 号

出 版 人	赵剑英	
责任编辑	姜阿平	
责任校对	李　莉	
封面设计	肖　辉　郭蕾蕾　孙婷筠	
责任印制	戴　宽	

出　　版　　中国社会科学出版社
社　　址　　北京鼓楼西大街甲 158 号（邮编 100720）
网　　址　　http：//www.csspw.cn
　　　　　　中文域名：中国社科网　　　010 - 64070619
发 行 部　　010 - 84083685
门 市 部　　010 - 84029450
经　　销　　新华书店及其他书店

印刷装订　　环球印刷（北京）有限公司
版　　次　　2014 年 4 月第 1 版
印　　次　　2014 年 4 月第 1 次印刷

开　　本　　710×1000　1/16
印　　张　　41.75
插　　页　　2
字　　数　　680 千字
定　　价　　108.00 元